프랑크푸르트학파의 **삶**과 죽음

프랑크푸르트학파의 **삶**과 죽음

호르크하이머

아도르노

벤야민

마르쿠제

프롬

하버마스

호네트

21세기
비판이론

스튜어트 제프리스

강수영 옮김

GRAND HOTEL ABYSS

위기의 시대, 벼랑 끝 호텔에서
프랑크푸르트학파를 다시 읽다

인간사랑

줄리엣과 케이를 위하여

벼랑 끝 호텔, 몰락의 사유

　　　　　　　　　로만 폴란스키 감독의 영화 〈피아니스트〉
(2002)는 쇼팽의 〈녹턴 C# 단조 '아주 느리게 풍부한 표정을 담아서'〉로 시
작된다. 영화는 음악에 맞추듯이 흑백의 실사화면을 천천히 '풍부한 표정을
담아서' 보여준다. 그 위로 흐르는 쇼팽의 피아노선율은 이 영화의 주인공인
홀로코스트 생존자 피아니스트 블라디슬라프 스필만이 폴란드의 바르샤바
공영라디오방송 정규음악방송에서 연주하는 음악이었다. 스필만은 방송국
밖에서 폭탄이 떨어져 굉음이 들리고 건물이 흔들리는 와중에도 연주를 끝
내려 하지 않는다. 급기야 방송국 건물이 폭격을 당하게 되자 어쩔 수 없이
피아노연주를 중단하고 자리를 피할 때까지 스필만의 손가락은 피아노건반
위에 놓여있다. 마치 자신이 물려받은 지적인 유산이 몰락하는 것을 응시하
면서도 사유를 멈추지 않은 프랑크푸르트학파의 이론가들처럼 말이다. 그들

은 야만의 폭격으로 붕괴되어가는 유럽을 어쩔 수 없이 떠나야했다.

영국의 《가디언》 기자이자 작가인 스튜어트 제프리스가 프랑크푸르트학파 연구자들의 삶과 죽음을 조명한 『그랜드호텔 어비스(Grand Hotel Abyss)』의 번역서 『프랑크푸르트학파의 삶과 죽음: 21세기 비판이론』을 소개하는 이 지면을 통해 독자에게 책을 읽으면서 폴란스키의 영화와 쇼팽의 음악을 함께 감상하라고 권하고 싶다. 영화는 잘 알려져 있다시피 나치군대가 바르샤바를 점령하던 당시 유대인 피아니스트 스필만과 그의 가족이 생활기반을 빼앗기고 게토로, 나중에는 나치의 '최종해결책'의 일환으로, 소를 실어나르던 기차에 가축보다도 못한 취급을 받으며 수용소로 실려 가는 이야기를 담고 있다. 가족 모두가 죽음의 수용소로 끌려가는 와중에 운 좋게 빠져나온 스필만은 그 후 바르샤바에서 독일 지인들의 도움을 받아 숨어 지내다가 기적처럼 목숨을 건지게 된다. 영화의 끝에 나오는 자막은 그가 88세까지 살았다고 알려준다. 마지막 장면에서 생존자 스필만이 다시 피아니스트로 무대에 올라 쇼팽의 〈그랑 폴로네즈 브릴란테 작품번호 22, Eb 장조〉를 연주한다. 스필만의 생사를 넘나드는 실제 경험은 이 번역서의 주, 조연으로 등장하는 프랑크푸르트학파의 비판이론가들이 살았던 생애와 비교해 볼 만하다.

"상당수 독일 지식인들이 —그 중에는 아도르노도 포함된다 — 내가 쇼펜하우어를 비판하면서 언급했던 '그랜드호텔 어비스'에 투숙하고 있다. 이 아름다운 호텔은 각종 편의시설로 가득했지만 허무와 모순, 심연이라는 절벽 가장자리에 세워져 있다. 매일 최상의 만찬을 즐기고 예술 감상을 하면서 틈틈이 심연을 성찰하는 일은 그저 섬세하고 안락한 여가생활을 극대화시켜 줄 뿐이다."

게오르그 루카치의 『소설의 이론』 1962년판 서문에서 발췌한 이 문단에는 제프리스의 책 제목으로 사용된 '그랜드호텔 어비스'라는 표현이 들어있다. 절벽 가장자리, 벼랑 끝에 세워진 이 오성급 호텔은 쇼펜하우어를 위시해서 루카치가 꼭 집어서 언급한 아도르노와 그의 동료인 비판이론가들, 그 외 독일지식인들이 기숙하면서 안락의자에 편히 앉아 창 밖 벼랑 아래 소비자본주의의 아비규환을 내다보며 비판적 사색을 한다는 곳이다. 이 표현이 등장한 서문의 전후 맥락을 살펴보면 루카치의 비아냥거림은 그저 단순히 아도르노와 그의 동료를 겨냥한 비난이 아니라, 좀 더 심각한 당시 독일의 지식인들 사이에 퍼진 분위기를 염두에 두고 있다. 주된 비판의 표적은 에른스트 블로흐인데, 루카치는 "좌파의 윤리"에 "우파의 인식론"을 결합시키는 사상적 경향을 블로흐가 답습하고 있다고 비판하고 있다. 이 경향에는 벤야민과 아도르노도 제외될 수 없지만 루카치는 다름 아닌 자신의 책 『소설의 이론』이 이런 경향의 '원조' 텍스트라는 것을 확인해주면서, 변화된 시대에 『소설의 이론』을 읽는 독자가 책이 나온 당시의 상황을 염두에 두어야한다는 점을 지적한다. 루카치가 제기하는 비판의 요점은 니체와 비스마르크까지 아우르는 우파의 인식론을 좌파의 정치윤리가 포섭해서 파시즘과 대결해야 했던 1920년대 상황과 서문을 쓰던 1960년대는 많이 다른데도 이 기묘한 지적 결합을 계속 고집하는 지식인들이 자본주의의 상징인 '그랜드호텔 어비스'에서 투숙하며 지적 유희에 빠져있다는 것이다.

루카치가 서문에서 피력한 논의의 의도와 별도로 문제적 발언의 대목을 끄집어내어 벤야민을 포함한 프랑크푸르트학파의 이론가 전부를 '소파철학자'나 '부르주아사상가'로 매도할 수 있는지는 여전히 쟁점이 되겠지만, 제프리스의 책이 해당 구절을 제목으로 사용함으로써 21세기의 독자에게 모종의 화두를 던진[의도였든 아니든] 셈이 되었다. 홀로코스트와 같은, 혹은 그 이상일 수도 있을 야만적 인간성이 발원하는 시대에 지식인들은 무엇을 할 것인가. 소비자본주의와 신자유주의가 초래한 위기의 시대에 지성과 사유, 인간성의 최대 발현을 염원하는 인문사회적 지식과 성찰의 역할은 무엇인가. 애플사와 아마존, 페이스북에 '플러깅'된 시대, 모두가 스마트폰을 한 손에 들고 거리를 오가며 서로 눈동자를 깊게 들여다보며 대화를 나누기 보다는 눈을 찌푸리며 액정화면을 들여다보는 시대에 사유는 가능한가.

'평등'은 아이폰이나 갤럭시폰을 소유했는가의 여부로 따져지고, '위엄'은 가령 조너선 프렌즌의 소설 주인공이 비판이론가들의 저서를 팔아치운 돈으로 여자 친구와 함께 구워먹을 연어를 사듯이 상품구매 행위로 치환되었다. 마르크스와 그의 사상마저 상품이 되어 출판시장의 판매대에 전시되고 팟캐스트와 유튜브의 '콘텐츠'가 되어 '좋아요'를 기다리는 시대에, 정작 지식인들은 무엇을 할 것이며 무엇을 하고 있는가. '철학책'은 존재해도 '철학자'를 찾아보기 힘든 시대를 사는 우리에게 이 책은 진정 21세기의 지식인 또는 지성이 감당해야할 역할이 무엇인지 생각하게 한다. 이 책이 우리로 하여금 묻지 않을 수 없게 하는 질문들을 진지하게 성찰하고 고민하는 것이야말로 호르크하이머가 미래에 보낸 '병 속 메시지'를 꺼내어 읽는 법일 것이다.

제프리스의 책을 간단히 요약하면 프랑크푸르트학파의 비판이론 연구자들은 오이디푸스적으로 부친과의 갈등 속에서 자본주의를 비판하면서 마르크스주의를 자신이 속한 계급에 반하여 받아들이게 되었지만 사유와 분석에는 능했어도 결국 세상을 바꾸지는 못했다. 그러므로 이 책은 '실패'의 기록이다. 혁명의 실패와 그 이유를 이론적으로 규명하고 해석하려고 노력했던 20세기 독일 마르크스주의자들은 그들 차례가 되어 문명의 '야만적 어둠' 속에서 '실패'의 길을 걷게 된다. 그들이 분석하고 비판해서 바꾸려고 했던 자본주의는 여전히 존속할 뿐 아니라 더더욱 공고해져간다는 의미에서의 '실패'인 이 몰락의 서사는 우리에게 현 시대의 모순과 질곡을 사유할 기회를 제공한다.

이 책은 [프랜시스 후쿠야마의 표현대로] 역사의 '종언' 이후 시대를 살아가는 우리에게 프랑크푸르트학파의 정치사회 및 철학적 통찰력을, 그들의 난해한 사변을 담은 텍스트를 읽기 전에 20세기의 가장 격한 시대를 통과한 한 개인으로서의 삶을 통해 접할 기회를 준다. 어떤 독자에겐 책에 수록된 일화로 접하는 벤야민은 가정을 책임지지 않고 아버지의 돈으로 한량처럼 살아가려는 탕자 같은 아들로, 아도르노는 괴팍한 문화엘리트주의자, 하버마스는 허황된 유럽통합의 꿈을 꾸는 과거 지향적 노인으로 보일지도 모른다. 하지만 근엄한 신이나 예지자의 형상을 이론가나 철학자들에게 부여해놓고, 그들이 도덕적으로 완벽하기를 바랄 수 있을까?

비판이론이 헌신했던 부정의 변증법에서 우리가 얻을 단순한 지혜는 아마 혁명도 순수한 이론도 인간 저 깊숙한 곳의 심리와 욕망에 오염되지 않을 수 없다는 상식 아닌 상식일지 모른다. 해시시를 피우는 벤야민, 채플린의 파티에서 피아노연주를 하는 아도르노, 팬덤을 등에 업고 강연장에 록스타처럼 나서는 마르쿠제는 '사상'이라는 '저 높은 곳'의 우상이 아니라 바로 우리처럼 불완전하며 결함을 가진 한 개인으로서 다시 모습을 드러낸다.

영화 <피아니스트>의 스필만은 바르샤바에서 숨어사는 동안 허기로 고통 받는다. 그는 폴란드에서 유명세를 얻은 피아니스트이고 영화 초반에 폭격이 진행되는 와중에도 맘에 드는 여자에게 말을 걸고 데이트를 신청하는 어처구니없이 순진하면서도 자신만만한 예술가였다. 문화예술 엘리트였던 스필만은 나치의 군화 밑에서 폭력에 무방비하게 노출되고 피아노를 쳐야할 손가락으로 노동을 하며 음식을 구걸하게 된다. 그의 몸은 점점 마르고 병에 걸리고 수염이 덥수룩하게 자라며 누더기 옷을 걸치고 있다. 독일장교가 가져다 준 잼을 손가락에 찍어서 빨아먹으며 만족의 한숨을 내쉬는 장면은 어쩌면 이 영화에서 가장 인간적인 순간이지 않을까.

하지만 동시에 스필만은 인간이기 때문에 자신이 제일 잘하고 사랑하는 피아노연주를 하지 못하는 상황에서 철저히 소외되고 고통 받는다. 잼의 단맛에 전율하는 장면 옆에는 숨어 지낼 아파트 거실의 피아노를 열고 건반을 치지 않은 채 오직 손가락을 허공에 움직이면서 연주하는 장면이 나란히 놓여야한다. 인간이므로 우리는 빵과 잼을 원하지만 또 우리를 한 개체로서 정립해줄 정체성, 그것이 아무리 환상이라 하더라도 나를 '나'로 만들어줄 무형의 가치가 필요하다. 스필만에겐 피아노연주이고 벤야민에겐 사지를 헤매면서도 놓지 않은 서류가방 속 미간행 원고이다.

우리는 지금 프랑크푸르트학파의 연구자들이 살던 시대로부터 정확히 1세기가 지난 시기를 살아간다. 1919년 일제 식민지 조선에서 3·1독립선언이 있었던 때 독일에선 1918년 혁명 이후 군주제가 폐지되고 공화국을 선포하게 되어 소집된 국민의회가 헌법을 채택함으로써 바이마르공화국이 탄생했다. 1930년 히틀러의 나치당이 선거에서 원내 제2당으로 부상한 후 밀어닥친 재난과도 같은 역사적 트라우마는 수많은 유대인 학자와 작가, 인권운동가 뿐 아니라 현대철학을 발전시켰다.

비판이론가들의 철학을 접하면서 유대인학살이라는 20세기의 잔혹상을 떼어놓고는 이해할 수 없다. 마르크스주의를 비롯해서 데리다의 해체주의까지 유대지식인들이 설립해놓은 철학을 통해 적어도 이 책에서 제시하는 바에 따르면 우리는 아직 오지 않은 미래는 실체가 없는 반면 과거와 현재의 시간은 생생하게 기억으로 체험으로 남아있다는 진실을 알게 된다. 자본주의체제가 투자든 투기든 '미래'의 가치에 기대어 이윤추구를 해나가는 유령과 같은 형태로 진화해가는 시대에 벤야민의 천사처럼 미래를 등에 지고 거대한 역사의 폭풍 속에 이리저리 날아다니는 과거의 파편들을 하나씩 모으기 시작해야할지 모른다. 이 책의 1장을 시작하는 벤야민의 유년시절 잠결에 맡은 구운 사과 향기나 프루스트의 마들렌처럼 기억의 사물을 찾아야 한다.

하지만 벤야민은 또 이렇게 말한다. "오직 희망 없는 사람들을 위해서만 희망이 주어진다." 이 말은 피아니스트 스필만의 이야기와 얼마나 들어맞는지. 러시아군의 진격으로 곧 자유가 주어지기 며칠 전 스필만은 독일장교에게 발각된다. 가장 절망적인 순간이며 절대 절명의 위기에서 그를 구한 건 쇼팽 연주였다. 스필만을 '스필만'으로 만들어준 음악, 그 무형의 예술이 그를 살렸다. 이렇게 믿어지지 않는 일이 현실에서 일어난다는 점은 이미 지젝이 윤리적 행위의 우발성이란 개념으로 이론화한 바 있다, 벤야민의 이 구절에서처럼 가장 희망이 없을 때 오직 그런 사람들에게만 희망이 주어진다는 역설은 '사실'과 '입증'에만 천착하고 가시적 결과에만 집중하는 실증적 태도로는 경험할 수도, 가능하다고 상상되지도 못할, 실재의 '기적'이다.

제프리스의 책을 소개하면서 폴란스키의 영화를 통한 우회로를 택해서 사유가 필요한 이유와 무형의 문화예술이 담지한 진리, 그리고 기적 같은 구원이 나타나는 방식을 전하고 싶었다. 프랑스철학자 알랭 바디우는 2000년대 초엽에 일어난 점령운동을 포함한 일련의 사회저항운동들을 목도하면서 이미 세계의 변화가 지구상 어디에선가 일어나고 있다고 시사했다. 변화는 오직 희망 없이도 버텨내는 사람에게 온다. 프랑크푸르트학파의 이론은 세계의 고통과 불행, 문명의 어둠을 담아낸 철학적 사유이며, 우리에게 덧없는 환상과 희망에서 벗어나기를 요구한다.

이제 이들이 과거에서 보낸 병을 열고 메시지를 읽고 그 의미를 해독하는 일은 독자의 선택이 되었다. 그건 마치 영화 〈피아니스트〉에서 스필만과 마주친 독일장교가 스필만이 유대인도망자라는 사실을 알면서도 단 한 번의 쇼팽연주를 듣는 순간 그를 도와주기로 선택한 것과 같다. 이 장면은 앞서 아파트에 몰래 숨어있던 스필만이 옆집에서 들려오는 피아노소리의 주인에게 발각되는 장면과 대조를 이룬다. 여자는 도망치는 스필만의 등 뒤에 대고 유대인 잡아라, 하고 소리를 지른다. 그런 선택을 한 이들에게 구원 같은 기적을 바랄 수는 없다. 반면 독일장교는 스필만이 숨어있다는 사실을 감추고 음식을 가져다주었다. 음악을 사랑한다면 좀 더 공감의 가능성이 있겠지만 음악이 곧 공감능력으로 등치될 수 없다. 그러면 무엇이 독일장교로 하여금 그런 선택을 하도록 했을까. 선택은 누군가 나를 위해 대신해주는 것이 아니라, 바로 나 자신의 책임인 셈이다. 윤리적 선택지는 피해자뿐 아니라 가해자에게도 주어진다. 선택은 인간을 인간답게 만드는 것 중 하나이기 때문이다. 사유는 그 선택에 관여하는 보이지 않는 영향력이다.

이 책의 방대한 분량에도 불구하고 원주뿐 아니라 수많은 역주의 편집과 참고문헌 목록을 정리하고 색인표를 마련해준 인간사랑 편집부에 감사를 전한다. 원본의 참고자료에 더하여 한국에서 번역되고 출간된 프랑크푸르트학파 연구자들의 저서 혹은 그들에 대한 연구서 자료까지 정리해서 수록되어, 이 책이 연구자들에게도 긴요하게 쓰일 수 있게 된 듯싶다. 프랑크푸르트학파의 이론이 낯선 독자라면 이 책이 그 출발점이 되어줄 수 있으리라 본다. 전체적으로 쉬운 설명조로 서술되어있고 각 연구자들의 개인사를 비롯한 연구소의 이력까지 디테일하게 서술된 내용은 난해하다고 알려진 프랑크푸르트학파의 이론에 좀 더 쉽게 다가갈 수 있게 해준다. 또 그들의 이론을 직접 다룬 대목들은 대체로 핵심 내용이 잘 요약되어있어서 입문서로도 손색없다. 이 책을 통해 비판이론가들을 만난 뒤 부록에 수록된 개별 연구자들의 책을 골라 읽으면 보다 수월하게 비판이론의 사유를 접할 수 있으리라 믿는다. 이 책을 한 열흘 정도 들고 다니면서 읽어보기를 권한다. 그 열흘이 지나면 당신이 살아온 세상이 조금 낯설어 보일지도 모른다. 그 낯섦을 어떻게 해결할지는 물론 당신의 몫이다.

CONTENTS

C O N T E N T S

프랑크푸르트학파의 비판이론이 2018년[서문을 쓴 해]을 사는 우리에게 무슨 의미가 있을까? 당신은 애플 뉴턴을 기억하는가? 아마 기억하지 못할 것이다. 스티브 잡스는 애플 뉴턴을 만들기 시작한 지 4년이 지난 1997년에도 여전히 조롱거리였던 이 저주받은 기획을 붙들고 있었다.

애플 뉴턴은 손 글씨로 작동하는 개인휴대정보단말기(PDA)로 기획되었다. 작은 막대기로 패드 위에 글자를 쓰면 — 오호! — 디지털로 된 노트가 나타난다. 하지만 계획대로 되지 않았다. 애플 뉴턴은 매번 당신이 쓴 글을 전혀 읽을 수 없는 헛소리로 만들어버렸다. 아마 일부 독자들은 애플 시리가 애플 뉴턴 판 음성인식 소프트웨어라고 생각할 수도 있다. 이에 대해선 나로서도 딱히 뭐라 할 말이 없다.

만일 벤야민이 아직도 살아있다면 아마도 애플 뉴턴을 구입했으리라. 그 위대한 독일 비평가이자 철학자는 쓸모없고 쓰레기 같은 소비재를 수집했었다. 이 물건들은 등장할 때는 유토피아를 약속하는 듯했지만 황당하리만치 빠른 속도로 쓸모없어지고 구식이 되었다. 물건들을 모으면서 벤야민은 소비 자본주의의 심장에 놓인 거짓말을 폭로하고 혁명을 가져올 변화를 생각했다. 우리를 소비주의 강박이라는 저급한 순환구조에서 해방시킬 혁명 말이다.

벤야민은 소비주의 사회에서 사는 우리가 저급한 강박에 붙들려있음을 인식했다. 우리는 철지난 물건들이 작동하지 않는다는 사실을 감추기 위해 새 물건을 산다. 그리고 새로 구입한 물건이 낡으면 다시 '신상'을 찾는다. 어떤 의미에서는 과거에 샀던 물건의 실패를 감당하기 어렵고 실망감을 감추기 위해서 또 사들이는 것이다.

벤야민은 유명한 프랑스 소설가 마르셀 프루스트를 떠오르게 한다. 프루스트는 "욕망은 모든 것을 왕성하게 자라게 하지만, 소유해서 욕망을 채우면 시들해진다"라고 말했다. 벤야민 전문가 막스 펜스키에 따르면 "영원히 새롭고 무한히 전진할 것이라는 약속이 기술혁신이라는 절대명령과 소비의 순환구조에 새겨져 있었다. 이제 그 약속은 정반대의 모습을 드러냈다. 마치 원시역사처럼, 끝없는 반복의 신화적 강박만 남겼다." 이것이 우리가 아이폰을 업그레이드해서는 안 되는 이유다.

프랑크푸르트학파라고 불렀던, 대부분 이미 작고한 신마르크스주의 독일계 유대인 지식인들의 인생과 사유를 추적하면서 뭔가 의미가 있었다면 그 하나는 쇼핑이 그렇게 만족할 만한 경험이 아니라는 사실을 내게 일깨워준 점이다. 경제를 활성화시킬 여가활동에 불과한 쇼핑에 우리는 익시온*의 불

---

* 그리스 신화에 나오는 테살리아 왕으로 인류 최초의 친족 살해자이다. 데이오네우스의 딸 디아와 결혼한 뒤 구혼 당시 약속한 결혼 선물을 주지 않으려고 장인 데이오네우스를 살해하였다. 익시온은 또 헤라 여신을 범하려다 제우스가 신성모독의 죄를 범한 익시온을 불타는 수레

타는 수레바퀴처럼 묶여있다. 여기서 풀려나는 길은 오직 죽음뿐이다. 벤야민은 "'현대'는 지옥의 시간이다"라고 소비자본주의에 대한 비판서인 『아케이드 프로젝트』에 썼다.

쇼핑을 하면서 우리는 선택의 자유를 행사한다고 생각한다. 하지만 벤야민의 동료인 아도르노와 호르크하이머가 『계몽의 변증법』에서 주장하듯이 우리는 공급되는 상품을 무조건 받아들여야 하는 상황에 묶여있다. 그 결과 우리는 이미 제공된 것을 요구하도록 이데올로기적으로 구성된다. 아도르노와 호르크하이머는 "이데올로기를 선택할 자유란 ─ 이데올로기는 언제나 경제적 강제를 반영하므로 ─ 어느 곳에서든지 이미 언제나 동일한 것을 선택할 자유다"라고 했다.

내가 이 책을 써야겠다고 마음먹은 이유는 프랑크푸르트학파가 애플 뉴턴과 달리 낡은 물건이 아니라고 주장하고 싶어서였다. 오히려 벤야민, 호르크하이머, 아도르노, 마르쿠제, 뢰벤탈, 프롬의 책들은 오늘날 우리에게 여전히 유용하다. 가령 도널드 트럼프를 떠올려보자. 잡지 《뉴요커》에 실린 최근 에세이는 1950년 아도르노와 그의 동료들이 히틀러의 파시즘을 몸소 겪고 나서 위험한 선동가의 정신 상태를 일찌감치 비판대상으로 삼아 분석했던 연구서들이 현재 백악관을 책임지고 있는 사람을 이해하기 위해서 재활용될 수 있다고 강력히 제안하고 있다.

1950년 아도르노는 미국의 사회학 연구서 『권위주의 성격』의 서문을 썼다. 이 책은 '잠재적인 파시스트적 인간형'에 대한 심리사회학적 프로필을 구성한다. 연구에 사용한 자료는 미국인들의 인터뷰와 꾸준히 모은 인종차별

바퀴에 묶어 허공으로 던져버렸다. 익시온은 타르타로스(저승)에 가서도 불타는 수레바퀴에 묶여 영원한 고통을 받고 있다고 한다. 전승에 따라 익시온이 묶인 수레바퀴에는 활활 타오르는 불길이 아니라 뱀이 휘감겨 있기도 하다.

주의와 반민주주의, 그리고 편집증적이고 비합리적인 정서의 사례들이었다. 이 책이 나오기 1년 전인 1949년에 프랑크푸르트학파 사회학자 뢰벤탈이 공저자로 참여한 『속임수 예언자들』이라는 책은 가톨릭 성직자 코플린 신부처럼 대중선동가들이 부상했던 현상을 분석했다. 코플린 신부는 히틀러와 무솔리니를 대변한 반유대주의자였고 그의 라디오방송은 3천만 명에 달하는 미국인이 청취했다고 한다. 1939년 제2차 세계대전이 발발하자 이 방송은 금지된다.

코플린 신부로부터 영감을 받아 히틀러의 선전장관 괴벨스의 비범함을 연구하던 아도르노는 미국의 민주주의가 영화, 라디오와 TV 등의 대중문화장치들에 의해 멸종위기에 처했다고 확신하게 되었다. 대중문화장치는 괴벨스의 전체주의적 선전통제와 매우 유사한 방식으로 작용해서 순응성을 강요하고 반대의견을 침묵시켰다.

《뉴요커》에 이 글을 기고한 알렉스 로스에 의하면 아도르노 이론이 "입증될 순간이 이제 다가오고 있다. 도널드 트럼프의 대통령 당선과 함께 미국의 권위주의에 잠재해 있던 위협이 현실화되는 중이다. 이미 미국의 권위주의의 특성은 파시스트적 성향을 파악할 목적으로 아도르노가 개발한 'F지표'를 그동안 업데이트 해왔던 후배 사회학자들에 의해서 정리되었다"(이 책의 7장을 보면 F지표가 아도르노와 그의 동료들이 1950년대 미국에서 파시즘이나 권위주의적 망상에 쉽게 빠질 수 있는 사람을 찾아내기 위해서 만든 성격테스트라는 사실을 알 수 있다).

당시 아도르노는 미국에서의 삶을 일종의 리얼리티 쇼로 봤다. "인간이 괴물다큐멘터리 영화에 나오는 움직이는 부품처럼 환원되었다. 이 영화를 보는 관객은 없다. 스크린 위에서 부품이 된 인간들이 할 일은 아무것도 없기 때문이다"라고 아도르노는 그의 1951년 책 『미니마 모랄리아』에서 일갈했다. 로스는 이런 종류의 철학적 사유를 통해 아도르노가 예지력도 갖게 되었다고 주장한다. "이제 리얼리티 쇼의 스타로 변신했던 사업가가 대통령으로 선출되었다. 좋든 싫든 트럼프는 정치적 현상일 뿐 아니라 팝 컬쳐 현상이 되었다." 로스가 쓴 이 글의 제목이 궁금한가? 바로 「프랑크푸르트학파는 트럼프의 등장을 예견했었다」이다.[1]

언젠가 아도르노는 이렇게 썼다. "거짓말은 긴 다리를 갖고 있어서 시간을 앞서 간다." 프랑크푸르트학파의 비판이론은 이 거짓말을 닮았다. 그들의 이론이 예언적 학문으로서 갖는 함의와 중요성은 장기적 차원에서 확실하다. 『아케이드 프로젝트』에서 벤야민은 '인식가능성의 현재'라는 표현을 만들었다. 오랫동안 폐기된 사물이 갖는 의미는 한참 후에야 인식될 수 있다는 의미를 담고 있다. 벤야민은 여기서 현재를 이해하려면 과거를 봐야 한다고 제안한다. 지금 바로 이곳에서, 프랑크푸르트학파가 남긴 저작들을 다시 읽어야 할 이유는 현재 우리가 살아가는 방식을 이해하기 위해서이다.

저자 스튜어트 제프리스

주

1. 알렉스 로스의 관련 글은 2016년 12월 5일자 《뉴요커》에 수록되어있다. 원문은 링크를 참조. https://www.newyorker.com/culture/cultural-comment/the-frankfurt-school-knew-trump-was-coming.

일러두기

- 각주는 역자의 주와 해설로 *로 표기했다.
- 한국어판 서문을 제외하고 모든 미주는 원문의 주로 번호로 표기했다.
- 단행본은 『 』, 논문과 글은 「 」, 신문과 잡지는 《 》로 표기했다.
- 참고문헌에서 국문 자료는 2000년 이후 출간된 책을 기준으로 정리했다.
- 찾아보기에서 일부 보통명사 항목은 한국어판에 맞게 페이지를 수정했다.

| 서론 | 시류를 거스르다 |

1969년 죽기 얼마 전 아도르노는 한 인터뷰에서 이렇게 말했다. "나는 사유의 모델을 만들었다. 사람들이 그 모델에 몰로토프 칵테일*을 장착하고 싶어 한다는 걸 꿈에도 상상하지 못했다."[1] 많은 이들에게는 이것이 바로 프랑크푸르트학파가 안고 있던 문제였다. 프랑크푸르트학파는 절대 혁명 앞에 몸을 낮추지 않았다. "철학자들은 지금까지 세상을 다양한 방식으로 해석해 왔을 뿐이다. 문제는 세상을 바꾸는 것이다"[2]라고 카를 마르크스는 말했다. 그러나 프랑크푸르트학파 지식인들은 마르크스의 포이에르바하에 대한 11번째 테제를 거꾸로 뒤집어버렸다.

1923년 출연한 이래 프랑크푸르트학파로 알려져 있는 마르크스주의 연

---

* 화염병을 의미한다. 소련의 외무성장관 몰로토프를 빗대어 만든 말로 1939년 소련의 핀란드 공격당시 핀란드인 들이 소련탱크에 저항하기 위해 처음 만들었다고 한다.

구소는 정당정치와 거리를 두었고 정쟁에 회의적이었다. 연구소를 대표하는 회원들 — 테오도르 아도르노, 막스 호르크하이머, 헤르베르트 마르쿠제, 에리히 프롬, 프리드리히 폴록, 프란츠 노이만, 위르겐 하버마스 — 은 파시즘의 잔혹성과 서구 사회를 피폐화 시키고 정신을 옥죄는 자본주의적 억압을 비판하는 데는 장인적 기술을 보여주었으나 그들이 비판하는 대상을 바꾸는 일에는 소질이 없었다.

프랑크푸르트학파가 마르크스를 거꾸로 뒤집어 놓았다며 다른 마르크스주의자들이 분개했다. 철학자 게오르그 루카치는 아도르노와 프랑크푸르트학파의 회원들이 소위 '그랜드 호텔 어비스(Grand Hotel Abyss)'라는 곳에 머물렀다고 비판한 적이 있었다. 루카치가 이름 붙인 이 아름다운 호텔은 "각종 편의시설로 가득했지만 허무와 모순, 심연이라는 절벽 가장자리에 세워져 있었다." 이 벼랑 끝에 선 호텔에 묵었던 손님 중에는 프랑크푸르트 출신 염세주의 철학자 아르투르 쇼펜하우어가 있었다. 루카치는 쇼펜하우어의 철학이 세상으로부터 안전하게 거리를 유지한 채 고통을 사색한다고 지적했다. "매일 최상의 만찬을 즐기고 예술 감상을 하면서 틈틈이 심연을 성찰하는 일은 그저 섬세하고 안락한 여가생활을 극대화시켜줄 뿐이다"라고 루카치는 비아냥거렸다.[3]

프랑크푸르트학파의 이론가들도 마찬가지였다고 루카치는 주장했다. 쇼펜하우어처럼 벼랑 끝 호텔에 투숙한 새 고객들은 고통에 대한 도착적 쾌락을 즐겼다고 그는 비판했다. 이들의 경우 물론 그 쾌락의 대상은 호텔 테라스에 앉아 굽어본 저 심연 밑바닥에서 인간정신을 파괴시키고 있는 독점자본주의의 거대한 장관이었다. 루카치가 보기에 프랑크푸르트학파는 이론과 실천 사이에 반드시 있어야 할 연결고리를 포기해버렸다. 실천은 언제나 이론의 행동화를 통한 현실화를 의미한다. 이론과 실천 중 어느 쪽이라도 정당화되려면 이 둘은 결합되어 변증법적 관계 속에서 서로를 강화시켜야 한다.

만일 그렇지 못하다면 이론은 마치 마르크스 이전의 철학자들이 그랬던 것처럼 그저 해석에만 머무는 엘리트주의적 활동이 되기 마련이라고 루카치는 주장한다.

아도르노가 몰로토프 칵테일 운운한 이유는 자신과 동료들 주변에 있던 많은 사람들이 행동을 요구했던 시절 프랑크푸르트학파가 이론에 머물렀던 이유를 설명하기 위해서였다. 당시 학생운동과 신좌파의 기세가 등등했고 지금은 틀렸다고 판명되었지만 당시에는 많은 사람들이 바로 루카치가 강조한 실천을 통해서 급진적인 정치변화를 이룰 수 있을 것이라고 믿었다. 분명히 매우 강렬한 정치적 격변의 시기였다. 버클리에서부터 베를린까지 학생들은 저항했다. 민주당전당대회가 열렸던 시카고에서는 미국이 벌인 베트남전쟁에 반대하는 시위에 참가한 학생들을 경찰이 폭력적으로 진압했고, 소련의 탱크가 프라하로 진입해서 체코슬로바키아가 시도한 '인간의 얼굴을 한 사회주의'의 실험을 좌절시켰다.

프랑크푸르트대학에 있던 65세의 자칭 배불뚝이 교수이며 독일에서 프랑크푸르트학파를 대표하는 인물이었던 아도르노는 독일사회주의학생연맹(SDS)의 학생대표들로부터 급진적이지 않다는 이유로 공격을 받았다. 학생 시위자들은 아도르노의 강의를 훼방 놓았고 "아도르노가 평화롭게 지낸다면 자본주의는 결코 끝나지 않을 것이다"라는 문구를 칠판에 적었다.[4]

짧은 기간이었지만 이 대학의 사회학과가 시위대들에 의해 점령되어 로자 룩셈부르크와 카를 리프크네히트가 이끈 운동의 이름을 따서 스파르타쿠스학과라고 불렸던 일은 상징적이다. 두 사람은 이미 50년 전에 살해당했다. 이러한 이름 바꾸기는 질책이자 기억의 행위였다. 1919년의 스파르타쿠스 단원들은 1969년의 프랑크푸르트학파가 감히 엄두도 내지 못했던 일을 했으므로 사회학과의 이름을 바꾸어 부름으로써 질책한 셈이고, 2년 전 러시아에서 볼셰비키가 성공을 거둔 일을 왜 독일의 스파르타쿠스는 이루지 못했는가를 분석하려고 했던 마르크스주의 이론가들의 노력으로 프랑크푸르트학파가 탄생했다는 사실을 기억하게 해주었다.

1969년 루디 두치케와 다니엘 콘－방디트 등 학생지도자들은 이론과 실천을 결합시킬 때가 왔으며 대학을 혁명화하고 자본주의를 파멸시킬 순간이라고 믿었다. 당시는 청산의 시기였다. 독일지식인들은 또 실패할 수는 없었다. 아도르노는 시류를 따르기를 거부했다. 그가 갖고 있던 회환의 감정은 프랑크푸르트학파가 처한 과거와 현재의 상황이 어떤 것인지, 또 왜 좌파진영의 많은 사람들이 과거와 마찬가지로 지금도 여전히 그와 동료들을 석연치 않게 보는지를 상당 부분 설명해준다. 1969년의 논문 「이론과 실천에 관한 주석」에서 아도르노는 자신이 학생시위에 참여하는 대신 연구에 몰두했기 때문에 학생들이 자신의 연구실을 엉망으로 만들었다고 썼다. 누군가가 그의 연구실 벽에 이렇게 갈겨 써 놓았다. "실천하지 않고 이론만 하는 사람은 사회주의의 배신자이다."

아도르노의 입장에서는 이 학생은 분명 거리의 투사이기 전에 비판이론가로서 자신의 동지였기 때문에 그는 이 학생을 변호하려고 노력했다. 그 일환으로 아도르노는 학생운동과 신좌파운동가들의 실천에 맞서 이론을 내세웠다. "도덕적 판결을 내린다는 이데올로기적인 핑계로 실천을 감행하는 것은 그 학생에게도 불리하다"고 아도르노는 썼다.[5] 해방적 실천행동을 강압적으로 요구한다는 이 역설이 아도르노를 비롯한 프랑크푸르트학파 사상가들의 마음을 불편하게 했다. 하버마스는 이런 요구를 '좌파 파시즘'이라고 불렀고, 하버마스의 스승이었던 아도르노는 나치 독일과 스탈린의 러시아 시절 창궐했던 권위주의적 성격이 기이한 형태로 재탄생했음을 목도하게 되었다.

아도르노와 프랑크푸르트학파 이론가들은 권위주의적 성격을 익히 잘 알고 있었다. 프랑크푸르트학파 지식인들이 대부분 그랬듯이 권위주의는 나치의 살인행위를 피해 망명하지 않을 수 없었던 유대계 마르크스주의 지식인의 전문 연구 영역이었다. 프랑크푸르트학파의 대표 연구자들은 꽤 많은 시간을 나치즘을 이론화하는데 투자했다. 이들은 특히 어떻게 독일국민들이 자본주의적 억압에 대항해서 사회주의혁명을 일으키는 대신 지배의 욕망을 따르게 되었는지를 설명하려고 노력해왔다.

1969년에 아도르노는 비판적 사유를 통해 히틀러시대에 창궐했던 권위주의적 성격과 그에 따르는 순응주의 정신이 신좌파와 학생운동에서 되살아나 활보하는 양상에 주목했다. 학생운동과 신좌파는 반권위주의적인 듯 행세하지만 자신들이 전복의 목표물로 지목한 억압적 구조를 그대로 복사하고 있었다. "가장 격렬하게 저항하는 이들은 권위주의적 성격을 보일 가능성이 많다. 그들은 성찰하기를 거부하기 때문이다"라고 아도르노는 썼다.[6]

프랑크푸르트학파 중 유일하게 1960년대 후반 급진주의자들의 야심찬 포부에 찬물을 끼얹지 않았던 사람은 당시 샌디에이고 소재 캘리포니아대학에 재직 중이던 마르쿠제였다. 그는 과격한 정치적 급진주의에 손대고 있다는 이유로 프랑크푸르트학파 동료들의 조롱을 감수해야 했다. 마르쿠제 자신도 신좌파의 아버지라는 명예를 경멸하긴 했지만 한동안 학생운동의 열기에 휩싸여서 억압 없는 유토피아의 도래를 상상하기도 했다. 그 덕분에 학생들의 존경을 받았지만 동시에 살해협박을 받아 숨어 지내야 했다. 파리의 운동권 학생들이 들고 다닌 깃발에는 "마르크스, 마오, 마르쿠제"라고 쓰여 있었고 이 세 사람은 당시 새로운 혁명의 삼위일체였다.

프랑크푸르트학파의 기준에서 마르쿠제는 다소 예외적 인물이었다. 아도르노는 그의 독특한 성향대로 때로는 쟁점을 다룬 시사적 글을 통해, 때로는 화가 나서 마르쿠제에게 보낸 서신을 통해서 지금은 쉽게 행동을 할 때가 아니라 각고의 노력을 들여 사유를 해야 할 때라고 주장했다. "행동주의자들이 사유를 공격하지만, 사유를 하려면 필요 이상의 노력을 들여야 한다.

사유는 정말 공들여 해야 한다. 사유야말로 진정한 실천이다."**7** 잘못 시도된 실천에 대항해서 이론은 벼랑 끝에 위태롭게 서 있는 호텔로의 반동적 후퇴가 아니라 원칙에 입각한 사유라는 성벽으로 철수했다. 이 요새에서 정기적으로 근본적인 사회비판을 담은 글이나 의견이 제출되었다. 아도르노에게는 연좌데모나 바리케이드 보다 사유가 진정한 의미의 급진적 행위였다. "사유하는 자가 저항하기 마련이다. [사유의 저항 대신] 시류를 따라 헤엄치는 것이 더 편할지 모른다. 시류를 거스른다고 선언하는 것이 곧 시류에 편승하게 되는 시대에는 더욱 그렇다."**8**

프랑크푸르트학파는 줄곧 무능하다고 공격받곤 했는데 의미심장하게도 아도르노는 도리어 학생운동이 얼마나 무능한지를 지적했다. "폭탄을 설치하는 이들에게 바리케이드는 가소로울 뿐이다"라고 그는 주장했다.**9** 이 핵심을 찌르는 발언은 신좌파와 학생혁명세력이 1789년, 1830년, 1845년에 사용했던 혁명 전략을 빌어 왔지만 그 전략이 턱없이 부적절해서 1969년 당시 진보한 서구자본주의를 파멸시킬 목적을 수행할 효과적인 투쟁 그 어느 것과도 무관했음을 암시한다. 혹은 마르크스가 이와는 다른 문맥에서 말했던 것처럼 역사의 반복은 소극(笑劇)이 되었다. 만일 신좌파가 핵무기로 무장했다면 아도르노의 분석은 달라졌을지 모른다.

아도르노가 우스꽝스러울 정도로 무능하다고 간주했던 운동권 학생들의 저항방식이 일정한 계획에 따른 것이었다고 볼 수도 있다. 프랑크푸르트학파의 비판이론에 관심을 가진 사람이라면 필경 급진적 학생운동권이 1960년 후반에 택한 바리케이드 혁명전통의 차용(借用)에 관해서 아도르노가 내린 평가 이상의 의미를 부여할 수 있을 것이다. 프랑크푸르트학파에 지대한 영향을 끼친 철학자이자 비평가인 발터 벤야민은 말년에 쓴 「역사철학에 관한 테제」라는 글에서 혁명세력이 과거의 영웅들에게 자의식적으로 빚지고 있다고 했다. 이 자의식적인 부채감은 시간을 거슬러 올라가서 과거의 롤모델에게 느낀 연대의식을 표현하면서 새로운 혁명을 위해 그들의 도상학(iconography)을 선취함으로써 선배들의 투쟁을 기리는 것으로 나타났다.

가령 1789년 프랑스혁명은 고대 로마의 유행과 제도를 차용했다. 벤야민은 이를 "호랑이처럼 과거로 도약하기"라고 불렀다. 이 과거를 향한 도약은 시간을 가로질러 동시대와 공명하는 역사적 순간 속으로 뛰어든다. "로베스피에르에게 고대 로마는 시간의 연속성으로부터 자신이 떼어낸 현재라는 시간으로 가득한 과거였다."[10] 이 시간적 연속성, 혹은 벤야민이 "동질적이고 텅 빈 시간"이라고 부른 것은 지배계급의 시간적 질서이다. 급진적 연대의식을 통한 시간여행의 도약에 의해서 이 질서는 거부된다.

유사한 방식으로 거리로 나가 바리케이드를 설치했던 1960년대 후반 파리의 성난 군중은 약 2세기 전 혁명가들과의 연대의식을 표현했다고 볼 수 있다. 하지만 호랑이의 도약은 위험하다. 실패하기 쉽다. 벤야민은 설명한다. "그러나 이 도약은 지배계급이 명령을 내리는 곳에서 일어난다." 마르크스는 이 도약을 혁명으로 이해한다고 벤야민은 덧붙인다. 도약은 변증법적이다. 도약을 통해서 과거가 현재의 행동에 의해 보상받고 현재는 과거 속의 짝과 연결됨으로써 보상받는다.

1940년에 죽지 않고 살아남아 1960년대 후반의 학생봉기를 목도했더라면 벤야민은 바리케이드로 향해갔던 이들이 아무리 우스꽝스러워 보였을지라도 열렬히 지지했으리라. 벤야민은 친구 아도르노보다는 이론에 폭탄을 장전하는 것에 대해 보다 유연하게 대처했을지 모른다. 아도르노가 이론을 낭만화한다면 벤야민이 실천을 낭만화 했다고 말하는 것은 지나친 단순화일 수 있지만 아주 틀린 말은 아니다. 확실히 아도르노가 이끈 지적 세력으로서의 프랑크푸르트학파는 지배질서를 전복하지는 못하더라도 유죄로 기소할 수 있는 유일한 공간을 이론이 제공해줄 수 있다고 믿는다. 현실의 타락한 세상에 노출되면 오염되어 버리는 여타의 것들과 달리 이론만큼은 광채를 뿜어내며 길들여지지 않는 정신을 보유하고 있다는 것이다. "이론은 편협하지 않은 정신을 대변한다"고 아도르노는 말한다. "일체의 부자유에도 불구하고 이론은 부자유 속의 자유를 보장한다."[11]

바로 여기에서 프랑크푸르트학파는 가장 편안하게 느낀다. 그들은 혁명적 유포리아*의 망상에 빠지기보다는 억압적이지 않은 지성의 공간으로 피정하기를 선호한다. 그곳에서 그들은 자유롭게 사유할 수 있기 때문이다. 이런 종류의 자유는 현실적 변화에 대한 희망이 상실되었기 때문에 분명 멜랑콜리하다. 프랑크푸르트학파와 비판이론의 역사를 추적해보면 마르쿠제를 제외한 이 학파의 사상가들은 갈수록 무기력해져갔고 자신이 혐오해 마지않았던 세력들과 맞서는 와중에도 자신에겐 상황을 바꿀 힘이 없다는 것을 뼈저리게 느끼고 있었음을 알 수 있다.

하지만 프랑크푸르트학파에 관한 이 프로그램화된 무능력의 서사에 맞먹는 또 다른 서사가 존재한다. 이 라이벌 서사는 음모론을 제시한다. 프랑크푸르트학파라고 불린 소규모의 독일 마르크스주의 철학가집단이 문화적 마르크스주의를 창시했다는 주장이다. 문화적 마르크스주의는 다문화주의, 정치적 공정성, 동성애와 집산주의(collectivism) 경제사상 등을 조장함으로써 전통적 가치를 전복했다고 알려져 있다.[12] 사회연구소의 대표 사상가들이 만약 자신들이 서구문명의 몰락을 꾀했을 뿐 아니라 그 일에 성공했다는 이야기를 듣게 되었다면 아마도 황당해 했으리라. 하지만 대부분 홀로코스트 생존자였던 이 사상가들은 심리적 필요를 만족시키기 위한 음모론이 현실의 삶에 초래하게 되는 치명적인 결과를 이미 잘 알고 있었다.

이 음모론을 수용했던 사람들 중에는 우익테러리스트 안데르스 브레이빅

---

* 행복감에 극도로 도취된 상태를 의미

이 있다. 그는 2011년 7월 노르웨이에서 77명의 목숨을 앗아간 대학살을 감행하면서 「2083: 유럽독립선언문」이라는 1513쪽에 달하는 선언문을 남겼다. 여기서 그는 유럽의 이슬람화를 문화적 마르크스주의 탓으로 돌렸다. 브레이빅의 사상 — 이런 표현은 지나친 감이 있지만 — 은 마이클 미니치노가 쉴러 연구소의 학술지 《피델리오》에 실은 「프랑크푸르트학파와 정치적 공정성」이라는 글이 제시한 음모론에 기반하고 있었다.[13] 하지만 미니치노는 프랑크푸르트학파가 서구 사회를 어떻게 망쳤는지를 설명하면서 한 가지 핵심을 놓쳤다. 바로 프랑크푸르트학파의 몇몇 연구자들이 제2차 세계대전 중 비밀요원으로 활동했다는 사실이었다. 이를 염두에 두고 음모론의 주장을 들으면 서구의 비밀요원으로 활동했던 연구자들이 요원활동을 하면서도 비판이론을 포함한 악마적 의도를 거장의 반열에 오를 정도로 능란하게 감추었다는 말인데, 물론 불가능한 일이다.

프랑크푸르트학파에 관한 진실은 음모론자들이 주장하는 것처럼 요란하지 않다. 이 학파는 실패, 특히 1919년 독일혁명의 실패를 이해하려는 노력에서 시작되었다. 1930년대에 연구소는 변화를 거치면서 마르크스주의 사회분석을 프로이트주의 정신분석이론과 결합시켜서 독일노동자들이 사회주의 혁명을 통해 자본주의로부터 해방되는 것보다는 현대소비자본주의사회 그리고 결정적으로 나치즘에 현혹된 이유를 분석하려고 했다.

1940년대에 로스앤젤레스에서 망명생활을 했던 아도르노는 캘리포니아 F지표라는 성격테스트를 개발했다. 이 테스트는 파시즘이나 권위주의적 망상에 빠지게 될 가능성을 가늠하기 위한 척도로 고안되었다. 브레이빅은 아마도 아도르노가 말했던 권위주의적 성격에 완벽하게 들어맞는 사례일 것이다. 이런 인간형은 "전통적 기준의 몰락에 강박적으로 집착하고 변화를 감당할 줄 모르며 집단의 내부자로 간주되지 않는 사람들을 전부 증오할 뿐 아니라 타락을 참지 못하고 전통을 '수호'하기 위해 행동할 태세를 갖춘" 사람이다.[14] 『권위주의 성격』이라는 책의 서문에서 아도르노는 이렇게 경고를 한다.

'병리적'이라고 간주되는 성격 패턴들은 대체로 가장 일상적으로 드러나는 보통의 경향이나 사회의 지배적인 이상들과 함께 보조를 맞출 수 없다. 이들을 자세히 관찰해보면 해당 사회의 표면 아래에 거의 보편적으로 존재하는 것을 과장시킨 형태에 불과하다는 점이 드러난다. 오늘 '병리적'이라고 분류된 것이 사회조건의 변화에 따라 내일은 지배적 경향이 될 수도 있다.[15]

나치즘을 경험했기 때문에 그는 이러한 비극적 추세에 특히 민감했다.

프랑크푸르트학파에 대한 오해는 브레이빅의 예에 국한되지 않았다. "문화적 마르크스주의는 막대한 해를 끼친다. 분석에 광적으로 집착하면서도 인간본성에는 취약하기 때문에 그에 따르는 결과를 예상하지 못한다(국가, 교회, 가족과 법 등의 제도가 붕괴하기 시작할 때 고통을 당하는 이들은 대개 가장 나약한 사람들이다)."[16] 이 말은 에드 웨스트가 영국의 우파 신문《데일리 텔레그라프》에 쓴 것이다. 사실은 문화적 마르크스주의로 인해 손상되었다고 웨스트가 비판했던 그 모든 제도들을 프랑크푸르트학파는 보호하려고 애를 썼다. 아도르노와 호르크하이머는 가족이라는 제도를 권위주의적 세력에 대항하는 저항지점으로 옹호한다. 하버마스는 가톨릭교회를 현대다문화사회를 작동시키기 위한 기획의 동맹자로 지칭한다. 프랑크푸르트학파의 현재 수장인 악셀 호네트는 법 앞의 평등을 인간의 번영과 개인적 자율성의 선제조건으로 강조한다. 그렇다. 하버마스는 유럽 전역을 총괄하는 통치조직을 위해서 독일국가가 와해되기를 바랐다. 과거 히틀러유년조직 출신의 이 이론가는 1933년과 1945년 사이 자신의 조국에서 번성했던 사악한 민족주의 따위가 귀환할까 두려워했다.

요약하면, 프랑크푸르트학파에게 쏟아졌던 비난은 면제해주어야 마땅하다. 대체로 비난을 퍼붓는 사람들은 자신의 목적에 맞게 이 학파의 연구자들이 쓴 저서를 고의로 혹은 실수로 오독해왔다. 무엇보다 프랑크푸르트학파가 21세기에 우리에게 아무것도 제시해주지 못한다는 편견으로부터 이들을 놓아주어야 한다.

이것이 내가 이 책을 쓴 목적이다. 프랑크푸르트학파와 비판이론에 관한 기존의 매우 훌륭한 역사책들이 있고, 이 학파의 대표적 사상가들의 삶을 다룬 빼어난 전기도 많다. 하지만 나는 이 책을 통해서 색다르고 생산적인 접근법을 제시하고 싶다. 세계를 관찰하고 분석하는 프랑크푸르트학파의 독특한 관점을 신선하고 인상적인 방식으로 조명하려고 한다.

『프랑크푸르트학파의 삶과 죽음: 21세기 비판이론』은 한편으론 한 집단을 다루는 전기 형식을 취해서 이 학파의 대표적 인물들이 어떻게 서로에게 영향을 주고 지적으로 경쟁했는지, 또 부유한 유대계 사업가 부모의 손에서 자랐다는 그들의 공통 경험이 어떻게 그들로 하여금 물질의 신 마몬(Mammon)을 거부하면서 마르크스주의를 끌어안았는지를 쓰려고 한다. 뿐만 아니라 나는 이 책에서 1900년부터 현재에 이르는 하나의 서사를 제시하고 싶다. 이 시대는 말이 끄는 운송수단에서부터 인간의 손을 떠난 드론이 전쟁을 벌이는 상황으로 이어진다. 이 책은 프랑크푸르트학파의 사상가들이 응석받이로 자랐던 독일의 유년시절 아버지의 영향권 내에 있으면서 동시에 그의 양육방식에 반항을 하다가 제1차 세계대전을 겪은 후 독일혁명의 실패를 목도하면서 마르크스주의를 접하게 되어 혁명의 실패를 설명하려는 노력의 일환으로 신마르크스주의 이론을 발전시켜온 과정을 따라간다. 그들이 1920년대 대량산업생산방식과 그 부산물인 대중문화가 집중적으로 성장하는 시기를 관통해가다가 히틀러가 권력을 잡은 후 미국으로 어쩔 수 없이 망명을 하게 되는 과정도 아울러 담겨있다. 그들은 미국에 구토가 날만큼 증오를 느끼면서도 매혹되었고 종전이 되자 홀로코스트로 인해 치명적이며 회복할 수 없는 상흔을 입은 전후 유럽으로 쓸쓸하게 귀환한다. 그 뒤 1960년대 청년들의 혁명적 유포리아를 마주했을 때 현기증을 느꼈고 21세기 서구의 다문화주의적 사회들이 붕괴하지 않으려면 어떻게 해야 할 지를 이해하기 위해서 안간힘을 쓰게 된다.

　이상의 이야기는 상상하기 힘든 대조와 역설을 담고 있다. 여기에는 1919년 베를린에서 어린 마르쿠제가 우익 스나이퍼들에게 총을 쏴대는 공산주의 방위대의 일원으로 등장하고 21세기의 초입에 과거 히틀러 소년단원이었던 — 우리에겐 교황 베네딕트 14세로 잘 알려져 있는 — 요제프 라칭거와 정신적 동맹을 맺은 하버마스, 그리고 제2차 세계대전 당시 CIA의 전신에서 비밀요원으로 활약한 마르크스주의 사상가들, 또 채플린의 영화를 자신의 책에서 신랄하게 비판하는 한편 할리우드에서 열린 파티에서는 채플린을 위해 피아노를 연주한 아도르노, 미국에서 그들을 맞이한 주최 측과 미래의 잠재적 후원자들의 심기를 거스르지 않기 위해 연구논문에서 M자를 삭제했던 프랑크푸르트학파가 등장한다.

　무엇보다 내가 프랑크푸르트학파에 끌렸던 이유는 그들 자신이 직접 겪으며 지나온 시대를 이해하기 위해 효과적인 비판적 장치를 발전시켰기 때문이다. 이들은 마르크스주의를 재이론화하기 위해 프로이트의 정신분석에서 개념을 빌어 와 어떻게 사회주의 유토피아로 향해가는 역사의 변증법적 운동이 정체상태에 처하게 되었는지 이해하려고 했다. 이들은 자신들이 문화산업이라고 부른 것이 출현하자 연구대상으로 선택해 문화와 정치 사이의 새로운 관계를 모색한다. 이때 문화는 자본주의체제의 비굴한 아첨꾼 노릇을 하면서도 아직 현실화되지는 못한 상태이지만 이 체제 밑으로 무덤을 파게 될 막강한 잠재력을 가진 것으로 채택된다. 특히 이들은 하루하루의 일상적 삶은 혁명의 극장이 될 가능성을 갖고 있지만 현실은 이와 정반대인 경우가 많아서 억압적 체계를 극복하려는 어떤 욕망도 좌절시키는 순응주의를 낳게 되는 사정도 고찰한다.

논쟁의 여지는 있지만 현재 우리는 예전보다 더 많은 선택의 자유를 갖고 있으면서도 프랑크푸르트학파가 공격했던 것과 똑같은 세상에 여전히 살고 있다. 아도르노와 호르크하이머는 서구의 선진자본주의사회가 드러내놓고 자랑하는 선택의 자유라는 것이 공상에 불과한 것이라고 생각했다. 우리는 "언제나 같은 것을 선택할 자유"를 갖고 있다고 『계몽의 변증법』에서 그들은 주장했다.[17] 그들은 또한 인간의 성격이 허위의식 때문에 타락한 나머지 더 이상 그 이름에 어울릴 만한 것이 없다고 주장했다. "인격은 오직 반짝반짝 빛나는 하얀 치아, 그리고 암내와 감정으로부터의 자유 그 이상 어떤 것도 의미하지 않는다." 인간은 욕망가능하고 쉽게 교환될 수 있는 상품으로 변질되었고, 이때 선택할 수 있는 것이라곤 누구나 조종당할 수 있다는 사실을 아는 것뿐이다. "문화산업에서 광고의 승리란 소비자들이 광고의 진의를 꿰뚫어보고 있으면서도 상품을 사고 사용하도록 강요받게 된다는 데 있다."[18] 프랑크푸르트학파의 사회비판은 그들이 책을 썼던 시대보다 오늘날의 현실에 더 부합하기 때문에 우리에게 유의미하다.

오늘날의 현실이 뭐가 어떻기에 그러냐고 묻는다면, 논쟁을 무릅쓰고 이렇게 말할 수 있다. 문화산업과 소비주의에 의해 인간이 지배당하는 양상은 과거 어느 때보다 더 강력해졌고, 상황은 더 나빠져 간다. 한때 유럽과 북미 지역을 지배했던 체계는 그 허용범위를 확장시켜왔다. 우리는 더 이상 민족과 민족주의가 중요한 세상에 살지 않는다. 겉보기엔 자유로운 선택이 가능해 보이는 지구촌 시장에서 살고 있다. 만일 프랑크푸르트학파의 진단이 옳다면 항상 같은 것만을 선택할 자유, 우리를 정신적으로 피폐시키는 것만을 선택할 자유를 통해 우리는 기꺼이 억압체계에 굴복하고 있다.

1940년 호르크하이머는 친구에게 이렇게 쓴다. "이제 유럽, 나아가 세계를 집어삼키려고 위협하고 있는 것을 생각하면 우리는 다가올 밤을 버텨내면서 후대에게 유산을 남겨야 하네. 말하자면 병 속에 메시지를 넣어 보내는 거지."[19] 그가 여기서 말한 밤은 물론 제2차 세계대전과 홀로코스트였다.

프랑크푸르트학파가 남긴 연구서들은 또 다른 어둠 속을 살아가고 있는 우리에게 유용하다. 우리가 지금 살고 있는 이 지옥을 프랑크푸르트학파가 만들지는 않았지만, 최소한 지옥을 이해하도록 도와줄 수 있기 때문이다. 그러니 이제 프랑크푸르트학파가 보낸 병 속 메시지를 꺼내 볼 때가 되었다.

1. Esther Leslie, "Introduction to Adorno/Marcuse Correspondence on the German Student Movement"를 참조. platypus1917.org.

2. Karl Marx, *The German Ideology: Including Theses on Feuerbach and Introduction to the Critique of Political Economy*. Prometheus Books, 1976, 571쪽 참조.

3. György Lukács, "Preface to *The Theory of the Novel*" 참조. marxists.org.

4. Stefan Müller-Doohm, *Adorno: A Biography*, Polity:2014, 415쪽에 인용됨.

5. Theodor W. Adorno, "Marginalia to Theory and Praxis." *Critical Models: Interventions and Catchwords*, Columbia University Press, 2012, 263쪽 참조.

6. 같은 글, 271쪽.

7. 같은 글, 263쪽.

8. 같은 글.

9. Müller-Doohm, *Adorno: A Biography*, 463쪽에 인용됨.

10. Walter Benjamin, "Theses on the Philosophy of History." *Illuminations,* Hannah Arendt 편집. Fontana, 1992, 253쪽.

11. Adorno, "Marginalia to Theory and Praxis," 263쪽.

12. Daniel Trilling, "Who Are Breivik's Fellow Travellers." *New Statesman*, 2012년 4월 18일자. newstatesman.com.

13. Michael Minnicino, "The Frankfurt School and 'Political Correctness." *Fidelo* 1 (1992) 참조. schillerinstitute.org. 또 위키피디아의 프랑크푸르트학파 항목에 수록된 "Cultural Marxism conspiracy theory"를 참조할 것.

14. Peter Thompson, "The Frankfurt School, Part I: Why did Anders Breivik fear them?" *Guardian*, 2013년 3월 25일자. theguardian.com.

15. Theodor W. Adorno, "Introduction." T. W. Adorno, Else Frenkel-Brunswik, Daniel J. Levinson and R. Nevitt Sanford, *The Authoritarian Personality*, Harper & Brothers, 1950, 7쪽 참조.

16. Ed West, "Criticising Cultural Marxism Doesn't Make You Anders Breivik." *Telegraph*, 2012년 8월 8일자 참조. blogs.telegraph.co.uk.

17. Theodor W. Adorno and Max Horkheimer, *Dialectic of Enlightenment*, Verso, 1997, 166-7쪽.

18. 같은 글, 167쪽.

19. Müller-Doohm, *Adorno: A Biography*, 262쪽 참조.

1부

❧

1900년 – 1920년

과거를 지워버리려는 자들은
마래까지도 폐지해버릴 위험을 초래하게 된다.

1장
조건: 비판하기

—

1900년 베를린. 추운 겨울 아침 집 안에서는 당시 8살이었던 어린 벤야민의 침대 옆 작은 오븐에서 하녀가 넣어 둔 사과가 구워지고 있다. 지금 우리는 사과 향을 상상할 수 있을지 모른다. 하지만 그날부터 32년이 지난 뒤 벤야민이 이 장면을 기억할 때마다 떠올렸던 수많은 연상과 어우러진 사과 맛을 느낄 순 없을 것이다. 뜨겁게 달구어진 오븐에서 이제 막 꺼낸 구운 사과에 대해 벤야민은 회고록인 『1900년경 베를린의 유년시절』에서 이렇게 쓴다.

[구운 사과는] 그날 나를 위해 마련된 모든 사물이 뿜어내는 향기를 [뜨거운 오븐의 열기를 거치면서] 전부 간직하고 있었다. 내가 그 반짝이는 사과의 볼을 손으로 감싸고 따스한 기운을 느낄 때마다 덥석 베어 물지 못하고 망설였던 것은 어쩌면 당연하다. 사과의 향을 통해 어떤 앎이

전달되었고 도망치듯 빠져나가려는 그것은 내 혀에 도달하기 전에 덧없이 사라질 거라 직감했다. [구운 사과에서 얻은] 그 얇은 때로 나를 따뜻하게 감싸주었고 등교 길 내내 위안이 되었다.[1]

하지만 위안은 금세 사라지고 만다. 학교에서 그는 "실컷 자고 싶은 욕망"에 사로잡힌다. "나는 늦잠을 실컷 자고 싶다고 수천 번도 더 소원을 빌었다. 후일 그 소원은 실제 이루어졌다. 하지만 내 소중한 희망들, 일자리를 얻고 번듯하게 살고 싶다는 계획들이 모두 수포로 돌아가 버리고 나서야 이 소원이 이루어졌다는 사실을 깨닫게 된 것은 오랜 시간이 지난 후였다."[2]

이 삽화는 벤야민에 관해 많은 것을 시사한다. 저주받은 아담의 사과에서 시작된 이 장면에서 풍겨 나오는 사과 향은 유년이라는 에덴동산으로부터의 추방을 암시했고, 마찬가지로 성인이 되어 독일을 떠나 망명길에 올랐던 그의 피카레스크적인 방랑생활과 1940년 나치를 피해 도망치는 와중에 48세의 나이로 비극적인 죽음을 맞기까지의 인생이 예견되고 있다. 구운 사과 향이 가득한 마술세계인 침실 너머 고난의 세상에 자신을 억지로 나서게 하려고 애쓰는 예민한 인간이 여기 있다. 자신이 원하는 것[잠]을 그 외 다른 모든 소원들이 돌이킬 수 없을 만큼 좌절되었을 때에야 비로소 얻을 수 있었던 멜랑콜리아가 여기 있다. 1928년의 책 『일방통행로』에서 시도했고 1936년의 에세이 「기술복제시대의 예술작품」에서 그 절정을 이루었던 모더니즘적 글쓰기 방식을 연상시키는 점프 컷(침대에서 학교로, 그 뒤 환멸을 느끼는 성인으로 옮겨간다)이 여기 있다. 벤야민은 이 점프 컷과 유사한 영화에서의 몽타주가 갖는 혁명적 잠재력을 열렬히 옹호했다. 특히 20세기 초반 유년시절에 관한 벤야민의 회상에는 그의 글쓰기에서 반복해서 시도된 매우 이상야릇하며 반직관주의적인 비평적 경향이 나타난다. 그는 자신이 역사의 연속성이라고 부른 것으로부터 사건들을 떼어내고 과거를 돌아보면서 이전 세대를 유지해준 망상들을 무자비하게 폭로했고 당시에는 자연스럽고 아무 문제 없이 정상적으로 보였던 것을 소급해서 폭파시켰다. 벤야민이 아버지의 돈과 고용된 하인의 노동으로 가능했던 목가적 유년시절을 그리워하며 나른하게 향수에 빠진 듯이 보일지도 모르겠지만, 실제로는 그 유년을 떠받치고 있던 토대들, 즉 어린 시절의 기억 속 베를린에, 비유적으로 말하자면 다이너마이트를 꽂았다. 게다가 이 상실된 유년시절의 회상에는 위대한 비평가이자 철학자였던 사람이 자신보다 나이어린 후배이자 동료였던 사회연구소의 연구자들, 지금은 프랑크푸르트학파로 알려진 독일 유대계 지식인들에게 매우 인상적인 방식으로 지대한 영향을 끼친 존재가 될 수 있었던 면모가 담겨 있다. 벤야민은 사회연구소의 회원은 아니었지만 중요한 지적 촉매 역할을 했다.

프랑크푸르트학파를 대표하는 연구자들 대부분이 유년시절을 보냈던 베를린 서쪽의 안락한 부르주아 아파트와 빌라에는 성공한 미술상이자 골동품상인 에밀과 폴린 벤야민 부부가 살고 있었다. 이 지역은 산업적 성공의 산물이었다. 호르크하이머, 마르쿠제, 폴록, 비젠그룬트-아도르노를 포함한 프랑크푸르트학파 사상가들은 독일사회에 문화적으로 동화된 유대인 가정 출신이었다. 이들처럼 벤야민 가족도 20세기 초 빠르게 산업화되던 빌헬름 시대의 독일이 경험한 화려한 허례허식의 와중에서도 유례없는 사치를 누리며 살았다.

벤야민의 글이 프랑크푸르트학파의 많은 연구자들에게 깊은 울림을 준 이유 중 한 가지는 바로 이들에게도 친숙한 가정환경이었다. 프랑크푸르트학파 연구자들은 신생 독일*에서 벤야민과 마찬가지로 세속적인 유대인의 특

---

* 독일통일 이후 빌헬름시대와 제1차 세계대전 그리고 독일혁명을 거쳐 바이마르공화국에 이르는 시기.

권층 가정에서 자랐고, 벤야민처럼 아버지 세대의 상업적 정신에 저항했다. 호르크하이머(1895-1973)는 철학가이며 비평가로서 30년 이상 사회연구소 소장으로 재직했는데, 슈투트가르트의 섬유공장 사장 아들이었다. 마르쿠제(1898-1979)는 정치철학자로서 1960년대 급진적 학생운동의 우상이었는데, 독일사회에 통합된 중상류층 유대인 가정에서 유년시절을 보냈다. 사회과학자이며 철학자인 폴록(1894-1970)의 아버지는 유대주의로부터 등을 돌리고 프라이부르크 임 브라이스가우에서 가죽공장주로 성공한 사업가가 되었다. 철학자이자 작곡가, 음악이론가이며 사회학자였던 아도르노(1903-1969)는 소년시절 어린 벤야민의 가정환경에 못지않은 안락한 생활을 보냈다. 그의 어머니 마리아 칼벨리-아도르노는 오페라 가수였고 아버지 오스카 비젠그룬트는 프랑크푸르트의 성공한 와인업자로서 동화된 유대교도였다. 프랑크푸르트학파 연구가인 마틴 제이는 아버지로부터 "[테오도르가] 섬세한 취향을 물려받았지만 상업에는 전혀 관심이 없었다"고 한다.[3] 이 사실은 프랑크푸르트학파의 다수 회원들에게도 해당된다. 이들은 아버지의 상업에 [경제적으로] 의존해 있었지만 그 상업정신에 자신이 오염된다는 사실에는 구역질을 느꼈다.

프랑크푸르트학파의 대표적인 정신분석이론 사상가인 프롬(1900-1980)의 가정환경은 동료들과는 다소 달랐다. 그의 아버지가 프랑크푸르트에 기반을 둔 적당히 성공한 과일주 방문영업사원이었다는 사실 때문이 아니라, 프롬이 지역 유대교 예배당의 성가대 선창자였고 모든 유대교 휴일과 관습을 매우 신중하게 준수했던 정통 유대교도였다는 점에서 그렇다. 그러나 프롬은 동료들과 마찬가지로 부의 신 마몬에 대한 기질적 혐오와 사업의 세계를 거부하는 성향을 보였다.

헨릭 그로스만(1881-1950)은 한때 프랑크푸르트학파를 대표하는 경제학자였는데 크라쿠프에서 유년시절을 보냈다. 그 당시 크라쿠프는 오스트리아의 합스부르크 제국이 식민지화했던 갈리시어 지방에 속해있었다. 그의 집은 중소기업가이자 광산주로 성공한 술집 경영인 아버지 덕분에 물질적으로 풍요로웠다. 헨릭 그로스만의 전기 작가인 릭 쿤은 이렇게 쓴다. "물질적 부는 사회적 편견, 정치적 상황, 유대인차별법 등으로부터 그로스만의 가족을 보호해준 완충장치였다."[4] 프랑크푸르트학파를 대표하는 사상가들 대부분은 그들의 어린 시절을 이런 보호막 속에서 보냈다. 물론 이들 모두 차별로부터 완전히 자유롭지는 못했다. 특히 나치가 권력을 잡은 이후에 상황은 더 어려워졌다. 그로스만의 부모는 크라쿠프 사회에 동화된 생활 속에서도 아들들이 모두 포경수술을 받도록 했고 유대공동체의 구성원으로 등록시켰다. 주류사회에 동화를 하더라도 지킬 것은 지켜야 했다.

이들의 지적 수준은 아주 높아서 이런 가정환경에 놓인 자신의 처지에서 역사적 아이러니를 생생히 느꼈다. 말하자면 아버지의 사업적 수완덕분에 그들이 비판적 글쓰기와 사색적 생활을 누릴 수 있었다는 현실 말이다. 물론 이들의 글쓰기와 사색은 이런 생활을 가능하게 해준 정치체제를 오이디푸스 콤플렉스 차원에서 무너뜨리려는 목적에 집중되어 있었다. 자신이 태어나고 자랐던 안락한 세상은 어린아이의 시선에는 영원히 안전해 보였을지 모른다. 그렇지만 벤야민의 회상록은 그런 세상 중 하나 — 물질적으로 풍족했던 유년시절의 세계 — 에 보내는 비가(悲歌)이면서 결코 이 세계가 영원하거나 안전하지 않을 것이며 종국에는 덧없이 사라질 운명이라는 참을 수 없는 진실을 드러낸다. 벤야민의 유년시절 속 베를린은 비교적 최근의 현상이었다. 고작 반세기 전만해도 다소 지방색이 짙은 프러시아의 낙후지역이었던 이 도시가 1900년경에는 유럽본토의 가장 현대적인 도시로 탈바꿈해서 파리를 대체할 수 있게 된다. 베를린은 스스로를 재창조하기 위한 맹렬한 욕구에 휩싸여 과장에 가깝게 과시하는 건축물(가령 1894년에 문을 연 국회의사당 건물)을 세운다. 1871년 통일제국이 된 독일의 수도로서 우쭐해진 자기 확신의 표현이었다. 당시부터 세기말까지 베를린의 인구는 80만에서 200만으로 증가했다. 빠르게 성장하던 새 수도 베를린은 모델로 삼은 도시인 파리의 장대한 위용을 대체하려고 애썼다. 프리드리히거리와 베헨거리를 연결하는 카이저-갤러리(Kaiser-Galerie)는 파리의 동종 건축물을 모방한 아케이드이다. 파리 스타일을 따라 만든 베를린의 대로(大路) 쿠퍼스텐담*은 벤야민이 어렸을 때 개발되었다. 라이프지거 플라츠**에 있는 베를린 최초 백화점이 1896년에 개장했다. 이 백화점은 파리에서 이미 반세기 전에 개장되었던 쇼핑몰의 신전과도 같은 오봉 마르세(Au Bon Marché)와 사마리텐(La Samaritaine)을 흉내 내었다.

언뜻 보면 유년시절 회상록을 쓰면서 벤야민은 어렵고 힘들었던 성인시절로부터 단순히 향수로 도망치는 듯이 보이지만 꼼꼼히 읽어보면 그의 회상록은 혁명적 글쓰기의 실천이다. 벤야민에게 역사는 앨런 베네트의 말을 빌면 하나의 비루한 사물에서 다른 사물로의, 아무 의미 없는 사건들의 연결이 아니다. 오히려 이 사건들에는 서사적 의미가 부여되고, 사건은 역사가 된다. 그렇다 해도 의미부여는 결코 순수한 행위가 아니다. 역사는 승자가 쓴 것이고 승자의 성공 서사에는 패배자를 위한 자리는 없다. 벤야민이 시도했듯이 사건을 그 역사로부터 떼어내어 다른 시간적 맥락 속에 — 혹은 벤야민의 표현을 따르면 성좌(constellation)에 — 위치시키는 것은 혁명적 마르크스주의의 행위이며 동시에 유대교적이다. 자본주의의 숨겨진 망상과 착취적 성격을 폭로하려 한다는 점에서 혁명적이며, 유대교적인 애도와 구원의 의식으로 굴절되어있다는 점에서 유대교적이다.

---

* Kufürstendamm: 베를린의 샹젤리제라고 불리는 유명한 대로.
** Leipziger Platz: 베를린 중심에 있는 팔각형 광장.

여기서 중요한 점은 벤야민의 저술 작업이 새로운 역사개념과 결부되어있다는 사실이다. 이 역사개념은 자본주의의 신조인 진보에 관한 믿음으로부터 단절되어있다. 이 점에 있어 벤야민은 니체의 역사주의 비판을 따른다. 니체가 비판한 역사주의란 과거가 과학적으로, 있는 그대로 이해될 수 있다는 듣기 좋은 믿음에 기초한 승자 중심의 실증주의적 역사를 의미한다. 독일 관념철학에서 진보에 대한 믿음은 정신의 변증법적이며 역사적인 발현에 고정되어있다. 하지만 역사주의적 환상은 승자 중심적 서사에 어울리지 않는 과거의 요소들을 지워버렸다. 벤야민의 과제는 승자들에 의해 망각 속으로 던져진 시간을 복구하는 것이었다. 따라서 벤야민이 시도한 전복은 만연한 기억상실증을 뚫고 역사적 시간이라는 망상적 개념을 부숴버리고 자본주의에서 살아가는 사람들을 환영(幻影)에서 깨어나게 하는 것을 목표로 삼았다. 벤야민은 자신이 "새로운 변증법적 역사방법"[5]이라고 부른 것을 통해서 사람들을 각성시키려고 했다. 벤야민의 방법론에 따르면 현재는 과거의 폐허와, 자본주의가 자신의 역사로부터 감추려고 했던 파편들이 출몰하는 시간이다. 벤야민은 억압된 것의 귀환이라는 프로이트의 용어를 거의 사용하지는 않았지만 그의 기획은 바로 이 억압된 것의 귀환을 작동시켰다. 가령 『베를린의 유년시절』에서 그는 어린 시절 베를린 아케이드에서 카이저파노라마를 방문했던 경험을 회상한다. 이 파노라마는 돔 형태의 장치로, 역사적 사건들, 군사적 승리, 피오르, 도시경관 등을 담은 입체영상이 천천히 돌아가게 설계된 원환의 벽이다. 관객은 그 벽 앞에 앉아서 입체경을 들여다보았다. 현대 비평가들은 이 파노라마와 오늘날의 멀티플렉스 영화관이 제공하는 경험 사이의 유사성을 지적한다. 벤야민은 분명 이 비유를 인정했으리라고 본다. 한때 종결되었던 엔터테인먼트의 낡은 기술을 통해 겉보기에 유사한 최신 기술을 성찰하게 된 사례이다.

카이저파노라마는 1869년에서 1873년 사이에 지어졌는데 지금은 쇠락한 오락형식이다. 하지만 이 오락의 최후 관객이었던 아이들에겐 즐거운 놀이였다. 특히 비가 오는 날에 아이들이 찾아왔다. "카이저파노라마에서 보았던 여행 사진들이 매력적인 이유 중 하나는 연속되는 이미지들을 어디서부터 봐도 전혀 문제가 되지 않는다는 점이다. 그 앞에 앉아서 바라보는 스크린이 원형이었기 때문에 사진이 모든 구역을 지나갔다……. 특히 내 유년시절이 끝나갈 즈음에는 카이저파노라마는 이미 한 물 간 터라 반쯤 텅 빈 관람실에서 구경하곤 했다."[6] 벤야민에게 이 파노라마는 이미 낙후된 것이었고 중단된 시도이자 남루한 실패였다. 진보의 서사로부터 누락되어온 이런 시도와 실패는 벤야민의 비평적 관심을 끌었다. 그의 역사는 패배자의 것이다. 그저 패배한 인간이 아니라 당시 최종판결을 받았던 소모품들의 역사이다. 따라서 카이저파노라마를 회상하면서 그는 어린 시절 비오는 어느 오후에 대한 씁쓸한 회상에 빠지기보다는 글쓰기로 해왔던 일, 즉 간과되고 무가치하고 쓰레기 같은 것, 공식적 역사에서는 의미가 없지만 집단적 의식의 꿈 소망을 암호화하고 있는 것들을 연구한다. 역사적 망각으로부터 비천하고 쓸모없어진 것을 복구함으로써 벤야민은 자본주의가 인간성을 압박하기 위해 사용했던 집단적 꿈으로부터 우리를 깨어나도록 해주었다.

카이저파노라마는 한때 최신 문물이었고 유토피아적 환상의 영사기인 동시에 그 환상의 투사 그 자체였다. 어린 발터가 방문했던 당시의 파노라마는 역사의 쓰레기더미로 변해가고 있었다. 장성한 벤야민은 회상록을 쓰면서 카이저파노라마가 발전주의 역사의 망각에 대한 알레고리였음을 깨달았다. 파노라마는 끝없이 회전한다. 그것의 역사는 반복이며 현실의 변화를 배제한다. 역사발전주의 개념과 마찬가지로 파노라마는 관객들을 압박하고 수동적으로 얼빠진 꿈을 꾸게 만들며(어린 발터가 그곳에 방문했을 때 그랬듯이) 새로운 경험과 저 먼 곳을 꿈꾸고 재미로서의 여행을 갈망하도록 하는 환상적 장치이며 사회적 불평등과 자본주의적 착취의 현실에 맞서기보다는 끝없는 여흥의 생활을 욕망하도록 만든다. 그렇다. 카이저파노라마는 더 새롭고 더 나은 기술로 대체되고 말았지만 자본주의에서는 으레 있는 일이었다. 우리는 항상 새로운 것과 마주하고 있으므로, 타락하고 낡아서 거부된 것을 심사숙고하거나 그쪽으로 우리의 시선을 옮기려고 하지 않는다. 우리는 마치 『시계태엽오렌지』*에서 고문당하는 희생자이거나 지옥의 링에 올라가서 더 새로운 상품들을 쉼 없이 소비해야 하는 숙명을 타고난 단테의 연옥에서 살아가는 사람들과 같다.

벤야민에게 유년시절 회상록을 쓰는 일은 좀 더 일반적인 문학적 기획의 일부로서 정치적 행위이기도 했다. 이 정치적 행위는 마르크스주의적 경향을 띤 다학제 간 작업으로서의 비판이론에 토대를 제공했다. 벤야민의 동료였던 독일 유대계 지식인들은 20세기에 자본주의와 스탈린 체제하의 공산주의, 그리고 국가사회주의[나치즘]에 봉사했던 충실한 개종자들이 실어 날랐던 3가지(충실한 개종자들의 눈에는) 위대한, 그러나 문화적으로 낙후된 승자 중심의 역사 서술에 맞서서 이 비판이론을 발전시킨다.

비판이론은 이미 공식적으로 인정받은 역사와 지적인 업적들에 도전하여 근본적으로 다시 사유하려고 했다. 이 급진적 성찰을 시작한 이는 벤야민 이었지만 비판이론이란 이름을 붙인 사람은 1930년 프랑크푸르트학파의 수장이었던 호르크하이머였다. 비판이론은 20세기에 번창했던, 참아내기 힘든 사회질서체제를 유지해주는 비겁한 도구가 되어버린 일체의 지적 경향들 — 가령 논리실증주의, 가치중립적 과학, 실증주의적 사회학 — 과 대립각을

---

* 1962년 출간된 안소니 버제스의 소설로, 1971년 스탠리 큐브릭 감독이 영화로 만들었다. 겉으로 보기엔 먹음직스런 오렌지처럼 그럴듯해 보이지만 알고 보면 기계적으로 행동하는 태엽장치가 달린 장난감이란 뜻이다. 로봇처럼 행동하는 인간을 의미한다.

세웠다. 비판이론은 자본주의 질서 속에서 살아가는 사람들에게 자행된 착취에도 대항했다. 가령 자본주의는 싸구려 소비재로 우리를 매수해서 전혀 다른 방식의 삶이 가능하다는 것을 잊게 만들며 체제의 덫에 걸려있다는 진실을 깨닫지 못한 채 페티시적* 관심에 몰두하게 만든다. 우리는 반드시 소유해야 할 것만 같은 신상품들에 중독되어 왔다.

벤야민이 1900년의 겨울 아침을 회상할 때 '금수저'의 특권을 누린 어린 시절에 대한 몽상에 빠져있는 듯이 보이지만 사실 그는 마르크스주의자로서 — 물론 몹시 별난 형태이긴 해도 — 글을 쓰고 있었다. 어린 발터가 1900년 한 여성의 노동을 통해 만들어진 달콤한 향기에 매혹 당하면서 의식하게 된 새로운 아침과 신세기는 그럴듯한 가능성과 물질적 안정감을 약속하는 듯이 보였지만 그저 환영일 뿐이었다고 벤야민은 폭로한다. "자본주의는 새로운 꿈으로 가득한 잠이 유럽을 덮어버린 자연현상이다. 이 잠 속에서 신화적 세력이 다시 움직였다."[7] 그의 글쓰기가 계획한 목표는 이 독선적인 잠으로부터 우리를 흔들어 깨우는 것이었다. 자신의 부모가 베를린 서부지역의 빌라에 마련해놓은 세상은 폭로되어야 했다. 그 삶은 안전하고 영원하며 자연스러워 보이지만 사실은 승자 중심의 서사에 어울리지 않은 사람들, 특히 가난한 사람들을 가차 없이 배척함으로써 얻은 자족감에 토대를 두고 있었다.

그는 가령 자신이 태어난 곳, 베를린의 티어가르텐 남쪽 고상하고 우아한

---

* fetish 또는 fetishism: 사물에 종교적 또는 신비화된 힘을 부여하는 물신화를 의미하고 그 사물에 대한 집착 또는 맹목적 숭배를 가리키는데, 프로이트의 정신분석에서는 정상성애와 달리 신체부위나 사물을 성애의 대상으로 삼는 병리적 증상을 가리킨다. 마르크스는 자본주의 사회에서 상품이 페티시처럼 인간관계를 대체해서 집착이나 숭배의 대상이 되는 현상을 분석했다. 본문에서 대부분 '물신' 혹은 '물신화'로 번역되나 문맥에서 필요한 경우, 특히 정신분석 심리학과 관련되는 경우에는 '페티시'로 표기했다.

구역에 위치한 커다란 아파트를 3인칭 화자의 시선으로 묘사한다. 3인칭 화자는 공산주의자인 작가가 자신의 초기 자아로부터 소외되어있다는 것을 보여주는 거리두기 기술이다. "그가 속했던 계층은 자기만족감과 적의를 섞어 놓은 자세를 취한 채 자신들의 거주 지역을 전세 계약을 맺고 빌린 게토로 만들어버렸다. 어쨌거나 그는 다른 곳에 대해선 전혀 알지 못한 채 이 부자동네에 감금되었다. 가난한 사람들? 그를 포함해서 같은 또래의 부자 아이들에겐 가난한 사람들이란 저 너머 뒤쪽 어딘가에 사는 존재였다."[8]

『베를린의 유년시절』에 수록된 「거지와 매춘부」라는 제목의 글에서 벤야민은 가난한 사람을 만난 경험을 묘사한다. 이 경험 이전에는 어린 발터에게 가난한 사람이란 그저 거지였을 뿐이었다. 경험은 글쓰기를 통해서만 진정한 의미를 띠게 된다는 것을 증명이라도 하듯이 그는 소소한 글쓰기의 기억을 떠올린다. "아마도 그때 처음으로 자진해서 글을 썼던 것 같다." 그가 쓴 글은 소책자를 나눠주는 남자에 관한 것이었고 "자신의 문학에 일말의 관심도 보이지 않는 대중을 마주해야 했던 남자가 겪은 수치심"을 적었다.

> 그렇게 가난한 남자는 은밀하게 소책자의 묶음 전체를 던져버렸다(라고 나는 글을 끝맺었다). 확실히 그건 그의 문제를 해결하기엔 턱없이 한심한 방식이었으리라. 하지만 나는 태업을 제외한 다른 어떤 저항의 형태도 상상할 수 없었다. 내 자신의 사적인 경험에도 자연스럽게 뿌리내리고 있었던 그것은 내가 엄마로부터 도망치려고 할 때마다 사용했던 방식, 바로 태업이었다.[9]

힘겹게 살아가는 노동자에게 자신이 고압적인 어머니에 대항해서 사용했던 저항의 방식을 투사하는 것이 자기만의 스타일을 가진 마르크스주의자가 될 사람에게 예상할만한 세련된 저항의 방식으로 보이지는 않지만, 유년시절 제한적이나마 공감의 정서를 비로소 경험한 것이었다. 그는 반복해서 자신이 누렸던 유년기의 특권들이 보기 싫고 불쌍한 사람들을 가차 없이 치워버림으로써 가능했다는 사실을 반성적으로 성찰했고, 또 부르주아적 안락함이라는 것이 가족의 아파트 창문에 내려진 블라인드 너머에 존재하는 것들을 기괴하리만치 의도적으로 망각하는 행위와 연루되어있는 방식에 대해서도 사색했다. 예를 들어 『베를린의 유년시절』보다 앞선 1920년대에 신문에 연재했던 글을 모은 『베를린 연대기』에서 벤야민은 그의 가족이 살던 아파트에 팽배해있던 안온한 부르주아적 정서를 기록하고 있다.

> 여기에는 아무리 소소한 유행의 부침에 순종하더라도 중심에는 완전한 확신이 가득 차서 자신이 영원하리라는 것을 믿어 의심치 않는 일련의 사물들이 자리하고 있다. 이곳에선 사물들은 일체의 마모, 유산, 이동도 고려하지 않은 채 자신의 종말에 가깝고도 멀리 떨어져서 영원히 존재한다. 이들의 종말은 마치 모든 사물의 종말인 듯하다. 이 공간에는 어디에도 가난이 들어설 자리는 없다. 죽음조차 발을 들일 수 없다.[10]

마지막 에세이에서 벤야민은 이렇게 쓴다. "모든 문명의 기록은 동시에 야만의 기록이다."[11] 그는 받아들이기 어렵고 당황스럽거나 서툴고 흉하고 골치 아픈 것들의 억압에 대해 민감했고 주인서사에 맞지 않는 것들의 이데올로기적 소멸이 갖는 의미를 일찍부터 터득했으며 평생 유지했다. 벤야민에게 야만은 집에서 시작했다. 프랑크푸르트학파도 역시 그들이 생각하기에 자본주의 문명이라고 추정한 것을 떠받치고 있는 야만을 헌신적으로 파헤쳤지만 벤야민처럼 열심히 쉬지 않고 가족 내부의 야만을 파헤치려 들지는 않았다.
확실히 벤야민의 어린 시절은 소비재들로 가득 했고 그의 부모는 마르크스가 상품의 물신화라고 부른 것의 무의식적 희생자였던 것 같다. 그의 부모는 지리멸렬한 쇼핑 행태를 통해 자본주의라는 세속종교에 대한 신념을 표현했으며 구입한 물건들을 쌓아올렸다. 그들의 아들은 어린 아이이자 동시에 성인 마르크스주의자로서의 상상 속에서 이 물건들을 용도 변경시켜 버린다. "그의 주변에는 다채로운 사물의 세계(Dingwelt), 그의 교양 있는 상상력과 잡식성의 모방적 능력을 자극하는 물건들의 세계가 펼쳐져 있었다"고 벤야민의 전기 작가들은 쓴다. "섬세한 도자기와 수정, 식기세트가 축제일에 등장했고 크고 장식이 화려한 옷장과 다리에 조각이 된 식탁 같은 고가구가 가면무도회 게임을 위해 아무렇지도 않게 제공되었다."[12] 32년이라는 세월의 거리를 통해 벤야민은 어린 발터가 어떻게 이 풍요로운 부의 표면을 꿰뚫고 있었는지를 어느 호화로운 저녁만찬을 위해 차려진 식탁을 예로 들면서 묘사하고 있다. "커피스푼과 나이프 대, 과도와 굴 포크가 길게 일렬로 죽 늘어서 있는 모양을 응시할 때마다 나는 이 풍요로움이 제공하는 즐거움에서 어떤 불안의 기미를 감지했다. 우리가 초대한 손님들이 마치 식기세트처럼 변하지 않을까 불안했다."[13] 통찰력이 남다르다. 프랑크푸르트학파의 사상가들과 대표적 마르크스주의자들, 가령 루카치 같은 이론가들은 자본주의적 물화의 특성을 분석하면서 사람들이 식기세트처럼 상품화되어가는 양상과 교환의 소비원칙 앞에 고개를 숙임으로써 비인간화되고 동질적 가치를 띤 물건으로 끝없이 대체가능해질 상황을 걱정하곤 했다.

그러나 어떤 이유에서 1932년 벤야민은 전환기의 베를린에서 보낸 유년시절에 대해 쓸 수밖에 없었을까? 확실히 그는 1920년대와 1930년대 내내 상상력을 발동시킨 어린 시절의 장면들로 회귀했다. 그러나 1932년 여름 특히 『1900년경 베를린의 유년시절』의 초고가 될 글에서 어린 시절을 회상하기 시작한다. 이것은 어떤 특수한 심리적 필요를 무엇보다 특이한 방식으로 만족시키려는 시도였다. 그해 여름 그는 베를린에서 멀리 떨어져 유럽을 떠돌아다니다가 포베로모의 토스카나 해변 휴양지에서 체류하게 된다.[14] 유년시절의 베를린이 이제 막 사라지려는 참이었고 유대인과 공산주의자들이 나치에 의해 살해되거나 강제로 망명을 떠나고 있었다. 벤야민은 불행히도 유대인이며 동시에 공산주의자였다. 『베를린의 유년시절』은 그가 서론에서 밝히고 있듯이 "내가 태어난 도시에 아마도 마지막이 될 긴 작별인사를 해야 된다는 사실을 분명하게 느끼고 있을" 때 쓴 것이다.[15]

노스탤지어는 퇴폐적이고 망상적이며 보수적이다. 특히 어른이 되어 어린 시절을 돌아보는 경우에 그렇다. 그러나 전환기의 베를린에서 보낸 유년시절을 향한 벤야민의 노스탤지어는 혁명적 마르크스주의자의 것이며, 무엇보다 전통적 유대교의 애도와 기도의 의식을 새롭게 비틀어보려는 유대인의 시도이기도 하다. 마르크스주의 비평가이며 벤야민 연구자인 테리 이클턴은 이 점을 다음과 같은 대목에서 인정한다.

오늘날 노스탤지어는 인종차별주의만큼 용납되지 않는다. 우리시대 정치가들은 과거 밑에 줄을 하나 긋고 낡은 논쟁에는 등을 돌려버리라고 한다. 이런 방식으로 우리는 깨끗이 긁어내어 텅 빈 기억상실증의 미래를 향해 달려갈 수 있다. 벤야민이 이런 종류의 속물주의를 거부했다면 그것은 과거가 현재의 재생을 위해 매우 중요한 자산이라는 것을 인식했기 때문이다. 과거를 지워버리려는 자들은 미래까지도 폐지해버릴 위험을 초래하게 된다. 나치만큼 과거를 뿌리째 뽑아버리려고 했던 세력은 없었다. 나치는 스탈린주의자들이 그랬듯이 그들이 불편하다고 생각한 것은 무엇이든 역사적 기록에서 간단히 지워버린다.[16]

과거에 대해 해야 할 일이 남아있었다. 나치가 과거를 깨끗이 닦아내고 털어내 버렸다면 벤야민은 고고학자처럼 섬세하게 삽으로 파내려고 했다. "기억은 과거를 조사하는 도구가 아니라 과거의 극장이다"라고 벤야민은 『베를린의 유년시절』에 썼다. "기억은 지난 경험의 서식처이다. 마치 이 흑성 지구가 죽은 도시들이 깊게 파묻힌 장소인 것과 마찬가지다. 묻혀버린 자신의 과거에 다가가려고 하는 자는 스스로 땅을 파는 사람처럼 행동해야 한다. 무엇보다 그는 같은 문제로 반복해서 되돌아가는 일을 두려워하면 안 된다. 땅을 파헤치듯이 과거를 끄집어내고, 토양을 뒤집듯이 그것을 뒤집어 봐야 한다."¹⁷ 이것이 벤야민이 한 일이었다. 그는 같은 장면으로 반복회귀해서 자신이 찾는 보물에 다가갈 때까지 억압의 층위를 계속 파고 들어갔다.

"기억하기란 그저 과거의 재고정리가 아니다"라고 벤야민의 전기 작가 에스터 레슬리는 말한다. "기억의 중요성은 그것을 덮어서 내리누르고 있는 층위에 따라 다르다. 이 층위는 현재의 턱 밑까지 덮여있다. 현재는 재발견의 순간이자 장소이며, 기억은 현재를 현실화한다."¹⁸ 벤야민은 『아케이드 프로젝트』에서 이것을 '인식가능성의 현재'¹⁹라고 부른다. 마치 오래 묻혀있던 사물의 의미가 시간이 지난 후에야 분명해지는 것과 같다. 우리는 어느 정도는 현재를 이해하기 위해 과거를 바라본다. 가령 벤야민은 1920년대와 1930년대의 소년시절을 회상하면서 어떤 특별한 어린 시절의 장면으로 반복해서 돌아가는데, 아버지 에밀이 당시 5살이었던 발터의 침실에 들어왔던 때였다.

그가 내게 잘 자라는 인사를 하러 들렀다. 다소 내키지 않는 듯이 내게 사촌의 죽음을 알려주었다. 이 사촌은 내겐 별다른 의미가 없었던 나이든 남자였다. 아버지는 세세한 내용까지 설명을 해주었다. 나는 그가 말하는 것을 모두 이해하지 못했지만 한 가지 특별한 점에 주목했다. 그날 밤 내 방에서 나는 마치 어느 날 나 역시 그런 곤란함에 처할 수도 있다는 생각이 들었다. 나는 성인이 되어서야 사촌이 매독에 걸려 죽었다는 사실을 알게 되었다. 아버지는 혼자 있고 싶지 않아서 내게 온 것이었다. 그러나 그는 내 방에 왔을 뿐 나를 찾아온 게 아니었다. 그 둘은[아버

지와 방기 비밀을 나눌 다른 대화상대는 원하지 않았다.[20]

벤야민은 이 장면을 파헤치고 또 파헤쳤다. 『1900년경 베를린의 유년시절』과 그 전신인 『베를린 연대기』를 쓰기 위한 별도의 원고들에서 그는 이 장면을 4번이나 썼으며, 매번 다른 양상에 집중했다. 이 대목과 다른 대목에서 어린아이 특유의 예감과, 글쓰기를 통해서 과거를 기억하는 성숙한 남성의 지식이 과거와 미래를 변증법적 관계 속에 불러온다. 이 회상록을 썼을 때야 비로소 그는 왜 아버지가 자신의 침실에 왔는지 그 의미를 완전히 이해할 수 있었다. 오직 성인이 되어서야 이 사건은 인식가능성의 현재가 된 것이다.

유년시절에 대한 강박적 기억은 벤야민이 좋아하는 작가들 중 하나인 마르셀 프루스트를 떠올리게 한다. 특히 『잃어버린 시간을 찾아서』의 시작 부분에서도 침실 장면이 등장한다. 이 소설에서 벤야민처럼 금수저를 물고 태어난 또 한 명의 어린 소년은 신경증적인 유대인이며 빅토리아시대풍의 강박적 성향을 띤 마르셀이다. 침실 장면에서 마르셀은 자신이 사모하는 어머니가 잘 자라는 키스를 해주러 오기를 기다리며 앉아있다. "우리는 프루스트가 이 책에서 자신의 삶을 실제 일어난 대로 묘사하지 않았다는 것을 알고 있다"고 벤야민은 「프루스트의 이미지」에서 썼다. "그는 실제 살았던 사람이 기억하는 방식으로 삶을 묘사한다. 그렇지만 이런 진술은 부정확하고 매우 조야하다. 왜냐하면 기억하는 작가에게 중요한 것은 그가 경험하는 것이 아니라 마치 회상의 페넬로페처럼 자신의 기억을 짜나가는 것이다."[21] 이처럼 벤야민은 프루스트의 비자발적 기억(mémoire involontaire)이란 개념을 이해하고 있었다. 이 개념은 자발적 기억(mémoire volontaire)이라는 목적론적 회상과 대조되는 자연발생적 회상의 작업이다. 벤야민은 이 자연발생적 회상에서 꿈을 중요한 요소로 꼽는다. "우리는 매일 아침 망각에 의해 떠오른 체험

된 삶이라는 벽걸이용 카펫 가장자리 장식의 몇 올을 매우 약하고 느슨하게 손에 쥔 채 잠에서 깨어난다." 계속해서 그는 "그러나 우리의 목적론적 행동과, 나아가 매일 더 목적론적으로 기억하기를 통해 망각의 거미줄과 장식들이 풀려나게 된다. 이것이 프루스트가 결국은 그의 낮을 밤으로 바꾸고 자신이 가진 모든 시간을 어두운 방에서 인공적 빛을 비추어 놓고 아무 방해도 받지 않고 일에 몰두했던 이유이다. 이 아라베스크의 어떤 것도 그는 놓칠 수 없었다"[22]고 썼다.

프루스트가 티잔*에 찍어서 마들렌의 맛을 보는 순간 그의 어린 시절은 그때까지 꼭꼭 싸두었던 세부 사실을 열어놓게 된다. 그런 순간들을 통해서 벤야민이 "행복을 향한 프루스트의 맹목적이고 무감각하며 광적인 모색"[23]이라고 부른 것이 현실화될 수 있었다. 벤야민이 구운 사과의 향기를 떠올리는 장면을 처음 읽으면 시간의 손아귀로부터 어린 시절을 구해내려는 원정대에 참여하는 것처럼 보인다. 하지만 실은 뭔가 좀 이상한 일이 일어난다. 프루스트의 '잃어버린 시간'을 향한 추적은 시간으로부터 완전히 벗어나기 위한 시도이다. 반면 벤야민의 기획은 자신의 유년시절을 과거와의 새로운 시간적 관계 속에 위치시키려는 목적을 갖는다. 문학연구가 페터 스촌디는 프루스트의 "진정한 목표는 위험과 위협이 가득한 미래로부터의 도피이다. 그 최종적 위험은 죽음이다"라고 했다. 벤야민의 기획은 이와 다르다. 내 생각에 프루스트보다는 덜 망상적이다. 결국 죽음을 피할 어떤 예방접종은 없으며, 도망칠 수 없다. "반대로 벤야민이 과거에서 찾으려 했던 것은 미래다. 기억을 통해 다시 찾기를 원했던 거의 모든 장소는 그의 표현대로 '앞으로

---

* 약초나 말린 꽃잎을 달인 카페인이 없는 차. 이 유명한 마들렌 장면은 흔히 홍차에 찍어먹는다고 알려져 있지만 원문에서는 티잔에 찍어먹는 것으로 나온다.

올 흔적들'을 담고 있다…… 프루스트와 달리 벤야민은 시간성으로부터 자유로워지길 원하지 않는다. 그는 비역사적 본질 속에서 사물들을 보려 하지 않는다."[24] 오히려 과거를 들여다보고 그 속에서 잊어버린 것, 낡아빠지고 상관없다고 알려진 것을 찾으면서 벤야민은 단지 이글턴이 좋아했던 노스탤지어의 혁명적 작업을 통해서 과거를 복구하는 데 그친 것이 아니라 미래를 회복하려고 했다. 벤야민이 「역사철학 테제」에서 쓴 대로 "과거는 구원을 얻기 위해 참고할 비밀스런 색인표를 갖고 있다."[25] 비판적 고고학자로서 벤야민의 과제는 이 색인표를 구해서 암호해독을 하는 일이었다.

여기에서 그가 했던 일은 매우 유대교적이다. 프루스트 자신도 저명한 유대계 작가로서 자신의 어린 시절을 소설적 상상력의 작업을 통해서 역사의 지속성에서 끄집어내어 시간의 손아귀로부터 구원하려고 노력했다. 벤야민은 프루스트의 기획에서 영감을 받았지만 그의 회상록은 다른 목적을 갖고 있었다. 그는 상류층 자녀로서 누린 특권적 유년시절에 대한 명상을 통해서 자신을 이해하고 나아가 자신이 살았던 시대의 역사적 조건이었던 자본주의 계급체제를 이해하려고 노력했다. 프루스트에게 기억은 시간의 화살을 멈추게 한 뒤 천상의 행복을 재창조하는 방식이었다. 벤야민에게 글쓰기를 통한 회상의 행위는 팰림세스트*이고 변증법적 성격을 띠며 시간 속에서 앞뒤로 달려가면서 그가 기억의 페넬로페 작업이라고 부른 과정을 통해서 시간적으로 구별된 사건들을 짜나가는 것이다.

그러나 『베를린의 유년시절』은 좀 더 많은 일을 했어야 했다고 벤야민은 평가한다. 앞으로 도래할 일, 즉 나치가 조국 독일을 접수하게 되면서 초래된 자신의 망명생활에 대한 일종의 정신 예방책이어야 했다. "나의 내면생활에

---

* 한번 쓴 것을 지우고 그 위에 덧쓴 양피지 사본.

서 여러 차례"라고 그는 서문에서 쓰기 시작한다.

나는 이미 건전한 예방접종의 과정을 경험했었다. 이런 상황에서 역시 나는 모범을 따르기로 결정했고 의도적으로 망명기에 쉽게 향수를 일으킬 수 있는 이미지들, 유년시절의 이미지들을 불러내었다. 나는 건강한 몸에 백신이 별다른 효과가 없듯이 갈망의 감정이 내 정신을 좌우하지 못할 것이라고 가정했다. 나는 과거의 회복불가능성 — 우발적인 자서전적 복구불능이 아니라 필연적인 사회적 회복불가능성 — 에 대한 통찰력을 통해서 이 감정이 미칠 영향력을 제한하려고 했다.[26]

이 대목을 처음 읽으면 그의 기획은 가망이 없으며 곧 닥칠 험난한 일들에 그를 단련시키기보다는 어려움에 처한 이 망명자를 오염시키고 나약하게 만든다고 생각할 수도 있다. 혹은 적어도 치유의 과정을 돕기보다는 상처에 손가락을 대고 문지르는 것처럼 보인다. 실제로 그렇다. 곤경에 처한 철학자들은 때로는 더 행복한 시절을 사색함으로써 위안을 얻으려고 노력한다. 가령 철학자 에피쿠로스를 떠올려보자. 그는 인생의 마지막 순간에 신장결석 때문에 말할 수 없는 고통에 시달리면서 소변조차 볼 수 없었지만 그래도 "나의 모든 철학적 명상을 떠올리면 이 고통이 상쇄되기"[27] 때문에 즐거워진다고 친구에게 썼다. 철학적 거리두기는 에피쿠로스가 주장하듯이 신장결석 때문에 겪게 된 고통을 극복하게 해주기도 한다.

그러나 벤야민의 고통에 대한 자가 예방접종 기획은 에피쿠로스의 것보다 좀 더 기묘하다. 처음부터 그는 과거의 회상은 더 행복한 시절에 대한 갈망, 더 이상 실현될 수 없는 그 갈망을 부추기기 쉽다는 것을 알고 있었다. 에피쿠로스는 철학적 거리두기를 통해서 신체적 고통의 결과를 극복했다. 벤야민은 이와 달리 마르크스주의에 대한 은밀한 동조를 통해 거리두기를 함으로써 상실과 향수의 심리적 고통을 극복하려는 것처럼 보인다. 글쓰기를 통해 시간으로부터 유년기를 떼어내서 소멸하지 않도록 만들어 자신의 갈망을 만족시키려는 프루스트적인 기획은 벤야민에게 어울리지 않는다. 그보다는 그의 회상록이 불러오는 향수의 이미지들은 상실된 것은 상실되었을 뿐임을 깨닫게 해주고 유년시절의 회복불가능성에 대한 사색을 통해 어떤 식으로든 자신을 진정시키고 고통의 예방접종을 받기 위한 것이다.

하지만 여기서 방향이 급전된다. 벤야민이 언급하듯이 그는 상실의 우발적이고 자전적인 성격에 대해 쓰지 않았다. 결국 상실이란 우리가 성숙해지면서 절대 다시 돌아갈 수 없을 유년시절을 애정 어린 마음으로 되돌아볼 때 경험하는 것이다. 이 시절은 오직 상상력의 재구성이라는 상대적으로 핏기 없는 운동을 통해서만 돌아갈 수 있을 뿐이다. 그보다는 한 사회의 과거란 필연적으로 회복불가능하다고 그는 쓴다. 이를 통해서 벤야민은 마르크스주의 역사유물론자로서 상실에 대해서, 단지 자신의 특권적 유년시절의 상실이 아니라 그것을 지탱해온 세상의 상실에 대해 사색한다. 이런 이유로 벤야민의 애틋한 회상록은 프랑크푸르트학파의 대표이론가들에게 매우 세련된 암시를 주었다. 벤야민의 글이 19세기 마지막 몇 년에서 20세기 처음 몇 년 사이의 신생 독일 제국에서 세속적 유대인들이 누렸던, 이제는 사라져버린 안락한 세상을 불러냈기 때문이다. 이 세상은 어린아이의 눈에는 영원하고 안정된 듯이 보였지만 벤야민이 보여주듯 셰익스피어의 소네트에서 묘사된 한여름의 임대기간처럼 너무도 짧은 시기였다.

따라서 벤야민은 프루스트처럼 상실된 시간으로부터 도피할 수 없다. 도피란 단지 상실의 필연성을 사색하면서 얻는 위안 — 이것이 맞는 표현이라면 — 일 뿐이다. 벤야민의 친구이자 프랑크푸르트학파의 가장 위대한 사상가로서의 자리를 경쟁하는 아도르노는 벤야민의 회상록에 대해 다음과 같은 통찰을 보여준다. 벤야민의 회상록은 "소멸에 관한 알레고리로 응고된 채 회복 불가능한 상실을 서러워한다."²⁸ 좋다. 그러나 어떻게 이런 설움으로부터 위로 혹은 예방접종을 받게 되는가? 좀 더 물질적으로 안전하게 영원히 지워져버린 과거를 회상하는 것이 어떻게 과거와 미래의 비통함을 예방하게 되는 걸까? 이 기획은 짐짓 비교(秘敎)적이며 비생산적인 듯해 보이지만 동시에 강력하게 전복적이며 정치적일 수 있다. 벤야민은 기억을 통해 도움을 받으려 했지만 정반대로 자신의 유년시절이 위험했고, 짐짓 안전해보일 때조차도 완전히 붕괴하기 직전 비틀거리고 기우뚱대었던 작은 세계였음을 발견하게 된다.

벤야민의 유년시절 회상록에서 이상한 점은 그가 글쓰기를 통해 기억하고 다시 기억하는 과정을 통해서 점점 기억으로부터 사람들을 삭제해간다는 사실이다. 1924년에 출간된 『베를린 연대기』에서 벤야민은 4반세기 이전의 가족과 친구들을 찾아간다. 그러나 1932년의 『1900년경 베를린의 유년시절』에서 그의 회상은 문학에서의 중성자탄과 같은 것이 되어서 사람들을 제거하고 난 자리에 사물들을 채워놓는다. 구운 사과, 할머니가 사는 아파트 단지의 복도, 베를린 티어가르텐의 빅토리 기둥 등은 그의 연상을 자극하고 과거를 열어주었으며 포베로모에서의 절절한 필요를 채워주었다. 프루스트에 관한 글에서 벤야민은 『잃어버린 시간을 찾아서』에는 "소용돌이의 힘으로 세상을 대혼란에 빠지게 하는 외로움이 그 중심에 있다"고 쓴다. 아일런드와 제닝스가 묘사하듯 프루스트의 소설은 벤야민에게 "존재가 고독의 소용돌이 중심에 놓인 기억의 저장소로 변형되는 것"과 관련된다.²⁹ 벤야민의 회상록도 이와 유사한 기조를 띤다. 독자는 그의 회상록을 읽으면서 벤야민이 벤야민이 아니라, 그저 어린 아이였음을 믿게 된다. 그의 부모들은 (전화로 항의나 불편신고를 할 때 협박과 욕설을 해대던 아버지의 이미지를 제외하면) 말없는 존재이다. 그의 어린 시절의 초상화에는 보모가 거의 등장하지 않으며 그의 존재는 사물들로 채워져 있다.

"안마당에 서 있으면 모든 것들이 내게 신호이자 힌트였다"고 벤야민은 『베를린의 유년시절』에 실린 「로지아」*라는 글에서 쓴다. "높이 말려 올라가는 초록색 롤러 블라인드들이 벌이는 소동에서 얼마나 많은 메시지들을 받았는지 모른다. 또 어스름한 해 질 녘 천둥이 내려치듯 시끄럽게 셔터들이 덜컹거리는 소리에도 들어있을 수많은 불길한 서신들을 나는 현명하게도 열어보지 않은 채 남겨두었다."[30] 그러나 부모의 집안을 채운 물신화된 상품들에 대한 애가로 읽을 수도 있는 이 회상록에는 사람이 살지 않지만, 그렇게 보일 뿐이다. 각각의 물건들은 인간적 현존의 유령으로서의 역사, 친밀한 관계에서 나오는 그 끈끈한 기운을 담고 있다.

사람들의 애착관계가 품고 있는 열기를 사물이 담아내는 방식에 대해 프랑크푸르트학파의 사상가들은 차례차례 깊은 인상을 받는다. 수년 후 아도르노는 사물들의 강한 효력에 대해, 어떻게 사랑하는 사람을 향한 애착의 리비도적 고착이 비인간적 사물에 대한 애착에도 똑같이 복사될 수 있는지에 대해 썼다. "리비도적 고착과정에서 동일한 대상을 향해 주체가 이차적인 인간적 태도를 부착시키면 시킬수록 사물은 객관적 현실 속에서 제 양상대로 더욱 풍요롭게 등장할 것이다"라고 프랑크푸르트학파의 현 소장인 악셀 호네트는 「물화」라는 글에서 아도르노의 설명을 제시했다.[31] 아도르노는 비인간적 사물의 인식에 대해 말할 수 있다고 확신했고, 자신의 확신을 벤야민과 공유했다. 그러나 이 회상록에서 벤야민은 단지 과거의 보물단지 속 물품 목록을 적고 있는 것만은 아니다.

---

* 벽이 트인 방 혹은 회랑이나 현관 등의 공간으로 외부로 트였으면서도 햇빛을 가릴 수 있게 지붕이 있다.

자신이 발견한 것들로만 목록을 만드는 사람은 오늘날 땅 속 어디에 고대유물이 저장되었는지 그 정확한 위치를 찾아내는데 실패했으면서도 자신이 획득한 물건의 화려함에 속게 된다. 이런 의미에서 진정성을 갖춘 기억을 위해서는 조사자가 자신이 획득한 장소를 정확하게 표시하는 것이 그 기억을 보고하는 것보다 훨씬 더 중요하다. 따라서 엄격한 의미에서 서사시이며 랩소디로서의 진정한 기억은 기억하는 사람의 이미지를 생산해내야 한다. 이는 마치 좋은 고고학 보고서는 어느 층위에서 발견했는지 정보를 주는 것에 그치지 않고 처음에 뚫어야 했던 층위를 설명해야 하는 것과 같다.[32]

벤야민은 과거를 파헤칠 때 자신을 스스로 드러낸다. 그는 과거를 기록하는 것이 아니라 현재를 현실화한다. 이렇게 말하고 나면 그가 과거를 기록하고 있다는 점, 특히 이 과거는 물질적 성공을 누리고 대부분 세속적이었던 유대인 사업가의 가정에서 태어나서 제1차 세계대전이 일어날 때까지의 기간 동안 성장했던 특권계층의 소년들에 관한 것이라는 사실을 잊지 말아야한다. 그 특권적 위치에서 벤야민과 프랑크푸르트학파는 이런 지위를 가능하게 했던 물질적 조건을 고발하려고 한다. 그들은 비판이론이라고 불리는 다학제 간 지성운동을 이끌면서 아버지 세대가 지지해온 가치들도 고발했다.

비평가 클라크는 벤야민의 사후 출간된 미완성작 『아케이드 프로젝트』를 리뷰하면서 — 벤야민이 프랑스의 수도 파리의 국립도서관에 앉아 카드에애써 공들여 옮겨 적었던, 그 도시의 소비자본주의가 갖고 있는 환영적 성격에 대한 무수한 자료로 가득 차 있을 뿐 책이라고 하기에는 아주 엉망인 상태의 원고 — "처음부터 메모카드를 가로질러 퍼져가던 그림자가 있었다. 그의 아버지 세대의 모든 위대한 꿈이고 그의 아버지의 아버지 세대의 꿈들에 관련되었으며 또 그 꿈들을 비판하고 거부하게 될 좀 더 크고 근사한 연구의 그림자였다"고 쓴다.[33] 벤야민은 이 책을 결코 쓰지 못했지만 그것을 쓰려는 충동은 남아있었다. "우리는 부모의 존재로부터 깨어나야 한다"고 벤야민은 『아케이드 프로젝트』에 쓴다.[34] 하지만 왜 그래야 하는가? 논쟁의 여지는 있지만, 자본주의에 헌신했던 충복들 중에는 프랑크푸르트학파의 대표적 사상가들의 아버지들도 있었기 때문이었다. 그 결과 벤야민과 프랑크푸르트학파의 연구자들 대부분은 어린 시절과 청소년 시기에 각자 아버지와의 관계에서 어려움을 겪는다. 다음 장에서는 이 문제를 다룰 것이다. 아버지와의 관계에서 겪은 어려움은 비판이론이 택한 20세기의 지적 여정에서 매우 중요한 의미를 갖는다.

2장
아버지와 아들

"만일 프로이트가 자신에게 환자를 공급했던 독일 유대계 환경이 아닌 다른 나라에서 다른 언어로 연구를 진행했더라면 아마 오이디푸스 콤플렉스는 없었을 것이다"라고 철학자 한나 아렌트는 썼다.[35] 19세기 말과 20세기 첫 몇 년간 빌헬름 2세의 독일제국과 합스부르크 왕정기에 살았던 물질적 성공을 이룬 유대인 가족들이 처한 특수한 조건 때문에 아버지와 아들 간의 갈등이 봇물처럼 터져 나왔다. 프로이트는 가부장제 사회와 오이디푸스적 갈등을 인간성의 자연적 사실로 개념화했다. 프랑크푸르트학파를 대표하는 석학인 벤야민, 아도르노, 호르크하이머, 뢰벤탈, 폴록, 프롬, 노이만 등은 부성의 권위에 담긴 세계관(*Weltanchauung*)에 저항했고 물질적 성공을 이룬 아버지에게 자기 방식대로 반항했다.

오이디푸스적 갈등이 없었다면 비판이론은 지금과는 사뭇 달랐을 것이다. 『부덴브로크가의 사람들』에서 토마스 만이 제시한 독일 부르주아 가족의 발전공식, 즉 1세대가 돈을 벌고 2세대는 사회적 지위를 확보하고 3세대는 일종의 미학적 무기력증[36]에 빠진다는 공식은 프랑크푸르트학파 연구자들에 의해서 부지불식간에 전복되었다. 프랑크푸르트학파의 비판이론이 이룩한 공적을 의심하는 사람들은 벤야민, 아도르노, 호르크하이머 가문들이 한 세대를 건너뛰어 돈에서 미학적 무기력증으로 직접 향해갔다고 하겠지만 이는 그다지 온당하지 못한 비판이다. 만일 프랑크푸르트학파 학자들이 한 세대를 건너뛰었다면 그것은 돈을 벌어서 아들이 특권을 누리며 안락하게 생활하도록 해준 아버지 세대로부터 즉시 등을 돌리기 위해서였다. 이들은 토마스 만이 아니라 카프카를 재연했다. 페터 디메츠가 벤야민의 에세이집 『성찰』에 부친 서문에 쓴 다음 구절을 보자.

> 19세기 후반 유럽의 수많은 유대인 가정에서 뛰어난 재능을 갖고 태어난 아들들은 (지방을 떠나 자유로운 도시로 이주한 이후) 대체로 부르주아식 성공에 동화되었던 아버지들의 상업적 이해관계로부터 등을 돌리고 정신적 저항을 벌여 대항세계를 구축함으로써 과학, 철학, 문학의 미래를 명민하게 형성해갔다.[37]

비록 프로이트가 말한 대로 모든 아들들이 상징적으로 아버지를 거세하고 싶어 한다고 해도 — 그들 자신의 정신적 건강과 성인으로의 성장을 위해서 반드시 그래야 한다 — 19세기 말과 20세기 초 유럽의 조숙하고 교양을 갖춘 독일어권 유대인들의 오이디푸스적 갈등은 매우 특수한 경향을 띠면서 아들들이 사업가인 아버지들이 대놓고 신봉하는 물질주의적 가치를 거부하게 만들었다. 이 물질주의적 가치는 마찬가지로 아버지들이 그들 자신의 아버지와 갈등을 겪는 과정에서 획득했던 것이었다.

사회연구소의 설립자 중 한 사람이며 문학사회학자인 레오 뢰벤탈(1900-

1993)은 자신이 겪은 가족 내 갈등과 반목을 『정복되지 않은 과거: 레오 뢰벤탈의 자전적 반성』에서 회상하고 있다. 특히 「나는 전혀 동조하고 싶지 않았다」라는 부분을 보면(이 제목은 프랑크푸르트학파의 모토가 될 만하다.) 레오의 아버지 빅터는 변호사가 되고 싶었으나 프랑크푸르트의 유대학교 교사였던 엄격한 정통파 유대인 아버지(레오의 친할아버지)는 허락하지 않았다. 변호사가 되면 아들이 안식일에 일하고 글을 써야 한다는 이유 때문이었다. 대신 아버지는 빅터가 의학을 공부해야 한다고 고집을 부렸다. 빅터는 원치 않았지만 순순히 아버지의 말을 따랐다. "하지만 아버지는 — 의식적이든 무의식적이든 — 나중에 완전한 '자유'를 얻게 된 후 복수를 감행했다. 그는 무종교자였고 한 발 더 나아가 종교반대론자가 되었다."

뢰벤탈의 입장에서는 아버지는 자신과 자신의 프랑크푸르트학파 동료들이 반항했던 19세기적 사고와 태도를 전형적으로 갖고 있었다. 그는 이런 태도를 "기계적이고 물질주의적이며 실증주의적 사고방식"이라고 불렀다. 그는 자신의 집안 분위기가 세속적이었다고 회상했다. "나는 유대주의에 대해 아무것도 알지 못했다…… 아직도 6학년 때 종교수업을 위해 반을 편성했던 날을 기억한다. 선생님이 프로테스탄트 신교도를 교실의 한쪽에, 가톨릭교도는 다른 쪽에, 유대인은 또 다른 쪽으로 나누었다. 나는 그때 내 자리에 그대로 앉아있었다. 내가 어느 종교에 속하는지 몰랐기 때문이다."[38]

유년시절이 끝날 무렵 뢰벤탈은 자신의 유대인 혈통을 알고 나서 유대문화와 종교를 기꺼이 받아들였는데, 그의 아버지는 이 결정에 대해 몹시 역정을 내었다. 마르부르크에서 보낸 학창시절 그는 유대주의와 유대종교철학에 심취해있던 자유주의적 유대인 헤르만 코헨에게 사사했다. 당시 지적인 독일 유대인들 중에서 조숙한 아들들이 가족으로부터 얻을 수 없었던 지적 자양분을 제공해줄 대리 아버지를 찾는 일은 어렵지 않았다. 하이델베르크에서 레오는 좌파시오니즘 학생단체에 가담했다. 이 단체는 대학 내 또 다른 유대

인 그룹으로 동화주의 학생조직이었던 유대교독일학생연합회를 격렬히 반대
했다. 뢰벤탈은 이 연합조직을 몹시 싫어했다. 그들이 독일민족으로의 완전
한 통합을 지지했기 때문이었다. "이제야 비로소 나는 내가 동화주의집단을
왜 증오했는지를 깨닫게 되었다. 그들이 유대인으로서 다른 사람들과 똑같
아지려고 해서가 아니라 동화주의가 본질적으로 자본주의적이라고 믿었기
때문이었다."[39]

우리는 반복해서 프랑크푸르트학파 회원들이 이런 방식으로 동화를 거
부하는 모습을 확인하게 된다. 아버지세대가 독일사회에서 성공하는데 결정
적 역할을 했던 동화주의적 신념은 아들들이 받아들인, 당시의 신생 사회주
의와 충돌할 수밖에 없었다. 지적인 아들들은 세속적인 아버지들이 따른 계
몽주의의 유산을 거부했는데, 계몽주의가 물질적 성공에 지성의 후광을 더
해준다는 이유 때문이었다.

1923년 뢰벤탈은 그의 가족보다는 좀 더 정통적인 유대계 가정에서 자란
쾨니히스베르크* 출신의 여자 골다 긴스버그와 결혼했다. 이 젊은 부부는
코셔(kosher), 즉 정통 유대교 식습관을 유지하고 유대교 예배당에 다니며 유
대휴일을 지키기로 결정했다. "물론 이런 결정은 아버지에게는 청천벽력 같
았다. 아버지는 내 아내를 싫어했다." 뢰벤탈의 아버지는 엘베 동쪽에 사는
유대인들을 경멸하면서 그들을 오스츄덴(Ostjuden, 프랑크푸르트 같은 대도시에
사는 물질적으로 성공하고 안정된 생활을 하는 유대인들이 동유럽에서 온 유대인 이
민자들에게 느끼는 속물적 경멸을 담은 표현)이라고 불렀다. 생애 말년 즈음에 뢰
벤탈은 자신이 코셔를 지키고 있다는 사실을 아버지가 얼마나 못마땅해 했
는지 떠올렸다. "아직도 똑똑히 기억난다. 아버지는 화가 나서 울음을 터뜨

---

* 옛 프러시아의 도시로 현재는 러시아의 도시 칼리닌그라드이다.

렸다. 당신의 아들이, 당신 자신 계몽주의의 진정한 수호자로서 애써 '진보적으로' 길렀던 아들이 이제 실증주의적 종교의 '비상식적이고' '모호하며' '기만적인' 손아귀에 붙잡혔다고 생각하자 지독한 좌절감에 사로잡혔던 것이다."[40]

자신에게 쏟아진 기대에 부응하면서 복종하는 대신 아버지의 사랑을 거부하는 태도는 프랑크푸르트학파 구성원들 뿐 아니라 그들의 친구이자 동료였던 유대인 지식인들에게 공통된 특징이었다. 아버지가 유대교를 실천했다면 아들은 아마도 무신론을 택함으로써 반항했으리라. 아버지가 독일 민족주의에 심취한 세속적 유대인이라면 아들은 아마도 유대인의 종교적 혈통을 회복하거나 정치적 시오니즘의 소집운동을 포용함으로써 저항했으리라.

에른스트 블로흐(1885-1977)는 독일계 유대인 작가로서 그의 비교(秘教)주의적 유토피아 성향의 마르크스주의 철학은 프랑크푸르트학파에 깊은 영향을 미쳤다. 1920년대 벤야민은 블로흐와 함께 해시시를 피우기도 했다. 블로흐는 그의 바르미츠바*에서 무신론자로 선언함으로써 아버지의 종교에 대한 반항을 서툴게 시작했다.[41] 벤야민의 친한 친구였던 독일 출생의 이스라엘 철학자이자 역사가 게르숌 숄렘(1897-1982)은 베를린의 동화된 유대인이자 독일 민족주의자로서 성공한 인쇄업자 아버지에게 반항했던 세 아들 중 하나였다. 나머지 형제인 워너 숄렘은 공산주의자가 되었고 라인홀드는 민족주의적 독일민중당의 당원이 되었다. 게르숌은 아버지의 정치를 거부하고 시오니스트가 되어 히브리어를 배우고 탈무드를 읽었으며 자신이 구할 수 있는 모든 카발라문헌을 읽었다. 어머니가 사준 현대 정치적 시오니즘의 설립자인 테오도르 헤르츨의 초상화를 숄렘 가족의 크리스마스트리가 서 있

---

* 유대교에서 치르는 13세의 성인식.

던 방에 걸어두었다는 이야기도 있었다. 이 일화는 시오니스트 아들이 동화주의자 아버지에게 던진 상징적인 비난을 보여주는 한 예이다.[42]

막스 호르크하이머는 1930년 사회연구소의 소장이 되었다. 그는 정통마르크스주의 연구소를 다학제 간 정신분석 경향을 띤 수정주의 마르크스주의 연구소로 변화시킨 장본인으로서, 아버지의 기대를 저버린 당시의 독일 유대인 지식인의 원형이다. 슈투트가르트의 주펜하우젠 구역에서 여러 개의 섬유공장을 소유한 존경받는 성공한 사업가였던 모리츠 호르크하이머는 아들이 자신의 뒤를 잇기를 원했다. "나는 태어나는 순간부터 기업의 사장으로 아버지의 뒤를 잇도록 정해져 있었다."[43] 그는 학문적 경향을 띤 김나지움이 아니라 리얼 김나지움, 즉 실제적 직업교육을 받는 학교에 다녔다. 아버지의 기대에 부응해서 막스는 1910년 15세에 학교를 중단하고 가족의 사업체에서 일을 시작했고 나중에는 부지점장이 되었다. 아버지는 그에게 브뤼셀과 맨체스터 등지에서 무보수 인턴으로 일할 기회를 마련해주기도 했다. 그는 어린 막스가 해외에서 프랑스어나 영어뿐 아니라 사업도 배우기를 바랐다. 그러나 이 외국생활은 호르크하이머를 해방시켰다. 아버지의 족쇄와 숨막히는 슈투트가르트의 부르주아 분위기로부터 벗어난 그는 친구에게 이렇게 쓴다. "네가 고통 받고 있는 그곳에서 우리는 도망친 거야. 그곳을 기억할 때마다 마침내 벗어났다는 사실에 우리는 기뻐하고 있어."[44]

브뤼셀에서 그는 프리드리히 폴록(1894-1970)과 만난다. 막스와 마찬가지로 프리드리히는 부유한 산업가 아버지의 아들로서 벨기에의 수도에 있는 공장에서 사업경험을 쌓고 있었다. '프리츠'는 나중에 경제학자이며 사회과학자가 되어 1920년대 후반에는 호르크하이머보다 먼저 사회연구소 소장이 되었고, 막스의 평생 친구이자 소울 메이트가 되어준다. "나는 소중한 모든 것을 함께 나눌 수 있는 친구를 갖고 싶었다"고 호르크하이머는 나중에 회상했다.[45] 호르크하이머가 행복한 섬이라고 묘사했던 곳 — 부르주아 규범의 제약을 넘어선 지적, 정서적, 성적으로 강렬한 지대 — 에 참여한 세 번째 회원은 호르크하이머의 사촌인 수즈 노이마이어였다. 막스는 수즈가 매년 파리의 집을 떠나 슈투트가르트로 가족여행을 왔을 때마다 만났다. 하지만 그들의 관계는 그의 동아리에 수즈가 참여하는 순간 사뭇 달라졌다. 호르크하이머는 파리에 있는 그녀를 찾아갔고 함께 칼레로 여행을 했다. 그의 아버지의 계획은 아들이 브뤼셀에 다녀온 뒤에는 맨체스터에서 최신 생산기술을 배워오는 것이었다. 하지만 호르크하이머와 폴록은 런던에 아파트를 구했고 곧 수즈가 그들의 뒤를 따라와서 함께 지냈다. 이즈음 막스는 사촌과 사랑에 빠져 있었다. "나는 너에게 몸과 정신을 주었어"라고 수즈는 호르크하이머에게 혈서를 써주었다. 노이마이어와 호르크하이머의 가족들은 아연실색해서 영국경찰에 신고했다. 수즈의 아버지는 권총을 지니고 해협을 건넜다. 런던에서 양 측 부모는 폴록이 이미 경찰에 구금된 상태임을 확인하게 된다. 그들은 존 아브로마이트의 표현에 따르면 이 트리오의 술 취한 배(bateau ivre)를 와해시켰다. 막스와 프리츠는 슈투트가르트로, 수즈는 파리로 돌아가야 했다.[46]

슈투트가르트로 돌아와서도 호르크하이머는 계속 아버지의 권위에 저항했다. 그는 가족의 기업체에서 일을 시작하긴 했지만 곧 다시 연애에 빠졌다. 이번에는 아버지의 개인 비서였다. 그의 부모 입장에서는 비서 로즈 리커는 호르크하이머 가문의 외동아들에게는 어울리는 여자가 아니었다. 그녀는 막스보다 8살 연상이었고 하층계급 출신에다 유대인도 아니었다. 그녀는 사업가였던 아버지가 파산한 뒤 직업학교를 졸업하고 호르크하이머의 회사에 비서로 취직해서 일하고 있었다. 막스의 부모는 둘의 연애가 발각되자마자 그녀를 해고했다.

호르크하이머의 낭만적 연애는 처음부터 이제 막 싹튼 그의 사회비평과 결합되어 있었다. 그가 제1차 세계대전 당시 썼던 짧은 소설에 이것이 잘 표현되어 있다. 그의 소설 『봄』에 등장하는 젊은 학생은 인근 마을의 여자와 사랑에 빠져 부유한 부모를 등진다. 두 남녀는 언덕위의 성당으로 걸어가는 도중에 부랑자를 지나치게 된다. 여자는 이 부랑자를 알고 있었는데 그를 무서워한다. 성당 안에서 그들은 가난한 부랑자의 존재 때문에 사랑의 행복을 망치지 않도록 노력한다. 그러나 그 부랑자가 교회설교단에 나타나서 불의에 관한 설교를 하자 두 사람은 기분이 상한다. 설교를 마친 부랑자는 다가와서 이렇게 말한다. "너희들은 딱해. 이제 진실을 알게 되었지 ……. 하지만 장밋빛 안경을 벗은 채 혼란스럽고 무기력해 보이는 것만으로는 충분하지 않아. 두 눈 똑바로 뜨고 저 냉정한 세상에서 걸어 다니는 법을 배워야겠지. 취해버려. 그리고 아무 의식 없이 네가 보내는 매 순간을 찬양해. 의식은 끔찍하거든. 오직 신만이 명징하고 왜곡되지 않은 의식을 갖고서도 웃을 수 있는 거야."[47] 이제는 더 이상 믿지 않는 부모의 종교를 대신해서 젊은 남자주인공이 선택한 사랑이라는 종교는 이 불의로 가득한 세상을 감당하기에 역부족이었다.

이 시기의 또 다른 짧은 소설인 『리온하트 슈타이러』에서 호르크하이머는 세상의 불의에 대항한 반역을 상상한다. 소설의 제목과 같은 이름의 주인공 노동자는 여자 친구 조애나 에스트랜드가 사장 아들의 품에 안겨 있는 것을 보고 사장 아들을 죽이고 돈을 훔친다. 그는 조애나를 데리고 도망친다. "저 놈 같은 치들이 '선하다'고 쳐도 말이야," 하며 리온하트가 조애나에게 씁쓸하게 말한다.

쾌락을 즐기고 교육의 혜택을 누리면서 타인의 행복을 희생시켜 자신의 일상을 구입한 치들에 비하면 내가 한 일은 악이 될 수 없어. 저 놈과 내가 다른 점은 이거야. 나는 행동해야만 했고 용기와 힘을 갖고 있어. 하지만 놈은 안락하게 앉아서 즐기면서 자신의 쾌락이 무엇을 희생하고 얻은 것인지를 절대 모르지. 놈의 쾌락은 피에 물들어 있어. 조애나, 만일 당신이 비인간적이거나 잔인한 여자가 아니라면 내 것이 되어야 해. 지금까지는 놈의 것이었으니까.[48]

그들은 파국을 앞둔 채, 행복에 들떠 하루를 함께 보내면서 죽은 사장 아들의 돈을 상점과 레스토랑에서 다 써버린다. 경찰이 마침내 도착해서 리온하트는 체포되고, 결국 사형선고를 받는다.

리온하트는 개성적인 인물이라기보다는 20세기 첫 십년동안 나온 유럽소설에서 흔히 등장하는, 사회계층의 분화가 극심한 자본주의체제에서 희망과 꿈이 짓밟힌 채 지적, 경제적, 성적으로 좌절된 노동자 유형이다. 리온하트는 E. M. 포스터의 1910년 소설 『하워즈엔드』에 등장하는 레오나드 배스트라는 가난한 보험판매원의 소울 메이트이다. 배스트는 슬픔과 분노에 무기력하게 휩싸여있지만(눈치 없이 후원자처럼 행동하는 쉴레겔 자매가 그를 집에 초대해서 '도와주려고' 하자 그는 "나는 당신의 후원을 원치 않습니다. 당신의 차를 마시고 싶지 않아요. 나는 지금 완벽히 행복해요"라고 말한다.[49]) 슈타이러는 행동에 옮긴다. 적어도 당시 리온하트에게 나약한 연적(戀敵)의 모습으로 나타났던 문명은 명백히 야만적이었고, 용기와 힘으로만 이 야만성과 맞설 수 있기 때문에 그의 입장에서는 살인만이 유일한 길이었다.

그렇다면 조애나는 어떤가? 그녀는 살해된 연인이 갖고 있던 '애매하고 미스터리한 죄의식'을 떠올린다. 이 죄의식을 "그녀는 결코 이해하지 못했고 그저 그의 병에 따른 증상이라고 생각했다." 그녀는 리온하트를 더 이상 사랑할 가치가 없고 사장의 아들과 다를 바 없는 남자라고 생각한다. "이렇게 생각하자 그녀의 몸이 부르르 떨렸다. 한순간 그녀는 세상의 심부(深部)를 봤다. 공포에 질려 크게 벌어진 두 눈으로 그녀는 살아있는 모든 것의 만족시킬 수 없는 잔인한 탐욕을 봤다. 모든 창조물이 피해갈 수 없는 단단한 운명, 영원히 불타오르며 고통을 주는, 모든 악의 근원이자 결코 꺼지지 않을 욕망의 집착을 봤다."[50] 마치 쇼펜하우어에서 빌려 온 것처럼 도덕적으로 엄정한 구절이다. 쇼펜하우어의 철학은 호르크하이머 이전의 많은 독일 예술가들과 지식인을 사로잡았다.

호르크하이머는 비인간적인 사회질서에 용기 내어 저항할 때 그 이면에서 끔찍한 유령을 상상하는 듯하다. 이 유령은 반드시 탐욕과 잔인함을 통해서 표현되는 절대 파괴되지 않고 만족하지 않는, 모든 창조물을 지배하는 의지이다. 마르크스주의자든 아니든 우리 모두는 바로 이 의지에 속박되어 있다. 쇼펜하우어는 우리가 익시온의 수레바퀴에 매달린 채 처벌을 받으며 의지의 속박을 참아내고 있다고 생각했다. 우리는 오직 예술 감상이나 혹은 의지를 거부하는 불교의 기획을 통해서만 이 속박으로부터 빠져나올 수 있다. 그러나 쇼펜하우어는 정치적 반동가였다. 독일관념 철학자인 그는 자신과 동시대인 마르크스가 가졌던 신념, 즉 철학의 목적은 세계를 해석하는 것이 아니라 변화시키는 것이며 자본주의의 토대인 불의와 불평등을 뿌리 뽑아야 한다는 신념을 공유하지 않았다.

호르크하이머가 1973년 죽고 난 뒤 1년 후에야 비로소 『사춘기』라는 제목으로 다른 소설과 함께 출간된 이 노벨라는 기질적으로 어울리지 않는 커플인 원시적 마르크스주의식 사회비판과 쇼펜하우어식의 절망을 억지로 결합시킨다. 리온하르트는 사업가 아버지와 타고난 특권을 누리며 아버지의 세상과 공모하는 아들(실제 현실에서는 모리츠와 막스 호르크하이머)이 표방하는 자본주의적 가치를 향한 비판을 대변한다. 조애나는 악은 구원될 수 없고 불가피하게 욕망에 사로잡혀 타락하게 될 인간의 운명 때문에 불의에 항거하는 투쟁은 무력해질 수밖에 없다는 비관주의적 입장을 대변한다. 따라서 이 결혼은 오래갈 수 없다.

하지만 쇼펜하우어식 비관주의가 마르크스주의적 투쟁의 존재이유를 손상시키는가? 이 초기 소설들을 다루는 『막스 호르크하이머의 지적 골상학』에서 알프레드 슈미트는 이렇게 주장한다.

> 영구적인 본성에 붙들려있는 인간성과 한시적 불의에 대항할 때 주춤거리지 않는 저항은 이미 그의 사유에 중심적이다. 그는 '상품의 부당한 분배'를 폐지하는 일이 본질적이라고 생각했지만 가장 대담하게 유토피아를 완성하더라도 '저 거대한 고통'은 해결되지 못한 채 남아있을지 모른다고 생각한다. "왜냐하면 삶의 핵심은… 고통과 죽음이기 때문이다."[51]

헤겔주의적 마르크스주의의 신념을 갖고 있으면서도 호르크하이머는 결코 이 끔찍한 쇼펜하우어 신부와 이혼하지 않는다. 그가 읽은 첫 철학책은 쇼펜하우어의 『생명의 지혜에 대한 격언』이었다. 그는 이 책을 1911년 브뤼셀에서 발견했고 인생 말기였던 1968년에 「이 시대의 쇼펜하우어」라는 제목의 글을 썼다. 여기서 그는 "헤겔과 마르크스를 받아들였고 사회현실을 이해하고 바꾸려는 욕망을 갖고 있었지만 여러 가지 상충된 모순들에도 불구하고 나는 일찍이 입문했던 그의[쇼펜하우어의] 철학을 버리지 않았다"라고 쓴다.[52] 슈미트는 모든 비판이론은 이 모순에 의해 오염되었거나 혹은 강화되었다고 주장한다. "마르크스와 쇼펜하우어에서 얻은 개념적 모티프들 — 쇼펜하우어로부터는 형이상학적 악(*malum metaphysicum*), 마르크스로부터는 물질적 악(*malum physicum*) — 은 비판이론의 모든 국면에서 서로 대립한다. 왜냐하면 '정의로운 사회'란 과학적으로 통제 가능한 총체적 과정과 관련되어 있을 뿐 아니라 '언제나 죄의식과 연루되어있는 목표'이기 때문이다."[53] 벤야민에게 문명이 반드시 야만적 차원을 갖고 있듯이 호르크하이머에게는 정당한 사회의 유토피아조차 필연적으로 죄의식에 물들어있다.

이렇게 정리해 보니 호르크하이머가 공유했던 쇼펜하우어의 종말론은 마르크스의 것과 다르다. 쇼펜하우어에게는 궁극적인 구원이나 처벌이 없다. 천국 혹은 그와 유사한 어떤 내세라도, 이 땅 위에, 혹은 그 너머 어디에도 없다. 오히려 우주적 차원에서는 무의미할 뿐이다. "모든 생명체는 아무 가치가 없는 것을 향해서 그 힘을 극도로 다해 애쓰고 있다. 그러나 좀 더 자세히 살펴보면 토대와 동기가 전적으로 부재한 충동과 맹목적 욕구를 발견하게 될 것이다."[54] 그럼에도 불구하고 그의 철학에는 인간적 연민이라는 개념이 있다. 연민이 고통을 완화시키는 행동을 하도록 동기부여를 한다는 것인데, 호르크하이머는 이 개념에 끌린다. 쇼펜하우어는 연민이 자기동일화 과정과 연결된다고 생각했다. "일정한 정도로 나는 다른 사람과 동일시하고 그 결과 자아와 비자아 사이의 장벽은 한 순간 철폐된다. 오직 이 순간에 비로소 이 타자의 일, 그의 필요와 비통함과 고통이 직접 나의 것이 된다."[55]

어떤 의미에서 호르크하이머는 『리온하트 슈타이러』를 씀으로써 이런 자기동일화를 이룬다. 그는 타인과 동화될 수 있는 허구적 세상을 창조했다. 이 소설의 주인공은 그저 막연한 타인이 아니라, 사장인 아버지 덕분으로 특권을 누릴 뿐 아니라 자신이 사랑하는 여인을 취하려고 했던 사악한 아들을 죽인 살인자이다. 자신을 살해한 사람에게 연민을 느낀다는 것은(비록 이 범죄는 허구적 영역에서 살해당한 호르크하이머 자신의 시뮬라크럼[모조품]과 연관되어 있다고 해도) 재주를 부려 얻은 동일화의 결과이다. 그러나 우리는 하층계급의 비합리성에 대해 호르크하이머가 갖고 있던 두려움에도 불구하고 부유한 슈투트가르트 사업가의 아들로서 자신이 누리는 특권에 대한 죄의식이 사회변화를 향한 욕망과 결합되어있다는 점을 의심할 수는 없다. "나는 국가 간 그리고 사회계층 사이의 경계를 무너뜨리고 싶다"고 그는 일기에 쓴다. "비록 이 투쟁이 미친 짓이라는 것을 알지만 말이다."[56] 이런 죄의식과의 자기동일화는 호르크하이머를 광증의 경계까지 몰아세웠다.

그의 철학이 성숙해졌을 때 호르크하이머는 자기동일화를 넘어서, 그리고 쇼펜하우어식의 연민을 넘어서 나아간다. 1933년『유물론과 형이상학』에서 그는 현재 공유된 고통의 존재가 혁명적 사회변화를 가져올 수 있다고 제시한다.[57] 그러나 여기서 고통분담이란 사장의 부자 아들이 차별받는 노동자의 입장을 상상해서 이해하는 것 이상이며, 쇼펜하우어식 타자의 고통과의 자기동일화 그 이상을 의미한다. 어떻든 호르크하이머의 청소년 소설에는 원시적 마르크스주의의 사회적 비판과 쇼펜하우어식 침울함보다는 더 충격적인 요소가 존재한다. 그것은 전혀 승화되지 못한 오이디푸스 콤플렉스로서, 성공한 자본가 아버지와의 갈등이 혁명을 통해 표현되어있다. 동시대에 성장했던 프랑크푸르트학파의 대표 석학들과 그는 이런 성장경험을 통해 긴밀하게 연결된다.

이 시기에 쓴 또 다른 소설『일』(1916)에서 젊은 공장 감독 프란츠 렌도프는 회사를 운영하는 아버지를 상대로 노동자들을 부추겨 혁명을 일으키려 한다. 그는 "실존적 조건을 얻기 위한 민중의 봉기는… 그들이 진정한 문화를 이루도록 해줄 수 있다"고 믿는다. 여기서 '진정한 문화'라는 구절은 혁명의 목표가 물질적인 것이 아니라 문화적임을 암시한다. 프랑크푸르트학파의 역사를 추적하면 이들의 귀족주의적 마르크스주의 감성이 규범적으로 만든 문화라는 개념을 반복해서 만나는데, 특히 아도르노의 문화산업에 관한 글에서 두드러진다. 일단 억압의 족쇄에서 풀려나면 노동자들은 할리우드의 시궁창에서 허우적거리기보다는 베토벤의 태양이 내리쬐는 언덕으로 행진해가리라는 것이다.[58]

우리에겐 위에서 언급된 노벨라들을 실화소설로 읽지 않을 방도는 없다.『리온하트 슈타이러』에서 등장하는 죄의식 가득한 사업가의 아들이나『일』에서 등장하는 귀족주의적 혁명가 인물에는 작가 자신이 투영되어있고 그들의 드라마는 호르크하이머가 실생활에서 겪은 아버지와의 불화를 반영하고 있다.『일』은 '마이돈'에게 헌정되었는데, 이 마이돈이란 이름은 자신의 당시 연인이자 미래의 아내가 될 로즈 리커에게 그가 지어준 애칭이었다. 로즈는 호르크하이머의 인생 최고의 사랑이었다. 그들은 1926년에 결혼했고 그녀가 1969년 사망할 때까지 함께 했다. 그에게 어울리지 않은 하층계급의 가난한 여인을 포기하지 않았다는 사실 자체가 부모를 상대로 그가 겪은 갈등과 투쟁을 전형적으로 보여준다. 특히 그는 아버지와 대립했다.

호르크하이머는 1916년 9월 소집명령을 받는다. 그때까지 그는 아버지의 공장에서 일을 하고 있었기 때문에 징집을 피할 수 있었다. 폴록의 경우처럼 그는 다시는 아버지를 위해 일하려고 하지 않았다. 전쟁 후 두 사람은 뮌헨, 프랑크푸르트, 프라이부르크, 이 세 도시의 대학에서 지적 훈련을 받는다. 1926년이 돼서야 호르크하이머는 학문적 자격조건을 완수하고 아버지가 기대했던 상업의 세계를 넘어선 곳에서 스스로 성공을 이룬다. 그의 부모는 로즈를 가족으로 받아들였다. 이로써 호르크하이머의 오이디푸스 갈등은 겉으로 보기에 해결된 듯 했고 한 가지 원칙을 확인시켜주었다. 한나 아렌트는 "대체로 이런 갈등은 아들이 천재임을 주장하거나 부잣집 출신 공산주의자들의 경우에서처럼 인류의 복지에 헌신한다고 맹세함으로써 해소되었다. 어떤 경우라도 돈을 벌기보다는 고차원적 성취를 얻기 위해 애쓴다. 아버지는 아들이 돈벌이를 하지 않겠다는 선택에 대한 합당한 이유로서 이런 종류의 성취를 기꺼이 받아들였다"고 쓴다.[59]

벤야민의 사례는 이 원칙을 반증한다. 그는 아버지 에밀을 부자로 만들어 자아실현을 이룩하고 타인의 존경심을 얻게 해준 사업을 자신은 하지 않겠다고 재차 거부했다. 벤야민은 30대가 되어서도 부모에게 돈을 요구했고 일을 해서 돈을 벌라는 부모의 요구가 '말도 안 된다'는 내용을 담은 편지를 쓰기도 했다. 제1차 세계대전 이후 벤야민 가족의 재산이 빠른 속도로 줄어들자 에밀은 아들에게 돈벌이를 하라고 다그쳤다. 벤야민과 그의 부양가족이 부모의 집에 속한 아파트에서 산다는 조건하에서 학문적 포부를 지원하겠다고 동의했지만, 그 결과는 참담했다. 벤야민은 부모와 함께 살았던 기간이 '길고 끔찍한 우울증의 시기'였다고 주장했다.

그와 아내 도라는 어린 아들을 데리고 친구의 집으로 떠났다. 부모의 집을 나가면서 벤야민은 유산의 일환으로 3만 마르크를 일시불로 받았고 집을 장만할 목적으로 1만 마르크를 더 받았으나 자립하기에는 턱없이 모자랐다. 아내 도라가 번역 일을 시작하고 가장이 되었지만, 벤야민은 돈을 벌기는커녕 마치 부모가 자신에게 빚을 갚아야 할 채무자라도 되는 듯이 행동했고 전혀 일할 수 없는 상태에 처하자 부모인 에밀과 폴린이 다달이 보내주는 생활비에 의존했다. 이런 벤야민의 태도는 우스꽝스럽게 한심한 응석받이거나 자신의 권리만을 주장하는 고집쟁이에 불과한 듯이 보였다. 그도 그럴 것이 그는 40세가 되어도 커피 한잔 못 타는 자신의 무능함을 짐짓 간섭하고 명령하는 어머니의 탓으로 돌렸다.[60]

벤야민의 해소되지 못한 오이디푸스 콤플렉스는 프란츠 카프카의 콤플렉스에서 그 선례를 찾아볼 수 있다. 벤야민은 카프카를 매우 꼼꼼히 읽었던 초기 독자 중 한 명이었다. 벤야민의 섬세하고 면밀한 독서는 카프카의 이야기에 투영된 아버지와 아들의 갈등에 집중되어있다. 그는 카프카의 이야기를 자신의 이야기에 대한 알레고리처럼 여긴 듯하다. 프란츠의 아버지 헤르만은 보헤미아 남부의 큰 유대 공동체에서 유대교가 인증하는 가축도살자인 쇼헷(shochet)의 가정에서 네 번째 아들로 태어났다. 그는 방문세일즈맨으로 일했고 나중에 프라하에서 15명의 고용인을 거느리고 장신구와 의류소매업을 했다. 프라하에서 그와 아내 줄리는 여섯 명의 아이를 낳아 길렀고 프란츠는 장남이었다.

36세의 프란츠는 그의 유명한 100쪽짜리 『아버지에게 쓰는 편지』에서 "당신은 자주 저를 꾸짖었습니다," 라고 쓴다.

평화롭고 조용하게, 따듯하고 풍요롭게 산다고 꾸짖었어요. 당신이 뼈
빠지게 일한 덕분에 저는 아무것도 부족한 게 없다고 하셨죠. 하도 들어
서 제 뇌에 군살이 박혔을 것이 분명한 그 말들을 여기에 적어봅니다.
"나는 고작 일곱 살 때부터 이 마을에서 저 마을로 손수레를 끌고 다녀
야 했어." "우리 식구는 방 한 칸에 끼어 잤지." "우리는 감자만 먹어도 감
지덕지했어." "몇 년 동안 겨울에 입을 옷이 없어서 다리는 온통 채 아물
지 못한 상처로 가득했지……." "하지만 그랬어도 아버지는 언제나 아버
지였어. 참, 요즘엔 아버지가 뭘 뜻하는지 아는 사람이 도통 없어. 너희들
은 그렇게 산다는 게 뭔지 알기나 해? 그런 걸 겪어본 적이 없으니 뭘 알
겠어?"[61]

편지 말미에 카프카는 아들이 부치지 못한 편지에 담긴 비난을 읽은 아
버지가 했을 대답을 상상해본다. "너는 생활력이 없어. 하지만 내가 안락한
생활에 적응시켜서 걱정이나 자기혐오감 없이 살아가라고 너를 무능하게 만
들어 버린 채 네 주머니에 꼬박꼬박 돈을 넣어주었다는 걸 증명하려고 하지.
네가 생활력이 없다고 한들 뭐가 문제지? 그건 내 책임이 되었어. 너는 가만
히 누워서 삶에서 질질 끌려가도록 널 내버려두지. 정신적으로 육체적으로
내가 끌고 가는 대로 말이야."[62] 이것이 카프카의 글이 지속적으로 담고 있
던 우려와 근심이었고 벤야민 역시 개인적으로 공감했던 부분이었다. 부자
간의 오이디푸스적 갈등에서 아들은 자신이 이룩했어야 할 성취를 다 하지
못한 실패자였고 아버지의 힘은 여전히 막강했다. 카프카는 아버지를 "힘,
건강, 식욕, 목소리의 크기, 웅변, 자기만족, 세속적 지배, 끈기와 평정심, 인간
본성에 대한 이해 등에서 진정한 카프카"라고 묘사했다.[63] 이것들을 우리가
덕목이라고 부를 수 있다면 아버지는 아들에게 유산으로 물려주고 싶었을
것이다. 물론 대부분 세속적인 덕목들이어서 아들은 경멸했거나 혹은 그것

들을 이루어내기엔 지나치게 나약했다. 카프카와 벤야민 같은 아들은 책만 파고 선병질이 있어서 아버지를 성공한 사업가로 만든 사회적 다원주의*의 에토스에는 적응하지 못했다. 적어도 현대자본주의사회에서 요구되는 생활 에는 맞지 않았다. 따라서 카프카의 『변신』에서 게오르그 잠자는 커다란 곤충으로 변해버려 가족이 수치스러워 하고 돈벌이도 못하는 아들의 신세가 된다. 역시 같은 이유로 카프카가 쓴 첫 번째 탁월한 단편이자 또 다른 부자 관계를 조명한 『판결』은 벤야민의 비평가적 관심을 끌었다. 이 소설의 말미에 오이디푸스 이야기는 자연 질서를 거스른다. 겉보기에 기력이 쇠약하고 이도 다 빠진 노망난 아버지는 침대보를 걷어차고 침대위에 선 채 아들에게 사형선고를 내린다. 1934년 독일 시오니즘연맹의 학술지 《유대인리뷰》에 실은 글에서 벤야민은 카프카의 사후 10년을 기념하면서 이 대목을 길게 인용한다. 그는 마치 배은망덕한 나약해빠진 아들에게 벌을 주는 복수의 화신인 아버지에 대한 카프카의 드라마와 1926년에 사망한 아버지 에밀 벤야민과 자신이 벌인 갈등 사이의 유사관계에 몰두한 듯 보였다. "너는 나를 덮어 주고 싶었겠지, 이 쥐방울만한 놈아, 난 다 알아, 하지만 아직 내 몸은 다 덮이지 않았어"라고 아버지가 아들에게 말한다. 아버지는 마치 이불이 무덤인 듯이 말하면서 카프카의 소설에 흔한 애잔한 희비극을 담고서 자신이 새로 발견한 수직성, 즉 그의 가운 속에 일찍부터 웅크리고 있던 예상하지 못한 남근적 힘을 드러낸다. "아마 이게 내게 남은 힘의 전부겠지만 너한테는 충분할거야, 너한테는 내 힘은 차고 넘치겠지……. 하지만 다행이지 뭐냐, 아버지는 자고로 아들의 속을 꿰는 법을 따로 배울 필요는 없거든."[64]

---

* 생물학의 다원주의를 사회학에 도입해서 생존경쟁과 자연도태를 사회적 진화의 동력이라고 보는 입장.

우리는 벤야민이 이 장면에 관해 쓸 때 아연실색함과 동시에 매료되었으리라 예상할 수 있다. "그는 오랜 역사를 이어온 부자관계를 생생하며 영향력이 있는 사물로 바꾸기 위해서 우주적 시간을 가동해야 했다. 하지만 그결과는 엄청났다. 그는 아들에게 물에 빠져 죽으라는 사형선고를 내린다. 아버지는 벌주는 사람이다. 마치 법정관리들이 그렇듯 죄의식이 그를 사로잡는다."[65] 벤야민이 여기서 제시하는 유사성은 놀랍다. 가부장제적 관료국가는 그 원형인 아버지처럼 부당하고 반박할 수 없게 처벌을 내린다. 어디에도 호소할 수가 없다. 게오르그는 방에서 뛰쳐나가 계단을 뛰어 내려가서 다리에서 몸을 던져 물에 빠져죽는다.

아버지가 아들에게 양도했던 이 자연 질서는 전복되었다. 우주의 바퀴가 거꾸로 돌려졌다. 적어도 카프카는 이 불쾌하고 이상한 이야기에서 그만한 일을 상상해내었다. 이 이야기는 그의 시대를 위한 것이었다. 자신의 운명을 거부한 생기가 펄펄 넘치고 세속적인 아버지와, 죄의식에 찌들어서 극도로 민감하고 예민한 비평 정신과 변증법적 상상력이 넘친 나머지 심리적 투사에 사로잡혀 난처한 상황에 처한 아들의 이야기다. 이게 바로 민감한 천재들이 봉착한 문제였다. 그들은 전혀 행동력을 갖춘 남자가 되지 못했다. 프랑크푸르트학파의 대표 석학들은 같은 문제를 겪고 있었다. 시각을 바꿔보면 이 문제 때문에 우리는 그들에게 매혹되는지도 모른다.

그렇지만 혹평을 들으면서도 돈의 신 마몬에 매달리는 아버지에게 공감하지 않기도 어렵다. 아버지는 그의 조숙하고 특혜를 받으며 자라서 아마도 버릇없을 아들을 위해 (일방적이긴 했지만) 최고의 삶을 주기를 원했을 뿐이다. 아들을 향한 아버지의 관대함이 프랑크푸르트학파 회원들의 전기에서 종종 언급된다. 마르쿠제는 그런 아들이었다. 제1차 세계대전 당시 군복무를 마치고 (손자 헤럴드가[66] 흥미롭게 묘사한 바대로 마르쿠제는 참전 경험이 전혀 없고 자동차가 등장하기 전이라 베를린의 보병부대가 사용할 "말 엉덩이를 닦는 일을 했다"), 1918년 독일혁명에 참가했던 마르쿠제는 1922년 프라이부르크대학에서 독문학 박사학위를 받았다. 그 뒤 6년 동안 베를린에서 도서판매업자로 일했다. 하지만 그는 아버지가 제공한 아파트에 살았고 출판업과 도서판매업의 배당금도 받았다.[67]

아버지의 너그러움과 배려는 아도르노의 경우에도 분명 확인된다. 프랑크푸르트에서 물질적 안정을 누릴 수 있게 가족과 부양책임을 맡은 아버지가 없었다면 아도르노는 아마도 단호하리만큼 자기 확신에 찬 지식인이 되기 어려웠을 것이다. 마르쿠제는 언젠가 일종의 경외심을 가지고 인생 말기에 아도르노가 당장 인쇄소에 넘겨도 될 만큼 아주 잘 다듬어진 문장으로 (1970년대 후반 한 방송에서) 말하던 모습을 회상한다.[68] 아도르노의 아버지 오스카 알렉산더 비젠그룬트는 프랑크푸르트의 유대인 포도주 상인이었다. 그는 마리아 칼벨리−아도르노 델라 피아나라는 매력적인 이름의, 게다가 가톨릭교도였던 여자와 부모의 반대를 무릅쓰고 결혼을 감행함으로써 자기 몫의 싸움을 벌인 바 있었다. 오스카는 자신의 유대인 정체성을 포기했을 뿐 아니라 말 그대로 적대적이었다. 러시아와 폴란드의 유대인학살을 피해서 프랑크푸르트의 동부지역에 정착했던 동유럽 출신 유대인들을 향한 그의 감정에서 이 적대감이 그대로 표현되었다. 사회적으로 부유했던 친영미주의적 사업가 오스카에게는 뢰벤탈의 아버지가 그랬듯이 이제 막 정착한, 턱수염이 길게 나고 카프탄을 입고 다니는 유대인들은 모욕 그 자체였다. 지크프리트 크라카우어(1889−1966)는 아도르노의 지적 멘토 가운데 한 사람으로서 자신의 소설 『긴스터』에 "진짜인 것처럼 보이지만 필시 모방품일 유대인들이 있다"고 썼다.[69]

아도르노는 새로 이주해온 성공한 서구화된 독일 유대인들이 오스츄덴을 향해 보인 속물근성을 예리하게 인식했다. 프랑크푸르트학파를 대표하는 명저로 꼽히는, 호르크하이머와 공저했던 『계몽의 변증법』에서 아도르노는 이렇게 쓴다. "동화된 유대인들은 계몽된 자기통제를 통해 (이차적 포경수술이라고 할 만하다) 타자가 그들에게 가했던 고통스러운 지배를 잊고는 그들이 속해있던, 오랜 시간 고통 받은 공동체로부터 곧장 현대 부르주아지로 넘어갔다. 이런 이동과정은 순수한 '인종'으로서의 냉정한 억제와 재조직화를 향해 가차 없이 움직여가는 것이다."[70] 전쟁 중 미국 망명 시기에 회고적 응시를 통해 아도르노와 호르크하이머는 오스카 알렉산더 비젠그룬트와 같은 부류의 사람들이 독일 부르주아 사회에서 추구했던 안전과 안위를 향한 소망은 위험한 망상에 불과했다고 분석한다. 확실히 학살을 피해 도망쳐온 동유럽의 신유대인 이민자들은 오스카 알렉산더와 같은 유대인들이 잊고 싶어 했던 선조의 고난을 떠올리게 하는 돌출적 존재였다.

이런 맥락에서 그의 첫째 아들 테오도르 루드위그 비젠그룬트 아도르노가 유대인으로 자라나지 않고 가톨릭교도로서 세례를 받은 것은 전혀 이상하지 않다. 아도르노의 전기 작가들이 주장하는 바에 따르면 그의 이름은 쌍둥이 유산을 불러낸다. 한편으로는 "끈기와 계산이라는 덕목에 기초한 물질적 안락을 향한 아버지의 노력이, 다른 면으로는 예술의 창의성과 자발성에 강조를 둔 공감을 향한 어머니의 재능이 있다."[71]

진정 아버지 오스카의 역할은 가족의 중상류층 생활 기반을 손쉽게 확보하기 위한 소임을 충실하게 수행하는 것으로 한정될 수 있다. 그의 사랑하는 아들은 이런 환경 속에서 음악성을 타고나 창의적인 어머니의 영향을 받으면서 자랄 수 있었다.

아도르노의 성장과정에서 정서적이고 물질적인 안정은 매우 중요했다. 그는 자신의 지적인 멘토 벤야민과는 정반대의 성격을 갖고 있었다. 벤야민은 자타공인 실수가 잦은 사람이었다. 운이 나빴고 세상을 헤쳐 나갈 능력이 없었다. 아렌트는 "프루스트처럼 벤야민은 자신을 망가뜨리는 삶의 조건을 바꿀 능력이 전혀 없었다."[72] 아도르노는 실수를 많이 하는 성격이 결코 아니었다. 벤야민보다 더 똑똑하진 않을지 모르지만 금수저를 물고 태어난 아이에게 주어진 자질을 사용할 줄 알았다. 그는 자신이 원하는 곳에 도달하기 위해서 부지런함, 고압적인 태도와 자기 확신 등의 탁월한 자질을 이용했다. 그렇게 해서 아도르노는 후설과 키에르케고르에 관한 박사논문으로 학계에 자리를 잡았다. 또 그는 1920년대 비엔나에서 알반 베르크*로부터 작곡을 사사해서 수월하게 모더니즘 음악분야에서 중요한 인물이 되었다.

이 모든 것이 교육의 결과만은 아니었다. 아도르노가 누린 안정적인 유년 시절의 환경이 그의 성격과 그가 이룬 성취에 그저 부차적이었다고만 할 수는 없다. 뢰벤탈은 18세의 아도르노를 "부잣집 출신의 응석받이 어린 신사"라고 묘사한다.[73] 그 외 다른 친구들도 독일 전역이, 그 중에서도 특히 프랑크푸르트라는 상업의 핵심지역이 1922년 높은 인플레이션의 영향으로 가난하고 비참한 상황으로 전락했을 때 마르크의 구매력이 매 주가 아니라 매 시간 떨어지던 상황에서도 아도르노와 그의 가족이 이탈리아 여행을 갔고 지속적으로 비교적 부유한 생활을 유지할 수 있었다는 점에 주목한다. 이 모든 것이 가능했던 이유는 오스카 비젠그룬트의 사업수완 덕분이었다. 그는 재산의 일부를 물질 자산에 투자했고 당시 많은 사람들, 특히 에밀 벤야민이 피해를 입었던 파산과 그에 따른 재정적 여파를 피할 수 있었다. 아도르노 역시 외아들이라는 점에서 혜택을 받았다. 그는 가족의 상대적 유복함을 물려받을 유일한 상속자였다.

그렇다고 해서 그가 아버지와 아무런 문제도 없었던 것은 아니다. 청소년 시절 그는 아버지가 부르주아 가치의 구현체라고 생각해서 효율성과 이윤추구와 같은 사업가적 관심은 자신의 관심사를 방해할 뿐이라고 여겼다. 그렇

---

* 오스트리아 출신 작곡가로 12음조 기술을 낭만주의적 서정과 결합시킨 스타일로 유명하다.

지만 아버지 오스카를 존경하지 않았다거나 그의 업적을 인정하지 않았다는 증거는 없다.[74]

하지만 가족관계에서 그에게 중요했던 사람은 아버지가 아니라 어린 시절을 지배한 두 여자, 어머니 마리아와 이모 아가테였다고 한다. 그는 아가테를 둘째 엄마라고 부르기도 했다. 그의 어머니는 오페라 가수였고 이모는 피아니스트였다. 전기를 읽어보면 아도르노는 미처 덜 자란 (다 자랄 필요가 없었으므로) 어린 천재라는 인상을 받게 된다. 역설적이지만 그는 벤야민과는 달리 성인세계에서 자신에게 주어진 역할을 제대로 하고 있었다. 학계에서 성공적으로 경력을 쌓았고 빚을 지지 않았고 망명 중에는 모국과 모국의 문화로부터 멀어진 상황에서 나이든 사람에게는 해로울 정도로 확신에 차서 스스로를 재창조해내기도 했다.

당시 미래의 사회연구소 동료들과는 달리 오이디푸스적 갈등으로 많이 괴로워하지는 않았던 아도르노와 대조적으로 아버지와 심각한 갈등을 빚었던 프랑크푸르트학파 학자들 중 한 사람은 정신분석가 프롬이다. 그는 프로이트주의의 정통성에 반발해서 (정신분석의 아버지가 갖는 권위에 대항한 오이디푸스적 갈등) 모든 인간사회가 오이디푸스적 갈등을 갖고 있는 것은 아니며, 특히 전자본주의사회에서는 이런 갈등이 없었다고 주장했다. 프롬은 프랑크푸르트에서 성장하던 시기에 자신이 태어난 도시의 상업적 정신으로부터 소외감을 느꼈고 특히 아버지의 직업이었던 영업사원의 일로부터 소외되었다. 결과적으로 그의 초기 두 명의 아버지 대리인, 삼촌 에마뉴엘과 종조부 루트비히의 우상 파괴적이며 영적이고 학문적인 환경에 이끌리게 된다. 삼촌 에마뉴엘은 어린 에리히를 유럽의 고급문화에 입문시켰고 루트비히는 탈무드연구가 얼마나 재미있는지를 알려주었다.[75]

전기 작가 로렌스 프리드먼에 의하면 성인이 된 프롬은 19세기 스위스 루터파 법관 요한 야콥 바흐오펜의 연구에 심취했다. 바흐오펜의 1861년 책『모성 권리와 종교의 기원』은 가부장제사회를 자연스러운 상태로 간주하며 자본주의와 억압, 남성적 헤게모니를 승인했던 지배적인 정통가치관에 맞선 최초의 도전이었다. 바흐오펜의 책을 읽으면서 프롬은 엄마와 아이의 결속력이 사회생활의 뿌리이며 모계사회에는 어떤 갈등이나 투쟁도 없고 심지어 사유재산도 없다는 생각을 하게 된다. 이 과정은 그의 사회주의적 인본주의를 구성하는데 결정적인 역할을 한다. 바흐오펜의 묘사에 따르면 모계사회는 프롬이 '원시적 사회주의 민주주의'라고 부른 것과 같은 기능을 담당했고 사회성, 관대함, 부드러움과 종교성, 평등주의가 지배적이었다.

하지만 뭔가 끔찍한 일이 벌어졌다. 프롬이 바흐오펜을 통해 추론한 바에 따르면 여성들에 의해 가부장제가 시작되었다. 여성들이 다수의 파트너와의 무제한적 성적 요구가 주는 불편과 불쾌함으로부터 자유로워지기 위해서 일부일처제를 발명해낸다. 곧이어 가부장제 사회가 출현해서 남자들이 여성과 사회적 약자들을 지배하기 위해 서로 싸우기 시작한다. 새로 태어난 아이에 대한 모성적 사랑은 자유롭고 무조건적이라서 아이의 자기 확신을 강화시키는 반면 가부장제에서 부성애는 의무의 이행에 기초하고 있어서 이런 점이 부족한 아이는 심리적으로 불안해진다. 합리성, 사유재산과 추상적 법 관념, 국가의 권력 등이 모계사회의 감각, 정서와 쾌락, 행복의 우선순위를 대체하게 된다. 그 결과 사회적 갈등은 양산되고 사람들은 정서적 억압과 죄의식에 시달리게 되었다.

독일 사회학자 막스 베버의 1904년 책『프로테스탄트 윤리와 자본주의정신』은 바흐오펜의 시각을 많이 반영하고 있다. 베버에게 프로테스탄트 윤리는 자본주의를 가능하게 해주는 것이었다. 프로테스탄트주의는 북유럽의 많은 사람들이 기업을 세우고 투자를 위한 부를 축적하는 조건을 제공해주었다. 그 결과 현대 자본주의의 성장과 빠른 산업화가 많은 북유럽 국가들에게 나타났다. 하지만 자본주의사회에서 성장해온 기술발전은 노동자들을 자연으로부터 소외시키고 힘없는 자들을 굴복시켰다. 아버지의 기대를 절대 만족시킬 수 없는 자본주의 문화의 죄의식에 시달리는 아들은 유럽에서 출현한 자본주의사회의 본성을 상징적으로 담고 있는 성격들, 즉 죄의식, 소외감, 자기소외, 갈등과 정서적 억압의 성향 등을 얻게 되었다. 이런 성격은 자본주의의 효과적인 작동을 보장해줄 유용한 화력이었다.

가부장제와 함께 부자간의 오이디푸스적 갈등이 시작되었다. 『사랑의 기술』에서 에리히 프롬은 "사유재산이 존재하고 아들 중 한 명에게 상속될 수 있게 되자 아버지는 자신의 재산을 물려줄 아들 쪽을 향하게 되었다"고 쓴다. 그 결과 프롬의 주장에 따르면 부성애는 모성애와 달리 조건부가 되었고, 이 조건부 부성애는 부정적인 측면과 긍정적 측면을 갖는다.

> 부정적 측면은 아들이 부성애를 얻어내야 한다는 점이다. 즉 사랑을 받을 자격을 갖춰야 한다. 아버지의 기대에 따라 성공하지 못하면 언제라도 그 사랑을 잃을 수 있다. 부성애의 본질에는 복종이 가장 중요한 덕목이며 불복종은 심각한 죄라는 사실이 담겨있다. 불복종에 대한 벌은 부성애의 철회이다. 긍정적인 측면 역시 중요하다. 아버지의 사랑이 조건부이기 때문에 나는 그것을 얻으려고 뭔가를 할 수 있고 노력할 수 있다. 아버지의 사랑은 모성애처럼 내 통제 밖에 있지 않다.[76]

그러나 이 긍정적 측면은 오직 프로테스탄트 노동윤리에 따른 자본주의 정신을 가지고 길러지는 사람들에게만 나타난다. 이들에게 부성애란 일을 통해 얻을 수 있는 임금이다. 이 사랑을 얻기 위해 필요한 일을 거부하면 이 고용관계는 깨져버린다. 그 대신 무조건적인 모성애의 천국을 갈망한다면 시대정신에 역행하게 된다. 시대정신이란 가부장제의 법이며, 모성애의 천국은 유토피아적 꿈이다. 프랑크푸르트학파의 두 회원, 프롬과 아도르노가 서로 달랐음에도 불구하고 똑같이 이런 유토피아를 꿈꿨다는 사실은 전혀 놀랍지 않다.

프롬이 여기서 아버지 나프탈리와 자신이 겪은 갈등을 묘사하는 방식에서 오이디푸스적 갈등이 나타나는가? 꼭 그렇지는 않다. 프롬은 자신이 보기에 신경증환자였던 나약한 아버지에게서 손을 뗀다. "나는 병리적으로 불안정한 아버지 때문에 불안에 시달리며 고통 받았다. 그는 내게 가이드라인을 주지 못했고 내 교육에 아무런 긍정적 영향도 미치지 못했다."[77] 그는 대신에 자아이상, 혹은 대체아버지를 다른 곳에서 찾았다. 그의 삼촌 에마뉴엘이 그런 역할을 했다. 그는 사촌 거트루드에게 아버지보다 삼촌이 더 좋다고 말하기도 했다.

프랑크푸르트학파 연구자들이 모두 아버지와 갈등을 겪지는 않았다. 가령 마르크스주의 경제학자이자 정치지도자였던 헨릭 그로스만의 아버지는 헨릭이 15세였을 때 54세의 나이로 사망했다. 따라서 그로스만이 가부장제와 벌인 투쟁은 어린 시절의 상징적 아버지들, 말하자면 가부장제적 합스부르크 제국과 자신이 태어난 갈리시아의 보수주의적 시오니스트 노인들에 저항했던 정치적 행동의 형식을 취하고 있다. 그 결과 그의 인생은 프랑크푸르트학파의 전형적 패턴에서 다소 벗어난다. 갈리시아 지방의 도시 크라쿠프에서 태어난 그로스만은 정치적 운동가로서 일찍부터 아슬아슬한 스릴이 가득한 활동을 벌인다. 릭 쿤이 쓴 그의 전기 전반부는 정치적 스릴러물로 쉽게 재구성할 수도 있다.[78] 젊은 시절 그는 유대인노동자 파업을 조직했고 유대사회민주당을 이끌었으며 볼셰비키를 위해 실크속옷에 무기를 숨겨 들어온 총기밀수업자 여자 친구들에 대해 자랑스럽게 떠들어댔으며, 동시에 프랑크푸르트에서 미래의 동료들에게 경멸을 당하게 될 마르크스주의의 진부한 교리를, 가령 자본주의하에서 이윤율이 떨어지는 경향에 대해 꼼꼼히 이론화했다.

그로스만은 시오니즘*을 부르주아적 오락에 불과한 것으로 비판했던 강경파 유대인이었다. 그는 아도르노처럼 지적인 자기 확신을 보였고 사회주의 원칙을 싫어하는 유대인들이 흔들어 대는 주먹질에 대항해서 자신의 이론을 자진해서 프랑크푸르트학파의 기존 방식에는 낯선 스타일로 시험했다. 만일 자본주의가 가부장제사회와 유럽 제국들(특히 러시아제국, 합스부르크와 독일제국)이 내지른 최후의 음울한 환호성을 경제적으로 표현한 것이었다면, 그로스만은 주인 없는 인간, 아버지 없는 혁명가였다. 그는 마르크스주의 이론을 제외하고는 어떤 권위에도 고개 숙이지 않았다. 특히 레닌과 루카치로부터 영향을 받은 마르크스주의자였다. 그로스만의 면모가 잘 드러나는 사건이 있다. 1906년 그는 현재는 폴란드의 남서쪽에 있는 작은 마을인 흐자노프에 강연을 하러 갔었다. 이곳에서 유대사회민주당은 당시 대부분 유대인이었던 주민을 독려해서 하시디즘** 신도인 고용주의 저항에 맞서 사회주의단체와 노동연합을 조직하려고 했는데, 잘 되지 않았다. 크라쿠프에서 온 이 중산층 법학도와 온건해 보이는 스타일의 그의 동료회원들은 작은 유대인마을에서 마치 다쳐서 욱신거리는 엄지손가락처럼 도드라졌다. '하시디즘 추종자들'은 군중을 선동해서 그로스만을 두들겨 팬 뒤 그의 동료와 함께 마을에서 쫓아냈다고 전기 작가 쿤은 쓰고 있다. "흐자노프의 대금업자와 자본가들은 사회주의자들이 러시아에서처럼 유대인대학살을 조직하려 한다고 비방했다." 마을에 배포된 그로스만의 정당 문건은 이렇게 주장했다. "우리는 노동자들의 상황을 개선하고 그들을 의식화하고 교육하고 싶을 뿐이다."

---

* 성경에서 약속한 시온의 고대 유대국가를 팔레스타인 땅에 재건하는 것을 목표로 한 유대민족주의 운동.
** Hasidism: 랍비 중심의 합리적 유대주의에 맞선 18세기 폴란드의 신비주의적 유대주의운동.

여기서 끝나지 않았다. 그로스만의 정당은 경고했다. "우리는 누가 더 강한지 보여줄 것이다. 수백 수천만의 조직된 노동자인가, 한 무리의 협잡꾼과 고리대금업자들인가?"[79] 얻어맞은 뒤 11개월이 지나 그로스만은 성공적으로 흐자노프의 행정관 앞에서 폭력을 휘두른 사람들을 고소했다. 이 이야기는 그로스만이 프랑크푸르트학파에서 유독 튀는 인물이라는 것을 보여준다. 비록 때로는 다른 유대인들을 공격하긴 했어도 그는 거리에 나가 사회주의와 유대인의 복지를 위해 싸웠던 노동계급을 위한 유기적 지식인이었다.

그로스만은 다음 장에서 만나게 될 카를 그륀베르그(1861-1940)와 가정환경이 유사하다. 카를 그륀베르그는 루마니아 태생 마르크스주의 철학자로 1924년 사회연구소의 첫 소장이 되었다. 이 두 사람 모두 아버지가 없었고 합스부르크 제국의 외곽지역 출신 유대인 남성이었다. 둘 다 비판이론이라고 불리는 다학제 간 지적운동을 발전시킨 프랑크푸르트학파 동료들보다 상당히 나이가 많았고, 이 과학적 경향의 마르크스주의자들과는 기질적으로 어울리지 않았다. 그륀베르그는 비엔나대학에서 법학과 정치학 교수자리를 유지하기 위해서 가톨릭으로 개종했다. 그로스만은 유대교를 심하게 거부한 편은 아니었지만 두 사람 모두 유물론적 전망을 가지고 있었고 정신적 신앙에 대해 적대적이었다. 그륀베르그가 그로스만의 대리아버지였다고 말하기에는 논쟁의 여지가 있지만 확실히 독일어 중심의 대학에서 공공연하게 마르크스주의를 드러낸 최초의 교수였다는 점에서 분명 그로스만에게 자아이상이 되기에 충분했다. 그륀베르그는 이 나이 어린 동료에게 학술연구직이 존경받을만한 일이 될 수 있는 가능성을 보여주었다. 그륀베르그가 1906년에 비엔나에서 젊은 교수로 재직했을 당시 청년 그로스만이 세미나에 참여했다.

나중에 그륀베르그는 그로스만의 학문적 후원자가 되어 학위논문 주제를 선택하거나 학계에서 자리를 잡기 위한 하빌리타치온* 준비를 지도하고 도움을 주었다(그로스만이 1925년에 44세의 교수 신분으로 정치적 탄압 때문에 바르샤바의 대학에서 계속 재직하기가 어려워져서 폴란드를 빠져나와야 했을 때 그륀베르크는 프랑크푸르트의 마르크스주의성향연구소 연구직 자리라는 매력적인 제안을 했다. 그륀베르크는 한 해 전부터 연구소 소장직을 맡고 있었다.)

그로스만의 초기 가두투쟁 시절이 그를 혁명의 영웅처럼 만들었다면 제1차 세계대전 중 그가 한 일은 영웅서사를 반감시킨다. 지금까지 흠잡을 데 없는 급진주의자로서의 경력을 보였던 사람이 제국주의적 합스부르크 국가의 공무원이 된 것이다. 비엔나에서 자신의 학문적 경력을 쌓기 위해 노력하던 그는 오스트리아 군대 소속 5차 야전포병연대에 1915년 2월 징집되었고 다음 해 러시아군대와의 전투에 참여했다. 지금은 우크라이나에 속하는 볼히니아의 평지 숲 속 늪지로 덮인 지역에서 그의 부대는 러시아의 공격을 격퇴했다. 그로스만의 전기 작가는 100만 명가량의 오스트리아-헝가리 출신 군인들이 러시아의 전투에서 목숨을 잃었다고 쓰고 있는데, 그로스만은 그 중에 포함되지 않았다.

전투력보다는 지적인 면에서 더 인정받은 그는 전선에서 불려나와 전시정부의 군사싱크탱크에 투입되어 전시경제상황의 전략에 관한 보고서를 담당하는 중위로 진급한다. 가령 그는 오스트리아-헝가리 제국이 전쟁포로를 유지하기 위해 드는 비용과 상대국들이 합스부르크의 전쟁포로를 유지하기 위해 지불해야 할 비용을 계산했다. 이 마르크스주의 경제학자는 또한 합스부르크 제국의 외무성장관인 체르닌 백작이 레온 트로츠키와 카를 라덱

---

* 독일의 대학교수 자격시험.

이 이끄는 볼셰비키 대표단을 만났던 브레스트리토프스크 평화협정*을 위한 보고서를 작성해 주기도 했다. 그의 급진주의 경력에도 불구하고 전시에는 반대편을 위해 일했던 것이다. 1918년의 실패한 오스트리아혁명에 그가 참여했는지 알려주는 증거는 없었다. 그는 이듬해 바르샤바에 돌아와서야 당시 활발했던 마르크스주의 정치로 복귀한다.[80]

몇 년 내에 곧 프랑크푸르트학파에 참여하게 될 다른 회원들은 대부분 나이가 너무 어렸거나 운이 좋았고, 혹은 지위고하를 막론하고 참전문제 만큼은 지나치게 신중했다. 가령 아도르노는 전쟁이 끝날 무렵에는 고작 15세였다. 전시에 그는 학교 문구점에서 구입할 수 있는 다양한 종류의 전함 모델을 수집했고 세계 해군 포켓가이드를 읽었으며 전함의 함대장이 되는 것을 꿈꾸기도 했다. 이와 대조적으로 아도르노의 유대인 아버지는 징집되었고 나중에 참전기념 훈장도 받았지만, 1930년대에 훈장을 받은 사실이 나치에게 아무 소용이 없자 망명해야 했다.[81]

호르크하이머는 1916년까지 징집면제 상태였고 이후에도 참전하지 않았다. 그 시기까지 그는 평화주의자였고, 여행 경험 덕분에 수많은 동포들의 민족주의적 열망으로부터 벗어나 있었다. "나는 런던과 파리에 있었다. 그곳의 사람들이 우리의 '평화를 사랑하는' 카이저보다 더 전쟁을 찬성한다고 믿을 수 없었다" 고 그는 나중에 쓴다. "나는 그들이 나보다 급이 낮은 인간이라는 이유로 총으로 쏴 죽여야 한다고 생각할 수 없다……. 독일제국에서 유년 시절에 받은 가르침에 대한 내 신념은 무너졌다. 나는 뭔가 무서운 일이 유럽에 일어났고 상황을 바꿀 수 없다는 강한 심증을 갖고 있다." 1914년 그는 이렇게 썼다. "재산을 보호하기 위해 전진하는 군대들을 증오한다……. 그들의

---

* 제1차 세계대전을 끝낸 동맹국과의 평화협정.

군대는 야만스러운 동기에 이끌린다. 이런 동기들은 계몽을 향해 돌진해가는 인간의 충동 속에서 극복되어야 하는 것이며 우리가 인간이 되기 위해서 반드시 파괴해야 한다." 『요하이』라는 단편소설에서 그는 전투에서 도망친 일병을 상상한다. "깊은 적개심이 유대인인 그를 살인을 하게 하는 대신 절망을 표출하게 만들었다. 모든 노예들의 절망감은 주인에게 닿도록 귀를 찢을 정도의 큰 외침에 담겨있다. 이 외침은 주인의 자족적인 무관심을 파괴시키고 의식을 배반하는 세상의 외관을 찢어버린다. 이렇게 그는 정신적 성공을 선택한다."[82] 호르크하이머는 결코 전쟁으로부터 소리치면서 도망치지 않았다. 그러나 이 구절을 전쟁의 광중으로 자신을 내모는 상상적 투사 외에 달리 읽을 수 없다. 그는 가능한 모든 방식을 동원해서 전쟁에 맞서 거리를 유지했다.

호르크하이머의 생각은 1914년 전쟁에 대한 독일좌파의 회의주의와 일치한다. 독일사회민주당(SPD)은 국가의 노동운동을 이끄는 지도력을 갖고 있었고 가장 큰 정치정당이었으며 1914년 7월 오스트리아의 대공 프란츠 페르디난트의 암살 초기에 반전 데모를 주동했었다. 그러나 다음 달에 독일이 러시아제국에 전쟁을 선포하자 사회민주당은 전쟁을 향한 민족적 열망에 사로잡혔다. 12월에 전쟁 채권발급을 반대했던 유일한 대의원이었던 카를 리프크네히트는 의회에서 자신이 던질 한 표를 위한 연설을 하지 못하자, 독일 군대는 무기를 자신의 정부쪽으로 돌려서 체제를 전복시켜야 한다고 주장하는 문건을 배포했다. "이 전쟁은 제국주의 전쟁이다. 세계시장의 자본주의적 통제를 위한 전쟁이며 거대한 영토를 정치적으로 지배하고 산업과 금융자본을 위해 여지를 주기 위한 전쟁이다"라고 그는 썼다.[83] 나중에 그는 1918-1919년에 실패한 독일혁명을 함께 이끈 사회주의자 로자 룩셈부르크와 마찬가지로 중대한 반역을 이유로 투옥되었다.

23세의 학생이었던 벤야민은 리프크네히트와 룩셈부르크의 사회주의적 전쟁 분석에 동감한 뒤 징집 거부를 결정했다. 1915년 10월 벤야민과 게르솜 숄렘은 하루 종일 엄청난 양의 블랙커피를 마시면서 새벽 6시까지 밤을 새우고 우정을 단단히 다졌다. (이 두 사람이 나눈 카발라, 유대주의와 철학을 아우르는) 대화까지는 몰라도 커피 과용은 "많은 젊은이들이 군 입대를 위한 신체검사를 받기 전에 했던 일이었다"고 숄렘은 자신의 회고록인 『발터 벤야민: 우정이야기』에 썼다.[84] 커피를 마시면 심장이 약해져서 효과는 있었다. 그날 오후 벤야민은 신체검사를 받았고 징집이 연기되었다.

호르크하이머와 마찬가지로 벤야민은 그의 조국에서 일어난 민족주의적 분위기에 동참할 수 없었다. 실제 전쟁이 시작되었을 때 벤야민은 자신의 사상을 일구는데 도움을 준 첫 멘토 중 한 사람인 교육개혁가 구스타프 비네켄과 힘겹게 절교를 하게 된다. 비네켄이 전쟁을 지지했기 때문이다. 비네켄은 1905년 튜링기아의 하우빈다이라고 불린 진보적인 사립 기숙학교에서 벤야민을 가르쳤다. 이 학교에서 어린 발터는 청년문화에 관한 비네켄의 원칙에 매료되었다. 소년이 어른보다 도덕적으로 월등하다는 원칙이었다. 벤야민은 소년이 다가올 미래의 인간이며 따라서 예술의 정신적 가치인 '시대정신'을 보호해 줄 기사로 교육될 수 있다는 비네켄의 가르침을 사사했다. 발터의 아버지는 비네켄의 원칙에서는 타락한 구질서를 대표하는 셈이었는데, 벤야민이 받고 있던 교육의 수업료를 내준 당사자의 입장에서 그가 어떤 의견을 갖고 있었는지는 기록에 남아있지 않다. 이후 '인간의 가장 신성한 일'에 참여하는 소년기라는 개념에 기초를 둔 학생정치에 벤야민은 몰두하게 되었고, 역시 그의 아버지의 견해를 알 수 있는 기록은 없다. 하지만 전쟁이 시작되었을 때 벤야민은 비네켄의 자유학교연맹을 그만둔다. 자신의 은사가 쓴 에세이 「전쟁과 청년」이 어린 소년들에게 전쟁이 윤리적 경험을 제공해준다는 주장을 담고 있었기 때문이다. 벤야민은 비네켄에게 국가라는 제단에 소년을 희생시킨다고 비난하는 편지를 썼다. 그 이듬해 숄렘의 권유로 룩셈부르크와 리프크네히트의 국제그룹 이론지《인터내셔널: 마르크스주의 이론과 실천 저널》을 읽게 된다. 벤야민은 이제 윤리적 청년문화에 헌신하는 것에서부터 성숙하고 절충된 마르크스주의 철학으로 나아가게 된다.[85]

프랑크푸르트학파 대표 석학들 몇몇에게는 당시 제1차 세계대전은 마치 안전한 거리를 유지하고 멀리서 흘깃 봤던 폭풍이었다. 이것은 칸트가 숭고의 경험을 묘사하는 방식이었다. 징집을 피하고 난 후 벤야민은 뮌헨으로 향한다. "마지막 신체검사에서 1년 연장을 받았다. 하지만 전쟁이 1년 안에 끝날 것 같지는 않다"고 그는 1915년 10월 숄렘에게 쓴다. "뮌헨에서 몇 달간은 적어도 평화롭게 일할 수 있을 것 같다." 나중에 그는 스위스 베른대학 박사과정에서 공부를 하면서 남은 전쟁의 시기를 보내려고 계획했다.[86]

벤야민의 전쟁은 또 다른 독일어권 유대인 철학자로서 신비주의적 기질을 가진 사람이 겪은 전쟁과 대조적이다. 루드비히 비트겐슈타인은 너무나 유명하고 탁월한 철학서 『논리철학탐구』를 오스트리아군대의 동부전선에서 1916년 자원입대를 했던 시기에 썼다. 이로써 그는 의도하지 않게 그로스만의 동지가 되었다. 그는 초소에 앉아 있었을 때 "마치 마술의 성에 사는 왕자처럼" 기대감을 가지고 한밤의 폭격을 기다렸다고 했다. 그 다음날 아침 그는 이렇게 기록한다. "때때로 나는 공포를 느꼈다. 그것은 삶에 관한 거짓된 관점에 노정된 결함이다."[87] 우리가 지금까지 살펴본 프랑크푸르트학파의 어떤 사상가들도 이런 문장을 쓸 수는 없었다. 그들에게 전쟁은 자신의 결단과 사적인 철학을 테스트할 기회로서 흥미로운 모험이 될 수 없었다. 전쟁은 무슨 수를 써서라도 피해야 할 재난이었다.

미래에 급진적 학생운동의 영웅이 될 마르쿠제가 겪은 전쟁 경험은 제한적이었다.[88] 그는 김나지움의 마지막 시험을 끝내고 나서 1916년에 예비사단으로 징집되었지만 시력이 나빠서 독일에 머물렀다. 그는 임무가 거의 없어서 체펠린예비사단*에 있는 동안 강의를 들을 수도 있었다. 그럼에도 불구하고 마르쿠제는 자신이 군대를 경험했고 1918년의 독일혁명 당시 정치적으로 교육받았다고 주장했다. 1917년 그는 반전운동을 위해서 사회민주당에 입당했다. 그의 입당 결정은 좀 이상했다. 같은 해 독립사회민주당(USPD)이 사회민주당의 호전적 입장에 반대하기 위해서 설립되었기 때문이었다. 마르쿠제는 룩셈부르크와 리프크네히트의 스파르타쿠스단에 가입할 생각을 아예 하지 않았다.

1918년 후반이 되어서야 젊은 마르쿠제는 급진적 성향을 띠기 시작했다. 빠른 속도로 무너져가는 독일의 군사적 상황과 점증하는 파업 사례들이 한 해 전 가을에 있었던 볼셰비키 혁명과 유사한 독일혁명의 가능성을 높이고 있었다. 10월에는 킬**에서 선원들이 봉기했다. 비록 단명하긴 했지만, 소비에트스타일의 사회주의공화국이 바바리아에서 결성되었다. 롤프 뷔거하우스의 표현대로 호르크하이머와 폴록은 '다소 위엄을 차린 채 일정한 거리'를 두고 관찰하고 있었다.[89] 마르쿠제가 한 장병의회에 참여했던 당시 혁명적 에너지가 베를린으로 퍼져갔다. 11월에 리프크네히트와 룩셈부르크는 출감한 바로 다음 날 베를린을 자유사회주의공화국으로 선포했다. 마르쿠제는 혁명적 열광에 휩싸여 베를린의 공산당시민방어대에 참여했다. 그러던 어느 날 마르쿠제는 우익 스나이퍼들이 총탄을 퍼붓는 알렉산더광장에 서 있게 된다. 우익 스나이퍼의 총알은 좌파시위자들과 혁명선동가들을 표적 삼고 있었다.

1918년의 마지막 며칠 동안 스파르타쿠스연맹, 독립사회민주당과 독일국

---

* 체펠린은 독일에서 만든 경식 비행선으로 설계자의 이름을 땄다.
** 독일 북부의 항구도시

제공산주의자(IKD)들은 독일공산당을 설립하기 위한 의회를 연다. 1919년 새해 첫날 룩셈부르크와 리프크네히트의 지도하에 공산당이 발족된다. 그날 룩셈부르크는 이렇게 말한다. "오늘 우리는 자본주의를 완전히 파괴하려고 합니다. 아니 그 이상입니다. 우리는 오늘 이 과제를 수행할 태세를 갖추고 있습니다. 프롤레타리아를 향한 의무를 수행할 뿐 아니라 우리는 인간 사회의 파괴를 막는 유일한 해결책이 되려고 합니다."[90]

그러나 이런 희망은 곧 좌절되었다. 사회민주당의 지도자 에버트가 우익 참전재향군인을 소집해서 혁명을 파괴할 모의를 했고 1월 15일 결정적 공격이 시작되었다. 룩셈부르크와 리프크네히트는 붙잡혀서 살해되었다. 룩셈부르크의 시체는 독일자유대원들의 손으로 베를린의 렌드비어 운하에 던져졌다. 브레히트는 그녀가 죽은 지 10년 후에 시 「비명 1919」에서 룩셈부르크를 기린다.

> 붉은 로자는 이제 사라졌다.
> 그녀가 누워있는 곳이 보이지 않는다.
> 가난한 이에게 삶이 무엇인지를 말해주었다는 이유로
> 부자들이 그녀를 지워버렸다.[91]

마르쿠제는 이 살인사건 이후 사회민주당을 탈당했다. 그에게, 그리고 당시 많은 좌파독일인들이 보기에 사회민주당은 새로운 전후 독일을 위한 사회주의의 희망을 배신했고 대신 프러시아의 군사체제와 결탁해서 에버트의 새 정부가 권위적인 질서를 유지하도록 해주었다. 이렇게 바이마르공화국은 사회주의 순교자들의 피로 물든 채 탄생했다.

마르쿠제의 경험은 프랑크푸르트학파에게도 상징적이었다. 혁명의 실패 이후 마르쿠제는 책에 몰입하면서 자신을 흥분시켰던 러시아 혁명이 왜 독일에서는 반복될 수 없었는지를 설명하려고 노력했다. 수년 후 그는 동료 마르크스주의자 게오르그 루카치와 카를 코르쉬처럼 공산당에 왜 가입하지 않았는지 질문을 받았다. "잘 모르겠습니다." 1972년 그는 인터뷰에서 대답한다.

> 1919년 내가 베를린에서 프라이부르크(나중에 나치즘을 지지했던 철학자 마르틴 하이데거와 공부를 하게 된다)로 갈 때까지 내 삶은 전혀 정치적이지 않았어요⋯⋯. 그럼에도 불구하고 이 시기 동안 나는 점점 더 정치적이 되어갔죠. 파시즘이 도래하고 있는 것이 분명했어요. 그것이 내가 마르크스와 헤겔을 집중적으로 연구한 이유였고 프로이트는 나중에 공부했어요. 혁명을 위한 실제적 조건이 마련되었던 시기에 왜 혁명이 붕괴되고 실패했는지, 어떻게 해서 구세력이 재집권하게 되고 사업전반이 또다시 쇠퇴하기 시작했는지를 이해하고 싶었죠.[92]

수십 년이 지난 뒤 프랑크푸르트학파의 대표 연구자들이 겪은 오이디푸스적 갈등에 정서적인 울림을 준 종결부가 구성되었다. 이들은 부성적 권위에 반역을 시도했던 한편으로 그 권위의 소멸을 아쉬워했다. 그들은 나치 정권하의 전체주의 사회에서 부르주아 가족의 파괴를 목도했다. 1941년 나치가 유럽에서 권력의 정점에 있었던 순간 미국에서 망명 중이던 호르크하이머는 이렇게 쓴다.

> 가족의 전성기에 아버지는 사회의 권위를 아이에게 제시해준다. 이 과정에서 사춘기에 두 사람 사이에는 불가피한 갈등이 생긴다. 그러나 오늘날 아이는 사회를 직접 대면하고 갈등은 시작하기 전에 이미 해결되었다. 세상은 현존 권력에 붙들려있고 그것에 적응하려고 애쓴다. 한때 청년들

이 아버지의 실용적 처리방식이 아버지가 표방하는 이념과 모순된다는 이유로 대들었다면 이제 그들은 더 이상 반항하지 않는다.[93]

이런 시각에서 보면 한때 프로테스탄트 자본주의 국가에 봉사했고 그 가치를 다음 세대에 불어넣어 주려고 했던 가부장제의 아버지는 더 이상 필요하지 않았다. 아버지와 가족은 자본주의 문화의 문지기였다. 마치 신의 말을 전달하는 일을 독점하고 있다는 이유로 권력을 잡았던 수도원의 필경사들과 같았다. 그러나 인쇄술의 출현 이래 필경사의 존재가 필요 없듯이 전체주의 사회의 부상은 아버지의 권력과 가족이라는 제도를 불필요하게 만들었다. 따라서 프로이트가 인간 사회의 자연적 사실로 받아들인 오이디푸스적 갈등은 그 유효기간이 정해져 있었다. 에리히 프롬은 오이디푸스적 갈등이 이미 시작된 것으로 간주했고, 이제 호르크하이머는 그 끝을 예정한다. "프로이트 이래 부자간의 관계는 역전되었다"고 그는 썼다. "아버지가 아니라 아이가 현실을 대변한다. 히틀러의 소년대원이 그의 부모로부터 받았던 경외감은 보편적인 사태의 정치적 표현에 다름 아니다."[94]

멜랑콜리적인 회환으로 가득한 채 거의 보수주의에 가까운 이런 생각은 몇 년 후 호르크하이머의 50번째 생일, 1945년 2월 14일을 기념하기 위해서 아도르노가 썼던 『미니마 모랄리아』에 담겨있다. 당시 이 두 사람과 함께 사회연구소는 미국 망명 중이었다. 이 책의 앞부분에서 그는 이렇게 쓴다. "우리가 부모와 맺는 관계는 슬픈 그림자가 드리워진 변화를 겪고 있다. 경제적 무능 탓에 부모는 눈부신 위엄을 잃어 갔다. 한때 우리는 그들이 고집했던 현실원칙에 대들었다. 이 현실원칙의 엄숙한 절제성은 언제나 아직은 포기할 준비가 되지 않은 이들을 향한 분노로 바뀌게 되어있다."[95] 이런 진술은 카프카의 『판결』에 등장하는 딱한 아들이 느끼는 죄의식을 떠올리게 한다. 그는 아버지의 능력이 돌아오기를 바라고 있다 (물론 그의 희망이 이루어지고 난 뒤 이어지는 카프카식의 악몽을 떠올리지 않은 채).

아도르노가 여기서 언급하는 현실원칙은 프로이트가 『문명과 불만』에서 쾌락원칙에 대립해서 정의한 용어다. 프로이트이론에 의하면 우리는 어린 시절 쾌락원칙을 따른다. 우리는 이드(id)를 좇아서 쾌락을 향한 충동을 만족시키려 한다. 현실원칙은 유년의 탐닉적 성향에 대한 성인의 교정체로서 사회적으로 허용되는 방식으로 행동하도록 보장하는 에고(ego)의 힘이며 따라서 아도르노가 묘사한 포기 혹은 억압과 관련된다. 프로이트는 문명이 어떤 출구도 없을 것 같은 점증하는 억압과 관련된다고 구상한다. 우리가 살펴보게 될 마르쿠제의 1955년 『에로스와 문명: 프로이트에 관한 철학적 탐구』는 이러한 비관주의에 대한 대답이다. 마르쿠제는 해방이란 억압된 쾌락원칙을 자유롭게 해주는 것이라고 주장한다. 마르쿠제는 마르크스와 프로이트를 결합시킨 분석에서 쾌락원칙을 자유롭게 해주면 현실원칙이 손상된다고 제시한다. "인간은 그들 자신의 삶을 살기보다는 이미 정해진 역할을 수행한다"고 마르쿠제는 말한다. "그들은 일하는 동안에는 자신의 욕구와 재능을 만족시킬 수 없고 소외된 채 일한다."[96]

그러나 마르쿠제가 만든 마르크스와 프로이트의 칵테일은 미래를 위한 것이었고, 억압적이며 꼿꼿한 사회, 즉 소위 '[대문자]인간' 혹은 상징계적 아버지의 권력에 맞선 리비도적인 60년대의 급진적 저항에 이론적 토대를 제공했다. 『미니마 모랄리아』를 썼던 1940년대에 아도르노는 가부장제적 권력보다는 부성적 무능함, 다시 말해 일반적인 집단주의적 사회, 구체적인 예로는 전체주의적 나치 독일에서 가족의 사회적 역할을 무너뜨림으로써 초래된 무능함에 더 관심을 둔다. 그렇다. 아버지의 가부장적 권력의 죽음은 적어도 한때는 열렬히 소망하던 것의 절정이었으며 동시에 끝이었다. 그러나 이렇게 끝나길 원한 것은 아니었다. "우리 부모세대의 신경증적인 기이함이나 기형은 선병질적이며 규범에 복종하도록 길러진 유아주의와 비교하면 인품, 즉 뭔가 인간적으로 성취된 것을 담고 있다"고 아도르노는 쓴다.[97] 이는 마치 아도르노가 자신이 아끼는 부모를 향한 아들의 사랑스런 감수성을 간직한 채 이 글을 쓰고 있는 것과 같다. 그는 부모의 권력을 빼앗아버린 것, 즉 나치가 구축한 사회통제 제도와 부모를 대립시킨다.

선병질? 규범적 유아주의? 이런 표현들은 짧은 바지를 입은 히틀러소년 대원이나 레니 리펜슈탈*의 아름다운 신체의 미학적 파시즘을 떠올리게 한다. 아도르노가 이것을 썼을 당시 이모 아가테가 죽었다. 하지만 오스카와 마리아는 아도르노가 나치 독일에서 이들을 구해내기 위해 갖은 수단을 동원한 덕택에 뉴욕에서 살고 있었다. 그들은 목가적 어린 시절을 상기시켜주었고 나치 이전의 세상을 대변했다. 『미니마 모랄리아』의 「잔디 깔린 자리」라는 글의 제목은 유명한 독일 노래에서 유래한다. "이 지상에서 내가 가장 사랑하는 자리/ 내 부모의 무덤가 잔디밭" 자식으로서의 신성한 의무가 오이디푸스적 갈등을 대체했다. "나치의 상징적 범죄들 중 하나는 구세대를 죽이는 것이었다. 이런 분위기는 우리 부모에 대한 때늦은, 그러나 명확한 이해를 얻게 해준다. 과거에 뭔가를 소유를 하고 있었던 부모는 자식을 돌봐 주었지만 지금 무기력해진 우리는 부모를 돌볼 수 없을 것이라는 두려움에 시달려서 훼손되고 저주받은 상태에 놓여있다."[98]

이런 맥락에서는 어린아이들을 자본주의의 노동자로 바꾸어놓은 기계로서 한때 가부장제의 성채로 보였던 가족을 옹호하는 아도르노를 용서해 줄 수도 있다. 이제 그는 가족을 반역의 대상인 제도라기보다는 전체주의 사회에 저항하는 장소로 제시한다.

---

* 독일의 영화감독이자 제작자, 사진작가로 나치의 프로파간다 영화를 찍었다.

시스템이 지속되는 동안 가족과 함께 부르주아지의 효과적인 작동의 지 뿐 아니라 개인을 억압하긴 했어도 개인에게 힘을 주고 개인을 생산해 주었다고도 할 저항도 사라져간다. 가족의 종말은 저항의 힘도 마비시킨다. 새로 부상하는 집단주의적 질서는 계급 없는 질서에 대한 조롱이다. 부르주아와 함께 이 질서는 한때는 모성애에서 그 자양분을 끌어왔던 유토피아에 철퇴를 가한다.[99]

모성애의 환기는 건전하다. 그저 아도르노의 어린 시절 잃어버린 천국만이 아니라 프롬이 묘사했던 가부장제 이전, 자본주의 이전의 유토피아를 불러온다. 인간성이 그런 유토피아를 현실화할 수 있을까? 그럴 것 같지는 않다. 설사 유토피아의 현실화가 가능하다 해도 머나먼 우주만큼이나 요원해보인다. 대신 삶은 더 어려워질 것이고 지성이 담당해야 할 과제가 유토피아적인 몽상보다 더 시급하다. 아도르노의 전기 작가는 다음과 같이 쓴다.

아도르노는 상호존중과 연대의식에 기초한 인간적인 세계에 살기를 원했지만 그의 삶에서 이런 기대는 번번이 좌절되었고 한 번도 잠재적 환멸에 대항해서 스스로를 무장하지 못했다. 오히려 그의 사유는 환영에 빠지기보다는 현실을 대면하고 현실적 제약을 예상할 필요를 인식하는 것에 애초부터 기대고 있었다.[100]

이것은 사회연구소의 동료들의 과제이기도 했다. 유토피아적 몽상 대신 프랑크푸르트학파는 어린 시절 혹은 1920년대 젊은 마르크스주의자였을 때 그들이 상상했던 것보다도 더 끔찍한 현실을 대면해야 했다.

●1장

1. Walter Benjamin, *Berlin Childhood around 1900*, Belkhap, 2006, 62쪽.
2. 같은 글, 63쪽.
3. Martin Jay, *The Dialectical Imagination: A History of the Frankfurt School and the Institute of Social Research*, California University Press, 1973, 22쪽.
4. Rick Kuhn, *Henryk Grossman and the Recovery of Marxism*, University of Illinois Press, 2007, 2쪽.
5. Walter Benjamin, *The Arcades Project*, Belkhap, 2002, 389쪽.
6. Benjamin, *Berlin Childhood*, 42쪽.
7. Benjamin, *The Arcades Project*, 391쪽.
8. Walter Benjamin, "A Berlin Chronicle." *Reflections: Essays, Aphorisms, Autobiographical Writings*, Peter Demetz 편집. Hartcourt, 1986, 10‒11쪽.
9. Benjamin, *Berlin Childhood*, 159쪽.
10. Walter Benjamin, *Selected Writings 1931–1934*, Vol. 2, Michael W. Jennings, Howard Eiland and Gary Smith 편집. Belkhap, 2005, 621쪽 참조.
11. Benjamin, *Illuminations*, 248쪽.
12. Howard Eiland and Michael Jennings, *Walter Benjamin: A Critical Life*, Harvard University Press, 2014, 13쪽.
13. Benjamin, *Berlin Childhood*, 158쪽.
14. Eiland and Jennings, *Walter Benjamin*, 314 ff.쪽; Esther Leslie, *Walter Benjamin*, Reaktion Books, 2007, 101 ff.쪽 참조.
15. Benjamin, *Berlin Childhood*, 37쪽.
16. Terry Eagleton, "Walking the Dead." *New Statesman*, 2009년 11월 12일자. newstatesman.com.
17. Benjamin, *Berlin Childhood*, xii.
18. Leslie, *Walter Benjamin*, 130쪽.
19. Benjamin, *The Arcades Project*, 463쪽.
20. Benjamin, *Berlin Childhood*, 85쪽.
21. Benjamin, "The Image of Proust." *Illuminations*, 198쪽.
22. 같은 글, 198쪽.
23. 같은 글, 199쪽.
24. Benjamin, *Berlin Childhood*, 18쪽에 수록된 페터 스촌디의 에세이를 참조할 것.
25. Benjamin, *Illuminations*, 245쪽.
26. Benjamin, *Berlin Childhood*, 37쪽.

27. Paul Muljadi, *Epicureanism: The Complete Guide*, Pediapress, 2011에 인용됨.
28. *Berlin Childhood*에 부친 아도르노의 1950년 후기를 참조. hup.harvard.edu/catalog 와 이 책의 영어본 뒷표지에 인용됨.
29. Eiland and Jennings, *Walter Benjamin*, 327쪽.
30. Benjamin, *Berlin Childhood*, 39-40쪽.
31. Axel Honneth, *Reification: A New Look at an Old Idea*, Oxford University Press, 2008, 62쪽.
32. Benjamin, *Selected Writings*, Vol.2, 576쪽.
33. T. J. Clark, "Reservations of the Marvellous."*London Review of Books*, 2000년 6월 22 일. Irb.co.uk.
34. Benjamin, *The Arcades Project*, 908쪽.

● 2장

35. Benjamin, *Illuminations*, 31쪽.
36. Jay, *The Dialectical Imagination*, 292쪽.
37. Benjamin, *Reflections*, xiii 참조.
38. Leo Löwenthal, *An Unmastered Past*, California University Press, 1987, 17-18쪽.
39. 같은 글, 19쪽.
40. 같은 글, 19쪽.
41. Vincent Geoghegan, *Ernst Bloch*, Routledge, 2008, 79쪽.
42. David Biale, *Gershom Scholem: Kabbalah and Counter-history*, Harvard University Press, 1982.
43. Rolf Wiggershaus, *The Frankfurt School: Its History, Theories, and Political Significance*, MIT Press, 1995, 41쪽.
44. John Abromeit, *Max Horkheimer and the Foundations of the Frankfurt School*, Cambridge University Press, 2011, 25쪽.
45. 같은 글, 22쪽.
46. 같은 글, 26쪽.
47. 같은 글, 31-2쪽.
48. Wiggershaus, *The Frankfurt School*, 43쪽.
49. E. M. Forster, *Howards End*, Penguin, 1984, 147쪽.
50. Wiggerhaus, *The Frankfurt School*, 43쪽.
51. Alfred Schmidt, "Max Horkheimer's Intellectual Physiognomy." *On Max Horkheimer: New Perspectives*. Seyla Benhabib, Wolfgang Bonss and John McCole, MIT Press, 1995, 26쪽.
52. 같은 글.

53. 같은 글.

54. Arthur Schopenhauer, *The World as Will and Representation*, Vol. 2, Dover, 1969, 357쪽.

55. Arthur Schopenhauer, *On the Basis of Morality*, Hackett Publishing, 1995, 166쪽.

56. Abromeit, *Max Horkheimer*, 35쪽에서 인용됨.

57. Max Horkheimer, "Materialism and Metaphysics." *Critical Theory: Selected Essays*, A&C Black, 1972, 10쪽.

58. Abromeit, *Max Horkheimer*, 32쪽.

59. Benjamin, *Illuminations*에 수록된 아렌트의 글 31쪽 참조.

60. Eiland and Jennings, *Walter Benjamin*, 18쪽.

61. Franz Kafka, *Letter to his Father, in an edition of Kafka's writings (including The Trial, In the Penal Settlement, Metamorphosis, The Castle, The Great Wall of China, Investigations of a Dog, and the Diaries 1910–23)*, Secker and Warburg, 1976, 566쪽.

62. 같은 글, 584-5쪽.

63. 같은 글, 558쪽.

64. Franz Kafka, *The Judgment*. records.viu.ca.

65. Benjamin, *Illuminations*, 110쪽.

66. "Biographical Notes on Herbert Marcuse" 참조. history.ucsb.edu.

67. Wiggershaus, *The Frankfurt School*, 96쪽.

68. Brian Magee, "Philosophy: Men of Ideas" 참조. 유튜브에서 검색가능.

69. Müller-Doohm, *Adorno: A Biography*, 19쪽.

70. Adorno and Horkheimer, *Dialectic of Enlightenment*, 169쪽.

71. Müller-Doohm, *Adorno: A Biography*, 18쪽.

72. Arendt. Benjamin, *Illuminations*에 수록. 13쪽.

73. Müller-Doohm, *Adorno: A Biography*, 39쪽.

74. 같은 글, 20쪽.

75. Lawrence J. Friedman, *The Lives of Erich Fromm: Love's Prophet*, Columbia University Press, 2013, 4 ff쪽.

76. Erich Fromm, *The Art of Loving*, Unwin, 1981, 41쪽.

77. Friedman, *The Lives of Erich Fromm*, 6쪽.

78. Kuhn, *Henryk Grossman*, 1 ff쪽.

79. 같은 글, 56쪽.

80. 같은 글, 89쪽.

81. Müller-Doohm, *Adorno: A Biography*, 35쪽.

82. Zoltán Tarr, *The Frankfurt School: The Critical Theories of Max Horkheimer and Theodor W. Adorno*, Transaction Publishers, 2011, 19-20쪽.

83. spartacus-educational.com의 Karl Liebknecht 항목 참조.

84. Gershom Scholem, *Walter Benjamin: The Story of a Friendship*, New York Review of

Books, 1981, 24쪽.

85. Leslie, *Walter Benjamin*, 33쪽 참조.

86. Eiland and Jennings, *Walter Benjamin*, 79쪽.

87. Ray Monk, *Ludwig Wittgenstein: The Duty of Genius*, Random House, 2012, 138쪽 참조.

88. Douglas Kellner, *Herbert Marcuse and the Crisis of Marxism*, Macmillan, 1984, 14 ff 쪽 참조.

89. Wiggershaus, *The Frankfurt School*, 44쪽.

90. Mary-Alice Waters 편집. *Rosa Luxemburg Speaks*, Pathfinder, 1991, 7쪽.

91. Stephen Parker, *Bertolt Brecht: A Literary Life*, Bloomsbury, 2014, 121쪽에서 인용됨.

92. Kellner, *Herbert Marcuse*, 17-18쪽.

93. Abromeit, *Max Horkheimer*, 419쪽.

94. 같은 글.

95. Theodor Adorno, *Minima Moralia: Reflections from Damaged Life*, Verso, 2005, 22쪽.

96. Kellner, *Herbert Marcuse*, 169쪽 참조.

97. Adorno, *Minima Moralia*, 22쪽.

98. 같은 글.

99. 같은 글, 23쪽.

100. Müller-Doohm, *Adorno: A Biography*, 31쪽.

2부

1920년대

하늘에 떠있는 구름 아래 파괴력 있는
급류와 폭발의 힘으로 가득 찬 들판에
작고 연약한 인간의 몸이 서 있다.

3장
거꾸로 뒤집어진 세상

사회연구소는 1924년 6월 22일 프랑크푸르트 암 마인*의 빅토리아가(街) 17번지에 문을 열었다. 유대인 지식인과 사업가들이 마르크스주의 연구소를 세우기에는 (중국식 저주**가 암시하는 대로) 흥미로운 시간과 장소였다. 프랑크푸르트는 당시 독일에서 두 번째로 유대인이 많이 살던 도시였고 1924년 첫 유대인 시장을 선출했다. 그러나 이곳은 또한

---

* 독일 헤센 주의 도시 프랑크푸르트의 공식이름으로 도시 중심을 흐르는 마인 강 가에 있는 프랑크족의 통로라는 의미.
** 여기서 중국식 저주란 '흥미로운'이란 표현에 관련된다. 영어로 '흥미진진한 시대에서 살아라'는 일종의 저주인데, 평화롭고 편안하게 사는 것이 재미없다는 전제하에 재미있게 살라는 의미이지만 평화와 편안한 시대의 반대는 힘들고 불안하고 무질서한 시대라면 '흥미로운 시대'를 살라는 말은 축복이라기보다는 저주로 들린다는 의미이다. '중국식'이란 수식어가 붙어있지만 중국에는 정확히 이런 표현에 해당하는 것은 없다고 한다.

세계에서 가장 큰 화학 산업체인 이게 파르벤*의 본사가 있었다. 나중에 아우슈비츠의 가스실에서 사용된 청산가리를 주원료로 삼은 살상물질인 살충제 치클론 비(Zyklon B)가 여기서 만들어졌다.

프랑크푸르트에서 대량학살산업이 성공했다는 사실이 그곳 시민들에게는 어떤 의미였는지를 이해하려면 다음의 숫자를 눈여겨봐야 한다. 1933년 프랑크푸르트의 유대 인구는 2만6천 명이었는데, 제2차 세계대전이 끝나기 전까지 9천 명 이상의 유대인이 도시에서 추방되었다.[1] 오늘날 이 도시의 유대인 묘지에는 11,134개의 작은 금속 정육면체가 나란히 일렬로 '이름의 벽'(Wand der Namen)에 놓여있다. 홀로코스트 당시 살해된 프랑크푸르트 시민들을 기리기 위한 것이다. 죽음의 수용소로 쫓겨나지 않은 프랑크푸르트의 유대인들도 이에 못지않은 비참한 결말을 맞게 된다.

이 도시의 첫 유대인 시장인 루드비히 란트만은 그 대표적인 예이다. 1924년 집무를 시작한 그는 노이에 프랑크푸르트(Neues Frankfurt)라는 이름의 새 공공주택 프로젝트를 통해서 좀 더 인간적인 도시로 바꾸려고 노력했다. 당시 심각했던 주택난을 해결하기 위해서 계획한 이 프로젝트를 통해서 1만2천 개의 아파트가 세워졌다. 또 낫소 주택이라는 기관을 세워서 모든 시민이 쾌적한 주거생활을 누릴 수 있도록 했다. 하지만 란트만은 1933년 나치에 의해서 해임되었고 결국에는 네덜란드로 도망쳤다. 그곳에서 친구들과 친척들의 도움으로 난민생활을 하다가 전쟁 후 1945년 혹독한 겨울을 겪으면서 76세의 나이에 영양실조로 죽었다.[2] 2015년 프랑크푸르트의 한 신문은 "잊힌 시장"이라는 헤드라인을 달고 란트만에 대한 기사를 실었다.[3]

사회연구소는 당시 확산되고 있던 반유대주의를 피해가지 못했다. 연구소

---

* 1925년에 설립된 독일화학공업 카르텔로 제2차 세계대전 후 연합군에 의해 해체됨.

의 초대 소장 그륀베르그는 빅토리아가에 완공된 건물에서 취임사를 했다. 그는 연구소가 현존 질서를 유지하기 위한 '관료'를 길러내는 훈련소로 전락한 독일대학 체계를 대체해야 한다고 제안했다. 그럴듯한 말이었다. 하지만 그륀베르그가 취임사를 했을 당시 그를 포함한 연구소의 직원, 그리고 연구소의 재정을 지원한 헤르만 바일과 연구소 설립을 제안했던 그의 아들 펠릭스에 이르기까지 그 어느 누구도 지성사에서 혁명을 일으키게 될 연구소의 건물이 담고 있던 진실을 전혀 알지 못했다. 연구소의 건물은 유대인 소유였지만 나치의 손으로 세워 졌다.

건축가 프란츠 뢰클은 1908년 프랑크푸르트에서 이집트 아시리아 양식의 아름다운 유대교 예배당을 지으면서 건축가로서의 경력을 시작했다. 하지만 1933년에 국가사회당의 당원이 되어 자신의 출생지 리히텐슈타인*에서 일어난, 로터 사건(Rotter Affair)으로 알려진 유대인 학살에 가담했다는 죄목으로 수감된다. 1933년 프리츠와 알프레드 로터 형제는 베를린에서 유명한 유대인 극장주였는데 파산 스캔들에 휩싸여 히틀러게 신문으로부터 혹평을 받게 된다. 스캔들 탓이기도 했지만 사실은 나치를 피하기 위해서 형제는 리히텐슈타인으로 도피했다. 나치의 선전장관 요제프 괴벨스는 자신이 베를린의 "유대인이 득실거리는 유흥산업"이라고 부른 극장업을 정리하려고 했다. 리히텐슈타인에서 뢰클을 포함한 네 명의 나치는 로터 형제를 유괴해서 베를린으로 데려가려고 했다. 베를린에 가면 형제는 살해되거나 적어도 감옥살이를 하게 되어있었다. 형제는 호텔을 간신히 벗어나 자동차로 도망을 쳤는데 자동차 추격 과정에서 알프레드 로터와 부인 거트루드는 절벽에서 떨어져 사망했고 프리츠와 그의 동료는 중상을 입었다.

---

* 스위스와 오스트리아 사이에 있는 독립주권 공국.

알프레드와 거트루드의 죽음이 사고였는지 아니면 뢰클과 공범들에 의해 차가 도로에서 벗어나게 된 것인지는 확실하지 않다. 4명의 나치들은 이 사망사고에 연루된 이유로 짧은 형을 살았다. 뢰클 일당은 700명의 가석방 청원서명을 통해서 일찌감치 풀려나온다(독일어를 사용하는 알프스의 소도시들은 열혈 나치 지지자들로 들끓었다). "이 사건은 정치적 암살이었다. 이 사건이 유일한 것은 아니었어도 이 작은 나라에서는 매우 심각한 사건이었다"라고 후에 리히텐슈타인의 역사가 노버트 하스와 한스요르 쾨더러는 적고 있다.[4] 만일 그렇다고 한다면 이 프랑크푸르트학파의 건축가는 반유대주의적 범죄를 저지른 살인범이었다. 《프랑크푸르터 알게마이네 차이퉁》에서는 "그는 처음엔 유대인을 위해 건축을 했지만 나중엔 그들을 죽음으로 몰아갔다"[5]고 보도했다.

1924년 프랑크푸르트는 특히 마르크스주의에는 어울리지 않았다. 오늘날 이 도시는 마인하튼(Mainhattan)*으로 알려져 있다. 마천루의 스카이라인 때문이 아니라 사업과 금융이 활발한 전 지구적 자본의 수도로서 세계에서 가장 큰 증권거래소가 있고 독일의 연방은행과 유럽중앙은행의 본부가 있는 곳이기 때문이다. 1920년대까지 이 도시는 현대적 메트로폴리스이자 세계 자본의 허브가 되어가고 있었다. 증권거래소가 1879년에 열렸고 중앙역은 1888년에, 대학은 1914년, 첫 공항은 1926년에 완공되었다. 베를린과 마찬가지로 독일의 두 번째 도시인 이곳에서도 통일 이후 인구가 급증해서 1861년에는 인구가 71,462명으로 늘어났다.[6]

오늘날은 말할 것도 없고 1924년에도 프랑크푸르트는 독일의 도시들 가운데 가장 전통과는 먼 듯이 보였다. 그렇지만 이곳에도 독일 역사와 문화에

---

* 마인 강과 맨해튼의 합성어로 금융의 중심지이고 고층빌딩이 많아서 생긴 별명.

흐르는 오랜 혈통과 뿌리 깊은 상징적 연결성이 존재했다. 수 세기에 걸쳐 자유제국도시였던 이곳에서 신성로마제국의 새 황제는 황소를 굽고 불꽃놀이를 벌이며 축제가 벌어지는 프랑크푸르트의 중앙광장인 뢰머광장(로마의 산)을 발코니에 서서 내려다보았다.[7] 이런 유서 깊은 제례의식은 나폴레옹이 1806년 신성로마제국을 무너뜨렸을 때 끝나고 말았지만 이 코르시카 출신 황제의 몰락 이후 프랑크푸르트는 19세기 독일연합 의회를 유치하면서 다시 부상하게 된다. 뿐만 아니라 이곳은 괴테의 출생지였고 쇼펜하우어가 베를린보다 더 세련되었다고 생각해서 거주지로 선택한 도시이기도 했다. "건강한 기후와 아름다운 주변 환경을 갖추고 대도시와 근접해있을 뿐 아니라, 자연사박물관과 수준 높은 극장이 있어 오페라와 콘서트를 볼 수 있으며 영국인이 많고 멋진 커피하우스에, 물도 나쁘지 않았으며… 실력 있는 치과의사가 있다."[8]

그러나 1920년대에는 헨젤과 그레텔이 동화책에서 걸어 나와서 먹고 싶어 했을 좀 더 독일적이면서 생강과자풍인 색색의 집들이 둘러싸인 뢰머광장을 중심으로 한 제례의 도시 프랑크푸르트는 사라져가고 있었다. 구 도시 너머에서 전혀 다른 프랑크푸르트가 떠오르고 있었다. 새로운 유토피아적 삶의 방식과 도시의 성장하는 산업주의 세력을 보여주는 엄숙하고 유선형의 차갑고 기능적인 모더니즘적 건물들이 들어섰다. 신 프랑크푸르트의 일부에 세워진 첫 주택단지는 부흐펠즈거리의 지그재그하우스였다. 건축가 에른스트 메이가 시장 란트만을 위해서 디자인해준 것이었다. 아직도 남아있는 이 3층짜리 테라스가 달린 주택단지에는 공동놀이터, 정원, 어린이용 풀장 등이 추가되었다. 짧게 잘라 다듬은 기능성이 강조된 직선형의 건축양식은 발터 그로피우스*의 현대적 바우하우스 스타일의 미학에 필적했다.

---

* 독일 예술학교 바우하우스의 교장이었고 근대건축과 산업예술을 이끌었다.

그 다음으로 페터 베렌스*가 세운 회스트아게(Hoechst AG)의 거대한 새 염색공장이 있었다. 베렌스는 미스 반 데어 로에,** 르 코르뷔지에*** 등 모더니즘 건축의 거장들을 조수로 거느렸던 건축가였다. 이 염색공장은 1924년 여름 사회연구소가 문을 열기 2주 전에 개장했다. 으리으리한 벽돌로 덮인 성채와 바우하우스가 만난 외관은 충분히 웅장했지만 내부는 당시 발전해가는 독일의 산업적 역량이 신의 자리를 차지한 채 숭배되는 분위기를 매우 특이하고 상징적으로 보여주었다. 성당처럼 만든 입구의 홀은 5층 높이로 염색과정을 연상시키는 색깔의 벽돌로 지어져서 진정한 의미에서 산업에 바쳐진 신전 역할을 했다.[9]

그러나 페터 베렌스식 건물의 특징으로 알려진 이와 같은 산업적 위용은 1920년대 프랑크푸르트에서 가장 두드러진 새 건축물에 눌리고 만다. 옛 유대계 금융가문인 로스차일드가 소유했던 땅에 세워진 이게 파르벤 본사는 1930년에 문을 열었을 당시 유럽에서 가장 큰 사무용 빌딩이었고 1950년대까지 존속했다. 그 안에서 노동자들은 새로운 기술의 발명품인 패터노스터 엘리베이터****를 타고 각 층으로 이동했다. 이 엘리베이터는 계속 움직이는 벨트위에 승객이 탈 수 있는 객실이 체인으로 연결되어있어 간단히 오르고 내릴 수 있는 기계였다.

이게 파르벤의 넓은 연구실이 개방되기 1년 전 벤야민은 화학기업과 독일 군산복합체의 멈출 줄 모르는 성장을 특유의 세밀한 풍자와 예지를 담아 짧

은 에세이를 썼다. 「초현실주의」라는 제목의 이 에세이는 홀로코스트의 공포(물론 의도하지 않은 것이었지만)와 영국 도시들에 퍼부은 루프트바페*의 폭탄 공격을 예견했다.[10] 마치 산업 숭배와 기술적 발전을 향한 독일인의 신앙심이 벤야민과 같은 공산주의자가 추구한, 말하자면 사회주의 혁명과도 같은 것을 잠식해버린 듯 했고 이런 맥락에서 그는 자신을 포기했다고 쓴다.

> 나는 이렇게 비관주의에 (나를 포기했다)……. 문학의 운명에 대한 불신, 자유의 운명에 대한 불신, 유럽의 인간성에 대한 불신. 그러나 계급 간, 나라 간, 개인 간의 화해, 이 모든 화해 속에서 불신은 3배로 늘어난다. 무한한 믿음은 오직 이게 파르벤으로 향하고 공군의 평화로운 완벽함에 바쳐진다. 그러나 지금 있는 것은 무엇이고 다음엔 무엇이 올 것인가?[11]

매우 신랄하며 냉소적인 이 비판은 수십 년의 시간을 건너 울려온다. 벤야민의 음울한 예지의 범위는 이게 파르벤 본부의 크기보다 더 광활하다. 그는 혁명을 위한 조건은 어디에서나 결핍 상태라고 근엄하게 결론을 내린다. 그 대신 어떤 계급적 유대와 소소한 인간가치의 공유조차 없는 이 타락한 세상에서 확신할 수 있는 유일한 것은 산업이 이끄는 기술적 진보의 진격일 뿐이었다. 그 다음엔 무엇이 올까? 그 시간으로 되돌아가 우리는 1929년의 벤야민의 질문에 답할 수 있다. 프랑크푸르트의 선도적인 산업은 히틀러가 저지른 인종 학살을 도왔다.

이런 도시에서 마르크스주의 연구소, 게다가 유대인에 의해서 전적으로 유대인의 돈으로 운영되는 연구소는 몸을 낮추고 눈에 띄지 않아야 했다. 모

---

* 나치정권하의 독일공군.

스크바의 마르크스엥겔스연구소의 소장인 데이비드 리언조프는 1920년대에 프랑크푸르트학파와 긴밀한 관계를 유지했다. 그는 그륀베르그의 책임 하에서 연구소가 부르주아지로 보이기에 손색이 없어야 한다고 주장했다. 가령 프랑크푸르트대학과 확실한 관계를 유지하면서 안으로는 집단적 마르크스주의 연구에 헌신할 수 있어야 한다고 했다. 당시 프랑크푸르트라는 자본주의 둥지에서 이 연구소의 일부는 마르크스주의의 뻐꾸기*였고 일부는 마르크스주의 연구에 헌신하는 수도원이었다.

연구소 건물은 바로 이 점을 잘 반영하고 있었다. 스위스의 건축가 자샤 러슬러는 최근에 이 건물을 "과학의 요새"라고 했다. 건축물이 "퇴정의 상징주의"를 담고 있기 때문이다.[12] 1924년에 문을 연 연구소의 건물은 7만5천 권의 책을 수용하고 있는 도서관, 36석의 독서실, 100개의 좌석이 마련된 4개의 세미나실, 16개의 작은 연구실이 있는 엄숙한 정사각형 모양이었다. 러슬러는 이 건물이 안과 밖, 가시성과 비가시성, 사회학과 사회 사이의 '상동 대립 구조'로 구성되어있다고 주장했다.

연구원들의 친구이자 멘토였던 프랑크푸르트의 문화비평가 지크프리트 크라카우어는 이 신축 건물에 방문했을 때 교도소 같은 독서실이 수도원 은둔처처럼 보인다고 생각했다. 마치 1920년대 독일 마르크스주의 연구에는 금욕주의, 겸허함, 훈육과 같은 고대 수도승의 덕목들이 요구되는 듯했다. 혹은 마르크스주의가 외부의 혹독한 환경으로부터 보호받아야 할 부드러운 난초 같았다. 난초 같은 감수성은 프랑크푸르트학파의 역사에서 상당 기간 지속되었다. 가령 미국 망명 시절 호르크하이머는 연구소의 미국인 후원자들에게 겁을 주지 않기 위해서 M단어와 R단어(마르크스주의와 혁명을 의미)를

---

* 뻐꾸기는 다른 새의 둥지에 알을 낳는다.

모든 논문에서 삭제해야 한다고 주장했고, 1950년대 후반에는 그런 표현을 사용한 젊은 하버마스가 쓴 논문의 출간을 거부했다. 서독의 국방부와 맺은 비싼 연구 계약을 잃어 지원금이 끊어질까 겁을 냈기 때문이다.

뢰클이 디자인한 엄숙한 정사각형 건물은 바이마르시대 프랑크푸르트에서 가장 혁명적 건물이라고 할 수는 없지만 빅토리아가의 넓은 대로에 줄지어 서 있던 상류층 빌라의 사람들을 긴장시켰다. 크라카우어는 빌딩의 건축이 "기묘하고 장식이 없다"고 했다.[13] 확실히 그렇다. 뢰클은 엄숙한 노이에 자흐리히카이트(Neue Sachlichkeit), 즉 신즉물주의* 스타일로 5층 건물을 세웠다. 신즉물주의는 흔히 영어로 '신객관성(New Objectivity),' '신절제성(New Sobriety)'으로 번역되지만 독일어가 담고 있는 의미를 담기엔 충분하지 않다. 독일어 'sach'는 사물, 사실, 주체와 대상을 의미할 수 있다. 'sachlich'는 '사실적인', '공평한' 혹은 '정확한'을 의미한다. 따라서 'sachlichkeit'는 '사실성의 물질'로 번역될 수 있다. 따라서 소위 '사실성의 신물질(New Matter of Factness)'은 바이마르시대의 독일에서 표현주의의 과잉된 주관성을 비판하기 위해서 나타난 예술운동이었다. 자기만족을 위한 낭만주의적 갈망 대신 사업이, 꿈 대신 사실이, 혁명의 영웅적 시간 대신에 하루 24시간 일주일 내내 철저히 관리되는 사회가, 니체식의 히스테리아 대신 막스 베버와 윌리엄 제임스를 섞은 기술적 실용주의의 감수성이 자리를 차지했다. 부분적으로 신즉물주의는 미국화 된 독일이었다.[14]

그렇다고 신즉물주의가 그저 미국적이기만 한 것은 아니었다. 신즉물주의는 독일 문제에 대한 독일의 반응, 적어도 독일식 미적 경향에 대한 반응이었

---

* 1920년대 유행한 표현주의와 추상주의에 대조되는 사실주의양식의 미술경향으로 제1차 세계대전 후 냉소주의를 반영했다.

다. 그로피우스의 바우하우스 미니멀리즘이든, 초기 브레히트의 연극인 『바알(Baal)』이나 『한밤의 북소리』 등이 보여주는 거친 공격이든, 이들은 표현주의 예술이 표방하는 겉만 번지르르하고 자기만족적인 태도와 주관적인 경험에 대한 지나친 가치화 등에 반발했고 동시에 제1차 세계대전의 대학살 이후 절실했던 질서를 예술을 통해 요구했다. 연구소 건물은 분명 마르크스주의를 정치적 투쟁이 아니라 과학적 방법론으로 채택한 그륀베르그의 관점을 잘 포착하고 있다. 그의 저작은 대체로 이론에는 무관심한 반면에 있는 그대로의 사실에 기반하고 있었다.[15] 처음부터 그륀베르그의 참모는 그와 친한 친구인 폴록과 호르크하이머였다. 그는 이들과 함께 연구소가 "사회적 삶을 완전히 이해하고 아는" 것에 집중해야 한다는 생각을 발전시켰다. 나중에 그들은 망명 중이던 폴란드 경제학자 그로스만과 독일 역사가이자 중국 연구가 카를 아우구스트 비트포겔을 영입하게 된다.

연구소의 프로젝트는 "새로운 형태의 과학적 연구조직"이며 마르크스주의를 과학적 방법론으로 삼아 충실히 따를 것이라고 그륀베르그는 발표했다. 처음 몇 년간 그륀베르그의 연구소는 사회주의와 경제이론사를 연구하고 모스크바에 있는 마르크스엥겔스연구소와 공동연구를 했다. 줄여서 MEGA라고 알려진 마르크스엥겔스 전집(Marx-Engels Gesamtausgabe)을 함께 출간하기도 했다. 프랑크푸르트학파의 이러한 엄숙한 절제와 사실에 충실하려는 경향 그리고 심지어 관료주의적인 성향은 1928년 이후 폴록과, 나중에 호르크하이머가 연구소의 소장이 된 후 바뀐다. 그륀베르그와, 그로스만의 동년배인 '노장' 마르크스주의자들에겐 우호적이지 않았던 사변적 신마르크스주의 이론화의 시대가 열리지만 1920년대에는 아직 신즉물주의의 에토스에 빠져있었던 듯하다.

1930년대에 이르러 호르크하이머, 폴록, 아도르노가 이끄는 프랑크푸르트학파는 그들이 일하고 있는 연구소의 건축물이 담고 있던 정신을 경멸하게 된다. 이 엄숙한 수도원과도 같은 건물에서 비판이론을 만들었던 연구자들의 입장에선 나치가 1933년 프랑크푸르트와 독일을 포기하라고 강요하기 전에 이미 사회는 물론이고, 심지어 사유마저도 당시 독일에서 성장하고 있던 새로운 형태의 자본주의사회 안에서 기계처럼 점점 더 기능화되고 있었다. "사유는 스스로 객관화되어 자동적이며 자기행동적인 과정이 되었다"고 아도르노와 호르크하이머는 『계몽의 변증법』에서 썼다. 이 과정은 "기계의 몰개성화로서 [사유가] 스스로 생산됨에 따라 궁극적으로 기계로 [사유를] 대신할 수 있게 된다."[16] 표현주의의 마술적 매혹에서부터 막스 베버가 세계의 탈마술화라고 부른 것 — 인간이 삶의 목적을 이루기 위해 들이는 모든 수고와 노력이 전 영역에서 합리화되어가는 과정(아도르노와 호르크하이머는 이를 과학을 통해 인간이 자연에 대해 행사하는 지배를 의미한다고 해석한다) — 으로, 탈마술화에서 출발해서 종국에는 물화로 향해간다. 사물은 인간으로, 인간은 사물로 바뀌고 그 결과 인간성은 소모품이 되어버린다. 신즉물주의는 이 시대의 정신이었다.

이 건물에 관해 마지막으로 하나만 더 언급해야겠다. 러슬러는 연구소 건물에서 신즉물주의 정신 뿐 아니라 알베르트 슈페어*의 작품에서 드러났을 법한 영웅적 스타일이 스며들어있음을 알아챘다.[17] 이 점은 흥미롭다. 뢰클은 사회연구소에 제3제국**의 흔적을 암암리에 남겨놓은 것이다. 그가 마지막으로 세운 독일 건축물은 1940년 사업가이자 후원가였던 융통성 없는 수퍼맨 카를 코젠버그의 기념비였고, 프랑크푸르트의 묘지에 세워졌다. 이 기념비는 스테로이드를 맞은 것 같은 파시스트 영웅스타일을 보여준다. 신즉물

---

* 독일의 건축가이자 정치가로 나치 독일의 군수장관을 지냈다.
** 1933년-1945년까지의 독일나치정권 공식명칭.

주의의 산업주의 스타일이 파시스트적 관념을 담고 있다는 점에 전혀 놀랄 필요는 없다. 우리가 앞으로 보게 되겠지만 프랑크푸르트학파는 히틀러와 산업의 결혼이 전혀 충동적으로 이루어진 것이 아니라 잘 어울리는 두 파트너들 사이의 연애관계였다는 사실을 나치즘 연구과정에서 깨닫게 된다.

이 마르크스주의 연구소가 유지했던 학문적 엄숙함과 그 설립과정에 내포된 타협성은 나중에 한스 아이슬러의 심술궂은 조롱 대상이 된다. 1941년 할리우드 망명 시절 어느 날 점심을 먹으면서 작곡가이자 작사가인 아이슬러는 친구인 극작가 베르톨트 브레히트에게 잘 짜인 풍자소설의 플롯을 얘기해준다. "부유한 노인이 (밀 투자가 바일) 세상의 가난을 걱정하면서 괴로워하다가 죽었어. 유서에 그는 가난의 원인을 연구해달라고 연구소에 많은 돈을 남겨주지. 물론 세상의 가난을 만든 장본인은 그 노인이었지."[18]

아이슬러는 이와 관련된 세부사실을 확인해서 자신이 지어낸 이 그럴듯한 이야기를 망칠 마음은 없었다. 헤르만 바일은 유서에 연구소를 설립할 돈을 남기지 않았고 (그는 1928년에 죽었다), 대신 연 수입 12만 마르크를 기부했다. 그 이후 이 기부금에 여러 곳에서 출자한 기금이 더해졌다. 이로써 국가적 재정 위기와 경제공황, 제3제국 시절 13년 동안의 망명기와 홀로코스트를 겪으면서도 프랑크푸르트학파의 독립성과 재정적 안정이 유지될 수 있었다. 프랑크푸르트학파를 가능하게 해준 장본인 바일은 어쨌거나 아이슬러가 구상했던 조연 역할을 맡은 자본가 이상으로 흥미로운 인물이었다. 그는 바덴에서 유대인 상인 가족의 열렬한 환대를 받았고[19] 아르헨티나의 네덜란드 곡물회사에서 일하면서 19세기 마지막 10년을 보냈다. 그곳에서 1898년 형제들과 자신의 사업을 시작했다. 이 사업은 꽤 성공한 듯이 보인다. 10년 후 독일로 돌아가서 프랑크푸르트에 정착했을 때 그는 세계에서 가장 큰 곡물무역상이 되어 있었다.

그의 아들 펠릭스는 우리가 앞 장에서 살펴본 다른 유대인 사업가 아버지들의 아들과 마찬가지로 아버지의 에토스를 거부했다. 마르크스주의 유대인 지식인 아들은 사업가 아버지가 거둔 물질적 성공이 대변하고 있던 자본주의적 가치에 저항했다. 역시나 이번에도 숙명을 감지한 아들은 아버지의 돈을 사용해서 자신의 목적을 이루려고 한다. 아버지에게 물질적 번영을 가져다준 경제구조 체제를 비판하고 이 체제의 멸망을 이론화하는 일이 그가 받아들인 숙명이었다. 펠릭스가 자아 비판적 방식으로 묘사했듯이 그는 '살롱 볼셰비키'가 되어 아버지를 부자로 만들어준 자본주의체제를 파괴하고 싶어 하는 사람들과 어울렸다. 펠릭스는 사회주의를 실제적으로 사용하는 방법에 관해 박사논문을 썼고 독일 마르크스주의 이론가 카를 코르쉬가 책으로 출판해주었다. 1920년대 초 펠릭스는 그의 아버지에게 돈을 요구한다. 그는 요트, 시골 영지, 포르쉐 등 뭐든지 요구할 수 있었다. 대신 아버지에게 마르크스주의 다학제 간 학술연구소를 지원해달라고 요구한다. 그는 지원금이 아무 조건 없이 지급되고 연구소가 그 누구에게도 귀속되지 않으며, 특히 고루한 독일 대학 시스템으로부터 자유롭기를 원했다.[20] 펠릭스는 이 마르크스주의 싱크탱크가 독일에서 혁명이 실패한 이유를 설명해주고 가능하다면 미래에 혁명이 어떻게 성공할 수 있을지를 연구하기를 원했다.

해르만은 아들의 제안을 받아들였다. 다음 두 가지가 이를 뒷받침한다. 첫째, 그는 재산을 자신이 택한 도시의 기관들을 지원하는데 쓰고 싶어 했다 (그는 이미 프랑크푸르트의 대학에 상당한 기부를 해왔다). 둘째, 그가 속한 세대의 유대인 아버지들은 흔히 아들의 야심적인 시도를 전폭적으로 지지했다. 하지만 그가 아들의 요구에 동의했다는 사실에는 다소 이상한 점이 있긴 하다. 헤르만은 자신을 부자로 만들어준 경제체계의 몰락을 연구할 목적으로 세워질 연구소에 돈을 주려고 지갑을 열었던 것이다. 프랑크푸르트학파는 이렇게 그들이 비판했던 경제체제로부터 돈을 받았고, 후원금을 내준 사업가 아버지는 아들이 파멸시키려고 계획했던 가치의 옹호자였다. 그러나 문제되지 않았다. 헤르만 바일의 자비로운 지원 덕에 프랑크푸르트학파의 독립성은 유지되었고 연구소는 재정파탄, 망명과 홀로코스트를 버텨냈다.

교육부는 연구소를 펠릭스바일사회연구소라고 부르자고 제안했지만 바일은 겸손하게 사양했다. 처음에는 연구소의 이름을 마르크스주의연구소로 하려고 했지만 너무 자극적이었다. 그래서 사회연구소로 알려지게 되었고 바일은 그륀베르그를 초대 소장으로 추대했다. 소장 후보자로 그륀베르그가 1순위는 아니었다. 바일은 애초에 사회주의경제학자 쿠르츠 겔라흐를 섭외했으나 겔라흐는 1922년 36세의 나이에 심장마비로 사망했다. 그륀베르그는 비엔나대학의 법학과와 정치학과에서 재직하던 교수로, 사회주의와 노동운동역사 분야에서 꽤 명망을 얻은 학자였고 『그륀베르그아카이브』라고 불리는 학술저널지로 잘 알려져 있다. 그륀베르그는 첫 연구주제를 국제노동조합, 파업과 태업, 임금운동으로서의 혁명, 사회학적 쟁점으로서의 반유대주의, 볼세비즘과 마르크스주의의 관계, 정당과 대중, 생활조건과 독일의 개혁 등으로 잡았다. 개소식 연설에서 그는 연구소가 마르크스주의를 과학적 방법론으로 받아들임으로써 마르크스주의연구소가 되리라고 천명했다. 연구소는 연구 동료들 사이의 동등한 모임이 아니라 그륀베르그의 표현대로라면 독재적 방식으로 운영될 계획이었다.[21]

그의 연설은 소련이 사회주의적 희망을 배신한 것인지 혹은 실현시킨 것인지에 대해서 어떤 공식적 입장을 표명하지 않았다. 물론 모스크바에 있는 자매 연구소와는 긴밀한 관계를 맺고 있었다. 가령 폴록이 『소련의 경제계획 실험 1917년-1927년』을 썼을 때 그는 소련 체제에 대한 지지를 표명하지 않으려고 조심했다. 오히려 그의 시각은 좀 더 객관적이어서, 어떻게 소련이 저급한 기술적 숙련도를 가지고 국제적 지원도 받지 못한 채 혁명 목표와 경제 계획을 성취하기 위해 애썼는지를 연구했다.

따라서 시작부터 프랑크푸르트학파는 이미 역설로 가득했다. 이들은 마르크스주의자였지만 연구소의 이름에 그 철학을 담을 정도는 아니었다. 마르크스주의자였지만 마르크스가 「포이에르바하에 관한 테제」에서 쓴 것처럼 살지는 않았다. 런던의 하이게이트 묘지에 있는 마르크스의 묘비명에 새겨진 말은 그의 연구를 핵심적으로 담고 있다. "철학자들은 세상을 다양한 방식으로 해석해왔다. 그러나 중요한 것은 세상을 바꾸는 것이다." 프랑크푸르트학파는 마르크스주의자였지만 자본가의 돈을 받았고, 마르크스주의자였지만 정당과 연합하지는 않았다. 프랑크푸르트대학과의 연계방식으로 학생들을 받았지만 여전히 자율적이며 재정적 독립을 누렸다.

아이슬러의 풍자적 언급은 연구소의 토대와 목적을 겨냥한 의혹의 핵심을 건드렸다. 브레히트의 입장에서 볼 때 특히 프랑크푸르트학파는 마르크스주의 연구소인 듯 행세하면서도 혁명이 더 이상 노동계급의 봉기를 통해서 일어나지 않는다고 주장하고 자본주의의 전복에 참여하기를 거부하면서 부르주아의 속임수를 영속시키고 있었다. 물론 예외는 있다.

1920년대 후반 거리투쟁의 혁명가였다가 학문연구자로 변한 그로스만은 자본주의의 멸망에 관한 레닌주의적 경제이론을 발전시켰다. 자본주의의 위기와 그에 따른 프롤레타리아 의식의 성장 모두 앞으로 올 혁명에 필요하다는 입장을 피력했다.

그러나 그는 예외였을 뿐이다. 그륀베르그의 독재가 1920년대 후반 폴록과 호르크하이머로 넘어가자 새로운 형태의 좀 더 비관주의적 마르크스주의가 프랑크푸르트학파를 점령했다. 이들에게 혁명은 당장 도래할 미래가 아니었다. 그로스만이 혁명에 필요하다고 생각했던 의식의 성장이 새로운 현대적 상황에서는 가능하지 않았기 때문이었다. 그륀베르그 체제하에서 연구소는 관료화되고 불가지론적이 되어가고 있었다. 그의 뒤를 이은 후계자들의 체제에서는 이론적으로 활발하고 흥미로운 시기로 진입하게 되어 사변적이며 다학제 간 작업이 진행되었지만 과학적 마르크스주의라는 연구소의 설립 당시 철학에는 역행했다.

프랑크푸르트학파는 독일혁명이 실패할 수밖에 없었던 이유를 알아가면서 혁명이 일어날 가능성에 대한 회의를 극복할 수 없었다. 연구소의 별명인 '카페 마르크스'란 표현은 건물 외관이 잘 담아내고 있던 연구소의 엄숙한 분위기를 전혀 포착하지 못했다. 프랑크푸르트학파의 신마르크스주의자들은 그들이 바꿀 수 없는 세상과 자신의 연구가 어떤 영향도 줄 수 없을지 모를 정치로부터 물러나서 사유하는 현대판 수도승이었다. 비판이론 연구가 질리언 로즈는 후에 이렇게 주장한다.

> 학술계를 정치화하기보다는 정치를 학술화 했다. 이러한 전환은 뒤이어 이룩한 성취의 토대가 되었지만 학과의 역사는 반복된 긴장의 연속이었다. 연구소는 비판의 대상이며 변화의 목표로 삼았던 독일 생활의 양상을 재추인하고 강화했다. 이는 연구소가 자신의 비판 대상이며 변화의 목표로 삼았던 정신적인 우주의 양상을 재추인하고 강화했던 것과 같은 방식이었다.[22]

만일 로즈의 주장이 옳다면 당시 프랑크푸르트학파는 마르크스주의연구소라기보다는 조직된 위선, 급진주의적 늑대의 가면을 쓴 보수주의적 양이었다.

브레히트가 경멸을 담아 '프랑크푸르트주의자들'이라고 불렸던 사람들은 정당과 거리를 두었고 결코 정치적 갈등에 그들의 주먹을 집어넣어 더럽히거나 하지 않았다 (그로스만이 예외라는 사실은 오직 규칙을 증명해줄 뿐이라고 브레히트는 말할 법하다). 그들은 미국 망명 당시 잘 나가는 편안한 직업을 갖고 있었다. 적어도 이것이 아이슬러와 브레히트가 캘리포니아 망명 중 풍자놀이를 하면서 전한 이야기였다.

사회연구소는 설립 1년 전 일메나우라는 튀링겐 지방의 마을에서 일어난 사건에 뿌리를 두고 있다. 1923년 여름 일군의 마르크스주의 지식인들이 펠릭스 바일이 조직한 1주일간의 여름 심포지엄 〈첫 마르크스 노동주간〉에 모였다. 여기서 그들은 사회주의를 시행하기 위한 실제적 문제들을 다루려고 했다. 1923년 여름에 일메나우에 모인 사람들은 구세력이 권력을 다시 잡게 된 이유를 찾아보려 했다. 역사과학으로 구성된 마르크스주의 법칙은 제1차 세계대전에서 독일이 패하고 그에 뒤따르는 초인플레이션 이후 노동자가 자본주의를 성공적으로 전복시킬 것이라고 예측했었다. 이 심포지엄은 1년 뒤 사회연구소의 토대를 제공하게 된다.

사회주의를 현실사회에서 실행한다는 것은 난제였다. 심포지엄은 1918-1919년에 일어난 독일혁명의 여파로 열렸다. 혁명이 실패한 여러 이유 중 하나는 좌파의 분열이었다. 1917년 볼셰비키 혁명의 승리를 따라잡으려고 했던 이 혁명은 사회민주당 지도자와 독일자유대원들이라고 불린 우익의 재향군인들에 의해서 좌절되었다. 펠릭스 바일은 일메나우 심포지엄을 통해서 "만일 함께 모여 얘기할 기회가 주어진다면" 참석한 지식인들이 진정한 혹은 순수한 마르크스주의에 도달하게 되기를 희망했다.[23] 하지만 의도는 좋았을지 몰라도 미혹에 불과한 희망이었다. 지식인들은 절대 동의하기 위해 말하지 않는다. 최근의 역사가 말해주듯이 마르크스주의는 프로테스탄트주의보다 더 심한 진영싸움으로 분열되었다.

이미 1923년에 독일 마르크스주의는 〈몬티 파이선의 브라이언의 일생〉*에서 그려진 고대 유대민족의 저항운동을 닮아 있었다. 무엇보다 먼저 소위

---

* 1979년 영국의 코미디 영화로 몬티파이선이라는 코미디그룹이 제작한 것이다. 예수가 태어나던 날 옆집에서 태어난 브라이언이 메시아로 오인된다는 내용을 담은 종교풍자극이다. 영화에서 브라이언은 〈유다의 인민전선〉이라는 저항세력에 가담한다.

마르크스주의의 교황이라 불리는 카를 카우츠키는 독일사회민주당의 지도 자격 이론가였다. 그는 2차 인터내셔널의 지도적 인물이었다. 2차 인터내셔 널은 사회주의조직의 세계연맹으로서 1881년에 설립되었으나 1916년 사회 주의혁명의 필요성과 제1차 세계대전에 대한 입장 차이 때문에 처참하게 무 너졌다. 뒤이어 1919년 레닌은 세계 공산주의혁명에 지지를 표명하면서 코민 테른, 즉 3차 인터내셔널을 출발시켰다. 카우츠키는 앞서 자본주의를 혁명적 으로 전복시켜야 할 필요성을 강조하는 한편 마르크스가 역사를 서로 다른 사회들의 연속으로 제시했고 각 사회마다 생산이 증가하다가 더 이상 성장 할 수 없는 지점까지 도달하고 나면 혁명이 일어난다는 예언을 했다고 주장 했다. 혁명이 이렇게 개념화되었으므로 프롤레타리아는 버스정류장에 순서 대로 서 있을 인내심을 가져야 했다. 그들은 어차피 도달하게 될 것을 기다 려야 했고 때가 오면 올라타면 되었다.

그리고 에두아르트 베른슈타인이 있었다. 그는 1916년 카우츠키가 마르 크스주의 진영 안에서 끝없이 수모를 겪으면서도 지지를 했던 전쟁을 반대 하기 위해서 독립사회민주당을 설립한 독일제국의회 대의원이었다. 베른슈 타인의 마르크스주의는 부르주아를 궁극적으로 파멸시키고 노동자에게 권 력을 주게 될 경제적 힘을 대변한 프롤레타리아가 본질적으로는 수동적이라 고 지적했던 점에서는 카우츠키와 유사했다. 베른슈타인은 카우츠키가 끝 까지 고수했던 부르주아 질서의 폭력적 전복에 대한 형식상의 헌신을 중단 하고 결국 혁명이 필요 없다고 주장하게 된다.

그리고 스파르타쿠스 혁명가인 룩셈부르크와 리프크네히트가 있다. 독일 마르크스주의에는 불행하게도 1923년이면 이들은 이미 사망한 뒤였다. 카우 츠키와, 후에 베른슈타인이 지원했던(앞 장에서 살펴본 대로) 사회민주당의 책 략에 의해 이들이 살해되었다고 알려져 있다.

그러나 무엇보다 중요한 사람은 1917년 10월 페트로그라드에 있던 케렌스키의 사회민주주의임시정부를 쫓아내고 러시아를 전쟁에서 손을 떼게 만들었던 레닌이란 인물이다. 룩셈부르크가 프롤레타리아의 자발성을 표방한 혁명적 정치를 지향했을 때 레닌은 정당이 프롤레타리아트의 전위가 되어야 한다고 믿었다. 일련의 사건들이 그의 이론을 정당화했다. 볼셰비키 당이 러시아혁명을 주도해 성공했을 뿐 아니라 매우 잘 조직되어있어서 이후 내전에서 그들을 쫓아내기 위해서 힘을 합쳤던 국제 세력들도 몰아낼 수 있었다. 1920년 3차 인터내셔널의 두 번째 회합에서 레닌은 다른 마르크스주의자들에게 도전장을 던졌다. "혁명적인 당은 이제 실천적 행동을 통해서 당이 충분한 지적 수준에 올랐고 조직력이 뛰어나며 피착취 대중들과 긴밀한 결속력을 유지하고 매우 결단력 있고 뛰어난 기술을 보유하고 있어 성공적인 혁명의 승리를 위해 이 위기를 활용할 수 있다는 것을 입증해야만 한다."[24]

일메나우에서의 마르크스주의 지식인들은 레닌이 던진 장갑을 집어 들지 않았고 사회연구소도 그렇게 하지 않았다. 독일을 혁명화 하는 대신 그들은 마르크스의 이론을 혁명화 했다. 일메나우에 참여한 저명한 인사 가운데 코르쉬와 루카치 두 사람은 레닌주의자 였다. 그들은 1923년 마르크스 사상의 혁명에 중요한 역할을 한 책을 각각 출간했다. 『마르크스주의와 철학』에서 코르쉬는 카우츠키와 베른슈타인을 공격했다. 그는 과학적 사회주의는 이제 사회혁명이론이 아니라고 주장했다. 코르쉬에게 마르크스주의는 혁명적 행동을 의미했다. 이론적 논의나 실천은 이를 통해 결합되어야 했다. 코르쉬는 안락의자에만 앉아있는 지식인이 아니었다. 그는 전쟁에 반대했고 군복무 중 군도나 총을 절대 들지 않을 것이라고 맹세했으면서도 두 차례 철십자훈장을 받아 용맹을 인정받는다. 1919년 그는 독일공산당에 입당했고 1923년에는 튀링겐에서 사민당과 공산당 연합정부의 법무장관이 되었다. 이곳에서 사람들은 이 군 출신 인사가 1917년 소비에트혁명 6주년을 기리면서 봉기를 일으키리라 기대했다. 그러나 무기를 들라는 선언은 들려오지 않았다. 코르쉬는 튀링겐의 레닌이 되지 않았다.

그렇지만 루카치는 코르쉬의 레닌주의 입장을 충실히 따랐다. 그의 1922
년 걸작 『역사와 계급의식』은 볼셰비키주의에 철학적 정당성을 부여하려는
시도였다.[25] 루카치는 프롤레타리아가 일단 자신의 역사적 역할을 의식하게
되면 자본주의사회를 파괴할 것이라고 추정했다. 그는 계급의식이 역사의 모
순들로부터 생산된 프롤레타리아의 결과물이라고 이해했다. 이 모순 중 가
장 중요한 것은 자본주의의 노동착취이다. 그러나 루카치는 프롤레타리아의
부여된(ascribed) 의식과 실제적(actual) 의식 사이를 구별했다. 최고도로 부여
된 의식은 혁명당으로 구현되고, 현실적 실제의식은 역사적 역할을 이해하
기엔 부족하다. 그런 의미에서 프롤레타리아에게 무엇이 중요한지는 정당이
알고 있다. 그들이 어떻게 행동해야 할지 알고 있고 자본주의에서 겪는 고통
의 역사적 의미도 이해하고 있다. 앞으로 우리가 살펴보겠지만 프랑크푸르트
학파는 부여된 의식과 실제적 의식 사이의 틈새에 자리를 잡고 자본주의의
피억압 계층이 어떻게 속박을 끝내기 위해 봉기하는 대신에 속박의 사슬을
오히려 즐기게 되었는지를 이해하려고 노력했다.

레닌과 같은 혁명적 지도자는 이런 허위의식에 시달리지 않았다. 그들은
혁명의 숙련자이고 루카치가 헤겔주의 용어로 설명하는 것처럼 역사의 주
체-대상이 되어야 할 프롤레타리아의 역사적 역할을 이해하고 있었다. 여기
서 역사의 주체-대상이라는 말로 루카치는 현재 상태에서 프롤레타리아가
사색이나 수동성의 형태로 존재하는 대신 자신이 잘 살아갈 수 있는 세상을
만드는 일에 적극적으로 참여하는 주체가 된다고 주장했다. 그러나 왜 실제
적 인식과 부여된 계급의식 사이에 틈새가 생겼는가? 루카치는 이 질문에
대한 대답을 찾아냈고, 마르크스주의 이론에서 그의 책은 혁명적 위치를 얻
게 되어 프랑크푸르트학파에 심오한 영향을 미쳤다. 이 틈새를 설명하기 위
해서 루카치가 찾은 대답은 물화 개념이었다. 이 개념은 마르크스의 『자본

론』에서 '상품형식의 물신주의'에 관한 마르크스의 분석을 확장시킨 것이다. 사회적 문제들의 원인, 그리고 아마도 독일혁명이 실패한 이유마저도 마르크스의 대표적인 저서인 이 책의 첫 대목을 열었던 상품의 형식이라는 수수께끼까지 거슬러 올라가야 답을 찾을 수 있을지 모른다.

루카치의 책은 1920년대에 산업노동자가 직면한 새로운 형태의 소외를 다룬다. 독일, 영국, 미국과 같은 산업 국가들은 이제 포드주의 시대라고 알려진 대량생산 시기에 진입하기 시작했다. 1913년 헨리 포드는 디트로이트에서 자동차의 대량생산을 위해 최초로 움직이는 조립라인을 설치했다. 이로써 12시간 걸리던 포드 차의 T모델을 2시간 반 만에 조립할 수 있었다. 포드주의의 새로운 산업혁명은 생산, 소비, 문화와 더불어 인간적이라는 것이 무엇인가에 대한 의미를 바꾸었다. 생산의 차원에서 노동자들은 자동차 생산에 필요한 84시간 동안의 개별적 단계들 중 하나에 집중하도록 훈련받았다. 개별 단계를 더 효율적으로 만들기 위해서 포드는 동작연구*전문가 프레드릭 테일러를 활용해서 출고량을 올렸고 그로써 최종 상품인 자동차 가격을 낮출 수 있었다. 나아가 노동자와 그들의 노동이 만든 상품 사이의 관계를 변화시켰다.[26] 스피노자에서부터 이어져온 철학사에서, 특히 마르크스의 이론에서 인간은 생산하는 존재였다. 인간은 오직 자신의 고유한 힘을 표현하는 행위를 통해서 외부의 세계를 이해하는 정도에 따라 생존할 수 있다고 규정되었다. 하지만 노동 분화를 통한 대량생산은 갈수록 인간이 얻게 될 충만한 경험의 가능성을 좌절시켰다. 개인적으로 충만한 노동이란 건전하게 보상받으면서 장인적 기술을 사용하는 형태의 노동이었고, 고작 윌리엄 모리스의 기계시대에 저항하는 사회주의적이며 중세적 판타지의 재료가 될 뿐

---

* 노동 작업자의 작업동작과 동선을 개선하기 위해서 노동과정을 세세하게 분석하는 연구

이었다.

조립라인은 생산과정을 가속화했지만 노동자는 나약해졌다. 그들은 갈수록 기계의 부품이 되어가고 더 나쁜 경우에는 기계에 의해 대체되어 낡은 것으로 취급을 받게 되었다. 가령 포드의 자동차공장은 보잘 것 없는 인간보다 훨씬 더 빠르게 자동적으로 부품을 찍어낼 수 있는 기계가 비치되어 있었다. 인간은 생산적 목적에 적합하지 않았다. 이런 현실은 인간이 본질적으로 생산적 존재라고 생각했던 마르크스주의자들에게는 ─ 그들이 사용하는 이론적 어휘 일부에 이런 조건이 포함되어있다고 한다면 ─ 존재론적인 비극으로 보일지 모른다. "내가 이 일을 다 마치고 나면 거의 모든 사람이 차 한 대씩 갖게 될 것이다"라고 포드는 자신의 자동차에 대해 말했다.[27] 인간은 단지 기계가 되거나 기계로 대체되는 것이 아니라 욕망하는 기계가 되어갔다. 그들의 정체성은 대량생산된 상품들의 수동적 소비를 통해 정의되었다.

문화의 차원에서 포드주의는 세상을 현대화했다. 대량생산제품은 T모델뿐 아니라 찰리 채플린 영화도 포함한다. 기계화는 산업화를 혁명화 할 뿐 아니라 예술을 산업화해서 생산과 분배의 가능성을 가속화하고 새로운 예술형식 ─ 영화와 사진 ─ 을 가능하게 만들고 예술형식의 ─ 소설, 회화, 연극 ─ 활기를 없앤다. 속도, 경제, 찰나의 순간 그리고 오락은 대량생산 문화의 특징이다. 이탈리아의 미래주의자들은 기계시대의 무제한 속도를 찬양했다. 앞으로 살펴보겠지만 벤야민이 새로운 예술형식에서 혁명적 잠재성을 보았다면 다른 이들은 문화생산의 속도감을 개탄한다. "모든 예술에서 쓰레기의 산출량은 비교적 그리고 절대적으로 과거보다 더 증가했다"고 올더스 헉슬리는 1934년에 썼다.[28]

그러나 보수주의적 디스토피아주의자들만 대량생산문화를 걱정했던 것은 아니었다. 벤야민을 제외하면 호르크하이머와 아도르노 같은 프랑크푸르트학파 사상가들에게 이 쓰레기 산출량이 담당하는 역할이 하나 있었다. 바로 대중을 달래고 위안을 준다는 사실이다. 벤야민마저 다음과 같이 썼다. "경험의 가치는 하락해 왔다. 마치 계속 바닥이 없는 심연으로 떨어져 가는 것처럼 보인다."[29] 베버의 자본주의라는 철의 교도소는 일하는 시간동안 인간을 억눌러 왔다. 이제 문화산업이 여가시간에도 인간을 억압한다. 그들을 생산적 존재에서 소비자로, 창조적 활기로 넘치는 인간에 대한 마르크스주의의 꿈으로부터 모두 똑같은 것을 보고 낄낄거리는 무감각한 영화관객으로 바꾸어버렸다.

이 포드주의적 현대에 인간을 인간답게 해주는 것은 급격하게 변해갔다. 마치 성마른 연인처럼 독점자본주의는 모든 종류의 파괴적 유혹들을 약속하면서 번쩍거리는 새 모터를 작동시켜 빠르게 대중에게 다가갔다. "말이 끄는 전차를 타고 학교를 다니던 세대는 이제 밝은 대낮에 변하지 않는 것이란 오직 구름뿐인 시골길에 서 있다. 하늘에 떠있는 구름 아래 파괴력 있는 급류와 폭발의 힘으로 가득 찬 들판에 작고 연약한 인간의 몸이 서 있다."고 벤야민은 쓴다.[30] 이런 상황에서 루카치가 1920년에 썼듯이 인간성이란 초월적인 고향 상실성을 경험하고 노스탤지어에 빠져 상실한 것을 갈망한다. 인간성은 기계처럼 작동하고 대체 가능해진 상황으로부터 소외당한다. 1927년 브레히트는 『도시거주자를 위한 독본』이라는 연작에 수록할 시를 쓴다. 이 시는 낡고 쓸모없어지는 것에 대한 현대적 공포와 자기소외의 현대적 인식을 담고 있다.

뜰에 말리려고 걸어둔 내 속옷.
나는 저것에 대해 잘 알고 있다.
자세히 보니
꿰매고 기운 자국들이 보인다.

마치 이사 나온 방처럼

나 아닌 누군가

이제 그곳에 들어와

살고 있는 것 같다

내 속옷인데.[31]

　"내가 이사 나온 것 같다"는 심상에서 브레히트는 자신을 업그레이드한 도플갱어에 의해 시달리는 기묘하고 이상한 현대적 감각을, 속옷 때문에 수치심을 겪는 현대인의 형상으로 잘 포착할 뿐 아니라 이런 경험에 연관된 수동성도 드러낸다. 실제로 브레히트는 1920년대 내내 현대의 전형적인 수동적 유형들을 무대 위에 드러내는 일에 몰두했다. 그의 전기를 쓴 스티븐 파커가 말하듯이 이런 전형적 유형은 "현대세계의 정신없이 변화하는 상황들에 최선을 다해 적응하려는 인간형이다."[32] 가령 브레히트가 1926년에 만든 『인간은 인간과 평등하다』라는 제목의 우화는 식민지 인도를 배경으로 한 이야기로, 시민 갤리 게이가 억지로 완벽한 군인으로 변해가는 과정을 극화하고 있다. 이 우화는 인간성을 기계와 닮은 어떤 것으로 그린다. 이런 전망을 담고 있다는 이유로 어떤 비평가는 『인간은 인간과 평등하다』가 세뇌기술을 그리고 있다고 지적했다. 이 드라마는 부분적으로는 신즉물주의에 대한 풍자이다. 이 작품에 담긴 기능주의적 에토스는 완벽한 포드주의 조립라인과 베버주의 관료사회에 의한 인간에 대한 점증하는 지배와 어울린다.

　1867년 『자본론』에서 마르크스는 상품의 물신화에 대해서, 어떻게 인간의 의식이 물화되고 프롤레타리아 혁명에 필요한 계급의식이 좌절되는가에 대해 썼다. 일메나우에 모인 마르크스주의자들은 마르크스가 묘사했던 자본주의보다 훨씬 진보된 형태의 사회에서 살았다. 왜 1920년대에는 사회주의혁명이 일어날 가능성이 점점 낮아졌는가? 사회의 물화된 구조, 노동자의 소외와 현대세계의 상품물신화 등이 전면적으로 진행되어 노동자는 혁명에 필요한 계급의식에 저항하게 되었다.

그러나 이런 용어들은 무엇을 의미하는가? 소외? 물화? 계급의식? 상품의 물신화? 당신이 앉아있는 의자, 혹은 탯줄로 연결된 듯 당신과 떼어낼 수 없는 아이폰을 생각해보라. 의자는 상품이다. 당신이 그 위에 앉아 있기 때문이 아니라 인간이 거래를 목적으로 의자를 생산했기 때문이다. 의자는 가치를 갖는다. 즉 의자의 자연적 속성으로서의 가치가 아니라 각각의 상품이 갖는 사용가치로 욕구와 필요를 만족시키는 유용성에 따라 가늠되는 가치이다. 이 모두는 그럴듯하게 들리고 또 분명한 사실이다. 하지만 놀라지 말고 당신의 모자(이것 역시 상품이다)를 잘 붙잡고 있어라. 우리는 이제 유령의 영토로 들어가게 된다. 자본주의사회에서 인간이 만드는 물건은 그 자체의 유령적 삶을 살게 된다. 마르크스의 『자본론』은 단지 정치경제학적 사상을 담고 있는 암울한 책자가 아니라 프랑켄슈타인 같은 섬뜩한 고딕소설이다. 우리는 자본주의라는 괴물을 창조했고 그것으로부터 소외되었으며 계급투쟁을 통해서만 그 괴물을 죽여 없앨 수 있다.

이 세계에 인간이 벌려놓은 균열, 그리고 이 괴물들이 들어오는 통로인 그 틈은 사용가치와 교환가치 사이에 생긴다. 이 틈을 통해서 상품이라는 부패한 물결이 밀려들어온다. 이제 여기에 상품이 하나 등장한다. 애플사는 앞선 모델들과 거의 다르지 않은 신형 도깨비 아이폰을 내놓았다. 의자든 아이폰이든 일단 팔리면 또 다른 상품(가령 돈)으로 교환된다. 교환은 의자를 만든 노동을 고려하지 않는다. 가령 애플사에 고용되어 과도한 노동으로 피로에 지친 저임금 노동자들의 노동은 고려되지 않는다. 이들 중 어떤 이는 당신과 내가 원하는, 오직 겉치레에 불과한 기계장치를 제조해야 한다. 그들은 마치 형벌을 받는 것 같은 이 노예상태를 벗어나는 방법으로 자살을 떠올리기도 한다.

그러나 이것은 이 유령이야기의 일부에 불과하다. 다른 부분은 노동자가 자신이 판 노동의 대가로 임금을 받을 때 일어나는 일과 관련되어있다. 마르크스에 의하면 자본가와 노동자 사이의 임금관계는 그들의 사회적 지위나 관계를 설명해주지는 못한다.[33] 외투라는 형태로 가치를 생산하는 노동은 다른 상품과 같은 가치를 갖는 추상적 상품으로 간주된다. 의자의 교환가치가 의자로부터 그 사용가치를 떼어내는 것과 마찬가지다. 이것을 마르크스는 상품의 물신화라고 했다.

놀랍게도 마르크스를 포함해서 이후 정신분석이론가들은 물신주의라는 개념을 아프리카의 종교에 대한 19세기 유럽의 태도와 관심으로부터 차용했다.[34] 여타 종교에서 초자연적인 힘이 부여된 대상이 그것을 숭배하는 이들에게 물신이 되듯이 자본주의의 상품에 마술적 힘과 비실체적 자율성이 부여된다. 이상한 환영들이 자본주의체제에서 풀려나는데 마르크스는 이들이 하나가 아니라 수없이 많다고 했다. 때로 인간 사이의 관계도 사물들 사이의 관계가 되어버리고 가치가 사물의 자연적 속성이 아닌 것으로 나타나며 때로는 상품이 그 자체의 생명을 갖게 되어 의인화된다.[35]

그러나 루카치가 주장한대로 마르크스시대에 존재했던 이 상품의 물신화는 현대에 와서 광범하게 확산되었다. 자본주의체제에서 대상과 주체, 사회관계들의 속성들이 물화되고 혹은 특정한 방식으로 '사물처럼' 되어버린다. 루카치에 따르면 산업노동과정의 기계화와 특화를 통해 인간의 경험은 파편화되어 사회적인 '이차적 자연'의 법과 같은 체계에 수동적으로 적응해가는 '관조'적 자세를 띠게 되며 인간은 자신의 정신적 상태와 능력에 대해서 물화의 태도를 취하게 된다. 그는 상품화형식에 대해 이렇게 쓴다.

[상품형식은] 인간의 의식 전체에 새겨져있다. 그의 자질과 능력은 더 이상 개성에 속하는 유기적 일부가 아니라 외부세계의 다양한 사물들처

럼 "소유하거나" "처리"할 수 있는 것이 되었다. 인간관계의 형태가 만들어지는 자연적 형식이란 없으며 인간이 자신의 신체적·심리적 자질을 이 물화 과정에 점증적으로 종속시키지 않고서는 작동시킬 방법은 없다.[36]

물화는 사람들 사이의 관계에 영향을 주며 심지어 한 사람의 내면에도 영향을 미친다. 자기 자신에게 대상이 되어 자기소외가 일어나고 타인으로부터도 소외된다. 특히 우리가 계급적 연대를 형성해야 할 타인들로부터 소외된다.

이는 사물들이 주체로 변하고 주체가 사물이 된다는 것을 의미한다. 그결과 주체는 수동적이 되거나 결정을 받는 위치에 놓이는 반면 대상은 적극적이고 결정을 내리는 기능을 담당한다. 프랑크푸르트학파의 글에 마치 실타래처럼 이어져있는 용어인 실체화*는 이름을 짓거나 추상적으로 개념화할 수 있는 것은 무엇이든 실제로 존재해야 한다고 가정하는 오류에서 기인한 물화의 결과를 의미한다. 이 단어는 프랑크푸르트학파의 저서에서 그들보다 수준이 낮은 진영의 이론가들을 조롱하기 위해서 빈번히 등장하고 있다. 이 개념은 마르크스의 기술적 탄약고에 들어있는 다른 용어들과 연결되는 동시에 따로 구별된다. 소외는 인간적인 낯선 고립감의 일반적인 조건이다. 물화는 소외의 특수한 형태이고 상품의 물신화는 물화의 특수한 형태이다.[37]

프랑크푸르트학파의 사상가들이 보기에 이 모든 것은 자본주의체제에서 우리가 실제 세상 대신 환영 속에서 살아가는 것으로 귀결된다. 세상은 거꾸로 뒤집혀서 사물이 인간이 되고 인간이 사물이 되었으며 사물은 (인간적인 것과 비인간적인 것 모두) 그 자체로 유령적 삶을 살고 있다. 바로 이 사물의 유

---

* hypostatisation: '본성화'라고도 번역된다.

령적 삶이 벤야민의 저서에 출몰했다. 이 유령적 삶은 그가 처음에 『베를린 연대기』에서 자신의 유년시절을 추억하고 시도했던 것으로부터 1930년대에 『베를린의 유년시절』을 강박적으로 다시 쓰게 된 과정을 설명해준다. 우리가 앞서 살펴본 대로 벤야민의 회상에서 갈수록 사람들이 사라지고 그의 관심은 사람보다는 사물에 더 집중하게 된다. 그러나 여기서 중요한 것은 상품물신화로 지배받는 환영적 사회에서 사물은 사람을 대신하고 또 반대로 사람이 사물을 대신하기도 한다는 점이다. 아마도 고통스럽게 떠오른 과거의 프루스트적 흔적을 담고 있는 사물들은 단지 기억된 인간들보다 우리의 상실된 유년시절에 더 잘 어울리는 물신의 가이드가 될지도 모른다.

그러나 벤야민은 특히 오래 공들여 왔지만 임종 당시 미완이었던 『아케이드 프로젝트』에서 상품의 (인간과 사물 모두) 끝없는 대체가능성과 자본주의의 물질적 복지라는 환상세계 속에 우리가 빠져들게 되면서 이런 환영을 떠받치는 계급갈등으로부터 고개를 돌리게 된 점에 반복해서 집중한다. 이는 마치 자본주의가 계급갈등과 잘 포장된 역사적 우발성의 진정한 본질을 지워버림으로써 그 체제가 저지른 살인의 흔적을 덮어 버리고 상품의 매혹적인 후광을 사용해서 우리의 관심을 비판적 분석 작업으로부터 돌리게 하는 것과 같다. 하지만 낙원처럼 보이는 이 자본주의 세계는 벤야민에 의해서 의도치 않은 저주받은 세상으로 드러나게 된다. 이 세상은 이제 소비주의에 충성을 다하면서 끝없는 매매활동을 통해 만족을 얻으리라는 믿음에 영원히 현혹되어버린 지옥의 링이다.

벤야민은 실제로 『아케이드 프로젝트』에서 이 지옥을 탐색했다. 그에게 이 지옥은 자신의 존재 조건을 지워버림으로써 현대적 세상을 창조했던 프랑스의 도시 파리였다. 『아케이드 프로젝트』는 마르크스주의적 현실과 대조되는 매혹적인 외관을 포착한다. 그가 이곳에서 묘사하는 19세기 파리는 도시라기보다는 유년시절 베를린의 카이저파노라마에서 관람했던 것과 유사한 매혹적인 환영이었다. 벤야민에게 파리는 그 자체로 "문명의 물화적 재현의 결과물"이다. 만일 상품의 물신화가 일어나지 않았다면 세상은 어땠을까? 만일 상품이 팔기 위해서가 아니라 사용을 위해서 생산된다면? 자본주의는 자연적이거나 변하지 않을 것처럼 보이는 방식으로 작동하도록 만들어졌기 때문에 이런 상상은 불가능하다. 슬라보예 지젝은 이렇게 쓴다. "교환가치의 논리는 그 자체의 길을 따라가고, 미친 춤을 춘다. 그것은 실제 인간들의 실체적 욕구와는 무관하다."[38] 루카치의 입장에서 이 광증은 심각해서 실제 인간들은 자신의 진짜 욕구가 무엇인지 모른다. 따라서 실제적 의식과 부여된 의식 사이에 차이가 생긴다.

스미스와 리카르도 같은 고전 경제학자들은 자본주의적 자유 시장경제에서 아무런 광기를 보지 못했다. 그보다는 가격, 이윤, 집세, 공급과 수요의 법칙을 자연적 현상으로 다룬다. 마르크스의 신랄한 비난이 담고 있는 핵심은 이것들이 자연적인 현상이 아니라 특정한 경제체제에 국한된 역사적으로 특수한 성격이라는 점이었다. 봉건주의에서는 이런 현상들이 존재하지 않는다. 게다가 공산주의에서도 존재하지 않을 것이다.

마르크스주의의 신조는 따라서 이 공포소설이 끝맺어야 한다는 것이다. 가령 마르크스와 엥겔스의 「공산당 선언문」에 부친 서문에서 에릭 홉스바움은 마르크스의 다음과 같은 주장이 옳았다고 말한다.

인간과 인간 사이에 노골적인 자기이해관계와 무감각한 '현금 지불' 이외에 다른 어떤 연관도 갖지 않은 시장체계의 모순들, 착취와 '끝없는 축적'의 체계는 결코 극복될 수 없다. 계속 이어지는 변형과 재구성과정에서 어느 시점에선가 이 본질적으로 불안정한 체계의 발전은 더 이상 자본주의라고 묘사될 수 없는 상황을 초래할 것이다.[39]

그러나 언제쯤 그렇게 될까? 이것은 6만4천 달러짜리 질문*이다. 그로스만은 이 미친 춤이 언제 끝날지를 이론화한 프랑크푸르트학파의 사상가로 잘 알려져 있다. 『축적의 법칙과 자본주의체계의 붕괴』(1929)에서 그로스만은 자본주의가 인간노동의 생산성을 증대시키고 사용가치의 생산을 가속화하기 때문에 이윤율이 떨어지는 경향이 있어 종국에는 자본주의 자체에서 사망조건이 구성된다고 주장했다.

그것은 이렇게 일어난다. 마르크스가 노동력(거칠게 정의하면 일할 능력)이라고 부른 것이 잉여가치를 임금보다 더 높게 자본주의에 생산해준다. 자본가들은 경쟁자들을 물리치기 위해 상품 가격을 낮추는데, 종종 새로운 기술과 기계를 도입해서 노동생산성을 증가시켜 가격 하락을 꾀한다. 그러나 산출이 확대됨에 따라 고정자본(기계류, 장치와 원자재)이 유동자본(노동임금에 투여된 자본)보다 더 빨리 확대되어간다. 그래서 어떻다는 것인가? 투자의 상당부분이 잉여가치 — 마르크스주의 경제학에서는 자본주의적 이윤의 원천 — 를 생산하는 살아있는 노동력보다는 기계류와 공장에 투입됨으로써 전체 투자된 자본에 대한 이윤율이 떨어지게 된다. 만일 p가 이윤율이고 s가 잉여가치이고 c가 상수인 자본이고 v가 가변자본이라면 마르크스의 공식은 다음과 같다.

$$p'=s/c+v$$

따라서 만일 c가 v에 상대적으로 더 커지면 잉여가치가 증가하더라도 이

---

* 1955-1958년 방영된 미국의 TV퀴즈쇼 이름이다. 각 단계마다 일정한 액수가 정해져 있고 액수에 해당되는 문제를 풀면서 최고가격인 6만4천 달러까지 도달하는 게임이다. 최고 상금액이 책정된 중요하고 핵심적인 질문이란 뜻을 담고 있다.

윤율은 떨어진다. 그로스만은 프랑크푸르트에서 흰색 장갑을 끼고 지팡이를 짚은 채 강의했다고 알려져 있다. 그가 지팡이를 휘두르면서 이 등식에서 파생되는 문제들을 매듭짓기 위해서 마술사처럼 '아브라카다브라'라고 주문을 외는 모습을 상상해 볼 수 있다.

그러나 이미 눈치 챘겠지만 자본주의는 아직 끝나지 않았다. 왜 그럴까? 자본주의자들이 p의 추락이라는 재난을 막기 위해서 다양한 방법을 찾아냈기 때문이다. 그 결과 그들이 처한 숙명도 피할 수 있었다. 지젝이 예로 들었듯이 가령 차입자본의 수출이나 투기열풍의 방법이 있다. 투기는 자본주의적 망각을 장기 지연시킨다. 이 망각은 기능상 관련이 없는 전망으로 유예되는데, 가령 케인즈가 지적한대로 우리 모두 죽을 것이라는 전망이다. 실제 『축적의 법칙』에서 그로스만은 룩셈부르크의 자본주의의 필연적 몰락이라는 주장에 반대한다. 그녀는 자본주의 외부에 착취할 시장이 더 이상 남아 있지 않으면 자본주의가 무너질 것이라고 했다. 그는 그런 날이 오려면 멀었다고 반박한다. 그로스만이 보기엔 "자본주의에 대한 절대적인 경제적 제약이라고 그녀가 제시한 증거는 자본주의의 종말이 멀고 먼 기획이라는 생각과 가깝다. 왜냐하면 비자본주의 국가의 자본주의화는 수천 년이 걸리는 작업이기 때문이다."[40] 수천 년이나 걸린다고? 아마 아주 느긋한 마르크스주의자들만이 그렇게 오래 기다릴 수 있을 것이다.

그로스만의 걸작이 나온 같은 해에 20세기 자본주의에 가장 큰 위기가 찾아왔다. 뉴욕 주식시장의 투자 거품이 터져버린 것이다. 이는 세계경제 위기에서 시작되어 존 케네스 갈브레이스가 표현한 "주식시장에서 빠르고 손쉽게 부자가 될 수 있을 것이라고 미국인들이 품은 믿음"을 손상시켰다.[41] 그러나 자본주의는 망하지 않았다. 대신 자본주의자들은 먼지를 툭툭 털어내고 빠르고 손쉽게 부자가 되는 법에 대한 믿음을 부활시켜서 다시 미친 춤을 추기 시작했다.

그로스만은 언제 자본주의가 끝날 것이라고 구체적으로 말하진 않았다. 그보다 그는 『축적의 법칙』에서 마음을 단단히 다잡고 혁명의 날짜를 정하기보다는 자본주의가 원칙적으로 영원히 지속될 가능성이 있고 자본주의를 궁극적으로 파괴시킬 위기들에 쉽게 좌우되지 않는다는 신화를 깨버리는데 전력을 다했다. 경제적 붕괴란 고작 경제의 서로 다른 부분들의 불균형에 관한 문제이며 노동자의 소비력이 지나치게 비싼 상품들을 사기에는 충분하지 않다는 믿음도 여기에 포함된다. 마르크스가 설명했고 그로스만이 정교하게 이론화한 대로 자본주의 축적의 장벽은 자본 그 자체였다.

이런 상황에서 그로스만의 분석이 자본주의의 자동적 몰락을 예언했다고 조롱받았다는 것은 정말 안타깝다. "그가 한 예언들이 확실히 실현되지 않았기 때문에 그의 주장에서 파생되는 온갖 문제들로 우리의 시간을 낭비할 필요는 없다. 하지만 주관적인 혁명적 실천보다 객관적 세력들을 강조하는 마르크스주의적 해석들과 유사하게 그의 주제에 담긴 정적주의적* 함의는 그의 동료들 중 일부에게 남아있었다"고 마틴 제이는 쓴다.[42] 이것은 소파에 앉아 철학하는 동료들과 달리 사회주의투쟁에 몸소 활동적으로 참여했던 유일한 프랑크푸르트학파의 연구자에게 가한 공격 치고는 꽤 부당해 보인다. 그보다는 그로스만이 혁명적 과정은 변증법적이고 자본주의의 몰락은 노동자들이 경제적 세력들을 관찰하는 관중이 아니라 역사의 행위자가 될 때 일어난다는 레닌주의적 생각을 고수했다는 사실이 중요하다.

실제 그로스만의 연구는 대체로 상황의 적합성 여부와 무관하게 혁명이 성공적으로 도래할 것이라는 생각을 했던 사람들을 겨냥하고 있다. 1928년

---

* quietism: 17세기말경 확산된 기독교적 신비주의로 의지를 누르고 명상과 기도에 헌신하는 신앙적 태도를 의미하며, 정치적인 맥락에서는 현실에 저항하거나 바꾸려고 하는 대신 차분히 받아들이는 태도.

에 그는 가령 혁명이 일어나기 위해서는 하층계급이 "[과거의 방식으로 살기를] 원치 않는 것으로는 불충분하며, 이와 함께 상류층이 [과거의 방식으로 사는 것이] 불가능해야 한다. 즉 지배계급들이 변함없이 자신들의 지배를 유지하는 것이 객관적으로 불가능해져야 한다"고 썼다.[43] 그로스만은 혁명은 오직 객관적 조건이 프롤레타리아의 역사적 역할을 의식하는 혁명정당에 의해 전용 가능할 때만 일어날 수 있다고, 정적주의와는 다르게 주장한다. 그가 설계한 혁명적 과정은 변증법적이었다. 자본주의는 노동계급을 창조하고 그 계급이 자본주의에 대항해서 투쟁하지 않을 수 없는 상황이 만들어졌다. 이 투쟁과정 중 프롤레타리아는 자본주의의 파괴가 자신의 해방을 위해 필요하다는 의식을 가질 수 있게 된다.

여기서 중요한 표현은 "가질 수 있게 된다"는 것이다. 이 표현은 1923년 일메나우에 모였던 마르크스주의자들이 근심에 빠졌던 때를 생각나게 한다. 루카치는 당시 한 해 전에 『역사와 계급의식』에서 자본주의사회가 물화되었다고 주장했다. 자본주의사회의 물화 때문에 마르크스주의는 「공산당선언」의 선동적인 낙관주의로부터 프랑크푸르트학파를 통해 걸러져 나온 멜랑콜리한 체념으로 이동해 갔다. 마치 1920년대 마르크스주의자들이 맞닥뜨린 현대 자본주의 속에서 프롤레타리아가 부르주아의 무덤이 아니라 그들 자신의 희망과 열망의 무덤을 파고 있는 것과 같았다. 그들은 자신들의 노동과 자기 자신으로부터 너무도 소외되어있어서 그들이 파고 있는 무덤에 묻힐 것이 무엇인지조차 기억할 수가 없었다.

이 소외를 이해하기 위해서 루카치와 프랑크푸르트학파는 마르크스의 1844년 『경제철학수고』에서 설명한 소외개념을 읽었다. 여기서 마르크스는 헤겔의 『정신현상학』(1807)에 나오는 '불행한 의식'이라는 개념을 사용한다. 소외된 영혼은 분열되었고 그의 보편성을 향한 열망은 좌절된다. 헤겔의 불행한 의식은 "자아가 본질적으로 이중적이고 그저 모순적임을 인식하고 있다."[44] 초기 마르크스에게 노동자는 이와 유사하게 소외되어 있었고 자신의 노동에서 즐거움을 찾지 못한 채 상품체계를 마주한 노예에 불과했다. 상품체계는 노동이 주었어야 할 즐거움과 충족감을 착취하고 부정한다. 이러한 헤겔주의적 자기분열과 소외라는 주제는 마르크스의 선배인 포이에르바하가 이미 다루었다. 『기독교의 본질』이라는 책에서 포이에르바하는 기독교의 신은 인간에게 부정되었던 본질이 투영된 것이라는 견해를 제시한다. 포이에르바하의 철학에서 우리는 인간존재로서의 소외의식을 대상화시켜 신이라고 부른다. 이와 반대로 마르크스의 이론에서 소외는 자본주의의 필연적 결과로서 노동자를 자신과 자신의 노동으로부터 떼어 낸다. 노동자는 자신과 동료를 착취하는 체계의 일부가 되었다. 그 결과 자신이 살아가는 조건을 바꿀 능력이 있는 노동계급이 되는 대신에 상품의 자율적인 교환 앞에서 수동적이다. 극단적인 경우 그는 자신의 해방을 위한 조건들을 창조할 수 없게 된다.

　그러나 이 모든 소외와 상품물신화, 물화 등에 대한 생각들이 이미 마르크스에게서도 존재했다면, 왜 유독 루카치의 『역사와 계급의식』이 그렇게도 특히 프랑크푸르트학파에게 영향을 미친 것일까? 한 가지 고려할 점은 마르크스가 소외이론을 발전시켰던 『경제철학수고』가 1920년 말이 되어야 모스크바에서 출판되었다는 사실이다. 따라서 10년 전에 나온 루카치의 헤겔주의적 마르크스이론이 꽤나 통찰력을 담은 듯이 보였다. 혹은 루카치가 상대적으로 관심을 덜 받은 마르크스의 초기 저작들이 도달했던 결론을 제시했기 때문일지도 모른다. 게다가 루카치는 마르크스가 『자본론』에서 제시한 상품물신화가 좀 더 원시적 경제체계에서는 단지 일회적일 뿐이라고 주장한다. 이제는 반대로 상품체계가 사회 전체에 광범히 확산되었다. 루카치는 이렇게 쓴다.

노동과정(테일러주의에서)에 대한 현대적 '심리학적' 분석에 따르면 이 합리적 기계화가 노동자의 '영혼'까지 곧장 확산된다. 심지어 그의 심리적 속성들은 인격 전체로부터 분리되어 대립적 위치에 놓인다. 이로써 전문화된 합리적 체계들로 통합되고 통계적으로 유의미한 개념들로 환원되는 것이 용이해진다.[45]

그 결과 혁명은 전보다 더 일어나기 어려워 보인다. 특히 독일처럼 선진적이고 합리적으로 구성된 사회에서는 더 그렇다. 이것은 확실히 사회연구소가 1920년대의 독일을 바라보는 방식이었다. 독일에서는 혁명이 어쨌든 빠른 시일 안에 일어나지 않을 것이며, 혁명의 장소보다는 조용히 진행되는 연구에 더 적합한 곳으로 여겨졌다.

이런 상황에서 도서관에서 일하던 소련의 스파이가 연구소의 설립 이후 곧바로 떠났다는 사실은 하등 이상해 보이지 않는다. 리처드 조르게(1895-1944)는 일메나우 세미나에 참석했었고 후에 도서관을 만드는 일을 돕기 위해 고용되었다. 그 과정에서 조르게는 독일혁명이 일어날 조건이 무르익었는지를 모스크바에 보고하고 있었다. 그의 보고서는 아직 출간되지 않았다.[46] 바쿠에서 태어나서 베를린에서 자란 조르게는 제1차 세계대전 당시 독일군으로 참전했고 철십자훈장을 받았다. 유산탄으로 입은 부상으로 두 다리가 부러지고 손가락 세 개를 잃게 된 조르게는 회복기에 마르크스를 읽으며 보냈고 이후 독일공산당에 입당한 뒤 함부르크에서 경제학 박사학위를 받기 위해 공부했다. 정치적 견해 때문에 교사직에서 해고당하고 나서 전후 독일을 떠나 모스크바로 가서 코민테른의 하급 장교가 되었다. 3차 인터내셔널로 알려진 이 조직체는 1919년 전 세계를 대상으로 레닌을 포함한 대표단을 구성하여 "모든 가능한 수단과 무장투쟁을 무릅쓰고라도 국제적 부르주아를 전복시키고 국제소비에트공화국을 창설해서 전면적인 국가 폐지를 위한 전환기"로 삼기 위해 설립되었다가 1943년 스탈린에 의해 폐쇄되었다.

1921년 코민테른은 조르게에게 임무를 부여하고 독일로 보냈다. 그곳에서 그는 저널리스트로 지냈으나 실제로는 프랑크푸르트의 산업계 정보를 모으는 임무를 맡고 있었다. 프랑크푸르트에서 쿠르츠 겔라흐의 전 부인 크리스티안 겔라흐와 결혼했고 연구소의 도서관 일을 한동안 도왔다. 마르크스주의 연구소에 대한 그의 견해는 기록으로 남아있지 않다. 또 그의 동료들이 소련 스파이의 존재를 알고 있었는지도 분명하지 않다. 어쨌거나 조르게는 곧 모스크바로 호출되었고 그 이후 스파이 활동을 계속하면서 안락의자에 앉아서 사색만 하는 그의 직장동료 철학자들이 꿈도 꿀 수 없는 모험적 인생을 살았다. 1930년대에 여전히 소련을 위해 일하던 시절 그는 나치당에 가입해서 저널리즘의 임무를 띠고 일본으로 건너가서 당시 자신이 경멸해 마지않던 신문들에 기고했다. 실상은 일본의 외교정책에 대한 정보를 얻기 위해서 정보원의 네트워크를 구축하려고 일본으로 전출된 것이었다.

제2차 세계대전 동안 그는 소련에 매우 귀중한 정보를 모았다. 모스크바로 독일과 일본 사이의 협약과 관련한 정보를 보냈고 미국의 진주만 해군기지를 일본이 공격할 것이라고 경고하기도 했다. 1941년 조르게는 모스크바에 히틀러가 소련을 침공할 의도가 있음을 알리게 된다. 그해 말경 일본이 소련의 동부전선을 공격할 계획이 없다고 크레믈린에 보고하는데, 이 정보는 적색군 대장 게오르기 쿠코브가 18소대, 1700대의 탱크와 1500대 이상의 비행기를 제 시간 내에 시베리아에서 서부전선으로 옮겨서 모스크바로 진격해오는 나치를 대적할 수 있게 해주었다. 이 군사 재배치는 제2차 세계대전의 전세를 바꾼 전환점 중 하나로, 서유럽에서 이미 영국군과 프랑스군을 격퇴했던 전력을 가진 히틀러의 베르마흐트*를 적색군이 물리칠 수 있게

---

* 독일 육군부대.

해주었다. 하지만 그 무렵 조르게의 운명은 다해가고 있었다. 일본의 비밀요원이 그가 모스크바로 보내는 메시지들을 중간에서 가로챘을 뿐 아니라 스탈린은 바바로사작전*, 즉 나치의 1941년 소련 공격을 조르게가 경고했지만 자신이 무시했다는 사실이 알려지도록 내버려둘 여유가 없었다. 소련 지도자의 결단력 부재로 많은 러시아 희생자를 낳았다는 사실이 알려지지 않으려면 조르게는 살아있으면 안되었다.

1944년 11월 7일 리처드 조르게는 도쿄의 교도소에서 교수형에 처해진다. 제임스 본드 시리즈의 제작자 이안 플레밍은 제2차 세계대전 당시 영국의 정보요원이었는데 조르게를 '역사상 가장 난공불락의 스파이'라고 불렀다. 반유대주의적 영화 중 하나인 〈저드 서스〉(1940)를 만들었고 나치의 선전 장관이었던 괴벨스가 좋아하던 영화감독 중 하나였던 베이트 할란이라는 악명 높은 감독이 조르게의 삶을 영화로 만든 이후, 조르게는 사후 오명을 뒤집어쓰게 되었다. 〈독일의 배신자〉라는 제목을 단 조르게의 일본 스파이 생활을 다룬 1955년 영화는 공개된 지 이틀 만에 서독에서 금지되었다. 또 다른 영화 〈조르게 씨, 당신은 누구십니까?〉가 1961년에 만들어져서 여러 나라에서 상영되었으며 특히 소련에서 인기를 얻는다. 1964년이 되어서야 소련은 공식적으로 소련 스파이로서 조르게를 인정하게 된다. 그는 그해 소련의 영웅으로 선택되었다. 그가 이런 영예를 얻게 되기까지 20년이라는 시간이 걸렸다는 것은 어처구니없다. 독일의 황제가 수여하는 철십자훈장 바로 옆에 소련의 영웅 메달을 걸어두는 일은 누구나 할 수 있는 일은 아니다.

조르게의 인생역정을 살펴본 것은 의미 있다. 단지 이 액션 히어로로 같은

---

* 제2차 세계대전 중 독일의 소련침공 당시 작전코드명.

인생이 다른 프랑크푸르트학파의 연구원들(학파의 회원 중 노이만, 마르쿠제, 오토 키르히하이머, 이 세 사람이 전쟁 중 CIA 전신이었던 전략사업부를 위해 정보 분석가로 일했다)과 매우 대조적이라는 사실 때문만은 아니다. 그의 정치적 활동이 프랑크푸르트학파의 에토스에는 해로웠다. 조르게가 유럽과 아메리카, 아시아의 국경을 몰래 넘나들면서 코민테른에 의한 세계 프롤레타리아 혁명을 가속화하기 위해 활동하면서 나치의 침략을 막으려는 소련의 저항에 도움을 주라는 임무를 부여받고 있는 동안, 연구소는 이러한 투쟁으로부터 멀찌감치 떨어져 나와 학문적 독립의 기치를 높이 내세우며 정당의 당원이 되기보다는 연구직을 선택했다. 그로스만의 경우는 예외로 치더라도 연구소는 레닌이 전 세계의 마르크스주의자들에게 던진 결투의 장갑을 집어 드는 일의 가치를 의심했다. 연구소가 1920년대에 맞닥뜨린 상황은 볼셰비키혁명이 성공하는데 도움이 되었던 상황과는 달랐다. 신즉물주의는 '새로운 체념'이라고도 번역되었다. 이 번역은 당시 프랑크푸르트학파의 분위기를 어떤 면에서는 잘 담고 있다. 마치 사회주의 혁명의 위대한 시대는 끝났고 좌파 지식인들은 바이마르공화국의 사회질서에 잘 적응하고 있는 듯 보였다. 바이마르공화국은 사회민주주의 정부와 프러시아 귀족 사이의 어쩔 수 없는 타협으로부터 탄생했다.

1927년 호르크하이머는 「독일노동자계급의 무능함」이라는 에세이를 썼다. 여기서 이 새로운 종류의 마르크스주의 지식인은 4년 전 일메나우에서 제기된 사회주의를 현실적으로 실행시킨다는 실천적 과제와 관련된 쟁점들에 최종적인 비관적 대답을 제공한다. 그는 노동자계급이 자본주의 생산과정으로 통합되어 사회주의의 주체적 책임을 맡기에는 부적절해졌다고 언급한다. 루카치가 사회주의 혁명에 필요하다고 꼽았던 계급의식과 프롤레타리아의 연대감은 독일에선 부족했다. 부분적으로 이는 노동계급이 일자리를 얻은 뒤 포섭된 노동자엘리트와 좌절감에 시달리던 실업노동자들로 분열된 탓이었다. 하지만 또 다른 이유는 두 개의 사회주의 정당인 사회민주당과 독일공산당이 정치적 차원에서 적대적인 분열을 반복했기 때문이었다. 분열은 비극적이었다. 왜냐하면 그가 쓴 대로 "두 정당은 인류의 미래를 좌우할 힘을 어느 정도 갖고 있"[47]었기 때문이다. 통합된 힘의 부재는 독일에서 사회주의 혁명의 가능성을 무력화했을 뿐 아니라 프랑크푸르트학파가 나중에 깨달은 바대로 나치즘에 대한 저항마저도 약화시켰다.

호르크하이머는 두 입장을 화해시키기 위한 전망은 '경제의 진행과정에 관한 최종적인 분석'에 따라 달라진다고 주장했다. 여기서 그로스만에게 부당하게 겨냥된 신랄함은 — 그가 혁명을 경제적 세력의 생산물로 간주했고 따라서 그의 혁명은 본질적으로 정적주의 정치였다는 비판 — 호르크하이머에게로 향하는 게 나았다. 노골적으로 구세대였던 레닌주의자 그로스만이 노동자들을 역사의 행위자라고 간주한 반면에 호르크하이머는 노동자들을 경제적 힘의 작동을 관찰하는 관객으로 설정했다. 그렇다고 해서 이런 비관적 관점이 잘못되었다는 뜻은 아니다. 그보다는 최소한 호르크하이머의 관점이 자신이 1931년부터 이끌었던 마르크스주의 싱크탱크의 목적을 근본적으로 바꾸게 되었다는 것을 의미한다. 프랑크푸르트학파에 관한 연구에서 뷔거하우스는 이렇게 결론짓는다. "그들 중 어느 누구도 노동자에게 일말의 희망도 걸지 않았다."[48] 그들은 오히려 자신들이 바꿀 수 없었던 세상을 분석하는 거장 급 비평가가 되었다. 호르크하이머의 연구주제였던 노동자의 무능력은 사회연구소에서 활동했던 마르크스주의 지식인들에게서도 나타났다.

4장
한 줌의 타자

"다른 대도시들과 달리 나폴리에는 아프리카의 크랄(kraal)과 유사한 무언가가 있다. 개별적인 사사로운 행동이나 태도가 공동체적 삶의 흐름과 통한다. 북유럽인에게 인간의 존재란 매우 개인적인 문제라면 이곳에서는 크랄에서처럼 집단적 문제이다"라고 벤야민과 볼셰비키당원이자 라트비아 출신 그의 연인 아샤 라치스는 함께 쓴 나폴리에 관한 1925년 에세이에서 적고 있다.[49]

사전 편집자 찰스 페트만은 1913년 책 『아프리카어법: 남아프리카의 일상 용어와 구문, 장소와 이름 사전』에서 크랄을 다음과 같이 정의했다. 1) 가축 울타리 2) 호텐토트의 마을 3) 원주민 마을이나 원두막집단. 이 단어는 네덜란드어에서 유래했으며 처음에는 호텐토트*와 카피르족**의 소작지와 마을을 경멸적으로 표현하기 위해 사용되었다.[50] 네덜란드 식민자들이 크랄을 아프리카인들이 가축처럼 산다는 의미를 표현하기 위해 사용했던 반면 벤야민과 라치스는 나폴리 주민들이 사는 방식을 찬양하기 위해 사용했다. 특히 두 사람은 이 남유럽 도시가 북유럽 사람들의 생활에 대한 비판으로 사용되는 방식에 깊은 인상을 받는다. 자본주의체제의 북유럽에서는 당시 사적 공간과 공적 공간이 갈수록, 여지없이 분리되어가고 있었다.

오랫동안 영국인의 집은 성이었다고 알려져 있었다. 벤야민의 부모가 살았던 베를린 서쪽 끝에 위치한 사회적으로 세탁된 지역의 부유층 집들이 빈곤층을 매우 효과적으로 배척한 결과 그들의 아들이 가난한 사람들의 존재를 전혀 알지 못했다는 사실은 벤야민과 라치스의 판단에 따르면 점차 확산되고 있다는 이 공사 분리의 경향을 좀 더 징후적으로 드러내 준다. 『아케이드 프로젝트』에서 벤야민은 조바심치며 보호벽을 쳐놓아 만든 사적 공간은 1830년대와 1840년대에 부르주아적인 프랑스 왕 루이 필립의 치세 하에 처음 시작되었다고 주장했다. 그 결과는 공사영역 분리의 확대였다. 여기서 사적인 공간은 부르주아 시민에게 사업과 사회적 활동에서 벗어난 휴식처이며 자신의 환상을 유지하는 곳이었다. 벤야민은 "사적 공간은 개인적 환상이 출현하는 곳이며 한 개인의 우주를 대변하는 내면이 된다. 그 내면에 들어앉아 개인은 내밀하게 과거의 저 먼 장소들과 기억들을 함께 모은다. 그의 거실은 세상이라는 극장의 관람석이다."[51] 텔레비전 혹은 인터넷의 시대에 가정이라는 실내에서 시공간적으로 멀리 떨어져 있는 것들을 모으는 기술이 세련되기 전에, 내면의 환영들이 우리를 사회적으로 원자화된 관객들, 혹은 프랑스의 상황주의자*** 기 드보르가 '스펙터클의 사회'라고 부른 곳에서 멍하

---

* 남아프리카의 공동체 코이코이족을 유럽인들이 경멸적으로 부르는 네덜란드어 표현.
** 남아프리카의 종족인 코사족의 다른 이름으로 소문자로 사용하면 흑인에 대한 경멸적 표현이 된다.
***1950년대에 시작해서 1960년대 후반 확산된 예술운동으로 일상생활의 해방을 상황의 구성

게 바라보기만 하는 사람들로 만들어 버리기 전에, 이미 벤야민은 사태를 간파했다.

벤야민이 1920년대에 유럽을 방랑하던 당시 그를 흥분시킨 도시들은 달랐다. 특히 나폴리, 마르세유, 모스크바에서 그는 공사영역의 결합에 감동했고 계층분화가 무제한적으로 초월될 수 있음을 목도했다. 이 도시들은 일반적 의미에서는 현대적 생활방식을, 개인적 차원에서는 벤야민 자신이 겪은 성장과정이라는 질병을 치료하는 법을 제각각 제공했다. 그의 동료이자 독일인 막스 베버는 자본주의의 철창에 대해 썼다. 그 교도소 안에 사는 인간들은 효율성과 계산에 복종하고 통제를 따른다. 도시는 이 통제체제의 일부로서, 빈자와 부자가 각자의 정해진 자리를 지키도록 작동되었다. 벤야민을 흥분시킨 세 도시들은 전혀 그렇지 않았다.

그는 일련의 에세이에서 이 도시들에 대해 썼다. 그의 글에는 에로틱한 분위기가 넘쳐났다. 특혜를 누리며 살아온 북유럽인이 감각적인 타자를 직접 만난 것이다. 북적이는 모스크바의 전차 안에서 사람들 속에 묻혀 몸이 밀착되는 경험을 하고, 나폴리의 몸짓 언어가 전달하는 자극적인 감각을 느끼며, 마르세유의 천박함에 매혹되었다. 마르세유는 당시 세계에서 가장 부도덕한 항구도시라는 꽤 문제적인 이름에 걸맞은 도시였다.

1925년 벤야민은 베를린을, 갈수록 적대적으로 변해가는 독일을 떠났다. 당시 독일에서는 반유대주의가 확산되고 있었고 사회주의혁명의 전망이 점점 요원했다. 구직에서 실패한 벤야민에게 독일은 특별히 더 비정했다. 학술연구자가 되겠다는 그의 계획은 프랑크푸르트대학이 그의 박사 후 연구논

을 통해 이끌어낼 수 있다는 이론에 기반을 두어서 주로 예술가들을 중심으로 소비주의 사회에 저항하기 위한 인간의 능동적 참여를 강조하고 집단적 조직과 정서를 실천적인 의식으로 바꾸어나가려고 시도했다.

문 「독일 비극의 기원」을 퇴짜 놓으면서 수포로 돌아갔다. 논문이 통과되지 않자 강사 자격도 거부되었다. 그 결과 그는 삼류 출판계에서 글을 쓰거나 사회연구소에서 의뢰받은 연구 과제를 하며 돈을 벌어야 했다. 1926년에 아버지 에밀의 죽음으로 그의 재정은 더욱 심한 위기에 빠졌다.

이탈리아는 괴테 시대 이후의 독일인에게 그랬듯이 벤야민에게도 해독제이자 여가였고 에로틱한 재생의 장소였다. 특히 그가 부인 도라와 7세 아들 스테판을 독일에 내버려두고 여배우 라치스와 함께 나폴리에 있었기 때문에 더욱 그랬다. 그와 라치스가 나폴리를 찬양했던 이유는 그들이 다공성(porosity)이라고 부른 특성 때문이었다. 이 용어는 1920년대 벤야민과 프랑크푸르트학파에게 중요했던 표현이다. 벤야민과 라치스는 다공성을 위계적인 질서로 구조화된 차별을 사라지게 하는 것으로 규정했다. 북유럽에서 그들이 경험한, 불쾌한 세상으로부터 강제로 보호막을 쳐놓은 가정이라는 공간 대신 나폴리의 사적인 생활은 '분산되고' '한데 엉켜'있었다. 그들은 이렇게 쓴다. "거실이 의자와 화로, 연단 등과 함께 거리에 다시 등장했듯이 거리는 더 시끄럽게 거실로 들어온다."

나폴리에서 유일하게 문명화되고 사적이며 질서정연한 건물들은 세련된 호텔과 커다란 창고였다. 그 외 지역에서 나폴리 사람들은 벤야민이 베를린에서 자라면서 접한 문화적 교양과는 어울리지 않는 도시적 삶의 방식을 보여주었다. 다름 아닌 가난에서 비롯된 삶의 방식이었다. "가난은 경계의 확장을 가져왔다. 이 경계의 확장은 사유의 가장 빛나는 자유로움을 비춰주는 거울이다." 북유럽에서 온 벤야민의 시선에 포착된 매시간 깨어있는 아이들의 모습은 충격 그 자체였다. "오후에 아이들은 가게의 계산대 뒤에서 혹은 층계에서 잠을 잤다. 성인남녀들도 그늘진 구석에서 잠깐씩 빠져들었던 이런 종류의 잠은 보호받는 환경에서 자는 북유럽식 잠과는 달랐다. 여기서 낮과 밤, 소음과 평화, 외부의 빛과 내부의 어둠, 거리와 가정의 상호침투가 이루어졌다." 물론 특권층 남성의 가난 여행이라고 치부할 수 있을지 모른다. 그러나 그와 라치스가 쓴 나폴리 에세이에 기록된 그들의 시야에 펼쳐진 삶의 모습은 소중히 간직할 만하다. 이 삶은 공동체적이며 안과 밖이 한데 섞인 시공간에서 진행되었기 때문에 내면성은 끼어들 여지가 없었다. 나폴리는 벤야민에게 단순한 도시가 아니었다. 그곳은 카니발적인 가톨릭 도시였고 유토피아적 꿈꾸기의 실현이며 모더니즘적 예술품이었다.

벤야민은 나폴리에서 철창이 아니라 리비도가 물결치는 세상을 발견했다. 그와 라치스는 관음증을 가진 인류학자처럼 몸짓의 언어를 관찰했다. "그들의 대화는 외부인에게는 이해 불가능하다." "귀 코, 눈, 가슴, 어깨는 손가락으로 작동시켜 신호를 보내는 정거장이다. 이런 형상은 세분화된 에로티시즘으로 돌아온다. 도움의 몸짓과 조급한 신체접촉들이 외부인의 관심을 끈다." 이 구절에서 벤야민이 길 안내를 받고 있거나 모종의 유혹을 받았던 것인지는 알 수 없다. 어떤 경우든 그는 당시 자신이 겪은 상황을 좋아한 듯하다.

1925년 여름 벤야민과 라치스는 크라카우어, 그리고 당시 22세의 작곡가이자 음악비평가며 야심만만한 철학자였던 아도르노를 포함한 여타 독일 비평가 및 철학자들과 나폴리 만에서 만났다. 아도르노는 당시 작곡가 알반 베르크와 비엔나에서 진행하고 있던 연구를 쉬고 있던 중이었다. 모두 도시 자체보다는 목가적인 카프리, 베수비오 화산과 해안가를 따라 여행하면서 본 포시타노 절벽 등 주변 환경에 자극을 받았다. 마르틴 미텔마이어의 책 『나폴리의 아도르노』에서 그려진 대로 프랑크푸르트학파의 연구자들은 나폴리에서 영감을 받은 뒤 아주 매력적인 생각들을 취하고 발전시켰다. 그들은 괴테처럼 '레몬나무가 꽃을 피운 곳'의 유혹에 빠져들었다. 마르크스주의가 프랑크푸르트에서 정체되어 경직되어 가는 동안 나폴리에서 그 생명을 뿜어내고 있었던 것이다.[52]

1924년에서 1926년 사이 베수비오가 대중에게 개방되었다. 미텔마이어는 아도르노가 1928년 슈베르트 에세이에서 제시한 베토벤의 지하의 힘과 슈베르트의 균열된 풍경 사이의 차이점을 이 화산에서 찾는다. 미텔마이어는 아도르노가 텅 빈 공간, 혹은 홀라우메*라는 반복된 수사를 사용할 때 문자 그대로 포시타노 절벽에서 본 것을 표현하고 있다고 한다. 그곳에서 스위스의 미래주의자 길버트 클라벨은 1920년대의 대부분을 다이너마이트로 바위에 커다란 구멍을 만들면서 보냈다. "내가 이 구멍들을 만들 때마다, 나는 에너지의 공기주머니를 붙잡는다고 느낀다. 뭔가 정신적인 것이 그 안에서 폭발할 수 있는 압축된 공간이다"라고 1923년 썼다.[53] 미텔마이어는 아도르노가 베토벤이 부르주아 음악에서 텅 빈 공간("Hohltstellen")을 터뜨린다고 썼을 때 그 이미지는 포시타노 절벽에서 그가 목격한 광경에서 그대로 따온 것이라고 했다.

아마도 포시타노에서 아도르노는 철학하는 법을 배웠다고도 할 수 있다. 니체가 해머로 철학을 했다면 아도르노에 와서는 해머에서 다이너마이트로 발전했다. 해체주의자라는 말이 등장하기 훨씬 전에 아도르노는 비판적 음악비평을 통해 1920년대에 작가 경력을 쌓기 시작하면서 다른 사상가들이 오랜 시간 관리해 온 지적인 구조에 구멍을 뚫는 일을 결코 멈추지 않았다. 아도르노의 성숙한 사상이 절정에 이른 『부정의 변증법』에서 그는 헤겔의 역사철학을 폭파시킨다. 헤겔에게 역사는 바위의 형성처럼 느린 생성의 과정이다. 이 과정은 해피엔딩으로 끝나는 이야기였다. 나아가 모든 것들, 심지어 진화의 막다른 골목에서도 절대를 향해 가차 없이 전진하는 역사 속에서 부

---

* Hohlraume: 독일어로 텅 빈 공간을 의미하는 것으로 방사열학에서 에너지가 평형을 이루는 공동(空洞)을 의미.

서진 인간의 삶 또한 의미를 갖게 된다. 그 이야기 속에 구원의 내러티브가 자리 잡고 있었다. 헤겔이 말한 "실재는 합리성이다"는 바로 이런 의미였다. 그가 역설적으로 '동일성과 비동일성의 동일성'이라고 했을 때 역시 모든 것은 어떤 식으로든 절대의 작동방식에 기여해야 한다고 주장했다.

헤라클레이토스는 세상을 물의 흐름으로 묘사한다. 여기서 존재의 진실은 변화이다. 그러나 헤겔의 시각에서는 세상의 헤라클리토스적 흐름은 좀 더 쉽게 이해 가능한 것으로 응고된다. 베수비오의 마그마보다는 포스타노 절벽의 정면처럼 보인다. 역사는 역설적이다. 생성의 과정을 통해 역사의 법칙들이 돌에 새겨진다. 아도르노는 베토벤이 부르주아 음악에 했듯이 헤겔주의적 전체를 부숴버렸다. 그는 '동일성과 비동일성의 비동일성'이 있다고 주장했다. 이것이 의미하는 바는 존재의 불완전성이다. 전체가 있어야 할 곳에 구멍이 있으며, 역사는 뭔가 이미 결정되기 이전의 현상학적 영역이 단순히 펼쳐지는 것이 아니다. 그리고 실존은 "존재론적으로 불완전하다."[54]

서구형이상학에 대한 아도르노의 해체작업은 1920년대 음악에 관해 그가 썼던 글에 이미 담겨있다. "그의 담론은 모든 전통적인 가치들이 무너져 내린다는 멜랑콜리적 암시들로 가득하다"고 작곡가 에른스트 크레네크*는 쓴다. 크레네크는 1924년에 젊은 아도르노를 만났다. 당시 아도르노는 크레네크의 희극오페라 〈그림자 뛰어넘기〉의 리허설에 참석했던 비평가이자 신참 작곡가였다. "그가 가장 선호하는 구절 중 하나는 '무너지는 실체'였고 이 구절을 너무도 자주 사용해서 우리는 그 구절을 가지고 농담을 했다."[55]

누군가에겐 현대와 모더니즘예술이 진보에 관한 것이었다면 아도르노에게는 붕괴에 관한 것이었다. 1920년대에는 낡은 가치와 미학이 무너져 내리

---

* 오스트리아 출신 미국 작곡가.

고 있었다. 쇤베르크의 12음조 기법*과 회화에서의 추상화나 다다이즘과 같은 예술적 표현영역에서 새로운 형식들은 전통적 가치들을 폭파시켰다. 근대 이전의 예술적 가치들을 회복하려고 애쓴 나치는 새로 등장한 예술들을 혐오했다. 이 문화적 갈등에서 프랑크푸르트학파는 모더니즘 편에 섰다. 1928년 아도르노가 쇤베르크의 무조 체계를 분석한 「12음조 기법」이라는 제목의 글을 썼을 때 그는 음악사를 붕괴의 과정이라고 했다. 푸가와 소나타는 더 이상 신성한 음악적 참조체계가 아니었다. 그러자 화성 구조, 억양, 조성이 무너졌다. 이런 과거의 음악 형식과 기술을 사용하는 것은 스트라빈스키와 오네게르**의 신고전주의 분위기처럼 반동적이라고 아도르노는 주장했다.

아도르노의 음악철학은 무엇보다도 음악이 역사적 변화에 좌우되지 않는 중립적인 자연현상이라는 생각을 무너뜨렸다. 그는 음악이 역사적 과정의 변증법으로 형성된다고 주장했다. 어떤 형식이라도 보편적으로 유효한 작곡방식이란 절대 존재할 수 없었다. 여기서 그의 비평은 무조음악을 싫어하고 음조를 요구했던 부르주아계층, 그리고 신고전주의 작곡가뿐 아니라 무조음악이 최상이라고 주장한 크레네크까지 공격한다.

아도르노가 1920년대 나폴리에서 보낸 휴가기간에 발견한 파괴적 충동이 그의 후기 저작들에 영감을 주었다면 벤야민은 같은 기간 외국을 방랑하면서 열정적으로 글을 썼다. 나폴리를 다녀온 후 2년이 지나서 벤야민은 모스크바를 방문했다. 그의 인생 최고의, 그러나 불행한 사랑의 연인이었던 라치스가 신경쇠약에 걸려 그곳의 정신병원에 있었다. 모스크바 방문은 나폴

---

* 전통적인 12조 화성을 변형해서 만든 새로운 형식의 작곡기법으로 장단조의 조성에 바탕을 두지 않는 무조음악이다.
** 프랑스 출신 스위스 작곡가.

리에서와 마찬가지로 그를 흥분시켰다. 이곳에서도 공사의 생활분리가 없었고 공산주의 사회의 실험이 진행되고 있었다. 앞 장에서 살펴본 대로 호르크하이머가 1927년 독일 프롤레타리아트의 무능력을 애석해하고 있을 무렵 벤야민은 소련의 실험을 목격하고 숨이 막힐 정도로 흥분했었다. "매번의 생각, 매일, 매번의 삶이 여기에서는 실험테이블에 놓여있다."**56** 도시의 전차는 벤야민에게 기술적인 것과 원시적 삶의 방식의 완전한 상호침투를 보여주는 소소한 사례일 뿐이었다. 이 이방인은 몸을 부딪치는 도시의 스타일을 즐겼다. "터져나갈 듯이 사람들이 가득 들어찬 차를 타고 가는 동안 여기저기 다른 사람들과 몸을 부딪치고 밀착하게 되는 일이 소리 없이 그러나 매우 예의바르게 진행된다(나는 이런 일이 일어날 때 누구도 화를 내는 소리를 들어본 적이 없다)." 이와는 또 다른 모스크바의 대중교통수단인 썰매도 벤야민의 관심을 끌었다. 특히 썰매는 사회적 지위를 지워버린다.

유럽인들이 빠른 속도의 여행을 하면서 대중을 상대로 우월감과 지배의식을 즐길 때 모스크바 사람들은 작은 썰매를 타고서 사람과 사물에 가깝게 섞인다. 만일 그가 상자나 아이, 바구니를 들고 타야 한다면, 이런 경우 썰매가 가장 값싼 교통수단이다. 그는 썰매를 타고 번잡한 거리에 끼어들게 될 것이다. 깔보는 시선은 없다. 돌멩이, 사람, 말 옆을 부드럽고 빠르게 스쳐지나간다. 당신은 작은 의자에 앉아 미끄러지듯 집 안을 누비고 다니는 아이 같은 느낌을 갖게 될 것이다.

덧붙이자면 벤야민이 썰매타기를 자신의 유년시절 잃어버린 순수함과 연결시킬 때 꽤 호소력이 있다. 볼셰비키의 실험에서 프루스트적인 몽상을 위한 힌트를 찾은 것이다.

이 에세이는 열기와 감각적 흥분 그리고 정치적 참여의식으로 가득하다.

소련의 수도인 이 도시의 거리는 새로운 가능성이 깃든 구역이 되어 낡은 전통을 쓸어버리고 재전유하거나 새로운 것을 발명한다. 당시는 소련이 뭔가 괴물 같은 모습으로 경직화되어 스탈린 독재의 강제노동수용소(gulag)와 공개재판이 시행되고 쇼스타코비치의 〈므첸스크의 맥베스 부인〉과 같은 아방가르드예술이 공산당의 공식적 대변지《프라우다》에서 비난받았던 시기 직전의 짧은 시절이었다. 이 대변지는 1936년 "음악을 난삽하게 하지 말라"는 헤드라인을 실으며 쇼스타코비치의 음악에 대해 "부르주아의 도착적 취향을 안절부절못하고 소리나 질러내는 신경증적 음악으로 자극한다"고 비판했다.[57] 벤야민은 모더니즘예술 — 주로 영화, 시각예술 그리고 1920년대에 벤야민이 시도했던 문학적 실험들 — 이 피억압자들의 정신을 해방시켜줄 혁명의 일부가 되리라 희망했다.

잘 흥분하는 편이 아니었던 벤야민은 1921년 뮌헨으로 가는 여행에서 파울 클레의 수채화 〈안젤러스 노부스〉를 1천 마르크에 구입하게 된다. 친구 샤를로테 볼프는 당시 "이 서툴고 억눌려있는 남자가 마치 뭔가 아주 멋진 것을 얻은 듯이 행동했다"고 회상한다.[58] 1927년 이와 유사한 일이 모스크바에서도 일어났다. 소련은 그에게 문화적 실험장이었다. 칸딘스키와 클레의 그림처럼, 혹은 그가 바이마르시대에 쓴 글에서 옹호했던 모더니즘예술, 프루스트의 소설, 브레히트의 서사극, 아방가르드 영화, 초현실주의와 사진 등과 마찬가지로 소련은 활기에 넘쳐났다. 그러나 그가 무엇에 대해 썼는가보다는 글을 쓴 방식이 정치적 투쟁에서 새로운 전선을 열어주었다.

벤야민의 1920년대 글쓰기 스타일이야말로 그가 시도한 가장 정치적 행위였다. 그는 "책이라는 젠체하는 보편적인 몸짓"보다는 "눈에 띄지 않는 형태"를 선호하게 되었다. 그가 모스크바에 관해서 쓴 글과 같은 에세이들은 글쓰기를 혁신했고 부르주아의 규범을 무너뜨리고 모더니즘의 새로움이 주는 충격을 구현했다. 그의 글쓰기는 짧고 밀도 있으며 간결하고 즉흥적으로 변주를 통해 반복되는 작가적 후렴구를 선호해서 서사적 질서를 포기한 대신 성좌의 구성을 통해 의미를 만들어냈다. 그리고 재즈처럼 전복적이었다. 실제로 모스크바에 관한 에세이에서 벤야민은 재즈에 맞추어 춤추는 것이 금지되어 있다고 썼다(권력자들에게 재즈는 서구적 타락을 상징하는 것이었다). 그 결과 "밝은 색의 독성 파충류처럼 재즈를 유리 뒤쪽에 넣어두었다." 이 시기부터 벤야민의 글은 뱀처럼 미로 사이를 여기저기 예측할 수 없게 움직이면서 이미 구축되어있는 문학적 질서를 쉼 없이 전복시켰다.

"처음부터 끝까지 벤야민은 자신이 다루는 주제와 글의 형식, 스타일을 통해 다양한 시도를 했다"고 그의 전기 작가들은 이 무모한 도박가에 대해 쓰고 있다.[59] 그 단적인 예가 『일방통행로』이다. 1928년에 나온 이 책은 경구적 문장, 철학적 파편, 그리고 현대생활에 대한 사색을 모은 책으로, 점프 컷의 모음이자 지가 베르토프*가 소련영화에서 시도했던 것과 유사한 몽타주이다. 바이마르의 다다이즘 예술가 한나 회흐는 가위로 작업했고 벤야민이 숭배했던 프랑스 초현실주의자들은 종잇조각, 색칠한 캔버스의 일부, 신문, 티켓, 토막, 담배꽁초와 단추 등을 사용해서 몽타주기법을 실험했다(주은 물건들로 혼란스러운 몽타주를 만드는 방식). 그의 글은 퇴폐적이고 낯설며 나치와 소련의 이데올로그들을 똑같이 경악하게 했다. 그의 글은 구조상 루카치가 사실주의소설에 비판적으로 찬사를 보내면서 선동했던 종류의 글[비판적 사실주의]에는 해로운 예술적 전망과 글쓰기를 전파했다. 그러나 이런 모더니즘적 천재성에도 불구하고 그가 1920년대 쓴 최고의 글은 그에게 종신교수직을 줄 수 있는 종류의 글은 아니었다. 그보다 『일방통행로』에서, 그리고 그의 상상력에 활력을 주었던 도시들을 의도적인 파편화방식으로 묘사한 인상주

---

* 소련 영화를 대표하는 감독이자 이론가.

의적 초상들에서 그는 학계의 공인된 글의 구성 공식을 자의식적으로 깨뜨렸고, 강단교수들에겐 의미 있는 현상이 아니었던 것, 가령 현대 도시적 삶의 유령성과 그 사이에서 떠도는 아주 의심스럽게 새로 등장한 것들, 예를 들어 영화 등에 자신의 비평기술을 적용한다.[60]

무엇보다 벤야민이 1920년대 독일에서 쓰기 시작했던 글의 형식 — 최고의 저널리즘 소품(벤야민과 아도르노의 친구이자 멘토였던 크라카우어가 구성한 뛰어난 글 형식)에서 그 형식을 따온 글쓰기 스타일과, 아방가르드 영화와 사진, 예술에서 얻은 기술적 요소들 — 은 나중에 유럽지성인들이 가장 오래도록 사용한 문학형식 중 하나로 남게 된다(가령 롤랑 바르트의 『신화』나 길버트 아데어의 『포스트모더니스트는 벨을 두 번 울린다』 등이 그 예이다).

모스크바의 현대적 특성을 포용했음에도 벤야민은 그곳에서 발견한 것을 무비판적으로 찬양하지는 않았다. 그는 모스크바의 실험이 도달하게 될 결과에 매혹되긴 했지만 우려도 표명했다. "볼셰비즘은 사적 생활을 폐기했다"고 쓴다. 나폴리에서는 사생활의 폐기를 즐겼음에도 불구하고 모스크바에서는 그것을 초래한 원인을 우려했다. "관료, 정치활동, 언론의 권력이 너무 막강해서 이들과 부합하지 않는 이해관계에 할애할 시간이 없었다." 그는 이 초기 전체주의 사회가 지적인 생활에 미칠 영향을 염려했다. "프롤레타리아가 고용주인 나라에서 학자와 문인은 어떤 모습을 갖게 되는가?"라고 그는 묻는다. 사회연구소의 근엄한 연구실에서 열심히 연구하는 프랑크푸르트학파 연구자들은 물론이고 벤야민과 같은 프리랜서 지식인에게 이것은 특히 난감한 문제다. 벤야민은 이런 두 종류의 지식인들은 빌려 온 시간을 살아가고 있다고 생각한다.

조만간 자본과 노동 사이의 갈등에 의해서 조각날 중산층에게 '프리랜스' 작가란 사라져야 할 것이다. 러시아에서 이 과정은 완성되었다. 지식인은 무엇보다 검열부와 법무부, 재무부에서 일하는 관리인이 되었고, 만일 그가 살아남는다면 노동에 참여하게 될 것이다. 러시아에서 이것은 권력을 의미한다. 그는 지배계급의 구성원이다.

그는 자신이 사랑한 최상의 모더니즘예술 전체가 혁명적 목적에 어울리지 않는다는 사실을 걱정했고 혁명의 목적에 부합했던 이들조차 강제노동수용소로 보내지거나 머리를 조아리고 체제에 복종하는 것을 걱정했다. "구성주의자, 절대주의자, 추상주의자 모두 전시 공산주의에서 혁명에 봉사하는 시각적 프로파간다에 참여했지만 버림받았다. 오늘날에는 오직 진부한 명료함만 요구된다." 여기서 마치 자신이 아꼈던 작가 카프카의 악몽 같은 관료주의 소설로 공간 이동한 듯이 상상하며 두려움에 떠는 벤야민의 소리가 들려온다. 이 프리랜스 작가는 요제프 K가 될 위험에 처해 있었다. (무시무시하게 들리는 표현인) "만일 그가 살아남는다면," 새로운 지배계급의 부품과도 같은 공무원이 되는 것이다. 진부한 명료함은 어떤가? 정부의 관료라니? 지배계급의 구성원이라고? 벤야민은 모스크바로 다시 돌아가지 않았다.

벤야민은 모스크바에 관한 에세이를 썼던 해 "내 모든 고통과 사유를 모아놓은 극장"이라고 묘사한 책을 준비하기 시작했다. 이 책은 13년 후 그의 임종 당시에도 미완 상태였다. 『아케이드 프로젝트』는 원래 19세기 초엽에 파리에서 건설되기 시작했던 아케이드에 관한 신문 기사로 구상되었다. 이 애초의 기획은 「파리 아케이드: 변증법적 요정나라」라는 제목의 에세이로 변형되었다. 종국에 이 기획은 책으로 발전해 갔다. 그러나 왜 파리인가? 그가 태어난 곳인 베를린에도 쇼핑센터가 있지 않았던가? 『아케이드 프로젝트』의 영어판 서문에 따르면 프랑스의 문화적 환경에 관한 그의 관심은 동시대 독일 작가들로부터 느낀 소외감에서 비롯되었다고 한다.[61]

벤야민은 오래 전부터 프랑스를 좋아했다. 그의 아버지 에밀은 1880년대 베를린으로 이사하기 전에 파리에서 몇 년 동안 지냈다. 벤야민의 가족 도우미 중에는 프랑스인 가정교사도 있었다. 따라서 벤야민이 1913년 처음으로 파리에 갔을 때 그는 이미 프랑스어에 능통했다. 프랑스를 향한 그의 사랑은 유년시절의 길거리 방랑 중 경험했던 프랑스풍의 베를린의 기억이 파리의 진품을 보자마자 압도당했던 순간 더욱 커졌다. 그는 "베를린 거리의 카이저 프리드리히 박물관보다 루브르박물관과 그랑 블루바르*가 더 편했다."[62]

그럴법하다. 파리는 그가 유년시절을 보낸 세상보다 먼저 존재했던 모델이었다. 1930년 후반 나치 독일을 피해 망명하던 시절 파리는 그의 집이 되었다. 어떤 의미에서 그곳은 오랫동안 그의 정신적 고향이었다. 그 결과 고고학적 비평가 벤야민은 자신의 말년을 투자했던 책 『아케이드 프로젝트』에서 파리를 소재로 삼아 과거의 층위를 파헤치기 시작했고 그 파헤쳐진 층위 중 하나가 『1990년 베를린의 유년시절』이었다.

그러나 『아케이드 프로젝트』는 파리에 보내는 연애편지는 아니었다. 그보다는 파리의 아케이드를 구성한 철과 유리 구조물이라는 형상을 통해 본 자본주의적 근대성의 탄생 이야기이다. 더글라스 머피는 『최후의 미래: 자연, 기술, 그리고 건축의 종말』에서 이 아케이드들이 "현대 자본주의라는 새로운 사회를 만든 도시의 내면적 공간들을 창조했다"[63]고 썼다. 벤야민은 예전의 여느 작가들과 달리 새로운 공간적 형태가 자본주의 문화에 갖는 중요성에 민감했다. 시민들의 사적인 공간인 가정의 실내처럼 파리의 아케이드는 벤야민에게 그 바깥의 실제 세계를 배제시키는 역할을 했다. "아케이드는 외부가 없는 집 혹은 통로이다. 마치 꿈같다"고 썼다.[64]

---

* 파리의 가장 넓은 길로 포아소니에 거리에서 본 누벨 거리까지 이어지는 일방통행로.

벤야민의 기획은 아케이드를 자본주의의 모순에 대한 메타포인 동시에 더 나은 세상을 곁눈질 할 수 있는 곳으로 제시한다는 점에서 특별하다. 이 희망에 찬 관측은 그의 마지막 글 중 하나인 1939년에 쓴 이 책의 서론(그의 말에 따르면 폭로성 글)에 나온다. "현 세기는 새로운 기술적 가능성에 대해 새로운 사회질서로 반응할 능력이 없다."[65] 이것은 벤야민의 변증법적 마르크스주의가 던진 한 수였다. 자본주의의 신전은 자본주의의 침식 양상을 담고 있는데 이런 상황은 대중을 이롭게 해줄 기술을 채택하는 사회주의에 유리한 것이다. 이후 독일 철학자들은 이런 수를 좋아하지 않았다. 가장 두드러진 예는 페터 슬로터다이크가 쓴 2005년의 책『자본의 세계내부에서』이다. 그는 자본주의가 배타적인 공간을 만들어서 달갑지 않고 돈 없는 사람들을 내쫓으려고 한다는 점에서는 벤야민과 공감했다. 이 공간들은 담장을 쌓은 주택단지라던가 경비원들이 상주하는 쇼핑몰, 혹은 유럽요새*일수도 있다. 그러나 자본주의의 이런 거대한 실내가 더 나은 세상에 대한 희망을 담고 있다는 벤야민의 생각은 거부한다. 실제 슬로터다이크는 또 하나의, 더 거대한 자본주의의 유리와 철로 만든 신전, 가령 1851년 런던의 대박람회를 위해 세워진 조지프 팩스턴의 건축물인 수정궁(Crystal Palace)은 자본주의에 대한 좀 더 그럴듯한 메타포가 될 수는 있어도 덜 희망적이라고 주장했다. "아케이드는 거리와 광장에서 지붕이 달린 막간극을 구성했다." "반면 수정궁은 공간이 넓은 울타리로 둘러싸인 곳을 떠올려서 결코 누구도 그곳을 떠날 필요가 없을지 모른다."[66] 이 궁전 안에는 세상의 가장 흥미를 끄는 식물과 동물, 산업적 상품들이 한 지붕 아래서 온도조절이 잘 되고 친절하며 쾌적한

---

* Fortress Europe: 제2차 세계대전 중 나치 독일이 유럽대륙에서 차지한 영역을 일컫는 말로 군사선전용 표현이었는데 현재는 불법이민자나 난민을 막으려고 설치한 국경경비대나 임시보호소 등의 시설을 포함한 유럽연합의 봉쇄정책을 일컫는다.

조건 속에서 전시되었다. 이런 식으로 여기저기 다닐 필요를 덜어준 공간은 외부에 남아있는 무엇이든(전쟁, 인종 학살, 노예제, 불쾌한 열대병) 실내 공간과 무관한 것으로 축소시켜버렸다. 이런 점에서 파리의 아케이드보다는 수정궁이 자본주의가 그 이후 작동한 방식을 보여주는 청사진이었다. "가장 주요한 특성에 있어서 오늘날 서구 사회, 특히 유럽연합이 수정궁과 같은 커다란 내부를 구현하고 있다는 사실을 누가 부정할 수 있겠는가?"[67] 『아케이드 프로젝트』에서 벤야민은 부르주아의 응접실을 초기 자본주의의 사적 공간을 상징하는 것으로 꼽는다. 개인적인 시민은 불편한 외부 세상을 피해 구멍을 파게 된다. 슬로터다이크는 후기자본주의시대의 출입금지구역은 응접실로부터 대륙의 크기만큼 확대되었다고 지적한다.

처음에 파리의 아케이드에 대해 쓰기로 생각했을 때 벤야민은 친구 게르숌 숄렘에게 자신이 경탄에 마지않았던 초현실주의의 콜라주 기법을 사용하고 싶다고 말했다. 그는 신문기사를 쓸 때, 또 몽타주 책 『일방통행로』와 도시에 관한 소품들에서 콜라주를 사용했었다. 하지만 가장 야심적인 기획은 『아케이드 프로젝트』였다. 위인 중심의 역사를 쓰는 대신 폐기처분된 것, 쓰레기와 잔여물을 통해서 역사를 드러내려고 했고 간과되고 무시되며 무가치하며 폐기된 것을 연구했다. 이것들은 공식적 역사에선 아무 의미가 없었지만 벤야민의 주장에 의하면 집단의식에 담긴 꿈의 소망을 코드화하고 있었다.

벤야민은 우리가 환영에서 깨어날 수 있게 충격효과를 주려고 의도했다. 이 효과는 서로 다른 시대의 이미지를 한데 섞은 몽타주를 봤을 때 영화 관객이 느끼는 것, 혹은 적어도 벤야민이 관객이 느낀다고 가정했던 것에 가까웠다. 실제 그는 "몽타주를 역사로 만드는 원칙"의 적용방식에 관해 쓰기도 했다. 이 책은 멈출 줄 모르고 자라났다. 1933년 이후 히틀러가 권력을 잡고 나서 벤야민은 파리에서 생활을 했고 당시 국립도서관에서 늘 같은 자리에 앉아서 자본주의의 탄생에 관한 상세한 메모를 카드에 채워 넣었다. 그는 자신의 원고를 인용문과 광고포스터, 쇼윈도의 전시, 옷 유행 등과 같은 사소한 것의 목록으로 가득 채워 넣는 넝마주이 혹은 수집가가 되었다. 모든 것이 숨겨진 메시지를 갖고 있다는 생각에 가득 차 있었던 이 기획에서 그의 역할은 메시지의 암호풀기였다. 『아케이드 프로젝트』는 벤야민의 임종 당시 미완이었지만, 만일 암호풀기가 이 책을 이끌어 준 철학이었다고 한다면 아마도 애초부터 완성불가능 했던 기획이었는지도 모른다.

혹자는 1982년 독일에서 사후 출간되었고 그 후 20년이 지나서야 영어로 출간된 이 책을 책으로서는 형편없는 실패작이라고 했다. 그러나 또 다른 사람들, 특히 이탈리아 철학자 조르조 아감벤은 만일 나치가 벤야민을 숙명적인 도피생활로 내몰지만 않았다면, 그래서 완성되었다면 이 책은 20세기의 문화 비평에서 가장 위대한 텍스트 중 하나가 되었을 것이라고 했다.[68] 분명한 것은 우리를 자본주의의 꿈으로부터 깨어나게 하려고 벤야민이 준비했던 이 기획이 완결되지 못했다는 사실이다.

하지만 『아케이드 프로젝트』를 쓰면서 벤야민은 대단한 정치적 야심을 갖고 있었다. 그는 마르크스주의를 새로운 소비주의 시대에 맞게 재구성하려고 노력했다. 소비주의 사회에서 우리는 마르크스가 전혀 상상하지 못한 방식으로 상품에 종속되어가고 있다. 마르크스는 상품물신화를 근대 이전의 종교의식이 현대적인 자본주의의 본질적 속성으로서 재도입된 것으로 묘사했다. 상품의 물신적 힘을 이해하기 위해서 마르크스는 다음과 같이 제안했다. "우리는 종교라는 안개 낀 영역으로 들어가야 한다. 그곳에서 인간 두뇌의 상품들은 자체적 생명이 부여된 자율적 형상으로 나타나고 각자 서로, 또 인간 종 사이의 관계로 진입한다. 이 상품의 세계 속에 인간의 손으로 만든 제품들이 놓여있다."[69] 자유노동의 소외를 통해서 일종의 집단적 종교의식, 혹은 다르게 표현하면 대중적 망상의 무의식적 재활동이 시작된다. 마르크스는 소외가 자연스럽고 불가피하게 보이게 하려면 이것은 필수적이라고 생각했다.

마르크스에게 상품이란 경제적이면서 상징적 형태였다. 그는 이것을 물품과 원자재의 제조과정으로 개념화했다. 벤야민이 마르크스의 상품물신화를 뒤튼 방식은 생산 대신 소비재에 초점을 맞춘 것이다. "마르크스는 상품의 신화적 복합성을 포착했지만 상품의 유령성은 포착하지 못했다. 즉 집단적 유토피아의 환상과 갈망을 망상적으로 표현하는 상품은 그 표현양식 자체가 망상적이어서 동일한 갈망들은 그저 유토피아적 환상으로만 남게 된다"고 벤야민 연구자 막스 펜스키는 주장했다.[70]

벤야민은 마르크스처럼 종교의 안개 자욱한 영역으로 들어가서 현대세계를 일종의 지옥으로 상상했다. 『아케이드 프로젝트』에는 "'현대', 지옥의 시절"이라는 구절이 있다. 카이저파노라마나 파리 아케이드처럼 역사의 찌꺼기나 낡은 부스러기들을 검토하면서 벤야민은 희망과 꿈을 찾았을 뿐 아니라 희망과 꿈의 덧없음도 확인한다. 그는 현재 우리에게 매혹적인 소비재와 장치, 기술적 혁신들은 언젠가는 유행지난 구식이 되어버리고, 저급한 갈망을 만족시키려고 새로운 것을 계속 구하려는 시시포스*와 같은 헛된 노력에 우리를 가둬 버린다는 사실을 일깨워준다. 자본주의의 희생자들은 시시포스의 지옥을 겪어야 할 운명에 처했다. 벤야민은 과거의 집단적 희망이 사라져버렸다는 사실을 일깨워 주면서 사라진 희망을 사색하는 과정에서 우리 손에 지금 그러쥐고 있는 것들이 곧 우리를 만족시키지 못하게 된다는 것을 깨달아야 한다고 호소한다. 펜스키는 벤야민이 이루고 싶었던 것을 이렇게

---

* 그리스신화에 나오는 왕으로 제우스를 속인 죄로 지옥에서 바위를 산으로 밀어 올리는 벌을 받게 되는데 바위를 산꼭대기에 올려도 다시 굴러 떨어져서 영원히 바위를 밀어올리기를 반복해야 한다.

기술한다. "현재 모든 상품들이 약속하는 물질적 복지의 환상세계는 불만족의 지옥으로 밝혀졌다. 기술적 변화라는 명령과 소비의 연쇄구조에 담긴 영원한 새로움과 무제한적 진보의 약속은 이제 정반대로 원시적 역사처럼 끝없는 반복을 향한 신화적 강박으로 등장한다."71

벤야민의 『아케이드 프로젝트』에서 우리를 꿈에서 깨어나도록 하는 장치는 변증법적 이미지라 불리는 것이었다. 이것은 1930년대에 그가 발전시킨 철학에서 중요한 개념이었다. 다음 인용문에서 그는 변증법적 이미지가 무엇인지를 성공적으로 설명해보려고 애쓴다(하지만 많은 독자들이 보기엔 실패였다).

> 지난 것들이 현재에 빛을 던져준다거나 현재가 과거에 빛을 주는 것이 아니다. 그보다 이미지는 지나간 것 안에서 현재와 순간적으로 함께 결합되어 성좌를 형성한다. 다시 말해서 이미지는 정지 상태에 있는 변증법이다. 현재가 과거와 맺는 관계가 순수하게 시간적으로 지속된다면 과거가 현재와 맺는 관계는 변증법적이며, 따라서 진행과정이 아니라 이미지로서 갑자기 출현한다. 오직 변증법적 이미지들만이 진정한 이미지들이다(즉 의고적이지 않다). 그리고 우리는 언어에서 그 이미지들을 만난다.72

이 개념의 기묘함은 벤야민 연구자들을 어리둥절하게 했다. 가령 펜스키는 "변증법적 이미지의 '번개 같은 순간'은 오늘날까지 훨씬 더 어두운 별, 일종의 이론적이고 방법론적인 블랙홀로 남아있다. 그 자체의 특이한 법칙들을 따르고 비판적 조명을 시도할 때마다 매번 그 시도를 흡수해버리는 '고유성'이다"라고 비꼬는 투로 썼다.73 심지어 '변증법적 이미지'라는 용어는 모순어법처럼 들린다. '변증법적'이란 표현은 개념들 혹은 논쟁들이 서로 맺는 관계를 묘사한다. 이미지는 이와 대조적으로 대개 고유하며 즉각적이다. 여기서 벤야민을 이해하려고 애써봐야 절망에 빠질지 모른다. 그러나 펜스키가 온당하게 인정하듯이 우리가 프랑크푸르트학파와 연결된, 논쟁적이지만 가장 독창적인 사상가의 성숙한 마르크스주의 철학의 중심에 있는 사유를 정당하게 다루기 위해서는 절망은 선택지가 아니다.

벤야민은 진보의 서사들로부터 지워져버린 좌절된 시도와 비루한 실패에 자신의 비평가적 관심을 쏟았고 이 좌절과 실패를 통해 지옥을 표현했다. 역사적 사물들을 그것들의 통상적 맥락(승리 중심의 진보 서사의 일부가 되거나 그 서사로부터 사라지게 만드는 것)에서 벗어나게 하는 것은 의식개혁을 목표로 삼는 마르크스주의의 충격요법이 될 수 있었다. 1843년 마르크스는 의식개혁을 "세계가 자신의 의식을 인식하도록 만드는 것, 세계가 자신에 대한 꿈에서 깨어날 수 있게 해주고 자신의 행위가 무엇을 의미하는지 세계를 향해 설명해주는" 것이라고 기술했다.[74] 벤야민의 변증법적 사물이라는 개념은 그런 의미에서 마르크스주의적이다. 이것은 사물이 자신의 맥락으로부터 물결치며 퍼져나가는 것과 관련되며 이 사물을 다른 시대의 사물들로 재구성하며 다른 맥락에 위치시키거나 그가 성좌라고 부른 것에 위치시키는 것과 관련된다. 개별 사물이 다른 사물을 조명하고 자본주의가 제공하는 거짓말의 꿈을 갑작스럽고 쇼킹한 이미지로 폭로한다.

교묘히 빠져나가는 사물, 이 변증법적 이미지는 따라서 눈으로 볼 수 있는 이미지가 아니라 언어로만 재현되며 과거와 현재를 변증법적 관계로 연결시켜준다. 벤야민은 이렇게 썼다. "새로운 변증법적 역사방법론에서 역사는 현재의 시간을 각성하는 세상으로 경험하는 기술이다. 현재는 우리가 과거라고 부르는 꿈의 진실이 가리키는 세상이다."[75] 이런 방법을 통해 현재라는 시간에 과거의 폐허, 혹은 자본주의가 역사로부터 감추려고 애썼던 찌꺼기가 출몰한다. 이 방법은 기묘하고 알 수 없긴 하지만 1930년대 아도르노의 철학을 지배했고 비판이론의, 막다른 골목까지는 아니어도 중요한 사이드라인이 되었다. 벤야민은 억압된 것의 귀환이라는 프로이트의 용어를 사용하진 않았지만 프로이트적인 귀환은 그의 프로젝트를 작동시켰다.

이런 의미에서 벤야민은 자본주의의 희생자들을 지옥으로부터 풀려나게 해주는 구원자가 되려고 했다. 변증법적 이미지는 이 해방을 도와주어야 했다. 그러나 반응은 엇갈렸다. 펜스키는 벤야민을 제외한 어느 누구도 아마 변증법적 이미지를 찾거나 만들 수 없을지 모른다고 우려했다. 다른 비평가들은 그런 이미지가 존재하기나 한 것인지도 궁금해 했다.[76] 아마도 변증법적 이미지라는 용어는 벤야민이 전달하려고 했던 좀 더 간단한 진실을 모호하게 만들었을 지도 모른다. 그는 자본주의에서 살아가는 우리가 소비재를 물신화한다고 생각했다. 우리는 소비재가 행복을 향한 희망을 채워주고 우리의 꿈을 실현시킨다고 상상한다. 이제는 낡고 쓸모없어진 과거의 상품이나 혁신적인 제품에 대한 철지난 물신을 떠올리면 우리는 현재의 물신으로부터 우리 자신을 해방시키고 또 자본주의가 우리에게 충만감과 행복을 제공해 주리라는 몽상적 믿음으로부터도 자유로워질 것이다. 과거의 실망감을 사색하면서 우리는 미래에 경험할 실망으로부터 자유로워질 수 있다. 이런 해방은 마르크스가 찾으려 했던 의식 개혁과 관련될 수도 있다. 그러나 1930년대 벤야민이 썼던 글들은 용어의 블랙홀에 갇혀 있었기 때문에 결코 성공하지 못했다. 이것은 좀 더 일반적인 진실을 예시해준다. 즉 벤야민과 프랑크푸르트학파는 결코 자본주의의 희생자들을 지옥으로부터 해방시키지 못했다. 대신 그들은 점점 신랄하고 우아하게 자본주의 비평가가 되어갔다.

『아케이드 프로젝트』를 시작하고 2년 후 벤야민은 마르세유에 있었다. 그곳에서 나폴리와 모스크바에서처럼 고향 베를린의 해독제가 되어준 그 도시에 대해 썼다.[77] "마르세유─이빨사이로 소금기 가득한 바닷물이 뿜어져 나오는 노랑거품이 매달린 바다표범의 목구멍"이라고 그는 맛깔나게 표현했다. "이 식도가 열려서 선박 회사들이 그들의 시간표에 따라 내던져버린 흑 갈색의 프롤레타리아의 몸을 잡아먹으려고 할 때 그 속에서는 기름, 소변과 프린터의 잉크가 썩어가는 냄새가 풍겨온다……." 벤야민은 이런 문장을 『도 빌에서 몬테카를로까지: 즐거운(gay) 세상, 프랑스 가이드』라는 책이 마르세 유를 신랄하게 비판했던 바로 그 해에 신문기사로 실었다. 이 책의 저자인 바질 운은 품격을 갖춘 독자라면 어떤 일이 있더라도 프랑스의 두 번째로 큰 도시 마르세유를 방문해선 안 된다고 경고했다. "도둑, 살인마, 그 밖의 불 쾌한 무리들이 좁은 골목에 득실득실하고 홍등가 여자들이 문 앞에 나와 앉아서 당신이 지나가면 소매를 붙잡는다. 세상의 찌꺼기들이 여기서는 걸 러지지 않았다……. 마르세유는 세상의 가장 사악한 항구이다."[78]

운과는 달리 벤야민은 마르세유에 흠뻑 빠져들었는데 그 이유는 정확히 그곳이 사악하고 시끄럽고 가난하며 성적이고 더러웠기 때문이었다. 또 다 른 프랑스 도시 툴루즈가 분홍색 마을이라 불리고 있었지만 벤야민에게는 분홍색은 마르세유의 색이었다. "구개(口蓋)의 색 자체가 분홍색이다. 이 색 은 여기서 수치심, 가난의 색이다. 꼽추들이 이 색을 입고 있었고 구걸하는 여자들도 그랬다. 부테리가(街)의 누렇게 변색된 여자들은 그들이 입고 있는 단벌 분홍색 슈미즈만으로도 그들 자신의 유일한 색조를 부여받는다."

1929년 이후 많은 것이 변했다. 오늘날 'gay'란 단어는 예전에 의미하던 것 과 의미가 다르다.* 마르세유는 이제 세상의 가장 사악한 항구가 아니라 유 럽의 가장 큰 건축물 재건 프로젝트 중 하나가 시행되는 곳으로, 2013년에 는 유럽의 문화 수도가 되기 충분할 만큼의 교양을 갖추게 되었다. 그곳의 항구는 사포질로 반질거리는 세련된 장소가 되었고 도시 전체에 새 전차, 디

---

* 바질 운의 책 제목에 사용된 gay는 당시엔 즐겁다는 의미였지만 현재는 성소수자를 일컫는다.

자이너 호텔, 고급 아파트와 높은 빌딩들이 들어섰다. 런던에서 오는 새 유로스타 서비스의 광고 문구는 마르세유가 인종구성은 몰라도 상징적 수준에선 깨끗해져서 방문객을 받을 준비를 갖추었다고 말한다. "비누 공장으로 유명한 프랑스의 두 번째 대도시로 매년 평균 300일 동안 햇살을 즐길 수 있는 곳, 마르세유는 1년 내내 유쾌한(달콤한 냄새가 나는) 곳이 되었다"라고 광고 문구는 알려준다.[79] 이곳은 여느 도시와 마찬가지로 우호적이고 예절바르고 향기 좋은 곳이 되려고 한다. 벤야민은 분명 이런 변화를 싫어했을 것이다.

더럽고 섹시하며 사악한, 마르세유와 같은 도시들에 대한 벤야민의 열광은 거의 100년이 지난 지금까지도 전염력이 강하다. 지구상의 대표적인 대도시들은 경화증*을 앓고 있다. 천민들을 내쫓은 뒤 사회계층별로 구성된 이 감옥에 스스로 갇힌 채 우리는 누구나 반드시 소장해야 할 네스프레소 커피머신을 닦고 있다. 파리에서는 가난한 사람들은 경계 너머로 추방되었고 그들이 봉기를 일으킬 때는 요란을 떨면서 꾸며놓은 이 프랑스의 수도 대신 그들 자신의 주거지 인근지역을 파괴한다. 런던을 움직이는 핵심 노동자들은 멀리 떨어진 외곽의 통근 타운에서 출발한 우스꽝스러운 기차에 묶인 채 매일 사실상 통금시간에 임박해 자신의 아파트로 돌아가기 전까지 부자들에게 봉사한다. 맨해튼 섬은 오늘날 하층민들의 더러운 발자국을 남기려 하지 않는, 누구의 손도 닿지 않은 유리진열장이 되었다. 그 안에서 부자들의 심드렁한 욕망은 유례없는 자유로움 속에서 채워지고 있다. 이 각각의 묘사가 물론 다소 과장된 면이 없지 않지만 사실과 아주 다르진 않다고 본다. 선진 대도시들 중 많은 곳이 벤야민이 감옥이라고 불렀던 베를린과 닮아가고

---

* 신체의 조직이나 기관의 일부가 굳는 증상.

있다. 그곳으로부터 그는 할 수 있는 만큼 멀리 도망쳤다. 1920년대와 1930년대 초에 신문 에세이로 썼던 도시 이야기는 『아케이드 프로젝트』처럼 매혹적이며 교훈적이다. 벤야민은 도시가 분리, 배척과 통제의 지대가 되었다고 말한 최초의 사상가들 중 하나였으며 이 비천한 도시에서 불꽃처럼 터지는 유토피아의 섬광을 찾았다. 결론적으로 그는 도시가 소외의 원인이지만 해결책도 제공해 줄 것이라고 제안했다.

특히 벤야민이 자주 그렇게 했던 것처럼, 만일 당신이 해시시를 한다면 마르세유 같은 도시에서 유토피아적 섬광을 볼지도 모른다. 그는 "사물의 외관이 나를 요술봉으로 건드린 것처럼 사건이 일어났고 나는 그 꿈속으로 가라앉는다"고 「마르세유의 해시시」에 썼다. "그럴 때마다 사람들과 사물들은 마치 유리 은박지로 만든 상자 속에 든 딱종나무 심으로 만든 작은 무대장치와 피규어처럼 굴었다. 유리를 손으로 비비면 전기가 통해서 매번 아주 범상치 않은 관계로 빠져들었다." 벤야민은 여기서 자신이 아끼던 보들레르가 거의 70년 전에 파리에서 해시시를 하고 발견했던, 그 인공적 낙원을 찾았다. 그는 「마르세유의 해시시」에서 아리아드네가 실을 풀어내듯이 환희를 느꼈다.

이 즐거움은 황홀경 상태에서 느끼는 환희와 관련되었다. 창조의 환희와 같다. 우리는 앞으로 나아간다. 그때 우리는 동굴의 구불구불 돌아가는 길을 발견할 뿐 아니라 실을 풀어가듯 또 다른 리드미컬한 축복의 배경 속에서 발견의 즐거움을 느낀다. 예술적으로 감겨있는 실패를 둘둘 풀어갈 때의 확실성, 이것은 모든 생산성이 주는 즐거움이 아닌가? 적어도 산문(prose)에서는 그렇지 않은가? 해시시를 할 때 우리는 가장 최고의 힘을 가진 황홀한 산문적 존재로 바뀐다.[80]

심지어 마약이 제공하는 몽상에서도 벤야민은 마르크스처럼 꿈을 꾸면서 생산성의 환희와 노동의 위엄을 자신이 경험하는 비전의 중심에 놓는다. 실을 풀어가는 황홀경 같은 작업은 D. H. 로렌스*의 1920년대 후반 동시대의 시와 닮아있다.

> 일을 할 필요가 없다
> 당신이 몰두할 수 없다면
> 마치 게임에 몰두하듯이
> 그렇게 일에 몰두하지 못하면
> 전혀 즐겁지 않다
> 그러니 일하지 말라
>
> 사람은 일을 하러 갈 때
> 봄철 나무처럼 살아있다
> 그는 일을 할 뿐 아니라 살아 있다.[81]

벤야민과 로렌스가 여기서 지복의 상태로 찬양하는 종류의 일은 정확히 기술시대 자본주의에서 거부당한 종류의 일이었다. 자본주의의 노동자는 자신의 노동, 자신이 생산한 것으로부터 소외되었고 그 결과 자신으로부터 소외된다. 하지만 이들이 찬양하는 일은 수동적 소비주의와 아도르노와 호르크하이머가 나중에 문화산업이라고 부른 것에 대한 해독제이다.

1920년대 후반 벤야민과 로렌스를 묶어준 실타래가 있었다. 로렌스는 이렇게 썼다.

---

* 20세기 초에 활동한 영국 소설가이자 시인.

인간이 만들어서 살게 된 무엇이든

그것에 불어넣은 생명 때문에 산다.

인도의 모슬린 일 야드는 힌두인의 생명을 보듬고 있다.

나바호의 여자는 자신의 꿈을 카펫의 패턴으로 짜내면서

마지막에 작은 틈을 만들어놓는다

그녀의 영혼이 밖에 나갔다가 다시 돌아올 수 있도록.

벤야민은 『일방통행로』에서 "좋은 글을 쓰기 위한 작업은 세 가지 단계를 거친다. 구성의 음악적 단계, 구축의 건축적 단계, 그리고 실로 짜나가는 섬유의 단계"라고 썼다.[82] 이 두 작가에게 일에 몰두하는 환희는 변증법적이다. 일은 자신의 존재로 짜나가는 자아실현의 과정으로서 그저 텍스트나 섬유가 아니라 바로 자기 자신이 되는 것이다.

벤야민이 여기서 풀어낸 사유는 — 창조적 생산노동을 통한 자아실현 — 특히 테일러주의적 생산과정과 끝없는 기술 진보의 자본주의적 꿈들이 자아실현을 좌절시킬 가능성 때문에 매우 적절했다. 당시엔 어떤 일을 하는가 라는 문제는 무척 논쟁적이었다.

그러나 동시에 자본주의체제에서는 일을 통한 자기충족의 기회가 적기 때문에 겉보기만 그럴듯한, 소비재의 소비, 혹은 쇼핑이라고 부를 수 있는 허울 좋은 대안이 태어나고 있었다. 만일 일이라는 자아실현의 과정을 통해 우리 자신이 될 수 없다면 아마도 쇼핑을 통해서 할 수 있지 않을까? 다음 장에서 살펴볼 내용이지만 이것은 벤야민의 친구 브레히트가 쿠르트 바일*

---

* 독일의 작곡가로 혁명적 오페라를 작곡했다. 영어식 발음으로 '커트 베일'로도 알려져 있다.

과 공동 작업한 오페라 〈마호가니〉를 통해 모색했던 가능성이었다. 당시 자본주의사회는 1920년대 후반과 1930년대까지 인간이 어떻게 자신을 충족시키고 잠재적 가능성을 실현시킬 것인가라는 문제와 관련해 중대한 국면에 놓인 듯 했다. 당시 D. H. 로렌스와 시몬 배유* 등 여러 작가들은 갈수록 머리가 멍해지도록 정신을 조여오고 영혼을 파괴시키는 악몽이 되어가는 시대에 일이 무엇을 의미할 수 있고 의미하는가에 대해 성찰했다. 마르크스주의적 코기토 (나는 일한다, 그러므로 존재한다)에 대한 유일한 대안은 소비주의적인 코기토 (나는 쇼핑한다, 그러므로 존재한다)였다.

마르크스의 일 개념은 프랑크푸르트학파에게 특히 논쟁적이었다. 그는 인간은 일을 해야 번영하고 위엄을 얻을 수 있다고 했다. 공산주의 천국에서조차 우리는 일을 해야만 한다. 표면상으로는 벤야민이 「마르세유에서의 해시시」와 『일방통행로』에서 일에 관해 썼던 내용은 일을 통해서 자기정체성을 정립하게 된다는 마르크스주의 정통교리를 따른다. 문제는 갈수록 기계화되고 반복적이며 착취적인 자본주의 사회에서는 일을 통한 충만함을 경험할 가능성이 좌절된다는 데 있다.

그러나 인간이 일을 통해 자신을 실현하고 해방된다는 생각에 대한 회의주의는 1930년대 이후 비판이론의 발전과정에서 핵심적이었다. 프랑크푸르트학파는 신마르크스주의로 불렸다. 그런데 일에 관해서는 적어도 그들은 반마르크스주의자로 불려야 했다. 실제로 프랑크푸르트학파가 1930년대에 들어서 새로운 지적 궤적을 따르도록 만든 사람은 일에 관한 마르크스주의적 개념을 거부했다. 호르크하이머는 벤야민이 마르세유를 마약에 취한 채 돌아다니던 자신의 모습을 묘사한 지 얼마 후 출간했던 격언집 『황혼』에서

---

* 프랑스의 철학자로 육체노동을 최고로 삼는 문명이 가장 인간적인 문명이라고 했다.

이렇게 쓴다. "노동을 인간 활동의 초월적 범주로 만들어주는 것은 금욕적 이데올로기다⋯⋯. 사회주의자들이 이런 일반적 개념에 매여 있기 때문에 자본주의 프로파간다를 설파하는 꼴이 되었다."[83] 『황혼』이 출간되었을 때 프랑크푸르트학파의 소장이었고 그 연구소의 주요한 지적 영향력을 행사했던 호르크하이머가 보기에 마르크스는 노동을 하나의 범주로 물신화했다.

이것이 사실이라면 마르크스는 독일사상사의 유서 깊은 전통을 따랐다고 보인다. 프롬은 1961년의 책 『마르크스의 인간개념』에서 스피노자, 헤겔, 괴테가 모두 다음과 같은 생각을 했다고 썼다.

> 인간은 오직 생산적일 때만, 세상을 자신의 특수한 인간적 힘을 표현하는 행위를 통해서 외부세계를 그러쥘 때에만, 그리고 이 힘으로 세상을 그러쥘 때에만 살아있다. 인간이 생산적이지 않고, 수용적이며 수동적이라면 그는 아무것도 아니며 죽은 것이다. 생산적 과정에서 인간은 자신의 본질을 실현시키고 자신만의 본질로 돌아간다. 이 본질은 신학적 언어로는 신으로의 귀환에 다름 아니다.[84]

헤겔은 『정신현상학』에서 생산적 인간이 세상을 생산적으로 그러쥠으로써만, "세상을 가능성의 밤에서 현실화의 낮으로 번역함으로써"[85] 자신의 것으로 만든다고 했다. 마찬가지로 실을 풀어내는 일은 그 사람을 동굴 밖의 대낮으로 이끌어내고, 플라톤의 동굴에 갇힌 망상적 수감자들이나 끝없는 지하의 어둠 속으로 황금을 찾아 땅을 파들어 가는 바그너의 〈반지 연작〉의 니벨룽겐과 같은 존재들과는 달리 자아실현을 이룬다. 호르크하이머의 감독 하에 프랑크푸르트학파는 일의 가치에 관한 이러한 독일의 정통 시각을 거부한다. 특히 우리가 노동을 통해서 충만해진다는 마르크스주의의 신조에 저항한다. 호르크하이머와 아도르노와 같은 이론가들에게는, 자신의 동료들보다는 좀 더 마르크스에 충실했던 프롬을 제외한다면, 노동은 인간의 자아실현을 위한 기본적 범주가 아니다.

실제 호르크하이머는 1930년대 초에 당시 출간된 마르크스의 『경제철학 수고』를 읽었을 때, 일에 대한 정통적인 견해가 표현되어 있는 대목에서 뭔가 납득하기 어려운 점이 있음을 발견했다. 창조적 생산노동을 찬양한 벤야민조차 일의 개념에서 나치의 위압적 태도를 예감했다. 속류 마르크스주의적 노동개념은 "이미 파시즘에서 나중에 우리가 만나게 될 기술 관료적 특징을 보여주고 있다"고 그는 지적했다. "새로운 노동개념은 순진하게 도취된 상태에서 프롤레타리아의 착취와 대조되는 자연의 착취를 자행하기 이른다."[86] 그가 『일방통행로』나 「마르세유의 해시시」에서 찬양했던 창조적 생산노동과는 다른 노동 혹은 일 개념은 자본주의라는 동전의 사회주의적 뒷면에 불과했다. 벤야민이 속류 마르크스주의적 사상이라고 불렀던 것에 담긴 자연의 훼손을 마주할 때 느낀 불편함은 점점 더 프랑크푸르트학파의 관심사가 되어갔다. 1969년 아도르노는 한 인터뷰에서 마르크스가 세상을 거대한 작업장으로 바꾸기를 원했다고 말하기에 이른다.[87]

그렇지만 이런 평가는 부당하다. 공감을 하면서 읽으면 마르크스의 생산적 인간이라는 개념은 자연의 파괴를 낳기보다는 창조적 노동을 통해 인간이 스스로를 정복하게 해준다. 그러나 프랑크푸르트학파는 반복해서 그들이 물려받은 마르크스주의 유산에서 이 부분을 포기한다. 호르크하이머가 마르크스를 노동의 물신화를 이유로 들어 비판한 이후 20년이 지나 헤르베르트 마르쿠제는 1955년 책 『에로스와 문명: 프로이트에 대한 철학적 고찰』에서 이론적으로 정교하게 노동 비판을 제시한다. 마르쿠제는 마르크스가 가장 좋아한 문화적 영웅 프로메테우스를 대역으로 삼아 자신의 메시지를 실어 공격한다. "프로메테우스는 애써 수고를 들이고 억압을 통해 이룩된 생산과 진보의 문화적 영웅이다. 영구적 고통을 지불하며 문화를 창조한, 신에 저항한 트릭스터*이며 (고통당하는) 반역자이다. 그는 생산성과 삶을 정복하려는 끝없는 노력을 상징한다…… 프로메테우스는 수행원칙의 원형적 영웅이다."[88]

수행원칙은 프로이트의 현실원칙에서 비롯된 특수한 판본으로 문명에서 기능을 더 잘하기 위해서 자신의 쾌락을 억압하는 원칙이다. 마르쿠제는 이와는 다른 원칙들과 영웅들도 있다고 제안했다. 프로메테우스의 대항마로 그는 가령 오르페우스, 나르시스, 그리고 디오니소스를 내세운다. "그들은 매우 다른 현실을 대표한다…… 그들이 대변하는 현실은 즐거움과 충만함의 이미지이며 명령이 아니라 노래하는 목소리이고 평화의 행위이며 정복의 노동을 끝맺는 것이다. 인간과 신의 결합, 인간과 자연의 통합인 시간으로부터의 해방…… 쾌락의 구원, 시간의 정지, 죽음의 흡수: 침묵, 잠, 밤과 천국 – 죽음이 아니라 생명으로서의 니르바나의 원칙."[89] 마르쿠제의 유토피아적 제안은 헤겔, 마르크스, 쇼펜하우어를 포용하는 독일의 철학적 전통만이 아니라 프로이트와도 충돌하고 있다. 니르바나의 원칙을 생명의 불가피한 긴장을 끝내기 위한 죽음본능, 심리적 내적 충동으로서 제시한 것은 프로이트였다. 우리 모두는 아마도 노동의 쳇바퀴를 떠나고 싶을지 모른다. 그러나 인간으로서의 운명은 우리가 죽을 때까지 계속된다. 프로이트에게 타나토스와 에로스는 상충한다. 마르쿠제는 이를 받아들이지 않았다.

호르크하이머, 아도르노, 마르쿠제는 마르크스가 노동을 물신화했다고 했지만 그들은 옳았는가? 마르크스가 노동이 아니라 인간적 발전을 물신화했다고 주장할 수 있다. 『마르크스의 인간개념』에서 프롬이 다룬 물신화도

---

* 트릭을 쓰는 자라는 의미로 신화 속에서 경계를 무시하고 마음대로 변신하는 존재이다. 경계를 무시하기 때문에 대책 없고 무모하며 때로 그런 행위가 엄청난 결과를 가져오기도 한다.

바로 이것이었고, 마르쿠제도 생명의 니르바나 원칙을 어떤 식으로든 실현시
킴으로써 이 인간발전의 물신화를 극복하려고 했다. 마르크스에게 국가는
더 이상 필요하지 않기 때문에 공산주의 사회라는 관념은 '소멸'과 연결되어
있다. 사실상 국가의 지속은 사회적 생산력의 자유로운 발전을 방해할 것이
다. 그러나 한나 아렌트가 주장했듯이 이런 사회는 스스로 자유롭고 충실하
게 실현하는 개인들로 구성되어있어서 연대감과 공유의식을 전제하는 공산
주의 사회보다는 물질적 욕구가 만족된 타락 이전의 천국처럼 들린다.

그렇다면 마르크스가 프롤레타리아혁명을 통해 길이 열릴 것이라 생각
한 천국은 어떤 것인가? 미국의 마르크스주의 비평가 마샬 버먼은 주장했
다. "마르크스는 프로메테우스와 오르페우스를 포용하기를 원했다. 그는 공
산주의가 싸워서 얻을 만한 가치가 있다고 생각했다. 역사상 처음으로 공산
주의는 인간이 이 두 가지를 모두 가질 수 있게 해준다. 마르크스는 또한 프
로메테우스의 고군분투를 배경으로만 오르페우스의 황홀경이 도덕적 혹은
심리적 가치를 얻을 수 있다고 주장할 것이다. 보들레르가 잘 알고 있었듯이
'사치, 평온, 쾌락'*은 그저 지루할 뿐이다."**90** 그리고 누가 지루함의 영원 속
에 남게 될 혁명을 원할 것인가? 마르쿠제가 니르바나 원칙이 인간의 삶에서
현실화될 수 있다고 했을 때 『에로스와 문명』에서 강조했던 지루한 천국처
럼 보인다. 좀 더 자상하게 읽어준다면 아마도 일하는 날을 줄여서 오르페
우스적 황홀경까지는 아니라도 쾌락을 통해 구원을 얻고 시간을 멈출 기회
를 갖게 되면 일과 인생의 균형을 이룰 수 있다고 마르쿠제가 주장한다고 해
석해 볼 수 있겠다.

그럼에도 불구하고 마르쿠제는 자유롭다는 것은 우리를 소외시키지 않

---

* 보들레르의 시 「여행에의 초대」의 한 구절이다.

을 일을 할 자유와 관련된다고 제안한다. 소외되지 않고 일을 할 자유를 통해서 우리는 그가 보기에 자본주의사회에서는 점점 가능해 보이지 않는 것, 즉 자아실현의 주체가 된다. 프랑스 철학자 시몬 베유는 에세이 『억압과 해방』[91]에서 인간해방에는 일할 자유 그 이상이 필요하다고 주장했다. 이 글은 호르크하이머가 마르크스의 노동 개념을 공격했던 『황혼』을 출판했던 1934년에 출판되었다.

베유에게 인간관계는 노동과 일로 혼합되면 안 된다. 노동과 일은 그저 도구일 뿐이다. 주체가 대상과 맺는 관계에만 관련되기 때문이다. 그녀에게 인간의 상호작용은 생산력과 생산관계만큼 혁명이 필요하다. 그래야 비로소 인간은 진정한 의미에서 자유로울 수 있다. 베유의 이런 생각은 나중에 프랑크푸르트학파의 사상가 위르겐 하버마스에게도 중요했다. 그는 이렇게 쓴다. "기아와 불행으로부터의 해방은 반드시 종속과 타락으로부터의 해방과 결합될 필요는 없다. 노동과 상호교류 사이의 발전적인 관계는 자동적으로 보장되지 않는다."[92] 일과 상호관계 사이의 구별은 하버마스의 기념비적인 1981년 저작 『의사소통행위이론』을 관통하고 있다. 그 책에서 하버마스는 체계적인 생산력의 혁명화가 아니라 상호관계를 통한 노예상태와 타락으로부터의 해방을 주장했다.

하버마스의 후임으로 연구소장이 된 악셀 호네트는 테일러주의 생산과정에서 일의 가치절하 때문에 프랑크푸르트학파 사상가들이 마르크스의 일 개념, 즉 자기충족으로서의 일을 포기해야 했다고 주장한다. 하지만 그들은 일 개념을 다른 것으로 대체했다. 논쟁을 무릅쓰고 말하자면 산업노동의 물신화를 대신해서 프랑크푸르트학파가 의사소통을 물신화하게 되리라 예측해 볼 수 있다. 의사소통은 생산노동의 대안이라기보다는 프랑크푸르트학파의 기질에 어울릴만한 형태의 생산노동일지 모른다. 윌리엄 아우스웨이트가 하버마스에 관한 책에서 "아마 독서, 그리고 때로는 말하고 글쓰기 등을 일로 택한 사람들의 입장에서는 신화탈피를 위해서 소통은 환영할만한 것이된다"고 쓴다.[93] 이런 사람들이란 의심할 여지없이 안락의자에 앉아있는 마르크스주의 철학자와 사회이론가들이다. 그들에게, 그리고 대부분 후기산업주의의 서구에 사는 우리 대부분에게 일은 상호작용이며, 인간됨의 즐거움 또는 인간적 위엄의 조건 중 하나는 자유로운 대화이다(또 다른 대안은 의사소통행위를 통해 타락한 인간성을 혁명적으로 바꾸려는 대학교수의 꿈으로, 학계에 속하지 않은 사람들과는 공유하지 못할 꿈이다). 프랑크푸르트학파가 비난하는 노동의 테일러주의는 노동자들이 좀 더 쉽게 착취될 수 있는 지구상의 다른 지역들로 대량 아웃소싱 되었다. 그로스만이 만일 아직까지 살아있었다면 노동력의 아웃소싱으로 자본주의의 멸망이 지연되리라고 지적할 법 하다.

하버마스의 유토피아에서는 강요받지 않은 이성적 토론을 통해서 인간관계가 혁신된다. 이 유토피아는 존 밀턴이 상상했던 '에덴동산에서의 이성'에서 아담이 말하는 즐거움*과 유사하다.

> 하지만 우리 주님은 엄격하게
> 노동을 강요하진 않소. 우리에게 휴식이
> 필요할 때는 음식이든 대화든 허용해주시지.
> 이 감미로운 시선과 미소는 정신의 양식이요,
> 웃음은 이성(理性)에서 흘러나오고
> 짐승에게는 거부된 사랑의 음식이오.
> 사랑이 인간 삶에서 가장 저급한 것은 아니라오.

---

* 밀턴의 서사시 『실낙원』 9권에서 아담과 이브가 나누는 대화 중 이브가 해야 할 일이 많으니 각자 떨어져서 일을 하면 효과가 있을 거라는 제안을 하자 아담이 대답한 내용의 일부이다.

주님은 우리를 힘들게 노동하는 게 아니라

즐거워하라고 만드셨소. 즐거움은 이성에 결합된 것이니까.[94]

지상의 천국이다. 그러나 1920년대 말 서구산업사회는 천국이기는커녕 지옥이었다. 벤야민이 국립도서관 책상 앞에 앉아 『아케이드 프로젝트』를 작업하면서 했던 생각이었다. 그의 친구 브레히트도 바일과 함께 마르크스주의 오페라를 썼을 당시 같은 생각을 했다. 우리가 다음 장에서 살펴보게 되겠지만 브레히트와 바일이 무대 위에서 극화한 것은 전통적 마르크스주의가 제시한 생산관계 착취의 지옥이 아니라 족쇄 풀린 소비주의의 지옥이다. 거대한 작업장 대신 자본주의는 세상을 커다란 쇼핑몰로 재구성하는 듯이 보인다. 이곳에서는 아무리 저급하고 지저분한 취향이라도 충족될 수 있다. 돈만 있다면.

1930년대의 초기에 브레히트가 만든 지옥이 담고 있는 비전이 프랑크푸르트학파에 영향을 주었다는 것은 증명되었다. 이들은 현대사회가 잘못되어 간다고 진단했으며 왜 혁명이 일어나지 않았는지를 설명하려 했다.

● 3장

1. 프랑크푸르트의 역사에 관해서는 frankfurt.de. 에서 읽을 수 있다.

2. Dieter Rebellisch, *Ludwig Landmann. Frankfurter Oberbürgermeister der Weimarer Republik*, Wiesbaden, 1975.

3. Corina Silvia Socaciu, "Der vergessene Oberbürgermeister." 2015년 3월 4일자. fr-online.de.

4. *Frankfurter Allgemeine Zeitung*, 2009년 12월 10일, Nr.287, 43쪽을 참조. 또는 Hans Riebsamen, "Lehrbeispiel für menschliche Gemeinheit," 2009년 12월 29일. faz.net.

5. 같은 글.

6. *Grundriss der Statistik*, Leipzig, 1862, 61쪽.

7. Simon Winder, *Germania: A Personal History of Germans Ancient and Modern*, Picador, 2010, 86쪽.

8. Bryan Magee, *The Philosophy of Schopenhauer*, Oxford University Press, 2009, 21쪽.

9. "Brick by Brick: the building blocks of civilization — in pictures," *Guardian*, 2015년 4월 9일자 참조. theguardian.com.

10. Ben Mauk, "The Name of the Critic: On 'Walter Benjamin: A Critical Life'" 참조. theamericanreader.com.

11. Benjamin, "Surrealism." *Reflections*, 191쪽.

12. Festung des wissenschaft, *Neue Zurcher Zeitung*, 2012년 11월 3일, Literatur und Kunst, 65쪽. nzz.ch.

13. 같은 글.

14. Dennis Crockett, *The Art of the Great Disorder 1918–1924*, Pennsylvania State University Press, 1999, xix.

15. Jay, *The Dialectical Imagination*, 11쪽 참조.

16. Adorno and Horkheimer, *Dialectic of Enlightenment*, 25쪽.

17. Frank-Bertolt Raith, *Der heroische Stil: Studien zur Architektur am Ende der Weimarer Republik*, Verlag für Bauwesen, Berlin 1997, 238쪽.

18. Parker, *Bertolt Brecht: A Literary Life*, 439쪽과 Kuhn, *Henryk Grossman*, 113쪽 참조.

19. Wiggershaus, *The Frankfurt School*, 12쪽 참조.

20. Jay, *The Dialectical Imagination*, 5쪽 참조.

21. 같은 글, 11쪽.

22. Gillian Rose, *The Melancholy Science: An Introduction to the Thought of Theodor W. Adorno*, Verso, 1978, 2쪽.

23. Jay, *The Dialectical Imagination*, 5쪽.

24. V. I. Lenin, *The Second Congress of the Communist International, Verbatim Report* 참조. marxists.org.

25. György Lukács, *History and Class Consciousness: Studies in Marxist Dialectics*, MIT Press, 1971.

26. "1913:Ford's Assembly Line Starts Rolling" 참조. history.com.

27. 같은 글.

28. Benjamin, *Illuminations*, 241쪽 참조.

29. 같은 글, 83-4쪽.

30. 같은 글, 84쪽.

31. Parker, *Bertolt Brecht: A Literary Life*, 238쪽 참조.

32. 같은 글, 229쪽.

33. David Macey, *Dictionary of Critical Theory*, Penguin, 2001, 67쪽 참조.

34. 같은 글, 68쪽.

35. Rose, *The Melancholy Science*, 39쪽.

36. Lukács, *History and Class Consciousness*, 100쪽.

37. Macey, *Dictionary of Critical Theory*, 326쪽.

38. Slavoj Žižek, *Less Than Nothing: Hegel and the Shadow of Dialectical Materialism*, Verso, 2012, 245쪽.

39. Karl Marx and Friedrich Engels, *The Communist Manifesto: A Modern Edition*, Verso, 1998, 26쪽.

40. Kuhn, *Henryk Grossman,* 126쪽.

41. Parker, *Bertolt Brecht: A Literary Life*, 273쪽 참조.

42. Jay, *The Dialectical Imagination*, 18쪽.

43. Kuhn, *Henryk Grossman*, 122쪽 참조.

44. Georg Wilhelm Friedrich Hegel, *Phenomenology of Spirit*, Oxford University Press, 1977, 126쪽.

45. Lukacs, *History and Class Consciousness*, 88쪽.

46. Stuart D. Goldman, "The Spy Who Saved the Soviets," 2010년 7월 30일. historynet.com.

47. Jay, *The Dialectical Imagination*, 14쪽 참조.

48. Wiggershaus, *The Frankfurt School,* 123쪽.

● 4장

49. Walter Benjamin and Asja Lacis, "Naples" in *Reflections*, 171쪽. 추후 인용은 별도의 언급이 없이 이 에세이에서 사용한다.

50. Charles Pettman, *Africanderisms*, Longmans, Green & Co., 1913. archive.org.

51. Benjamin, *The Arcades Project*, 9쪽.
52. Martin Mittelmeier, *Neapel: Wie sich eine Sehnsuchtslandschaft in Philosophie verwandelt*, Siedler Verlag, 2013. 또 Ben Hutchinson의 서평 참조. *Times Literary Supplement*, 2014년 2월 7일자.
53. 같은 글.
54. Peter Thompson, "The Frankfurt School, Part 2: Negative Dialectics," *Guardian* 2013년 4월 1일자 참조. theguardian.com.
55. Müller-Doohm, *Adorno: A Biography*, 513쪽.
56. Benjamin, "Moscow." *Reflections*, 97-130쪽 참조. 추후 인용은 별도의 언급이 없다면 이 에세이에서 사용한다.
57. Tim Ashley, "Too Scary for Stalin." *Guardian* 2004년 3월 26일. theguardian.com.
58. Eiland and Jennings, *Walter Benjamin*, 138쪽.
59. 같은 글, 281쪽.
60. *One-Way Street*에서 발췌한 부분을 참조. Benjamin, *Reflections*, 61-96쪽.
61. Benjamin, *The Arcades Project*, ix 참조.
62. Eiland and Jennings, *Walter Benjamin*, 53쪽.
63. Douglas Murphy, *Last Futures: Nature, Technology and the End of Architecture*, Verso, 2015, 207쪽.
64. Benjamin, *The Arcades Project*, 406쪽.
65. 같은 글, 26쪽.
66. Peter Sloterdijk, *In the World Interior of Capital*, Polity, 2013, 174쪽.
67. 같은 글, 171쪽.
68. Giorgio Agamben, *Stanzas*, University of Minnesota Press, 1993, xvii.
69. Karl Marx, *Capital: A Critique of Political Economy – The Process of Capitalist Production*, Cosimo Books, 200, 83쪽.
70. Max Pensky, "Method and Time: Benjamin's Dialectical Images." *The Cambridge Companion to Walter Benjamin*. David S. Ferris 편집. Cambridge University Press, 2004.
71. 같은 글, 187쪽.
72. Benjamin, *The Arcades Project*, 462쪽.
73. Pensky, "Method and Time" 참조.
74. Marx's Letter to Ruge 참조. Karl Marx and Friedrich Engels, *Collected Works*, Vol. 3, International Publishers, 1975, 144쪽.
75. Benjamin, *The Arcades Project*, 389쪽.
76. Anthony Auerbach, "Imagine no Metaphors" 참조. *Image and Narrative*, 2007년 9월. imageandnarrative.be.
77. Benjamin, "Marseilles." *Reflections*, 131-6쪽. 추후 인용은 별도의 언급이 없다면 이 에세이에서 사용한다.

78. Basil Woon, *From Deauville to Monte Carlo*, Liveright, 1929.

79. Guide to Marseille 참조. eurostar.com.

80. Benjamin, "Hashish in Marseilles." *Reflections*, 137-45쪽.

81. D. H. Lawrence, *The Complete Poems*, Wordsworth Editions, 1994, 367쪽.

82. Beatrice Hansse (편집), *Walter Benjamin and the Arcades Project*, Bloomsbury Publishing, 2006, 282쪽.

83. Max Horkheimer (Heinrich Regius라는 가명을 사용함), *Dämmerung*, Zurich, 1934, 181쪽.

84. Erich Fromm, *Marx's Concept of Man: Including "Economic and Philosophicla Manuscripts,"* Bloomsbury, 2013, 26쪽.

85. 같은 글, 26쪽에 인용됨.

86. Benjamin, *Illuminations*, 261쪽 참조.

87. Jay, *The Dialectical Imagination*, 57쪽 참조.

88. Herbert Marcuse, *Eros and Civilization: A Philosophical Inquiry into Freud*, Beacon Press, 1974, 161쪽. Marshall Berman, *All That is Solid Melts into Air*, Verso, 2010, 126-7쪽에서 인용됨.

89. 같은 글.

90. Berman, *All That is Solid Melts into Air*, 127쪽.

91. Simon Weil, *Oppression and Liberty,* Routledge, 2001과 James Gordon Finlayson, *Habermas: A Very Short Introduction*, Oxford University Press, 2005, 16쪽.

92. Jürgen Habermas, *Theory and Practice*, Beacon Press, 1973, 169쪽.

93. William Outhwaite, *Habermas: A Critical Introduction*, Polity, 2009, 17쪽.

94. Milton, *The Complete Poems*, Penguin, 1998, 309쪽.

3부

❧

1930년대

"파괴적 성격은 어느 것도
영원하다고 보지 않는다. 바로 그런
이유로 도처에서 길을 만난다."

5장
다음 위스키 바가 어디 있는지 알려줘

—

1930년 아도르노는 새로 나온 오페라에 관한 짧은 평을 썼다.[1] 나치는 이 작품을 "유대인-볼셰비키의 협박"을 담고 있다는 이유로 낙인찍어서 상영금지를 요구했다. 10년도 채 지나지 않아 요구는 받아들여진다. 이 오페라의 공연은 전면 금지되었고 1938년 퇴폐 음악의 전시물이라는 낙인이 찍혀 컴컴한 구석으로 밀려났다. 이 오페라는 브레히트와 바일의 〈마호가니 도시의 흥망성쇠〉이다. 첫 공연은 1930년 3월 4일 라이프치히의 노이에스 테아터(Neues Theater)에서 막을 올렸고, 나치 돌격대가 공연 내내 극장 밖에서 시위를 했다. 관객끼리 주먹싸움을 벌였고 3막 공연 중 지휘자가 연주자의 음악소리를 들을 수 없을 정도로 시끄럽게 소동이 벌어졌다.[2] 아도르노는 이 오페라에 매료되었다. "카프카의 소설에서처럼, 평범한 부르주아세계가 모순을 담고 펼쳐진다…… 현 체제의 도덕적 원칙, 권리와 질서는 무정부적이라고 폭로된다. 우리가 사는 마호가니에서는 단 한 가지만 제외하고 모든 것이 허용된다. 여기선 돈이 없으면 안 된다."

이런 사정을 고려하면 〈마호가니〉는 시의성을 띤 작품임에 틀림없다. 이 오페라가 라이프치히에서 상연되었을 당시 독일은 무정부상태로 빠지기 일보 직전이었다. 바이마르공화국은 현금보유부족이라는 자본주의적 범죄를 저질렀다. 한 해 전 10월 29일 금요일에 뉴욕의 금융시장은 붕괴했다. 이 사건은 전 세계적 경제 불황을 야기했고 특히 독일이 강한 타격을 받았다. 1929년 봄 미국이 이끌었던 영 플랜*에 따라 독일은 112조 마르크의 빚을 59년에 걸쳐 나누어 갚을 수 있게 되어 이미 연합군 측의 승전국들이 요구했던 제1차 세계대전 배상금 때문에 타격을 입은 경제에 생명줄을 제공하는 것처럼 보였다. 하지만 그 해 가을 월스트리트가 붕괴되자 영 플랜은 백지화되었다. 미국은행들이 돈을 요구하기 시작했고 신용이 취소되었다. 독일은 경제 파산에 이르렀고 정치적 혼란에 빠졌으며 정당들의 정쟁 탓에 연합전선을 구축하지 못해서 결국 긴급대통령령이 선포되었다.

오직 하나의 집단만이 당시 자본주의의 위기 속에서도 자산을 획득한 듯이 보였는데, 다름 아닌 국가사회당[나치]이었다. 1930년 9월 총선 결과 제국의회에서 국가사회당은 12석에서 207석까지 의석수가 증가했다. 지도력을 갖춘 두 좌파정당, 사회민주당과 공산당이 승승장구하던 나치를 격퇴하는 데 필요한 동맹을 결성하지 못했던 것은 독일의 미래에 드리운 암울한 재난이었다. 1932년에 출간된 『독일노동계급의 무능함』에서 호르크하이머는 숙련직공들은 사회민주당에 투표를 했고 실업노동자들은 공산당을 지지했기 때문에 두 노동자 정당사이의 분열이 심화되어갔다고 주장했다. 프롤레타리아의 분열은 노동자계급이 통합, 성장할 것이라고 했던 마르크스이론에 혼

---

* Young Plan: 독일의 제1차 세계대전 배상금 지불에 관한 협상.

란을 가져왔다.

독일에서의 성공적인 프롤레타리아혁명의 가능성은 1919년에 비해 현저히 줄어들었다. 노동계급과 중하층 독일인들은 점점 히틀러가 예정해놓은 독재정부로 이끌려갔고, 그를 나약한 민주주의 정부에 대한 대안처럼 여기게 되었다. 1929년 호르크하이머와 프롬은 권위주의적 인물형에 대한 독일 노동계급의 의식적이고 무의식적 태도들을 살펴보기 위해서 경험적 연구 프로젝트를 시작했다. 이 연구는 완성되진 못했지만 정신분석적 이론에 기반을 둔 연구 결과에 따르면 독일노동자들은 무의식적으로 지배받기를 원했다.[3] 그들은 사회주의 혁명이 아니라 제3제국을 준비하고 있었다.

이런 상황에서 브레히트와 바일은 오페라를 상연했다. 이들이 만든 오페라는 현대의 소돔과 고모라로 그려진 미국 서부에 위치한 가상의 도시에서 펼쳐진다. 이 도시는 수뢰와 사기를 숭배했고, 위스키와 달러에 의해 파괴된다. 수많은 바이마르 예술가들은 미국이란 나라, 특히 창작을 위한 상징으로서 미국에 흥미를 갖고 있었다. 아도르노는 1930년대 초에 마크 트웨인의 소설 『톰 소여의 모험』에 기초한 〈인디안 조의 보물〉이라는 미완의 오페라를 쓰기도 했다. 〈마호가니〉는 도피 중인 세 명의 사기꾼으로 시작한다. 그들의 화물자동차가 고장 나자 쾌락과 매춘, 도박과 위스키의 도시, 마호가니를 만들기로 결정한다. 도시의 설립자 중 한 사람인 마담 레이디버드 백빅은 도시의 비즈니스 모델을 이렇게 제시한다.

노동의 의무 탓에 도처에선 슬픔이 가득
오직 이곳에서만 재미를 얻게 되지.
인간의 마음 깊은 곳에 있는 갈망은
고통이 아니라 원하는 대로 맘껏 사는 것.

생산적 노동이 당신을 규정한다는 마르크스-로렌스식 개념은 잊어버려. 9시부터 5시까지 노동하는 비참한 생활은 다 잊어. 정말이지 생산 따윈 집어치워. 대신 소비의 쾌락을 흠뻑 즐겨. 마호가니에서는 나는 생각하니까 존재한다, 가 아니다. 나는 일하기 때문에 존재한다는 더 더욱 아니다. 대신 나는 소비한다, 그러므로 존재한다. 이 도시의 유혹에 이끌린 매춘 손님들 중에 벌목꾼 지미가 있었다. 그는 이곳에서 자신이 하고 싶은 대로 할 수 있다고 믿는다. 매춘부들과 마음껏 섹스하고 실컷 술 먹고 놀음판을 벌인다. 권투시합 내기에 돈을 걸었다가 몽땅 잃고 나서 술값을 계산할 수 없자, 그는 체포되어 사형선고를 받고 전기의자에서 처형될 처지에 놓인다. 파산 — 월스트리트가 무너진 후 찾아온 대공황 시절 오클라호마부터 올덴부르크까지 사람들에게 익숙해진 이 새로운 경험 — 은 용납되지 않았다. 지미의 시신을 들고 시위자들이 마을 전체를 돌아다니며 퍼레이드를 하자 마호가니는 혼란에 빠지게 된다. "사물의 자연적인 질서를 위해", "사물의 자연적인 무질서를 위해서", "지상의 상품들의 부당한 분배를 위해서," "지상의 상품들을 정당히 분배하기 위해서" 등 모순적 요구들을 내세우는 슬로건이 걸린다. 브레히트는 이 무정부주의적 전망이 사회주의 혁명의 촉매가 되리라 희망했다. 그의 희망은 적어도 독일에서는 2년 안에 무너졌다. 그 대신 『바알』* 등 그가 1920년대에 썼던 드라마의 활기찬 영웅에 걸맞고 독일노동자가 무의식적으로 갈망했던 강한 인간, 즉 바그너의 지그프리트**처럼 폭력적 기질에 찰리 채플린의 몸을 한 권위주의적 인물[히틀러]이 독일사회의 모순들을 제거

---

* 브레히트의 첫 정식 희곡으로 방탕한 청춘의 모습을 그렸다. 그가 발전시킨 서사극의 맹아적 단계를 보여준다.
** 바그너의 〈반지 연작〉 3부 〈지그프리트〉의 주인공으로 인간의 의지가 인간다움의 본질이라는 쇼펜하우어의 철학에 영향을 받아 창조된 인물.

해줄 참이었다.

라이프치히에서 열린 프리미어에서 드라마는 무대로부터 극장으로 흘러 넘쳤다. 브레히트의 네 번째 벽이 무너진 것이 이번이 마지막은 아니었다. 나치친위대원들이 노이에스 테아터에서 그들에 맞서는 상대와 주먹다짐을 하고 있을 때 무대 위에선 "아무 것도 죽은 자를 도와줄 수 없다"를 처음에 부르고, 나중에는 오페라의 음산한 대사 "아무 것도 산 자를 도와줄 수 없다"를 읊은 코러스와 함께 장례식의 행렬이 이어지고 있었다. 바이마르 공화국처럼 (지금 돌이켜보면 깨닫게 되는 사실) 마호가니의 운명은 이미 결정되었다.

"마호가니 도시는 우리가 사는 사회의 재현물이다. 조감(鳥瞰)을 통해서 제시된 이미 해방된 사회이다"라고 아도르노는 썼다. "마호가니는 타락한 현재와 비교될 긍정적 기준으로서의 무계급사회를 제시하지 않는다. 대신 이따금 이 사회는 거의 희미하게 어른거린다. 다른 것이 포개져 올라온 영화의 영상처럼 불확실하다."

이 오페라는 비판이론의 역사에서 중요하다. 프랑크푸르트학파가 보기에 〈마호가니〉는 현재라는 지옥에 극단적 초점을 맞추어 세상을 고화질로 보여주었다. 자본주의 질서가 (대부분) 발언되지 않은 폭력의 위협을 토대로 구축되었다면, 〈마호가니〉에는 이 폭력이 편재해있다. 모든 사람을 돈으로 사거나 팔 수 있는 매춘이 인간의 상호작용 모델로 제공되는 한편 아도르노가 깐깐하게 지적하듯이 "이곳에 존재하는 어떤 사랑이든 오직 성적인 권력에 대해 소년이 품고 있던 환상의 조각에서만 터져 나올 수 있다." 아도르노의 비평을 읽으면 오늘날 여전히 우리가 마호가니에 살고 있다고 생각하지 않을 수 없다. 마호가니는 이제 더 이상 일개 도시가 아니라 원칙적으로 돈만 있으면 모든 것을 소유할 수 있고 실제 그렇게 할 수 있는 전 지구적 자본주의 경제이다. "마르크스주의가 분석해온 상품생산의 무정부상태는 소비의 무정부로 투사되었고 경제 분석을 통해서는 제시될 수 없는 거친 공포의 지점까지 축소되었다"고 덧붙인다. 생산에서 소비로 바뀐 초점의 변화는 프랑크푸르트학파가 새로운 독점자본주의의 시대에 맞서 마르크스주의이론을 재구성할 때 핵심적이다. 마호가니에서 쾌락을 추구하는 이들은 익시온의 수레바퀴에 묶여 있다. 이 바퀴에서 하나의 욕망이 다른 욕망으로 이어지며, 브레히트의 가사에서는 타락하고 신경증적인 반복이 울려나온다.

> 오, 다음 위스키 바는 어디 있는지 알려 주오
> 오, 이유는 묻지 마!
> 오, 이유는 묻지 마,
> 우리는 다음 위스키 바를 찾아야해
> 다음 위스키 바를 찾지 못하면
> 우리는 죽어야해!
> 우리는 죽어야해.
> 내가 말해 줄게, 내가 말해 줄게, 우리는 죽어야 한다고 말해 줄게!

모든 상품은 또 다른 상품으로 대체가능하다. 위스키, 달러, 어린 소녀들. 마르크스의 교환원칙은 착실히 준수된다.

〈마호가니〉의 프리미어가 열리던 그 해, 사무엘 베케트는 프루스트에 대한 글을 출간했다. "습관은 바닥짐처럼 개를 토사물에 묶어둔다."[4] 마치 1930년에 브레히트와 베케트는 루소가 틀렸다는 사실을 깨달은 듯했다. 인간은 자유롭게 태어났지만 어디서나 족쇄를 차고 있다고 루소는 『사회계약론』에서 주장했다. 하지만 인간은 족쇄를 차고 태어나서 족쇄를 찬 채 평생 지내며 어디서나 족쇄로 묶여있다.

아도르노는 〈마호가니〉를 모더니즘예술이 따라야 할 전범으로 꼽는다.

예술은 자본주의와 밀통해선 안 된다. 자본주의를 공격해야 한다. 브레히트는 확실히 작품을 통한 공격의도를 갖고 있었다. "작품의 여러 기능 중 하나는 사회를 변화시키는 것이다"라고 그는 첫 공연과 함께 쓴 에세이에서 썼다. "이 작품은 요리법을 논쟁의 주제로 삼았다." '요리'라는 말로 그는 당대의 오페라가 부르주아의 물릴 대로 물려버린 입맛을 마취제적 오락으로 만족시키고 있는 상황을 지적한 것이다. "오페라는 관객의 이해가 필요하다. 오페라는 구시대의 골동품이기 때문이다."[5] 근대, 즉 합리적이고 관료화되고 영웅적이지 않고 기능성 위주인 현재로부터 도피하기 위해서 과거의 음악형태를 갈망하는 허기에 주목한 브레히트와 아도르노는 똑같은 찬송가 악보를 보고 노래를 부르고 있었다. 1930년대에 연구소의 학회지에 실었던 음악이론에 관한 글에서 아도르노는 고전음악의 청중들이 현실의 사회적 조건으로부터 거리를 둔 채 그들의 문화적 교양과 재산 사이에 거짓 화해를 제공해주는 음악을 찾아다닌다고 공격했다. 그러나 아도르노가 1930년대에 썼던 그의 박사 후 논문인 「키에르케고르: 미학의 구성」에서 주장했듯이, 내면성을 향한 이런 식의 추구는 터무니없는 기괴한 상상의 산물일 뿐이다. 물론 기계와 기능적 인간들 때문에 참기 어려운 신즉물주의적 세상에 대한 부자와 특권층들이 보이는 반응으로 이해할 수도 있다.

T. S. 엘리엇의 1915년 시 「여인의 초상」에서는 무감각한 화자를 통해 거짓 내면성을 드러내 보이는 한 여인이 19세기 예술적 영혼과의 합일은 콘서트홀보다는 거실에서 일어나야 한다고 주장한다. 소중한 예술상품은 너무 약해서 깨지기 쉽기 때문이다.[6] 고전적인 콘서트 관객들은 아도르노가 주장하듯이 콘서트홀의 '영혼'을 특히 지휘자라는 형상에서 찾는다. 지휘자의 위압적 몸짓은 영혼의 공연으로 간주되지만 실제로는 진정한 자발성이 부재한 권위주의적 독재자의 음악적 등가물이었다. 아도르노에게 지휘자의 모습은 마치 1930년대 초 콘서트 연단 위에 서 있는, 10년 뒤 등장할 뉘른베르크 궐

기대회*에서 등장한 총통의 원조였다.

마르쿠제 역시 20세기 문화의 위대한 영혼에 대해 생각했다. 에세이 「문화의 순응성」에서 그는 세속적 행위를 통해 행복을 찾고 권력과 감각성을 추구하는 보편적인 르네상스맨과 부르주아 문화의 영적인 인물을 구별했다.[7] 영적인 인물은 세상으로부터 물러나 일반 사회와는 거리를 둔 엘리트주의적 미학경험이 주는 좀 더 섬세한 정신적 환경에서 고차원적인 체험을 추구한다고 마르쿠제는 주장했다. 마치 부르주아문화는 연명장치를 단 19세기 '위대한 영혼'이 20세기까지 생명을 연장시키고 있는 것 같다. 이 영혼을 지속적으로 동원하면 사회의 적대주의와 모순이 모호해지기 때문이다. 위대한 영혼은 가난한 자의 악취를 혐오해서 향수를 뿌린 손수건을 코에 댄 채 기계와 나치의 군화의 소음에는 귀를 닫고 쇼팽을 들으며 황홀경에 빠진다.

그러나 이 상태가 오래 가지는 않는다. 독점자본주의와 파시스트국가는 이런 종류의 삶이 누리는 자율적인 영역을 참아내지 못한다. 이런 삶은 잠재적으로 현존 질서에 대한 위협이 되기 때문이다. 독점자본주의와 국가는 가족에게 했듯이 현존 사회질서를 유지하기 위해서 특권을 누려온 부르주아문화를 침범해서 자율성을 지워버리고 사라지지 않고 꾸물대며 남아있던 문화 권력을 포섭했다. 따라서 개인의 존재를 아우르는 모든 영역에서 우리는 권위주의국가가 실시하는 '총체적 동원'을 통한 훈육에 종속되어 있다고 마르쿠제는 주장했다.[8]

아도르노는 〈마호가니〉에 주목했다. 이 오페라는 사회의 모순들을 담고 있었다. 발랄한 조화를 원하거나 19세기 부르주아문화의 위대한 영혼을 부

---

* 1923년에 시작해서 1938년까지 지속된 나치의 연차대회로 1933년 히틀러가 권력을 잡은 뒤 대대적인 선전선동 이벤트가 된다.

활시키려는 예술은 망상적 오락이며, 예술이 마땅히 해야 할 일, 즉 자본주의의 핵심에 놓인 거짓말 — 자본주의 경제체제가 자유와 행복을 가져다 줄 것이라는 거짓말 — 을 폭로하는 일에 실패했다. 1932년 연구소의 학술지에 쓴 에세이 「음악의 사회적 상황」에서 아도르노는 두 명의 현대음악 작곡가인 쇤베르크와 스트라빈스키를 대조하면서 음악이 독점자본주의에서 해야 할 것과 하지 말아야 할 것에 관한 양 극단을 각각 대변하는 예로 제시했다.[9] 아도르노는 음악은 가장 추상적이고 따라서 사회적인 기반이 약하기 때문에 가장 자율적인 예술형식이라고 알려져 있지만 실제로는 그 자체의 구조 안에 사회적 모순을 담고 있다는 공격적인 개념을 제시한다. 쇤베르크의 제2비엔나학파*가 표방한 에토스를 따라 1920년대 중반 아도르노는 이 위대한 작곡가의 도제였던 알반 베르크와 작업을 함께 하면서 음악훈련을 받았다. 쇤베르크는 20세기 초엽 진화한다. 그는 표현주의 음악 작곡가에서 출발해서 조화로운 결말을 무시하고 음악을 따라 흥얼거릴 수 있는 음률을 제공하기보다는 12음조 체계를 사용한 음악의 작곡가로 변해갔다. 이 음악체계는 12음조 중 어떤 음도 반복을 금지하고 모든 음이 소리가 나도록했다. 쇤베르크가 1899년 작곡한 현악6중주 〈정화된 밤〉 결말부의 하모니는 1930년대 초 미학적 순수성과 12음조 체계의 논리에 집중했던 작곡가에게는 상상할 수도 없는 것이었다. 그의 미완성 오페라 걸작인 1932년 〈모세와 아론〉의 제목을 정할 때 그는 아론의 이름에서 알파벳a를 하나 떼어냄으로써(*Moses Und Aron*) 13개의 문자 대신 12개로 구성한다.

스트라빈스키의 경우는 음악에서의 모더니즘을 열었던 텍스트 중 하나

---

* 20세기 초기 쇤베르크를 필두로 그의 제자들과 비엔나를 중심으로 교류하던 작곡가들을 일컫는 표현.

인 〈봄의 제전〉 초연과 오페라 〈풀치넬라〉 초연 사이의 10년 동안 음악적 혁명가에서 낡은 형식을 부활시킨 보수주의 음악가로 변형되었다. 1920년대에 스트라빈스키는 옛 음악적 형식들 — 콘체르토 그로소, 푸가와 심포니 형식 — 을 새로운 시대를 위해 다시 무덤에서 꺼내었다. 브레히트가 오페라를 요리에 빗대어 비판했듯이 — 현대 삶의 현실을 잊을 수 있게 입안에 침이 고일만큼 맛난 오락물 — 아도르노는 스트라빈스키가 터무니없이 기이한 가공의 괴물이 되어버린 과거로 도망치려는 관객의 타락한 욕구를 만족시키기 위해 낡은 형식들을 재동원해서 거짓 화해를 제공하는 음악을 작곡한다고 비난했다. 그는 또한 스트라빈스키의 신고전주의와 파시즘 사이의 연결성을 찾아내었다. 이 작곡가의 체계가 담고 있는 비합리성은 총통의 임의적 통제와 같은 부류에 속하며, 이 둘은 조화를 이룬다고 아도르노는 주장했다. 이런 주장을 다소 무리하게 확대하는 경향이 있었지만 아도르노는 자신이 싫어하는 거의 모든 것에서 나치즘을 보곤 했다. 그렇게 하는 것이 그와 동료, 그리고 그의 가족에게 의미하는 바를 고려해보면 이해하지 못할 것도 없다.

그때 아도르노는 히틀러의 영향력이 커지면서 유럽에서 도망쳐야 했던 유대인이자 1940년대에는 로스앤젤레스에서 자신의 이웃이 되었던 쇤베르크를 음악에서의 진보라고 할 만한 모든 것을 대표하는 작곡가로 꼽았다. 쇤베르크의 음악은 조화와 멜로디를 사용해서 유혹하지 않는 "깨진 조각들의 혼합"이라며 아도르노는 긍정적인 평가를 내린다. 그러나 나중에 깨닫게 되지만 그의 우상이었던 쇤베르크의 음악적 체계에는 문제가 있었다. 그의 음악은 한동안 사회에 적절한 사운드트랙을 제공해 왔지만, 체스게임처럼 몰입하게 만드는 이 음악체계의 논리는 쇤베르크를 사회적 상황으로부터 멀어지게 만들었다. 설상가상 아도르노는 나중에 쇤베르크의 12음조 체계가 '실체화'되어버렸음을 깨닫게 된다. 이 혁명적 작곡형식은 아방가르드 작곡가들이 시중에서 구할 수 있는 유일한 게임이 되어버렸고 그 결과 역설적으로 보수화된다. 부르주아 음악으로부터의 탈주를 약속했던 이 음악체계가 마침내 자신의 차례가 되어 물화된 것이다.

〈마호가니〉를 작곡한 바일의 음악은 이 음악적 분류학에서 어떤 지도를 그리게 될까? 바일은 한때 모든 택시 운전사가 자신의 멜로디를 휘파람으로 따라 부를 수 있게 된다면 행복하겠다고 말했었다. 아도르노가 바일의 음악을 자본주의가 부드럽게 운영되도록 도와주는 문화산업의 일부라고 비난했다고 생각할 수도 있다. 사정은 달랐다. 아도르노는 바일의 〈마호가니〉 음악을 즐겼다. 그는 벤야민이 초현실주의 예술을 사랑했던 이유를 바일의 음악에서 발견했다. 바로 역사적 잔여물의 몽타주를 창조해서 해방의 잠재력을 갖춘 '성좌'의 생산과 관련된 예술적 경향이었다. 아도르노는 〈마호가니〉를 최초의 초현실주의 오페라라고 불렀다. "이 음악은 이제는 우리가 들어도 알아채지 못하지만 그래도 세습재산으로 기억되는 오래 된 뮤직홀 연주음악의 좋은 비트와 3화음의 음조를 함께 붙여서 만들었는데, 오페라의 김빠진 혼성곡을 두들겨서 악취가 지독한 고무풀로 이어 붙쳤다. 과거음악의 잔재로 만든 이 음악은 완전히 현대적이다"라고 그는 썼다.

브레히트의 리브레토 역시 부르주아의 세계가 모순적이고 무정부적이라는 점을 분명하게 보여주려고 했다. "이것을 확실하게 드러내기 위해서는 부르주아적 사회현실이 절대불변이라고 생각한 부르주아의식의 폐쇄된 세계를 초월해야 한다. 그러나 이 구성 바깥에는 어떤 입장도 없다. 적어도 독일의 의식에 관한 한 비자본주의적인 지점이란 존재하지 않는다"라며 아도르노는 부르주아 세계를 모순적이고 무정부적으로 극화한 점에 관해 언급했다. 이것은 비판이론의 중요한 주제들 가운데 하나가 되었다. 오늘날 전적으로 합리화되고 총체적이고 물화된 상품물신의 세계에는 외부가 없다. 마르크스가 19세기 중엽에 『자본론』을 썼을 때 그가 진단했던 훨씬 원시적 형태의 자본주의 체계에서는 상품물신화는 고작 일회성에 그쳤다. 이제 물신화는 도처에서 모든 것을 중독 시킨다. "역설적으로 초월은 존재하는 것의 구조 안에서 일어나야만 한다"고 아도르노는 덧붙인다. 〈마호가니〉에서 자본주의사회에 대한 브레히트의 공격은 역설적으로 안과 밖에서 동시에 진행되고, 내재적이면서도 초월적이다.

이 내재적 초월성은 아도르노가 진지한 문학적 비평가의 역할을 개념화한 것과 유사하다. 1929년 에세이 「모티브」에서 그는 비평이 어설픈 아마추어와 거들먹거리는 올림포스의 전문가 사이에서 중급의 동맹을 맺고 주저앉지 않도록 "비평가는 자신의 내재적 귀 기울이기를 가능한 확장해야 할 필요가 있다. 동시에 외부에서부터 근본적으로 음악에 다가가야 한다. 12음조 기술을 생각하며 동시에 유년시절 축음기를 통해 들은 〈나비부인〉의 경험을 떠올리기 위해서는 음악을 이해하기 위한 모든 진지한 시도를 해야 한다."[10] 아도르노가 음악비평에 관해서 했던 이 충고는 브레히트와 바일의 오페라가 나치로부터 공격받았을 때 프랑크푸르트에서 태동하고 있던 비판이론에도 해당되는 것이었다. 자본주의를 비판하기 위한 비자본주의적 시각은 존재하지 않는다. 비판의 실행자들도 비판하는 대상에 자신이 연루되어있음을 깨닫는 사람들에 의해서 비판이론은 실천되었다.

이와 유사하게 브레히트와 바일의 오페라는 예술형식의 자기 모순적 본성에 대한 관심을 유발시켰던 내부자의 작업이었다. "오페라 〈마호가니〉는 오페라적 형식의 무감각함에 헌사를 한다"고 브레히트가 썼다. 이 오페라에서 브레히트가 사용한 기술은 프랑크푸르트학파가 1930년대 내내 동원했던 것들에 필적한다. 비판이론은 호르크하이머가 전통적 이론 — 실증주의, 속류 마르크스주의 등 — 의 표제 하에 함께 모았던 모든 '주의들'에 대응하기 위해서 시작되었다. 호르크하이머에게 이 '주의들'은 충분히 변증법적이지 못했다. 각 '주의'를 표방하는 학제의 지지자들은 사실의 객관적 세계를 관찰하고 분석할 수 있는 초월적 지위를 상상하는 실수를 범했다. 그런 초월적 위치란 없다. 그리고 어떤 의미에서 비판이론가들은 브레히트가 〈마호가니〉를 쓰면서 행복하게 포용했던 모순을 무릅쓰려 했다. "여전히 같은 낡은 나뭇가지 위에 행복하게 앉아있다. 그러나 (멍한 상태에서 혹은 양심의 가책 탓에) 그것을 톱으로 자르기 시작했다"고 브레히트는 오페라에 부친 노트에 썼다.

브레히트가 자신이 앉아있는 나뭇가지가 땅으로 떨어지는 동안 미친 듯이 킬킬거리며 웃는 소리를 들을 수 있다. 하지만 그가 자신의 엉덩이를 내려놓으려고 결정한 곳에는 어떤 멍한 상태란 없다. 그는 음악가, 가수, 청중 모두가 자신이 문화산업의 일부에 속해있다는 점을 인식하기를 원했다. 첫 두 그룹, 음악가와 가수는 지배적인 경제적 이해관계의 기분을 맞춰주려고 하면서도 자신만은 자본주의의 명령에 더럽혀지지 않고 자유롭게 둥둥 떠다니는 예술을 한다고 생각하는 자기기만에 빠진다. 그들은 후자, 즉 청중에게 상품물신화의 법칙에 복종하는 오페라를 대가로 제공하고 있다. 믿기 어렵지만 브레히트는 심지어 자신의 음악파트너인 바일이 순진하게 경제적 이해관계의 구속 너머 저 위 어딘가에 있다고 착각한 아방가르드 작곡가 행세를 한다고 공격하기도 했다. 이미 제도화된 '극적인' 형식을 공격함으로써 브레히트는 이미 물릴 데로 물려 싫증난 관객들을 정치적 사회적 참여를 갈망하는 관찰자로 바꿀 희망을 갖는다.

비록 브레히트 근처에도 못 갔지만 아도르노는 그와 동류의식을 갖고서 다양한 모든 것들을 고엽제스타일로 태워버릴 만큼 비판적인 사람이었다. 때로 자신도 태운다. 그러나 이 철학자는 결코 극작가 브레히트의 아지프로*적 희망을 공유하지는 않았다. 브레히트는 오페라하우스의 장엄함과 거칠고 신랄한 메시지 사이에 마찰을 일으키길 원했다. 하지만 그런 일이 일어

---

* 공산주의선전기관원.

나는 대신 오페라 레퍼토리에 상납한 또 다른 요식업의 식사메뉴가 되어서 관객들은 브레히트의 오페라에 담긴 암호를 엉뚱하게 해석한 뒤 행복하게 위스키처럼 소비해버렸다. 따라서 〈마호가니〉가 2015년 코벤트 가든*에서 상연되었을 때 영국소설가 월 셀프는 이렇게 썼다.

이 박물관 작품 — 일종의 실패한 유토피아주의의 소형입체모형 — 은 우리에게 아무것도 가르쳐 주지 않았다. 우리는 바일이 작곡한 악보 전체의 풍성함을 즐길 수 있다. 우리는 인간의 탐욕에 관한 꾸밈없는 초상에 전율하게 된다. 우리는 브레히트의 서사극을 오락으로 재구성해 낸 점에 경탄한다. 하지만 현 사회적 존재의 근본적 조건에 비판적으로 우리가 개입하도록 만들려는 것이었다면 솔직히 말해서 그리고 관용적 표현을 사용한다면, 약간 지나치다.[11]

이것과 비슷한 말을 1930년대에 사회연구소가 변화해갔던 모습에 대해서도 할 수 있다. 외설적 비판과 그 비판대상의 바꿔치기 사이의 뒤집혀진 관계에서 연구소는 브레히트적이었다. 비판이론은 그와는 다른 입장을 취했다고 주장할지는 모르겠지만 브레히트의 극장처럼 또 하나의 물화된 상품이 되었다. 이 오페라의 감각적으로 '충격적인' 밤에 대한 철학적 등가물이었다. 파시즘을 맞상대한 연구소의 닦음질 탓에 더 흥분되어 떠들어대는 계급들을 위해 대체로 해롭지 않은 오락거리를 제공한 셈이다. 루카치는 그가 1962년에 한편에는 일반적인 독일지식인을, 다른 한쪽 편에는 구체적 대상으로서 프랑크푸르트학파를 두고 이들을 겨냥해서 던진 그 고약한 비판에서 〈마

---

* 런던에 있는 영국왕립오페라하우스.

호가니〉를 안락한 좌석에 편히 앉아 즐긴 오페라 관람객처럼 아도르노 등의 사상가들은 벼랑 끝에 세워진 그랜드호텔에서 안락하게 살고 있었다고 했다.[12] 브레히트는 이 호텔의 투숙객들을 부르는 이름마저 만들었다. 그는 트위스(Tuis, 독일어로 '지식인'을 의미하는 단어 intellektual을 섞어놓은 Tellekt-Ual-In에서 첫 자를 따서 만든 이름)라고 불렀다. 트위스는 당파적이지만 당원은 아니었다. 공식적 제도로부터 독립되어있지만 제도 안에서 존속했다. 브레히트가 프랑크푸르트학파도 포함시킨 이 트위스는 마르크스주의 교리로 대중을 훈육시켜 자본주의를 전복시키는데 도움을 줄 수도 있었다. 하지만 그 일에 실패함으로써 바이마르공화국이 붕괴하고 히틀러의 부상에 효과적으로 기여하게 되었다. 브레히트에게 프랑크푸르트학파는 그들이 드러내고 지원하는 듯 보인 혁명의 배신자였다.[13] 아도르노와 호르크하이머는 브레히트가 쏟아낸 이 폭언을 되돌려주었다. 그들은 브레히트를 쁘띠 부르주아 위선자이며 스탈린주의 변호인으로 간주했다. 브레히트에게도 트위스 같은 것이 있다고 주장할 수 있다. 프랑크푸르트학파의 글처럼 그의 극은 자본주의의 모순들이 가속화되는 시기에 창작의 왕성함을 보여주었다. '오페라'라는 부르주아 예술형식을 파괴하는 대신 그는 이 예술형식의 생명을 연장시켜준 셈이다.

브레히트는 1930년대에 트위(tui) 소설을 위한 소재를 수집했지만 완성하지 못했다. 독일제국과 바이마르공화국 지식인들을 풍자하려고 했다. 한편 캘리포니아 망명 시기에 그는 트위지머스(Tuisimus)라는 용어를 프랑크푸르트학파를 부르는 이름으로 채택하게 된다. 그 시절 브레히트는 프랑크푸르트 연구자들을 혁명의 배신자들보다 더 나쁜 존재로 간주하고 미국 망명 당시 재단의 지원을 받기 위해서 연구소가 매춘부로 전락했다고 공격했으며 그들의 기술과 견해를 상품으로 팔아서 억압적인 미국사회의 지배적 이데올로기를 지원했다고 비난했다.

6장
부정적 사유의 힘

———

　　　　　　　　　오페라 〈마호가니〉 프리미어 1년 후, 호르크하이머는 사회연구소 소장이 되었다. 그륀베르그가 1928년 1월에 뇌일혈 때문에 은퇴하고 나서 폴록이 그 뒤를 이었다. 1931년 호르크하이머는 친구 폴록을 대신해서 소장이 되었다. 폴록은 연구소의 망명 시절 재정과 조직을 유지하기 위해 필요한 행정적인 일을 담당했다. 가령 제네바에서 연구소의 분원을 내기 위해서 국제노동조직의 지인들과 접촉했던 사람은 폴록이었다. 그와 호르크하이머는 1933년 나치정권을 피해서 제네바로 이주했다.

　　호르크하이머는 연구소의 방향을 근본적으로 바꾸었다. 그륀베르그 시절에는 사회주의와 노동운동의 역사를 연구하는 마르크스주의 연구소였지만, 이제 경제를 자본주의의 운명을 결정하는 핵심요소로 보지 않았다. 독일혁명의 실패와 파시즘의 부상을 설명하기 위해서는 마르크스주의를 재구성할 필요가 있었다. "마르크스는 자본주의 생산양식을 비판했다"고 벤야민은 1936년 「기술복제시대의 예술작품」이라는 글에서 썼다.

> 당시는 자본주의 생산양식의 유아기였다. 그는 자본주의생산의 토대
> 를 구성한 기본조건들로 돌아가서 다가올 미래에는 자본주의에 무엇을
> 기대해야 할지를 제시했다. 그 결과 점점 더 집중적으로 프롤레타리아를
> 착취하게 되어 자본주의 자체를 폐지시킬 수 있는 조건을 창출하리라 기
> 대했다.[14]

그러나 자본주의는 더 이상 자기파괴를 하지 않았다. 벤야민은 에세이 나
머지 부분에서 자본주의적 생산방식이 더 이상 유아기에 머물러있지 않고
사회전반을 지배하게 되었으며 자본주의와 사회주의 사이의 갈등에서 중요
한 전선은 예술과 문화라고 한다.

자본주의는 생산양식일 뿐 아니라 대중문화와 의사소통을 통해서 기술
을 비롯한 다양한 형태의 사회적 통제방식이 프롤레타리아의 착취를 집약적
으로 강화시킨 체제이다. 1931년 자본주의는 체제의 폐지를 부정기한 지연
시킬 수 있을 것처럼 보였다. 그런 상황에서 호르크하이머는 연구소가 사회
의 경제적 토대뿐 아니라 상부구조를 고려해야 한다고 주장했다. 연구소는
자본주의를 제자리에 머무르게 해주었던 이데올로기 통제 장치에 대한 비
판을 발전시켜야 했다. 루카치가 1922년 『역사와 계급의식』에서 프롤레타리
아 혁명의식의 중요성을 주장하는 동안 호르크하이머는 루카치가 개념화했
던 부과된 의식과 실제 의식 사이의 틈새가 메워질 수 없을 것이라 생각했
다. 적어도 프롤레타리아는 그 일을 할 수 없었다. "프랑크푸르트학파의 구성
원들은 점점 자신을 유일한 혁명주체로 보게 되었다"고 토마스 위트랜드는
쓴다. "오직 그들만이 총체적으로 관리되는 사회의 물화된 세계를 초월한 자
의식의 반성 상태에 도달할 수 있기 때문이었다."[15] 마치 프롤레타리아는 여

러모로 부족했기 때문에 비판이론가가 혁명적 주체를 대체해야 할 것처럼 보였다.

적어도 아도르노는 이데올로기의 개념을 사회구조에 불가피한 허위의식으로 정의하면서 이데올로기의 비판자가 된다는 것에 노정된 역설을 이해하고 있었다. 그는 브레히트처럼 프랑크푸르트학파가 자신이 앉아있는 나뭇가지를 톱으로 자르고 있다는 것을 알고 있었다. 『미니마 모랄리아』에서 아도르노는 비판이론가의 역설에 대해 이렇게 쓴다.

> 존재의 적나라한 재생산을 마주하고서도 사유를 지속함으로써 그들은 특권층으로 행동한다. 한편, 사물을 사유에 놓아둠으로써 자신이 누린 특권이 무효화되었음을 선언한다 ……. 이런 얽힌 상황으로부터 도망칠 출구란 없다. 유일하게 책임을 지는 선택은 존재의 이데올로기적 남용을 스스로 부인하는 것이다. 그런 뒤에는 가능하면 눈에 띄지 않게 겸양을 갖추고 젠체하지 않으면서 개인적으로 행동할 뿐이다. 성장배경이 좋아서가 아니라 지옥에서조차 숨 쉴 공기가 있다는 사실에 수치심을 느끼기 때문이다.[16]

호르크하이머와 아도르노의 감독 하에서 프랑크푸르트학파는 그들이 살고 있는 지옥을 이해하기 위해서 비판이론을 조정했다. 이제는 경제학을 물신화한 속류 마르크스주의이론을 넘어서야 했다. 그의 취임사 「사회철학의 현주소와 사회연구소의 당면한 과제」에서 호르크하이머는 연구소가 반드시 "사회의 경제생활, 개인의 심리적 발전과 좁은 의미에서 문화(소위 과학, 예술 종교 등의 지적요소들 뿐 아니라 법, 관습, 패션, 여론과 스포츠, 레저 활동과 라이프 스타일 등도 포함한 문화)의 영역에서 제기된 도전들 사이의 연관성"을 다루어야 한다고 말한다. 호르크하이머가 이끈 연구소는 다학제 간 연구로 선회한다.

그는 "철학자, 사회학자, 경제학자, 역사가, 심리학자 등의 영속적인 협력 하에 철학적 쟁점을 기초로 한 연구프로젝트를 조직"하려고 한다고 했다.[17]

다학제 간 연구의 추세는 연구소에 도착한 새로운 지식인들에 의해서 제시된다. 뢰벤탈은 문학연구가였고 프롬은 사회심리분석학자였다. 마르쿠제는 정치철학자로서 고용되었고 아도르노는 철학과 음악분야의 강사이자 작가였다. 연구소의 주변부에 위치한 사상가들 — 벤야민, 에른스트 블로흐, 크라카우어, 빌헬름 라이히 — 은 연구소가 그륀베르그의 감독 하에서는 할 수 없었던 연구를 실행하는데 힘을 실어주었다. 가령 파시즘의 경제적, 정치적 토대가 아니라 정신 병리적 성격과 정치의 미학을 연구했다.

프랑크푸르트학파는 이제 마르크스주의 경제학자 그로스만이 끼고 강연을 했던 흰 장갑을 벗어버린 채 자신의 손을 더럽히기로 결정했다. 호로스코프, 영화, 재즈, 성적 억압, 가학피학성애증, 무의식적 성적 충동의 역겨운 표상들을 연구하며 대중문화의 여물통 속을 비평적으로 들여다보고 경쟁적 철학 학파의 바닥에 놓인 허름한 형이상학적 토대들을 탐색하기로 했다. 호르크하이머가 취임강연에서 제시한 비전은 철학이 인간생활의 개략적이고 비평적 관점을 열어 주어야 한다는 것이었고, 경험적 연구와 다학제 간 연구를 통해 이 비전을 실현시키려고 했다. 마틴 제이의 주장에 의하면 비판이론은 사회를 분석하는 과정에서 이해되어야 할 변증법적 매개의 총체성에 강조점을 두었다.

카를 코르쉬는 『마르크스주의와 역사』에서 마르크스의 계승자들이 마르크스의 비전을 배반했다고 주장했다. 코르쉬는 이렇게 쓴다. "후기 마르크스주의자들은,"

점점 더 과학적 사회주의를 순수하게 과학적 관찰의 세트로 간주하게 되었다. 계급투쟁의 정치적 실천이나 그 외 실천들과 어떤 직접적인 관련도 갖지 않는다……. 사회혁명의 통합된 일반이론은 부르주아의 경제 질서와 교육현실, 종교, 예술, 과학과 문화에 대한 비평들로 변해갔다.[18]

다시 말해 마르크스주의는 지배적인 노동 분화에 종속되어감으로써 그 비판적 힘을 잃게 되었다. 다시 이 비판적 힘을 회복하려면 프랑크푸르트학파는 총체적인 마르크스주의의 비전을 회복하고 다학제 간 연구로 전환해야 할 필요가 있었다. 이런 결정에 따른 부차적 결과는 프랑크푸르트학파가 20세기 대학의 발전과정을 효과적으로 비판하게 된 것이다. 당시 대학들은 거의 같은 언어를 사용하지 않는 전문가들로 채워진 분과학문들로 갈수록 분화되어 바벨탑의 후예가 되어가고 있었다.

그러나 프랑크푸르트학파에서 발생하게 될 긴장을 예견하듯이 아도르노는 곧바로 자신의 메시지를 보냈다. 호르크하이머의 취임연설 2주 후 객원강사 자격으로 했던 그의 첫 강의에서 아도르노는 다학제 간 연구에 헌신하는 것은 시간낭비에 불과하다고 주장했다. 비록 독일 노동운동의 혁명적 잠재성에 관해 연구소 소장과 마찬가지로 회의적이긴 했지만 아도르노는 호르크하이머가 '전체의 이론'이나 '실재의 총체성'이라고 부른 것의 목표를 향해 애써봐야 소용없다고 생각했다. 사회질서는 이미 붕괴했고 폐허가 되어버렸기 때문이다. 아도르노의 첫 강연은 따라서 연구소의 고용주가 설계한 연구프로그램을 향해 던지는 야유소리처럼 들렸다.

하지만 아도르노의 대안은 무엇인가? 사회의 잘못된 상황을 진단하기 위해서는 "현실의 문을 열어 줄 열쇠를 만들어야" 할 필요는 있지만, 철학이 호르크하이머가 말하듯 "특정 연구에 활력을 불어넣어야" 한다는 입장을 받아들이지 않았다. 대신 아도르노는 개별 학제들(가령 철학을 포함해서)이 '변증법적 대화'에 참여하지 않는다면 철학은 순전히 사변에만 매몰될 위험이 있다고 생각했다. 그는 사유만으로는 현실의 전체를 이해할 수 없다고 주장했다. 진정 현실 그 자체가 수수께끼였다. 그러나 어떻게 이 수수께끼를 이해할 수 있는지는 분명하지 않다. 아도르노는 지식의 변증법을 제시했지만 그의 청중 대부분에게 그 방법은 모호했다. 그는 "수수께끼를 해결하려면 … 퍼즐을 순식간에 드러내어 보여주어야 한다"고 주장했다. 여기서 우리는 『잃어버린 시간을 찾아서』의 시작 부분에서 마들렌을 맛보면서 어린 시절 전체를 되살리는 장면을 떠올려볼 수 있다. 아도르노는 이 장면에서처럼 정확한 상상력을 갖고 있는 해석의 정신을 제시한다. 그의 전기 작가가 묘사하듯이 "수수께끼의 답을 찾으려고 하는 과정에서 문제들이 생기고 이 문제들은 잠정적 해결책을 제시하는 가능한 답변으로 서서히 둘러싸"이기 때문이다. 아도르노의 지식이론은 진실의 내용 전체가 순간적으로 떠올라서 그 이전까지 줄곧 사유해 온 것을 명료하게 밝혀줄 변화무쌍한 성좌 속으로 철학적 해석들을 불러오는 모델과 관련되어있다. 진실은 찰나의 섬광으로 나타난다. 물론 이것이 무엇을 의미하는지는 이해하기 어렵지만 아도르노는 이 모델을 끝까지 고수했으며, 이 지식이론을 통해서 벤야민과 프루스트 옆에 아도르노가 나란히 설 수 있게 되었다.[19]

아도르노의 강연 이후 집으로 가는 기차에서 호르크하이머는 강연에 대해 어떻게 생각하는지 질문을 받는다. "아도르노의 입장에 대한 그의 반응은 그래서 핵심이 뭔데? 였다"고 연구소 비서인 빌리 스트젤레비츠가 회상했다.[20] 호르크하이머는 괘념치 않고 자신의 계획을 진행시켰다. 다학제 간 연구로 전회하는 과정에서 연구소가 마르크스주의의 헤겔주의적 뿌리로 자의식적인 회귀를 하도록 이끌었고 역사적 진보라는 철의 법에 따라 프롤레타리아적 혁명이 불가피하다고 제시하는 과학적 마르크스주의로부터 벗어나도록 했다. 그는 당시 출간된 마르크스의 1844년 『경제철학수고』를 읽고 고무되었다. 이 책은 루카치가 1922년에 쓴 내용을 확인해주었다. 그렇다, 노동자의 소외는 혁명적인 계급의식을 생산하지만 또한 노동자의 권리박탈과

체념을 낳을 수도 있었다.

　이 새로운 방향성은 프랑크푸르트학파에게 실증주의를 공격할 지적인 갑옷도 제공해주게 되었다. 호르크하이머는 실증주의를 그 시대의 지적인 악의 세력 중 하나로 간주했다. 그는 마르크스의 진정한 유물론은 변증법적이라고 주장했다. 이 말은 주체와 객체사이의 지속적인 상호작용을 의미한다. 호르크하이머는 자신이 어디에서 바라보든 변증법적 과정이 진행되고 있다고 했다. 사회이론이 하는 일이 사실의 세계를 반영하는 것이라면(그가 실증주의적 환영이라고 부르는 것), 그는 이 사실의 세계를 보는 대신에 상호작용을 보았다. 가령 몇몇 속류 마르크스주의자들이 문화와 정치 같은 상부구조의 현상을 환원적으로 사회의 경제적 토대로부터 도출시키려고 했을 때 호르크하이머는 사회변혁을 모색하는 사회이론이라면 매개가 중요하다고 주장했다. 여기서 그는 루카치의 뒤를 따른다. 루카치는 이렇게 쓴다. "따라서 매개의 범주는 사회세계의 단순한 직접성을 극복하는 지렛대이다." 루카치에게 경험적 세계의 대상들은 — 헤겔적 용어를 사용하면 — 총체성의 대상들로 이해되어야 한다. 즉 "역사적 변화과정에 붙들린 총체적인 역사적 상황의 대상들"이다.[21] 정치와 문화는 단지 계급이해관계의 표현이나 사회의 사회경제적 토대에서 읽어낼 수 있는 현상만은 아니다. 그보다는 사회의 물질적 하부구조와 다차원적 관계를 갖고서 계급이해관계를 반영하면서도 충돌하고, 하부구조를 표현하면서도 압축시킨 것이 정치와 문화이다. 발자크를 떠올려보라. 엥겔스는 이 소설가의 정치적 반동성을 찬양한다. 그의 소설은 일체의 사회적 모순들을 통해 19세기 프랑스의 구체적 현실을 극화하고 있기 때문이다. 소설은 작가의 계급이해관계를 표현하기만 하는 것이 아니라, 실제 어떻게 그런 이해관계가 자기모순을 띠는지 묘사함으로써 좌파의 가치를 담은 텍스트가 된다.

　그러나 변증법이라는 용어는 프랑크푸르트학파에게 무엇을 의미했는가?

이 점을 이해하려면 우리는 헤겔에게 돌아갈 필요가 있다. 『정신현상학』에서 변증법적 과정에 관한 헤겔의 고전적 사례는 주인과 노예 간의 관계이다. 주인은 모든 것을 가질 수 있고 노예는 아무것도 갖지 않는다. 그러나 주인은 뭔가를 결여하고 있다. 그는 인정의 욕구를 채워야 한다. 노예의 인정으로는 충분하지 않다. 노예는 단지 주인에게 사물일 뿐이지 독립적 의식이 아니기 때문이다. 노예는 주인으로부터 인정받을 수 없다. 노예는 주인에게 사물에 불과하기 때문이다. 하지만 여기에 복잡한 문제가 있다. 노예는 일하고 주인은 소비라는 순간적 쾌락을 얻는다. 일을 통해서 노예는 물질적 대상들의 형태를 짓고 구성하며 그 과정에서 자신의 의식을 인식하게 된다. 그는 의식을 뭔가 객관적인 것, 자신의 노동의 결과물로 보기 때문이다.

명백히 이것은 생산자로서의 본질적인 인간에 관한 마르크스주의적 개념과 연결되어있다. 인간은 자신을 유의미한 일을 통해서 규정하고 자의식으로 성장하거나 개인적 충족감을 얻게 된다. 노예가 노예주의 감독을 받고 있다고 해도 노동을 통해 노예는 자신이 정신을 가진 존재라는 점을 이해하게 된다. 따라서 상황은 안정적이지 않다고 헤겔은 생각한다. 그 긴장감이 변증법적 운동을 낳게 되어 고차원적인 종합으로 이르는데, 이 종합은 또 다른 변증법적 긴장을 이끌고 또 다른 종합을 낳으며, 적어도 헤겔의 역사개념에서는 계속 이렇게 진행되어간다. 헤겔이 변증법적 과정을 시작한 지 40년이 지나 마르크스는 노동을 통해 생산된 대상이 또 다른 대상(노예의 주인이거나 자본가일 수 있다)에 의해서 소유되면 노동자는 자신의 대상화된 본질을 상실하게 된다고 주장했다. 이것이 소외된 노동이다.

헤겔은 역사를 그가 절대정신이라고 불렀던 자아인식을 향한 변증법적 과정의 발현이라고 본다. 호르크하이머는 헤겔의 신비주의와 진보적 발전 논리를 걷어 낸 후 변증법을 취해서 자신이 실증주의의 해롭고 보수적 영향이라고 간주한 것과 맞서게 한다. 프랑크푸르트학파는 이런 지적 경향을 지켜내면서 굳건한 헌신을 보였다. 30년 이후 마르쿠제는 자신의 『이성과 혁명: 헤겔과 사회이론의 부상』의 1960년도 서문에서 다음과 같이 쓰게 된다.

> 변증법적 사유는… 그 자체로 부정적이다. 변증법의 역할은 자기 확신과 자기멸시를 무너뜨리고, 사실의 힘과 언어에 대한 음산한 확신을 무기력하게 만들며, 부자유가 사물의 핵심에 너무도 많이 자리하고 있어서 사물들의 내적인 모순들이 필연적으로 질적 변화를 초래할 것임을 제시하는 것이다. 이런 질적 변화는 이미 구축되어있는 사물의 정황들을 폭파시키고 재난을 초래하게 된다.[22]

취임연설에서 호르크하이머는 실증주의를 비판했다. 실증주의는 "특수만 보며 사회를 오직 개인과 개인 사이의 관계로만 파악한다. 실증주의는 모든 것을 오로지 사실로 소진시킨다."[23] 실증주의는 프랑스 철학자 오귀스트 콩트에 의해 19세기에 고안된 사회이론의 방법론으로서 사회가 물질세계처럼 법칙에 따라 움직인다고 주장한다. 철학에서 논리적 실증주의는 우리가 이성적으로 안다고 주장하는 모든 것이 감각경험의 기록들에 토대하고 있고 논리적 수학적 작동방식을 따른다고 한다. 실증주의 철학에서는 이러한 기록이나 작동방식에 기초하고 있지 않은 가정들은 형이상학적이며 따라서 난센스다. 심지어 미학적이거나 도덕적 판단조차 진정한 의미의 판단이라기보다는 고작해야 찬성과 반대를 표명하는 세련된 불평에 불과하다고 봐야 한다는 것이다.

실증주의 철학은 프랑크푸르트학파와 거의 동시에 발전해왔다. 소위 논리적 실증주의의 비엔나학파는 1922년 모리츠 슐릭이 설립했고 1936년까지 비엔나대학에서 만났던 일군의 철학자와 과학자들로 구성되었다. 이 학파의 옛 회원들은 1938년 나치 안슐러스* 당시 오스트리아를 떠나 망명해서 영국과 미국 대학의 철학과에 막대한 영향을 미쳤다. 일면 그들의 지적인 궤적(그들은 헤겔을 형이상학적 난센스로 치부했다)이 영어권 대학에 좀 더 잘 어울리는 점이 있었다.

호르크하이머는 실증주의적 사회이론이 짐짓 가치중립적 사실들에 집중하는 듯하고, 겉보기에 형식적 절차를 통해서 법이 작동하고 형식적 논리가 언뜻 중립적으로 작용하는 듯이 보이지만, 그 이면에는 전혀 다른 이야기가 진행되고 있다고 주장했다. 실증주의자들은 한때는 진보적이었을지 몰라도 이제는 이 지옥과 같은 현존 사회질서를 지지하기 때문이었다. 가령 계몽주의 초기에 칸트는 정언명령("네가 따르는 준칙이 보편적 법칙이 될 수 있고 또 동시에 그렇게 되도록 행동하라"는 원칙)에 자신의 윤리적 세계를 세우고 불편부당하고 개인주의적 도덕성을 발전시켰다. 이런 도덕성은 앙시앙 레짐**의 군주가 누리던 권리(*droit de seigneur*)에 도전했다. 그렇지만 이제 돌이켜보면 칸트의 윤리학은 부르주아의 도덕성을 자연화하고 영속시켜서 현존 질서를 유지하도록 해주었다. 마찬가지로 독일의 법규범(*Rechtstaat*)은 사유재산을 옹호하기 위해 법의 정치적 기원들과는 무관하게 법적 보편성을 전제하고 있으며 현존 자본주의체제와 소유구조를 지지하기 위해 현실 법이 담당하는 역할을 감추었다. 실증주의에 대한 이러한 전방위적 공격은 호르크하이머와 그의 동료들이 일생을 바친 일이었고 1960년대 프랑크푸르트학파가 휘말려든 실증주의논쟁에서 그 절정에 달했다.

실증주의와 대조적으로 변증법적 사유는 현존 질서에 다이너마이트를

---

* 나치와 오스트리아의 병합.
** 프랑스혁명 이전의 구체제로 부르봉 왕가의 절대군주 정치체제.

심었다. 헤겔이 힘의 세력과 성좌 사이에서 끝없이 변해가는 상호작용으로서의 변증법적 운동으로 구성된 역사적 변화의 전망을 제공했다면, 실증주의자들은 — 호르크하이머의 분석과 평가를 수용한다면 — 사실을 젤리처럼 응고시켜 거짓되게 영속화 한 현존 질서 속에 옴짝달싹 못하게 잡아두었다. 프랑크푸르트학파가 보기에 현실 속에서 영구적으로 계속되는 생성의 과정은 종결되지 않고 끝없이 도는 익시온의 바퀴는 멈추지 않는다. 호르크하이머는 쇼펜하우어를 충분히 읽었던 터라 형이상학적 진리를 깨달을 수 있었다. 반면 실증주의는 정치적인 추동력도 갖고 있다고 프랑크푸르트학파는 믿었다. 세상을 실체화된 사실로 환원시켜 버림으로써 실증주의는 권위주의적이고 지배적인 사회질서를 감춘다. 1937년 에세이 「형이상학에 관한 최근의 공격」에서 호르크하이머는 논리실증주의는 "사실이라는 보증서, 즉 오직 존재하는 것에만 매달"리면서 개별적 과학들을 좀 더 넓은 해석으로부터 격리시켜 버림으로써 자본주의의 시녀노릇을 하게 되었다고 주장했다.[24] 오랫동안 호르크하이머는 이런 주장을 피력해왔다. 1930년의 논문 「부르주아 역사철학의 기원」이라는 글에서 이미 그는 과학과 기술의 르네상스적 관점을 사회적 정치지배와 연결시켰다.[25]

1930년대 내내 호르크하이머는 이런 시각을 다듬어서 1937년 에세이 「전통이론과 비판이론」에서 명료하게 구성해낸다.[26] 전통이론이란 여기서 프랑크푸르트가 경멸하는 일체의 '주의' — 실증주의, 행동주의, 경험주의, 실용주의 — 를 의미했다. 그는 전통적 이론가를 조롱하기 위해 '사번트'*라고 부르면서 사회의 경제구조(현재의 형태는 자본주의적 구조)에 의해 과학적 연구

---

* Savant: 학자를 의미하는 표현으로 특히 저명한 과학자를 지칭하는데 종종 지식만 있고 자신의 고매한 지식을 과시하는 사람에 대해 조롱조로 사용되기도 한다.

작업이 구성된다는 사실을 인식하지 못하는 사람으로 지목했다. 호르크하이머는 이 사번트라는 인물이 사실들의 세계 앞에 자신이 객관적 위치를 점하고 있다고 상상하기 때문에 오만하다고 공격한다. "사실에 입각한 가설을 세우는 것은 궁극적으로는 사번트의 머리가 아니라 산업에서 진행된다." 사번트는 자신이 자유롭게 떠다니는 지식인이 아니라 자본주의의 비굴한 하인이라는 사실을 인식하지 못한다. 그 결과 종종 의도하지 않게 자본주의의 착취적 본성 때문에 야기된 고통에 공모하게 된다. 전통이론에 대항해서 호르크하이머는 비판이론을 내세운다. 비판이론은 사회적 현실의 어떤 측면도 관찰자에 의해서 그 자체로 최종적이거나 완성된 것으로 고려될 수 없다고 이해한다.

데카르트적 코기토(나는 생각한다, 그러므로 나는 존재한다)는 호르크하이머에게는 전통적 이론의 과오를 보여주는 예였다. 마치 사실에 토대를 두며 이성적이고 자명한 듯 보이지만 철학적 가정들을 밀수해온 것에 다름 아니었다. 가령 뭔가 '나'라고 불리는 것이 있다고 가정하고, 그것이 시공간에 지속적으로 존재한다고 제시한다. 설상가상 데카르트의 방법론은 주체를 어떤 종류의 사회적 결정으로부터 떼어냄으로써 현실의 구성에 관계하는(바람직한 방식은 변증법적인) 존재가 아니라 현실의 수동적 관찰자로 만들어버린다.

헤겔과 변증법적 방법론의 귀환은 프랑크푸르트학파에게는 과학적 마르크스주의라는 지적인 족쇄로부터 벗어나는 것과 관련된다. 연구소의 회원 중 그로스만은 과학적 마르크스주의를 수용하고 인증했지만 호르크하이머를 위시한 다른 회원들은 마르크스이론이 현대사회에 적합하지 않다고 생각했다. 헤겔과 헤겔주의적인 초기 마르크스를 전유*함으로써 그들이 소외,

---

* 원본을 차용해서 창작자원으로 삼는 방법론.

의식화, 물화를 사유할 수 있게 되었고, 어떻게 이런 요소들이 후기 자본주의사회에서 혁명을 좌절시켰는지를 성찰할 수 있었다. 이를 통해 그들은 헤겔의 이성에 대한 강조를 부활시킬 수 있었다. 독일 관념론자들은 비판이성과 도구적 이성을 구별했고 칸트와 헤겔은 비판이성이 외양 너머 이면의 현실로 나아가게 해준다고 제시했다. 비판이성은 그 이면의 변증법적 관계를 꿰뚫지만 도구적 이성은 상식에 따른 현상적 세계를 구성하는 것과 관련된다. 비판이성은 목적과 관련되고 도구적 이성은 수단과 관련된다. 프랑크푸르트학파의 가장 충실한 헤겔주의자 마르쿠제에게 도구적 이성은 자본주의의 도구가 되었고 비판이성은 자본주의에 대한 도전을 위해 사용할 수단이었다.[27]

프랑크푸르트학파가 취한 헤겔주의적 전환에서 마르쿠제의 임용은 중요했다. 아도르노보다 훨씬 먼저 부정적 사유의 힘을 현실화하고 이론화한 사람은 마르쿠제이다. 그는 부정적 사유를 실증주의 뿐 아니라 경험주의 사상의 전통과도 대조시킨다. 그는 프랑크푸르트학파가 나치를 피해 망명지로 선택했던 영어권지역을 경험론이 지배했다고 봤다. 경험주의는 사물을 있는 그대로 순진하게 받아들이고 현존 사회의 사실과 가치 질서에 무릎을 꿇었다. 마르쿠제는 비판이성이 개체의 본질을 현실화한다는 헤겔주의적 사상을 제시한다. '본질'은 여기서 마르쿠제가 완전히 실현된 개체의 잠재성이라고 말한 것을 기술하는 철학용어이다. 가령 만일 사회가 개체의 잠재성을 충실하게 이행하도록 해주는 자유와 물질적 복지, 그리고 정의를 결여하고 있다면 비판이론가의 일은 자신의 비판이성을 적용해서 사회를 "나쁜 형식의 현실, 제한과 구속의 영역"이라고 비난해야 한다.[28] 경험주의는 이런 일을 할 수 있는 철학적 프로그램이 아니었다.

마르쿠제가 비판적이며 혁명적이라고 간주한 헤겔주의적 관념론이 본래 프러시아의 현존 질서를 변호하고 옹호했던 사상가의 철학이었다는 사실은 이 대목에서 묘한 울림을 갖는다. 한편 경험주의의 대표적 사상가들은 어떤 면에선 사회적 급진주의자였다. 가령 존 로크는 왕의 신성한 권리를 비판했고 데이비드 흄의 종교적 신앙에 대한 회의적 평가는 현존 사회질서의 용인과는 무관했다. 이 대목에서 마르쿠제를 포함해서 많은 독일망명가들이 나치를 피해 경험주의가 번성했던 미국과 영국으로 도망쳤다는 사실은 흥미롭다. 그 때문에 『이성과 혁명』에서 마르쿠제는 영미학계에서 헤겔에게 퍼부었던 파시즘의 선조라는 부당한 비판으로부터 구해내어 헤겔을 다소 순화되고 흥미로운 독서 품목으로 제공하려는 시도를 했다.

마르쿠제는 1930년대의 유럽에서 독일관념론자의 부활에 기여한 헤겔전문가였다. 그의 박사후 논문 『헤겔의 존재론과 역사이론』은 1932년에 출간되었다. 이에 못지않게 그의 저서는 마르크스의 재발견된 『경제철학수고』에 관한 초기 연구서들 중 하나라는 점에서도 중요했다. 우리가 이미 살펴본 대로 마르크스의 이 책은 무명이었던 초기 마르크스의 헤겔주의적 사상을 세상에 알려주게 된다. 초기 마르크스에게는 소외, 상품물신화와 물화가 중요했고, 아직 자본주의의 필연적 붕괴를 과학적 법칙에 따라 제안하지는 않았다. 마르쿠제가 연구소에 온 이유 중 하나는 연구소를 제외하면 자신이 다른 곳에 연구직을 얻게 될 가망이 없다는 것을 알았기 때문이었다. "정치적 상황 때문에 나는 절망적으로 연구소에 참여하기를 원했다. 1932년 말에 내가 나치 체제하에서 교수직을 절대 얻지 못하리라는 점은 분명했다."[29] 그가 연구소에서 일하기 시작할 때는 그들의 연구 뿐 아니라 목숨까지 노린 나치의 위협을 피해서 제네바로 이주했을 때였다.

마르쿠제는 1920년대를 하이데거를 연구하면서 보냈다. 그는 스승의 서구 철학비판에 깊이 영향을 받아서 기술적 합리성이 매일의 일상을 차지하고서 개인의 자유를 박탈해가는 세상에서 철학을 재구성하려고 시도했다. 그러나 이 전체주의적으로 관리되는 사회는 이제 도처에서 발흥하고 있었으므로 자신의 비판을 발전시키기 위해서 마르쿠제는 하이데거에서 헤겔로 방향을 바꾼다. 하이데거는 어쨌거나 1933년에 나치당원이 되었던 터라 마르쿠제 같은 사회주의사상가의 지적인 멘토가 되기에는 적합하지 않았다. 헤겔이 더 전망이 좋았다. 마르쿠제는 그를 보수주의적 철학가가 아니라 사회적 삶의 비이성적 형태를 비판하려고 했던 철학자로 수용했다. 헤겔을 좇아서 마르쿠제는 자신의 지적인 활동이 담당할 역할을 더글러스 켈너가 표현한대로 "인간의 행복과 자유를 위한 합리적 잠재성에 기초한 비평의 규범을 세워서 자유와 복지를 제한하고 개인을 억압하는 현재적 삶의 상황을 부정하는 것"으로 규정했다.[30]

그러나 마르쿠제는 1937년 에세이 「철학과 비판이론」에서 다음과 같이 우려를 표명한다. "만일 이론이 윤곽을 잡아서 구축한 발전이 일어나지 않는다면 어떻게 될까? 변화를 일으킨 세력들이 억압당하고 패배하게 되면" 무슨 일이 일어날 것인가?[31] 프랑크푸르트학파가 같은 해 세상의 다른 쪽으로 망명을 떠났다는 사실, 당시 누구도 나치의 세력을 막을 수 없어 보였던 상황과 소련마르크스주의가 스탈린주의의 인민재판과 강제노동수용소로 전락해가고 있는 현실을 감안하면 이는 매우 합리적인 질문이었다. 놀랍게도 마르쿠제는 비관주의로 뒷걸음치지는 않았다.

1930년대 내내 마르쿠제의 프랑크푸르트학파 동료 일부는 비판적 사유의 힘이 사회를 변화시킬 수 있다는 믿음을 상실해 갔다. 특히 호르크하이머는 희망에서 절망으로 옮겨갔다. 1930년대 초의 어느 시점에 그는 이렇게 썼다. "비판이론가는 한 쪽에는 자신이 가진 통찰력을 두고 다른 한 쪽에는 자신의 사유로 봉사하고 있는 억압된 인간성을 둔 채 양 쪽의 긴장을 완화시키는 일을 담당한다."[32] 문제는 호르크하이머 자신은 그 긴장을 감소시킬 수 없었고 따라서 억압된 인간성에 봉사하게 될 방식으로는 사유할 수 없었다. 1937년에 이르면 호르크하이머는 '상품경제'가 발전하는 시대가 오리라는 절망적인 생각에 이르게 된다. "인간의 자연에 대한 통제가 막대한 규모로 확장된 후 종국에는 더 이상 발전을 멈추고 인간성은 새로운 야만주의의 나락으로 떨어질 것이다."[33]

호르크하이머와 마르쿠제는 프랑크푸르트학파류의 지식인들이 사회주의 혁명이 막다른 골목에 처했고 파시즘이 진격하는 시대에 무엇을 할 수 있는지 우려했다. 프랑크푸르트대학에 재직하고 있었지만 사회연구소의 회원은 아니었던 사회학자 카를 만하임은 『이데올로기와 유토피아』에서 '자유롭게 부유하는 지식인'이라는 개념을 제시하면서 사회적 책임이 없는 인텔리겐치아가 리더십 역할에 적합하다는 주장을 펼친다. 만하임의 지식인은 "자신이 지키지 않으면 칠흑같이 어두워질 밤의 파수꾼"으로서 사회의 실제적 관심사로부터는 멀리 떨어져 있어 좀 더 넓은 시야로 삶을 바라볼 수 있다.[34] 브레히트와 벤야민은 만하임의 견해에 반대하면서 물질적 이해관계가 처음부터 끝까지 지식인에게 결정적으로 영향을 미친다고 주장했다. 단지 사회과학자가 무엇을 연구할 것인가를 선택하는 문제만이 아니라 연구방식도 영향받게 된다. 지식인은 자본주의를 지지하거나 체제의 토대를 폭파시키는 일 중 하나를 선택할 뿐이다. 그 중간에 중립적으로 이 전쟁터를 무연히 관찰하는 입장이란 존재하지 않는다.

초기 마르크스주의자들은 이미 지식인들이 그들만의 계급을 구성한다는 생각을 효과적으로 물리쳤다. 1920년대에 이탈리아 사상가 안토니오 그람시는 가령 만하임의 자유롭게 부유하는 지식인과 마찬가지로 자신을 자율적인 집단으로 간주하려고한 전통적 지식인과, 특정사회집단에 뿌리내린 유기적 지식인을 구별했다. 이 유기적 지식인은 집단의 공동체적 의지를 표현해주고 해당 집단의 이해관계를 위해 싸울 수 있는 경험을 집단으로부터 제공받게 된다. 갈리시아 지역의 유대인사회민주당을 위해 거리에서 싸웠던 그로스만은 그람시의 유기적 지식인의 예로 꼽힐 수 있다. 프랑크푸르트학파의 대표적 이론가들 중에서는 이렇게 묘사될만한 사람을 찾기란 꽤 힘들다.

만하임은 유대인이란 이유로 1933년 교수직에서 쫓겨나 영국으로 도망갔다. 영국에서는 런던정치경제대학에서 사회학 강사직을 얻었다. 사회연구소의 동료 유대인 지식인들처럼 만하임은 폭풍에 휩쓸려서 망명의 길로 내동댕이쳐진 것이다. "천사가 머물러서 죽은 자를 살려내고 부서진 것을 모아 전체를 구축하려 한다"고 벤야민은 1940년 봄에 완성했던 「역사철학테제」에서 적고 있다. "그러나 폭풍은 천국에서 불어오고 있다. 폭풍이 천사의 날개를 매우 사납게 붙들고 있어서 그는 더 이상 날개를 접을 수가 없다. 저항할 수 없는 이 폭풍은 천사가 등을 돌리고 서 있는 미래 쪽으로 그를 밀어낸다. 그동안 그의 눈앞에는 부서진 파편더미들이 하늘을 향해 날아가고 있다. 이 폭풍을 우리는 진보라고 부른다."[35]

여기서 벤야민의 유명한 말을 인용하는 것이 이상하게 보일지 모른다. 만하임은 역사의 천사가 아니라 지식의 사회학자였다. 벤야민이 묘사한 폭풍은 제3제국만이 아니었다. 게다가 만하임은 기질적으로 벤야민의 천사와는 달랐다. 그는 몸을 돌려 미래를 도전적으로 바라본다. 그리고 미래에 유토피아가 포함되어 있다고 상상했다. 만하임에게는 현재의 조건을 유토피아에 대한 상상을 통해서 바꾸려는 힘이 역사의 추동력이며 사회의 복지를 위해 필수적이다.

이것은 어떤 의미에서는 전혀 유대인답지 않다. 프롤레타리아는 어쨌든 공산주의의 미래를 얻으려는 듯 보이는데, 마르크스주의는 유대인이 고안한 정치철학으로 이 미래를 상상하는 일에는 능숙하지 않다는 오명을 받고 있다. 아마도 이런 상상력의 실패는 — 만일 상상력의 실패가 그 이유라면 — 고대적 기원을 갖고 있다. "유대인들은 미래를 조사하는 일을 금한다고 알려져 있다"라며 벤야민은 천사에 대한 그의 묘사에 뒤이어 몇 쪽 가량을 이 문제에 할애한다. "토라와 기도는 그들에게 회상하라고 가르친다. 이것이 미래라는 마술을 제거해버린다. 계몽을 위해 위안을 제공하는 이들 쪽으로 몸을 돌린 자는 미래에 굴복하기 마련이다." 벤야민의 마르크스주의는 전통적 유대교의 애도의식과 조상의 고통에 바치는 추념에 새 전환점을 마련한다. 그렇지만 이것이 그의 마르크스주의가 도달하게 된 것의 전부는 아니었다. "그렇다고 이것이 유대인에게 미래가 동질적이고 텅 빈 시간으로 변한다는 것을 의미하지 않는다. 매초마다 메시아가 진입할 좁은 문이 열린다."

만하임에게 지식인의 임무는 이 동질적이고 텅 빈 시간에 고무적인 희망을 부여하고 유토피아를 상상하면서 그 실현을 위해 한걸음 더 나아가는 것이었다. 이와 매우 대조적으로 프랑크푸르트학파는 이런 역할을 경멸했고 1930년대와 40년대를 지나며 사회변화에 대해 과거에 가졌을지도 모를 생각마저도 내던진다. 호르크하이머와 아도르노는 사회변화를 상상하기보다는 점점 더 서구문명에 대한 철학적, 문화적 비판에 몰두했다(공저인 『계몽의 변증법』에 담긴 내용이다). 마르쿠제마저도 ―『일차원적 인간』은 선진산업사회의 비판을 제시함으로써 그를 1960년대 신좌파의 연인으로 만들어준 책이다 ― 유토피아를 상상하는 일로부터 물러난다. "사회의 비판이론은 현재와 미래 사이의 틈새를 연결할 수 있는 어떤 개념도 갖고 있지 못하다. 어떤 약속도 하지 않고 어떤 성공도 보여주지 못하면서 부정적으로 남아있다." 그러나 비관주의는 희망의 부재와 동의어가 아니다. 『일차원적 인간』의 마지막 문장은 벤야민에게서 빌어 왔다. "오직 희망 없는 사람들을 위해서만 우리에게 희망이 주어진다."[36]

1930년대 프랑크푸르트학파의 변화과정에서 또 한 사람의 중요한 인물은 프롬이다. 그는 사회학자로 훈련받은 젊은 정신분석가였다. 호르크하이머는 프로이트의 심리성적 발전에 관한 설명과 경제적 기술적 발전이 개인을 구성한다는 마르크스의 주장을 합쳐서 만든 프롬의 통합적인 사회이론에 이끌려서 그를 뽑았다. 프롬의 1930년 에세이 「그리스도의 도그마」는 그의 연구 성향을 전형적으로 보여준다. 이 글은 베를린정신분석연구소의 스승들 중 한 사람인 테오도르 라이크의 해석에 도전한다. 라이크는 십자가처형당한 예수라는 도그마가 아버지에 대한 오이디푸스적 증오심에 뿌리를 두고 있다는, 프로이트주의를 정석대로 따른 설명을 제시했다.

이와 달리 프롬은 오이디푸스적 갈등은 경제적 상황과도 연결되어있다고 주장했다. 하층 계급은 예수를 정의로운 사회를 만들어줄 혁명가로 바꾸어 놓았다. 그러나 프롬에 따르면 바로 그 순간 기독교 내부의 반혁명이 시작되었다. 부자와 교육받은 계층이 기독교의 교회를 차지하고 판결의 날을 부정기적으로 지연시켰고 그리스도의 십자가 희생은 이미 일어났기 때문에 초기 기독교 신도들이 억압을 당하면서 갈망했던 사회적 변혁은 필요 없어졌다고 주장했다. 프롬은 이렇게 쓴다. "경제적 상황과 기독교공동체의 사회적 구성에 일어난 변화는 신도들의 심리적 태도를 변화시켰다."[37] 피억압계층은 그리스도 메시아가 가져다 줄 것이라고 소망했던 사회적 변화의 가능성에 대한 희망을 잃게 되었다. 대신에 그들은 정서적 공격성을 자신에게로 돌려버린다.

이 논문이 출간되자 호르크하이머는 프롬을 종신 계약직으로 승진시켰다. 프롬은 1930년대 초 마르크스와 프로이트를 결합한 글들을 쓰기 시작했다. 형법체계에 관한 두 개의 논문에서 그는 국가가 전의식차원에서 아버지로 자처하면서 부성적 처벌에 대한 두려움을 일으켜 지배한다고 주장했다. 그는 또한 국가는 계급편향성을 띤다고 주장했으며, 범죄를 양산하는 억압적인 사회 조건을 공격하기보다는 죄와 벌에 집중함으로써 범죄자들이 사회의 불공정함과 경제적 불평등의 희생양이 되었다는 주장을 피력했다. 벌주는 아버지의 이미지는 국가의 권위에 투사되었다. 프롬은 심지어 형법체계는 범죄율을 낮추지 못한다고 주장했다. 그보다 형법체계의 기능은 억압을 강화시키고 저항을 분쇄한다. 이런 사상은 우리 시대에는 미국의 운동가이자 교수이며 한때 마르쿠제의 학생이었던 안젤라 데이비스가 피력하고 있다. 그녀와 여타 좌파 지식인이 '감옥산업복합체'라고 불렀던, 자본주의와 구조적으로 인종차별적인 국가 사이에 맺은 저속한 침묵의 동맹은 범죄율을 낮추기는커녕 산업의 이윤을 높여줄 뿐 아니라 인종구분에서 압도적인 비율을 차지하는 흑인과 라틴계 수감자들의 민주주의적 권리는 축소시킨 결과를 낳게 되었다. 그녀는 2014년 인터뷰에서 내게 말했다. "미국 유색인종을 대상으로 한 대규모 과잉 수감은 민주주의적 실천과 해방의 통로를 차단시켰습니다. 수감자들이 투표를 할 수 없기 때문이지요. 미국 내 많은 주에서 수감기록이 있는 사람들은 투표권이 없고 직장을 가질 수 없습니다."[38] 데이비스에게 감옥산업복합체는 단지 인종차별주의적인 미국의 돈 만드는 기계일 뿐 아니라 전 세계에서 가장 무기력한 사람들을 범죄자로 만들고 악마의 탈을 덧씌움으로써 이윤을 얻어내는 수단이었다. 프롬은 1931년에 썼던 글에서 이와 구조적으로 유사한 조건들 속에서 모국 독일의 형벌체계를 살폈다.

호르크하이머와 프롬이 주관해서 프로이트와 마르크스 사이에 마지못해 치러졌던 결혼식은 일반적인 정통 마르크스주의자들에겐 스캔들이었고, 특히 코민테른의 입장애선 해악이었다. 반면 정통 프로이트주의자들이 보기에는 혁명을 통한 사회변화를 꿈꾼 마르크스주의적 희망은 망상에 불과했다. 가령 1930년 프로이트는 『문명과 불만』을 출간하면서 억압하지 않는 사회는 불가능하다는 비관적 주장을 피력했다. 구속받지 않은 성적 만족은 문명과 진보가 요구하는 것, 즉 훈육과 자제력과는 양립불가능하다. 일, 단혼 재생산, 도덕적 엄정함, 사회적 통제는 쾌락을 희생시키고 문명화 되지 못한 충동은 억압한다. 마르쿠제의 『에로스와 문명: 프로이트에 관한 정치적 탐구』가 출간되었던 1955년이 되어서야 비로소 프랑크푸르트학파 소속 학자가 프로이트의 통찰력이나 억압되지 않은 공산주의 사회의 가능성에 관한 마르크스주의적 신념을 포기하지 않은 채 기왕의 프로이트식 비관주의에 도전할 수 있었다.

프롬은 선배들보다는 덜 프로이트적이었다. 호르크하이머가 프로이트와의 관계를 우호적으로 발전시키려고 했던 것과 비교하면 프롬이 연구한 사회심리학은 연구소의 다른 회원들, 가령 호르크하이머와 아도르노가 충실히 따른 프로이트식 정통교리의 대부분을 폐기해버린다. 프로이트와 마르크스를 혼합한 것으로 보였지만 — 호르크하이머가 마르크스주의를 객관적 경제법칙에만 의존하지 않고 주관적 요소들도 설명하도록 재구성할 때는 이 둘이 잘 어울렸었다 — 뭔가 이상했다. 프롬은 마르크스를 프로이트와 결합시키기보다는 자신이 발전시킨 주관적 요소들에 관한 심리사회적 설명과 연결시켰다. 이런 점은 프로이트정통파 뿐 아니라 점점 프랑크푸르트학파의 동료들까지도 분노하게 만들었다. 따라서 프롬은 이중적으로 이단이다. 첫째 그는 마르크스주의를 감히 정신분석으로 더럽혔다. 둘째, 그는 리비도적 충동이 언제나 중요하고 개인적 신경증은 초기 아동경험에 뿌리를 두고 있다는 프로이트의 견해에 도전했다. 1931년 연구소의 학회지에 낸 논문 「분석사회심리학의 방법과 기능」에서 그는 인간의 본능장치는(심리성적 발전과정에 관한 프로이트적 설명에서 핵심인 리비도적 구조를 포함해서) "최대한 수정가능하며 경제적 조건들이 가장 주요한 변동요소들"이라고 했다. 일단 경제에 의해서 수정되면 이 리비도적 힘들은 "더 이상 시멘트가 아니라 다이너마이트가 된다." 프롬에 의하면 리비도적 힘과 사회적 힘은 돌에 새겨진 것처럼 불변적이지 않으며 영원한 진리도 아니다. 그보다는 변증법적 관계를 갖는다.[39]

가령 항문성애를 생각해보라. 프롬은 1931년 논문 「정신분석적 성격이론」에서 중세 시대 사람들은 축제, 의상, 그림과 아름다운 건축물, 예술이 주는 세속적 즐거움을 즐겼다고 주장했다.[40] 그러다가 종교개혁과 캘빈주의, 그리고 자본주의가 뒤따르자 지금 여기의 쾌락이 갈수록 지연되고 대신 근검, 절약, 훈육과 일, 의무 등에 헌신하게 되었다고 한다. 친절함, 관능, 공감과 무조건적인 공유는 소모적이며, 나아가 사회적으로 의심스러운 성품으로 간주되었다.

프롬의 역사적 설명 (당신은 자본주의의 철창에 들어가기 전에 부츠를 벗고 화려한 파티 드레스에 달린 방울들을 다 떼어낸 뒤 창살 사이로 철창의 열쇠를 주인에게 얌전히 건네주는 사람들을 상상해보라)을 패러디하는 것은 쉽다. 그러나 그가 말하려는 핵심은 자신의 감정을 억압하는 항문적 사회성격은 쓰기보다는 저축을 하고 쾌락을 거부하고 자본주의를 유지시키는데 도움을 주는 생산력이므로 유용하다는 것이다. 자신이 거쳐 온 지적 발전과정 중 바로 이 단계에서 프롬은 이 유용한 항문적 사회성격이 어느 정도까지 자본주의의 요구조건에 적응하게 되는지, 그 사회성의 토대인 항문성애가 자본주의경제를 발전시키는 생산력으로서 얼마큼이나 봉사하게 될 지에 관해서 확실히 밝히지는 못했다. 그러나 분명한 것은 프롬이 리비도적 충동에 관한 프로이트주의의 정통교리로부터 떨어져나가고 있었다는 점이다. 이 충동의 승화는 개인의 심리적 발전을 이해하는 열쇠를 제공했다. 그는 역사적 상황에 따라 변화하는, 또 그 역사적 상황들마저 변화시키는 사회적 성격유형의 개념으로 향해갔다.

나중에 프로이트로부터 지적인 거리를 유지하면서 프롬은 성격의 사회화는 유아기에서 시작되지만 본능보다는 개인 간의 상호관계에 기초한다고 주장했다. 그가 1941년 『자유로부터의 도피』를 쓸 당시에는 본능의 구성에 있어 프로이트가 제안한 승화가 사회적 조건들과 비교할 때 영향이 덜하다고 생각했다. 처음에 호르크하이머는 프롬의 마르크스주의가 몰개성적 경제적 힘에 대한 관심으로부터 현대독점자본주의의 문화에 대한 부정적 비판으로 변해가며 방향선회를 하자 프롬을 자신의 지적인 동맹으로 간주했다.

그러다가 1930년대에 이르면 호르크하이머와 아도르노는 프롬의 반프로이트주의에 대해 반감을 느끼기 시작했다. 하지만 1930년대 초반까지 프롬은 호르크하이머에게 중요했다. 프롬이 마르크스주의학계에 프로이트를 끌어왔을 뿐 아니라 사회학자로서 훈련받았기 때문이었다. 그 결과 호르크하이머는 이 젊은 정신분석가에게 1918년 이래 독일노동자의 태도를 연구할 임무 부여했다. 이 연구의 목적은 히틀러에 대항하는 싸움에서 노동자들을 신뢰할 수 있는지 검토하는 것이었다.[41]

이 연구계획은 애초에 펠릭스 바일의 것이었다. 그는 독일노동자의 사상과 조건에 대한 경험적 조사를 시행하려는 자신의 생각을 독일과학예술교육부에 제출했었다. 프롬의 작업은 실제 1929년에 시작되었다. 당시 설문지 중심 연구를 통해서 독일노동자들에게 나치즘의 부상을 저지하려는 일을 믿고 맡길 수 있는지에 대해 적극적인 대답을 찾을 수 있을 것이라는 희망이 있었다. 이 조사를 상당히 고무시켰던 것은 사회학자 아돌프 레벤슈타인의 1912년 연구였다. 레벤슈타인은 전직 산업노동자 출신으로 단조로운 산업노동이 노동자들의 감수성과 자율적 행위능력을 심리적으로 빈곤화시킬 것이라고 생각했다. 레벤슈타인은 설문대상인 노동자들을 위해 세 가지 심리학적 유형을 고안해냈다. 혁명적, 양면적, 그리고 보수적이며 겸양적인 유형이었다. 프롬은 이 심리적 유형과 파시즘에 저항할 능력 사이에 상관관계가 있는지를 알아보려고 했다.

프롬과 그의 필드연구원들은 3300개의 설문지를 보냈는데 대상자는 거의 대부분이 노동자였다. 이 설문지는 271개의 개방형 질문으로 구성되어 있었고 아동교육, 또 다시 일어날지 모를 전쟁을 피할 가능성, 산업의 합리화 등에 대한 노동자들의 견해를 물었다. 1931년까지 1100개의 답변이 완성되어 수합되었다. 프롬과 그의 팀은 독일노동자가 봉기해서 파시즘을 파괴할 것이라는 희망이 이미 상실되었을 당시 설문지의 결과를 정리, 분석하는 일을 했다. 약 82퍼센트의 답변자들이 자신을 사회민주당과 공산당에 연결시켰지만 이들 중 고작 15퍼센트만이 반권위주의적 성격이나 심리적 유형을 띠었고 25퍼센트는 모호하거나 일관되게 권위주의적이었다. 나치가 권력을 잡고난 후 1930년대 후반에 쓴 글에서 프롬은 이런 결과는 "좌파계열의 의식적인 정치 견해와 그 토대의 성격구성 사이에 차이가 있고 이것이 독일노동자 정당의 [결과적으로 초래된] 붕괴의 원인이 될 수 있다[되었다]"는 것을 보여준다고 주장했다. 고작 15퍼센트의 독일노동자들이 "활동력이 떨어지는 사람들을 고무시켜서 함께 적을 이겨내는데 필요한 희생정신과 자발성, 용기를" 갖고 있었다. 그는 두 좌파 정당은 더 나은 리더십을 통해서 좀 더 강력히 히틀러에 대항했어야 한다고 주장했다.[42]

연구소는 프롬의 연구를 출간하지 않았다. 연구 결과 중 일부가 1941년 『자유로부터의 도피』에 수록되어 있다. 다소 이해가 되지 않는 사실은 프롬의 연구가 연구소가 진행했던 권위와 가족에 관한 광범한 연구로 도용된 점이다. 그로스만과 아도르노를 제외하고 대표적인 프랑크푸르트학파 연구자들이 망명 이후 1930년대 대부분의 시간을 이 연구에 할애했었다. 그들은 자본주의가 마르크스와 엥겔스가 분석한 초기형태로부터 프랑크푸르트학파의 도전상대였던 독점자본의 형태로 변형되는 과정에서 가족이라는 제도에 일어난 일을 고찰했다.

가족이 현존 권력에 맞서는 저항의 지점 혹은 자본주의적 가치들을 흡수하는 지대가 될 가능성 여부는 프랑크푸르트학파의 주요관심사였다. 헤겔에게 가족은 사회의 중요한 윤리단위이자 비인간화의 저항지점이었다. 「공산당선언문」에서 마르크스와 엥겔스에게 가족은 자본주의억압의 도구였고 마땅히 폐지되어야 했다. "가장 급진적인 사람조차 공산주의자들의 이 악명 높은 제안에 화를 내게 된다"고 마르크스와 엥겔스는 비꼬듯이 썼다. 그러나 그들은 주저하지 않았다.

현존하는 부르주아 가족은 어떤 토대 위에 서 있나? 자본, 그리고 사적 이윤……. 그러나 이런 사정은 프롤레타리아에겐 가족이 실제로 부재하다는 사실과 대응된다. 공창(公娼)도 마찬가지다. 부르주아가족은 이 보조물들이 사라지면 사실상 사라질 것이며, 이 둘은 자본의 소멸과 함께 사라지게 될 것이다.[43]

프랑크푸르트학파의 견해로는 부르주아 가족은 사라지지 않았지만 대체로 가족의 권력, 특히 아버지의 권위는 자유낙하 했다. 가족은 물질적 토대와 이데올로기적 상부구조 사이를 매개하는 중요한 사회제도이지만 무능력해지고 있었다. 마르크스와 엥겔스가 현실화하려 했던 혁명적 이유 때문이 아니라 다른 제도들이 자본주의사회의 시민들을 좀 더 효과적으로 사회화할 수 있었기 때문이다.

호르크하이머는 『권위와 가족의 연구』에 실은 한 에세이에서 초기 자본주의사회(혹은 부르주아 자유주의)의 시대에 부성(父性)권력이 가족에서 정점을 찍었다고 했다. 이 말은 맞다. 헤겔주의적 용어에서 아버지는 그의 커다란 신체적 크기와 경제적 부양자로서의 역할 덕분에 가족을 책임지는 합리적 가장이 되었기 때문이다. 독점자본주의하에서 부성권력은 쇠락했다. 프롬이 추구했던 대안 — 따뜻함과 수용, 사랑이라는 전통적 모성윤리 속에서 부성의 동반 성장 — 은 아예 시도되지 못했다. 호르크하이머는 물론 부성권력의 쇠락을 반기지 않았다.

그보다 프랑크푸르트학파의 대표 이론가들은 부모가 무능해져가는 중에도 부모와의 관계를 유지해왔다. 『미니마 모랄리아』에서 아도르노는 자신의 세대가 부모와의 관계에서 겪고 있는 '슬픈 그림자가 드리워진 변화'에 대해 말했다.[44] 그는 독점자본주의시대에 일어나고 있는 가족의 몰락만이 아니라 뭔가 더 구체적인 어떤 것에 대해 쓰고 있다. 다름 아니라 이 독일유대인 지식인들의 부모에게 후안무치한 나치가 저질렀던 만행이었다. 아도르노는 프랑크푸르트에서 자신의 부모가 나치에 의해 괴롭힘을 당하고 파산하자 그들을 돌보려고 애썼고 1940년대 초엽 자신이 체류하고 있던 미국 망명지로 서둘러 피신하도록 조치했다. 히틀러에 의해 자극을 받아서 프랑크푸르트학파는 마르크스가 가족에 대해 갖고 있던 경멸감으로부터 선회해서 힘들게 얻어낸 헤겔주의적 오이디푸스 이후의 가족 개념을 채택한다. 조롱의 대상이었던 가족제도는 이제 아도르노가 '부상하는 집단주의 질서'라고 부른 것[전체주의]에 대한 저항이자 그 질서 안에 살아가는 사람들에게 상호위안을 제공하는 장소가 되었다. 이 집단주의적 질서는 프랑크푸르트학파가 보기엔 이미 베를린이나 모스크바뿐 아니라 런던과 뉴욕, 파리에도 가시화되고 있었다.

프랑크푸르트학파 연구자들은 가족이 약화되면서 사회화의 대체 작동인자들이 가족이 담당했던 역할을 차지해 버린 상황을 애석해했다. 이 사회화 대체인자들은 (나치당에서부터 문화산업에 이르는 모든 것들) 프롬이 권위적 성격이라고 부른 것을 만들어내는 도구였다. 후기자본주의의 사회적 제도들은 포드 T모델 자동차의 인간적 등가물에 해당하는 성격, 즉 스스로의 정체성을 구성하지 못한 채 두려움에 떠는 수동적인 모형정체성을 제조해내었다.

프롬은 같은 제목의 1957년 책에서 이 집단주의적 질서하의 지배자와 피지배자를 권위주의적 인격성향으로 묘사했다. 지배자와 피지배자는 공통점을 갖고 있다. "스스로 의지하고 독립할 능력, 다시 말해 자유를 버텨낼 능력의 부재…… 그는 구속을 느껴야 했다. 사랑도 이성도 필요하지 않다. 그는 공생적 관계, 타자와 하나 되는 감정에서 구속감을 찾는다. 자신의 정체성을 유지하려고 하기보다는 그 관계 속에 융합됨으로써 자신을 파괴한다." 프롬은 권위주의적 인격성향을 성숙한 인격과 대립시킨다. 성숙한 인격의 소유자는 "타인에게 매달릴 필요가 없는 사람이며 적극적으로 세상을, 사람들을 자신 주변의 사물을 포용하고 이해한다."[45]

세상을 적극적으로 끌어안기, 자립능력과 함께 자유를 버텨낼 힘 — 이런 인격적 특성은 프랑크푸르트학파가 그들 주변에서 목격했던 창궐하고 있는 집단주의적 질서에서는 제거되어 있었다.

7장
악어의 아가리

——

　　　　　　　1932년 여름 벤야민이 토스카나 해안가의 휴양지 포베로모에 도착했을 때 그는 그곳의 이름과 잘 어울렸다. 포베로모는 이탈리어로 가난한 사람이란 뜻이다.[46] 그의 결혼생활은 끝났고 뒤이은 두 차례의 연애도 끝났다. 그가 쓰게 될 최고의 책은 아직 출간되지 않았고 나치즘의 밤이 유럽 전역을 감싸기 직전의 황혼 속에서 문학비평을 쓰면서도 먹고 살 수 있을 것이라는 벤야민의 희망은 사그라졌다. 파산상태의 비참한 심정에서 그는 친구 빌헬름 슈페어에게 담배 살 돈을 빌리고 빌라 아일린(Villa Irene)의 소유주에게 빌린 돈으로 버티고 있었다. 그가 빚을 갚을 날은 기약이 없었다.

　　그렇지만 이 불쌍한 남자에 대해서 우리가 일말의 동정심이라도 갖지 않으려면 벤야민이 부유한 가정 출신이며 1920년대를 대부분 여행을 다니고 노름하고 수집품을 사러 다니면서 아내 도라와 아들 스테판을 돌보지 않았다는 사실을 잊지 말아야 한다. 1930년 도라와 떠들썩하게 이혼할 때 법정은 아내에 대한 처우를 잘못했다는 이유로 벤야민이 받은 유산의 알짜배기를 도라에게 위자료로 주라고 판정하게 된다. 이 판결 이후 그는 사망할 때까지 마지막 10년 동안 빈궁에 허덕이게 되었다.

1932년 여름 그는 과거 10년 동안 해왔던 대로 여전히 유럽을 방황하고 다녔지만 이번에는 그때만큼 돈을 많이 갖고 있지 못했다. 그는 유대교신비주의자이며 시오니즘 학자였던 친구 숄렘에게 쓴 편지에서 "제3제국의 개회식"[47]을 보지 않기 위해서 독일로 돌아가지 않고 있다고 말했다. 그 해 여름 독일의 수도에서는 히틀러에게 우호적이었던 선임 총통 프란츠 폰 파펜이 사회민주당이 이끌고 있던 프러시아정부를, 숄렘의 표현에 따르면 쿠데타를 통해 해체시켜 버리고 6월 2일 반동적 내각을 수립했다. 폰 파펜은 나치의 돌격대, 소위 SA*에 내려진 금지를 철폐한 뒤 유대인과 공산주의자들을 향한 사상탄압과 더불어 정치적 폭력과 공포를 자행함으로써 1년 뒤 히틀러가 권력을 쟁취하는 길을 열어주게 된다.

그 해 7월 벤야민은 베를린과 프랑크푸르트의 라디오방송국 대표들이 해고되었다는 사실을 알게 된다. 정부의 정책에 따라 라디오는 다른 미디어와 결합해서 우익프로파간다를 대변해야 했다. 이 라디오방송국들에서 벤야민은 1927년부터 총 80개의 라디오방송을 만들어 왔다. 당시 벤야민의 수입 대부분은 라디오방송에 의존하고 있었는데 그가 만든 방송은 드라마를 비롯해서 청취자들에게 임금인상을 받는 법 등의 조언을 재미나게 해주는 소규모 스케치 방송, 나아가 코미디 작가가 되고 싶은 사람들을 위한 가이드

---

* 나치의 준군사조직으로 갈색셔츠단이라고도 불리는데 나치당의 과격분자로 구성되었고 난폭하고 과격한 위협행위와 폭행으로 히틀러가 권력을 잡는데 핵심적인 역할을 한다.

등을 포함하고 있었다. 이런 프로그램을 독일에서 가장 난해한 사상가 중한 사람이 만들었다는 사실은 믿기 어렵다.[48] 그가 만든 방송프로그램 중대부분이 아이들을 위한 것이었고 청년 청취자들에게 파시즘의 세력이 강해지면서 제거된 비평적 재능을 키워주기 위해 마련되었다. 실제 방송분을녹음해둔 것이 없어서 벤야민의 라디오방송이 어땠을지 확인할 방법은 없다. 하지만 제2차 세계대전 당시 게슈타포가 그가 체류했던 파리의 마지막아파트를 급습했을 때 그곳에서 발견된 원고들 중에는 방송대본도 있었다. 2014년 이 대본의 일부가 BBC프로그램 〈벤야민 브로드캐스트〉에서 배우헨리 굿맨의 낭독으로 재연되었다. 이 프로그램은 아동문학작가 마이클 로젠[49]이 만들었다.

마녀사냥, 베를린의 악마성, 성공한 협잡꾼, 인간이 초래한 재난 등에 관한 벤야민의 방송 대본은 국가사회주의의 알레고리이자 당시 곧 일어날 일에 대한 경고를 담고 있었다. 벤야민이 독일라디오에서 마지막 방송했던 날짜는 1933년 1월 29일이다. 그 다음날 히틀러가 총통으로 임명되었고 나치의 횃불퍼레이드는 최초의 전국 라디오방송용 소재가 되었다.

이것이야말로 제3제국의 진정한 개회식이었다. 제1차 세계대전의 폐허와독일제국의 붕괴로부터 출현했던 바이마르공화국은 권리장전을 통해서 모든 독일 시민에게 표현과 종교의 자유, 법 앞의 평등을 보장했고, 선출된 독일의회가 정부를 구성했다. 그러나 바이마르의 임시 민주주의의 꽃은 피자마자 바로 맥없이 떨어졌다. 변증법적으로 말하자면 자신이 딛고 선 기본토대구조에 의해서 무너진 것이다. 바이마르는 비례대표를 개별 선출된 의원이아니라 정당에 투표를 함으로써 선출하는 체계를 갖고 있었는데, 그 결과 군소정당이 생겨나서 다수당이 될 만큼 강한 정당이 나오지 못하게 되어 제헌국회의 법을 통과시킬 만큼 효과적인 정부를 만들지 못했다. 설상가상 헌법 48조에서 대통령이 위급상황 시 법령을 통해서 지배하도록 만들었다. 어떤 상황이 위기인지도 분명히 밝히지 않은 채 남겨둔 치명적 허점으로 히틀러가 법의 뒷문을 통해 권력을 차지하게 된 것이다.

『위기시대의 시 1929-33』에서 브레히트는 대의명분을 찾는 대신 공산주의에 맞서 파시즘의 편을 들어 싸웠던 독일노동자들로 인해 자신과 같은 마르크스주의자들에게 일어난 재난을 성찰한다. 그의 시 「바이마르헌법 1조」(이 헌법은 "국가권력은 국민에게서 비롯된다"고 천명한다)는 바이마르공화국의 권력이 거리를 행진하는 장면을 묘사한다. 이 권력의 바퀴는 오른쪽으로 향해가면서 감히 자신의 권력을 의심하는 사람들에게 분노한다.[50] 시는 살인으로 끝난다. 총성 한발이 들리고 "국가권력"은 발아래를 내려다보면서 시체를 확인한다.

> 저 진창에 누워있는 것이 뭐지?
> 저 진창에 뭔가 있는데,
> -아, 국민, 그거로군.

물론 브레히트의 시 중 가장 잘 쓴 시라고는 할 수 없다. 하지만 이 시는 국민에게 부여된 권력이 전복되는 상황을 생생하게 그려낸다. 앞으로 우리가 살펴보게 되겠지만 프랑크푸르트학파는 국민이 국가사회당에 유혹 당했다고 생각했다. 스스로 마르크스주의자임을 천명했고 대부분이 유대인이었던 프랑크푸르트학파의 사상가들은 이제 새로운 과제를 안게 되었다. 독일혁명의 실패원인이 아니라 왜 독일인이 다른 무엇보다도 마르크스주의자들과 유대인들의 학살을 부추기는 이데올로기의 유혹에 빠져버렸는지 이해하는 일이었다. 이후 10년 동안 출간된 책 중 프롬의 『자유로부터의 도피』, 정치이론가 노이만의 『거대괴물: 국가사회주의의 구조와 실천』, 마르쿠제의 『권위에 대한 연구』 등에서 왜 독일국민이 지배당하기를 욕망하는지 이해하려고 노력했다.

나치 지지자들은 바이마르공화국의 도전을 받았던 독일의 오랜 가치들을 복구시키려 했다. 이들은 섹스, 재즈, 민주주의, 모더니즘 등이 초래한 혼란을 끝내고 싶었다. 1927년 모스크바를 방문했을 때 벤야민이 직접 목격했던 짧았지만 폭발적이었던 소련의 문화적 실험에 영향을 받아 바이마르의 문학, 영화, 극장과 음악은 최상의 모더니즘적 창작 단계로 진입했고, 파시스트들은 이런 변화에 맞섰다. 나치의 눈에는 독일의 주요 도시들에서 번성하는 카바레와 재즈 무대는 야만적이었다. 가령 베를린이 열광했던 미국인 댄서 조세핀 베이커*의 공연은 이 야만성을 전형적으로 드러냈고 표현주의 미술은 혐오스러움의 극치였고 예술가 게오르그 그로스**의 군대 폄훼는 참을 수 없었다. 바우하우스의 새로운 건축물은 추했고 유대교적이며 공산주의적이었다. 제3제국은 이처럼 퇴폐적이고 방탕하며 공산주의적이고 유대교적 경향을 띤, 무엇보다 외래적(가령 미국, 소련, 프랑스)인 문화적 표현 방식에 종지부를 찍으려고 했다.

요세프 본 스턴베르그의 1930년 영화 〈블루엔젤〉에서 배우 말린 디트리치가 연기했던 매우 아름답고 유혹적이며 미심쩍은 카바레 댄서 롤라 롤라는 바이마르공화국의 에로틱한 매력과 불확실성을 담고 있었다. 영화는 저명한 교수 이마누엘 래스가 디트리치가 분한 댄서와 사랑에 빠진 뒤 이 사실이 알려져 그의 동료 학자들 앞에서 수치심을 당한 뒤 자신의 명예와 학식을 상징하는 책상을 마치 폭풍이 부는 바다에서 의지할 난파한 배의 파편처럼 붙들고 있는 모습으로 끝난다.[51] 독일은 아마도 이런 바이마르 스타일의

---

* 미국의 흑인 무용수이자 가수로 런던과 파리를 중심으로 유럽에서 활동했다.
** 독일의 풍자 만화가이며 화가. 전쟁의 타락상을 생생하게 묘사한 것으로 유명하다.

어리석음을 파시즘에 가학피학성애적으로 굴복함으로써 보상하려고 했을 지 모른다.

하지만 제3제국은 개회식과 동시에 제국의 죽음을 선포한 셈이었다. 미국 망명기에 쓴 『미니마 모랄리아』에서 아도르노는 내재적 비판의 거장의 면모를 다음과 같은 대목에서 보여준다. "국가사회주의의 첫 몇 달을 지켜본 사람이라면 그 누구도 치명적 슬픔의 순간을 놓칠 수 없을 것이다. 파멸로 향해가고 있다고 어슴푸레하게 인지하게 되는 순간이었다. 이런 순간은 조작된 도취상태, 횃불행진과 북소리를 동반했다."52 이 반복동기 — 도취상태의 슬픔, 환희의 매 순간에 그림자처럼 내리덮은 재난과 출산의 고통에 아로새겨진 죽음 — 는 아도르노가 보기에는 철저히 독일적인 것이었다. 독일역사에서 유사한 예를 찾을 수 있었다. 1870년 독일제국이 승전보가 울려 퍼진 군사행진 속에서 탄생했을 때 바그너는 〈신들의 황혼〉을 작곡했다고 아도르노는 적고 있다. "국가가 처한 숙명의 정신에 불을 붙인다……. 같은 정신에서 제2차 세계대전이 시작되기 2년 전에 독일국민은 레익허스트(Lakehurst)에서 그들의 체펠린이 부서지는 모습을 영화에서 보게 되었다.* 고요히, 그리고 한 치도 어긋남 없이 비행선은 주어진 길을 나아가다가 갑자기 돌이 물속으로 잠기듯 사라졌다."53 아도르노 역시 벤야민의 텅 비고 동질적인 시간을 통과해나가는 역사를 상상한다. 이 역사는 재난이든 희망이든 서로 공명하는 성좌를 구축하고 파멸의 알레고리를 만들어가는 시간이다. 이런 사상은 1933년 베를린 사람들에게 어떤 위안도 제공해줄 수 없었다.

바이마르공화국의 죽음은 확실히 벤야민의 개인사에도 영향을 미쳤다.

---

* 1937년 독일의 거대비행선 체펠린이 도착지인 미국 뉴저지의 레익허스트에 있는 미 해군 항공 기지 상공에서 폭파한 사건.

그는 빈궁했고 침묵했다. 벤야민은《프랑크푸르터 차이퉁》에 자신이 쓴 최고의 단편 에세이를 출간할 지면을 얻었지만 그가 보낸 편지와 우송한 원고에 대한 답을 받지 못했다. 뭔가 벌어지고 있다는 신호였다. 1930년대가 지나면서 그의 글은 독일에선 거의 출판되지 않았고 출판될 경우라도 필명으로만 가능했다. 그의 1936년 책『독일민중』도 필명인 데틀레프 홀츠(Detlev Holz)로 출간되었고 글의 주제마저 나치의 애국적 의제에 맞추어 변형된 후에야 출판되었다(책에는 횔덜린, 칸트, 그림형제와 쉴레겔, 슐레마이허가 1783년 이래 100년간 나눈 서신 27개와 벤야민의 주석이 담겼다). 하지만 1938년에는 이 책 역시 독일어 금서 검열 목록에 수록된다.

이탈리아에서 피폐해져가고 있던 벤야민에게 베를린으로부터 (전대임차인의 악몽인) '규약 위반' 탓에 아파트를 포기해야 한다는 소식이 전해졌다. 그 아파트에는 그의 애장 도서들이 있었다. 벤야민은 자신의 모국으로부터 지워지고 있었다. 그 해 11월에 베를린으로 돌아왔지만 그는 잠깐 동안만 머물렀을 뿐 다음 해 3월 영원히 베를린을 떠나 파리에서 망명생활의 대부분을 보내게 된다. 1933년 3월 17일 벤야민이 자신이 태어난 도시를 떠나기 전 베를린 시민들은 2월 27일 국회가 불타는 것을 목격했고 히틀러는 이 화재를 공산주의자들과 다른 정적의 처형을 정당화하기 위한 구실로 사용하게 된다. 벤야민은 바이마르공화국의 상징적 죽음과 3월 23일 제3제국의 탄생 이전에 베를린을 떠났다. 이날 수권법(Enabling Act)이 의회의 동의 없이 통과되면서 히틀러에게 절대적 권력을 부여했다. 1933년 3월 10일 대다수의 독일의 대학도시에서 책이 불에 탔고 선전장관 괴벨스는 "지나치게 부풀려진 유대인 지성주의"의 시대가 종말을 고함을 알렸다.[54]

수십 년의 시간을 지나 매우 특별한 비극이 좀 더 큰 비극의 중간에서 울려오고 있다. 20세기의 가장 위대한 독일 비평가가 그의 비평적 활력이 절정에 달했던 시기에 반유대인법령으로 말미암아 자신이 몸담고 있던 문화에 관한 사유를 모국어로 담아낼 기회를 체계적으로 박탈당했던 비극 말이다. 그러나 벤야민의 비극에는 좌절된 사랑과 나치즘의 지배를 넘어서는 뭔가 다른 요소가 있다. 1997년 소설 『벤야민의 횡단』에서 제이 파리니는 벤야민 사후 10년이 지난 뒤 숄렘이 친구의 무덤가에 서 있는 모습을 상상한다. "벤야민의 죽음은 내게는 유럽정신의 죽음이며 하나의 삶의 방식이 종말을 고한 듯했다"고 숄렘은 소설에서 말한다.[55] 이 상상력이 만든 헌사는 브레히트가 친구 벤야민의 죽음에 대해 썼던 것과 같은 울림을 갖는다.

> 그렇게 미래는 어둠 속에 있고
> 정의의 힘은 나약하다는 걸 자네는 알고 있었겠지
> 고통당할 몸을 스스로 파괴해버렸을 때.[56]

벤야민의 개인적 비극이 유럽정신을 대표한다는 생각은 얼핏 들으면 과장된 듯하다. 물론 사랑과 존경의 표현이라고 받아들여 줄 만하다. 하지만 여기엔 과장 이상의 의미가 담겨있다. 벤야민의 에세이집 『일루미네이션』의 서론에서 아렌트가 제공한 구분법이 아마도 이에 대해 가장 근접한 설명을 제공해 줄 것이다.[57] 벤야민은 단지 1930년대의 유럽에서 생활을 영위하기 힘든 상태에 처한 프리랜스 지식인이 아니었다. 그는 문필가(homme de lettres)를 꿈꾸었고 그의 희망은 거의 실현된 것과 마찬가지다. 그러나 이 말은 무엇을 의미하는가? 아렌트(독일 유대인 지성사를 가장 예리하게 분석하면서도 우호적이었던 20세기 사상가)는 문필가란 지식인과 아주 다르다고 한다. 문필가는 혁명 이전의 프랑스에서 땅을 소유했고 여가를 누리면서 왕성한 지적 활동을 펼친 사람이었고, 지식인은, 적어도 아렌트의 설명에 따르면 기술관료 국가의 시녀노릇을 했다. 그녀는 이렇게 쓰고 있다. "지식인 계층은,"

경력자와 전문가, 공무원 등이며 오락과 강의의 형태로 국가나 사회에 봉사한다. 이와 달리 문필가는 언제나 국가와 사회로부터 거리를 두려고 노력한다. 그들의 물질적 존재는 일하지 않고 얻는 수입에 기초하고 있고 그들의 지적인 태도는 정치적으로나 사회적으로 통합되지 않으려는 결단에 의존해있다. 이런 이중적 상호의존을 토대로 해서 그들은 라로슈푸코*의 인간행위에 대한 경멸을 담은 통찰력이나 몽테뉴의 세속적인 지혜, 파스칼의 사상에 담긴 경구적 신랄함, 몽테스키외의 정치적 사변이 보여주는 대담함과 개방성 등을 가능하게 했던 우월한 냉소주의의 태도를 유지할 수 있었다.[58]

국가와 사회로부터 거리두기. 정치적으로 혹은 사회적으로 통합되지 않으려는 결단. 우월한 냉소. 경구적 신랄함. 우리가 이 대목의 다채로운 구절들을 읽어보면 단지 혁명 이전의 프랑스작가들 뿐 아니라 프랑크푸르트학파의 대표지식인들과 벤야민에게도 해당된다는 것을 발견하고 놀라지 않을 수 없다. 그는 "먹고 살기 위해서 억지로 혹은 기꺼이 직업적으로 글쓰고 읽는 일은 하지 않기"를 꿈꿨다고 아렌트가 표현하고 있다.[59]

만일 아렌트의 분석이 맞는다면, 벤야민이 직업적 의무에 구애받지 않는 문필가가 되려는 꿈은 그가 성장했던 빌헬름시대의 독일이 갖고 있던 반유대적 성격에 의해 촉발됨과 동시에 제약받았다. 제1차 세계대전 이전에는 세례 받지 않은 유대인은 대학 강단에 설 수 없었다. 그들은 고작 무임금의 비정규직 교수(Extraordinarius)로 일할 수 있었다. 아렌트는 이렇게 쓴다. "이 직위는 보장된 수입을 제공받지 못한 채 수입을 얻게 되리라는 가정 하에 일하

---

* 17세기 프랑스의 사상가이자 작가로 잠언으로 유명하다.

는 자리였다."[60] 따라서 헛되이 일어날 수 없는 일을 꿈꾸는 대신 벤야민은 이룰 수 있는 최상의 것을 꿈꾸었다고 아렌트는 확신을 갖고 말한다. 즉 그가 이룰 수 있으리라 생각한 일은 다름 아닌 독립적인 사설 연구원이 되는 것이었다. 당시 이런 직업은 프리바트겔리허터*라고 불렸다. 프랑스어를 좋아했던 벤야민은 이 학술적인 독일연구자 유형에 프랑스 골(Gaul) 민족의 색채를 부여했다. 그는 문필가로서 자신의 절충적 이해관계를 자유롭게 추구할 수 있게 후원받으면서 연구의 독립성을 유지하길 원했다.

이런 맥락에서 벤야민이 정치적 현실의 변화를 맞닥뜨렸을 때 문필가의 꿈을 수정하지 않았다는 사실은 주목할 만하다. 바이마르공화국에서는 권리장전 덕택에 세례 받지 않은 유대인을 포함한 누구나 대학에서 일을 할 수 있었다. 실상 이 문은 한번 열리고 난 뒤 곧 닫혀버렸다. 1933년 4월 히틀러는 공직법**을 통과시켜 유대인을 비롯한 '정치성향에 있어 요주의 인물'을 해고하도록 했다(이 법에 따라 가령 쇤베르크가 프러시아예술아카데미에서 해고되었고, 마찬가지로 클레, 딕스, 벡크만 등 화가들이 다른 독일의 예술아카데미에서 해고된다). 그러나 바이마르공화국에서는 유대인이 잠시나마 대학의 교직을 꿈꿀 수 있었다. 그런데도 당시 벤야민은 왜 학계에서 자신의 경력을 쌓으려 하지 않았는가? 아렌트의 설명에 따르면 그는 전쟁 이전부터 이미 자신이 되고 싶은 것을 결정해버렸고 점점 그 꿈을 이룰 가망이 없어졌는데도 애써 이루려고 했다. 제1차 세계대전 이후 아버지와 겪은 끔찍한 불화는 대부분 돈벌이가 되지 않는 직업을 가지려고 했던 아들에게 아버지가 돈을 주지 않으려고

---

* Privatgelehrter: 영미 권에서는 'independent scholar'로 불린다. 대학이나 기관에 적을 두지 않고 개인의 신념이나 관심에 따라 자유롭게 연구하는 형태로 '재야학자'에 가깝다.
** 히틀러는 권력을 잡은 뒤 2달 만에 이 법령을 통해 공직에서 아리안계 이외의 인종과 공산주의자 등을 위시해 특정 집단과 계층을 조직적으로 배제했다.

했기 때문에 벌어졌다. 벤야민 전기 작가들이 이구동성으로 전하는 이야기에 따르면 "그의 부모는 뭔가 수입을 얻을 수 있는 직업을 가지라고 요구했고 벤야민이 하고 싶은 대로 살면서 글 쓰는 일에 필요한 경제적 독립을 주지 않기 위해 지속적인 재정적 지원을 완고하게 거부했다."[61] 그들의 아들은 기질적으로 돈벌이가 될 만한 직장을 구할 수 없었다. 벤야민은 이 점에 있어서 카프카의 매우 명민한 독자였다. 카프카는 아버지의 욕망에 무릎을 꿇고 보험회사에 취직했다. 이 소설가는 보험회사에서 일한다는 것이 무슨 의미인지를 "무덤을 마련해 두어야 한다"[62]는 표현으로 묘사했다. 벤야민은 기질적으로 카프카의 비굴한 길을 따라갈 능력이 전혀 없었다.

우리에게 이 대목에서 중요한 것은 벤야민이 품고 있던 열망이 대학체계나 정치정당으로부터 독립을 유지하려는 프랑크푸르트학파의 결정에 매우 상징적인 작용을 했다는 점이다. 어떤 점에서 이 열망은 지적인 자율성에의 고집이다. 그들은 아렌트가 비하하듯 묘사했던 지식인이 되기보다는 한 치의 오차도 없이 철두철미 자본주의적인 아르헨티나 출신의 부유한 곡식무역상을 아버지로 둔 마르크스주의자 아들이 마련해 준 재정적 지원을 받아 독립적으로 글을 쓰면서 마르크스주의이론에 따라 사회를 분석하면서 살아가려고 결정했다. 한편으론 그들은 유대인이었기 때문에 이런 선택을 해야 했다. 유대인이 대학에서 직장을 가질 수 있도록 겨우 허락했던 대학체계에 자신의 운명을 걸어야 한다는 것에 반신반의했다. 분명 대학에서 가르치기 위해 필요한 박사후자격증인 하빌리타치온을 따려고 시도했다가 실패했지만 벤야민은 오로지 아버지의 돈지갑을 풀기 위해서 자격증이 필요했을 뿐이었다. 그는 아버지가 주는 돈으로 자신의 연구를 독립적으로 해나가고 싶었다.

벤야민은 또한 돈벌이를 위한 일을 경멸했다. 가령 그는 1927년부터 1932년까지 자신의 수입 대부분을 차지했던 라디오 방송일이 대수롭지 않은 일, 그저 날품팔이로 치부했다(우리는 이 대목에서 그의 의견에 동의할 필요는 없다.

왜냐하면 방송내용은 「기술복제시대의 예술작품」이든가 「역사철학테제」 등의 글을 예견하는 서문 같은 것이었다. 더구나 방송 그 자체로도 인상적이어서 공중파 라디오 방송이 과거에는 이따금씩 경험하곤 했지만 벤야민 이후에는 찾아보기 어려운 성과를 이루었다). 그러나 한 가지 사실은 남아있다. 그는 소품이 돈이 되지 않았을 때 소품작가였고 편집자들이 그의 편지에 응답을 보내지 않았던 시기보다 훨씬 전부터 이미 하청글쓰기 일을 경멸해 마지않던 그럽스트리트*의 노동자였다. 아렌트는 다음과 같이 쓴다.

> 그건 마치 문필가라는 형상이 사라지기 직전 마지막으로 한 번 더 그 가능성을 충만하게 발현시켜 자신을 드러내 보여야 할 운명을 가진 듯이 보였다. 비록 그 물질적 기반이 재난을 당한 듯 파괴되어버렸을 지라도, 혹은 아마도 바로 그런 이유 때문에 문필가의 형상이 그렇게도 사랑스럽게 보일 수 있었고 순수하게 지적인 열정이 가장 효과적이고 인상적인 가능태로 드러난 것인지도 모른다.[63]

이것은 비극이다. 포베로모에서 겪은 빈곤에서부터 포르부(Port Bou)에서의 죽음에 이르기까지 8년 동안 벤야민의 글은 무엇을 실현하기보다는 충만한 가능성만을 담고 있었다. 그가 카프카에 관해서 "[카프카의] 작품 활동을 이해하는 일은 다른 무엇보다도 그가 실패했다는 단순한 사실을 인정하는 문제이다"[64]라고 했을 때 이 또한 벤야민 자신에 대한 진실이었다.

이 유럽스타일의 죽음에 이르는 길 위에 뭔가 강렬한 섬광이 나타났다.

---

* Grub Street: 영국에서 문단 주변부에서 하청을 받아 글쓰기를 하거나 잡문을 쓰던 무명의 작가들이 모여 있던 곳에서 유래한 표현으로 지금은 싸구려 잡문 노동자를 일컫는 말로 사용된다.

바로 벤야민의 글이었다. 프랑크푸르트학파가 독일낭만주의의 마지막 환호성이었다면, 벤야민은 이 연구 집단에 노정된 온갖 모순들 속에서도 그들을 드러내준 상징물이었다. 프랑크푸르트학파는 마르크스주의자였지만 정당에 가입하지 않았고 사회주의였으나 자본가의 돈에 의존했고 자신들의 고고한 시선으로 경멸해 마지않았던 사회의 수혜자였다. 그들이 살았던 사회가 아니었다면 그들에게는 마땅히 글을 쓸 만한 소재가 전혀 없었을지 모른다.

1932년 지중해연안을 도망자의 처지로 방랑했을 때 벤야민은 자살충동에 시달렸다. 포베로모에 도착하기 한 달 전 그는 니스의 호텔방에 묵었다. 그곳에서 유언장을 쓰고 작별인사를 남기고 자살하려고 계획했었다. "줄라에게"라고 시작하는 글을 조각가 줄라 라트에게 썼다. 라트는 아내 도라 폴락과의 결혼생활 전부터 벤야민의 연인이었고 결혼 중에도 관계를 지속했던 상대였다. "내가 당신을 한때 아주 많이 사랑했다는 것을 알고 있겠지. 이제 나는 죽으려고 하오. 살면서 받은 선물이 많지 않소만 당신을 향한 고통의 순간들이 준 선물은 아직 남아 있소. 이걸로 인사를 대신하오, 당신의 발터."[65]

그의 친구 숄렘에 의하면 벤야민이 충동적으로 자살을 하려고 계획한 이유는 또 다른 연애관계가 실패했기 때문이라고 한다. 그 해 이른 여름 이비자(Ibiza)에서 1928년에 만났던 러시아계 독일 여성 올가 파렘에게 청혼을 했다. 그녀는 그를 만나러 그 지중해의 섬으로 왔다. 파렘은 벤야민에게 끌렸다. "그의 웃음은 매력적이에요. 그가 웃으면 온 세상이 열리죠." 한편 숄렘은 그녀가 "매우 매력적이고 활기차다"고 전했다.[66] 그녀에 대해 벤야민이 어떤 생각을 했는지는 기록에 남아있지 않다. 파렘은 벤야민이 그의 13년 결혼생활동안 그리고 결혼 이후에 절망적으로 사랑에 빠졌던 일련의 여성들 중 한 사람이었다. 전기 작가들이 전하고 있듯이 벤야민은 삼각관계에 자주 휘말렸다. 특히 상대인 두 사람이 가까운 사이일 때 그런 경우가 많았다. 이런 애정의 기하학 탓에 가령 그의 탁월한 비판자이면서 옹호자였던 아도르노의 부인 그레텔 카르플루스와 벤야민 사이에 오래 지속되었던 내밀한 서신교환은 벤야민을 매우 강력하게 자극했었다. 그러다 동시에 종국에는 관습적인 사고방식의 소유자들이 통상 그렇듯이 삼각관계에 연루된 모두가 불만족스럽게 관계는 끝이 난다. 도라는 전남편이 아샤 라치스와 결혼하려고 하자 숄렘에게 다음과 같은 편지를 썼다.

> 그는 완전히 아샤의 영향권 아래에 놓여있어요. 제가 여기 절대 쓸 엄두도 내지 못할 일들을 그는 하죠. 그래서 살아있는 동안 다시는 그와 한마디도 나누고 싶지 않아요. 지금 그에게 남은 것은 두뇌와 섹스뿐이죠. 그 밖의 다른 것은 작동하기를 멈춰버렸어요. 당신도 잘 알고 있고 상상할 수도 있을 테지만 그런 경우는 오래지않아 두뇌가 물러나게 되어 있어요.[67]

[벤야민에게는] 자극제가 되었던 사랑과 질투의 삼각관계는 올가 파렘의 경우엔 일어나지 않았다. 이비자에서 그가 청혼을 했을 때 그녀의 답변은 만족스럽지 않았다. 그녀에게서 거절당한 후 며칠 뒤 40세 생일을 맞은 벤야민은 자신이 연인도 없고 직업도 없는 채 거의 절망적인 상태에 놓여있다고 생각했다.

이 당시 음울한 상태로 몇 달 동안 무일푼의 처지로 지중해 지역을 방랑하며 보내면서 그는 베를린으로의 귀환을 지연시켰다. 마치 죽음이 임박한 듯이 느낀 벤야민은 그 해 여름 있었던 한 사건을 섬세한 위트로 담아냈다. 그의 글에는 아주 드물게 위트가 담기기도 했는데 친구들은 그의 위트를 높이 사주었다. 가령 이런 장면을 그려보라. 벤야민이 이비자를 떠난다. 여행가방은 곧 그를 마조르카로 데려다줄 배에 실려 있다. 친구들과 부둣가에 도착했을 때는 자정이었다. 부두의 트랩은 걷혀 있었고 배는 이미 움직이고 있었다. 이 사진에서 당신은 다음 문장을 즐기기 위해서 이 위대한 유대인 지식인이 그루초 마르크스*나 찰리 채플린과 어쩌나 꼭 닮았는지는 상상할 필요도 없을 테지만 그래도 그런 상상이 도움이 되리라. 그는 숄렘에게 썼다. "동료들과 조용히 악수를 나눈 뒤 나는 움직이는 배의 선체를 가늠하고 호기심 많은 이비자 사람들의 도움을 받아 난간을 타고 넘어 배에 오르는데 성공했다네."[68] 벤야민은 여러 가지 일을 했었지만 코미디 작가는 아니었다. 물론 '조용히'라는 표현에 담긴 최상의 격식을 갖춘 침착함과 '호기심 많은'이 보여주는 표현의 절제는 그가 직업을 바꾸어도 좋지 않을까 생각하게 만든다.

마조르카에서 그는 니스로 향했다. 호텔에 방을 얻고 다가올 죽음에 대비해서 소지품을 나누기 시작했다. 그는 자신의 장서를 아들 스테판에게 남겼고 아내 도라에게도 유물을 남기긴 했지만 소중한 물건과 그림은 줄라 라트, 아샤 라치스, 그레텔 카르플루스 등 옛 연인과 친구들에게 남겼다. 이처럼 자주 자살을 생각하다가 결국 실행에 옮기고만 사람의 정서가 어땠는지 그 실마리를 그의 격언적 에세이 「파괴적 성격」이라는, 1년 전 11월에 《프랑크푸르터 차이퉁》에 실린 글에서 찾아볼 수 있다.

> 파괴적 성격은 역사적 인간의 의식을 갖는다. 그의 가장 깊은 정서는 사물의 진행과정에 대한 극복하기 힘든 불신과 어떤 순간에라도 모든 것이 잘못될 것이라는 사실을 인식할 준비가 되어있다……
> 파괴적 성격은 어느 것도 영원하다고 보지 않는다. 그러나 바로 그런

---

* 미국 코미디언으로 '마르크스형제'로 알려져 있다.

이유로 그는 도처에서 길을 만난다. 다른 사람들이 벽과 산을 마주하는 곳에서도 그는 길을 발견한다. 그러나 바로 도처에서 길을 만난다는 이유 때문에 그는 도처에서 길에 놓인 모든 것을 치워버려야 한다. 늘 폭력적 힘을 쓰는 것은 아니다. 때로는 좀 더 세련된 방법을 취한다. 그는 도처에서 길을 만나기 때문에 언제나 교차로에 서 있다. 어떤 순간도 그 다음에 무슨 일이 일어날지를 알 수 없다. 그는 존재하는 것을 폐허로 만들어 버린다. 폐허를 위해서가 아니라 폐허를 뚫고 나아갈 길을 위해서다.

파괴적 성격은 인생이 살 만하기 때문이 아니라 자살하려고 애쓸 가치가 없기 때문에 살아간다.[69]

그의 인생 마지막 8년 동안 벤야민의 쓴 글은 조지프 슘페터*의 창조적 파괴라는 개념을 예시한다. 이 개념은 역사를 폐허로 만들어 역사의 잔재로부터 새 길을 찾으려는 시도이다. 그가 아꼈던 19세기 프랑스 시인 보들레르에 대해 "세상의 진행과정을 방해하는 것, 그것이 보들레르의 가장 깊고 심오한 의도였다"고 썼는데 이 진술은 그 자신의 메시아적인 마르크스주의에서도 해당되었다. 메시아적 마르크스주의는 모순어법처럼 보인다. 이 깊고 심오한 파괴적 의도는 그의 철학을 공산당의 노선에도 이단적으로 만들었다. 분명 당의 노선은 역사를 필연적으로 공산주의적 유토피아의 실현을 향해 나아가는 것으로 보았다. 숄렘이 벤야민의 글을 "혁명에 거스른다"고 묘사했을 때 벤야민 자신은 그 묘사가 꽤 정확하다고 답변했다.[70]

앞으로 살펴보겠지만 벤야민이 갖고 있던 이 내장을 후벼 파는 듯한 파괴적 경향은 그의 비평과 혁명적 정치의 메시아적 비전을 통해서 확장된다. 이

---

* 오스트리아 출신의 미국 경제학자.

런 경향은 역설적으로 그가 자살하지 않기로 결정하도록 해주었다. 벤야민이 파괴적인 성격을 갖고 있었다고 해도, 더 이상 이 혐오스런 서곡들에 저항하기 어렵다고 느낀 1940년의 결정적 그 순간에 이르기 전까지 그가 자기 파괴적이었다고 할 수 있을까?《프랑크푸르터 차이퉁》에 쓴 글에서 그는 자살을 신랄하게 조롱하며 시도해볼 가치도 없다 제쳐 두었다. 이로써 그는 전통적인 도덕관습을 향해 이중적인 어깨 짓을 해보인 셈이다. 한 번은 자살을 도려내버린 전통을 향해서, 또 한 번은 자살을 매혹적이게 만든 위반적인 저항전통을 향해서 어깨를 으쓱거렸다. 확실히 독일에는 자살에 관한 생생한 역사가 있다. 「자살론」에서 쇼펜하우어는 "내가 이해하는 한 오직 일신교적, 즉 유대교적 종교에서만 자기파괴를 죄라고 본다"[71]고 썼다. 그렇긴 하지만 뭔가를 범죄라고 부르려면 단지 금지를 선언할 뿐 아니라 그 행위에 리비도적인 고착을 부여함으로써 그것을 위반하는 행위가 섹시해 보여야 한다.

괴테가 1787년에 출간한 질풍노도경향*의 소설 『젊은 베르테르의 슬픔』에서 주인공은 자신이 휩쓸려 들어간 삼각관계의 한 사람이 반드시 자살을 해야 한다는 논리를 펴면서 살인을 저지를 수는 없으나 뭔가 행동을 해야만 한다는 이유로 자신의 머리에 대고 권총을 쏜 뒤 12시간 후 죽게 된다. 괴테의 소설은 출간 후 독일에서 젊은이들 사이에 모방 자살을 불러 일으켰다. 1903년 23세의 오스트리아 철학자 오토 바이닝거는 베토벤이 76년 전 죽었던 방에서 가슴에 총을 쏴 자살했다. "내게는 세 가지 가능성이 있다. 교수대, 자살. 혹은 너무도 찬란한 미래라서 감히 상상할 엄두도 나지 않는 것"이라고 선언했다.[72] 이 가능성 중 세 번째는 그가 당시 출간한 책 『섹스와 인물

---

* 18세기 후반 독일에서 일어난 문학운동으로 합리주의를 벗어나서 정열적인 개성의 해방을 지향했다.

성격』에 대한 냉정한 비평적 반응 탓에 거의 실현될 가능성이 없어 보였다.

그렇다면 벤야민은 왜 1932년 자살을 생각했을까? 삼각관계에서 비롯한 베르테르효과인가? 자신의 천재성이 인정받지 못할 것이라는 우려 때문에? 전기 작가들이 확인해 준 바로는 제1차 세계대전이 발발한 이래 거의 20년 동안 줄곧 그의 마음속에는 자살이 자리 잡고 있었다. 1914년 그의 친한 친구 중 하나인 시인 프리츠 하인레가 리카 셀리그슨과 동반자살을 했다. 어느 날 아침 속달편지 한 장이 도착해서 벤야민의 잠을 깨웠다. 편지에는 "회연 장소에서 우리가 누워있는 걸 발견하게 될 거야"라고 쓰여 있었다.[73] 그곳에서 두 연인은 가스중독으로 죽었다. 이들의 비극적 종말은 신문에서는 숙명적 사랑의 결과라고 묘사되었지만, 친구들은 그들이 반전운동의 일환으로 자살을 택했다고 생각했다. 벤야민에게 하인레의 자살은 그의 남은 생애를 줄곧 따라다닌 그림자였다. 그는 친구의 죽음 이후 수년 동안 50개의 소네트 연작을 썼고 하인레의 시를 1920년대 내내 친구들에게 읽어 주었다. 10년 동안 그가 쓴 글에는 자살이 형상화되어있다. "작별을 고한 자들은 얼마나 더 쉽게 사랑을 받는지!"라고 1928년 『일방통행로』에 썼다. "불꽃은 배나 기차의 창문에서 흔들어대는 작은 사물의 덧없는 움직임처럼 저 멀리 떨어진 곳에서 불타는 것들을 위해서 더 순수하게 타오르는 법이다. 분리는 얼룩처럼 사라지는 사람을 파고들어 부드러운 광채 속에 그를 잠기에 한다."[74] 아마도 벤야민은 1932년 여름 친구들과 연인들로부터 거리를 두는 형식적 몸짓을 통해서 자신이 그런 광채에 잠긴다고 상상했을 터이다. 그러나 당시에 그는 이런 분리를 최종적으로 실현시킬 행위를 저지르지는 않았다.

자살은 성인 벤야민을 스토커처럼 따라다닌 유령이었다. 그러나 그럼에도 불구하고 그는 죽음이 남아 있는 자들에게 어떤 의미가 있는지에 관해서 두려울 정도로 아름다운 글을 썼다. 가령 『일방통행로』에서 그는 이렇게 말한다. "만일 우리와 가까운 한 사람이 죽어간다면, 다가올 수개월동안 우리는 뭔가 존재한다는 것을 어렴풋이 이해하게 된다. 우리가 그와 함께 공유하고 싶은 것은 오직 그의 부재를 통해서만 일어난다. 우리는 마침내 그가 전혀 이해하지 못하는 언어로 그에게 인사하게 된다."[75]

1932년 그가 자살하지 않았다는 사실이 여전히 남아있다. 왜 그는 그때 자살하지 않았을까? 아마도 해야 할 일이 있었기 때문이리라. "자살을 막는 가장 설득력 있고 유일한 도덕적 논쟁은 자살이 최상의 도덕적 목표의 성취와 정반대라는 것, 이 세상의 비참함을 진심을 다해 구원하지 않기 위한 그저 허울 좋은 겉치레일 뿐이라는 사실이다."[76] 여기서 쇼펜하우어를 인용하는 것은 다소 무신경해 보일지 모른다. 벤야민은 쇼펜하우어를 열렬히 읽지 않았다. 그러나 인용한 쇼펜하우어의 구절에서 언급된 '구원'이라는 단어는 어느 정도 연관이 있어 보인다. 아도르노는 『미니마 모랄리아』의 결론에서 이렇게 썼다. "절망과 마주했을 때 책임감을 갖고 실천할 수 있는 유일한 철학은 모든 것들에 대한 사색이다. 구원의 관점에 서면 모든 것이 스스로 드러나기 때문이다. 지식은 어떤 빛도 없고, 오직 구원에 의해서만 세상에 빛을 비춘다. 그 외 다른 것들은 재구성이며 고작 기교일 뿐이다. 우리의 시각은 반드시 세상을 전치시키고 낯설게 하고 틈과 균열을 통해 세상이 결여되어 있고 왜곡된 것으로 드러나게 해주어야 한다. 그렇게 하면 언젠가 메시아적 빛으로 세상이 나타나리라."[77]

앞서 인용된 「역사철학테제」의 아홉 번째 테제에서 벤야민은 정확하게 이 구원의 관점을 상상했고 그것이 얼마나 위태롭게 그 자리를 차지하고 있는지에 대해 썼다. 그는 파울 클레의 〈안젤러스 노부스〉라는 그림에서 취한 이미지를 사색한다.

이 그림은 어떻게 화가가 역사의 천사를 그리는지 보여준다. 그의 얼굴은 과거로 향해있다. 우리가 사건의 연쇄과정을 지각하는 곳에서 그는 파산 위에 파산을 쌓아올려서 자신의 발 앞에 집어던져버리는 하나의 단일한 재앙을 지켜보고 있다. 천사는 그곳에 머물러서 죽은 자를 깨우고 부서진 것들을 전체로 만들기를 원한다. 그러나 폭풍이 천국으로부터 불어온다. 천사의 날개에 사납게 바람이 몰아쳐서 천사는 더 이상 날개를 접을 수 없다. 폭풍은 저항할 수 없게 천사가 등을 돌리고 있는 미래를 향해 천사를 던져버린다. 그 동안 그 앞에 쌓였던 잔해더미는 하늘을 향해 뻗어 올라간다. 이 폭풍은 우리가 진보라고 부르는 것이다.[78]

만일 폭풍이 우리가 진보라고 부른 것이라면 이 천사는 1932년 포베로모의 여름 벤야민의 닮은꼴이자 상징이 된 것이라고 볼 수 있지 않을까? 그는 글쓰기를 통한 회상 속에서 과거를 구원하고 부서진 것들을 전체로 만들려고 노력했다. 폭풍이 불어 닥쳐서 파괴가 진행되고 있지만 벤야민은 오직 자신이 할 수 있는 일, 글쓰기만으로 그 자리를 버티고 서 있으려 노력했다. 확실히 그는 파울 클레의 〈안젤러스 노부스〉에 매혹 당했다. 그는 이 스위스 출신 예술가의 작은 수채화 한 점을 1920년 베를린의 전시회에서 처음 봤을 때 천 마르크를 주고 사서 자신이 앞으로 살게 될 모든 아파트에 마치 행운의 부적처럼 걸어두었다 (현재 이 그림은 우여곡절 끝에 예루살렘의 이스라엘박물관에 걸려있다). 1921년 그는 《안젤러스 노부스》라는 이름의 저널 편집을 맡았다. "당시의 예술적 아방가르드와 지속적으로 창조되는 천사들에 관한 탈무드적 전설 사이의 관계를 모색하고, 현재의 파편들 속에서 거처를 찾아보려는 시도로" 저널을 시작했다.[79] 그는 또한 오스트리아 작가이자 풍자가인 카를 크라우스에 관한 1931년 에세이에서 이 그림을 다시 인용한다. 그는 이 그림이 "파멸을 통해서 자신을 증명하는 인간성을 이해할 수"있게 해준다고 해설한다.[80] 1933년에 나치가 권력을 잡게 되어 최종적으로 벤야민이 베를린을 떠나야 했을 때 이 그림을 두고 나왔다. 이비자에서 망명하던 시기에 쓴

「아게실라우스 산탄데르(Agesilaus Santander)」라는 제목의 자서전적 에세이에서 그는 이렇게 쓴다. "그러나 천사는 내가 떠나오려고 한 그 모든 것, 사람들, 그리고 무엇보다 모든 사물들과 닮아 있다."[81]

「발터 벤야민과 그의 천사」라는 글에서 숄렘은 벤야민이 당시 이 그림에서 자신이 줄라 라트와 아샤 라치스와 맺고 있던 복잡한 관계에 유사한 점을 발견했다고 썼다.[82] 그러나 역사의 천사는 단지 개인적 울림만 담고 있지 않다. 마르크스주의자들과 그 외 사람들 모두에게는 과거가 바뀌어야 한다는 벤야민의 주장이 가장 호소력을 갖는다. 비평가 테리 이글턴은 이렇게 썼다. "그의 가장 명민한 발언 중 한 가지는 우리가 불의에 저항하는 것은 미래의 해방될 후손들에 대한 꿈이 아니라 노예상태의 조상에 대한 기억 때문이라고 말한 것이다. 돌로 변하지 않으리라는 희망을 갖고서 우리의 시선을 과거의 공포로 돌려야 하고 그렇게 함으로써 우리는 앞으로 나아갈 수 있다."[83] 이처럼 벤야민을 그렇게도 사로잡았던 〈안젤러스 노부스〉라는 수수께끼 같은 형상은 좌파에게 매우 상징적인 표상이 되었다. 그가 이 상징을 정확히 이런 방식으로 인식했는지는 물론 전혀 다른 문제이다.

어쨌든 포베로모에 도착했을 즈음 벤야민은 삶이 살만한 가치가 있다고 확신하지 못했을지 모른다. 다만 살아야 할 수밖에 없었을 것이고 그에게 모든 상황은 점점 더 끔찍하게 바뀌어가고 있었다. 토스카나의 해변 휴양지에서 베를린의 어린 시절에 대한 회고록을 쓰면서 그는 위안을 얻는다. 그 뒤 1년 후 나치를 피해서 영원히 자신이 태어난 도시를 떠나야 했고 임종 직전 마지막 8년을 위험천만한 망명상태로 보냈다. 그와 유사한 처지에 있던 당시의 수많은 유대인들과 공산주의자들처럼 벤야민은 날이 갈수록 자신을 환대하지 않는 유럽을 떠돌았다. 1938년 그는 한 편지에서 자신을 "악어의 아가리에 집을 만든 사람 같아. 계속 철 막대기로 그 아가리를 억지로 벌려 두어야만 해"[84]라고 썼다. 아마도 그가 마지막 10년을 살았던 방식이리라. 최후에 스페인의 한 호텔방에서 살해당할 위험을 무릅쓰기보다는 목숨을 스스로 끊기로 결정한 그 쓸쓸했던 순간까지.

그러나 당시 몇 년 동안 벤야민은 자신이 쓴 글 중 최고의 역작들을 썼다. 다음 장에서 살펴볼 아직도 위대한 그의 에세이, 예술의 혁명적 가능성에 관한 글도 이 시기에 쓴 역작 중 하나이다. 이 글은 당시의 비참하고 절망적인 분위기 속에서도 희망이 가득 담겨 있었고, 그의 친구이자 동료였던 아도르노는 이 점을 잘 알고 있었다. "더 이상 조국을 갖지 못한 사람에게는 글쓰기가 사는 장소가 된다."[85]

8장
모더니즘과 올 댓 재즈

—

1930년대 10년간 프랑크푸르트학파는 왜 사회
주의 혁명이 일어나지 않고 히틀러가 권력을 잡게 되었는가를 연구하는데
몰두했지만 그들이 쓴 책 중 가장 걸작은 문화를 다루고 있다. 문화는 신마
르크스주의의 투쟁에서 새로운 전선을 구축했다. 가령 1936년 연구소의 학
회지에서 현대예술을 다룬 두 개의 에세이가 실린다. 하나는 벤야민의 글로
20세기의 고전이 되었다. 지금도 끝없이 재생산되고 프린트되며 다운로드
되고 인용되고 잘라서 다시 부치기가 진행되고 있는 이 글의 아우라는 출간
이후 줄곧 예술론에 관한 거의 모든 텍스트에 스며들어있다고 해도 과언이
아니다. 다른 하나는 아도르노의 에세이로 일종의 지적인 크립토나이트(영화
〈수퍼맨〉에 나오는 가상광물)가 되어 공공연히 표현된 인종차별주의와 함께 그
가 다루는 예술형식을 일종의 조루(早漏) 또는 가학피학성애의 억압적 탈승
화로 진단했다는 점에서 아도르노의 가장 열렬한 숭배자들조차 경멸하는

글이다. 아도르노는 억압적 탈승화를 도착적인 나약함과 수동성의 상징으로 봤고 분석대상이었던 예술형식, 즉 재즈의 연주가와 관객 모두 이런 경향에 빠지게 된다고 주장했다.

이 두 글에는 그 외에도 여러 가지 점에서 다르다. 벤야민의 「기술복제시대의 예술작품」은 새로운 대중예술형식, 특히 영화가 갖고 있던 혁명적 잠재력에 대한 열광적인 희망을 피력하고 있다.[86] 아도르노는 헥토르 로트와일러(Hektor Rottweiler)라는 가명으로 쓴 「재즈에 관하여」에서 이 새로운 음악형식을 악의적으로 헐뜯고 있다. 그는 재즈가 사회에 전파하는 영향력을 혐오했고 자본주의의 상업화된 예술이 가져 온 재난을 보여주는 단적인 예로 간주했다.[87]

이 두 에세이는 대중문화를 다룬 신마르크스주의적 비평이며, 지금과 마찬가지로 당시에도 사회를 지배하고 있던 속물적 보수주의자들의 비난어린 탄식에 대한 해독제가 되었다. 이 두 사람은 자라난 배경과 기질 상 문화적 우상 파괴자였다. 하지만 그들의 에세이에서 프루스트의 고상하고 젠체하는 속물성을 찾아내고 싶다면 기를 쓰고 매달려야 할지 모른다. 헉슬리가 보여준 대중문화의 생산에 대한 경멸도 그렇고 대중화된 오락에 대한 D. H. 로렌스의 조롱도 마찬가지이다. 이들과 달리 벤야민과 아도르노는 자신이 분석대상으로 삼는 새로운 예술형태에 대해서 서구의 몰락이라는 스펭글러* 식의 비탄을 초래한 원인을 찾으려 하지 않는다. 이 두 사람은 과거의 영광 옆에 나란히 현재의 야만주의를 놓고 저주를 퍼붓지도 않는다.

이 두 편의 글 모두 망명지의 림보상태에서 쓴 것이다. 벤야민은 파리에서, 아도르노는 옥스퍼드에서 망명 3년차를 보내고 있었다. 두 사람의 미래

---

* 『서구의 몰락』이라는 역사철학서로 유명한 독일의 철학가.

는 유럽을 떠나는 것에 달려 있는 듯 했다. 그 결과 파시즘이 이 두 글에 어른거리고 있었다. 아도르노의 재즈 비판은 재즈의 당김음(싱코페이션)의 리듬 속에서 들려오는 군사적 행군의 환청으로 시달리고 있었고 벤야민에게 파시즘은 예술의 정치화를 통해 공산주의가 대응해야 하는 목전의 위협이 되어 있었다. 벤야민은 대중문화가 야기한 인간경험의 축소화에 대해 절망하는 것은 사치이며 파시즘을 공격해야 하는 작금의 시대에는 부적절하다고 보았다. 그가 「에두아르트 푹스, 수집가와 역사가」라는 글에서 표현했던 절망감 — 우리가 "기술수용에서 실패"했기 때문에 인간경험의 축소를 초래했고 그로 인해 느끼는 절망감 — 은 한편으로 밀쳐두고, 새로운 기술형태의 예술형식, 특히 영화가 인간의 감수성을 혁명화시킴으로써 우리가 파시즘에 더 효과적으로 저항할 수 있도록 해줄 방식에 관해서 희망에 찬 사색을 제시한다. 벤야민이 영화에 대해 꾸었던 꿈은 할리우드 기계의 습격에도 불구하고 전혀 무너지지 않았다. 그는 영화배우를 둘러싼 컬트가 우리의 인격과 상품 물신의 가짜 주술과 연결되는 방식을 걱정하긴 했지만 이런 염려를 괄호에 묶어 두었다. 이 유명한 글의 대부분은 흥분에 겨운 채 프랑크푸르트학파 스타일의 부정성을 거스른다. 「기술복제시대의 예술작품」은 19세기 말 예술이 기술과 맺는 관계에서 임계점에 이르렀다는 발언으로 시작한다.

> 1900년 경 기술생산은 전수된 예술의 모든 작품을 재생산할 수 있게 해줄 뿐 아니라 예술작품이 대중에게 미치는 영향력에도 심오한 변화를 가져온 어떤 표준점에 도달했다. 기술생산은 또한 예술적 과정에서 특정한 위치를 점유했다. 기술생산이 도달한 이 표준점을 연구하기 위해서는 두 가지 서로 다른 명시적 사례, 즉 예술작품의 복제와 영화예술이 예술의 전통적 형식에 가져온 반향의 본질보다 더 계시적인 것은 없다.

벤야민이 각주에서 인용한 대로 헉슬리는 이 변화를 매혹적인 '세속성'과 '쓰레기의 산출'이라고 표현했다면 벤야민은 이 변화에 담긴 해방적 잠재력을 상상했다. 그가 쓰레기의 산출이 기술적 변화에 따라 증가되지 않았다고 주장할 만큼 순진해서가 아니었다. 그에게는 기술생산의 새로운 기준은 알코올이 그의 동료 변증법주의자 호머 심슨*에게 미친 영향과 같았다. 즉 인간경험의 빈곤화를 초래하는 동시에 치료를 제공해준다.

이런 빈곤화가 어떻게 보일지는 쉽게 상상할 수 있다. D. H. 로렌스는 인간에 대해 이렇게 상상했다.

> 라디오 영화 또는 축음기
> 기계가 우리를 즐겁게 해주는 동안
> 꼬리를 말고 앉아있다
> 얼굴 한 가득 밋밋한 웃음을 띤 원숭이들.[88]

벤야민이 에세이에서 시도했던, 기술복제가 가져 온 변화가 우리를 어떻게 해방시킬지를 상상하는 일은 훨씬 어렵다. 벤야민은 사진과 영화가 문화적 전통을 폭파시켜서 지배계급이 진정성, 권위, 예술작품의 영원성이라는 아우라를 통해 대중에게 행사해 온 권력을 뿌리째 뽑아버리기를 희망했다. 이 당시 그가 쓴 글들은 매우 격정적인 이미지들을 사용한다. 마치 다가올 전쟁이 그에겐 이미 시작된 듯 했다.

"지배자들의 이데올로기는 본성상 피억압자들의 관념보다 더 가변적이다"라고 벤야민은 이 글을 썼던 시기 즈음에 『아케이드 프로젝트』에 썼다.

---

* 대중적인 인기를 끈 미국 TV만화 프로그램의 주인공으로 소시민 남성가장을 대변한다.

"왜냐하면 그들은 피억압자의 관념처럼 사회갈등 상황에 매번 적응해야 할 뿐 아니라, 사회적 상황이 근본적으로 조화롭다고 찬양해야 하기 때문이다."[89] 그렇다면 지배자의 이데올로기는 40년 이후 진화생물학자 리처드 도킨스가 밈(meme)이라고 부른, 적응압박에 따라 변이하고 반응을 보이는 관념과 실천을 운반해주는 단위와 같은 것인지 모른다. 벤야민은 지배계급의 밈이 바이러스처럼 퍼지는 것을 방해하려는 희망을 갖고 있었다. 예술작품은 인간의 창조적 충동을 단지 아름답고 자율적으로 표현하는 것이 아니라 지배계급의 권력을 유지하기 위한 도구역할을 해왔다. 지배계급과 전통에 지위를 부여해 온 문화적 전통 속에 위치한 예술작품은 물신이 되었고 마르크스가 이론화한 상품의 신비화와 같은 목적을 갖는다. 즉 피비린내 나는 사회적 갈등을 감추고 부조화된 상황을 근본적으로 조화로운 것으로 찬양했다. 벤야민은 전통 일체가 파괴되기를 원했다.

로베스피에르는 프랑스혁명을 위해 고대 로마를 재소환했고, 이를 통해 벤야민이 「테제」에 썼듯이 역사의 지속성을 폭파시켰다. 벤야민은 문화적 유산의 지속성을 폭파시키길 원했다. 그렇게 해서 피억압자가 그들이 살고 있는 상황을 볼 수 있고 아름다움의 미망 이면에 도사린 야만주의를 들추어내어 대중들이 현재 빠져있는 잠에서 깨어나길 원했다. 정상적으로 보이는 것이 사실은 도착적이고 억압적이라는 것이 폭로되어야 했다. 벤야민은 이것이 어떻게 가능하게 될지 알고 있다고 생각했다. "기술복제는 예술작품을 의례(儀礼)*에 기생하는 종속성으로부터 해방시킨다"고 그는 썼다. 이 격언과도 같은 발언이 갖는 힘을 이해하기는 어려울지 모른다. 우리는 예술작품이 자동적으로 어떤 정해진 절차나 격식과 관련된다고 생각하지 않기 때문이다.

---

* 행사를 치르는 격식 또는 정해진 원칙과 방식대로 예식을 진행하는 절차와 관련된 제반 관례.

그러나 벤야민은 예술작품은 무엇보다 의례를 담당해 왔다고 생각했다. "우리가 알고 있듯이 초기 예술작품은 의례에서 비롯되었다"고 그는 쓴다. 물론이다. 하지만 이로부터 다음 문장으로의 비약은 적어도 우리의 직관에 반한다. "다시 말하면 '진정한' 예술작품의 고유한 가치는 항상 의례에 기반을 둔다." 이 진술은 결코 자명하지 않다. 우리는 아마도 고대 그리스의 비너스 숭배에서 의례적 절차를 목격할지 모른다. 그러나 루브르박물관에 가서 밀로의 비너스를 보려고 할 때는 그렇지 않다. 벤야민이 말하려고 하는 것은 전기 작가들의 주장에 따르면 만일 예술작품이 기계로 복제된다면 관람객이나 시청자가 그것을 컬트로 신성화한 공간, 즉 박물관, 콘서트홀, 교회 등에서 감상할 필요가 없다는 것이다. 그러나 혹자는 이렇게 말할지 모른다. 영화관에 앉아있거나 레코드판을 듣는 것 역시 복제 되지 않는 예술을 경험하는 것만큼이나 컬트적 행위나 의례와 상당히 (혹은 거의) 관련 있는(없을) 것 아니냐고.

벤야민의 제안은 그의 사유가 남긴 폐허 더미로부터 찾아와 구성되어져야 한다. 왜냐하면 그는 자신이 열렬히 찬양해 마지않았던 몽타주기법과 유사한 방식으로 글을 썼기 때문이다. 그렇게 찾아낸 것을 살펴보면 예술이 의례에 기반하고 있는 상태는 르네상스와 마찬가지로 성스런 제단에서 내려와서 미의 세속적 컬트에 참여할 때도 계속된다. 화랑과 콘서트홀은 스스로 그렇게 선언하지는 않지만 신전이다. 신이 죽고 아름다움이 세속화된 시대에서도 (대체로 벤야민이 보기에 르네상스부터 20세기 초엽까지 아우르는 시대) 예술작품은 여전히 의례에 토대를 두고 있다.

하지만 뭔가 특이한 일이 일어난다. 사진이 탄생한 것이다. 벤야민은 사진의 출현과 동시에 사회주의가 탄생했다는 사실은 전혀 우연이 아님을 암시한다. 벤야민에게 사진은 최초의 진정한 혁명적 재생산 방식이었고 사회주의는 지배계급과 그 계급이 해놓은 일을 전부 파괴할 정치체제이다. 사진과 사회주의는 예술이 의례에 의존해 온 방식을 없애줄 것이었다. 다만 한 가지 문제가 있다. 예술은 역사라는 세계무대에서 자신의 정치적 역할을 재조정하기를 거부했다. 대신 예술은 19세기 내내 자신을 단장하느라 시간을 보내고, 벤야민이 보기에 자신이 아닌 것[예술을 위한 예술]이 마치 자신인 척 굴었다. 다시 말해 예술은 사회적 기능을 거부한 채 현존 질서의 유지를 돕기 때문에 가치를 갖는 것이 아니라 그 자체로 내재적인 가치를 갖고 있는 듯이 군다. 따라서 칸트의 『판단력비판』은 미학적 판단이 필연적으로 불편부당하다고 주장하기에 이른다. 예술을 위한 예술이라고 불리는 19세기 미학적 운동은 그렇게 일어났다. 벤야민의 주장이 옳다면 이 미학적 운동에서 예술은 자신의 운명이 정치적이었을 때에조차 자율성과 순수함을 주장하며 마지막까지 버티게 된다. 사진은 예술을 컬트에서 분리시켜 주었고 예술의 자율성은 이제 완전히 사라졌다고 벤야민은 주장했다. 예술을 위한 예술 대신 20세기는 정치를 위한 예술을 보게 된다.

기술복제시대 예술의 정치화에는 두 가지가 관련된다. 첫째, 대중의 감각적 장치를 혁명화시킴으로써 어떻게 이 장치들이 현존 권력의 시녀가 되었는지 최초로 드러났고 둘째, 예술작품 자체의 아우라(aura)를 파괴시켰다.

아우라는 신비화의 현상이다. 벤야민은 이렇게 말한다. "기술복제의 시대에 예술작품의 아우라는 시들어간다." 그는 아우라를 자연의 예를 들어 정의한다. "만일 한여름 오후에 한가하게 당신의 시선이 지평선에 펼쳐진 산맥을 따라가거나 당신 위로 그림자를 드리우는 나뭇가지를 보게 된다면 당신은 당신이 보는 산과 나뭇가지의 아우라를 경험하게 된다." 아우라는 이처럼 거리와 연관을 갖는다. 기술복제는 그 거리를 없애버리는 것과 관련된다. 그러나 벤야민이 글에서 언급하는 거리가 반드시 물리적일 필요는 없다. 그보다는 심리적 거리이거나 권위로서 예술작품에 아우라를 부여해주는 것이다. 이 거리감은 의례적 절차가 되어버린 관객과의 까꿍 놀이와 연결된다. "성당의 일부 조각품들은 지상에 서 있는 관객에게는 보이지 않는다"고 벤야민이 지적한다. 일부 마돈나 조각상들은 거의 1년 내내 가려져 있다. 몇몇 신들의 조각상은 그리스와 로마신전의 내실에서 오직 성직자들만 볼 수 있게 되어있다.

따라서 예술작품의 아우라는 여러 방식으로 접근금지되고 있다. 하층계급은 특별한 경우에만 시간이 정해진 티켓을 받아 입장해서 멀찌감치 떨어진 채 경외감과 같은 것을 경험한다. 한편 예술에 갓 입문한 신참자들은 모든 구역에 접근가능하게 되면서 그들이 얻은 지위와 예술작품이 가진 힘을 확인하게 된다. 물론 이 모든 것은 오늘날의 락 페스티벌이나 오페라하우스의 계층화된 관객 구성방식에서도 나타나는 분명한 사실이다. 락 페스티벌에서 운 나쁜 이들은 진흙탕 벌판에서 참호족염*이 걸릴 위험을 감수하며 공연을 보는 반면 엘리트들은 무대 뒤 통로를 통해서 혹은 헬리콥터를 타고 끔찍한 캠프장으로부터 그들의 잘 꾸며진 호텔로 가뿐히 이동한다. 운이 없는 사람들은 오페라하우스의 티켓을 살 만한 능력이 없거나 간신히 꼭대기 좌석을 구해 현기증을 느끼며 관람하는 동안, 선택받은 소수는 호화스러운 특별석에 기대앉아서 무대 위의 공연을 누구나 부러워 할 조망을 누리며 관람하다가 막간 쉬는 시간에는 극장안의 바에서 음료를 마신다. 이 모든 것은 그저 아우라의 예술이 전해준 문화적 유산이 벤야민의 소망과는 달리 기술복제를 통해 제거되지 않았다는 것을 보여줄 뿐이다. [예술의] 세속화된 의례화 — 영국의 글래스턴베리(Glastonbury)와 독일의 바이로이트(Bayrueth)**의 예를 떠올려보라 — 는 벤야민이 예상했던 것과는 달리 철폐되기는커녕 지

---

* 동상의 일종으로 축축하고 위생이 나쁘거나 추위에 장시간 노출되었을 때 생기는 발의 염증.
** 두 곳 모두 유명한 음악 및 문화축제를 가리킨다.

속되었을 뿐 아니라 나날이 번창해왔다.

　기술복제시대의 예술작품은 이 특권적 권리를 철폐했고 문화적 유산을 폭파시켜버렸다고 벤야민은 생각했다. 그는 문화적 유산이란 피비린내 나는 갈등의 전쟁터로 타락해 버린 과거의 영광이라고 간주했다. 아름다움으로 몸치장하고 포즈를 취하는 것을 믿을 수 없다. 그러나 혹자는 기술복제는 수 년 동안 예술과 문학에서 통상적으로 사용되었고 따라서 반복해서 예술과 문화 뿐 아니라 사회를 벤야민이 원하는 방식은 아니라고 해도 혁명화 해왔다고 반론을 펼칠지도 모른다. 가령 필경사들을 생각해보라. 이들은 부서지기 쉽고 부패해가는 원고에 담긴 수 세기동안 전해 내려온 지혜를 구해내려고 손으로 애써 베꼈다. 수 세대를 거쳐 오면서 필경사는 문화기억을 새롭게 만드는데 필수적인 존재였지만 15세기 중엽 구텐베르크의 가동 활자가 발명되자 그들의 기술은 도태되었고 나아가 인쇄술은 프로테스탄트개혁까지 촉발시키게 되었다. 1492년 스폰하임의 대수도원장은 『필경사를 위한 변호』라는 책자를 써서 신성한 텍스트를 손으로 베끼는 행위가 영적 계몽을 가져오기 때문에 필사의 전통이 유지되어야 한다고 주장했다. 여기서 한 가지 난감한 것은 자신의 주장을 싸고 빠르게 제공하기 위해서 대수도원장은 가동 활자를 사용해서 책을 만들었다는 사실이다.

　벤야민은 어느 것도 부정하지 않았다. 그는 어떤 예술작품이라도 원칙적으로 복제가능하다는 점에 주목했다. 태고 적부터 학생들은 연습을 위해, 또 재정적 이익을 위해 장인의 작품을 베껴왔다. 그리스인들은 예술작품을 복제하기 위해 단 두 가지의 기술적 방법만을 알고 있었다. 찍어내기와 주조, 이 두 기술에 의존한 그들의 복제는 청동과 테라코타,* 동전에 국한되어있었

---

* 유약을 바르지 않고 구운 점토제와 그 기술.

다. 목판이 도입되어서야 그래픽예술이 복제가능 해졌다. 그 후 중세시대에는 부식동판술과 조판술이 더해졌다. 하지만 벤야민은 석판술을 사용했을 때 비로소 그래픽아트의 복제가 인쇄술에서의 구텐베르크 혁명을 따라잡게 되었다고 주장했다. 그러나 석판인쇄술은 사진술에 의해 따라잡혔고, 벤야민에게 사진술은 역대 최고의 혁명적인 기술복제였다. 사진은 "지금까지 가장 중요했던 예술적 기능들을 손으로부터 해방시켜서, 오직 렌즈를 바라보는 눈에만 이 기능들을 양도했다."

이것은 무엇을 의미하는가? 과거에는 원본의 존재가 진본 개념의 선결조건이었다. 예술작품을 손으로 복제한다는 것은 원본의 권위를 확증해준다. 이와 대조적으로 기술복제는 원본의 권위를 전복시킬 수 있다. 진실로 어떤 상황에서는 원본에 대해 말하는 것이 아무 의미 없으리라. "가령 사진의 네거티브를 가지고 원하는 수만큼의 인화지를 만들 수 있다. '진본' 인화지를 요구한다는 것은 아무 의미가 없다"고 벤야민은 썼다. 영화 〈포키스 3〉의 원본 프린트가 있는가? 물론 있을 것이다, 하지만 〈모나리자〉의 원본이 다빈치의 그림을 복제한 수억 개의 복사물과 비교해서 차지하는 우위를 영화의 원본 프린트는 복사본과의 관계에서 갖지 못한다. 복사본에 고압적으로 합법성을 부여하고 위작을 막는 원본 예술작품이란 없다. 왕은 죽었다. 사물들의 민주주의는 영원하리라.

그러나 벤야민은 이와 같은 [아우라가 주는] 거리감의 사망선고를 기묘한 용어로 표현했다. "현대의 대중"은 사물을 "공간적이고 인간적으로 더 '가깝게'" 가져오려고 욕망했다. 이 욕망은 "복제품을 받아들임으로써 현실의 고유성을 극복하는 방향으로 나아가는 것만큼이나 강력하다." 그러나 이 욕망은 어디에서 비롯되나? 이 점에서 아도르노가 1930년대에 한 차례 이상 벤야민을 충분히 변증법적이지 않다고 비판했다. 아마도 복제기술이 개선되어 가면서 벤야민이 '대중'이라고 부르는 사람들에게 자본가들이 팔 수 있는 상품에도 변화가 생겼다고 주장하는 것이 더 타당할지 모른다. 즉 욕망은 어디에서 솟아난 것이 아니다. 욕망은 구성될 수 있다. 욕망은 기술과 변증법적 관계에 있다. 기술은 인간들이 할 수 있는 것을 바꿀 뿐 아니라 인간 자체를 바꾸어버리며 그들이 전에 존재하는 줄 몰랐던 것들을 욕망하게 해준다. 벤야민은 이 점을 깨닫고 이렇게 쓴다. "예술의 주요한 임무 중 하나는 시간이 지나서야 만족될 요구를 창조하는 것이다."

영화, 라디오와 TV, 녹음된 음악과 인터넷, 소셜미디어는 모두 자본가들이 우리들의 욕망을 바꾸고 그래서 우리를 바꾸게 될 상품을 제공할 수 있는 기술적 혁신과 관련되어있다. 인터넷을 생각해보라. "인터넷의 발전은 인간이 자신이 만든 기술의 반영[반사적 이미지]이 되어가는 것과 관련되어 있다"고 독일 해체주의 철학자이자 미디어이론가 프리드리히 키틀러가 한때 주장했다. "결국 기계에 적응하는 것은 우리이다. 기계는 우리에게 적응하지 않는다." 키틀러는 캐나다 출신 미디어이론가 마샬 맥루한의 건전한 전망에 반박한다. 맥루한은 기술적 형식을 인간의 보형물이라고 보았다(맥루한의 책 『미디어의 이해: 인간의 확장』의 부제를 주목하라). 이와 반대로 키틀러는 "미디어란 인간의 몸을 확장시키는 위족원생동물이 아니다. 미디어는 우리와 문자화된 역사를 던져 놓고 가버리는 가속화의 논리를 따른다."[90]

벤야민은 기술을 보형물로 보았다. 그는 사진이 눈이 볼 수 없는 것을 포착해준다는 점에 주목했다. 따라서 원본은 복제로서의 사진이 성공했는가를 판단할 만한 비교기준이 될 수 없다. 이 경우 위조를 언급하는 것도 무의미하다. 또 벤야민은 기술복제를 통해 원본사용이 가능하지 않은 상황에서 복사본이 사용된다고 주장했다. "성당이라는 장소를 예술애호가의 스튜디오에서 연구하고, 강당이나 옥외에서 공연된 합창의 복사본이 거실에서 울려 퍼진다." 그의 발언은 성당의 경우는 사진이며 합창의 경우 축음기를 염두에 두고 있다.

그러나 사진과 함께 기술복제시대의 여타 예술형식들이 인간의 지각능력을 확장시키게 되면 이 예술들은 정치적 목적을 갖게 되어 현실의 본질이 고화질로 나타날 것이라고 벤야민은 상상했다.

술집과 대도시의 거리, 사무실과 가구가 달린 방, 기차역과 공장은 우리를 희망 없이 가둬두고 있는 것으로 보였다. 그런데 영화가 등장해서 십 분의 일초씩 다이너마이트를 터뜨려 이 감옥을 활짝 열어주었다. 이제 이 널린 폐허와 파편 한 가운데서 우리는 조용히 모험 여행을 한다. 클로즈업을 통해 공간이 확장되고, 슬로 모션으로 움직임이 확대되었다……. 카메라는 우리를 무의식적 시야로 가져간다. 정신분석이 무의식적 충동으로 우리를 데려갔던 것처럼.

몇 해가 지나서 1962년에 알프레드 히치콕이 벤야민의 통찰력에 울림을 주었다. 히치콕의 영화는 마치 무의식적 충동을 셀룰로이드 위에 현실화시켜준 듯 꿈의 논리를 갖고 있었다. 그는 프랑수아 트뤼포*와의 인터뷰에서 영화가 무엇인가에 대한 질문을 받았을 때 영화는 시간을 축소시키고 확대시킨다고 대답했다.

프로이트가 자신의 손을 환자의 머리 뒤쪽에 살며시 올려놓은 뒤 그들을 수치스러운 가족사로 밀어 넣으면서 합리적 자아 이면의 어두운 힘과 친숙해지도록 했듯이 카메라도 현대적 삶의 잔인한 불협화음을 폭로한다. 피분석가가 해야 할 일이 있듯이 영화관객도 해야 할 일이 있다고 벤야민은 말한다. 그러나 그 일은 화랑에 걸린 그림 앞에 서 있는 것과 같은 종류의 오랜

---

* 프랑스 누벨바그를 대표하는 영화감독으로 히치콕과 50시간의 인터뷰를 한 뒤 책을 냈다.

시간의 집중과는 무관하다. 예술철학자 리처드 월하임이 "베니스의 성 살바토레 교회에서, 루브르에서, 구겐하임에서 오랜 시간을 보내면서 그림이 생생하게 살아나기를 기다렸다. 행인들이 내게 의혹어린 눈초리를 보내고 있다는 것을 나는 알고 있었다. 내가 들여다보고 있던 그림도 함께 그들의 눈총을 받았다"[91]라고 했을 때 그의 영웅적이리만치 극단적인 감상방식이 보여주는 집중은 이제 필요 없다. 대신 벤야민은 "여흥 속의 감상"을 요구했다. 그는 이런 감상방식을 지각의 혁명적 형태로 상상했다. 이 여흥속의 감상은 특히 우리가 꼼꼼히 다시 읽어 봐야 할 선동적 개념이었다. 오늘날 여흥은 덕목이 아니라 악덕이다. 진정 이것이 우리가 아무것도 해내지 못하는 이유이다. 기술적 혁신은 하나의 무의미한 과제에서 다른 과제로 우리를 끊임없이 넘어가게 한다. 이메일에 답하고 페이스북의 상태를 업데이트하고 트위터에 글을 쓰고 텍스트메시지를 쓰면서 언제나 스크린 앞에 앉아 일한다. 마치 사이버공간에서 시시포스의 저주를 받은 희생자가 된 듯하다. 이런 방식의 기분전환은 헝가리출신 심리학자 미하이 칙센트미하이*의 대중적인 이론과 정반대이다. 이 이론에 따르면 사람들은 몰입 상태**에 있을 때 가장 행복하다.[92] 그러나 벤야민은 일을 찬양하는 시인이나 혹은 행복의 철학자가 아니다. 오히려 그는 행복, 몰입과 집중, 노동의 충족에 대한 컬트를 전체성을 향한 얼빠진 집착으로 간주했을 것이다. 이 망상 속에서 우리는 망가진 세상에서 축적된 폐허가 무릎까지 차오른 상태에서 짓밟혀 신음하고 착취당하고

---

* 긍정심리학의 선구자로 창의성과 행복에 관한 연구와 특히 몰입(flow)이론으로 알려져 있다.

** 영어의 flow를 한국어 번역에서 '몰입'으로 사용하고 있지만 이 상태는 삶의 고조된 어느 한 순간 물 흐르듯이 행동이 자연스럽게 이루어지는 느낌을 말한다. 단순한 몰입이나 집중이 아니라 운동선수가 게임 중 긴장된 순간 골을 넣거나 하는 경우처럼 몰입뿐 아니라 행동으로 전환되어 성취에 이르게 하는 어떤 심리적 흐름을 의미한다.

있다는 사실을 깨닫지 못한다.

몰입과 창의적인 흐름은 아우라 예술의 창조와 수용이 갖는 특징이다. 벤야민의 혁명적 잠재력을 갖춘 예술은 이와 다르다. 이 예술은 교란과 소외에 관련되어있고 현실의 부드러운 표면을 터뜨려 열어준다. 망상적 조화를 명상하는 대신 불협화음과 점프 컷, 혼란스러운 몽타주에 의한 뒤틀림을 의도한다. [몰입과 반대로] 방심 상태는 벤야민에게는 거의 덕목에 가깝다. 그에게 영화는 더 나은 기술을 사용한 브레히트식 소격효과라고 할 수 있다. 영화는 부드럽게 위안을 주는 예술이 아니라 "삶에서 거의 매일 그 역할이 확장되어가는 광범한 장치 안에서" 관객을 훈련시킨다. 여기서 장치란 우리가 현실적이며 자연적이고 주어진 것으로, 따라서 운명적인 것으로 받아들이는 도시적인 상품자본주의의 환영적 세상을 의미한다.

그러나 여기서 그치지 않는다. 그레타 가르보를 생각해보라. 아니면 조지 클루니를 떠올려보라. 영화배우는 아우라를 갖고 있는 듯이 보인다. 즉 그들에 대한 숭배는 그리스조각상을 향한 숭배와 비슷해 보인다. 따라서 영화는 의전행사를 치르는 또 하나의 신전이 된다. 벤야민은 이런 선동적인 생각이 가르보와 클루니가 신에 버금간다는 생각을 전복시킨다고 보았다. 영화의 연기는 초기의 연기형태와는 다르다. 모든 영화의 퍼포먼스는 분리된 테이크의 총합이다. 각각의 테이크는 배우가 아니라 감독, 촬영감독, 조명감독, 제작자 등에 의해서 수합된다. 따라서 배우의 연기는 쪼개지고 나중에 편집된다. 벤야민 전기 작가들은 이렇게 주장했다.

장치(카메라, 편집 스튜디오, 영상투사) 앞에 놓인 퍼포먼스의 이러한 분열되고 시험적 성격은 그렇지 않다면 감춰졌을 어떤 것, 즉 현대적이고 기계화된 주체의 자기소외, 측정과 통제에 노출되어있는 성격을 가시화해준다. 배우는 따라서 장치에 대한 승리, 인간성의 승리에 봉사하도록 장

치를 위치시킨다.[93]

벤야민은 영화가 우리의 상황을 비춰주는 거울이라고 생각했다. 우리는 기계화된 주체로서 영화배우의 연기처럼 쪼개지고 연구되고 물화되었다. 그에게 새로운 복제 기술은 배우의 연기를 "거울상으로 반영된 사람으로부터 떼어낼 수 있다"는 것을 의미했다. 초기의 연기 형태, 특히 극장의 연기들은 떼어낼 수 없는 연기이며 따라서 아우라를 부여해준다면, 영화연기는 이와 다르다. 영화스타의 연기는 "전이가능하며 다른 식의 통제, 즉 대중적으로 연기를 마주하는 관객의 통제에 좌우 된다." 그 결과 우리는 영화배우를 둘러싸고 형성되는 컬트를 배우의 연기가 기계적으로 조합되어온 방식에 대한 사색을 통해서 쪼개볼 수 있다. "오랜 역사를 거치면서 인간의 감각적 지각 양식은 인간성의 전 존재양식에 따라 바뀐다"고 벤야민은 말한다. 그는 감각 지각의 양식이 기술적 혁신덕분에 바뀌기 마련이라서 영화가 허락하는 만큼 강화된 지각을 통해서 우리가 사물이 되어온 과정을 볼 수 있게 되기를 희망했다.

벤야민의 기술적 유토피아주의는 그럴듯해 보일 뿐이다. 그가 파시즘 체제에서 이 유토피아를 희망한다고 이해할 수 있겠지만 동시에 그 반대도 주장할 수 있다. 자기소외를 가시화하는 대신 영화는 그것을 지워버릴 수도 있다. 접근가능성을 무효화하는 대신 영화는 아우라적 거리를 확장시킬 수 있다. 기술은 우리의 소외를 이해하도록 도와줄지 모르지만 기술 자체는 그럴 필요가 없다. 영화가 우리에게 제공하는 새로운 감각능력을 연마하기 위해 벤야민이 추천했던 훈련은 거의 누구도 수행하지 않는다. 그는 여기서 일종의 기형적인 암호해독을 주장하는 듯이 보인다. 그러나 암호해독이 가능하리라는 희망은 영화관객이 갖추어야 할 적극적인 정보숙지능력과 정치적으로 의식화된 역할과 관련되어있다. 곰곰이 따져보면 그런 관객을 갖지 못했고 또 믿기 힘들지만 그런 관객은 흔치않다는 사실을 알게 된다. 영화는 아도르노와 호르크하이머의 『계몽의 변증법』에서 신랄하게 비판했던 할리우드 문화산업의 손아귀에 잡혀있어 독점자본주의 하에서 대중이 처한 궁지를 대중에게 폭로하는 대신 대중에 대한 지배이데올로기의 도구였다. 벤야민이 희망했던 의식화는 종종 그저 두뇌의 마비였을 뿐이었다.

"기술복제는 기생충처럼 의례적 예식에 의존해 있던 상태로부터 예술작품을 해방시킨다"고 벤야민은 썼다. 다시 한 번 우리는 이와 정반대의 주장을 할 수도 있다. 기술복제는 저 세련된 기술에의 속박을 단단히 해준다. 영화배우는 컬트적 숭배의 대상이다. 벤야민 추종자인 이탈리아의 작가이자 편집자인 로베르토 칼라쏘는 『카시의 몰락』에서 "모든 영화배우는 성좌이다. 그들은 신들에게 먹히고 난 뒤 천상으로 포섭된다"고 썼다.[94] 따라서 영화배우는 신이면서 신에게 바쳐진 제물이다. 좀 더 정확히 말하면 영화배우는 오직 제물로 바쳐진 뒤에야 신이 된다고 말할 수 있다. 또 영화배우에 대한 이런 진실은 모든 유명인들에게도 해당된다. 문화산업은 신을 생산하고 동일한 기술로 제물의 희생자를 만들어낸다. 진실로 문화산업은 이 양자[신과 제물] 사이의 구별을 없애버린다.

발터 벤야민은 음악에는 문외한이었다. 음악을 알았다면 재즈에 관해서 영화처럼 유토피아적 정신을 담아 썼을 것이다. 그가 제시한 영화의 혁명적 잠재성에 대한 낙관주의를 재즈로 옮겨서 그려볼 수 있다. 재즈는 영화처럼 혹은 더 강력하게 전통을 철폐하고 정적인 지각을 파열시키고 망원경으로 확대하듯 우리의 지각을 확장해주며 변화를 일으킬 정치적 전복의 잠재성을 갖고 있으며 지배계급의 정통성에 도전할 뿐 아니라 긍정의 문화를 뒤집어 버린다. 카메라가 우리를 시각적 무의식으로 이끈다면 재즈는 아마도 청각적 무의식으로 안내할 것이다.

아도르노는 재즈가 이 모든 것들과 정반대로 작용한다고 주장했다. 그가 보기에 재즈에는 혁명적 잠재성이 전혀 없다. 에세이 「재즈에 대하여」에서 그는 재즈 음악의 가면을 찢어버리고 그 밑에 도사리고 있는 것을 폭로하려고 시도한다. 재즈는 즉흥연주와 당김음을 표준화된 대중음악의 성격에 도입해서 이면의 상업적 성향을 가려버리기 때문이다. 재즈를 좋아하는 사람들이 재즈를 높이 평가한다는 점이 재즈가 대중상품이라는 사실을 감추는 월계수 잎이 된다. "재즈는 자신의 시장성을 개선시켜서 상품적 특성을 감추고 싶어 하고, 체계의 근본적 모순 중 하나를 유지하려고 한다. 만일 재즈의 변장을 벗기고 시장에 내놓으면 지금까지 누려온 재즈의 성공은 위협을 받게 될 것이다."[95] 이러한 시니컬한 비난은 우스꽝스러울 정도로 부당해 보인다. 마일즈 데이비스는 진정 자신의 음악이 가지고 있는 상품적 성격을 감추고 있나? 존 콜트레인의 즉흥 색소폰 솔로연주는 지배계급의 정통성을 변장한 채 표현하고 있을까? 루이 암스트롱이 표현했듯이 만일 당신이 [재즈음악에 대해] 질문을 하지 않을 수 없다면 당신은 [재즈를] 절대 알 수 없다. 재즈를 저항의 지점으로 취할 때, 특히 아프리카계 미국인*에게 문화산업과 이데올로기적 장치와 백인지배를 상대로 맞서는 저항의 기지였던 시대에 아도르노는 아무것도 보지 못했다.

그러나 이런 식의 반박은 그 자체로 잘못 되었다. 아도르노는 아프리카계 미국인의 재즈에 대해서는 쓰지 않았다(실제로 그가 미국으로 이주하기 전에 흑인재즈를 들어보았다는 증거는 전혀 없다). 그는 독일에서만 재즈를 들었다. 그러나 아도르노는 그 음악을 듣기 훨씬 전부터 재즈라는 단어의 함의를 잘못

---

* 미국의 흑인종 시민을 정치적으로 올바르게 지칭하는 표현이다. 저자는 본문에서 인종적 구분으로 사용되는 black과 이 표현을 혼용하고 있다.

이해하고는 매우 역겨워 했다. "확실히 기억한다. 처음 재즈라는 말을 읽었을 때 나는 매우 경악했었다. 내 부정적 연상이 독일어의 햇츠(Hatz, 사냥개무리라는 뜻)*에서 온 것은 분명하다. 이 단어는 뭔가 더 천천히 움직이고 있는 대상을 쫓아가는 추적자를 연상시킨다."[96] 후에 1920년대 경 바이마르공화국의 재즈를 들었을 때도 그의 혐오감은 줄어들지 않았다. 아도르노가 들은 재즈는 아프리카계 미국인의 예술형식이 아니라 독일인을 위한 상류층의 오락으로서 살롱음악과 행진곡을 섞어놓은 것이었다. "살롱 음악은 실제로는 아무것도 아니고 단지 사회적으로 생산된 환영에 불과한 개인성을 대표하고 있고, 행군음악은 그에 못지않게 허구적인 공동체이다. 이 공동체는 그들에게 강제로 부여된 힘 아래에 놓인 원자들의 정렬에 불과한 집단이다."

재즈가 흑인 미국인에 뿌리를 두고 있다는 사실은 고작 재즈를 특권층 백인 유럽 관객들에게 더 매력적인 것으로 만들어 줄 뿐이라고 그는 생각했다. "색소폰의 은색과 함께 니그로의 피부색은 색깔의 효과를 낳는다." 그러나 그는 재즈에서 이것 외에 다른 것도 들었다. 재즈가 진정 아프리카계 미국인의 예술적 표현이라고 한다면 이 음악은 노예제에 대한 반란의 표현이 아니라 분노에 가득한 채 복종할 뿐이었다. 아도르노가 이해하는 재즈는 가학피학성애증이었다. 그는 재즈가 파시즘에 어울린다고 생각했다. 재즈는 군사적 행군을 동원하고 그 음악의 집단적 성격을 통해서 "자율적 예술의 부르주아적 고립"에 대한 치유제로서 작용할 뿐 아니라 "재즈의 반항적 몸짓에는 복종에 눈을 감는 경향이 동반된다. 또 분석 심리학이 묘사한 가학피학성애의 유형과 같다."

---

* 본문에는 '사냥개의 무리'라고만 영역되어있지만 이 독일어 단어는 사냥개를 이끌고 뭔가를 빠른 속도로 쫓는 행위나 추적과정의 미칠 듯한 속도감을 의미한다.

재즈는 또한 성마른 사정(射精)을 암시한다. 아도르노가 듣기에 재즈의 당김음은 베토벤의 것과는 매우 달랐다. 베토벤의 음악이 "권위에 맞서 자신을 내세우는 주관적 힘의 표현"과 관련된다면 재즈는 아무것도 이루지 못한다. "재즈는 그저 '너무 일찍 오는' 것이다. 마치 불안이 성급한 오르가즘을 만들고, 불능이 미완의 성마른 오르가즘을 통해 표현되는 것과 같다." 후에 『계몽의 변증법』에서 아도르노와 호르크하이머는 할리우드 영화에서 이와 유사한 성적 좌절감을 발견하게 된다. 문화산업은 "끝없이 관객을 속이면서 자신이 줄곧 약속한 것, 특히 성적 쾌락의 약속으로부터 빠져 나간다. 가령 에로틱한 영화에서 모든 것은 성관계 주변을 맴돈다. 그러나 그 일은 전혀 일어나지 않는다."[97] 이와 마찬가지로 재즈도 해방을 약속하지만 오직 금욕적인 거부만 제공할 뿐이다.

그 결과 재즈는 상징적 거세와 관련된다. 헤럴드 로이드와 찰리 채플린이 연기한 허약한 현대 남성은 "아무 문제없이 제시되어온 집단의 표준을 너무도 나약하게" 따른다. 이런 남성은 재즈에서 대응물을 발견한다. 재즈라는 '핫한' 음악의 에고는 이 남성의 무능함을 표현하며 아마도 그 안에서 넋을 놓고 취하게 될 것이라고 아도르노는 생각했다. 핫한 재즈를 연주하고 듣고 그 음악에 맞추어 춤을 춤으로써 가학피학성애의 방식으로 권위에 복종하겠다고 이 남성은 주장하면서도 정반대로 행동하는 척 한다. 이것은 반란이라는 가면을 씌워놓은 자기소외의 형태이다.

재즈의 결정적인 개입은 나약한 이 주체가 정확히 자신의 나약함에서 쾌락을 느낀다는 사실에 있다 ……. 사회적 권위를 두려워하는 법을 배우고 그 권위를 거세위협으로 경험한다. 그리고 즉시 발기부전의 위협을 경험함으로써 그가 두려워하는 권위와 정확하게 동일시한다…. 재즈의 섹스어필은 명령이다. 복종하라 그러면 너도 일부가 되도록 허락받으리라.

그는 현실처럼 모순적인 꿈의 사유 속에서 꿈꾼다. 나는 내가 거세되기를 허락한 순간에만 강력해질 수 있다고.

아도르노에게 재즈란 이제 문화산업의 전체에 깃든 전형적인 도착과 관련한다. 아도르노의 글에는 마르쿠제가 30년 후 억압적 탈승화에 대해 쓰게 될 모든 내용의 초기형태가 담겨있다.

아도르노는 미국에서 미국식 재즈에 심취할 수도 있었다. 그러나 그가 로스앤젤레스시의 센트럴 가(街)에 위치한 재즈클럽에 갔었다는 기록은 없다. 이곳은 1940년대 서부의 재즈 중심부였다. 그는 그곳에서 자신의 냉소적인 철학을 잠시 접어두고 재즈를 들어 볼 수도 있었을 것이다. 그는 아마 찰리 파커, 라이오넬 햄프턴, 에릭 돌피, 아트 페퍼, 찰스 밍거스 등을 들었을 지도 모른다. 하지만 그는 이들의 음악을 듣지 않았을 뿐 아니라 미국 망명기 내내, 그리고 그 이후에도 줄곧 재즈를 반대하는 글을 썼다. 그의 1955년 책 『프리즘』에는 「영원한 유행 — 재즈」라는 에세이가 수록되어 있었다. 이 글에서 그는 "전체적으로 고려해보면 재즈의 영속적인 동일성은 마치 발화된 언어에서처럼 자유롭게 움직이고 어딘가에 정박하지 않는 상상력을 보여주는 기본적인 소재 구성에서가 아니라, 그 외 다른 것들은 철저히 배제한 채 잘 다듬어놓은 속임수와 공식, 클리셰를 활용하는데서 나타난다"고 썼다.[98]

벤야민의 기술복제 시대의 예술작품에 관한 글에서 나타난 망상적인 기술적 유토피아주의는 그 대립물을 아도르노의 재즈에 관한 글에서 발견한다. 우리는 위의 인용문에서 '재즈'라는 말 대신 '영화'로 바꿔놓아도 된다. 벤야민이 품고 있던 예술적 희망과는 반대로 할리우드가 했던 일을 요약하기 위해 사용할 수도 있다. 아도르노에게 재즈는 그 음악적 몽타주, 충격과 기술적 복제가능성에도 불구하고 "근대성의 환영"이었고 오로지 "위조된 자유"를 공급할 뿐이었다. 논쟁적이긴 하지만 벤야민이 혁명적 희망을 걸었던 영화는 아도르노가 헐뜯은 재즈의 이미지와 같은 것이 되었다.

벤야민이 대서양을 건너와 미국 망명중인 프랑크프루트학파 연구자들과 친구 브레히트를 만났었더라면 그는 영화에 대해 자신이 품었던 혁명적 희망을 재고했을지 모른다. 그는 아마도 프롬처럼 활기차게 미국을 받아들였을 것이다. 그는 아마도 마르쿠제처럼 1960년대의 신좌파의 영웅이 되었을지도 모른다. 그는 찰리 파커와 함께 의식이 몽롱한 상태에서 비밥*을 즐겼을 것이다. 찰리 채플린은 벤야민이 대본을 쓴 자전적 영화에서 벤야민을 연기했을 수도 있다. 그는 아마도 하원의 반국가활동조사위원회 앞에 나서서 리처드 닉슨을 지략으로 물리치고 하버드의 명예교수가 되어 노년까지 살았을 지도 모를 일이다. 우리가 프랑크푸르트학파의 가장 위대한 비평가에 대해 상상할 수 있는 모든 미국적 가능성들은 오직 구원의 비전을 통해서만 가능할 뿐이다. 이 비전속에서는 완전히 부서져 버렸던 것이 하나의 전체가 될 수 있다. 하지만 현실에서는 폭풍이 유럽 전역에 몰아쳤고 벤야민은 그 폭풍이 남기고 간 수백만의 희생자 중 한 명이 되어가고 있었다.

---

* 1940년대 초중반 미국에서 발전한 빠른 속도의 재즈음악.

9장
신세계

———

　　　　　　　　　1933년 3월 13일 스와스티카* 깃발이 프랑크푸
르트 시청에 나부꼈다. 같은 날 경찰은 사회연구소를 폐쇄했다. 호르크하이
머의 취임강연이 있은 지 2년 후였다. 그의 강연을 필두로 연구소의 다학제
간 연구 시대가 열려 비판이론이 탄생했는데 이제 호르크하이머와 그의 동
료들은 망명길에 올라야 했다. 한때 카페 마르크스로 알려져 있던 프란츠 뢰
클의 신즉물주의 요새는 국가경찰의 첫 사무실이 되었고 나중에는 국가사
회당 학생들의 대학빌딩으로 사용되었다. 1944년에 연구소의 건물은 연합군
의 폭격으로 파괴된다.[99] 독일 노동계급에 관한 프롬의 연구가 옳았음이 중

---

* 꺾어진 십자가문양으로 고대문명까지 거슬러 올라가는 역사를 가진 종교적 상징인데 나치의
　도용으로 정치 이데올로기적 함의를 갖게 되었다. 꺾임의 방향에 따라 행운이나 어둠의 주술
　등 상징의 의미가 다르다.

명되었다. 독일노동자들은 히틀러의 집권을 저지하는 일을 믿고 맡길 집단이 아니었다.

왜 파시즘이 독일에서 승리하게 되었을까? 이를 설명하는 이론은 부족하진 않았지만 이 문제는 프랑크푸르트학파를 심각하게 분열시켰다. 프롬은 두 가지 요소를 지적한다. 독일의 경제적 낙후성과 가학피학성애였다. 프롬은 독일이 초기 자본주의에서 독점자본주의로 변해가는 과정에서 중하층계급의 사회적 역할이 경제적 차원을 넘어섰다고 주장한다. 이 계급은 19세기 자본주의의 초기에 핵심적 역할을 담당했다. 마르크스는 이 주제로 글을 쓰기도 했다. 독점자본주의에 이르면 이 계급의 경제적, 정치적인 권력은 박탈되고 용도 폐기되어 소멸되었어야 했다. 그러나 독일에서 이런 일은 일어나지 않았다. 중하층계급의 자린고비적인 스타일과 의무를 완고하게 고집하는 성격은 자본주의 현대적 생산방식에는 어울리지 않았지만 독일에서 이 계급의 상당수가 잔존했다. 결국 쁘띠 부르주아계급이 히틀러의 가장 열렬한 지지자가 되었다. 프롬이 묘사하는 대로 "권위를 향한 욕망이 강한 지도자를 향해 일방적으로 몰렸고 그 외 다른 특수한 개개의 아버지 형상들은 반역의 표적이 되었다."[100]

나치즘 지지자들이 권위주의적 아버지 형상에 매료된 가학피학성애를 갖고 있다는 견해는 프랑크푸르트학파의 연구자들 사이에서 대체로 의견일치가 이루어져 있었다. 1934년 「전체주의적 국가의 관점에서 본 자유주의에 대한 투쟁」이라는 글에서 마르쿠제는 물신화된 혈맹, 토양, 인종적 순수성, 조국과 총통을 동원해서 나치가 교묘하게 가학피학성애자인 지지자들이 국가에 대해 품고 있던 막대한 의무감을 이용해서 가난과 죽음에 굴복하도록 강요했다고 주장한다. 마르쿠제는 이 논문을 히틀러가 1932년 뒤셀도르프의 한 산업계 클럽에서 했던 2시간 30분짜리 연설문을 읽고 자극받아서 썼다. 마르쿠제는 이 연설이 어떻게 독점자본주의가 새로운 시대로 진입하게 되었는지를 강조했다고 주장한다. 자본주의가 처한 위기에 맞서 전체주의 국가와 이데올로기 장치가 자본주의를 옹호했던 시대였다. 1920년대의 독일이 겪은 초고도의 인플레이션과 1929년 월스트리트 붕괴로 전 지구적 디플레이션이 발효된 기간에 자본주의는 심각한 위기에 봉착했었다.

650명의 산업지도자들을 앞에 두고 한 호텔 무도회장에서 행해진 이 연설에서 히틀러는 사업가들이 두려워하는 것처럼 나치가 사회주의적이거나 반자본주의적이지 않다는 것을 참석한 청중에게 전달하기 위해 애썼다. 그는 오직 자신만이 독일의 산업을 자본주의의 위기와 노동계급 정당의 사회주의적 위협으로부터 보호해줄 수 있다고 주장했다. 오직 히틀러 자신만이 독일을 토착적 산업의 성공을 통해 이익을 얻지 못하게 방해하고 있는 전시배상금의 족쇄로부터 자유롭게 해줄 수 있다고 했다. 그는 반유대주의적 발언은 삼간 채 이렇게 말했다.

독일민족은 노동자원과 능력을 이미 갖고 있습니다. 아무도 우리가 부지런하다는 것을 부인할 수 없습니다. 그러나 우리는 먼저 정치적 선결조건들을 재구성해야 합니다. 그렇지 않고서는 근면과 능력, 부지런함과 절약은 아무 소용이 없습니다. 피억압 상태의 국가는 경제로 벌어들인 열매를 복지를 위해 전혀 쓸 수가 없습니다. 오히려 그 열매를 조공과 강제징수의 제단에 바쳐야합니다.[101]

히틀러는 산업지도자들의 잠을 설치게 했을지도 모를 나치에 의한 소란스런 시위와 행군이야말로 독일이 다시 강력한 국가가 되기 위해 필요한 종류의 희생이라는 것을 공격적으로 상기시킴으로써 청중을 매혹시켰다. 그는 계속 이렇게 말한다.

오늘날 국가사회주의 운동의 수십 만 명에 달하는 돌격대와 친위대원들이 매일 군용트럭에 올라타고 돌아다니면서 회합을 관할하고 행진을 하며 불철주야 자신을 다 바친 후에 잿빛 새벽녘에 작업장과 공장으로 돌아갑니다. 그들이 실직상태라면 쥐꼬리만 한 실업수당을 타갑니다. 어떤 경우든 그들의 희생을 기억하십시오. 그들이 가진 몇 푼 안 되는 돈으로 자신의 유니폼과 셔츠와 배지를 삽니다. 네, 그리고 그들은 차표까지 지불합니다. 그것이 희생입니다. 제 말을 믿으십시오. 이미 이 모든 일들이 하나의 이상, 그 위대한 이상의 힘을 보여주고 있다는 것을!

이 연설은 길게 이어진 격정적인 환호의 박수로 끝이 났다. 히틀러는 자신이 산업을 위해 존재한다는 것을 참석한 이들에게 확신시켰다.

히틀러의 말 속에서 프랑크푸르트학파가 의심했던 나치즘과 관련된 가학피학성애를 확인할 수 있다. 가학피학성애는 자본주의가 더 원활히 운용되는데 유용한 도착증이었다. "이 이데올로기는 현존 질서를 가치의 근본적인 초가치화를 통해서 제시한다. 불행은 은총이 되고 비참함은 축복이 되며 가난은 운명이 된다"고 마르쿠제는 쓰고 있다.[102] 의무감에 매여 있고 쾌락을 거부하는 나치가 기질적으로 초가치화에 무릎 꿇는 데 아주 적합했다는 사실은 히틀러에겐 행운이었다.

마르쿠제가 보기에 파시즘은 과거와의 단절이 아니라 자본주의적 경제체제를 지원해준 자유주의내부의 경향이 지속된 것이다. 이런 분석은 프랑크푸르트학파의 정통교리였다. 파시즘은 자본주의의 폐지가 아니라 자본주의의 영속을 보증하는 수단이다. 호르크하이머는 한때 "자본주의에 관해 말하려 하지 않는 자는 반드시 파시즘에도 침묵을 지키게 된다"고 썼다.[103] 이 명령 앞에 머리를 조아릴 수 있는 민족은 독일인이어야 했다. 프랑크푸르트학파의 일부 독자들에게 오랫동안 충격을 준 사실은 히틀러식 파시즘과 스탈린주의 공산주의, 그리고 루즈벨트의 미국이 각기 어떻게 다른지를 경솔하게도 분별하지 않았다는 점이다. 하지만 히틀러의 파시즘에 관련해서 1933년 프랑크푸르트학파의 연구자들에게 개인적으로 가장 중요했던 문제는 히틀러가 산업지도자들의 비위를 맞추었다는 사실보다는 유대계 마르크스주의 지식인들이 생활하기 어렵거나 거의 생활이 불가능하게 상황이 변해갔다는 것이다. 가령 아도르노는 비(非)아리아계 학생들을 가르치려면 소속되어야 했던 제3제국문학공무부의 회원자격신청을 1933년 문학공무장관이 거부했을 때 1930년대에는 유대인 신분으로 독일에서 지식인이 되는 일이 불가능하다는 불편한 교훈을 얻게 되었다. 당시 자격 거부의 이유는 '민중(Volk)의 신뢰할만한 구성원'에게만 회원권이 제한되어있다는 것이었다. 이 말은 "그 인격과 혈통에 있어 독일민족과 깊은 연대의식을 갖는 사람들을 의미하며, 따라서 아리아계가 아닌 당신은 구성원으로서의 의무를 느끼고 이해할 능력이 없다"는 것을 의미했다.[104]

호르크하이머와 폴록처럼 아도르노도 나치의 준군사조직에 의한 가택수사를 받았다. 그는 자신이 감시당하고 있다고 두려워했다. 1933년 9월 9일 프랑크푸르트에서 그의 친구인 유명한 작곡가이자 옛 스승이었던 알반 베르크에게 자신이 프랑크푸르트대학에서 전 학기에 이미 예정되었던 강의를 할 수 없었다고 썼다.[105] 게다가 그는 다시 강의할 수 없으리라고 걱정했다. 그의 걱정은 기우가 아니었다. 3일 후 9월 11일 30세가 되던 생일날 나치는 아도르노의 강의허가증을 무효화시킨다. 독일에서의 생활은 불가능해졌고, 프랑크푸르트학파의 동료들처럼 어쩔 수 없이 떠나야 했다.

이들이 단지 망명생활 뿐 아니라 독일의 지적인 문화로부터 강제로 뿌리뽑힌 채 거의 아무도 독일어로 말하지 않고 철학적 유산을 공유하지도 않으며 자신의 연구에 일절 관심을 보이지 않는 지적인 환경에 내던져진 상태에서 느꼈던 특수한 고통과 괴로움은 그저 허풍은 아니었을 것이다. 아도르노는 우선 옥스퍼드로 갔다. 그곳에서 그는 1934년에서 1938년까지 4년 동안 멀톤 칼리지에서 상급학생으로 지냈다. 프랑크푸르트에서 그가 유지했던 강연자라는 지위로부터 강등된 처지가 된 것이다. 그의 자존감은 최악의 상태로 손상되었다. 멀톤에서 그는 단체 식사를 해야 했다. 이런 상황은 "학교를 다시 다니는 것"이나 마찬가지라고 그는 썼다. 덧붙여서 "간단히 말하면 독일의 제3제국이 확대된 것"[106]이라는 그의 말은 어느 정도 눈감아줄만한 과장으로 받아들이자. 이곳에서 그는 작곡을 하면서 히틀러가 좋아했던 작곡가에 관한 에세이 「바그너를 찾아서」라는 뛰어난 글을 쓰게 되었다. 또 후설의 인식론적 체계에 대한 비판도 썼는데 그의 연구는 옥스퍼드의 지적인 클럽들에서 강연 초대장을 하나도 받지 못한 채 진행되었다.[107] 영국에서의 체류기간에 그는 자신의 저술활동을 인정받지 못한 이방인이었다. 옥스퍼드에서 비엔나학파의 논리실증주의를 주창했던 A. J. 에이어는 아도르노의 변증법적 사상에 공감하지 못했다. 그는 자서전에서 옥스퍼드의 누구도 아도르노를 진지하게 상대하지 않았고 그저 댄디로 취급했다고 회상했다.[108] 모국을 강제로 떠나와서 외롭게 자신의 철학을 이제 막 학습하고 있는 이방의 언어를 통해 이해받기 위해 노력하던 아도르노는 1937년 결혼하게 될 그레텔 카르플루스를 만나러 다녔던 여행으로 원기를 회복하곤 했다. 그는 당시 파리에서 체류하던 벤야민도 만났다.

또한 아도르노는 또 한 사람의 위대한 독일어권 유대인 철학자 루드비히 비트겐슈타인도 영국학계를 감당하지 못했다는 사실로부터 위안을 받았다. 1929년 버트란트 러셀과 G. E. 무어 앞에서 논문 심사를 받고 난 뒤 캠브리지의 트리니티 칼리지에서 연구원이 되었던 비트겐슈타인은 논문심사 당시 심사위원의 어깨를 두드리며 "걱정 마시오, 나도 당신들이 이해 못할 거라고 생각했소"라고 말했다고 한다.[109] 아도르노는 영국망명시기에 비트겐슈타인을 만나지는 못했다. 이는 대단히 애석한 일이었다. 두 사람은 매우 공통점이 많았기 때문이었다. 그들은 부정의 철학에 대한 감수성, 문화적 우상타파주의와 비관주의를 공유했다. 참고로 비트겐슈타인의 기질과 아도르노의 성마른 성격을 고려하면, 비트겐슈타인은 변증법적 방법에 관심이 없었고, 아도르노는 영국철학의 실증주의를 경멸했기 때문에 그들의 만남이 그리 유쾌하지는 않았으리라. 비트겐슈타인이 카를 포퍼를 캠브리지도덕과학 클럽의 한 회합에서 쇠꼬챙이로 공격했다는 일화가 알려져 있는데,[110] 그가 아도르노를 만났다면 어떻게 행동했을지는 상상에 맡기겠다.

호르크하이머는 먼저 제네바로 떠났다. 나치가 독일의회의 의석을 차지하게 되자 그는 폴록의 도움을 받아서 곧 떠날 준비를 했다. 먼저 자산을 네덜란드로 이전하고 스위스의 제네바에 사회연구국제협회라고 불리는 지부 사무실을 세웠다. 파리, 런던, 뉴욕에서도 연구센터를 세웠다. 호르크하이머, 뢰벤탈, 프롬과 마르쿠제가 1933년에 제네바로 이주했고 그곳에서 연구를 이어갔다. 그러나 제네바에서의 체류는 오직 한시적이었을 뿐이라는 것이 분명해졌다. 호르크하이머는 스위스 영주권을 받았지만 그의 동료들은 관광비자를 갱신해야 했다. 프랑크푸르트학파는 파리 혹은 런던에서 영구 체류를 계획했지만 호르크하이머는 그 두 곳에서는 파시즘으로부터 안전할 수 없다고 믿었다.

뉴욕이 상대적으로 전망이 좋은 피난처로 보였다. 1933년과 1934년에 프롬과, 미국에서 태어나서 독일에서 공부하면서 폴록과 호르크하이머의 동료가 되었던 줄리앙 검페르츠는 뉴욕에서 망명한 프랑크푸르트학파를 유치할 장소를 위해 컬럼비아대학과 협상을 벌였다.[111] 대학의 총장 니콜라스 머레이 버틀러는 사회학자 로버트 S. 린드와 로버트 맥아이버와 함께 연구소의 프로젝트를 인상 깊게 읽은 후 뉴욕시 웨스트 117번가 429번지의 사무실을 빌려주기로 결정했다. 이곳은 컬럼비아대학 캠퍼스에서 멀지 않은 곳이었다. 호르크하이머와 그의 동료들은 1934년 말 이곳으로 이주했다.

하지만 미국대학이 적화 위협[공산주의화]에 문을 열어준 것이 아닐까? 컬럼비아대학이 공산주의자들의 꼬드김에 넘어가서 카페 마르크스의 프랜차이즈 새 지점을 열도록 건물을 제공하게 된 것인가? 국제사회연구소(뉴욕에서 프랑크푸르트학파를 부른 이름)는 진정 성공적으로 명문대학에 침투한 비밀스런 마르크스주의 결사의 거죽에 불과했나? 이 연구소는 정치적 수사를 피해서 가능하면 미국에서 추방당하지 않기 위해서 정체를 감춘 채 사악한 공산주의의 목적을 실행하려 한 것인가? 만일 미국 사회학자 루이스 포이어가 1980년에 제시한 이론을 믿는다면 아마도 이 일련의 질문들에 대한 대답은 긍정일지 모른다. 포이어는 호르크하이머와 그의 동료들이 부르주아 문화와 사회를 기꺼이 비판했지만 숙청과 공개재판, 강제노동수용소와 같은 스탈린주의의 과도한 처사에 대해선 의뭉스럽게 입을 다물고 있다고 지적했다.[112] 아마도 포이어가 의미심장하게 지적한 대로 스탈린의 소련에 관해서 줄곧 침묵을 지켰기 때문에 프랑크푸르트연구자들이 정말로 미국사회에 침투한 공산주의자라는 의심은 더욱 증폭되었는지 모른다.

그러나 호르크하이머와 폴록은 볼셰비키 코민테른의 전문스파이 윌리 뮌젠베르그가 했던 것처럼 속이려고 작정한 지식인들이 보여준 천재성은 없었다. 뮌젠베르그는 좌파성향의 자유주의적 지식인들(어네스트 헤밍웨이, 릴리언 헬만, 앙드레 말로와 앙드레 지드 등 작가를 포함)을 목표삼아 공산주의의 선전 조직들을 운영하면서 이 지식인들이 소련의 다양한 대의명분을 지원하게 하려고 했다.[113] 포이어는 컬럼비아대학에서 프랑크푸르트학파와 협상했던 사람들이 멍청이들이라고 했지만 여기엔 아무런 개연성이 없었다. 당시 프랑크푸르트학파의 발전과정을 보면 정치적 정당과 아무 연관이 없었고, 소련과의 유대도 없었다. 다학제 간 신마르크스주의라는 그들의 상표는 크레믈린 궁에서 보기엔 이단적이었다. 비판이론이 어떤 정교한 연막전술이 아니었다고 한다면 프랑크푸르트학파는 스탈린의 보병부대가 될 리 없었다.

프랑크푸르트학파는 그보다는 이솝 우화 같은 언어에 장기간 의존했다. 즉 외부인에게는 별다른 의미가 없지만 내부사정에 밝은 사람들에게는 숨은 의미를 갖고 있는 말이나 구절을 의미한다. 포이어가 프랑크푸르트학파 연구자들이 뉴욕의 학계에 침투한 적화세력이라고 오해했던 이유가 다름 아닌 이 우화적 언어에의 헌신 탓이었다고 해도 무방하다. 예를 들면 1923년에 학파의 설립자들은 마르크스주의 연구소라는 이름을 포기한다. 지나치게 자극적이었기 때문이다. 그보다는 마틴 제이에 의하면 좀 더 이솝우화적인 대안을 선택했다.[114] 1930년대에 많은 프랑크푸르트학파의 회원들은 가명의 필요성을 느꼈다. 그렇게 하면 나치의 처벌을 감수하지 않고서도 글을 쓸 수 있었고, 혹은 자칫 연구자로서의 정체성에는 해로울 수 있을 심술궂은 어조로 자신의 생각을 표현할 수도 있었다. 따라서 호르크하이머는 하인리히 레기우스, 아도르노는 헥토르 로트와일러, 벤야민은 데틀레프 홀츠라는 필명으로 글을 출간했다. 미국 망명 중 호르크하이머는 프랑크푸르트학파 연구자들이 망명거주지의 주류사회로부터 거리를 유지하도록 했다. 독일어로 출간한다는 결정은 압도적으로 단일 언어 중심인 영어권국가에 영향을 미칠 가능성을 없앴다. 이런 결정은 확실히 프랑크푸르트학파가 미국사회에 통합되는 것을 막았던 반면 그들이 처음부터 모색했던 일종의 지적인 독립을 얻게 해주었다. 이들이 독립적인 수입을 얻었다는 사실도 반드시 언급되어야 한다(비록 미국의 재정 상태에 따라 수입이 심각하게 줄어들기는 했다).

미국 망명기에 호르크하이머는 학파의 학회지인 『사회연구저널』이 연구소의 정치적 성향을 드러냄으로써 미국후원자들로부터 정치적 공격을 당하게 될지도 모를 단어들을 완곡한 표현으로 바꾸어 사용하도록 주의를 기울였다.[115] 가령 학회지는 벤야민의 1936년 논문 「기술복제시대의 예술작품」을 출간하면서 논문의 마지막 문장을 수정했다. 편집을 하지 않았다면 파시즘에 저항하려는 목적에서 공산주의를 지지하는 예술가들을 불러내는 것처럼 읽힐 수도 있었던 문장이었다. 벤야민은 이렇게 썼다. "이것은 파시즘이 미학적으로 만든 상황이다. 공산주의는 예술을 정치화함으로써 이에 답한다." 학회지에 최종적으로 실린 글에는 '파시즘' 대신 '전체주의적 교리'로, '공산주의' 대신 '인류의 건설적 세력'으로 바뀐다. 따라서 심지어 우파 미국인들조차 그들이 벤야민이 쓴 독어문장을 꿰뚫어 읽을 수 있었다면 공산주의적 예술의 정치적 역할을 찬양한 것이 아니라 어떤 비파시스트적 예술의 역할을 말하고 있다고 분명 믿었을 것이다. 이런 개입은 벤야민에 대한 그로테스크한 오독을 낳을 수 있었고 또 사실 그랬지만, 프랑크푸르트학파가 1930년대에 미국의 반공주의자들에 의한 처벌을 피하게 해준 실용적 방편이기도 했다. 여기서 실용주의가 정당화될 수 있는가의 여부는 전혀 다른 문제이다. 이때는 아직 공산주의로 의심받은 사람들에 대한 매카시의 마녀사냥은 일어나지 않았지만 호르크하이머는 어떤 위험도 감수할 생각이 없었다. 미국의 주식시장과 부동산에 투자한 뒤 끔찍한 재정적 어려움을 겪고 나서 호르크하이머와 그의 동료들은 연구계약을 따려고 노력했고 따라서 자신들이 비밀스런 스탈린주의의 심복이 아니라 건전한 학자라고 내세울 필요가 있었기 때문에 실용주의적 명령은 더욱 중요해졌다.

  분명한 사실은 이 독일 유대인 망명자들이 불안해했다는 것이다. 그들이 구세계에서 겪은 일을 생각해보면 자신의 정체를 신세계에서 너무 많이 드러내는 것에 대한 염려는 이해할 만하다. 가령 4년간의 옥스퍼드 생활 이후 아도르노가 뉴욕의 프랑크푸르트학파의 동료들과 합류했을 때 폴록의 제안에 따라 그의 이름에서 비젠그룬트를 떼어내 버렸다는 사실은 주목할 만하다. 연구소의 연구원목록에 유대인처럼 보이는 이름이 너무 많았기 때문이었다. 우스꽝스럽게 들릴지도 모르지만, 어쨌거나 미국은 나치 독일에 머물렀더라면 살해당했을 수많은 유대인들에게는 망명국이었다. 뢰벤탈의 발언을 생각해보라. 그는 마틴 제이에게 프랑크푸르트학파의 많은 연구자들은 반유대주의 문제에만 국한하면 망명시기에 만났던 미국인들보다 독일인들이 더 낫다고 생각했다고 말했다.[116]

이런 발언을 액면 그대로 받아들여서는 안 된다. 망명유대인들이 미국에서 겪은 반유대주의가 무엇이었든지 간에 준 군사력에 의한 가택수색을 당하거나 강의자격증이 취소되거나 죽음의 수용소의 그림자가 어른거리는 상황과는 달랐기 때문이다. 이런 탄압과 비교할 때 이들은 뉴욕에서 환영받았고 그들이 원하는 대로 생각하고 글 쓰고 출간하고 연구할 기회를 얻었다. 아도르노가 미국의 새 집에서 받은 첫인상을 말했을 때 자신에게 얼마나 그 집이 친숙하게 느껴졌는지를 강조했다는 사실은 중요하다. "우리 둘이 예상한대로 이곳의 새로운 환경에 적응하는 것이 그리 어려울 것 같진 않네. 런던보다 정말로 더 유럽적이었고, 근처의 7가는 그리니치빌리지만큼이나 몽파르나스 대로의 평화로운 분위기를 연상시킨다네"라고 부인 그레텔과 뉴욕행 배를 타고 온 후 벤야민에게 쓴 글에서 아도르노는 적고 있다.[117] 진정 그는 이 구절에서 벤야민, 그 구제 불가능할 정도로 프랑스에 빠져 있던 사람에게 뉴욕으로 오라고 설득하고 있었다. 그는 벤야민이 당시 살고 있었던 15구의 파리 이웃과 뉴욕이 얼마나 비슷한지를 강조하려 했다. 동시에 그는 이 도시를 덜 낯설고 더 정감어린 곳으로 보이게 만들었다.

아도르노의 첫 인상을 같은 시기에 그의 아내가 벤야민에게 써 보낸 첫인상과 비교해보라. "내가 가장 놀란 것은 여기는 보통 사람들이 생각하는 것만큼 새롭거나 진보적이지 않다는 점이에요. 반대로 가는 곳마다 가장 현대적인 것과 가장 누추한 것의 상반된 대조를 목격할 수 있어요. 이곳에서는 초현실적인 것을 찾아다닐 필요가 없어요. 발길 닿는 곳마다 그걸 만나게 되거든요."[118] 여기서 그레틀 아도르노는 끝없는 새로움의 땅이라는 미국에 대한 전형적인 유럽적 관념을 던져버린다. 대신 그녀의 남편이 느낄 수 없었거나 느끼려고 하지 않았을 그 낯섦(그렇다고 불쾌하지는 않은)의 감각에 충실했다. 아도르노와 다른 프랑크푸르트학파의 동료들은 미국에 적응하지 못한 채 미국을 그들에게 적응시키려고 노력했다. 앞으로 살펴보겠지만 그들은 자신이 본능적으로 싫어했던 미국생활의 양상들을 경멸적으로 다루고 여지없이 거부했다. 마치 그들이 저급한 생활방식에 감염되지 않도록 예방접종을 하려드는 것 같았다.

그러나 프랑크푸르트학파의 구세계적 우상타파는 뉴욕에서 도전받았다. 할렘을 굽어보고 있는 모닝사이드 하이츠의 컬럼비아대학 캠퍼스에 자리를 잡고 난 후 얼마 지나지 않아서 호르크하이머와 동료들은 뉴욕지식인들 (New York Intellectuals)이라 불리는 그룹이 비판이론의 토대인 변증법을 향해 도전장을 던졌다는 사실을 알게 되었다. 지식인그룹은 프랑크푸르트학파의 신조 중 두 가지를 반대했다. 하나는 변증법적 방법이 마르크스주의 지망생들의 개념 도구에서 필수적이라는 주장과, 다른 하나는 충분히 변증법적이지 못하면 현존 질서를 떠받치게 된다는 신념이었다. 1936년과 1937년에 두 차례 격론이 오갔던 회의에서 호르크하이머와 그의 동료들은 (넓은 의미에서) 유대인 학자와 마르크스주의 사상가들로 구성된 뉴욕 그룹으로부터 공격받았다. 이 그룹은 변증법적 방법은 설명력이 전혀 없고 도구적 이성과 실천적 이성 사이의 헤겔주의적 구분은 그저 형이상학적 혼돈일 뿐이라고 주장했다.[119] 뉴욕지식인들은 시드니 훅이 이끌고 있었다. 훅은 사나울 정도로 논쟁적이었고 이단아적인 마르크스주의자이며 미국실용주의의 열렬한 신봉자로서 존 듀이의 맹견이라는 닉네임을 갖고 있었다. 그는 트로츠키주의자이며 예술역사가인 메이어 샤피로와 두 명의, 적어도 지적으로는 프랑크푸르트학파가 경멸해 마지않는 논리실증주의 철학자 에른스트 네이글, 그리고 오토 노이라트와 한 패를 이루었다.

특히 노이라트는 여기서 언급할만하다. 그의 철학은 수학적 경향을 띠며 논리적 사유를 현실사회에 적용하는 일에 헌신하고 있었다. 당연히 그는 프랑크푸르트학파의 사변적인 소파 철학적 성향에 매우 적대적이었다. 노이라트는 논리실증주의의 비엔나학파 소속 망명회원이었고 경제학자이며 사회학자이기도 했다. 1945년 63세의 나이에 때 이른 죽음을 맞이하기 전까지 노이라트는 옥스퍼드에 동위원소연구소를 세워서 영국 서중부지역의 슬럼가를 정리하는 계획에 사용될 정량적 정보를 제시할 상징적 방식을 연구하는 일에 자신의 남은 경력을 바치려고 했다. 철학적 학제를 존중하더라도 논리학자의 기술을 사용해서 자본주의체제에서 어려운 사람들의 생활조건을 개선하는데 도움을 주려는 이런 계획은 당시로서는 흔치 않았던 시도였고 철학사에도 찾아보기 어려운 것이었다. 노이라트의 동위원소연구소가 행동하는 도구적 이성이라고 한다면, 형식적 논리를 억압적 지배의 도구라고 비판한 호르크하이머와 마르쿠제를 효과적으로 반박할 수 있는 사례가 되었을지 모른다.

그러나 이 두 학파의 만남에서 주목할 만한 것은 양 측의 갈등, 즉 변증법적 방법론과 논리실증주의 사이의 대립이 아니라 마르크스주의의 두 이단아 집단 사이의 충돌이다. 두 학파 모두 인터내셔널 코민테른의 신념을 도착시켰다는 이유로 조롱받고 있었다. 호르크하이머와 훅이 마르크스주의자였을지 모르지만 스탈린이 이해하는 마르크스주의와는 의미가 달랐다.

훅은 매우 흥미로운 인물이다. 1920년대 그는 베를린에서 카를 코르쉬와 함께 연구했고 모스크바의 마르크스엥겔스연구소에서도 연구했다. 그러나 1985년에 되면 스탈린, 냉전과 베트남전쟁의 시대를 지나면서 자신의 정치적 견해를 급격하게 바꾼다. 그는 로널드 레이건 대통령으로부터 대통령자유훈장을 받기도 했다. 1930년대 중엽에 코민테른과 결별하고 미국을 대표하는 철학자 존 듀이와 컬럼비아대학에서 공부하면서 마르크스주의와 실용주의의 지적인 통합을 발전시켰다. 이 학문적 통합은 호르크하이머가 마르크스주의를 재구성해서 다학제 간 비판이론으로 발전시키려고 했던 것과 같은 동기에서 유발되었다. 즉 혁명은 일어나지 않았고 혁명의 실패를 설명할 이유를 알아내는 과제가 시급했기 때문이다. 프랑크푸르트학파와 혹이 이끈 뉴욕지식인들은 역사적 결정론에 있어서 정통 마르크스주의 신념과 대립한다. 혹은 실용주의가 지적으로 뛰어난 마르크스주의를 제공해준다고 봤다. 결정론을 덜어내고 미국적 감수성에 더 맞도록 마르크스주의를 조정할 수 있기 때문이었다.

『옥스포드철학가이드』에서 네드 레셔 교수는 실용주의의 특성을 '실제적 적용이 갖는 효력'이라고 기술한다. "가장 효과적인 실제적 적용이 진술에는 진리를 결정하는 표준을 제공하고 행동에는 정당성을, 평가에는 가치를 제공한다."[120] 실용주의는 프랑크푸르트학파가 실증주의와 경험주의에 대해 주장한 것과는 달리 가치중립적이지 않다. 마르쿠제는 1942년 듀이의『가치평가이론』에 대한 서평에서 이 점을 인정했다.[121] 실용주의가 실제적 적용이 갖는 효과를 주장한다는 점에서 가치는 상정되어있다. 철학으로서의 실용주의는 미국에서 오래된 전통을 갖고 있다. 실용주의의 실제적 경향이 '나는 할 수 있다'의 기질을 가진 미국인들에게 호소력을 갖게 되었다고 볼 수 있겠다. 확실히 실용주의의 대안이 소위 난삽한 독일관념론이었다면 그렇게 말할 수도 있다.

하지만 문제가 그렇게 간단하지 않다는 것은 불편한 사실이다. 실제 듀이가 이론화한 실용주의는 독일관념론, 특히 헤겔에서 빌어 왔다. 듀이는 현실을 구성하는 적극적인 정신이라는 헤겔의 개념에 매료되었다. 이 개념은 19세기 미국의 초절주의자들에게 영향을 미쳤다. 우리가 앞서 살펴본 대로 마르크스는 헤겔의 자아실현이라는 개념을 수학적으로 재구성해서 자유를 착취되지 않은 노동을 통한 정체성 실현이라고 제시했다. 프랑크푸르트학파 내부에서 자아실현이라는 개념은 논쟁을 일으켰지만, 듀이는 헤겔의 유산을 받아들여서 과학에 실용적으로 적용한다. 과학은 인간이 자신의 잠재력을 실현시켜서 유토피아를 창조하도록 도움을 주는 도구로 보았다. 비록 듀이가 마르크스주의자는 아니었지만 (혹은 자신의 자서전에서 그를 "정직한 자유주의자"라고 묘사한다) 혹에게는 과학을 통한 이 실용주의적 전회가 매력적으로 보였다. 마르크스를 과학자로서의 행동주의자로 보는 자신의 견해와 부합했기 때문이었다. 따라서 프랑크푸르트학파의 헤겔주의적 마르크스주의를 의심했다. 그는 프랑크푸르트학파가 효과적으로 독일철학을 보수주의, 권위주의, 비교(秘敎)주의로 후퇴시켰다고 생각했고 자신의 실용주의적 마르크스주의는 이러한 엘리트주의적 함정을 피할 수 있다고 주장했다. 토마스 위트랜드는 프랑크푸르트학파의 망명기를 다룬 책에서 혹과 듀이, 두 사람 모두 탁월한 실용주의 철학자 C. S. 퍼스의 평등주의적 관념에 영향을 받았다고 주장했다. 퍼스는 과학과 철학에 신선한 민주주의적 숨결을 불러 넣었는데 위트랜드는 퍼스가 지적인 과업에 대해 품었던 비전을 이렇게 설명한다. "여느 과학자처럼 누구나 세상에 대해 새롭고 창조적인 생각을 만들어낼 수 있고 이런 생각들은 실제적 경험에 의해 시험받고 평가받을 수 있다. 따라서 과학적 공동체가 발견을 공유하고 공동체의 합의를 통해 형태를 부여함으로써 앎과 이성은 세련된다."[122]

혹은 마르크스주의가 유사한 실용주의적 전회를 통해서 부활할 수 있다고 생각했다. 자유롭게 도달한 공통합의가 민주주의적 행보를 갖는 집단적 행위를 촉진시킬 수 있다. 이 제약받지 않고 공통합의로 정향된 민주주의적 집단행위의 실용주의적 관점은 호르크하이머나 프랑크푸르트학파의 1세대 회원들에게는 거의 호소력이 없었지만 2세대, 특히 하버마스에게는 상당히 고무적이었다. 하버마스는 의사소통행위 개념을 미국실용주의학자, 특히 조지 허버트 미드에 상당한 정도로 기대어 발전시켰다.

과학을 억압의 도구라기보다는 해방의 도구로 지지하는 것은 호르크하이머와 그 외 프랑크푸르트학파에게는 부정적이었다. 그들이 보기에 혹은 변증법적 기준에 미치지 못했다. 혹은 호르크하이머와 마르쿠제에게 신랄하게 비아냥거리면서 어떤 교리가 변증법적으로 진정하지만 과학적으로는 거짓인지, 또는 과학적으로는 진정하지만 변증법적으로는 거짓인 것인가를 물음으로써 그들의 공격에 응대한다. 혹의 입장에선 프랑크푸르트학파의 과학에 대한 디스토피아적 시각은 아무 것도 보장해주지 못했다. 우리는 프랑크푸르트학파의 연구자들이 혹의 경멸에 찬 도전적 질문에 어떻게 대답했는지는 알 수 없지만 현재 시점에서 우리가 알고 있는 것은 뉴욕지식인들과의 대화를 마친 뒤 호르크하이머가 실용주의를 혐오하게 되었다는 사실이다. 그는 실용주의를 실증주의의 한 형태로 간주했다. 자신이 발전시키고 있는 헤겔주의적 비판이론처럼 자본주의를 비판하기보다는 경험주의와 마찬가지로 자본주의를 부추긴다고 생각했다. 1943년 폴록에게 보낸 편지에서 그는 "실용주의와 경험주의, 그리고 진정한 철학의 결핍은 전쟁이 일어나지 않았더라도 문명이 맞닥뜨린 위기를 초래한 가장 대표적인 원인"[123]이라고 썼다. 그는 미국은 변증법적 철학의 유산이 결핍되었고 비판적 사유의 부족 때문에 절름발이가 되었다고 생각했다.

혹의 입장에서는 프랑크푸르트학파는 실제적 결과를 낳지 못하는 무익한 변증법적 사유에 헌신함으로써 절름발이가 되어 버렸다.

아도르노는 프랑크푸르트학파와 뉴욕지식인들 사이에 벌어진 이 열띤 논쟁에 참여하지 않았다. 당시 그는 옥스퍼드에 있었고 1938년이 되어서야 뉴욕에 도착했다. 그러나 도착 후 연구소의 일원으로서 맡게 된 첫 번째 일을 통해 아도르노는 신세계와 충돌하게 되었다. 그는 호르크하이머가 존 듀이의 투견을 참아내야 했던 것보다 훨씬 더 심한 상처를 받았다. 이 충돌로 인해 아도르노의 구세계적 우상타파 기질과 미국대중문화에 대한 회의주의는 더욱 심화되었고 그와 호르크하이머는 나중에 『계몽의 변증법』에서 문화산업이라고 부른 것을 격렬하게 비판하게 된다.

미국에서 아도르노가 얻은 첫 직장은 1938년 프린스턴 라디오연구 프로젝트였다. 이 프로젝트는 대중매체의 새로운 형식들이 미국사회에 미치는 영향을 연구하는 것이었고 프린스턴대학에 록펠러재단이 준 지원금으로 진행되었다. 비엔나학파의 망명 사회학자 폴 라자스펠드가 프로젝트를 이끌었다. 그는 수년 전 프랑크푸르트학파의 권위와 가족에 대한 연구에서 연구보조원으로 일한 적이 있었다.[124] 아도르노가 참여하기 전 라자스펠드의 연구원들은 1938년 핼러윈 데이에 CBS라디오에서 드라마로 각색해서 방송된 H. G. 웰즈의 소설『세계전쟁』이 미친 사회적 영향력을 연구했다. 오손 웰즈가 각색했고 6백만 청취자들이 들었던 이 라디오 방송은 꽤나 악명 높았는데 전해지는 이야기에 따르면 수많은 청취자들이 방송당시 화성침입이 실제 일어나고 있다고 믿을 만큼 이 방송을 진짜 사건으로 받아들였고 미국전역에 외계 침입의 공포가 확산되었다고 한다. 이 웰즈의 라디오 드라마는 종종 새로운 대중 매체가 갖는 힘과 대중의 순진함을 보여주는 사례로 인용되기는 하지만 또한 소위 대중매체의 수동적인 소비자들이 그 메시지를 얼마나 비정상적으로 해독하는지를 보여주기도 한다. 라자스펠드의 연구원들이 쓴『화성침공: 공포의 심리학 연구』에 따르면 이 방송을 들은 청취자의 4분의 일이 방송이 드라마라는 사실을 인식하지 못했다(방송 당시 청취자들에게 드라마적 각색이라는 것을 알려주는 고지를 방송에 앞서 내보냈다). 그리고 대다수의 사람들은 방송을 듣고 화성침공이라고 생각하기보다는 독일이 침공했다고 생각했다. 방송이 있기 한 달 전 히틀러가 체코슬로바키아의 일부를 합병하자 일어난 뮌헨 위기* 때문에 가능했던 착각이었다고 설명된다.[125]

---

* 1938년 소련을 제외한 유럽 국가들이 뮌헨에 모여 독일이 체코슬로바키아의 독일어권 지역을

라자스펠드는 아도르노를 이 프로젝트의 음악감독으로 고용했다. 아도르노가 충분히 재기발랄한 정신의 소유자였고 음악학에 관해 전문성이 높아 도움이 되리라 믿었기 때문이다. 하지만 일단 프로젝트의 본부가 마련된 뉴저지 주의 뉴어크 시에 위치한 폐장된 주류공장건물 안에 들어가는 순간 아도르노는 낯선 환경에 놓이게 되었다. 이 프로젝트는 아도르노가 한 번도 해본 적 없는 경험적 연구였을 뿐 아니라 그가 신뢰할 수 없는 분석적 연구 방법을 사용했다. 아도르노는 프로그램 소재에 대한 관객의 선호도를 측정하면 관객이 특정 방송을 선택해서 듣는 이유를 알아낼 수 있을 것이라는 가정에 대해 회의적이었다. 그는 라자스펠드에게 이렇게 썼다. "청취자들이 고전음악을 얼마나 좋아하는지, 고전주의 음악과 낭만주의 음악을, 혹은 베리스모 오페라* 등을 얼마나 선호하는지를 비율화해서 측정할 수 있을지도 모르겠소. 그러나 만일 그들이 좋아하는 이유를 포함하려고 한다면 이 문제는 수량화로 측정가능하지 않다는 것을 알게 될 것이오."[126] 그는 라자스펠드가 심리학자 프랑크 스탠턴과 함께 개발한 프로그램 분석가라고 불리는 장치에 대해 특히 더 아연실색했다. 이것은 오늘날 TV와 라디오 네트워크가 이용하고 있는 닐센 시청률측정기(Nielsen audiometer)의 선구적 형태였다. 이 프로젝트의 연구대상이었던 청취자들은 버튼을 눌러서 그들의 선호도를 등록할 수 있었다. "나는 문화란 단순한 측정이라는 정신을 배제하는 조건이라고 생각했다"[127]라고 아도르노는 회상한다. 페이스북 사용자들이 어떤 것

합병하는 것에 서명을 했다. 그 뒤 독일군이 이 지역에 주둔해서 영토를 장악해감으로써 위기를 조성했다.

* verismo opera: 낭만주의 오페라 특히 바그너 오페라의 과대 망상적 스토리와 웅변술에 반발한 사실주의 오페라로, 베르디 오페라의 서정성과 사실적 성격묘사에서 영향을 받았고 비제의 〈카르멘〉이 대표적이다.

을, 가령 누군가의 케이크나 베토벤의 교향곡 등을 좋아한다거나 그에 대한 선호도를 갖도록 격려 받고 이와 동일한 판단의 척도에 모든 것을 순응시키게 되는 방식을 목도하게 될 만큼 아도르노가 오래 살지 않아서 그런 거라고 혹자는 생각할지도 모르겠다.

아도르노가 이 프로젝트에서 경험한 소외감은 어떤 면에선 그가 경험적 연구가 허용하는 범위를 넘어서 해석학적 문제를 묻도록 주장했기 때문이었다. 나아가 그는 상업적 목적으로 사용될 수 있는 사회학적인 연구가 내키지 않았다. 특히 이 경우에는 프로그램 제작자들에게 어떤 종류의 방송이 시청률을 극대화하는가를 결정해주는 데이터를 제공하는 것이었다. 이런 종류의 자본주의적 정신은 아도르노의 마르크스주의적 편향의 감수성에 해로워 보였다. 대신에 그는 이 프로젝트에 관해서 라자스펠드의 사회연구에 대한 개념과 사회학이 산업의 시녀 역할을 담당하게 될 방법과 입장으로부터 자신이 유지하고 있던 거리감을 드러내 줄 네 가지 논문을 썼다. 가령 긴 분량의 논문 「라디오 음악」에서 아도르노는 음악에서의 물신화라는 개념을 제시했다. 그는 이렇게 썼다. "음악적 물신화라는 표현은 청취자와 음악 그 자체의 직접적인 관계 대신에 청취자와 음악이나 공연자에게 부여된 사회적 혹은 경제적 가치 사이의 관계만이 존재한다는 의미이다."[128] 간단히 말해서 음악은 상품이 되었고 혹은 다른 상품들의 구입을 격려하는 방식이 되었다.

라자스펠드는 이 160페이지 분량의 논문을 읽으면서 격노했고 여백에 "멍청이", "이 자가 뭐라고 말하는지 도통 알 수 없어"라는 식의 주석을 달았다. 그리고 시드니 혹과 화음을 이룰 만한 표현으로 "변증법은 학제에 맞는 사유를 하지 않을 핑계일 뿐"이라고 썼다. 라자스펠드는 또한 아도르노에게 직접 쓴 글에서 이 논문을 비난했다. "당신은 다른 사람을 비판하면서 자만하는 군요. 당신에게 다른 사람들은 그저 신경증환자나 페티시 환자겠지만 당신자신도 그런 공격을 받을 수 있다는 생각은 들지 않소?… 당신이 라틴어를 글의 시작부터 끝까지 사용하는 방식은 그야말로 완벽히 페티시가 아니고 뭔가요?"[129]

아도르노는 괘념치 않고 라지스펠드의 프로젝트에 관한 글을 계속 쓰면서 1941년에 그만두기 전까지 물신화된 음악과 특히 라디오음악 청취는 시늉에 불과하다는 생각을 발전시켜 나갔다. 그는 미국의 상업 라디오방송이 나치 독일에서 자신이 들었던 전체주의 라디오 방송과 유사하다고 보았다. 그는 나치의 방송이 대중을 통제하기 위해서 "괜찮은 오락과 여가를 제공할" 과제를 갖고 있다면, 미국의 상업라디오는 청취자를 정치적 현실로부터 멀어지게 하고 그들에게 제공된 것을 선택하게 하는 수동적 소비자로 만든다고 믿었다.

1939년 「플러깅 연구」라는 글에서 아도르노는 청취자 대상에게 — 그는 이 대상을 "피해자"라고 부른다 — 정서적 반응을 일으키기 위해서 딸랑딸랑 거리는 음악과 표준화된 히트퍼레이드가 사용된다고 했다. "밥그릇에 개 밥을 쏟아 붓는 소리를 들으면 개가 달려오는 것과 같다." 이런 음악은 더 이상 음악이 아니라 청취자에게 클라이맥스와 반복 같은 장치를 통해서 특정한 효과를 내게 하는 소리의 공식화된 체계이다. 이것은 대중음악이 작곡되는 방식 뿐 아니라 상품을 팔기 위해서 음악이 사용되는 방식에 대한 치명적인 비판이었다. "일단 공식이 성공적이면 산업은 똑같은 것을 반복해서 틀어댄다. 그 결과 음악은 오락과 전치된 소망성취, 수동성의 강화를 통해 작동되는 일종의 사회적 접착제가 된다."[130] 이 점에서 아마도 우리는 아도르노의 통찰력을 인정할 수도 있다. 그는 일찍이 20세기와 21세기의 TV, 영화, 상업적 극장과 책 출판, 인터넷을 지배하는 발전과정을 인식했고, 연속극이나 과거의 소비패턴에 따라 온라인 상품추천목록 등의 경우처럼 이 성공적 공식의 끝없는 반복이 우리를 일종의 시시포스적인 지옥에 집어넣고 각각이 전혀 다르지 않은 문화상품을 구입해서 소비하도록 만든다고 지적했다.

그의 전기 작가 스테판 밀러-둠은 프린스턴 프로젝트 일을 하면서 아도르노가 대중문화의 전형적인 생산 메커니즘이 소비자들의 기대를 조정해서 주식보유자들의 이윤을 극대화시킨다는 것을 확신했다고 한다. 아도르노는 문화산업과 관객 간에 미리 정해진 일치된 조화라는 것이 있어서 관객이 그들에게 제공된 것을 요구하도록 만든다. 실제로 이렇게 미리 정해진 조화로운 합의가 있으면 자본주의는 더 효과적으로 기능할 수 있다. 이런 모욕적인 관계에 붙들린 채 ─ 아도르노의 표현을 빌면 ─ 피해자들은 상품에 의존적이 되어서 자신에게 필요 없는 것을 소비하게 되고 수동적이고 어리석어지는 대가를 치르게 된다. 이 독일 작곡가에게는 이것은 그저 소소한 문제가 아니었다. 갈수록 그 이름에 값하는 음악을 제대로 찾아 들을 수 없게 되었기 때문이다.[131]

자신의 미국인 후원자 혹은 상사에게 아도르노가 준 첫 선물은 그가 정착한 신세계를 지배하는 자본주의적인 가치, 즉 상업화되어 고객에 집중된 문화에 대한 신랄한 공격이었다. 그러나 이보다 더 격렬한 공격은 미국이 대중통제의 기술에 있어서는 망명길에 오르도록 자신을 내몰았던 독일과 다르지 않다고 한 발언이었다. 루즈벨트의 미국과 히틀러의 독일 사이에 대중매체의 유사성이 있다는 생각은 당시에 매우 논쟁적이었으며 지금도 마찬가지다. 그러나 프랑크푸르트학파는 미국에서의 망명 시절동안 미국과 독일 사이의 전체주의적 유사성에 대한 그들의 확신을 포기하려 하지 않았다. 이와 반대로 신세계를 경험하면 할수록 그들의 확신은 더 심화되어 갔다.

주

● 5장

1. Theodor Adorno, "Mahogany." *The Weimar Republic Sourcebook*, Anton Kaes, Martin Jay and Edward Dimendberg 편집, University of California Press, 1994, 588 ff 참조. 추후 인용은 별도의 언급이 없으면 이 에세이에서 사용함.
2. Parker, *Bertolt Brecht: A Literary Life*, 273 ff 쪽.
3. Jay, *The Dialectical Imagination*, 124 ff 쪽 참조.
4. Dirk Van Hulle (편집), *The New Cambridge Companion to Samuel Beckett*, Cambridge University Press, 2015, 75쪽 참조.
5. Parker, *Bertolt Brecht: A Literary Life*, 277쪽.
6. T. S. Eliot, "Portrait of a Lady." bartleby.com.
7. Andrew Feenberg and William Leiss (편집), *The Essential Marcuse*, Beacon Press, 2007 참조.
8. Kellner, *Herbert Marcuse*, 106쪽.
9. Jay, *The Dialectical Imagination*, 182 ff 쪽.
10. Theodor W. Adorno, *Quasi Una Fantasia: Essays on Modern Music*, Verso, 1998, 20쪽.
11. Will Self, "Opera Remains the Preserve of the Rich," *Guardian*, 2015년 3월 13일. theguardian.com.
12. Lukács, "Preface to *The Theory of the Novel*" 참조. marxists.org.
13. Mark Clark, "Hero or Villain? Bertolt Brecht and the Crisis Surrounding June 1953," *Journal of Contemporary History* 41:3 (2006), 451-75쪽.

● 6장

14. Benjamin, *Illuminations*, 211 ff 쪽 참조.
15. Thomas Wheatland, *The Frankfurt School in Exile*, University of Minnesota Press, 2009, 138쪽.
16. Adorno, *Minima Moralia*, 27-8쪽.
17. Max Horkheimer, "The Present Situation of Social Philosophy and the Tasks of an Institute for Social Research." marxists.org.
18. Karl Korsch, "Marxism and Philosophy." marxists.org.
19. Müller-Doohm, *Adorno: A Biography*, 137쪽.
20. 같은 글, 139쪽.
21. Jay, *The Dialectical Imagination*, 54쪽 참조.

22. Feenberg and Leiss, *The Essential Marcuse*, 66쪽.
23. Max Horkheimer, "The Present Situation of Social Philosophy and the Tasks of an Institute for Social Research." marxists.org.
24. Horkheimer, *Critical Theory: Selected Essays*, 143쪽.
25. Abromeit, *Max Horkheimer*, 97쪽 참조.
26. Horkheimer, *Critical Theory: Selected Essays*, 188 ff 쪽.
27. Jay, *The Dialectical Imagination*, 61쪽.
28. Herbert Marcuse, *Reason and Revolution*, Routledge, 2013, 47쪽.
29. Kellner, *Herbert Marcuse*, 92 ff 쪽.
30. Kellner's introduction to Herbert Marcuse, *One-Dimensional Man*, Routledge, 2002, xvii 참조.
31. Kellner, *Herbert Marcuse*, 124쪽.
32. Horkheimer, *Critical Theory: Selected Essays*, 221쪽.
33. Abromeit, *Max Horkheimer*, 4쪽.
34. Karl Mannheim, *Ideology and Utopia*, Routledge, 2013, 143쪽.
35. Benjamin, *Illuminations*, 249쪽.
36. Marcuse, *One-Dimensional Man*, 261쪽.
37. Friedman, *The Lives of Erich Fromm*, 33쪽 참조.
38. Stuart Jeffries, "Angela Davis: 'There is an unbroken line of police violence in the US that takes us all the way back to the days of slavery,'" *Guardian*, 2014년 12월 14일. theguardian.com.
39. Friedman, *The Lives of Erich Fromm*, 36쪽 참조.
40. 같은 글, 36-7쪽.
41. Jay, *The Dialectical Imagination*, 116 ff 쪽.
42. Friedman, *The Lives of Erich Fromm*, 43 ff 쪽.
43. Marx and Engels, *The Communist Manifesto*, 2장 참조. marxists.org.
44. Adorno, *Minima Moralia*, 2쪽.
45. Erich Fromm, "The Authoritarian Personality." marxists.org.

● 7장

46. Eiland and Jennings, *Walter Benjamin*, 314 ff쪽 and Leslie, *Walter Benjamin*, 101ff. 쪽 참조.
47. Benjamin, *Selected Writings*, Vol. 2, 846쪽 참조.
48. Walter Benjamin, *Radio Benjamin*, Verso, 2014 참조.
49. "The Benjamin Broadcasts," bbc.co.uk.
50. Bertolt Brecht, *Poems 1913–1956*, Routledge, 2007, and Parker, *Bertolt Brecht: A Lit-*

erary Life 참조.

51. Friedman, *The Lives of Erich Fromm*, 1쪽.
52. Adorno, *Minima Moralia*, 104쪽.
53. 같은 글.
54. Ehrhard Bahr, *Weimar on the Pacific: German Exile Culture in Los Angeles and the Crisis of Modernism,* University of California Press, 2008, 13쪽.
55. Jay Parini, *Benjamin's Crossing*, Anchor Books, 1998, 28쪽.
56. Parker, Bertolt Brecht: A Literary Life, 437쪽 참조.
57. Arendt in Benjamin, *Illuminations*, 32 ff쪽.
58. 같은 글, 32-3쪽.
59. 같은 글, 32쪽.
60. 같은 글, 29쪽.
61. Eiland and Jennings, *Walter Benjamin*, 121쪽.
62. Arendt in Benjamin, *Illuminations*, 32쪽.
63. 같은 글, 33쪽.
64. 같은 글, 22쪽.
65. Eiland and Jennings, *Walter Benjamin*, 374쪽.
66. Scholem, *Walter Benjamin: The Story of a Friendship*, 238쪽.
67. Eiland and Jennings, *Walter Benjamin*, 315쪽.
68. Gary Smith (편집), *The Correspondence of Walter Benjamin and Gershom Scholem, 1932–1940*, Harvard University Press, 1992, 13쪽.
69. Benjamin, "The Destructive Character," *Reflections*, 301-3쪽 참조.
70. Scholem, *Walter Benjamin: The Story of a Friendship*, 291쪽.
71. Arthur Schopenhauer, "On Suicide," *On the Suffering of the World*, Penguin, 2004, 52쪽.
72. Chandak Sengoopta, *Otto Weininger: Sex, Science and Self in Imperial Vienna*, University of Chicago Press, 2000, 19쪽 참조.
73. Eiland and Jennings, *Walter Benjamin*, 70쪽.
74. "One-Way Street", *Reflections*, 69-70쪽 참조.
75. 같은 글, 70쪽.
76. Schopenhauer, *On the Suffering of the World*, 53쪽.
77. Adorno, *Minima Moralia*, 247쪽.
78. Benjamin, *Illuminations*, 249쪽.
79. Avner Shapira, "Walter Benjamin's Berlin 120 Years On," *Haaretz*, 2012년 7월 12일자 참조. haaretz.com.
80. Benjamin, "Karl Kraus," *Reflections*, 239 ff쪽 참조.
81. Benjamin, *Selected Writings*, Vol. 2, 712 ff쪽.
82. Gershom Scholem, "Walter Benjamin and His Angel," *Jews and Judaism in Crisis,*

Schocken, 1978, 198 ff쪽.

83. Eagleton, "Waking the Dead."

84. Gershom Scholem and Theodor W. Adorno (편집), *The Correspondence of Walter Benjamin 1910–1940*, University of Chicago Press, 1994, 569쪽.

85. Adorno, *Minima Moralia*, 87쪽.

● 8장

86. Benjamin, "The Work of Art in the Age of Mechanical Reproduction." *Illuminations*, 211-44쪽 참조. 추후의 인용은 별도의 언급이 없다면 이 글에서 사용함.

87. Theodor W. Adorno, "On Jazz." *Essays on Music*, University of California Press, 2002, 470-95쪽.

88. Lawrence, *The Complete Poems,* 366쪽.

89. Benjamin, *The Arcades Project*, 364쪽.

90. Friedrich Kittler의 전기에 관해서는 egs.edu에서 참조할 것.

91. Richard Wollheim, *Painting as an Art*, Thames and Hudson, 1987, 8쪽.

92. Mihaly Csikszentmihályi, *Flow: The Psychology of Optimal Experience*, Harper, 1990.

93. Eiland and Jennings, *Walter Benjamin*, 517쪽.

94. Roberto Calasso, *The Ruin of Kasch*, Harvard University Press, 1994, 139쪽.

95. Adorno, "On Jazz." *Essays on Music*, 473쪽. 추후의 인용은 별도의 언급이 없다면 이 글에서 사용함.

96. Jay, *The Dialectical Imagination*, 186쪽.

97. Adorno and Horkheimer, *Dialectic of Enlightenment*, 111쪽.

98. Theodor W. Adorno, *Prisms*, MIT Press, 1983, 123쪽.

● 9장

99. Festung des Wissenschaft, *Neue Zürcher Zeitung*, 2012년 11월 3일자 참조. Literatur und Kunst, 65쪽. nzz.ch.

100. Friedman, *The Lives of Erich Fromm*, 39쪽.

101. Jeremy Noakes and Geoffrey Pridham (편집), *Nazism 1919–1945*, Vol. 1, *The Rise to Power 1919–1934*, University of Exeter Press, 1998, 94-5쪽.

102. Kellner, *Herbert Marcuse*, 98쪽.

103. Jay, *The Dialectical Imagination*, 156쪽.

104. Müller-Doohm, *Adorno: A Bigoraphy*, 178쪽.

105. Theodor W. Adorno and Alban Berg, *Correspondence 1925–1935*, Polity, 2005, 193쪽.

106. Müller-Doohm, *Adorno: A Bigoraphy*, 190쪽.

107. Lorenz Jäger, *Adorno: A Political Biography*, Yale, 2004, 88쪽.

108. A. J. Ayer, *Part of My Life*, Collins 1977, 153쪽.

109. Monk, *Ludwig Wittgenstein*, 271쪽.

110. David Edmonds and John Eidinow, *Wittgenstein's Poker*, Faber, 2014 참조.

111. Wheatland, *The Frankfurt School In Exile*, 35ff 쪽 참조.

112. Lewis Feuer, "The Frankfurt School Marxists and the Columbia Liberals," *Survey* 25:3 (1980), 156-76쪽.

113. Stephen Koch, *Double Lives: Stalin, Willi Munzenberg and the Seduction of the Intellectuals*, Enigma Books, 2004 참조.

114. Jay, *The Dialectical Imagination*, 8쪽.

115. 같은 글, 205쪽.

116. 같은 글, 162쪽 각주 참조.

117. Walter Benjamin and Gretel Adorno, *Correspondence 1930–1940*, Polity, 2008, 211쪽.

118. 같은 글, 211쪽.

119. Wheatland, *The Frankfurt School in Exile*, 35 ff 쪽 참조.

120. Ted Honderich (편집), *Oxford Companion to Philosophy*, Oxford University Press, 2005, 747쪽.

121. "Herbert Marcuse on John Dewey & Positivism" 참조. autodidactproject.org.

122. Wheatland, *The Frankfurt School in Exile*, 109쪽 참조.

123. Wiggershaus, *The Frankfurt School*, 344쪽 참조.

124. Susan Cavin, "Adorno, Lazarsfeld and the Princeton Radio Project" 참조. citation.allacademic.com.

125. Hadley Cantril, *The Invasion from Mars: A Study in the Psychology of Panic*, Transaction Publishers, 2005.

126. Müller-Doohm, *Adorno: A Biography*, 247쪽.

127. 같은 글, 247쪽.

128. Müller-Doohm, *Adorno: A Biography*, 249쪽에서 인용.

129. 같은 글, 250쪽.

130. Cavin, "Adorno, Lazarsfeld and the Princeton Radio Project" 참조.

131. Müller-Doohm, *Adorno: A Biography*, 254쪽.

4부

❧

1940년대

"희망의 철저한 부재로부터 언제쯤
신념의 힘을 넘어서는 기적이 나타나
희망의 빛이 새벽을 밝힐 것인가?"

10장
포르부로 가는 길

——

아도르노는 1940년 1월 13일 부모에게 이렇게 쓴다. "사랑하는 부모님, 레오 프렌켈이 보낸 소식을 전해 듣고 정말 기뻤습니다. 어제 밤 레오의 전화를 받았어요. 마침내 오셨군요! 미국에 오신 것을 진심으로 환영합니다. 이곳은 추합니다. 드럭스토어*와 핫도그, 자동차의 나라예요. 하지만 당분간은 안전할 거예요!"[1] 아도르노의 부모 마리아와 오스카는 함부르크에서 쿠바로 향하는 배를 탔고 쿠바를 거쳐 미국에 도착했다. 당시 그들의 아들은 호르크하이머가 서부여행을 하면서 현대 반유대주의의 심리학과 위상학을 추적하는 프로젝트를 계획하고 있는 동안 뉴욕에서 대행 업무를 맡고 있었다. 아도르노의 부모에게 일어난 일을 고려하면 당시 그

---

* 약국을 겸한 미국의 잡화점.

가 기획하고 있는 연구는 개인적 의미도 컸다. 1938년 이래 나치는 유대인들을 쫓아내려는 정책을 가속화시켰고 그 해 11월 9일과 10일 수정의 밤*사건이 일어났다. 유대인 가정, 병원, 교회와 학교가 파괴되었고 수백 명의 유대인들이 살해되고 수만 명이 체포되어 수용소에 수감되었다. 유대인에 대한 나치의 폭력은 나날이 심해졌고 급기야 최종적 해결**에 이르게 된다. 프랑크푸르트에서 아도르노의 아버지는 거의 70세에 가까운 나이로 사무실이 수색당하는 일을 겪고 부상당했다. 그와 마리아는 당시 체포되어 몇 주간을 교도소에서 지냈고 재산처분권 포기를 강요당했다. 신체적, 정서적 후유증을 겪은 오스카가 폐렴에 걸린 바람에 부부는 하바나 행을 감행하기 위한 여행허가서를 즉시 발급받을 수 없었다. 그들이 하바나에 도착하고 나서도 미국행까지는 다시 몇 달간 기다려야 했다.

이 고난의 시절 아도르노는 자식으로서의 애교로 가득한 유아적인 서신 왕래를 부모와 계속 했다. 그는 음악의 물신적 성격과 반유대주의연구를 하러 가기 전 가끔 편지 말미에 "당신의 나이 든 아들 테디"라고 서명하곤 했다. 그가 어머니에게 보낸 한 엽서에는 "나의 사랑스럽고 충실하며 멋진 하마소에게…… 여전히 만족스럽고 편안하게, 엽서 앞면 사진에 있는 하마소 같은 고집 센 우월감을 가지고 사시길"[2]이라는 사연이 적혀있다. 엽서 사진은 뉴욕시동물원의 하마 로즈였다. 그와 아내 그레틀은 부모에게 보낸 편지를 이렇게 끝냈다. "당신의 두 마리 말 호틀리라인과 로질라인이 따뜻한 키

---

* 1938년 11월 독일계 유대인청년이 파리주재 독일 대사를 살해한 사건을 접한 독일 시민이 유대인들을 향해 보복성 시위를 벌여 상점과 주택, 유대교예배당을 파괴한 사건으로 한 밤중에 깨진 유리창이 반짝이는 것에 대한 비유로 수정의 밤이라고 부른다. 나치에 의한 유대인학살이 시작되는 기점이 되었다. 이 시위로 수많은 유대인들이 체포 혹은 살해되었고 나중에 재산 몰수를 당하기도 한다.

** Final Solution: 나치의 6백만 유대인 인종 학살 계획을 일컫는 말.

스를 보냅니다" 또는 "당신의 늙은 하마왕과 기린 가젤이 따듯한 키스를 보냅니다." 아도르노의 편지에서 이러한 감상주의적 애정표현을 읽는 것은 분명 애틋하다. 이렇게 진심어린 애정표현의 순간들이 아도르노의 성인 글쓰기에 자주 등장하는 신랄함에 대한 해독제임은 분명해 보인다. 그가 표현한 감정은 가족이 처한 상황에서 흔히 예상할 만한 상투적인 격식과는 달랐다. 부모가 긴 여행을 겪으면서 아들에게 오는데 자신의 부모 뒤쪽에 입을 크게 벌리고 있는 심연을 보는 아들이 느끼는 절망 속에서 그는 짐짓 행복한 표정을 짓는 가면을 쓰고 있지 않았다. 아도르노의 부모와 마찬가지로 호르크하이머의 부모 모리츠와 바베트도 반유대주의가 기승을 부린 독일에서 힘들게 도망쳐 나오려고 했는데, 아도르노는 호르크하이머에게 이렇게 쓴다. "내 생각에 우리가 관례적으로 프롤레타리아와 연결해서 생각했던 그 모든 고통이 아주 무시무시한 방식으로 유대인에게 집중적으로 전이되고 있는 것 같다네."[3] 비판이론을 낳게 한 결정적인 순간이었고 사회연구소의 토대이자 공식적인 목적이 되어준 프롤레타리아의 고통이 이제는 학파의 관심대상에서 물러나고 있었다. 1947년 아도르노와 호르크하이머의『계몽의 변증법』에 반유대주의에 관한 마지막 장이 추가되었다. 이 책에서 두 사람은 프롤레타리아를 거의 언급하지 않는다. 이 책의 목적은 "왜 인류가 진정한 의미에서 인간적인 존재상황으로 진입하는 대신 새로운 종류의 야만시대로 빠져 들어가고 있는가"[4]를 분석하는 것이었다.

오스카와 마리아가 미국에 안전하게 도착하자 아도르노는 안심했다. 특히 독일 난민의 자격을 얻는 일이 1939년 9월 제2차 세계대전이 발발하자 더욱 힘들어진 상황이었다. 가령 프랑스에서는 독일어를 사용하는 체류자들이 검문을 당한 뒤 콜롱브의 이브 뒤 마누와라는 이름의 축구경기장에 억류되었다. 1933년 베를린을 떠나 프랑스의 수도에서 경제적으로도 위태로운 망명생활을 했던 벤야민도 그 중 한 사람이었다. 그는 독일에서 살기에는 충분히 독일인이 아니었다(나치는 독일 유대인들의 시민권을 빼앗았다). 그러나 프랑스인들이 그를 버건디의 네버르 근처 수용소에 3개월 동안 감금시킬 수 있을 만큼은 독일인이었다. 뤼동발르 10번지에 있던 아파트로 돌아온 벤야민은 자신의 마지막 글이 된「역사철학테제」를 썼다. 이 글에는 다음과 같은 문장이 담겨있다. "피억압자의 전통은 우리가 살고 있는 이 '위기상황'이 예외가 아니라 법칙이라는 것을 가르쳐준다. 우리는 이런 통찰력을 담아낼 역사개념을 만들어야 한다. 그렇게 되면 우리의 과제는 진정한 위기의 상황을 만들어내는 것이 되고 파시즘에 대항하는 투쟁에서 우리가 처한 입장을 개선시킬 수 있다."[5]

1940년 6월 13일 독일이 파리로 진군하기 하루 전날 그와 그의 누이 도라는 아직 점령되지 않은 프랑스의 루르드로 도망쳤다.[6] 도라는 이제 막 수용소에서 도망쳐온 상태였다. 벤야민은 자신의 가장 중요한 원고들 —『1990년경 베를린의 유년시절』의 1938년 판본,「기술복제시대의 예술작품」의 원고와「역사철학테제」의 복사본 — 을 아파트에서 가지고 나와 당시 국립도서관의 사서였던 작가 조르주 바타유에게 맡겨두었다. 남은 원고는 벤야민을 체포하라는 명령을 받은 게슈타포의 수색을 당한 아파트에서 몰수되었다.

그를 둘러싼 상황이 아주 위험하다는 것은 분명했다. 며칠 전 프랑스공화국이 해체되었고 제3제국과 나치부역자였던 마샬 페탱의 비시정부* 사이에 곧 휴전을 맺게 되어있어 히틀러 지배하의 독일로부터 도망쳐 온 피난민들은 독일로 추방될 위험에 처해있었다. 미국은 나치의 정적들을 구하기 위해

---

* 독일의 공격이 임박하자 당시 내각수상이었던 페탱은 휴전을 요청한 뒤 비시(Vichy)에 임시정부를 마련하고 남부자유지구를 만든다. 북부는 독일점령지가 되었다.

서 비점령지 프랑스에 있는 영사관을 통해서 임시 비자를 나눠주었다. 독일로 추방될 경우 특히 위험에 처하게 될 피난민 그룹을 위한 것이었다. 벤야민의 동료인 독일계 유대인 지식인 한나 아렌트는 당시 나치와 그들의 프랑스추종자들을 피해서 도주 중이었다. 후에 그녀는 이 피난민들 중에는 "얼마안 있어 가장 먼저 멸종할 위험에 처했던 비정치적 유대인 민중은 전혀 포함하고 있지 않았다"고 썼다. 벤야민은 비자를 받는 일에 대해 애매한 태도를보였다. "벤야민은 어떻게 도서관 없이 살 수 있었을까? 어떻게 원고에 있는그 수많은 인용과 발췌문 없이 먹고 살 수 있었을까?" 아렌트는 썼다. "게다가 그 어떤 것도 미국으로 그를 부르지 못했다. 그가 입버릇처럼 말했듯이그곳에서는 아마도 수레에 실려서 전국을 돌아다니며 '마지막 유럽인'으로전시되는 것을 제외하고 자신이 할 일이 없을 테니까."[7]

루르드는 피레네 언덕에 위치한 시장 마을이었다. 버나데트 수비루어스가 1858년 성처녀의 기적을 본 이후 로마 가톨릭의 순례성지가 되자 치료를받으려는 사람들이 모여들었다. 이곳에서 도라와 발터는 고통을 겪었다. 도라는 강직성척추염과 악성 동맥경화증을 앓고 있었고 발터의 심장은 고지대의 기후를 감당하기 어려웠다. 곧 나치의 손아귀에 붙들릴 것이라는 위기감 탓에 상태가 더 나빠졌다. 돌이켜보면 그런 위기감은 매우 당연했다. 그들의 남자형제 게오르그는 1942년 마우트하우젠-구젠 수용소에서 살해되었다. 루르드에서의 두 달 동안 벤야민이 얻은 유일한 위안은 스탕달의 『적과흑』을 읽는 것이었다.

벤야민은 프랑크푸르트학파의 망명 학자들이 미국 뉴욕에서 그를 안전하게 데려오기 위해 노력하고 있다는 사실을 전혀 몰랐다. 그가 어디에 있는지그들은 정확히 알지 못했다. 그들이 보낸 편지와 엽서들은 게슈타포가 수색을 하고 난 뒤에야 파리의 아파트에 도착했다. 그럼에도 불구하고 프랑크푸르트학파 동료들은 대서양 다른 쪽으로 벤야민이 건너올 수 있도록 준비를 하고 있었다. 한편 호르크하이머의 노력 덕분에 벤야민이 하바나의 대학에서 교수가 될 수도 있었다. 연구소가 그곳에 세를 들어 있었기 때문이다.

루르드에서 두 달을 보낸 뒤 벤야민은 연구소의 주선으로 미국 입국비자를 받았다는 것을 알았다. 마르세유의 미국 영사관에서 비자를 받기로 되어 있었다. 그는 루르드에 누이를 남겨두고 홀로 출발했다(누이는 농장에 숨어 있다가 그 다음 해 중립국 스위스로 넘어갔다). 이 엄혹한 상황에서 한때 나폴리와 모스크바에서 그랬듯이 그 집단주의적 흐츠퍼* — 상당히 비독일적인 활력과 대담함 — 을 사랑했던 도시 마르세유로 돌아온 것이었다. 1930년대 초에 그는 이 도시를 찬양하는 두 개의 글을 출간했다. 하나는 「마르세유」[8]이고, 다른 하나는 「마르세유에서의 해시시」라는 글이었다. 이 글은 '황홀경의 흥분상태에서'[9] 술집과 카페를 행복에 겨워 어슬렁거리고 다녔던 경험을 광적으로 묘사했다.

그러나 1940년 8월 그가 마주한 마르세유는 변해 있었다. 게슈타포의 손아귀에 잡힐 까봐 두려움에 떠는 피난민으로 가득했던 그곳에서 그가 겪은 일은 전혀 황홀하지 않았다. 미국의 영사관에서 입국비자와 스페인과 포르투갈을 거쳐 갈 비자를 받은 그는 유럽에서 탈출하기 위해 온갖 정신 나간 계획을 생각하면서 우울증에 빠졌다. 그 중 하나는 친구 한 사람과 함께 프랑스선원으로 변장을 한 뒤 실론 행 화물선을 타고 밀항을 한다는 생각도 있었다.

9월 중순 마르세유에서 만난 두 명의 동료 피난민과 함께 벤야민은 합법적으로는 프랑스를 떠날 가망이 없기 때문에 스페인 국경 근처의 프랑스 시

---

* chutzpah: 유럽 중부와 동부의 유대인이 사용하는 이디시어로 당돌하고 대담하다는 의미를 갖고 있다.

골지방으로 가서 피레네산맥을 걸어서 넘어가기로 결정했다. 그의 계획은 겉으론 중립을 취했지만 사실은 파시스트 국가였던 스페인을 거쳐서 포르투갈의 수도 리스본까지 간 뒤 미국으로 항해하는 것이었다. 뉴욕에 있는 아도르노 부부는 벤야민의 도착을 기다리면서 그가 살 집을 찾고 있었다. 한편 비시정부 공무원들이 스페인 국경 근처 마을 포르부로 가는 도로를 철저하게 막고 있어서 그와 동행한 피난민들이 스페인까지 도달할 확률은 꽤 낮아졌다. 9월 25일에 벤야민을 포함한 이 작은 피난민 집단은 바위투성이의 한적한 산길을 따라 산을 넘기 시작했다. 그 중 정치 활동가 리사 피트코는 벤야민의 심장이 약해져서 위험할 것이라고 걱정했지만 그는 따라가겠다고 고집했다. 여행 내내 그는 10분 걷고 1분 멈춰서 숨을 골랐다. 걷는 동안 벤야민은 검은 소형서류가방을 꼭 붙들고 있었다. 그는 피트코에게 이 가방에 "나보다 더 중요한"[10] 새 원고가 들었다고 말했다. 그러나 그가 들고 있던 것은 원고만이 아니었다. 함께 피난여행에 나섰던 작가 아서 쾨슬러는 벤야민이 마르세유를 떠날 때 '말을 죽일 수도 있을 만큼' 충분한 양의 모르핀을 갖고 있었다는 사실을 기억하고 있었다(실제 쾨슬러 자신도 당시 모르핀으로 목숨을 끊으려고 시도했다가 실패했다). 9월의 어느 더운 날 그들의 시야에 포르부가 들어왔을 때 일행 중 한 명이 벤야민이 심장마비를 일으킬 것 같아 보인다고 말했다. "우리는 아픈 그를 도와주기 위해서 물을 찾으러 이리저리 뛰어다녔다"고 카리나 버만은 회상했다.[11]

그런데 이보다 더 나쁜 소식이 들렸다. 피난민들이 포르부에 도착해서 스페인으로 가기 위해서 서류에 도장을 받으러 세관에 보고했을 때 그들은 스페인정부가 최근에 프랑스에서 넘어오는 불법 피난민들을 막으려고 국경을 닫았다는 얘기를 듣게 된다. 일행은 다시 프랑스 땅으로 돌아가야만 했다. 감금되어 독일집단수용소로 수송된 후 살해당할 가능성이 있었다. 그들은 한 호텔에서 감시를 받으며 지냈고, 그곳에서 벤야민은 절망에 빠져 동료피난민 중 한 사람이었던 헤니 구를란트에게 자살메모를 써서 건넸다. 나중에 구를란트는 그 메모를 없애버려야 했다고 말했지만 다시 기억해내어 메모를 재구성할 수 있었다. "출구가 없는 이런 상황에서 나는 모든 것을 끝내는 것 외에 다른 선택이 없다. 피레네의 이 작은 마을에서는 아무도 나를 모른다. 이곳에서 내 인생은 끝을 맺을 것이다."[12] 그날 밤 그는 마르세유에서 가져온 모르핀을 사용했다고 알려져 있다. 그의 사망신고서에는 사망원인이 뇌출혈로 되어있다. 벤야민의 전기 작가들은 동료 피난민들이 벤야민의 죽음을 둘러싼 스캔들 때문에 혹시나 프랑스로 돌아가야 할 상황을 피하기 위해서 스페인의 의사에게 뇌물을 주어 사망원인을 거짓으로 작성하게 했다고 추측한다. 사망신고서의 날자는 9월 26일이다. 그 다음날 국경은 다시 개방되었다. 그가 모르핀을 맞지 않았더라면 아마도 안전하게 스페인을 거쳐서 미국으로 갈 수도 있었을 것이다.

벤야민의 사망소식을 들었을 때 아도르노 부부는 자살이라고 단정한 뒤 절망에 빠졌다. 아도르노는 숄렘에게 썼다. 만일 벤야민이 12시간만 더 버텼더라면 그를 구할 수 있었을 거라고. "이 일은 전혀 이해할 수 없네. 마치 그가 무기력에 빠져 자신을 없애버리길 바란 것 같다네. 그는 이미 구조되어있었는데도 말이지."[13]

벤야민의 사망 이후 과감한 이론들이 제기되어 그의 부재가 벌려놓은 틈을 채우려고 했다. 개 중에는 스탈린의 심복이 벤야민을 죽였다는 설도 있었다. 『발터 벤야민의 미스터리한 죽음』을 쓴 스티븐 슈워츠라는 몬테네그로를 기반으로 활동하는 저널리스트는 전쟁 초기 몇 년 간 스탈린의 기관원들이 프랑스의 남부와 스페인 북부에서 활동하고 있었다고 했다. 당시에는 나치와 소련 간 동맹이 여전히 작동하고 있었다. 따라서 유럽에서 두 명의 강력한 비밀경찰세력이 긴밀한 협조 하에 작업하고 있었다는 것이었다. "의심할 것 없이 소련비밀경찰이 프랑스 남부에서 검문소를 운영하면서 도망치는 망명객들의 물결 속에서 처형대상을 골라내고 있었다." 슈워츠는 "벤야민은 악의 소용돌이 속으로 곧장 걸어 들어갔다. 비록 그의 신봉자들은 이 사실을 무시하려고 했지만 그는 소련의 숙청 목록에 포함될 자격이 충분했다"고 주장했다. 슈워츠가 스탈린의 "킬러라티"*라고 부른 것에 포함된 사람들 중에는 독일 공산주의자 윌리 뮌젠베르그도 포함되어있었다. 그는 스탈린의 옛 스파이로 파리에서 나중에 벤야민처럼 나치의 진군을 피해 도망가기 전까지 독일계 이민자로 반파시스트 반스탈린주의 공동체의 지도자였다. 뮌젠베르그는 체포되어 수용소에 수감되었다가 풀려났지만 그레노블 근처에서 나무에 매달린 그의 시신이 발견되었다. 수감동료였던 사회주의자로 변장한 소련요원에 의해 살해된 것이라고 슈워츠는 주장했다. 그는 러시아의 허위정보 작전에 관해 가장 많이 알고 있던 사람을 역사에서 지워버린 것이라고 했다.[14]

그러나 왜 벤야민이 스탈린의 심복들에게 이런 종류의 관심을 받게 되었던 걸까? 슈워츠는 죽기 몇 달 전 벤야민이 「역사철학테제」를 썼기 때문이라고 한다. 이 글은 마르크스의 실패에 관해 출간된 가장 통찰력 있는 분석 중 하나였다. 벤야민은 히틀러와 스탈린동맹으로 인해서 수많은 옛 소련지지자들이 모스크바를 향한 환멸감에 휩싸여 있던 때 죽었다. 이런 분위기 속에서 대체로 사회주의자였던 지식인들로부터 모집된 스탈린의 요원들이 암살을 저질렀다는 것이다. 벤야민은 아마도 의도치 않게 코민테른 요원들과 연루되었던 것 같다. 슈워츠는 썼다. "벤야민은 위험한 인물들이 침투해있던 지하문화단체의 일원이었다. 이 단체는 안전하지 않았다고 알려져 있다." 30년대 후반 스페인의 스탈린 요원들이 독일어를 말하는 반스탈린주의자를

---

* 살생부.

찾아내어 거짓고백을 하도록 고문하는 일을 했다고 슈워츠는 주장했다. "모스크바는 소련 국경 바깥에서 악명 높은 숙청재판과 유사한 일을 벌이려고 했다." 아마도 그랬을지 모른다. 그러나 벤야민은 죽기 한 달 전 멕시코에서 망명 중에 살해된 레온 트로츠키와 가까웠던 소련공산주의 정통파에게는 전혀 위협적인 존재가 아니었다. 스탈린의 킬러리스트에 이름을 올린 다른 희생자들과는 달리 벤야민은 공산당의 회원이 아니었다. 신학적이고 신비적인 색채가 가미된 벤야민 스타일의 마르크스주의가 보여준 기묘하고 괴팍한 경향(심지어 그의 친구 브레히트조차 "끔찍하다"고 했다)은 스탈린에게는 전혀 현실적인 위협이 되지 못했다. 게다가 슈워츠는 스탈린의 심복이 그를 살해한 정황을 정확하고 설득력 있게 설명하지 못했다.

그러나 슈워츠는 만일 살해이론이 의심스럽다면 자살이론도 별반 다르지 않다고 주장했다. 스페인 재판관이 작성한 기록에는 약이 있었다는 증거가 없었다. 피레네산맥을 넘어가려고 애쓰다가 뇌출혈이 악화되어 죽었다는 의사의 보고서가 거짓으로 꾸민 것이라는 얘기도 확실하지 않다. 벤야민의 죽음을 둘러 싼 또 다른 미스터리가 있다. 그의 검은 서류가방에는 무엇이 들어 있었고 그 가방은 어떻게 되었나? 한 가지 설은 가방이 동료 피난민에게 맡겨졌는데 바르셀로나에서 마드리드로 가는 기차에서 분실되었다는 것이다. 그 가방에 든 원고는 무엇이었을까?『아케이드 프로젝트』의 완성본 이었을까? 보들레르에 관한 책의 새 원고였을까? 그의 전기 작가들은 두 가능성 모두 부인한다. 그의 건강이 악화되었던 마지막 해에는 그 정도의 큰 문학적 프로젝트는 힘에 부쳤기 때문에 벤야민은 간헐적으로 일했다고 한다. 혹 그의 마지막 에세이「역사철학테제」의 개정원고일지 모른다. 그의 전기 작가 아일런드와 제닝스는 이 설도 받아들이지 않는다. 벤야민은 새로 수정한 원고를 그렇게 중요하게 다루지 않는다고 이들은 주장한다. 그가 마르세유에서 한나 아렌트에게 맡긴 복사본과 내용이 눈에 띄게 다르지 않다면 말이다. 물론 이런 주장이 결정적인 것은 아니다. 아마도 구원에 대한 희망으로 가득한 에세이의 전개방식을 수정을 했을지 모른다. 그렇다 해도 그 가방 안에 뭐가 있었는지 어떤 식으로도 알 길이 없다.

대신 우리는 벤야민보다 더 운이 좋았던 한나 아렌트가 뉴욕에서 아도르노를 만나 건네 준 에세이의 원고를 갖고 있다. 연구소는 1942년에 이 원고를 출간했다. 이 에세이는 아도르노와 호르크하이머에게 전기 충격을 맞은 것 같은 반응을 일으켰다. 에세이의 내용은 아도르노의 사유와 잘 어울렸다. "무엇보다 영원한 재난으로서의 역사라는 생각, 진보에 대한 비판, 자연의 정복과 문화에 대한 입장에 있어서"[15] 그랬다. 그렇지만 이 글이 지속적인 발전 과정으로서의 역사를 거부하는 것으로 받아들여지고 있다는 점을 지적해야겠다. 특히 벤야민의 동시대인들, 2차, 3차 인터내셔널의 속류 마르크스주의 이데올로그들을 향한 경구적 비판을 담고 있다. 벤야민이 지적하고 있듯이 이들은 간접적으로라도 역사적 유물론이 선한 해결점, 즉 공산주의 유토피아를 향한 진보의 연속성이 있다고 주장한다. 확실히 벤야민이 아홉 번째 테제에서 불러낸 역사의 천사는 그런 속악한 역사적 유물론을 전복시킬 형상이다. 이 천사에게 과거는 일련의 사건이 아니라 단일한 재난이다. 정당성을 확보한 어떤 역사적 유물론이라도 그 과제는 혁명적 미래나 공산주의적 유토피아의 예견이 아니라 과거의 고통에 몰두함으로써 고통을 덜어주는 것이다.

『계몽의 변증법』은 아도르노와 호르크하이머가 캘리포니아 망명기에 쓴 탁월한 책이었고, 벤야민의 지적인 성서라고 할 만한 이 에세이에서 제시된 18개의 테제를 부연, 확장시킨 것이라고도 할 수 있다. 오늘날 포르부에 있는 그의 묘지에는 카탈로니아어와 독일어 두 개로 쓰인, 일곱 번째 테제에서 인용한 구절이 새겨져있다. "모든 문명의 기록은 동시에 야만주의의 기록이다."[16]

11장
악마와 맺은 동맹

———

                    1941년 4월 호르크하이머는 심장이 좋지 않아 온화한 기후에서 지내라는 의사의 조언에 따라 뉴욕을 떠나 캘리포니아로 이주했다. 그 해 11월 아도르노는 호르크하이머를 따라 미국 서부로 갔다. 호르크하이머 부부는 로스앤젤레스 서쪽에 위치한 부촌 퍼시픽 팰리사데스에 방갈로식 주택을 지었다. 그의 집은 어린 시절 친구(그리고 나중에 『계몽의 변증법』을 헌사한) 폴록이 함께 지낼 만큼 공간이 넓었다. 아도르노 부부도 부촌인 브렌트우드에 그랜드 피아노를 넣을 수 있을 만큼 큰 2가구 복식주택*을 월세로 얻었다.

    아도르노와 호르크하이머는 점점 커져가던 망명 독일인 공동체에 참여

---

* '듀플렉스'(duplex)라고 불리는 미국식 2가구주택.

했다. 이곳에는 토마스 만, 베르톨트 브레히트, 아놀드 쇤베르크, 프리츠 랑, 한스 아이슬러가 살고 있었다. 이들은 당시 야만적인 조국과 정반대인 세상에서 독일문명의 전초기지를 형성했다. 브레히트는 그의 새 집을 지옥으로 묘사한 시를 써서 자신의 몫을 대신했다.

지옥을 상상해본다.
내 형제 셸리는 지옥이 런던과
많이 비슷하다고 했다. 나는
런던이 아니라 로스앤젤레스에서 산다.
지옥을 생각하면서 알게 되었다,
로스앤젤레스가 더 지옥에 가깝다는 것을.

캘리포니아의 지옥에서 브레히트는 녹음이 우거진 정원들이 값비싼 물을 주지 않으면 시들어가고, 열매는 향이나 맛이 아예 없다고 한다. 행복한 사람들을 위해 지어진 집들은 "텅 빈 채 서 있다/ 그 안에 누군가 살고 있어도 텅 빈 건 마찬가지"다.

지옥에 있는 집이 모두 추하진 않다.
그러나 거리로 내쫓길지 모른다는 두려움이
빌라에 사는 사람들을 힘겹게 한다
초라한 마을에 사는 주민과 다를 바 없이.[17]

아도르노와 호르크하이머가 선호했던 모더니즘적 파열을 통해서 브레히트의 시는 천사의 도시가 담고 있던 유토피아적 이미지들을 추하고 동정의 여지가 없는 모더니즘적 도시의 알레고리로 번역, 생산해 냈다.[18] 이런 종류의 파열은 모더니즘예술의 한 특성이라고 비평가 레이먼드 윌리엄스가 그의 에세이 「모더니즘은 언제였나?」에서 언급했다. 국제적 반부르주아 모더니즘 예술가들(예를 들면 아폴리네르, 베케트, 조이스, 이오네스코)은 런던, 파리, 베를린, 비엔나와 뉴욕 등에서 활발한 활동을 벌여 왔는데 이제 로스앤젤레스에서도 번성하고 있었다. 브레히트는 "탈향(脫鄕)*은 최고의 변증법 학파이다"라고 썼다.[19] 탈향으로서의 이민은 확실히 브레히트의 예술과 아도르노와 호르크하이머의 글에 촉매가 되었다.

하지만 브레히트는 자신을 이 도시에 팔 수 밖에 없었다고 말했다. 아마도 브레히트뿐 아니라 할리우드 문화산업에서 일하는 독일 망명가들이 대체로 그랬을 것이다.

> 매일 아침 빵을 벌기 위해서
> 나는 거짓말을 살 수 있는 시장에 간다.
> 상인들 사이에 한 자리 얻고 싶다.[20]

이 거짓말의 시장으로 묘사된 곳에서, 악마와 동맹을 맺지 않을 수 없는 이 가상의 지옥에서 브레히트는 자신의 위대한 희곡 『갈릴레오』를 썼고, 스트라빈스키는 〈탕아의 행진〉을 작곡했으며, 토마스 만은 소설 『파우스트 박사』를, 오손 웰즈는 영화 〈시민 케인〉을 만들었다.

로스앤젤레스는 프랑크푸르트학파 탈향민들이 나치의 핍박을 피해 도망쳐 온 마지막 피난처였다. 그렇지만 그들은 집을 나서면 바로 눈앞에 펼쳐진

---

* '탈향'은 emigration을 번역한 것으로 정착지로의 진입을 의미하는 immigration과 달리 이민의 경험에서 고향 또는 조국 등 출발지를 떠나는 것에 초점을 둔 표현이다.

이 위압적인 할리우드 제국을 독일의 제3제국과 비교하지 않을 수 없었다. 여기서 그들은 줄곧 타협 없이 벤야민의 문명에 관한 명제에 충실했다. 1941년에는 제3제국과, 역사가 오토 프리드리히가 "미, 부와 성공의 꿈, 화려한 광채의 꿈으로 세운 위대한 제국"이라고 부른 할리우드 사이에 일정한 유사성이 존재한다고 할 수 있었다.[21] 이 시기에 할리우드와 제3제국은 그 영향력과 자존감의 절정에 달해있었고 둘 중 어느 쪽에 대해서도 멸망과 몰락을 예견하는 사람은 아무도 없었다.

제3제국은 자신의 군화 밑에 유럽대륙을 두고 속박했다. 영국은 사실상 주변화되었고 소련의 적색군은 1941년 6월에 착수한 나치의 바바로사 작전에 따라 확실히 제압되었다. 12월에는 일본이 히틀러의 동맹국으로 참전했다. 루즈벨트를 수반으로 한 미국의 군대가 유럽 땅을 밟게 되기까지는 아직도 3년이나 남아있었다. 이런 상황에서 나치는 스스로를 무적의 정복자 영웅이라고 상상했다. "러시아전투를 14일 만에 이겼다는 것은 과장이 아니"라고 독일국군총사령부의 최고명령권자인 프란츠 할더 장군이 7월 3일자 일기에 썼다.[22] 1941년 12월 일본이 나치 독일과 동맹을 맺자 히틀러는 자신의 벙커에서 이 뉴스를 알리는 성명서를 흔들어 대면서 제3제국의 불패를 대담하게 선언했다. "이제 우리가 전쟁에서 패하는 것은 불가능하다. 우리는 3000년 동안 불패한 동맹국을 얻었다."[23] 스탈린그라드의 전투에서 히틀러는 결정적 한방을 맞게 되지만 아직 1942-43년 겨울까지 기다려야 했다.

오토 프리드리히는 이 시대의 주요 할리우드 영화제작자들도 "스스로 정복자 영웅이라고 내세울 만 했다"고 주장했다.[24] 1939년까지 할리우드는 미국의 11번째로 규모가 큰 산업이 되어 1년에 400개의 영화를 제작했고 5천만 미국인들이 매일 극장에 왔으니 거의 매년 7억만 달러를 벌어들였다. 당시는 〈바람과 함께 사라지다〉, 〈니노츠카〉, 〈폭풍의 언덕〉, 〈오즈의 마법사〉, 〈말타의 매〉, 〈시민 케인〉 등과 같은 영화와 보가트, 바콜, 버그만, 히치콕과

웰즈 등의 스타배우와 감독 덕분에 할리우드는 황금시대를 맞았다. 그러나 스탈린그라드 이후의 제3제국처럼 할리우드는 빌려온 시간을 살고 있었다. "할리우드는 이집트 같았다. 무너져 내리는 피라미드로 가득했다. 할리우드는 결코 다시 돌아오지 않을 것"이라고 〈바람과 함께 사라지다〉와 〈레베카〉의 제작자였던 데이비드 O. 셀즈닉이 말했다. 그의 영화는 각각 1939년, 1940년에 오스카 최고영화상을 받았다. "마침내 모래사막을 가로질러 바람이 불어와 마지막 스튜디오 무대장치를 쓸어갈 때까지 할리우드는 계속 무너져 내릴 것이다."[25] 하지만 꼭 그렇지만은 않았다. 제3제국은 1945년에 무너졌지만 할리우드는 기우뚱 흔들리기만 했다. 1941년 이후 10년간 할리우드의 스튜디오는 돈을 잃었고 많은 유명 인사들이 매카시 마녀사냥으로 공산주의자로 몰렸다. 이 마녀사냥에는 브레히트 같은 독일 망명자들도 연루되었다. 이제 할리우드의 관객들은 텔레비전으로 돌아섰다.

히틀러에 대해서 그랬던 것처럼 캘리포니아 망명 기간 동안 프랑크푸르트학파는 할리우드가 표방하는 가치에 도전했다. 그러나 제3제국을 할리우드와 비교하는 것은 얼토당토하지 않다. 물론 독일문명이 제3제국이라는 야만주의를 초래했다고 주장할 수는 있지만 일체의 모든 문명이 자신의 얼굴을 군화발로 짓밟았다고 말하는 것은 어딘지 불경스러워 보인다. 히틀러의 독일이 저지른 만행이 루즈벨트의 미국에서도 일어났다고 주장한다면 그것은 지적(知的) 야만주의다. 그러나 호르크하이머와 아도르노는 할리우드 근처에 정착한 직후 바로 그렇게 주장했다. 그들은 브레히트가 풍자했던 실용주의에 입각한 매춘보다는 우상타파 정신을 충실히 따르면서 『계몽의 변증법』을 1941년에 집필하기 시작했다. 그들은 누구도 그들이 전하려는 메시지를 듣고 싶어 하지 않는다는 것을 알고 있었다.[26] 그들의 우상타파는 프랑크푸르트학파가 미국 서부의 학계와 동맹을 맺으려 했던 계획이 수포로 돌아가자 더 강도가 세졌다. 호르크하이머는 사회연구소가 뉴욕에서 컬럼비아대학과 했던 방식대로 캘리포니아에서도 연구소와 연합할 대학을 물색 중이었다. 호르크하이머는 연구소의 서부 지부를 세워 콩트 이후의 철학과 사회학의 역사를 강의하고 세미나를 열 계획을 세운 뒤 8천 달러를 제안했다. 그러나 캘리포니아대학의 총장 로버트 G. 스프라울은 이 제안을 거절했다. 스프라울이 수용하기 어려운 정도의 자율성을 호르크하이머가 요구했기 때문이다. 그럼에도 불구하고 프랑크푸르트학파의 회원인 뢰벤탈, 마르쿠제와 폴록은 호르크하이머와 아도르노의 뒤를 따라서 캘리포니아로 왔다.

미국 서부에서의 계획이 실패로 돌아간 뒤 프랑크푸르트학파는 망명지에서 더욱 더 고립되었다. 아마도 그들이 미국문화에 대해 느꼈던 경멸감은 더 깊어가고 잃어버린 유럽문화에 대한 애착은 더 강해졌으리라. 가령 아도르노는 이민생활동안 반복해서 같은 꿈을 꾸었다. 꿈속에서 그는 프랑크푸르트 교외 오베라드에 있던 집의 거실에 놓인 어머니의 책상에 앉아서 정원을 내다보고 있다. 이 꿈은 히틀러가 권력을 잡은 후에 조금씩 변형되기도 했다. 그는 이렇게 썼다. "가을이었다. 비극적인 구름이 내리 덮고 있었고 멈출 것 같지 않은 우울함이 느껴졌다. 하지만 어떤 향기가 모든 것을 뒤덮고 있었다. 도처에 가을꽃이 가득 담긴 꽃병들이 있었다."[27] 1932년에 썼던 에세이 「음악의 사회적 상황」을 쓰고 있는 꿈을 꾼 적도 있었다. 꿈속에서 그가 쓰는 원고는 로스앤젤레스에서 쓰고 있던 원고 『현대음악철학』으로 변형되었다. 그에게 이 꿈이 무엇을 의미하는지는 분명했다. "꿈의 진정한 의미는 확실히 상실된 유럽 생활의 회복이었다." 그들이 태평양의 바이마르라고 불렀던 전시(戰時) 로스앤젤레스 식민지에서 아도르노는 다른 독일 망명객들과 마찬가지로(특히 나중에 살펴보겠지만 토마스 만이 그랬다) 당시 죽어가고 있던 유럽에서의 삶을 그리워했다. 그들의 향수는 너무도 강렬했다. 집으로 돌아갈 길이 막혀 있다고 느꼈기 때문이었다.

『계몽의 변증법』에서 아도르노와 호르크하이머는 할리우드와 히틀러의 독일 사이에 숨 막힐 정도로 확고한 유비관계를 만들려고 시도한다. 그들은 찰리 채플린의 1940년 히틀러 풍자 영화 〈위대한 독재자〉의 마지막 한 장면을 묘사한다. "옥수수 낟알이 바람에 날려간다……. 자유를 향한 반파시스트적 호소가 거짓임을 증명한다. 옥수수 낟알들은 마치 나치 영화사가 찍은 수용소의 생활에서 여름 미풍에 흩날리는 소녀의 금발 머릿결처럼 보인다."[28] 1939년 당시 할리우드의 스튜디오들은 독일의 불매운동이 초래할지 모를 비용을 걱정했었고 그 때문에 채플린이 이 영화를 만들면서 치러야 했던 일을 고려하면, [채플린과 나치선전물 사이의] 이런 비유는 부당해 보인다. 어쨌거나 만일 채플린의 영화에 담긴 메시지가 반파시스트적이고 나치의 메시지가 친 파시스트적이라고 한다면 어째서 두 이미지 사이의 유사성을 공공연히 떠올린 걸까? 호르크하이머와 아도르노는 이보다는 좀 더 심오한 주장을 제시한다. "자연이 사회적 지배의 메커니즘에 의해서 사회를 건전하게 대체하는 것으로 제시되고 그 결과 탈자연화 된다. 초록 나무와 푸른 하늘, 움직이는 구름을 보여주는 사진들은 자연풍경을 공장굴뚝과 주유휴게소에 대한 암호퍼즐로 바꾸어버린다."[29]

여기서 그들의 글은 다소 암호처럼 들리긴 하지만, 나치 영화스튜디오 UFA와 할리우드 스튜디오가 자연의 이미지들을 인간의 삶에 대한 정형화된 이미지들과 함께 사용해서 현존 질서를 선전한다는 것이 이 글에 담긴 의미이다. 선전목표가 제3제국이든 미국의 자본주의든 마찬가지이다. 따라서 두 영화는 자연적이고 반복되는 순환구조를 불러와서 현실이 짐짓 영원한 듯 보이게 만들며 정형화된 이미지를 사용한다. "반복은 건강하다. 자연적 순환이나 산업적인 순환이 그렇다. 똑같은 아기들이 잡지 속에서 영원히 미소 짓는다. 재즈 기계가 계속 음악을 쿵쿵 울려댄다……. 이런 반복은 상황의 불변성을 확증해준다."[30] 이처럼 자연적 순환과 건강에 관한 정형적 이미지들은 할리우드 영화에서 활용되어야 할 필요가 있었다. 그런 방식으로 비자연적인 것이 — 다양한 방식의 지배와 잔인함을 휘두르는 미국의 현존 독점자본주의 체계 — 단지 매력적일 뿐 아니라 정확히 그것이 아닌 것, 즉 자연적인 것으로 (따라서 혐오스럽지 않고 영원하게) 보이게 만들어줄 수 있었다.

가령 도널드 덕을 생각해보자. 아도르노와 호르크하이머는 이런 만화 캐릭터가 한때는 "합리주의와 정반대되는 판타지의 대표주자"였다고 썼다. 이제 그 캐릭터들은 사회지배의 도구가 되었다. "그들은 지속적인 마찰 혹은 개인의 저항을 무력화시키는 것이 이 사회가 제공하는 삶의 조건이라는 낡은 교훈을 사람들의 뇌 속에 망치로 두들겨 때려 넣어준다. 만화 속 도널드 덕과 현실 속 운 나쁜 사람들은 호되게 얻어맞는다. 이렇게 관객은 벌 받는 법을 학습하게 된다."[31] 이런 종류의 만화는 실제 잔인한 삶을 재생산함으로써 우리가 그것에 적응하도록 한다. 하지만 혹자는 반박할지 모른다. 디즈니의 도널드 덕(그리고 워너브라더스의 대피 덕 — 할리우드가 오리를 괴롭히는데 재주를 보이는 이유에 대해 박사논문을 한 편 쓸 수도 있을지 모른다)은 그런 목적을 갖고 있다고 해도 MGM사의 톰과 제리, 혹은 로드 러너가 와일 E. 코요테와 벌이는 사막추격전은 그렇지 않다고 말이다. 분명 이 캐릭터들은 억압적 지배자에게 영웅처럼 맞서는 작고 여린 존재일 뿐 아니라 자연의 서열을 전복시켜서 사냥꾼이 오히려 사냥 당하게 만들거나 사나운 천적을 로드 킬*로 만들어 버리기도 한다. 아마도 이런 만화들은 헤겔식 주인과 노예의 변증법을 상징하며 현존 권력관계를 추인하기보다는 권력의 불안전성을 알려줄지도 모른다. 그러나 호르크하이머와 아도르노는 이런 만화들에 대해서는 쓰지 않았다. 아마도 그들은 이 만화들을 실제 삶에서는 판타지를 현실화할 수 없는 짓밟히는 자들이나 박탈당한 이들의 환상적 투사로 봤을 것이다.

---

* 도로에서 차에 받혀 죽은 동물.

혹은 웃음을 생각해보라. 웃음의 이데올로기적 기능은 오락의 기능과 같다고 호르크하이머와 아도르노는 주장했다. 즉 동의를 구하기 위한 것이다.

재미는 의료 효과가 있는 목욕이다. 쾌락 산업은 결코 그 처방을 멈추지 않는다. 이 산업은 웃음을 행복에 습관적으로 따라오게 함으로써 사기의 도구로 만든다. 행복의 순간은 웃음이 없다. 오직 오페레타와 영화만이 섹스를 웃음이 울려 퍼지는 소리와 함께 그린다. 거짓 사회에서 웃음은 행복을 공격하는 병이었고 무가치한 총체성으로 이끌어간다.[32]

그렇다면 이 총체성이란 무엇인가? 영화관에 앉아있는 개인으로 구성된 악마적 관객이 프레스톤 스터지스,* 하워드 혹스**와 마르크스 형제***의 코미디를 보면서 웃음을 터뜨린다. 일종의 야만적 자기주장의 형태이다. "이렇게 웃는 관객은 인간성의 패러디이다. 그들은 다른 사람들을 희생해서 얻게 된 ─ 그것이 무엇이든 ─ 쾌락에 적극 참여할 마음이 되어있다. 그들의 조화로운 어울림은 연대의식의 캐리커처이다." 문화산업이 유발시키는 웃음은 타인의 불행에서, 또 그것에서만 쾌락을 느끼는 샤덴프로이드****이다. 증오로 가득한 이 소음은 이런 상황에서 침묵당하도록 프로그램화된 또 다른 웃음, 즉 화해를 향한 더 나은 웃음의 패러디이다. 마르크스형제의 1939년 영화 〈서커스에서〉의 한 장면에서 불안하고 뚱뚱한 귀족미망인이 "이 대포에서 나를 좀 빼줘!"라고 고함을 지르자 하포가 "제가 도와 드릴게요, 덕

---

*　　　미국 코미디 영화감독.

**　　스크루볼 코미디의 대가로 느와르와 서부영화의 대표작도 만든 미국 영화감독.

***　유대인 이민가족 출신으로 형제 모두 코미디연기에 재능을 보인 미국 영화배우.

**** Schadenfreude: 타인의 불행이나 재난을 보고 즐거워한다는 의미의 독일어 표현.

스베리 부인"이라고 소리를 치며 그녀를 도와주러 뛰어가지만 아무 도움이 되지 않는다. 이 장면을 보고 깔깔 웃을 때 (내가 웃는 웃음은 가학피학성애증이 아니면 무엇이겠는가? 대포란 억압적 탈승화의 알레고리일 뿐이고 덕스베리 부인의 운명은 아도르노와 호르크하이머가 문화산업의 다른 장소에서 발견했던 조루(早漏)의 상징일 뿐이다) 나는 내가 그 문제의 일부이며, 부적절한 마르크스주의*를 즐거워하고 있는 것을 알게 된다.

그러나 아도르노와 호르크하이머는 핵심을 찌른다. 가령 하워드 혹스의 1940년 영화 〈그의 여자 프라이데이〉라는 스크루볼 코미디**는 편집자 개리 그랜트와 잘 나가는 인기작가 로잘린드 러셀 사이에서 벌어지는 기관총처럼 쏘아대는 말싸움으로 구성되어 있는데, 멈추지 않는 말장난을 빼면 이 영화는 아무것도 아니다. 감옥의 신문기자실 안에서는 히스테리적 상황이 벌어지고 밖의 교도소 운동장에서는 교수형을 집행하기 위한 형틀이 세워지고 있었다. 마치 혹스는 웃음을 멈추게 할 엄두를 내지 못하는 듯하다. 웃음이 멈추면 우리가 심연으로 떨어질지 모르기 때문이다. 아도르노는 자신이 즐겼던 교차댓구***의 형식으로 (미국 망명 당시 원고의 대부분을 썼던 『미니마 모랄리아』의 한 섹션을 '죽음에 이르는 건강'이라고 제목을 달아서 키에르케고르의 『죽음에 이르는 질병』의 제목을 뒤집는다) 아마도 이 영화에 '죽음에 이르는 웃음'이라는 제목을 달았을지 모른다. 호르크하이머와 아도르노가 '야만적 웃음'이란 표제 하에 영화 시즌의 프로그램을 만든다면 〈그의 여자 프라이데이〉

---

* 코미디 배우 마르크스형제의 이름에서 따온 '마르크스주의'로 카를 마르크스의 마르크스주의에 빗대어 표현한 것.

** 엉뚱한 줄거리와 인물이 등장하는 로맨틱코미디.

***두 개 이상의 문장이나 구절이 문장순서를 뒤바꾸는 형식으로 연결되어 의미를 전달하는 수사학의 한 방식.

가 포함되었을지 모른다.

　호르크하이머와 아도르노가 퍼부었던 신랄한 혹평을 감안하면 망명 당시 그들이 독일 망명자보다는 자신들이 비판했던 할리우드와 문화산업의 상대와 더 자주 교제했다는 사실은 신기하다. 가령 아도르노는 찰리 채플린과 어울렸다. 물론 채플린이 아도르노와 호르크하이머가 『계몽의 변증법』에 채플린의 영화 〈위대한 독재자〉를 비난했던 내용을 읽었는지는 확실하지 않다. 1947년 아도르노와 그레텔은 채플린의 새 영화 〈무슈 베르두〉의 비공식 상영에 참석한다. 이어지는 저녁모임에서 아도르노는 베르디, 모차르트, 바그너의 오페라 일부를 연주했고 채플린은 그 음악을 패러디 연주했다. 말리부의 한 빌라에서 열린 또 다른 파티에 아도르노와 채플린이 손님으로 초대되었을 때 아도르노는 배우 헤럴드 러셀과 악수를 하게 되었다. 러셀은 1946년 영화 〈우리 생애 최고의 해〉에서 부상당한 재향군인 연기를 했다. 러셀은 전쟁 때 손을 잃어서 의수를 끼고 있었는데 아도르노는 '인공집게발'이라고 불렀다. "내가 그의 오른손을 잡았을 때 그의 의수가 내 손의 악력에 반응을 보였다. 그때 나는 너무 놀랐지만 러셀이 내 반응을 눈치 채지 못하도록 재빨리 놀란 표정을 득의만만한 찌푸림으로 바꿨다. 아마도 그 표정이 더 놀란 듯이 보였을 것이다." 러셀이 파티를 떠나자마자 채플린은 그 악수장면을 흉내 내기 시작했다. "그가 자아낸 웃음은 거의 공포에 가까웠고 오직 클로즈업을 해야만 그 웃음의 정당성과 건전한 측면을 포착할 수 있었을지 모른다"고 아도르노는 썼다.[33] 이것만으로는 채플린이 자극한 웃음이 아도르노와 호르크하이머가 『계몽의 변증법』에서 비판했던 나쁜 조롱인지 혹은 선하고 화해적인 웃음이었는지는 확실치 않다. 후자였길 바란다.

　그러나 아도르노와 호르크하이머의 주장에서 핵심적인 부분은 여전히 남아있다. 나치 선전 장관 괴벨스는 적어도 자신이 제3제국을 위해 선전선동을 하고 있음을 분명히 밝혔다. 한때 스탈린의 문화인민위원이었던 안드레이 즈다노프도 그랬다. 1946년 즈다노프 독트린으로 알려진 그의 교리는 소련의 예술가와 작가들이 정당의 노선에 따르지 않으면 처형할 것이라고 선언했다. 이와 달리 할리우드를 비롯한 미국문화산업은 지배의 도구 역할을 한다는 사실을 분명하게 인정하지 않았기 때문에 이를 고발하는 책임은 프랑크푸르트학파의 몫이 되었다. 이런 역사적 국면에서 채플린의 반파시스트적 프로파간다 영화가 레니 리펜슈탈의 영화와 동일하게 비판받는 것은 안 된 일이지만, 아무도 아도르노와 호르크하이머의 꼼꼼한 영화읽기를 의심할 수는 없었다.

망명 프랑크푸르트학파를 미국에 와서 그들이 보고 들은 것을 그저 혐오하기만 했던 유럽 속물이라고 치부하는 것은 부당하다. 확실히 그들은 동료 마르크스주의 이단아인 에른스트 블로흐의 관점을 공유한다. 블로흐는 미국을 "네온사인이 비추는 막다른 궁지"라고 불렀다.[34] 그들은 미국사회가 개인적인 행복 추구에 끔찍할 정도로 경도되어있고 그 결과는 천박하고 가짜인 표피와 허위의 집약체라고 주장한다. 그러나 미국사회와, 이 사회를 떠받치고 있다고 그들이 주장했던 문화산업에 관한 비판은 미국의 야만주의에 대항해서 유럽 문명을 옹호하거나 저급문화에 대해 고급문화를 옹호하지 않는다. 그들이 미국의 대중문화상품을 종종 입심 좋게 무시하는 태도에는 다소 그런 옹호로 비춰질 만한 점이 있긴 해도 그들이 대중문화를 싫어하는 이유는 대중문화의 반민주주의적 성향과 전달 메시지에 담긴 순응주의와 억압적 경향 때문이다.

18세기 말 칸트는 예술이 '목적 없는 목적성'을 보인다고 주장했다. 20세기 중엽에 아도르노와 호르크하이머는 대중문화가 '목적 있는 상실된 목적성'과 관련되며 대중문화의 목적은 시장에 의해 지배된다고 했다. 대중문화는 해방을 약속하는 것처럼 보이지만 얼핏 자발적인 듯이 보이는 재즈나 영화배우들의 엿보기 식 성적 노출 등은 호르크하이머와 아도르노의 주장에 따르면 해방과는 정반대되는 것을 감추어버린다. 마르쿠제는 후에 '억압적 탈승화'라는 표현을 사용해서 무분별함과 난교의 시대로 알려진 60년대의 성적 태도, 패션과 음악이 해방적인 듯 보이는 경향을 분석했다. 이런 사유의 씨앗은 이미 『계몽의 변증법』에 담겨 있었다. 말콤 엑스가 미국 민주당에 속아 넘어간 흑인에 대해 말했던 것 — "당신들은 기만당했고 소유 당했으며 붙잡혀있다" — 은 아도르노와 호르크하이머가 지적한 대중음악과 영화가 소비자들에게 미친 영향과 정확히 같다. 20세기 후반에 일어난 문화적 변화, 가령 대중예술, 텔레비전, 음악과 영화는 대중들을 사로잡았고 이들의 주장을 증명해주고 있는 듯하다. 가령 1957년 『문자해독력의 효용』에서 영국의 문화연구이론가 리처드 호가트는 대중소설, 노래와 신문에서 찾아볼 수 있는 전통적 노동계급 문화는 서로 돕고 이웃과 친화력을 갖는 감상적 성격을 띠었지만, 1950년대 영국에서는 이런 노동문화가 쇠퇴하고 있다고 했다. 물질적 풍요 덕분에 과거의 문화는 갱스터소설, 섹스와 폭력이 가득한 소설들로 대체되면서 도덕적 공허함을 부추겼고, 매끈한 잡지와 대중가요들로 소비자들을 '솜사탕 세상'으로 유혹했다고 호가트는 주장했다.[35]

아도르노와 호르크하이머는 호가트의 묘사를 인정하면서 솜사탕 세상이라는 표현을 통해서 문화산업의 영향권이 확대되는 상황을 목도했으리라. 지금은 쇠퇴했지만 노동계급의 문화는 자발적인 민중문화를 위에서부터 조직된 대중문화로 대체해버린 권위주의적 사회에서는 용납될 수 없을 만큼 위협적이었다. 만일 아도르노와 호르크하이머가 TV 프로그램 〈X 팩터〉*나 잡지 〈그라찌아〉**를 볼 수 있을 만큼 오래 살았다면 민중문화의 목조르기

---

* 영국 TV의 음악오디션 프로그램.
** 이탈리아 여성주간지.

가 점점 더 강화되어가고 있음을 목격했을 터이다.

프랑크푸르트학파의 대중문화에 대한 공격은 따라서 보수주의적 입장이 아니라 급진주의적 입장에서 비롯되었다. 벤야민은 이미 자신을 올더스 헉슬리와 같은 작가로부터 거리를 두었다. 이런 부류의 작가들은 대중문화에 대해 반동적인 넋두리를 늘어놓기 일쑤였다. 이들은 파시스트 이전의 독일과 그 시절의 문화적 상품들에 대한 향수를 품고 있던 셈이었다. 아도르노와 호르크하이머는 그런 문화적 상품들은 "시장의 권력으로부터 일정하게 독립"되어있다고 봤지만 그들이 선진산업국가라고 부른 곳, 특히 미국에서는 문화상품의 독립성은 점점 사라져갔다.[36] 그들은 야만적 대중문화에 대항하는 문명화된 고급예술도 대놓고 옹호하지는 않았다. 마르쿠제는 1937년 에세이 「문화의 순응성」에서 19세기의 부르주아문화는 세상으로부터 뒷걸음질 쳐서 세련된 정신세계로 침잠함으로써 고차원적 경험을 추구했다고 주장했다. 그러나 문화적 생활을 그것의 물질적 토대로부터 격리시키면 소비자들이 불평등한 물질적 토대와 타협하게 된다고 마르쿠제는 생각했다. 아도르노와 호르크하이머는 마르쿠제가 '순응하는 문화'라는 표현으로 내비친 문화적 경향에 대한 경멸감을 공유했다. 그들이 옹호했던 것은 고급예술도 저급문화도 아니었다. 그들은 자본주의사회의 모순들을 다듬기보다는 들추어내는 예술, 즉 모더니즘예술을 지지했다. 가령 아도르노가 1949년 책 『현대음악 철학』에서 스트라빈스키가 신고전주의적 음악을 만들던 시기를 '보편적인 시체성애'로 공격한 이유가 여기 있었다. 그는 〈오이디푸스 왕〉과 〈시편교향곡〉과 같은 작품에서 스트라빈스키가 전시대 음악을 끊임없이 인용한 것에 대해서 "200년 동안의 부르주아 음악에서 허가받고 승인받은 것의 본령이다 ……. 오늘날의 권위주의적 성격은 예외 없이 순응적이다. 마찬가지로 스트라빈스키 음악의 권위주의적 성향은 총체적이고 완전하게 순응주의로 확장되었다"고 썼다.[37] 이 책에서 아도르노는 또다시 쇤베르크를 스트라빈스키보다 선호했다(두 작곡가 모두 당시 로스앤젤레스에 살던 그의 이웃이었다). 베토벤처럼 쇤베르크도 12음조 체계의 감옥을 폭파시키고 후기 스타일로 이동했기 때문이었다.

모더니즘예술에 대한 이런 옹호는 아도르노와 호르크하이머의 후대 비평가들에게는 엘리트주의처럼 보였다. J. M. 번스타인이 아도르노의 『문화산업』에 쓴 서론에서 지적했듯이 마치 모두에게 이용가능한 문화에 대립적인, 소수 엘리트만 감상할 수 있는 모더니즘예술을 옹호하는 듯이 보였기 때문이었다.[38] 30년 후 포스트모더니즘 문화이론가들은 아도르노와 호르크하이머와 같은 모더니스트의 엘리트주의를 경멸했다. 그렇지만 이 두 이론가가 옹호했던 것은 엘리트주의 예술 자체는 아니고 순응하지 않은 예술 — 아도르노가 자신의 사후 출판된 책 『미학이론』에서 다루었던 예술 — 이며 이것은 '형언할 수 없는 공포의 시대'에 고통의 진실을 표현할 수 있는 유일한 매체로서의 예술이다. 혹자에겐 소수 엘리트 모더니즘예술이었던 것이 그들에게는 고통을 표현할 수 있고 과감히 '부정'이 될 수 있는 유일한 예술이었다.* 이 예술은 존재하는 것, 즉 현존 권력에 대한 저항 속에서 규정된다. 아도르노가 묘사한 대로 예술은 '행복의 약속'**이었으며, 순응적 문화와는 전혀 다른 비전을 제시한다.

프랑크푸르트학파는 기질 탓에 대중문화를 순응적인 문화에 대립하는 저항의 지점으로 고려하지 못했다. 그러나 프랑크푸르트의 쌍둥이 도시 버

---

* 아도르노에게서 '부정'은 부정된 것이 사라질 때까지 부정으로 남아있어야 하며 헤겔의 변증법적 합일이 아니라 부정의 부정을 유지하는 내재적 비판의 사유형태다. 예술 역시 부정의 부정에 대한 미학적 표현이며 특히 현대예술은 자본주의사회의 소외와 모순 속에서 축적된 고통을 표현한다.
** 프랑스 소설가 스탕달이 '아름다움은 행복의 약속'이라고 한 구절에서 따온 표현.

밍엄에서 리처드 호가트와 스튜어트 홀 등이 포함된 또 하나의 좌파지식인 그룹인 버밍엄문화연구센터는 달랐다. 이 연구센터는 1964년에 설립되었다. 문화가 정치사회통제의 중요한 도구라는 점을 인정했다는 면에서는 프랑크푸르트학파를 따르고 있었지만, 대중소비자들이 정형화된 형식을 벗어나서, 나아가 저항의 일환으로 문화산업의 암호를 풀(decode) 가능성을 포착했고 대중적인 하위문화들이 내재적 비판을 통해 문화산업을 전복시킬 수 있을 것이라고 믿었다. 아도르노는 재즈에서 고통의 진실을 듣지 못했고 마찬가지로 펑크 록이나 힙합을 즐기지 못했다(고 누군가는 의심할 것이다). 그러나 여러 종류의 음악과 대중문화에서 버밍엄의 문화연구자들은 현존 사회적 질서에 대한 비판적 부정을 찾는다. 실제 모더니즘의 정전은 문화적 엘리트를 위한 비밀스런 퇴정을 택함으로써 부르주아 고급예술에 근접해갔다. 아도르노가 바랐던 것과는 정반대의 일이 일어난 것이다. 섹스 피스톨스의 〈신이여 여왕을 구해 주소서(God Save the Queen)〉, 퍼블릭 에너미의 〈권력에 맞서다'(Fight the Power)〉, NWA의 〈경찰, 엿 먹어라(Fuck that Police)〉, 슬리포드 모즈의 〈즐거운 놈팡이'(Jolly Fucker)〉 등은 척 디*가 현존 세력들이라고 부른 것을 과감히 부정했다.

캘리포니아에서 아도르노와 호르크하이머는 할리우드와 문화산업 이상의 것을 겨냥하고 있었다. 『계몽의 변증법』은 역사를 인간의 자유가 발현되는 과정으로 이해한 헤겔과 마르크스주의의 개념을 거꾸로 세워놓는다. 아도르노와 호르크하이머에게 계몽의 가치는 감옥을 탈출하는 방법이 아니라 감옥 그 자체가 되었다. 계몽의 가치는 자동적으로 진보적일 수는 없다.

---

* Chuck D: 미국의 래퍼로, 랩 그룹 퍼블릭 에너미의 리더. 함께 열거된 예들은 모두 대중문화를 대표하는 음악그룹과 노래들이다.

자본주의적 사회관계들의 총체성 속에서 우리가 노예상태에 처하게 되어 계몽의 가치는 손상되었다. 따라서 아도르노와 호르크하이머의 책은 선동적이었다. 18세기 계몽사상가 루소, 볼테르, 디드로와 칸트는 계몽이 인류를 자연으로부터 해방시켜서 자유와 번영을 가져다 줄 것이라고 생각했다면 (칸트는 계몽을 "인류가 스스로 초래한 미숙성으로부터 벗어나는 과정"이라고 규정한다) 아도르노와 호르크하이머는 계몽 탓에 인류가 감옥에 갇혔다고 보았다. 도구적으로 사용된 이성은 행정적 훈육과 통제의 좀 더 광범한 네트워크를 만들어냈다. 그들이 보기에 과학적 정신구조의 선구자적 아버지는 프란시스 베이컨이었다. 베이컨은 17세기 영국 사상가로서 기술적 혁신이 인간을 '자연의 주인'으로 만들 것이라고 주장했다. 그들은 베이컨이야말로 막스 베버가 '세상의 탈마술화'라고 부른 것을 칭송했다고 지적했다. 베이컨은 인쇄술, 대포와 나침반을 세상을 바꾼 핵심적 기술혁신의 예로 꼽는다. 인쇄술은 교육을, 대포는 전쟁을, 나침반은 대양 여행을 가능하게 만들어주었기 때문에 인간이 지구를 정복할 수 있었다.

인류는 자연으로부터 자신을 떼어냄으로써 자연을 지배할 수 있게 되었다. 자연과 타자를 셈할 수 있고 대체가능하며 무엇보다 착취가능하게 만든 것이다. 가설에 의하면 가치로부터 자유로운 과학과 자본주의가 나란히 손을 잡고서 세상과 인간을 더 효율적으로 착취하기 위해 수량화한다. 이 과정에서 자연은 탈자연화되고 인간은 비인간화되었다. "자연은 수학적으로 등록할 수 있게 되었다"고 아도르노와 호르크하이머는 썼다. "동화될 수 없고, 해결되지 못한 비이성적인 것들은 수학적 정리에 따라 울타리 안에 갇혔다. 철저하게 수학적으로 계산된 세상이 미리 앞서 진리로 자리함으로써 계몽은 신화적 세계의 귀환으로부터 자신을 안전하게 지킬 수 있다고 믿게 된다. 계몽은 사유와 수학을 등식화한다."[39] 이 책에서 다룬 철학적 악당은 파르메니데스와 버트란트 러셀이다. 두 사람은 각기 소크라테스 이전의 철학자와 현대논리분석의 아버지로 간주되었는데, 모든 것을 추상적 양으로, 궁극적으로는 일자*로 환원시키는데 고정된다. 이런 고정화는 합리적으로 보이긴 하지만 마찬가지로 철저히 비이성적인 것으로 간주될 수 있다. 부르주아 사회는 등가성으로 지배되고 자본주의는 교환원칙이 없으면 사유가능하지 않다. 이 교환원칙은 여타 상품들과의 등가성을 제외하고는 인간의 노동과 그 노동의 결과물에서 그 밖의 모든 것을 박탈시켜 버린다. 마찬가지로 파르메니데스와 러셀은 숫자로 환원될 수 없는 모든 것을 환영으로 간주하고, 그저 문학일 뿐이라고 치부한다. "신과 정성(正性)적 자질의 파괴를 고집한다."**40**

러셀이 여기서 공격받는다는 사실은 안타깝다. 1939년에서 1940년까지 캘리포니아대학에서 가르쳤던 경력이 있는 이 영국인은 1941년 여성과 가족에 관한 급진주의적 견해를 피력한 결과 뉴욕시립대학에서 더 이상 강의할 수 없게 되었다. 러셀은 자신이 싸워서 지키려는 가치들이 — 가령 평화주의, 여성참정권, 비핵화 등 — 단지 문학일 뿐이라고 생각하지 않았을 것이다.**41** 당시 뉴욕에서 러셀이 간통이 언제나 나쁜 것은 아니라고 주장했다는 이유만으로 "창피를 주고 날개 죽지를 뽑아서 우리나라에서 추방해야 한다"고 사람들이 요구했을 때, 그들이 공저한 책에서 인간적 연대의식의 부족에 대해 유감을 표명했던 아도르노와 호르크하이머는 러셀에게 좀 더 동정적 시선을 건네야 했을지 모른다. 분명 러셀이 형식적 논리와 논리적 분석에 헌신했기 때문에 독일 변증법 철학자들에게는 해악적인 존재이긴 했지만 러셀을 과학의 정통교리를 떠받들고 사회적 억압을 옹호한 사람으로 간주하는 것은 부당해 보인다.

아도르노와 호르크하이머는 인간중심주의적 자만심과 지배의 충동을

---

* the One: 단일체, 통일성 등을 의미하는 서양철학의 개념.

계몽의 특징으로 꼽았는데, 이 두 성질은 자기소외와 관련된다. 두 사람은 유추를 통해서 오디세우스와 그의 신하들이 사이렌의 유혹을 피해서 치명적인 노래에 희생당하지 않도록 노력하는 장면을 떠올려 보라고 제안한다.[42] 그들은 호메로스의『오디세이』12번째 칸토에 나오는 이 사례를 상징적 의미로 가득한 이야기로 읽는다. 우리는 이 사이렌의 이야기가 그들에게 그렇게도 많은 울림을 준 이유를 이해할 수 있다. 오디세우스의 선원들처럼 아도르노와 호르크하이머도 수년 간 고향으로부터 수 마일이나 떨어진 낯선 땅을 전전하고 있었다. 선원들은 그들의 귀를 밀랍으로 단단히 막고서 배를 계속 저었다. 마치 현대사회의 노동자들이 감각과 욕망을 억누른 채 계속 일하기 위해 자신을 훈육하는 것과 마찬가지다. 그들의 주인은 사이렌의 노래 소리를 들을 수 있었지만 선박의 기둥에 몸이 묶인 채여서 그 유혹에 넘어가지는 않는다. 아도르노와 호르크하이머는 무서운 자연의 힘을 이겨내려는 시도(여기서는 사이렌으로 상징되는 자연)는 사유를 "훨씬 더 깊이 노예화로 이끌었다. 유럽문명은 이 행로를 따라 간다"고 주장했다. 선원과 오디세우스 둘다 자기훈육을 통해서 자연의 구속으로부터 자신들을 해방시켰다. 이 해방의 과정에서 인간의 이성을 도구적으로 사용함으로써 자연의 강제력으로부터 벗어나서 자연을 지배할 수 있게 되었다. 그러나 인간주체는 "관습적 반응과 자신에게 기대되는 작동양식의 고정점"으로 환원된다. 개인화의 과정은 따라서 "개체성을 희생함으로써" 이루어진다. 그들은 호메로스가 BC 8세기에 극화시킨 이 신비로운 사건을 계몽의 부르주아주체가 단지 자연뿐아니라 자기 자신마저 길들여왔던 것에 대한 알레고리로 삼는다. 오디세우스는 첫 부르주아영웅이 되었다. 그의 험난했던 여정은 이윤을 정당화하는 위험과 관련되었고 그는 생존을 위해서는 이성, 속임수, 자기부정과 자기훈육까지 사용하는 자이다. 오디세우스가 시작한 것, 그리고 프랜시스 베이컨이 찬양해 마지않던 기술적 혁신은 17세기에도 계속되어 자연의 지배와 인간주체의 자기소외가 진행되었다.

『계몽의 변증법』에 담긴 두 번째 에피소드는 「줄리엣: 혹은 계몽과 도덕성」이다. 아도르노와 호르크하이머는 완전히 세속화된 과학적 지식은 어떤 도덕적 한계도 인정하지 않는다고 주장한다.[43] 이것은 니체와 사드* 같은 작가들에게 출몰했던 무섭고 두려운 사상이었다. 니체는 만일 신이 죽었다면 모든 것이 허용된다고 생각했다. 사드는 여성을 잔인하게 복종시켜서 주체성을 허용하지 않고 성적 대상으로 제한함으로써 계몽의 자연정복에 부수적으로 따르는 도착적 현상을 보여주었다. 아도르노와 호르크하이머는 칸트가 도덕성을 실천적 합리성, 즉 이성의 [실천적] 활용에 근거를 둠으로써 자연과 인간의 지배에 관여한 계산적이고 도구적이며 형식적인 합리성을 확장시키는데 봉사했다고 주장했다. 그렇다면 사드는 칸트의 계몽이 문명화시킨 기획으로 초래된 야만적 어둠이 된다.

프랑크푸르트학파의 역사가 마틴 제이는 도구적 이성이 20세기의 공포를 낳았다고 주장했다. "실제 '나약한 성'[여성]을 향했던 계몽의 가학성은 후에 유대인의 파멸을 예견한다. 여성과 유대인은 지배의 대상으로서 자연과 동일하게 취급 된다"고 그는 주장했다.[44] 그러나 프랑크푸르트학파는 많은 시간을 유대인의 억압을 사유하기 위해 할애했지만 여성의 억압에 대해서는 거의 시간을 투자하지 않았다. 아마도 학파를 대표하는 여성회원이 없었기 때문이겠지만, 20세기를 대표하는 급진적 학술단체로 알려진 것에 비하면 확실히 이상하다. 이 지점에서 비판이론을 당시 새롭게 등장한 정신분석이론과 대조해보자. 정신분석에서는 멜라니 클라인이나 안나 프로이트 등의

---

* 18세기 파리 귀족 출신으로 가학적 변태 성욕을 의미하는 용어인 사디즘의 어원이 된 인물로, 성애와 철학에 관한 저서를 쓴 작가이자 사상가.

여성들이 유의미하고 각별한 기여를 했다. 물론 프랑크푸르트학파가 여성의 억압에 대해 무지했다고 말하려는 것은 아니다. 가령 『미니마 모랄리아』 중 유일하게 '여성적 성격'의 개념을 다루는 한 문단에서 아도르노는 여성의 개념은 남성주의적 사회의 산물이라고 주장한다. 자연이 지배당하듯 계몽기획의 일부로서 여성도 지배당했고 불구가 되었다. 인간문명에서 자연과 여성적 성격은 공통점을 많이 갖고 있다. 여성과 자연은 자연적인 듯이 보이지만 지배를 당했고 상처 입었다. "여성이 신체적 구성을 거세의 결과로 경험한다는 정신분석이론이 옳다면, 신경증을 통해 여성은 진실을 어렴풋이나마 알게 된다"라고 아도르노는 신랄하게 지적했다(그가 정신분석의 거세이론을 받아들이지 않았다는 점을 의미한다). "자신을 상처로 느끼는 여자는 남편에게 어울리는 꽃으로 자신을 상상하는 여자보다 더 자신에 대해 잘 알게 된다."[45] 여성들은 억압되어있고 여성적 성격에 한정되어 주어진 역할을 수행하도록 강요받을 뿐이라고 아도르노는 생각했다.

더욱이 후기 페미니스트들은 비판이론, 특히 아도르노가 페미니즘 연구에 영감을 준다고 생각했다. 『계몽의 변증법』에서 아도르노와 호르크하이머는 도구적 이성이 새로운 신화이며, 부르주아사회의 원만한 작동 이면의 억압과 지배, 잔인성을 가리며 정당화해주는 거짓말이라고 폭로했다. "부르주아사회에서 합리적 질서로 등장했던 것이 아도르노에게는 비이성적 혼돈으로 보인다"고 수전 벅모스는 쓴다. "그러나 아도르노는 무정부주의적이며 비합리적인 곳에서는 이면의 계급질서를 폭로한다."[46] 르네 허벌은 『테오도르 아도르노의 페미니즘 해석』에 부친 서론에서 아도르노의 시각이 페미니즘과도 공명한다고 쓴다. "페미니즘의 한쪽에서 자연적이라고 가정된 성별화된 존재의 역사성을 들추어냈고 다른 쪽에선 역사적으로 구성된 남성성과 여성성의 개념에 담긴 비합리적이고 신화적이며 자연화된 힘을 제시했다."[47] 실제 아도르노는 남성철학자가 역사적으로 구성된 남성성과 여성성 개념을 여성을 억압하기 위해서 사용한 방식에 민감했다. 니체는 이렇게 쓴다. "당신이 여자에게 간다고? 그럼 잊지 말고 채찍을 가져가라." 아도르노는 『미니마 모랄리아』에서 니체가 "기독교문명을 철저히 불신했지만, 여성을 기독교문명에 기원을 둔 확인되지 않은 여성성의 이미지"와 혼합시켰다고 썼다. 여성이라고 해서 모두 여성적 성격을 갖는 것은 아니었지만 니체는 그렇게 상상했다. 다시 말하면 니체의 충고는 쓸모가 없다. 왜냐하면 아도르노가 쓴 대로 "여성성은 이미 채찍의 결과"이기 때문이다.[48]

지배와 잔인성, 야만주의는 아도르노와 호르크하이머가 보기에는 계몽의 억압된 진실이다. 두 사람은 세간에 알려져 있듯 반계몽주의자는 아니었다. 그들은 오히려 계몽의 적자이자 희생자이며 또 그만큼 계몽의 수혜자이다. 게다가 계몽의 도구를 사용해서 자신이 물려받은 지적인 유산을 비판해야 했다. 이런 과제를 수행하기 위한 초월적 위치란 없다. 브레히트가 자신이 앉은 나뭇가지를 잘랐듯이, 그들도 자신이 몸을 기대고 있는 나뭇가지를 톱으로 썰지 않을 수 없었다. 그들의 책은 다른 무엇보다도 내재적 비판의 걸작이었고 계몽의 범주적 이성을 비판하기 위해 이성을 사용했다.

요약하면, 『계몽의 변증법』은 인류가 어떻게 프란시스 베이컨과 더불어 하강하기 시작했는지를 추적해간다. 이 하강운동은 임마누엘 칸트를 통해 계속되다가 히틀러에서 완결되었다. 저자들의 사유를 자극하는 촉매제는 인간의 성숙, 자유와 자율성의 발현이라는 계몽의 신화적 서사에 근본적인 문제를 일으킨 나치즘이었다. 그들은 계몽이 도덕적 진보 대신에 야만주의와 편협함, 그리고 폭력으로 퇴보했다고 주장한다. 그러나 이것이 전부는 아니다. 물론 국가사회주의는 이렇게 변증법적으로 발현된 서사에 의해서 설명될 수도 있을지 모른다. 하지만 확실히 유럽이나 그 외 다른 곳, 가령 저자들이 『계몽의 변증법』을 썼던 캘리포니아 등지에서 파시즘에 맞서 싸우고 있던 세력들에게는 해당되지 않을 것이다. 그럼에도 불구하고 벤야민의 문명에 관한 명제를 엄혹하게 적용하는 아도르노와 호르크하이머는 계몽이 인류를 신화와 망상으로부터 자유롭게 해주는 듯 보여도 나치즘과 맞선 나라들에서조차 야만주의로 타락했다고 주장했다. 문화산업, 과학과 기술은 이데올로기와 지배의 도구가 되었고 개인을 파괴시켰으며 관료화된 사회를 만들었다. 암묵적으로 그들은 마르크스주의 — 당시 소련이라는 도착적 형태를 낳았다 — 를 지배의 새로운 도구로 간주했다. 후에 그들은 이 책이 "관료화된 생활세계를 낳게 된 변화에 대한 평가"라고 기술한다. 이런 변화로 인해 촉발된 야만주의는 베를린과 마찬가지로 뉴욕, 파리, 런던, 모스크바에서도 발견되었다. 『계몽의 변증법』은 프랑크푸르트학파가 마르크스주의에 대한 과거의 헌신을 포기했음을 강조했다. 뿐만 아니라 학파 전체가 빠져있던 절망감도 강조한다.

1943년 토마스 만은 아도르노를 퍼시픽 팰리사데스의 산레모 드라이브에 있는 자신의 집으로 초대했다. 노벨상 수상작가인 만은 자신의 마지막 위대한 소설『파우스트 박사: 친구가 전해주는 독일작곡가 아드리안 레버쿤의 인생』의 원고를 아도르노에게 읽어주고 싶었다. 68세의 만은 28년이나 어린 아도르노에게 자신의 소설에 사용할 전문적인 음악적 조언을 얻고자 했다. 이 소설은 파우스트 전설을 현대적으로 각색한 것이다. 만은 아도르노에게 편지를 썼다. "이 소설이 — 물론 레버쿤의 작품 말일세 — 어떤지 나와 함께 검토해 보지 않겠나? 만일 자네가 악마와 협약을 한다면 어떨 것 같나?"[49] 파우스트적 협약은 아도르노에게는 거부할 수 없이 유혹적이었다. 물론 메피스토텔레스의 역할을 하는 만이 아도르노의 음악적 전문성을 빼내려는 것처럼 보였다. 만의 소설에서 악마적 영웅인 아드리안 레버쿤은 스승의 지식을 빼낸다.[50] 두 사람의 협동작업 형태로 아도르노는 단지 독일어에서 가장 뛰어난 문학가와 일할 기회를 가질 뿐 아니라 음악과 철학에 대해 자신이 작업해온 생각들을 표현할 기회를 얻게 된 것이었다. 이는 또 작고한 스승 알반 베르크의 방식으로 음악적 스케치를 생산할 기회를 갖는 것이기도 했다.

만은 나치즘과 망명경험에 관해 아도르노가 이해한 방식과 몇몇 중요한 지점에서 일치한 작가였다. 실제로 이 망명 독일인의 문학적 역량을 의심하는 사람들도 있었다. "가장 따분한 독일작가는 누구일까? 물론 우리 장인이지"라고 영국시인 W. H. 오든은 농담하길 좋아했다[51] (오든은 나치의 손아귀에서 벗어나도록 만의 딸 에리카와 1936년에 정략결혼을 해서 영국여권 신청을 도와주었다[52]). 아도르노가 오든의 농담에 동의했는지는 알 수 없다. 조지 스타이너에 의하면 "아도르노는 토마스 만의 천재성을 평생, 불편할 정도의 숭배했다."[53] 무엇보다 만은 글을 통해 반유대인주의 정서를 극복한 작가였다. 아무래도 아도르노에겐 반유대주의 문제는 노벨문학상 수장작가와의 협업을 고려할 때 사소한 일이 아니었다. 히틀러가 권력을 잡았던 1933년 4월 경 만은 그의 일기에 이렇게 썼다. "그럼에도 불구하고 뭔가 더 심오하게 유의미하고 혁명적인 것이 독일에서 일어나고 있진 않은지? 유대인들과 관련해서 이건 결코 재난이 아니다 ……. 유대인에 의한 법질서의 지배는 종식되었다."[54] 그러나 1936년이 되면 만은 처형당한 유대인들, 특히 망명 유대인들과 동맹을 맺는다. 문학 비평가이며 《노이에 취르허 차이퉁》*의 편집자인 에두아르 콜로디 박사는 망명 독일작가들을 공격했다. 그는 망명 작가들을 보면 독일문학에 국제적 유대인세력이 끼친 영향력을 잘 알 수 있다고 주장하면서 자신의 조국은 이들이 없어도 충분하다고 주장했다.[55] 《노이에 취르허 차이퉁》에 실린 공개서한에서 만은 유대계의 영향력이 망명소설가들 사이에서 지배적

---

* '신 취리히 저널'이란 뜻으로 스위스의 일간지.

인 것이 아니라 《뉴리퍼블릭》에 실린 글의 작가가 만이 1936년 반유대주의에 저항했던 점을 칭송했듯이) 유대인과 비유대인 작가들이 공히 대표하는 국제적 혹은 유럽적 정신이 독일을 야만주의로부터 벗어나도록 도와주었다고 반박했다. 만은 현재 독일 지배자들의 반유대주의 선전선동이 "본질적으로 유대인을 목표로 하지 않았거나 유대인만 배타적으로 목표로 삼았기보다는 유럽과 독일의 진정한 정신을 공격한 것이다"라고 덧붙였다. 만일 독일의 진정한 정신이란 것이 있다면 여러 사람들 가운데서도 특히 아도르노와 호르크하이머가 망명 시절 보호하려고 했던 바로 그 정신이었다. 만은 덧붙인다. "깊은 신념에서…… 독일을 위해, 또 세상을 위한 선함을 현재 독일체제로부터 전혀 기대할 수 없다는 확신 때문에 나는 독일을 떠났다. 나는 독일의 정신적 전통에 깊이 뿌리를 두고 있다. 지난 3년 동안 자신이 독일인이 아니라고 세상에 선언할 용기를 찾기 위해 노력했던 그 어떤 사람들보다 내 뿌리는 매우 깊다."[56]

만의 이런 신념은 힘겹게 얻은 것이었다. 그는 기질적으로 비정치적이었고 누군가와의 연대, 특히 유대인과의 연대를 공공연히 표명한다는 것을 내켜하지 않았다. 1918년 그는 『비정치적인 인간의 사색』이라는 책을 썼다. 이 책에서 그는 도덕주의 문명을 높이 사고 민주주의와 내면 지향적 문화에 대항해서 권위주의 국가를 정당화했다. 1924년에 출간된 그의 가장 성공적인 소설 『마의 산』에서 자신의 철학을 근본적으로 뒤집는다. 주인공인 공학도 한스 캐스토프는 다보스의 정신병원에 있는 사촌을 방문하게 되면서 질병과 내면지향성, 그리고 죽음의 유혹을 받다가 결국 봉사의 삶을 살기로 결정한다. 최종 결말은 만의 주장에 따르면 "유럽의 정신이 경도되어있던 수없이 많은 위험한 연민, 매혹, 유혹으로부터 작별을 고하는 것"이라고 한다.[57]

1930년이 되면 만은 한 가지 특별한 유럽의 매혹, 즉 나치즘의 매혹에 저항해서 쓸 수 있게 되었다. 그 해 베를린에서 그가 했던 연설의 제목은 「이성에의 호소」였다. 이 연설에서 그는 교양을 갖춘 부르주아지와 사회주의 노동 계급이 공동전선을 세워서 나치즘에 저항하자는 요구를 한다. 이 연설은 그를 국가사회주의의 공공연한 적으로 만들어주었다. 실제로 1933년 히틀러가 권력을 잡았을 때 토마스 만은 스위스에서 휴가 중이었다. 그는 아들과 딸의 조언을 받아들여 독일에 돌아가지 않았다. 스위스에서 외국인 방랑자로서의 망명생활을 시작했고 아도르노와 같은 유대지식인과 유사한 입장이 된다.

만이 엘에이에서 매일 9시에서 정오까지 책상에 앉아서 썼던 파우스트전설의 최신판은 독일에서 당시 진행되던 비극과 현대적 작곡가의 비극적 삶의 역사를 결합하려는 야심적인 기획이었다. 만은 악마와의 협약이라는 "사탄의 계약은 영혼의 구원을 걸고서라도 지구상의 모든 권력을 얻기 위한 것"으로서 "독일적 본성에 지나칠 정도로 전형적"이라고 생각했다.[58] 소설은 작곡가 레버쿤의 친구 세레너스 자이트블롬이 전시 망명경험을 서술하는 구조로 되어있고 전쟁의 전개상황에 관한 자이트블롬의 해설도 포함한다. 이 전쟁 해설은 제2차 세계대전의 마지막 몇 년 동안 유럽에서 전해오는 뉴스를 들으며 만이 했던 생각을 담은 것으로 읽혔다. 이 소설은 실제로 바이마르공화국의 제2차 세계대전 역사로 읽을 수도 있다. 레버쿤이 맺는 악마의 협약은 독일민족이 국가사회주의라는 악마와 협약을 맺는 것과 병치된다. 이야기의 한 시점에서 자이트블롬은 바이마르의 시민들이 부헨발트의 화장터*를 지나치는 모습을 묘사하는데, 독일 시민들은 자신들의 일만 신경 쓸 뿐 "바람이 불자 인간의 살 냄새가 코밑으로 지나가는데도 아무것도 알려고" 하지 않는다.[59] *

---

* 나치의 유대인 강제수용소가 있던 곳으로 감금된 유대인들을 산 채로 화장했다.

비록 자이트블럼이 부헨발트의 희생자들을 유대인이라고 부르지는 않지만 만은 확실히 이 일이 무엇보다 유대인의 비극이라는 것을 인식하고 있었다. 그는 로스앤젤레스의 NBC스튜디오에서 녹음했던 라디오방송에서 이와 관련된 발언을 했고 이 방송은 BBC를 통해서 독일에 전송되었다. 그러나 막상 출간된 소설에서는 독일에 반유대주의가 없다고 묘사된다. 또한 반유대적 시각에서 묘사된 두 명의 인물이 소설에 등장했다. 한 사람은 콘서트 에이전트 사울 피텔베르그이다. 이 인물은 레버쿤에게 국제적 명성의 지휘자이자 피아니스트가 되라고 제안하고 설득하는 역할을 소설에서 맡고 있는데, 토마스 만은 가족의 만류에도 불구하고 이 인물을 코믹하게 그렸다.[60] 작가로서 만은 "우리 유대인에게는 반유대주의적인 독일 인물을 두려워해야 할 근본적인 이유가 있지"라는 대사를 피텔베르그에게 준다. "물론 그렇기 때문에 우리는 세속적으로 포동포동하게 살이 오르고 감상주의에 찬 오락물을 마련해 두는 거야."[61] 이런 구절은 확실히 아도르노와의 협업이 담긴 흔적은 아니다. 책의 나머지도 대부분 그렇다.

만은 소설에서 음악을 신빙성 있게 다루고, 특히 자칭 음악의 세계 수도라는 독일의 이미지에 부합한 묘사와 레버쿤이 이런 배경 속에서 아방가르드적 음악을 추구하는 내용을 쓰려면 전문가의 도움이 필요하다는 점을 깨달았다. 1943년 7월 다행히도 그는 『파우스트』 집필 초기에 아도르노의 원고 「쇤베르크와 진보」를 읽게 되었다. 이 글은 『새로운 음악의 철학』의 첫 부분이었다. 쇤베르크는 만이 이 소설을 구상했을 때부터 마음속에 담아둔 음악이었다. 실제 만은 이 위대한 망명 비엔나 작곡가에 우호적이었고 브렌트우드에 있던 작곡가의 집에서 식사를 하기도 했다. 만은 또 하모니에 관한 쇤베르크의 교과서도 읽었는데 그 책이 "전통을 향한 경건함과 혁명의 매우 이상한 혼합"이라고 생각했다.[62] 아도르노가 쇤베르크에 대해 쓴 글이 만의 취향에 더 어울렸고 더욱이 자신의 소설에 자칫 부족했을지도 모를 지적인 틀을 제공해주었다. "나는 우리의 현 상황에 대한 가장 세밀하고 진보적이며 심오한 종류의 예술사회학적 비판을 만났다. 내가 지금 작업 중인 소설의 핵심과 놀라울 정도로 친화력을 보여준다." 그는 속으로 생각했다. "바로 이 사람이야."[63]

그리고 3시간동안 매일 아침 소설을 쓰고 오후에는 아도르노를 만났다. 아도르노는 이 저명한 소설가에게 음악학 강의를 해주었다. 쇤베르크의 12음조 체계의 복잡한 형식을 설명해주고 피아노로 연주했다. 만은 아도르노를 자신의 "내밀한 조언자"(독일어로 Wirklicher Geheimer Rat)라고 부르길 좋아했다. 어느 날 오후 아도르노는 그에게 베토벤의 마지막 피아노 소나타 작품번호 111을 연주했다. 그러고 나서 소설가에게 그 음악의 의미, 특히 어떻게 베토벤의 후기 스타일이 변증법적으로 주관성과 객관성을 결합시켰는지를 설명했다. 만은 곧 『파우스트 박사』의 8장을 다시 썼다. 이 장은 레버쿤의 음악 스승이었던 벤델 크레츠마가 베토벤 후기 작품을 강의하는 부분이다. 크레츠마의 입을 통해 아도르노의 이론을 그대로 옮겨 놓았다고 상상하지 않고서는 이 장을 읽을 수 없다. 지금은 남아있지 않지만 만이 아도르노의 강의를 받아 적은 메모에 담긴 훌륭한 구절들을 소설의 이 대목에서 읽을 수 있다.

베토벤의 예술은 그 자체를 능가한다. 그의 음악은 전통의 습관적 영역으로부터 솟아 나와서 인간의 놀란 눈이 바라보는 응시 바로 앞에서 완전히, 전적으로 그리고 오직 사적인 영역으로 들어간다. 자아는 절대 속에 고통스럽게 고립되어있고 청각상실로 인해 감각으로부터도 격리되어있다. 외로운 정신의 왕국에 속한 왕자가 내뿜는, 지금은 오로지 차가운 이 숨결은 그의 음악을 기꺼이 들으려는 동시대인들을 공포에 떨게 만들었다.[64]

또는 다음과 같은 구절을 보자. "위대함과 죽음이 만나는 곳에 관습에 순응하는 주권을 가진 객관성이 생겨나고 오만한 주관성은 뒤에 남겨진다. 그저 사적인 것이… 스스로를 다시 대체하기 때문이다. 이것은 집단적이고 신화적이며 유령처럼 영광스럽게 입장한다."[65]

만일 만이 베토벤의 후기 스타일에 대한 아도르노의 사유를 도용했다면 그 장에 서투른 찬사의 형태로 암호처럼 감사를 표현했으리라. 8장에서 크레츠마는 이 소나타에 관한 자신의 강의에서 '비젠그룬트'라는 단어('초원'으로 번역된다)를 노래하면서 예로 사용한다. 이 단어는 물론 미국에서는 사용하지 않은 아도르노의 성이다.[66]

소설에 등장하는 베토벤의 후기 스타일에 관한 찬사에서는 — 아도르노든 크레츠마든 혹은 만의 것이든 — 아도르노가 망명 당시 자신의 할리우드 이웃사촌이었던 쇤베르크의 후기 스타일에 대해 쓰고 있었던 내용이 울려 나온다. 베토벤처럼 쇤베르크의 후기 스타일에서 작곡가의 창작이 마침내 도달한 변증법적 절정이 표현되고 있다는 이론이다. 아도르노는 1910년 경 쇤베르크의 무음조 음악을 비판했다. 무음조의 자유로운 표현과 함께 1923년 이래 12음조 음악스타일도 음악적 소재에 지나치게 심취해있고 주관적 요소를 제거했다는 이유로 비판한다. 아도르노의 『새로운 음악의 철학』에 따르면 오직 후기스타일을 통해서만 쇤베르크는 극단적인 계산과 주관적 표현을 결합시켜서 베토벤에 버금가는 '새로운 주권'을 이룩하게 된다.[67] 미학적 실패로부터 후기스타일의 새로운 주권으로 향해가는 이 변증법적인 운동은 아드리안 레버쿤이 따르는 음악적 진화의 행보가 되기도 했다.

독일 망명가들이 1947년에 완성된 이 소설을 읽었을 때 어떤 이는 레버쿤을 쇤베르크의 허구적인 도플갱어로 보기도 했다. 쇤베르크는 자신의 시력이 너무 약해져서 책을 읽지 못한다고 선언했음에도 이 소설에 대한 보도를 접했을 때는 격노했다. 그의 격한 반응은 이해할 만도 하다. 음악천재로서의 24년 인생을 위해서 사랑을 거부해야 하는 악마와의 협약에 동의하는 사람으로 자신이 묘사되는 것을 보고 싶은 사람은 많지 않으리라. 쇤베르크의 기분을 상하게 한 것은 레버쿤의 실내악 음악에 관한 장에서 새로 작곡 중인 3중주곡에 질병과 의학적 치료의 경험을 사용했다고 설명할 때 언젠가 그들이 저녁식사 중 나누었던 대화를 훔쳐갔기 때문만은 아니었다. 그의 분노는 알마 말러 베르펠(작곡가 구스타프 말러와 건축가 발터 그로피우스의 전 부인이었고 당시 세 번째 남편인 소설가 프란츠 베르펠이 1945년에 사망해서 다시 과부가 되었다)이 전한 말 때문에 더 증폭되었다. "그녀는 가십을 좋아했다. 토마스 만이 그의 이론을 훔쳐갔다고 말해서 쇤베르크가 12음조 체계에 관해 이의 제기를 하게 만든 장본인 이었다"고 만의 부인이 회상한다.[68]

쇤베르크는 이웃에 살던 유명인에게 배신당한 심정이 되어 베르펠에게 만을 설득해서 12음조체계가 쇤베르크의 발명이라고 인정하는 글을 소설의 원고에 넣도록 하라고 부탁했다. 만은 처음에는 거절했다. 대단히 오만했던 만은 『파우스트박사』에서 등장하는 12음조체계가 그의 것이라고 상상했다. "그 책의 범위 안에서는 … 12음조체계라는 생각에는 색채가 가미되어있다. 그 체계 자체에는 이런 색채는 없다. 그러니 어떤 의미에서는 — 사실 그렇지 않나? — 소설로 써진 것은 내 소유다."[69]

세 번째 가능성도 있었다. 『파우스트 박사』에서 등장하는 12음조체계는 쇤베르크나 만의 것이 아니라 테오도르 아도르노의 것이다. 어쨌거나 만이 소설에서 사용한 음악적 개념들을 제공해준 사람은 아도르노였다. 아도르노는 레버쿤의 최종적인 작곡 형태를 스케치했다. 만은 그 자신의 표현대로 그것을 "시로 만들었다." 아도르노에게는 이 협동의 일부가 자신이 지금껏 작곡가로서의 좌절된 꿈을 실현하는 성취로 여겼다. 그는 1962년 만의 딸에게 보낸 편지에서 이렇게 회상했다. "내가 작곡가로서 실제로 그런 작품을 작곡했어야 했다면 맞닥뜨렸을 문제들을 고려했습니다. 가령 알반 베르크

같은 사람이 작업을 시작하기 전에 준비했을 그런 문제였지요." 그는 계속해서 이런 음악적 관념들에 대해 설명했다. "마치 그런 문제들은 준비단계의 아웃라인이 아니라 실제 음악들의 묘사인 듯했습니다."[70]

아도르노가 제시한 설명 중 하나는 레버쿤의 마지막 작품인 〈파우스트 박사의 슬픔〉이다. 이 작품의 중심적 사상은 아도르노의 멜랑콜리 철학, 즉 비동일성의 동일성에서 빌려 온 것이다. 이 개념은 벤야민이 문명과 야만의 분리불가능성에 관한 명제로 예시된 것으로서 프랑크푸르트학파에게 지대한 영향을 미쳤다. 소설의 서술자인 자이트블럼은 레버쿤의 초기 오라토리오를 설명하면서 이렇게 말한다. "가장 축복받은 이와 가장 사악한 이의 실질적인 동일성, 천사 같은 어린아이들의 코러스와 지옥의 웃음 사이에는 내적인 동일성이 있다."[71]

축복받은 이와 가장 사악한 자 사이의 동일성은 레버쿤의 마지막 작품을 지배하는 원칙이 되었다.[72] 바르*는 지옥의 웃음이 "게슈타포의 지하고문실" 로부터 들려오는 비명소리를 재현하는 음악적 울음소리로 표현된다고 주장한다. 아도르노가 그의 사후 출간 저서 『미학이론』에서 설명하듯이 만일 예술이 진정하다면, 즉 고통의 기억에 봉사하고 단지 긍정적인 것만이 아니라 비판으로서도 기능한다면 천국과 지옥의 통합, 문명과 야만의 결합은 예술에 본질적이다. 소설에서 자이트블럼은 레버쿤의 마지막 작품이 베토벤의 교향곡 9번 중 〈환희의 송가〉를 환위(conversion)했다고 묘사한다. 그 음악은 〈슬픔의 송가〉였고 이런 의미에서 고통을 정당하게 다루려는 시도였다. 게슈타포의 지하고문실은 현대적 예술작품이 그것에 저항하기 위해서 동일화를 이루어야 할 필요가 있는 비예술(non-art)이었다.[73]

---

* 로스앤젤레스의 독일망명 지식인을 연구한 책의 저자로 이 책에서 참조하거나 인용되고 있다.

소설의 완성본은 만의 철학보다는 아도르노의 멜랑콜리 철학을 좀 더 심오하게 담고 있다고 할 수 있다. 표절이라는 뜻은 아니다. 아도르노는 1957년에 만이 자신의 '지적 자산'을 부당하게 사용했다고 암시하지만 그것은 얼토당토않다.[74] 이 소설의 토대가 되는 미학적 철학은 반복해서 소설에서 만이 동원했던, 아폴론주의와 디오니소스주의, 질서와 황홀 사이에 니체가 『비극의 탄생』에서 설립한 이항대립구조를 넘어서고 있다. 만은 애초에 『파우스트 박사』를 "부르주아적인 모든 것, 절제되고 고전적이며 아폴론적인, 건전하고 근면하고 의존적인 가치를 넘어서 디오니소스적 천재성의 대담한 삶, 술 취한 해방의 세계로 향하는, 부르주아계급을 넘어서 진정 초인간적인 것"으로 향하는 해방을 재현하려고 구상했었다.[75] 그러나 아도르노와의 협동과정을 통해 만은 자신의 애초 구축했던 디오니소스적인 작가의 형상을 재고하게 되었고 그 결과 레버퀸이 좀 더 흥미로운 인물이 되었다. 프랑크푸르트학파적인 면모를 극화하고 있으며, 특히 아도르노식의 인물형상으로 갖춰지면서 예술철학에 세심한 공을 들이게 되었다. 소설의 초반부에 레버퀸은 자신의 예술 작업이 아름다운 환영을 만들어내는 게임이 될까봐 염려한다. 그러나 그는 "모든 환영이, 가장 아름다운 환영조차, 그리고 진정 가장 아름다운 것이야말로 오늘날 거짓말이 되지는 않을지" 생각한다. 이것은 마르쿠제가 1937년에 썼던 부르주아예술의 순응적 성격에 관한 글과 유사하다. 이 글은 억압적 질서에 대항하기보다는 예술이 알리바이를 제공한다고 설명한다. 또한 아도르노의 사상과도 어울린다. 불협화음이 조화의 진실이며, 아름답고 조화로운 예술작품의 생산은 홀로코스트와 같은 공포 앞에서는 추하고 야만적 거짓말일 뿐이라는 것이다.

아도르노는 자기만족의 가면을 벗어던진 채 고통을 정당하게 다루고 특히 죽음의 수용소의 공포를 다루는 예술이 진정 필요하다고 했다. 적대감, 모순, 그리고 부조화는 자본주의의 사회적 관계를 보여주는 진실이며, 예술은 이 진실을 담아야 한다. "음악의 자기만족적 환영 그 자체는 불가능하며 더 이상 유지될 수 없다"고 레버쿤이 선언한다. 이런 선언은 아도르노의 것일 수 있다. 아마도 그의 것이리라. 더 나아가 이런 표현들은 만의 초기 작품에 담긴 미학에 대한 비판을 함축하고 있다. 1912년 노벨라 『베니스에서의 죽음』에 등장하는 작가 아센바흐는 자신의 디오니소스적 몽상을 해변 가에서 달성하며 아폴론적 예술작품을 생산해낸다. 결과적으로 아센바흐는 자신의 예술을 가능하게 해주었던 고뇌와 고통을 삭제시켜 버린다. 레버쿤의 마지막 작품은 이와 대조적으로 아도르노가 자신의 미학적 철학을 적용시켜 스케치한 것으로서, 토마스 만이 저자인 소설에서 등장했어도 주관적 정서의 객관적 기술을 통한 [아센바흐식] 성취와는 무관하며 예술작품을 가능하게 해준 고통을 지워내지 않는다.

그럼에도 불구하고 만은 『파우스트박사』의 마지막 부분에서 아름다운 환영 혹은 해결을 제시하려는 유혹을 여전히 받고 있었다. 아도르노에게는 이것이 "마치 죄지은 원흉이 이미 그의 주머니에서 구원을 챙겨놓은 듯이" 보였고 따라서 만에게 이 유혹에 저항하라고 촉구했다.[76] 혹자는 아마도 레버쿤이 인간고통을 정당하게 다룬 예술작품을 생산함으로써 악마적 협약으로부터 자신을 구원했고, 천재가 된다는 조건을 걸고 약속했던 대로 사랑을 거부하지 않았음을 소설이 보여주었다고 생각할지 모른다. 아도르노는 만에게 그런 진부한 결말을 만들지 말라고 충고했다. 레버쿤의 마지막 음악이 고통의 기억을 제공하는 것으로 충분하다고 했다.

레버쿤은 구원 대신 벌을 받았다. 그는 인생의 마지막 10년을 뇌질환을 앓으면서 보냈다. 천재적 음악가로서 그가 보냈던 시절은 끝났다. 그러나 몰락 이전에도 이미 그는 자신이 사랑하는 조카 에코의 죽음으로 고통을 겪었다. 조카가 자신이 악마와 맺은 협약 탓에 죽었다고 믿었기 때문이었다. 1947년 소설의 출간을 축하하는 파티에서 샴페인을 든 채 만은 레버쿤이 사랑을 담은 시선으로 에코를 바라보는 부분을 읽었다. 에코라는 인물은 만이 아끼던 손자 프리돌린을 모델로 만들었다. 에코를 향한 사랑이 담긴 시선 때문에 악마와의 협약이 깨지고 레버쿤은 벌을 받게 된다. 에코는 병이 들었고 작곡가의 대작인 마지막 작품이 마음속에서 형태를 갖춰가는 동안 죽게 된다. 만은 이 부분이 소설에서 가장 시적인 구절이라고 생각했다. 낭독을 하고 난 뒤 더 많은 샴페인이 제공되었다. 고통을 이렇게 미화하는 것에 욕지기가 나지 않을 수 없다. 마치 만은 창조적인 예술가로서 인간의 고통에 대해 어떤 몸짓을 취할 때에도 여지없이 나르시시즘에 빠져 자신만의 창조적 성취에만 매인 듯 했다. 하지만 그건 문제되지 않았다. 소설은 미국에서 베스트셀러가 되었다. 1쇄가 25,000부나 팔려나갔고 평단의 반응은 압도적으로 긍정적이었다.

소설 그 자체로는 전후 독일을 위한 통곡으로 끝맺는다. "오늘날 악마에 둘러싸인 채 한 손을 한쪽 눈에 올리고 다른 한쪽 눈은 공포를 응시하면서 절망에서 절망으로 내동댕이쳐지고 있다. 언제 심연의 바닥으로 떨어질 것인가? 희망의 철저한 부재로부터 언제쯤 신념의 힘을 넘어서는 기적이 나타나 희망의 빛이 새벽을 밝힐 것인가?"[77] 다소 부드럽게 표현하자면 이런 만의 평가를 아도르노가 1949년 프랑크푸르트로 돌아가서 발견한 상황과 비교해보면 흥미로울 것이다. 독일은 한쪽 눈을 공포에 향하고 있기보다는 두 눈을 꾹 감고 있었다.

자신의 도플갱어가 만의 소설에서 무례하리만치 허구적으로 등장한다는 사실을 우려했던 것은 쇤베르크만이 아니었다. 아도르노도 1950년 만에게 25장에서 묘사된 포주형상의 악마가 뿔테안경을 매부리코에 걸치고 있는 음악연구가로 바뀌는 장면에서 등장하는 인물이, 한 문학비평가가 그렇게 의심했듯이, 자신이 아닌지 우려하는 편지를 쓴다. 만은 대답했다. "악마가 음악연구자의 역할로 등장할 때 자네의 외모를 모델로 하고 있다는 생각은 참 황당하네. 자네가 뿔테안경을 끼고 있나?"[78] 아도르노의 전기 작가는 만이 아도르노가 이 수수께끼를 풀지 못했다는 점에 아마도 놀랐으리라고 말했다. 악마는 아도르노가 아니라, 구스타프 말러와 놀라울 정도로 많이 닮아있었다.

그러나 아도르노는 악마가 풍기는 황 냄새와 얽힌 상태를 전혀 피할 수는 없었다. 1974년 포스트모던 철학자 장-프랑수아 료타르는 「악마로서의 아도르노」라는 글을 썼다. 료타르가 보기에는 아도르노는 특권의 위치에 있다가 쇠락의 상태에 처한 것을 비관적이리만치 슬퍼했다. "악마적 형상은 변증법적이다"라고 료타르는 그의 탁월하게 명징한 언어로 쓴다. "뿐만 아니라 그 형상은 변증법에서 변증법의 실패를 표현한다. 부정의 핵심에 있는 부정성, 중단된 순간과 순간적인 정지를 보여준다."[79] 아도르노의 비판이론은 말하자면 무능력하게 부정성에 빠진 채 독자들이 마르크스에서 발견했던 더 나은 미래의 약속을 제공해줄 수 없었다.

아도르노는 게오르그 루카치가 칭송했던 마르크스주의적 사고방식, 즉 아방가르드적인 지적 예술가는 그들의 작품이 관심을 이끌어내는 정도에 따라 가치를 가질 뿐이라는 생각을, 사회적 현실의 모순에 대한 관심을 환기하는 예술의 역할과 분명하게 대조시킨다. 독자나 청취자는 이 사회적 모순을 아방가르드적 예술가가 관심을 끌지 않았더라면 전혀 인식할 수 없었을 것이다. 인식의 환기를 통해서 예술은 현실을 더 낫게 변화시키는데 도움을 준다. 아도르노는 루카치의 시각을 "속류 유물론자가 쏟아내는 방언"이나 "소비에트 허풍"이라고 「강요된 화해」라는 에세이에서 비판했다.[80] 그러나 혁명의 촉매로서 소용이 없다면 아도르노가 모색했던 예술을 통한 고통의 응시는 무슨 의미가 있는가? 제임스 헬링즈는 예술이 무엇이어야 하는지에 대한 아도르노의 비전을 다음과 같이 설명한다. "예술은 객관적 현실을 복사하거나 모방하거나 반영 또는 묘사하지 않는다. 루카치에게서 나타나듯 무능력하게 한 발을 절며 객관적 현실에 다가가려 하기 보다는 예술은 객관적 현실 너머의 것(통약불가능성, 대타자, 그 밖의 여러 가지)을 회상하고 재생산하며 재생한다."[81] 예술은 아도르노가 표현하듯이 "자율성과 사회적 사실(*fait social*)"이라는 이중적 본질을 갖고 있다.[82] 예술은 실증적인 것이 아니므로 현존 질서를 유지하거나 전복하기 위해서 동원될 수는 없다. 하지만 오직 예술만이 고통의 진실을 표현할 수 있고, 그 외 다른 목적으로 고통을 사용하려는 유혹에 굴복하지 않는다.

예술의 자율성은 아도르노에게 바로 이런 의미이며 이에 걸맞은 예술은 불쾌한 사회적 현실을 (아도르노가 예술이 본질적으로 '사회적 사실'과 관련되어 있다고 말할 때의 그 사회적 현실) 바꾸겠다는 포부를 갖지 않은 채 그 현실을 묘사한다. 예술은 존재하는 사물의 상태를 오직 부정할 수 있을 뿐이다. 아도르노의 예술철학에서 이 끊임없는 부정성은 카를 포퍼로부터 "텅 비고 무책임하다"는 비판을 들었다.[83] 혹은 료타르가 말한 대로 악마적이다. 아마 아도르노는 어떤 종류의 악마와 협약을 맺었을지도 모른다. 괴테의 『파우스트』에서 메피스토텔레스는 이렇게 말했다. "나는 부정의 정신이다."

12장
파시즘에 맞서다

―

아도르노와 호르크하이머는 제2차 세계대전 동안 캘리포니아에서 지냈지만 프랑크푸르트학파의 다른 회원들은 반전운동의 일환으로 워싱턴에서 미국정부를 도왔다. 덕분에 사회연구소는 임금지출액을 줄일 수 있었다. 냉전의 다른 편에서 보면 확실히 신마르크스주의 혁명가 집단이 미국정부의 핵심부로 초대된 것은 놀라운 일이다. 그러나 뢰벤탈, 노이만, 마르쿠제, 키르히하이머, 폴록은 당시 독일을 떠난 지 얼마 되지 않아 적을 내밀하게 잘 알고 있는 유대인 망명자로서 파시즘과의 전투에 도움이 되리라는 기대를 받고 고용되었다. 곧 10년 안에 매카시 마녀사냥이 미국 내 공산주의자로 의심받는 이들을 상대로 시작될 분위기였다. 그런데 1942년에는 빨갱이들이 침대 밑에 숨어있는 것이 아니라 침대 시트 속으로 초대받은 셈이다.

프랑크푸르트학파에게 파시즘은 어떤 의미가 있었을까? 10년 전 빌헬름 라이히는 1933년에 쓴 『파시즘의 대중심리학』이라는 책에서 파시즘의 발흥을 성적 억압 탓으로 돌렸다. 그는 이렇게 쓴다.

> 타고난 자연적 성의 억압, 특히 성기중심 성의 억압은 아이를 불안하고 수줍고 복종하며 권위를 무서워하게 만들어서 권위주의 앞에서 아이는 선하고 순응적이 된다. 성적 억압은 반항적 기질을 마비시킨다. 어떠한 반항의 시도에도 불안이 실리기 때문이다. 아이의 성적 호기심과 성에 관련된 생각을 금지시키면 사유와 비판적 자질은 전체적으로 억눌리게 된다.[84]

라이히에게 가족은 헤겔과는 달리 국가에 저항하게 만드는 자율적인 지대가 아니었다. 오히려 아이가 자라서 복종할 수 있게 준비해주는 권위주의적 미니어처 국가였다.

프랑크푸르트학파의 대표적인 정신분석 사상가 프롬은 라이히의 분석 대부분에 동의했다. 물론 라이히의 분석이 경험적 정보가 너무 적고 지나치게 성기중심 성에만 초점을 두고 있다는 사실에 대해서는 우려를 표명했다. 프롬은 파시즘의 부상은 가학피학성애와 연관되었다고 주장했다. 그는 에세이 「사회 심리적 양상」에서 '혁명적' 성격과 '피학성애자'를 구별했다.[85] 전자는 자아의 힘을 갖고 있고 자신의 운명을 변화시키려고 하지만 후자는 자신이 처한 숙명에 굴복하고 자신보다 상위 세력에게 자신의 운명을 맡긴다. 프롬은 프로이트처럼 가학증이 피학증과 동전의 양면이라고 했다. 가학성애자는 나약함의 신호를 보이는 사람들에게 자신을 들이댄다. 가학피학성애의 사회적 성격은 권위주의적인 사회에 본질적이다. 따라서 우위에 있는 사람에게는 존경심을, 하위의 사람들에게는 경멸감을 보이는 성향을 나타낸다. 프롬이 보기에 가학피학성애자는 질서와 시간엄수, 검약정신을 갖고 있으며 또 이런 가치를 추구한다. 파시스트는 가학피학성애의 사회적 성격을 선호하고 원한다. 그는 기차가 정시에 운행되기를 바라거나 유대인들을 대량 학살하려고 한다.

그러나 파시즘이, 특히 독일에서 급부상한 이유를 설명하기에는 여전히 부족하다. 프롬은 연구소를 떠난 뒤에 1941년에 출간했던『자유로부터의 도피』의 흥미로운 소재가 되어준 사회적 상황을 이미 1930년대부터 설명하기 시작했다. 프롬은 독일이 초기자본주의에서 독점자본주의로 변해갈 때 중하층계급의 사회적 성격은 전혀 변하지 않았다고 주장했다. 초기자본주의의 아이콘이었던 쁘띠 부르주아지는 자영업자였는데 자본주의의 기업체제가 시작된 후 이 계층은 이상한 변칙이 되었다. 이들은 부지불식간에 막스 베버가『프로테스탄트윤리와 자본주의정신』에서 제시한 이야기 속의 영웅이 되었다. 이렇게 초기자본주의에서는 지배적이었던 검소하고 쾌락을 부정하며 의무감이 투철한 집단이었던 반면 바이마르공화국에서 이들은 정치적으로 무기력하고 경제적으로 억눌리고 정신적으로 소외당했고 자신의 운명을 직접 변화시키기보다는 대신 그 일을 해줄 권위에 복종하려는 가학피학성애적 갈망에 사로잡힌다. "권위에 대한 욕망은 강한 지도자를 향해가고 그 외 개별적 아버지형상은 반역의 대상이 된다"고 프롬은 1932년에「정신분석적 성격학과 그 사회심리학적 연관성」에서 썼다.[86] 1941년이 되자 그는『자유로부터의 도피』를 집필하기 시작한다, 이 책에서 프롬은 더 강한 지도자를 향한 독일 쁘띠부르주아지의 가학피학성애적 갈망을 역사적 변증법적 과정의 일부로 구성한다. 권위로부터(신이나 사회적 관습의 권위조차) 벗어난 자유를 향한 도정은 프롬의 주장에 따르면 일종의 고뇌 혹은 절망을 낳게 된다. 이런 심정은 아기가 성장과정에서 느끼는 것과 유사하다.

그는 권위로부터의 자유는 압박과 공포로 경험될 수 있다고 생각했다. 프롬은 부정적 자유와 긍정적 자유를 구별한다. 이 둘의 차이는 어디로부터의 자유와 어디로 향하는 자유이다. 긍정적 자유를 창조적으로 행사할 수 없다면 권위로부터의 자유를 얻은 인간이 감당해야 할 책임감은 견디기 어려워진다. 프롬의 사유는 거의 동시대에 활동한 실존주의철학자 장 폴 사르트르가 1938년의 소설 『구토』에서 제시한 자유의 고뇌에 대한 설명과 연결된다. 그러나 사르트르가 구토가 날 정도의 자유를 인간적 사실로 받아들인다면 프롬은 자유를 역사적 변증법적 맥락에 위치시킨다. 긍정적 자유를 창의적으로 행사할 책임감은 에고가 결핍된 나약한 성격이 감당하기 어렵다. 대신 정신적 안정을 유지하면서 자유라는 견디기 어려운 부담으로부터 도피를 감행하려는 겁먹은 개인은 하나의 권위형태를 다른 형태의 권위로 대체시킨다.

프롬은 이렇게 쓴다. "겁먹은 개인은 자신의 자아를 동여매어둘 누군가 혹은 어떤 것을 찾는다. 그는 자신의 개인적 자아를 더 이상 감당할 수 없다. 그래서 자아를 없애버리고 자아가 주는 부담을 제거함으로써 안정감을 얻기 위해 미친 듯이 노력한다."[87] 그러니 히틀러다. 총통에 부여된 권위주의는 히틀러로 하여금 더 고차원적이고 허구적인 권위라는 이름으로(독일의 지배적 인종이라는 허구적 권위) 독일을 지배하고 싶게 했고, 불안정한 중산계층에게 호소력을 갖는 인물로 만들어주었다. 프롬은 이 자유에 대한 두려움이 유독 파시스트적이라기보다는 모든 현대 국가의 민주주의의 토대를 위협한다고 주장했다. 『자유로부터의 도피』를 시작하면서 그는 미국의 실용주의 철학자 존 듀이의 말에 동의를 표하고 인용했다. "우리의 민주주의를 심각하게 위협하는 것은 우리 외부에 존재하는 전체주의 국가가 아니다. 위협은 다름 아닌 우리의 개인적인 태도와 제도적 조건 안에 도사리고 있는 존재이다. 외국에서는 지금 외부적 권위, 훈육, 획일성과 독재적 지도자에 대한 의존성이 승리를 구가하고 있다. 전쟁터는 바로 여기, 우리내부와 우리 제도 안에 있다."[88]

프롬이 파시즘 지지자들의 가학피학성애를 전제로 파시즘을 이해하는 방식은 이제 프랑크푸르트학파의 정통교리가 되었다. "이 이데올로기[전체주의]는 근본적인 가치의 재평가와 함께 현존 질서체제를 과시한다. 불행은 은총으로, 비참함은 축복으로, 가난은 운명으로 바뀐다"라고 마르쿠제는 1934년 에세이 「전체주의적 국가의 관점에서 본 자유주의에 대한 투쟁」에서 썼다.[89]

독일의 마르크스주의 철학자 에른스트 블로흐는 취리히 망명 시절 쓴 글에서 나치즘을 권위적인 인물에 대한 욕망의 징후로 보는 프랑크푸르트학파의 정통교리에 반대했다. 1935년 그의 책 『우리시대의 유산』에서 블로흐는 파시즘이 시대착오적인 키치와 독일 제국의 미래에 대한 경이로움에 관해서 의사(疑似)유토피아적인 관념으로 사람들을 설득했던 도착적 종교운동이었다고 주장했다.[90] 그 결과 파시즘은 역설이 된다. 파시즘은 고대적이면서 동시에 근대적이다. 더 정확히 말하면 자본주의의 유지를 위해 자본주의에 적대적인 전통을 사용하는 체제이다. 벤야민과 마찬가지로 블로흐가 보기에도 파시즘은 반자본주의이면서 유토피아적 성향을 모두 담고 있는 문화적 종합이었다. 프랑크푸르트학파는 파시즘을 분석하면서 벤야민이 '정치의 미학화'라고 부른 것을 강조하지는 않았다. 벤야민, 블로흐, 크라카우어에게 신화, 상징, 퍼레이드와 시위를 나치가 동원해서 지지를 이끌어 내는 방식을 고찰하는 일이 주어졌다. 벤야민은 1936년에 인류의 자기소외는 "상당한 수준에 도달해 있어서 자신의 파괴를 탁월한 미학적 즐거움을 가지고 성찰할 수 있을 정도이다"라고 썼다.[91] 인류라는 말로 그는 전쟁을 아름답다고 본 이탈리아 미래파시인이자 파시스트였던 필리포 마리네티의 망상적 꿈에 굴복했던 사람들을 지칭했다.

이런 충돌하는 개념들 탓에 프랑크푸르트학파의 대표적인 두 명의 이론가인 폴록과 노이만 사이에 파시즘을 둘러싼 논쟁이 빚어졌다.[92] 폴록은 국가자본주의라는 것이 존재하며 나치 독일과 소련은 자본주의를 폐지하지 못했고, 대신 국가적 계획을 통해서 기술적 혁신을 장려하고 군사비를 늘려서 산업을 일으키는 방식을 통해 자본주의의 모순을 지연시켜 왔다고 오랫동안 주장해 왔다. 아마도 폴록의 비관적인 가정대로 히틀러와 스탈린 탓에 자본주의체제는 1930년대의 대공황을 거치면서도 난공불락이 되었을지 모른다. 이런 주장은 그 자체로 이단적이었다. 확실히 폴록의 분석은 그로스만이 자본주의가 자체적인 모순 속에서 몰락할 운명이라고 한 설명을 정면으로 부정했다. 노이만은 망설였다. 그가 보기에 '국가자본주의'는 용어상 모순이었다. 국가가 생산수단의 유일한 소유자가 된다면 국가는 자본주의가 제대로 작동하지 못하게 막게 된다. 노이만은 차라리 나치 지배 하의 독일에서 일어나고 있는 일은 "자본주의적 적대주의가 좀 더 고차원적이고 더 위험한 수준에서 작동되고 있는 것"이라고 믿었다. "다만 이 적대주의는 관료장치와 국민 공동체라는 이데올로기에 의해서 포장되어있다."[93] 노이만이 히틀러의 전체주의적 독점자본주의라고 불렀던 체제는 자유주의적 독점자본주의보다 더 위기에 빠지기 쉬웠다.

그러나 히틀러의 성공에 대한 심리사회적이거나 미학적 설명을 받아들이지 않았고 더군다나 가학피학성애가 히틀러의 주요 지지자들의 성향이라는 생각도 받아들이지 않았던 노이만조차 1942년 책『거대괴물: 국가사회주의의 구조와 실천』에서 이렇게 쓴다. "카리스마적 지배는 오랫동안 무시되고 조롱받아왔지만 적절한 심리적 사회적 조건이 구성되면 깊이 뿌리 내리고 강력한 자극제가 되는 것처럼 보인다. 지도자의 카리스마적 권력은 단순한 환상이 아니다. 누구도 수백만의 국민이 지도자의 권력에 신뢰를 보낼 수 있다는 것을 의심하지 않는다."[94] 그러나 나치가 처한 재난은 그들 자신의 공공성을 믿어버린 실수를 저질렀다는데 있다. 아도르노는 제2차 세계대전의 최후 며칠 동안『미니마 모랄리아』에서 이런 구절에서 이 점을 분명히 밝혔다.

그들 [나치의 지도자들]은 눈앞에서 환호하는 군중과 두려움에 떠는 협상가 외에는 아무것도 보지 못했다. 그들은 더 큰 무리의 자본이 갖는 객관적인 권력을 볼 시야가 막혀 있었다. 자유주의사회의 처형을 집행했던 히틀러가 아직도 너무나 '자유주의적'인 의식 상태에 남아 있었기 때문에 독일 외부의 산업적 잠재력이 어떻게 자유주의라는 장막 아래에 저항할 수 없는 지배력을 구축하고 있었는지 보지 못했다는 사실은 히틀러에게 가해진 내재적 복수였다.[95]

아도르노가 보기에 독일은 좀 더 진보된 형태의 자본주의에 패배했다. 실제 호르크하이머에게 쓴 편지에서 그는 "좀 더 진보한 나라들의 생산력이 결국 더 강했다는 것이 판명되었다. 전쟁은 군사력에 대항한 산업의 승리였다."[96] 여기엔 뭔가 핵심을 건드리는 것이 있지만 소련의 역할이 빠져있다. 비자유주의 정치체제로서 소련이 1943년 히틀러의 군대를 스탈린그라드에서 패배시킴으로써 유럽의 갈등관계에서 결정적인 역할을 했다. 자유주의적 자본주의가 아니라 소련의 전체주의가 나치의 전체주의에 심각한 타격을 가한 것이다.

파시즘에 관해서 한 가지 문제가 여전히 남아있다. 즉 반스탈린주의와의 연결고리다. 『계몽의 변증법』 마지막 부분인 「반유대주의의 구성요소」는 1947년 전쟁 후 처음 출간되었다. 이 글에서 아도르노와 호르크하이머는 유대인이 사회의 좌절과 공격성을 표출하는 출구로 사용되었다고 주장했다. 그러나 그들은 그 책임을 구체적인 독일의 파시즘이 아니라 자본주의체제로 돌렸다. 노동자들의 좌절과 공격성이 또 다른 집단에 전가된 것이다. "자본가의 생산적 일이란 자유주의 체제에서 투자회수금이란 방법으로 자신의 이윤을 정당화하든 오늘날의 방식에 따라 감독관으로서 자신이 받는 봉급을 통하든 상관없이 어쨌거나 노동계약의 진정한 본질을 가리는 이데올로기이며 경제체제의 탐욕스러운 성격을 덮어버린다"고 썼다. "그래서 사람들은 '도둑 잡아!'라고 소리친다. 그러나 그 손가락은 유대인을 가리킨다. 유대인은 희생양이다. 그들의 개인적인 수완이나 계략 때문이 아니라 더 넓은 의미에서 전체 계급이 겪는 불의가 그들에게 전가된다는 의미에서 그렇다."[97]

그러나 왜 유대인이 희생양이 되었나? 아도르노와 호르크하이머는 유대인의 이미지에 비유대교사회에서는 참아내기 힘든 것들이 거짓 투영되고 있기 때문이라고 주장한다. 유대인은 비유대인들도 원하는 것을 불공정한 방법으로 얻었다고 여겨져서 증오를 받게 된 것이다.

그런 식으로 유대인이 누구인가와는 무관하게 그들의 이미지는 패배한 민족의 이미지처럼 전체주의적 지배가 적대시하는 것들을 담게 된다. 권력 없는 행복, 일하지 않고 얻는 임금, 국경 없는 고향과 신화 없는 종교가 바로 그것이다. 이런 특성들은 지배자들의 증오를 받는다. 피지배자들이 은밀히 그것들을 원하기 때문이다. 지배자들은 피지배자들이 오랫동안 갈망해온 목표를 악의 형태로 바꾸어서 증오하게 만들어야만 안전하게 지배할 수 있다.[98]

유대인은 쉽게 그 증오의 대상이 된다. 가령 방랑하는 유대인의 이미지는 "노동을 알지 못하는 인류의 조건을 표상하며 후에 유대인의 기생적이고 소비적 성격에 가해지는 온갖 공격을 합리화해줄 뿐이다"라고 아도르노는 1940년「반유대주의에 관하여」에서 썼다.[99]

뢰벤탈, 마르쿠제, 키르히하이머, 노이만, 폴록 등은 프랑크푸르트학파가 연구했던 파시즘을 패배시키기 위해 미국정부를 위해 일했다. 폴록은 법무부의 불공정거래분과에서 일했고 뢰벤탈은 전쟁정보국에서 일했다. 한편 윌리엄 도노반, 혹은 일명 '와일드 빌'은 루즈벨트 대통령이 1941년에 세운 미국의 전시정보국이었던 전략국(OSS) 수장으로서 프랑크푸르트학파의 회원, 노이만, 마르쿠제, 키르히하이머를 정보분석가로 채용했다.

마르쿠제는 "나치체제를 무너뜨릴 수만 있다면 내가 할 수 있는 일은 뭐든지 하기 위해서" 워싱턴에 왔다고 말했다. 전쟁이 끝나고 마르쿠제의 공산주의 비판자들은 그가 CIA의 전신이었던 곳에서 일했다고 비난했다. "만일 내가 했던 일 때문에 비판자들이 나를 공격했다면, 당시 전쟁이 파시즘에 대항한 전쟁이었다는 사실을 잊은 그들의 무지를 드러낼 뿐입니다. 나는 내가 미국정부에 봉사했던 것에 전혀 수치심을 느낄 이유가 없습니다"라고 그는 한 인터뷰에서 말했다.[100]

독일 망명자로서 이 세 사람은 미국의 적국에 관한 세부적인 지식을 갖고 있었다. 특히 노이만은 당시 『거대괴물』을 출간했는데, 이 책은 나치 체제가 작동하는 방식에 대한 매우 상세한 학술적 연구의 결과로서 신마르크스주의의 시각을 견지했다. 『나치 독일 비밀 보고서: 프랑크푸르트학파의 전시작전 공헌』이라는 책의 서문에서 캠브리지 철학자 레이먼드 게우스는 그러한 "정신적 탈선의 관용", 즉 파시즘을 패배시키기 위해 마르크스주의 사상을 이용할 수 있다는 관용적 태도는 21세기 앵글로 아메리카의 "근시안적 지적 순응주의 정치"와는 대조적이었다고 한다.[101] 게우스가 염두에 두고 있던 것은 노이만, 마르쿠제, 키르히하이머가 적의 정치문화에 대한 심오한 통찰을 제공했기 때문에 고용되었다는 사실이다. 아마도 분명 2003년 이라크 침공 당시 도움이 되었을 수도 있을 종류의 통찰력이었으리라. 그러나 부시와 블레어는 정보력을 갖춘 비순응주의자를 고용해서 '테러와의 전쟁'에 이용하려고 하지는 않았다. 이들과 대조적으로 프랑크푸르트학파의 연구자들은 매우 신선한 방식으로 나치즘에 관한 기존 견해들에 맞섰다. 그들은 가령 처칠

이 '프러시안 군사주의'나 '튜톤 족의 지배의지'가 히틀러의 급부상을 설명해 줄 수 있다고 생각한 데에 반론을 피력하면서 그보다는 뭔가 더 현대적인 것, 즉 산업부르주아지와 체제 사이 모종의 협약에 의한 것이라고 분석했다.

그들은 또한 독일에 폭탄을 투하해서 항복을 받아내려는 연합군의 전략도 의심했다. 1944년 6월 노이만은 독일의 도시들에 폭탄을 투하하는 계획을 비판하는 논문을 썼다. 폭탄투하가 비인간적이어서가 아니라 비생산적이기 때문이었다. "독일 시민에게 지상 공격이 갖는 효과가 다층적이라고 해도 한 가지 공통점이 있다. 그것은 개인적 차원뿐 아니라 국가적 차원에서 모든 정치적 이슈를 개인적 이슈로 흡수해버린다는 것이다."[102] 폭탄투하의 효율성에 관한 효과적인 마르크스주의적 분석이었다. 노이만은 폭탄을 맞은 독일 시민들에겐 목숨이 달린 직접적인 생존문제가 계급이해관계나 나치를 무너뜨려야 한다는 명령보다 더 우선될 것이라고 주장했다. 따라서 독일의 도시에 폭탄투하를 하면 제3제국의 존속기한을 중단시키기보다는 연장하게 될 위험이 있었다. 수십 년 뒤에야 외르그 프리드리히의『불: 독일의 폭격 1940-1945』과 W. G. 제발트의『파괴의 자연사』같은 책들이 오랜 침묵을 깨고 영국과 미국의 폭탄이 131개의 도시와 마을 투하되었을 때 대부분 시민이었던 63만5천 명의 독일인이 죽었고, 750만 명의 시민이 집을 잃게 되었다는 진실을 폭로하자 노이만의 주장에 담긴 예지력이 확인되었다. 함부르크나 드레스덴의 폐허더미에서 파시즘에 대항하는 조직적 저항이란 불가능했다.

노이만은 엉클 샘을 도왔던 프랑크푸르트학파의 연구자들 중에서 가장 흥미로운 사람이다. 전쟁 중 암호명 러프(Ruff)로 활동하면서 소련의 스파이에게 정보를 제공했기 때문만은 아니다. 1900년 폴란드의 카토비체에서 태어난 노이만은 1918년 당시 학생신분으로 독일혁명에 가담했다.[103] 나중에 그는 노동변호사가 되어 노동조합을 대변했으며 독일사민당의 대표 변호사로 일했다. 1933년 나치의 체포를 피해 영국으로 건너가 런던정치경제대학에서 수학했다. 당시 카를 만하임과 함께 학교를 다녔다. 1936년 그는 런던대학의 해롤드 라스키의 추천으로 사회연구소 뉴욕지부에 참여하게 되었다. 연구소에서 일하는 동안 그는 『거대괴물』을 썼고 미국유대인위원회에서 프랑크푸르트학파의 반유대주의연구를 지원하도록 애쓰기도 했다.

전략국의 연구분석분과 중앙유럽지부의 부대표로서 노이만은 각국의 미국 대사들로부터 비밀정보를 얻을 수 있었다. 그는 이 정보를 기꺼이 미국에서 활동 중인 소련의 스파이 엘리자베스 자루비나에게 넘겨주었다. 노이만은 그녀를 친구 폴 매싱과 그의 아내 헤데를 통해서 만났다(폴 매싱은 사회연구소와 연고가 있던 사회학자였다). 이 두 사람은 모두 소련의 비밀정보부 NKVD를 위해 일했고 당시에도 관계하고 있었다. 1943년 노이만이 미국시민권을 얻게 되자 매싱 부부는 그가 새 조국에 대한 의무를 지키기 위해 소련에 정보를 넘기지 않으려고 할지도 모른다고 걱정했다. 노이만은 여전히 나치즘의 몰락이 자신의 의무라고 생각한다고 말하면서 "만일 정말 중요한 일이 있다면 주저 없이 당신들에게 알려 주겠소"라고 편지에 쓴다.[104]

노이만은 일급비밀이었던 베노나 문서(Venona Papers)에 언급된 소련의 스파이로 알려져 왔다. 1995년이 되어서 공개된 이 문서들은 1944년에서 1980년까지 국가정보국(NCA)의 전신이었던 미육군신호정보국이 운용하던 대정보프로그램의 작전을 폭로했다. 베노나 프로젝트는 핵무기를 개발하고 있던 맨해튼프로젝트를 표적으로 삼았던 소련 스파이일당을 찾아냈고 나중에는 에셀과 줄리어스 로젠버그 부부*가 원자탄에 관한 정보를 모스크바에 넘겼다는 사실이 발각되어 1953년 처형당하게 된 사건을 주도했다. 그러나 노이

---

* 미국 공산주의자로 1953년 스파이혐의로 사형된 민간인 최초 사례로 기록되어있다.

만이 받았던 그 모든 마르크스주의 신용장에도 불구하고 그를 로젠버그 부부와 같은 반역자로 지목하는 것은 공상에 불과하다. 그는 이중첩자가 아니었고 자신이 맡은 전시의무는 연합군을 돕는 것이라고 생각했고 소련은 나치즘을 물리치기 위해 모인 연합군 중 하나일 뿐이었다. 그에게는 적어도 이 문제는 이해관계의 충돌사항이 아니었다. 하지만 미국정부는 점점 갈수록 유럽 전역에 히틀러의 패배 다음에 올 소련 공산주의의 확산에 초점을 맞추고 있었으므로 노이만의 워싱턴 상사들은 생각이 달랐다. 전쟁 후 노이만은 뉴욕의 컬럼비아대학 정치학과교수가 되었고 베를린자유대학을 세우는 데 기여한다. 냉전 초기에 서베를린에 세워진 자유대학의 이름은 상징적이었다. 공산주의가 통제하는 동베를린의 훔볼트대학과 달리 베를린자유대학은 미국인들이 자유세계라고 부르기를 좋아하는 것의 일부였다. 물론 회의론자들은 노이만의 이런 활동이 소련의 이중첩자로서 교묘한 술책을 부린 것에 불과하다고 주장할 수도 있다. 특히 로젠버그 부부처럼 처형을 당하거나 크레믈린에 비밀을 제공하는 캠브리지 스파이 네트워크의 일부 스파이들처럼 모스크바에서 침울하게 망명생활을 하게 될까봐 위장술을 편 것인지도 모른다. 그렇지만 노이만이 이런 부류의 스파이들이었다는 사실을 입증할 증거는 어디에도 없다.

마르쿠제, 키르히하이머, 노이만 ― 이 세 명은 전략국의 정치 분석가로 일하면서 전쟁범죄에 책임을 져야 할 나치와 전후재건을 돕는 데 필요한 반나치를 식별해내는데 도움을 주고 있었다. 하버마스는 한때 마르쿠제에게 그들이 협조해주는 정보가 어떤 유의미한 결과를 가져왔는지 물었다. 그가 들은 대답은 "전혀 아니었지" 였다. "우리가 '경제적 전범' 목록에 이름을 적은 이들이 재빨리 독일경제를 결정하는 책임 있는 자리를 차지하게 되었거든."[105]

나치의 패전 이후에도 노이만은 전략국에서 계속 일을 했고 그곳의 주임

검사인 로버트 H. 잭슨의 지휘 하에 뉘른베르크 국제전범재판소*에서도 일했다. 그는 22명의 나치 피고인들을 분석했는데, 여기에는 헤르만 괴링도 포함되어 있었다. 괴링은 히틀러의 후계자로 내정되어 있었다. 노이만의 분석은 피고인들에게 제기된 고발사건에서 핵심적이었다. 그는 도노반의 요청으로 나치가 기독교회를 처벌한 목적을 연구하게 되었다. 그와 그의 팀은 독일 국민과 특히 젊은 층에 대한 교회의 영향력이 약해졌다고 결론을 내렸다. 교회가 국가사회주의의 이데올로기에 저항하는 장소가 되었기 때문이었다. "나치는 독일에서 기독교회를 제거하고 나치의 제도와 신조로 대체하려는 목표를 세운 뒤 성직자와 신부, 수도원체제의 구성원들을 처벌하는 프로그램을 만들려고 했다. 이들이 나치의 목적에 대항했다고 간주해서 교회재산을 몰수했다."[106]

특이한 것은 도노반이 노이만과 그의 팀에게 나치가 저지른 좀 더 파괴적인 형태의 종교처형을 조사하라고 지시하지 않았다는 사실이다. 1938년 11월 수정의 밤에 독일전역에서 267개의 유대인 교회가 파괴되었다. 물론 이날 밤의 사건은 6백만 유대인 학살과는 비교할 수도 없는 것이다.

1946년 7월 9일, 아도르노는 아버지의 죽음을 알리는 어머니의 전보를 받은 뒤 편지를 썼다. 오스카 비젠그룬트는 77세에 오랜 와병 끝에 사망했다.

제가 털어버릴 수 없는 두 개의 생각이 있어요. 첫 번째는 그곳에서의 생활과 비교했을 때 확실히 축복받은 것이긴 하지만 망명 중 사망하는

---

* 연합국이 나치의 홀로코스트를 비롯한 전범을 심판한 재판.

일은 끔찍하다는 거예요. 한 사람의 인생이 지속되는 것이 무감각하게 두 개로 쪼개져서 자신의 삶을 그 자연적인 결론에 따라 살 수 없고 대신 궁극적으로 자신에게 부과된 '이민자'라는 완전히 외적인 범주를 갖게 되죠. 한 개인이라기보다는 그 범주의 대표가 된다는 것 말이에요… 또 하나의 생각은 아버지가 죽으면 [아들은] 자기 목숨이 마치 도둑질처럼 느껴진다는 것이지요. 나이는 사람으로부터 뺏어온, 무력에 의한 어떤 것 같은 것이지요. 마치 죽은 사람의 빛과 숨결을 속임수로 빼앗듯이 삶을 계속 영위한다는 것의 부당함 말입니다. 내겐 이런 죄의식은 말할 수 없이 강합니다.[107]

그러나 생존자로서 그가 느낀 죄의식에는 또 다른 이유가 있었다. 아도르노는 홀로코스트를 살아남았다. 1945년 8월 두 개의 원자폭탄이 히로시마와 나가사키에 투하됨으로써 제2차 세계대전은 끝이 난다. 아우슈비츠, 트레블린카, 베르겐벨젠, 소비보르, 마즈다넥 등의 수용소에서 저질러진 유대인대량학살이 세상에 폭로되었다.

당시 쓰고 있던 책『미니마 모랄리아』에서 아도르노는 죽음의 수용소를 마르크스의 교환법칙이 도착적으로 표현된 것으로 본다. 자기 자신에 대해 가장 참을 수 없는 것을 타자에게 프로이트식으로 투영한 것으로 계몽적 가치의 절정이자 부정이기도 했다. "수용소는 수감자와 감시자를, 피살자와 살인자를 서로 닮아가게 만드는 기술을 사용했다. 인종적 차이를 절대화시키면 차이는 전격적으로 폐지될 수 있다. 그것이 어떤 종류의 차이라도 다른 존재는 살아남을 수 없다는 의미에서 그렇다"[108] 아도르노에게 아우슈비츠는 이전 시대의 공포와는 비교할 수조차 없는 공포였다. "아우슈비츠는 그리스 도시국가의 파멸과 어떤 식으로도 유사하게 묘사될 수 없다. 공포가 서서히 증가될 때는 평상심을 유지할 수 있다. 하지만 소떼를 싣는 열차 칸에 실려 어디론가 납치된 사람들*이 겪은 유례없는 고문과 인격모독은 가장 먼 과거에까지도 죽음의 창백한 빛을 던져준다."¹⁰⁹

사유는 예전처럼 지속될 수 없었다. 1949년 아우슈비츠로 인해 심란해지고 죄의식에 시달릴 뿐 아니라 생존자의 책임을 통감하면서 아도르노는 캘리포니아에서 프랑크푸르트로 돌아온다. 그곳의 달라진 상황 속에서 그는 호르크하이머와 함께 철학을 하게 된다. 서구 문명의 폐허 속에서.

---

* 나치는 유대인을 가축운반용 화물차 칸이 터져나갈 정도로 가득 실어 수용소로 날랐다.

●10장

1. Theodor W. Adorno, *Letters to his Parents*, 2007, 33쪽.
2. 같은 글, 3쪽.
3. Yasemin Yildiz, *Beyond the Mother Tongue: The Postmonolingual Condition*, Fordham Univeristy Press, 2012, 85쪽에서 인용됨.
4. Adorno and Horkheimer, *Dialectic of Enlightenment*, xi.
5. Benjamin, *Illuminations*, 248-9쪽 참조.
6. Eiland and Jennings, *Walter Benjamin*, 647쪽 참조.
7. Benjamin, *Illuminations*, 23쪽 참조.
8. Benjamin, "Marseilles." *Reflections*, 131쪽 참조.
9. 같은 글, 137 ff쪽.
10. Lisa Fittko, "The Story of Old Benjamin." Benjamin, *The Arcades Project*, 948쪽에 수록됨.
11. Eiland and Jennings, *Walter Benjamin*, 674쪽 참조.
12. 같은 글, 675쪽.
13. Müller-Doohm, *Adorno: A Biography*, 263쪽.
14. Stuart Jeffries, "Did Stalin's Killers Liquidate Walter Benjamin?" *Guardian*, 2001년 7월 8일자 참조. theguardian.com.
15. Müller-Doohm, *Adorno: A Biography*, 269쪽.
16. Benjamin, *Illuminations*, 248쪽 참조. 발터 벤야민에 관한 위키피디아 항목에는 묘비 명 사진이 수록되어있다.

●11장

17. Brecht, *Poems 1938–1956*, 367쪽.
18. Bhar, *Weimar on the Pacific*, 83쪽 참조.
19. 같은 글, 35쪽.
20. Brecht, *Poems 1938–1956*, 382쪽.
21. Otto Friedrich, *City of Nets: A Portrait of Hollywood in the 1940s*, Headline Books, 1987, xi.
22. Robert Leckie, *Delivered from Evil: The Saga of World War II*, Harper & Row, 1987, 250쪽에 인용됨. 또 Anthony Beevor, *Stalingrad*, Penguin, 1999, 80쪽 참조.
23. Thomas Tougill, *A World to Gain: The Battle for Global Domination and Why Ameri-*

can Entered WWII, Clairview, 2004, 14쪽.

24. Friedrich, *City of Nets*, xi.

25. 같은 글.

26. Müller-Doohm, *Adorno: A Biography*, 262쪽 참조. "유럽을 수렁으로 빠뜨리려고 위협하는 것을 생각하면, 우리가 할 일은 본질적으로 다가올 밤을 무사히 버텨내는 것이다. 일종의 병속에 담긴 메시지를 쓰는 것이지."라고 호르크하이머가 썼다.

27. Theodor W. Adorno, *Dream Notes*, Polity, 2007, 48쪽.

28. Adorno and Horkheimer, *Dialectic of Enlightenment*, 149쪽.

29. 같은 글.

30. 같은 글, 148쪽.

31. 같은 글, 138쪽.

32. 같은 글, 140쪽.

33. Müller-Doohm, *Adorno: A Biography*, 312쪽에서 인용됨.

34. Peter Thompson, "The Frankfurt School, Part 3: Dialectic of Enlightenment," *Guardian*, 2013년 4월 8일자 참조. theguardian.com.

35. Richard Hoggart, *The Uses of Literacy*, Penguin, 2009, 7장 참조.

36. Adorno and Horkheimer, *Dialectic of Enlightenment*, 105쪽.

37. Theodor W. Adorno, *Philosophy of Modern Music*. Bloomsbury Publishing, 2007, 147쪽.

38. J. M. Bernstein의 서론. Theodor W. Adorno, *The Culture Industry*, Routledge 2006, 특히 1쪽 참조.

39. Adorno and Horkheimer, *Dialectic of Enlightenment*, 18쪽.

40. 같은 글, 7-8쪽.

41. Ray Monk, *Bertrand Russell: The Ghosts of Madness 1921–1970*, Vintage, 2000, 219 ff 쪽.

42. Adorno and Horkheimer, *Dialectic of Enlightenment*, 43 ff 쪽.

43. 같은 글, 81 ff 쪽.

44. Jay, *The Dialectical Imagination*, 265쪽.

45. Adorno, *Minima Moralia*, 95쪽.

46. Susan Buck-Morss, *The Origin of Negative Dialectics*, Simon and Schuster, 1979, 58쪽.

47. Renée J. Heberle (편집), *Feminist Interpretations of Theodor Adorno*, Penn State University Press, 2010, 5쪽.

48. Adorno, *Minima Moralia*, 96쪽.

49. Müller-Doohm, *Adorno: A Biography*, 316쪽.

50. Friedrich, *City of Nets*, 274쪽 참조.

51. Andrea Weiss, *In the Shadow of the Magic Mountain: The Erika and Klaus Mann Story*, University of Chicago Press, 2010, 116쪽 참조.

52. Craig R. Whitney, "Thomas Mann's Daughter an Informer," *New York Times,* 1993년 7월 18일자 참조. nytimes.com.

53. Theodor W. Adorno and Thomas Mann, *Correspondence 1943–1955*에 쓴 Steiner의 표지글. Polity, 2006. polity.co.uk.

54. Weiss, *In the Shadow of the Magic Mountain*, 103쪽에 인용됨.

55. "From the Stacks: 'Homage to Thomas Mann'" (1936년 4월 1일), *New Republic*, 2013년 8월 12일자 참조. newrepublic.com.

56. *Letters of Thomas Mann 1889–1955*. Richard Winston and Clara Winston편집. University of California Press, 1975, 205 ff쪽 참조.

57. *Encyclopedia Britannica*의 Thomas Mann 항목 참조. britannica.com.

58. Bahr, *Weimar on the Pacific*, 244쪽.

59. Thomas Mann, *Doctor Faustus*, Vintage, 1999, 481쪽.

60. Bahr, *Weimar on the Pacific*, 251쪽 참조.

61. Mann, *Doctor Faustus*, 406-7쪽 참조.

62. Friedrich, *City of Nets,* 271쪽 참조.

63. Adorno and Mann, *Correspondence*, vi 참조.

64. Mann, *Doctor Faustus*, 52쪽.

65. 같은 글, 53쪽.

66. Bahr, *Weimar on the Pacific*, 253-4쪽 참조.

67. 같은 글, 258쪽.

68. Friedrich, *City of Nets*, 276쪽에 인용.

69. 같은 글, 256쪽.

70. Adorno and Mann, *Correspondence*, vii 참조.

71. Mann, *Doctor Faustus*, 486쪽.

72. Bahr, *Weimar on the Pacific*, 260쪽 참조.

73. 같은 글.

74. Müller-Doohm, *Adorno: A Biography*, 319쪽 참조.

75. Bahr, *Weimar on the Pacific*, 247쪽에 인용됨.

76. 같은 글, 262쪽에 인용됨.

77. Mann, *Doctor Faustus*, 510쪽.

78. Müller-Doohm, *Adorno: A Biography*, 318쪽.

79. Jean-Francois Lyotard, "Adorno as the Devil," *Telos*, Spring 1974. www.telospress.com. Caresten Strathausen, "Adorno, or The End of Aesthetics"에 인용됨. Max Pensky (편집), *Globalising Critical Theory*, Rowman & Littlefield, 2005, 226쪽.

80. Theodor Adorno, "Reconciliation under Duress," Adorno et al., *Aesthetics and Politics*, Verso, 1980, 151 ff쪽.

81. James Hellings, *Adorno and Art: Aesthetic Theory Contra Critical Theory*, Palgrave Macmillan, 2014, 33쪽 참조.

82. Theodor Adorno, *Aesthetic Theory*, Athlone Press, 1999, 229쪽 참조.

83. Anthony Elliot (편집), *The Routledge Companion to Social Theory*, Routledge, 2009, 242쪽 참조.

● 12장

84. Maurice Brinton, "The Irrational in Politics"에 인용됨. marxists.org.

85. Friedman, *The Lives of Erich Fromm*, 51 ff쪽 참조.

86. 같은 글, 38쪽.

87. Erich Fromm, *Escape from Freedom*, Avon, 1965, 173쪽.

88. 같은 글, 19-20쪽.

89. Kellner, *Herbert Marcuse*, 98쪽.

90. Ernst Bloch, *Herritage of Our Times*, Wiley, 2009쪽.

91. Benjamin, *Illuminations*, 235쪽.

92. Jay, *The Dialectical Imagination*, 161 ff쪽 참조.

93. Franz Neumann, *Behemoth: the Structure and Practice of National Socialism*, Rowman & Littlefield, 2009, 227쪽.

94. 같은 글, 85쪽.

95. Adorno, *Minima Moralia*, 106쪽.

96. Müller-Doohm, *Adorno: A Biography*, 310쪽.

97. Adorno and Horkheimer, *Dialectic of Enlightenment*, 173-4쪽.

98. 같은 글, 199쪽.

99. Jay, *The Dialectical Imagination*, 232쪽 참조.

100. Kellner, *Herbert Marcuse*, 149쪽.

101. Raymond Geuss의 서문. Franz Neumann, Herbert Marcuse and Otto Kirchheimer, *Secret Reports on Nazi Germany: The Frankfurt School Contribution to the War Effect*, Princeton Unviersity Press, 2013, ix.

102. 같은 글, 131쪽.

103. Franz Neumann에 관한 항목 참조. spartacus-educational.com.

104. 같은 글.

105. Kellner, *Herbert Marcuse*, 152쪽.

106. *Trial of the Major War Criminals Before the International Military Tribunal, Nuremberg, 14 November 1945 -1 October 1946: Proceedings*, AMS Press, 1947, 35쪽.

107. Adorno, *Letters to his Parents*, 258-9쪽.

108. Müller-Doohm, *Adorno: A Biography*, 309쪽.

109. Adorno, *Minima Moralia*, 234쪽.

5부

❧

1950년대

문화비평은 오늘날 문화와 야만주의의
변증법이 처한 최후의 상태를 마주하고 있다.
아우슈비츠 이후에 시를 쓴다는 것은 야만적이다.

13장
유령소나타

—

1949년 가을 아도르노는 퀸엘리자베스 호를 타고 대서양을 건너 유럽으로 귀향했다. 그는 자신의 출생도시 프랑크푸르트로 15년의 망명생활을 청산하고 돌아가는 중이었다. 그는 강의를 다시 할 계획이었다. 호르크하이머는 프랑크푸르트대학에서 교수직을 제의받았으나 지병으로 여행을 감당할 수 없었다. 아도르노는 파리에서 머물던 중 호르크하이머에게 편지를 쓴다.

유럽으로의 귀향은 너무나 강력하게 나를 사로잡고 있어서 말로 표현하기가 어렵다네. 파리의 아름다움은 누더기 같은 가난 사이로 전보다 더 아름답게 빛나고 있고…… 여기에 살아남은 것들은 역사의 비난을 받을 만하지. 분명 그런 비난의 표지를 달아주어야겠지만, 사실은 이 무시간성의 본질이라는 것이 여전히 존재하고 역사의 그림 중 한 부분을

차지하고 있지. 뭔가 인간적인 것이 그 모든 것에도 불구하고 살아남았다
는 미약한 희망이나마 허락하는 듯하네.[1]

유럽의 중력이 아도르노를 강하게 끌어당겼다면 그의 망명 동료들에게는
작동하지 않았다. 마르쿠제, 프롬, 뢰벤탈, 키르히하이머, 노이만 등은 모두 미
국에 남았고 이따금씩 모국을 방문했다. 한편 그로스만은 미국 망명시기에
연구소와 어느 정도 거리를 두며 보냈던 터라 미국을 떠나 소련의 지배에 놓
인 독일의 영토로 흔쾌히 돌아갔다. 전쟁 중 그는 FBI로부터 독일 스파이로
의심받았고 냉전 초기에는 그의 공산주의적 경향과 연루설 탓에 하원의 반
국가활동조사위원회로부터 공격받을 우려가 있었기 때문이었다. 그는 친구
에게 이렇게 쓴다. "마르크스주의는 범죄로 지목되었고 마르크스를 비판하
는 글을 써야만 경력을 쌓을 수 있어."[2] 1948년 그는 폴록의 주선으로 일정
한 액수의 퇴직금을 받고 연구소를 떠났고 라이프치히대학의 경제학 교수직
을 수락했다. 당시 이곳은 소련에 귀속된 영토였고 1949년 10월 7일 동독의
일부로 편입된다.

그로스만은 당시 단 한 명의 직계가족도 없었다. 아내 자나와 아들 잔은
1943년 아우슈비츠에서 살해당했고 둘째아들 스타니슬로브는 이들보다 먼
저 사망했다. 그로스만, 블로흐, 아이슬러, 브레히트 등은 반나치즘 망명지식
인 유명 인사를 유치하려고 동독이 서독과 냉전 시기에 벌인 경쟁에서 획득
한 성과였다. 1950년 3월 그로스만은 라이프치히에서 "과학적 사회주의 영
역에서 거둔 업적" 덕분에 국가훈장의 후보로 거명되었다. 물론 상을 받지는
못했다. 그의 업적은 당시 베를린 고위관부들의 교조주의적 시각에서는 흠
결이 없다고 할 수 없었다.

그는 독일에 도착해서 파시즘희생자조직에 가담했고 "파시즘에 대항한
투사"로 인정받았다. 공식적인 목적을 이유로 자신을 유대인이 아니라 '무종

교인'으로 기술했다는 사실이 눈에 띈다. 그의 전기 작가 릭 쿤은 이 점에 주목했다. "'사회주의' 동독에서 반유대주의가 용인된다고 상상할 수 없었기" 때문이었다. 그로스만은 다른 유대인들과의 연대를 공공연히 나타내지 않아도 되었으니 이제 자신의 세속적 신념은 밝혀도 된다고 생각했다.[3]

투병 중이었음에도 그로스만은 새로운 사회주의국가라고 알려진 곳에서 자신이 얻게 된 직책을 즐겁게 수행했다는 정황이 보인다. 농부와 노동자계급 출신으로 구성된 첫 입학생들은 1949년에 졸업하게 될 예정인 헌신적인 공산주의자들이었다. 그는 그들을 가르치고 어울리기를 즐겼다. 하지만 전립선질환과 파킨슨병으로 고생하다가 1950년 11월 사망했다. 그의 전기 작가는 이렇게 결론짓는다. "그로스만은 동독에 큰 기대감과 거대한 환상을 품고 라이프치히로 갔다. 이 환상을 유지한 채 그는 눈을 감은 듯이 보인다. 그가 품었던 환상은 노동계급이 급진 민주주의적 사회주의의 문을 열 능력을 갖추고 있다는 마르크스주의적 신념과 독재적 국가자본주의체제의 현실 사이에 놓인 거리감을 감추어 주었다."[4]

프랑크푸르트학파의 동료 지식인들은 그로스만보다는 환상이 적었다. 망명지에서 돌아온 아도르노는 마르크스주의 동독 대신 자본주의 서독을 자신의 기반으로 택했다. 호르크하이머도 마침내 프랑크푸르트로 돌아온다. "우리는 민중의 민주주의로 변장한 군사독재 하에서 새로운 형식의 억압 이외에 아무것도 찾을 수 없었다. 동독의 민중이 소위 '이데올로기'에 익숙해져 있는 것을 보니 우리는 이 단어가 애초에 의도했던 의미, 즉 사회의 진실하지 못한 조건을 정당화하는 거짓말을 목도할 뿐이다"라고 아도르노는 썼다.[5] 더 큰 문제는 호르크하이머와 아도르노가, 그리고 폴록이 유럽으로 돌아온 이유이다. 그들은 유럽이 더 이상 서구문명의 중심이 아니라는 것을 확인하지 않았는가? "미국은 더 이상 제임스,* 산타야나,** 엘리엇***과 같은 탁월한 재능을 지닌 개인들이 미국에 결핍된 뭔가를 찾아서 유럽을 향해 버리고 떠난 생경하고 형태가 갖추어지지 않은 약속의 땅이 아니었다"고 예술평론가 헤럴드 로젠버그가 1940년 《파티잔 리뷰》에 썼다. 그는 일세기에 걸쳐 미국이 유럽에 문화적으로 의존해왔던 시대는 끝났다고 주장했다. "바퀴가 한 차례 돌고나자 미국이 서구문명의 수호자가 되었다. 적어도 군사적이고 경제적 의미에서 이것은 사실이다."[6] 전쟁 이후 발생된 허풍이 커져가더니 뭔가 새로운 주장이 생겨나기 시작했다. 미국은 유럽에 의존하는 대신 마침내 자신의 문화적 남성성을 드러내며 으스대기 시작한 것이다.

가령 젊은 솔 벨로우가 1948년 아도르노보다 1년 앞서 파리를 방문했을 때 이 젊은 미국인 작가는 일세기 전 도스토예프스키와 같은 느낌을 받는다. "나 역시 외국인이며 광활하고 낙후된 땅에서 온 야만인이었다"라고 벨로우는 썼다.[7] 혹은 적어도 그는 그런 대접을 받았다. 1953년 『오기마치의 모험』이라는 소설에서 그는 이렇게 쓴다. "나는 미국인이고 시카고에서 태어났다." 소설을 시작하는 이 첫 문장은 마치 문화적으로 이미 죽은 지 오래된 유럽에 대항해서 자기선언을 담은 비난처럼 들린다.[8] 유럽인들은 제3제국 시기에 그들 자신의 문명 속 어둠을 세상에 드러냈던 터라 미국문명의 모순어법을 지적할 자격이 전혀 없었다.

아도르노는 이 야만주의, 유럽의 어둠의 핵심으로 향하는 여정을 시작했고 그 결과 전쟁 후 5년 지나 자신의 동포들이 제3제국이 전혀 없었던 것처럼 살아가고 있다는 사실을 발견하게 된다. 그는 자신이 느낀 향수를 부인하지 않았지만 그것과는 다른 요소를 강조했다. 그것은 독일어였다. 「"무엇이 독일다운 것인가?"라는 문제에 관해서」라는 글에서 그는 이렇게 썼다. 독일

---

* Henry James: 영국으로 귀화한 미국 소설가.
** George Santayana: 스페인 출신 미국 작가이며 철학자로 후에 유럽으로 돌아갔다.
***T. S. Eliot: 영국으로 귀화한 미국 시인.

어는 "철학과 특별한 친화성을 갖고" 있어서 "현상이 갖는 진여*, 실증성**과 소여***로 소진되지 않는 것을 표현할 수 있다."⁹ 당찬 생각이었다. 가령 영어사용자들은 그들의 모국어인 영어의 구조 때문에 숙명적으로 아도르노와 프랑크푸르트학파가 신랄하게 비판하는 철학적 경향을 타고난 반면, 독일의 폐허 속에는 마치 구해내야 할 값비싼 보석이 있는 것처럼 들린다.

아도르노는 여기서 독일문화를 찬양할 생각은 조금도 없었다. 순화해서 표현했다고 해도 당시 독일은 최악의 역사적 시기에 놓여 있었다. 그는 독일 전통에 속해있다는 것에 대해 양가적 감정을 갖고 있어서 같은 논문에서 민족적 정체성이라는 개념이 비판이론이 저항해 온 물화된 사유의 산물이라고 반성적으로 고찰했다. "민족적 공동체라는 고안된 산물은 — 혐오스러운 전쟁용어에서 러시아인과 미국인, 말할 것도 없이 독일인에 대해 적용되는 일반적인 관행이다 — 물화된 의식의 표지이며 거의 경험할 수 없다. 민족공동체라는 고안물은 정형성에 내재하며, 사유를 통해 이 정형적 유형들을 책임지고 해소시켜야 한다."¹⁰ 그러나 여기에는 역설이 존재한다. 만일 물화된 의식을 해소하기 위한 사유라는 것이 있다면 그 사유는 독일어로 해야 가장 잘 할 수 있다는 논리다. 아도르노의 입장에서는 오직 독일어로만 할 수 있다. 그러나 독일어로 하는 사유와 망명 시절의 방랑 중에도 아도르노에게 익숙했던 비판철학적 유산은 바야흐로 의심받게 되었다. 과거 히틀러 소년대원이었다가 수년 후 아도르노의 첫 연구조수가 된 하버마스는 멀리 떨어져 있어야 자신의 지적 전통을 식별할 수 있다고 말했다. 그렇게 해야만 "그 전통을 자기 비판적 정신 속에서 회의주의와 함께, 한때 속아 넘어갔던 사람이

---

* 眞如(thus-ness): 사물의 그러함.

** 사실에 근거를 두고 증명할 수 있는 성질을 의미하는 철학적 개념.

***所与(givenenss): 사고의 대상으로 의식에 직접 주어진 것.

획득한 명징한 시각을 가지고 지속시킬 수 있다"고 한다.[11]

 아도르노는 거의 모든 것이 지워진 도시로 돌아왔다. 독일군은 전쟁 마지막 며칠 동안 마인 강에 세워진 다리 중 하나만 남겨두고 모조리 파괴했다. 동맹국의 폭격은 17만7천 채의 집을 파괴했고 1946년 기준 오직 4만5천 채만 남아있었다. 아도르노는 가족과 관련된 유령적 기억을 갖고 있었다. 씨하임 거리에 있던 아버지의 집이 폭격에 맞아 파괴되었는데 유일하게 남아있던 방의 조각세공이 된 마루 위에서 그는 어머니의 피아노가 놓여있던 흔적을 발견했다. 그는 이 도시를 도망쳐 나와 나이든 부모를 뒤에 남겨둔 채 원치 않는 망명길을 올랐었다. 그의 부모는 이후 나치에게 시달리다가 감금되었고 시장가격보다 형편없이 낮은 가격에 재산을 모두 팔아야 했다. 죽음의 수용소에서 학살되지 않으려고 서둘러 도망쳐야 했기 때문이었다. 아도르노가 자신의 감정을 억제하기 위해서 애써 노력했던 것은 말할 필요도 없다. 오직 딱 한번 그가 감정조절을 하지 못한 적이 있었다. 슈네 아우시스트에 있던 아버지 소유의 집 한 채를 소유한 주인의 아들과 대면했을 때였다. "나는 그를 나치살인마라고 불렀다. 나는 그가 범죄를 저지른 당사자인지는 확신할 수 없었다. 하지만 그건 세상이 돌아가는 이치였다. 언제나 무고한 사람들이 잡혔고 악당은 너무도 노련하게 실제 상황에 잘 적응하고 늘 무사하기 마련이다."[12]

 이런 사정은 그와 호르크하이머가 귀향해서 대면한 독일에 산적한 많은 문제들 중 하나였다. 나치는 이제 어디에도 없었다. 돌아온 망명객들은 그들의 조국이 집단적 부인(denial)상태에 놓여있음을 목도한다. 호르크하이머는 1948년에 대학의 관계자들과 사회연구소를 재건할 가능성에 대해 논의하려고 프랑크푸르트를 방문했을 때 만난 옛 동료들에 대해서 이렇게 쓴다. "파이처럼 달콤하고 뱀장어처럼 미끈거리고 위선적이었다…… 어제 교수회의에서는 참석자의 절반정도가 너무도 친근하게 굴어서 토 할 뻔 했다. 이들은 제3제국 당시와 마찬가지로 그 자리에 앉아 있었다…… 마치 아무 일도 일어나지 않은 듯이…… 그들은 스트린드베리마저도 기립박수를 보낼 정도의 유령소나타*를 연기하고 있었다."[13]

이와 같은 일화들은 아도르노와 호르크하이머가 귀향 후 만난 신생 독일 연방공화국이라는 새로운 유령에 관해서 상당히 많은 것을 상징적으로 보여준다. 아도르노가 프랑크푸르트에 도착하기 몇 주 전 독일은 두 개의 국가로 나뉘었다. 전후 소련의 점령지였던 독일민주주의공화국(GDR)과, 프랑스, 영국과 미국령으로 구성된 독일연방공화국(GFR)이다. 독일민주주의공화국의 인민의회 대표들은 공산당 후보자들의 단일 목록에서 선출되었다. 서독의 연방의회인 분데스탁이 치른 첫 선거에서 보수주의자 콘래드 아데나워가 연방공화국의 첫 수상으로 선출했다. 당선 후 첫 연설에서 아데나워는 독일이 유대인 학살의 책임이 있다는 사실을 언급하지 않았다. 이것은 새 공화국이 제2차 세계대전 동안 독일이 저지른 수치스러운 만행을 인정하기를 거부한다는 증거였다. 설상가상 서독정부가 나치 밑에서 공무원과 변호사로 일했던 인물들을 대거 기용했다. 국가의 경제를 마르쿠제와 그의 전략국 소속 팀이 경제전범이라고 불렀던 사람들이 담당하게 된 것이다.

연방공화국은 독일의 지난 과거를 인정하거나 혹은 명확히 거리를 두려고 하지도 않았다. 프랑크푸르트학파에게 이런 점에서 상징적 인물은 하이데거였다. 이 위대한 독일 철학자는 나치 당원이었고 수많은 사람들이 목격했던 대로 나치의 가장 강력한 정신적 수호자로서 자신이 했던 연설들을 공식적으로 단 한 번도 철회하지 않았다. 1947년 봄, 전략국의 임무를 띠고 독

---

* 스웨덴 출신 작가 오귀스트 스트린드베리의 3막 연극의 제목으로 젊은 청년이 세련된 아파트에 사는 가족을 방문하게 되지만 그곳이 겉보기와는 달리 배신과 질병으로 가득하고 그곳에 사는 사람들은 유령 같다는 것을 깨닫게 된다는 내용이다.

일에 왔던 마르쿠제는 흑림*지역의 작은 마을인 토트나우베르그에 있는 오두막으로 옛 스승을 방문하러 갔다. 하이데거는 마르쿠제에게 자신이 1934년경 나치와 완전히 연을 끊었다고 했으며 이후 강연에서는 나치를 매우 비판했다고 말한다. 그러나 마르쿠제는 이 대답에 만족하지 않았다. 그는 하이데거에게 그 해 연말 이런 편지를 보냈다.

> 우리는 오랜 시간 선생님의 말씀을 기다려왔습니다. 명확하고 최종적으로 선생님의 과거 행적으로부터 선생님을 자유롭게 해 줄 그런 전언 말입니다. 과거사에 관한 선생님의 현재 입장을 정직하게 밝혀주실 말씀을 기다렸습니다. 하지만 선생님께서는 단 한 차례도 그런 말씀을 하시지 않으셨지요… 철학자가 정치에 속을 수도 있다고 생각합니다. 하지만 철학자라면 공개적으로 자신의 과오를 인정해야 합니다. 백번 인정해도 그러나, 수백 만 유대인을 오직 유대인이라는 이유만으로 학살한 체제에 속았다는 말을 할 수는 없습니다. 그 사태는 공포를 매일의 일상으로 만들었고 정신과 자유, 진실의 사상들과 관련되는 모든 것들을 정반대의 것으로, 피비린내가 진동하는 것으로 바꾸어 놓았습니다. 상상가능한 모든 면에서 서구 전통의 치명적인 캐리커처였던 체제를 당신은 그렇게도 강력하게 해명하고 정당화하셨습니다… 당신은 진정 철학사에 이런 식으로 기억되기를 원하십니까?

하이데거는 나치가 1933년 권력을 잡았을 때 자신은 "국가사회주의가 전체로서의 삶의 정신을 재생시키고 사회적 적대감을 화해시키며, 서구적 현존

---

* Black Forest: 독일 서남부의 바덴-뷔르텐베르그 지역의 산림지대.

재*를 공산주의의 위험으로부터 해방시켜주리라고 기대했었다"고 답했다.[14] 실제로 그는 이런 취지로 프라이부르그대학에서 예의 악명 높은 총장연설을 했었다. 그 다음 해 하이데거는 자신이 범한 '정치적인 실수'를 깨닫고 총장직을 사임했다. 그러나 1934년 이후 왜 한 번도 공식적으로 그는 자신의 발언을 철회하거나 비판하지 않았는가? 그는 마르쿠제에게 썼다. "그렇게 하는 것은 나와 내 가족 모두에게는 종말을 의미할 수도 있었다네… 1945년 이후에는 내 잘못을 시인하기란 불가능했네. 나치 지지자들은 혐오스럽게도 그들의 충성심을 바꾸겠다고 선언했었지. 그렇지만 나는 그들과 똑같이 굴 순 없었네."[15]

이 말은 확실히 은근슬쩍 빠져나가려는 듯이 들린다. 그러나 1953년 24세의 하버마스는 나치에 대한 태도를 바꾸는 문제와 관련해 하이데거가 했던 이야기가 의심스럽다며 그 이유를 제시했다. 하버마스는 공식적으로 하이데거를 공격하면서 1935년 『형이상학입문』에서 사용한 국가사회주의의 "내적인 진리와 위대함"이라는 표현은 무엇을 의미하는 것인지 설명하라고 요구했다. 하이데거는 마르쿠제에게 국가사회주의의 승인은 1년 전에 중단되었다고 주장하지 않았던가? 어떻게 하이데거는 이 강연을 전혀 수정하지 않고 어떤 해설도 부치지 않은 채 1953년에 재출간하도록 허락했단 말인가? 하버마스는 『자연주의와 종교 사이에서』에서 "정말 혐오스러운 것은 나치의 철학자가 전쟁 후 8년이 지난 지금까지 거의 누구도 입에 올리려고 하지 않는 집단범죄의 결과에 대한 도덕적, 정치적 책임을 부인하고 있다는 사실이다"라고 썼다.[16]

젊은 하버마스는 당시 공적 생활에 입문했을 뿐 아니라 지적, 도덕적 발전

---

* Dasein: 존재 혹은 본래적 존재를 의미하는 하이데거의 개념.

과정에서도 중요한 순간을 맞고 있었다. 1929년에 태어난 하버마스는 전후 지식인 중 '대공부대 세대'* 출신으로 십대시절 히틀러를 보호하는 일을 했다. 소설가 귄터 그라스와 사회학자 랄프 다렌도르프, 니클라스 루만 등도 이 세대에 속했다. 15세의 하버마스는 동시대 대부분 소년들처럼 히틀러소년대(Hitler Youth)의 구성원이었다. 참전하기에는 너무 어렸고 전시봉사를 면제받기엔 나이가 너무 많았던 하버마스는 동맹국의 공습에 대항한 후방군의 작전에 대공부대 방어를 위해 동원되어 서부전선으로 파견되었다. 그는 나중에 지역의 한 신학교 교장이었던 자신의 아버지를 나치의 '수동적 동조자'로 묘사했고 소년시절엔 아버지의 생각을 따랐다는 점을 인정했다. 그러나 그는 뉘른베르크 전범재판 과정과 나치의 수용소를 다룬 다큐멘터리를 보고 난 후 그와 가족이 누린 평온한 만족감을 떨쳐내었다. "어느 순간 우리가 정치적 범죄의 체계에서 살아왔다는 것을 목격하게 되었다." 그가 동료 독일인들의 '집단적으로 발현된 비인간성'이라고 불렀던 것에 대해 자신이 느꼈던 공포가 "최초의 균열이었고 아직도 벌어진 채로 있다"고 묘사했다.[17]

전쟁 후 하버마스는 본대학에 등록했고 이후 괴팅겐과 취리히에서 철학 공부를 했다. 1949년부터 1953년까지 그는 하이데거를 연구했다. 따라서 하이데거에게 쓴 그의 편지에는 상징적 울림이 있었다. 젊은 지식인이 연장자이자 멘토였던 철학자에게 침묵 속에 숨지 말고 정치적 범죄를 저지른 체제를 어떻게 찬양하게 되었는지 설명하라고 요구한 것이었다. 새로운 독일세대는 이전 세대에게 앞으로 나서서 그들이 저질렀을 죄를 해명하고 회개하라고 요구하고 있었다.

---

* 1926년-1929년 생으로 정상적인 소년기라면 누리게 될 학창시절 대신 군대조직에서 매우 엄격한 군사훈련을 받았던 세대로 특히 전시에 적군의 공격 목표물이 되어 매우 위험한 상황에 처하기도 했다.

원숙기의 글에서 하버마스는 의사소통적 이성이 해방적 힘을 갖는다고 가정했다. 그는 '이상적인 발화상황(ideal speech situation)'에서 시민들은 도덕적이고 정치적인 관심사들을 제시한다고 했다. 여기서 발생하는 담론은 체계적 질서와 갈등이 제거된 방식으로 진행된다. 하버마스는 독일의 폐허로부터 자란 유토피아의 희망이자 계몽의 좋은 유산이었던 자유롭고 합리적인 담론에 참여하는 인간적인 사회를 갈망했다. 하버마스에게 언어의 내적인 목표 또는 텔로스는 이해에 도달하고 합의를 도출하는 것이다. 그는 이렇게 합리적으로 성취된 합의는 아우슈비츠 이후 번영된 시대의 인간에게 필요하며 성취 가능한 목표라고 주장했다. 우리는 이성과 상호 이해를 막는 장애물을 찾아내고 이해와 소통을 통해 감소시킬 수 있다.

아마도 그가 하이데거와의 서신교환을 통해 이런 식의 합리적 합의나 소통을 원했을지도 모르지만 그런 일은 일어나지 않았다. 하이데거는 반응하지 않았다. 그의 침묵은 젊은 하버마스에게 독일철학이 과거를 청산해야 할 순간에 실패했다는 사실을 확인시켜 주었다. 하버마스에게 하이데거의 실패는 새로운 연방공화국에서 확산되는 억압적이고 침묵을 강요하는 반담론(anti-discourse)의 징후로 보였다. 하이데거가 자신이 나치를 지원했던 사실을 공적으로 인정하기를 거부했듯이 이웃인 동족을 향해 적대적으로 반공산주의 공세를 펼치던 아데나워의 정부는 독일의 과거를 인정하거나 확실히 끊어내기를 거부했다.

프랑크푸르트학파가 전후 독일에서 어떤 역할을 하려고 의도했다면 그것은 이 유령소나타를 교란시키고 침묵과 부인의 문화에 도전하는 것이었다. 아도르노와 호르크하이머는 기질적으로는 이런 과제에 적합했다. 호르크하이머가 아도르노에게 묘사한 바에 따르면 그들은 "현실과 정확한 각도를 유지하고 있기" 때문이었다.[18] 1950년 8월에 호르크하이머와 아도르노가 공동소장을 맡아 연구소를 다시 열었을 때 사무실의 일부는 폭탄에 맞아 무너진 뢰클의 신즉물주의적 건물의 폐허에 있었다. 그 다음 해 예전 건물과 유사한, 알로이스 가이퍼의 검소하고 기능주의적인 새 건물로 이사했는데, 또한 번 연구소는 건축적 실수를 범한 셈이었다. 1923년의 건물은 지배적인 바이마르의 기능주의와 효율적인 관리, 실증주의의 에토스와 공모하는 듯 보였다. 거의 30년 후에 이 망상적 디자인의 창백한 유령이 프랑크푸르트의 폐허에서 되살아나고 있었다. 이 유령은 연구소가 그들이 취했던 태도만큼 권력에 저항적이지는 못했다는 것을 암시했다. 건축의 역사가 소극(笑劇)이 아니라 확실히 실망으로 반복된 셈이었다.* 역시 놀라운 것은 1933년 이전에는 카페 마르크스라고 알려졌던 것이 1951년에는 호르크하이머의 이름을 따서 카페 막스로 알려졌다는 사실이다. 연구소가 미국 망명기간에 후원자들의 기분을 상하게 하지 않기 위해서 그들이 작성한 논문에서 꼼꼼하게 덮어버렸던 철학자 마르크스의 이름이 바야흐로 유럽에서 프랑크푸르트학파의 두 번째 육화(incarnation)를 맞이하게 되면서 또다시 밀려난 셈이다.

카페 막스는 문을 열고 사업을 시작했다. 새롭게 바뀐 연구소는 독일에 당시 퍼져있던 침묵의 공모를 조사하기 위한 새로운 사회학적 기획에 착수했다. "재난의 자명성이 변명하는 이들에게는 자산이 되었다"고 아도르노가 『미니마 모랄리아』에서 썼다. "누구도 언급할 필요 없이 침묵의 덮개로 가려져 있다고 알고 있는 것이 어떤 저항도 받지 않은 채 진행되고 있다."[19] '집단실험'이라고 알려진 기획은 아도르노가 캘리포니아 망명 시기에 버클리에서 했던 '권위주의기획'이라는 이름의 사회학적 기획과 유사했다. 집단실험 역시 죄의식과 방어태세를 조사하기 위해 정신분석적 개념에 기초하고 있었다. 아

---

* 마르크스가 역사는 두 번 반복하는데 처음에는 비극으로 두 번째는 소극이라고 했던 말을 빗대어서 표현한 것.

도르노는 주관적 견해가 객관적 사실과 매우 다르기 때문에 특히 죄의식과 방어가 필요하다고 생각했다. 아도르노와 그의 연구자들은 수면아래의 집단적 심리병리학을 탐색하기 위해서 사람들의 발언에서 표면적 내용의 이면을 파헤칠 필요가 있었다.

이 실험은 1,800명의 참가자를 대상으로 15명에서 20명 정도의 집단 사이에서 1,220개에 달하는 토론을 진행했다. 독일국민 전체를 대표한다고 할 수는 없어도 참가자들은 전직 군인, 패션전공학생들, 홈리스와 심지어 전SS 요원 등을 포함하고 있었다. 아도르노는 참가자들이 나치 전범의 극악무도함을 의식하면 할수록 더욱 방어적이 되어가는 경향을 발견했다. 그들은 또한 나치가 자행한 범죄에도 불구하고 새로운 독일과 자신을 동일시했다. 그 결과 독일은 집단적인 양심의 가책, 집단 심리병리학적 부인에 기초하고 있음이 드러났다. 물론 실상은 이처럼 간단하지는 않았다. 일부 답변자들은 유죄를 인정했지만 그것을 개인적인 문제로 환원시키며 자기연민의 주제로 삼았다. 나머지 참가자들은 마치 히틀러와 나치 비밀결사단의 권력 앞에서 무력감을 느꼈다고 암시하려는 듯이 나치의 지도자들에게 죄를 돌렸다. 이 집단토론에 참여했던 참가자들의 절반 정도는 나치의 범죄에 대한 죄의식을 인정하려 하지 않았다. 하지만 몇몇 사람들이 자신의 유죄를 대면했고 아도르노는 그들에게서 희망을 봤다. "자신의 죄의식을 억압하지 않고 절망적으로 방어적 태도에 매달릴 필요가 없는 사람들은 독일인이라고 해서 전부 반유대주의자는 아니라고 스스럼없이 말한다."[20]

집단실험을 위해 진행된 인터뷰의 대본은 반유대주의와 민족주의적 태도가 지속되었음을 보여주는 증거를 포함하고 있었다. 이런 반유대주의적 태도는 종종 민주주의적 관점들과 결합되곤 했다. 아도르노는 이상한 신드롬을 발견했다.

[사람들은] 유대인을 반박하기 위해서 민주주의에 호소한다… 그들의 반응은 이렇다. 우리는 유대인을 반대할 이유가 없고 처벌하고 싶지 않다. 하지만 유대인들은 국가의 이해 — 이것이 무엇인지는 폭넓게 규정되기보다는 임의적으로 선택 된다 — 와 갈등을 빚어서는 안 된다. 특히 높은 임금의, 영향력 있는 직업을 유대인들이 너무 많이 차지해서는 안 된다. 이런 종류의 생각은…… 양심의 가책과 자기방어 사이의 갈등에 붙잡힌 사람들에게 출구를 제공한다.[21]

아도르노는 전후 연방공화국에서 권위주의적 태도와 순응주의적 경향이 대체로 지속되고 있다고 결론지었다. 집단실험이 1955년에 출간되었을 때 그가 해석한 결과에 대한 공격이 쏟아졌다. 함부르크의 사회심리학자 페터 호프슈타터는 한 평론에서 저자들이 전 국민에게 반성을 강요한다고 주장했다. "그러나 '한 국가'의 구성원 대다수가 수년 동안 끝없이 자기비난을 해야 할 책임이 있다고 할 수 있을까?"[22] 아도르노는 나치체제의 공포라는 짐을 진 채 살아가는 사람은 희생자들이지, 그 역사를 부인하는 독일국민이 아니라고 주장했다. 그는 집단실험이 이들의 유령소나타를 교란시켰다는 이유로 비난받게 될 것을 알고 있었다. 혹은 그는 이렇게 말한다. "교수형 집행인의 집에서는 밧줄이란 말을 언급하면 안 된다. 만일 그렇게 하면 당신은 원한에 찬 사람이라고 의심받게 된다."[23]

사형집행원의 집에서 아도르노는 계속해서 금기시된 주제를 발언하고 있었다. 1955년에 출간한 『프리즘』에 실린 「문화비평과 사회」는 독일을 포함해서 좀 더 광범하게 유럽적인 문화생활에 관한 선동적인 글이었다. 그는 이렇게 썼다.

문화비평은 오늘날 문화와 야만주의의 변증법이 처한 최후의 상태를 마주하고 있다. 아우슈비츠 이후에 시를 쓴다는 것은 야만적이다. 이런 상황은 오늘날 시를 쓰는 일이 불가능해진 이유가 무엇인지를 알려는 노력까지 침식해 버린다. 절대적 물화를 구성하는 요소 중 하나로 지성의 진보가 꼽히지만, 이제 이 물화 과정은 정신을 통째로 집어삼키려고 하고 있다. 비판적 지성이 자기만족적인 명상에 스스로를 제약시킨다면 이런 도전을 감당할 수 없다.[24]

아도르노가 염두에 둔 상황의 일부는 문화가 알리바이를 제공해서 정치적 현실을 고통스럽게 마주하게 해주기보다는 도피처를 제공하는 상황이었다. 문화는 말하자면 정신적 명상을 위해서 흑림에 있는 오두막으로 침잠해 버린 하이데거와 같다. 그가 감당해야 할 과제는 자신의 과오를 대면해야 하는 일인데도 하이데거는 정당화될 수 없는 방법으로 회피해버렸다. 캘리포니아에서 서류가방에 넣어 들고 왔던 원고였고, 1951년 극찬을 받으며 출간된 격언집인 『미니마 모랄리아: 상처받은 삶에 관한 사색』에서 아도르노는 이렇게 쓴다. "지금까지의 문화가 실패했다고 해서 실패를 더 조장하는 것은 정당하지 않다. 마치 동화 속 소녀처럼 맥주를 쏟아놓고 밀가루를 뿌리는 것과 같다."[25]

당시에도 벤야민이 그렇게도 희망을 품었던 「기술복제시대의 예술작품」에 깃든 혁명적 잠재력은 실현되지 않았다. 문화는 억압적인 사회현실을 바꾸는데 무능했다. 상황은 더 나빠져서 문화는 억압적 질서를 유지하는데 일조하고 있었다. 1937년의 에세이 「문화의 순응성」에서 마르쿠제는 문화가 사회와 문명으로부터 분리되어 비판적 사유와 사회적 변화를 위한 공간을 만든다고 주장했다. 하지만 어떤 식으로든 해방적 역할을 수행하는 대신 문화는 자율적인 지대가 되어 사회적 현실로부터 벗어나는 장소가 된다. 이 자율적 지대에서 내적인 행복, 영혼의 행복을 위해서 현실세계 속의 행복이 포기된다고 마르쿠제는 주장했다. 부르주아문화는 인간존재의 내면을 창조했고 최상의 문화적 이상은 그곳에서 실현될 수 있다. 내면의 변화는 현실 세계와 그 물질적 조건의 외적인 변화를 요구하지 않는다. 이것이 바로 현실을 수긍하는 순응의 문화이다. 쇼팽의 아름다운 선율에 집중함으로써 일상의 공포를 쫓아버리려는 것이다.

그러나 문화적 비판의 사회적 역할이 효과적으로 수행되지 못하는 상황은 훨씬 더 큰 불경스러움의 전조를 보인다. 회고록 『이것이 인간인가』에서 프리모 레비는 아우슈비츠의 진료실 침상에서 매일 아침 듣던 기상음악을 묘사한다. "우리는 모두 이 음악이 악마적이라고 느꼈다. 음악이 울려 퍼질 때 우리는 동료가 저 바깥 안개 속에서 자동인형처럼 행진하고 있다는 것을 알고 있다. 그들의 영혼은 죽어있고 음악은 마치 바람이 죽은 낙엽을 몰아내듯 내몰고 그들의 의지를 박탈한다."[26] 비판적 역할을 수행하지 못하는 문화란 무슨 소용이 있는가? 대량학살의 배경음악으로만 존재하는 문화란 무엇인가? 하지만 철학자, 예술가, 작가 등은 아도르노를 비판했다. 아우슈비츠의 생존자이자 철학자인 장 아메리는 아도르노가 자신만의 언어에 빠져서 아우슈비츠를 자신의 '절대적 부정성'이라는 형이상학적 환상을 위해 오용하고 있다고 비난했다. 작가이자 극작가인 볼프강 힐데스하이머는 1967년의 시학 강연에서 시는 아우슈비츠 이후 가능한 유일한 문학적 선택지라고 주장했다. 그에게 파울 첼란의 「죽음의 푸가」와 잉게보르크 바흐만의 「이른 한낮」과 같은 시는 "세상의 공포스러운 불안정성과 모순성을 섬광처럼 비상하는 통찰력"으로 보여준다고 했다.[27] 바흐만의 시는 가령 제2차 세계대전이 끝난 뒤 7년이 지난 시점에 쓴 것인데, 한여름을 묘사하면서 초록이 무성한 라임나무와 물이 뿜어져 나오는 분수로 시작되다가 두 번째 연에서 갑작스럽게 어조가 달라진다.

독일의 하늘이 지구를 검게 물들인 곳에서

목이 잘린 천사가 증오를 묻을 무덤을 찾고

당신에게 심장이 담긴 밥그릇을 건네준다.[28]

바흐만의 파트너이자 스위스 출신 극작가이며 소설가인 막스 프리쉬는 한때 문화가 알리바이를 제공한다고 주장하기도 했다. 바흐만의 시는 그렇지 않다. 그녀의 시는 더 이상 독일이 자행했던 범죄를 떠올리지 않고는 서정시의 전통을 기억할 수 없음을 알려준다. 그녀의 시는 세상을 전치시키고 소외시킨다. 『미니마 모랄리아』에서 아도르노가 철학이 담당할 필요가 있다고 주장했던 과업을 바흐만의 시도 해낼 수 있었다.

아도르노는 1959년 바흐만이 프랑크푸르트에서 강연을 했을 때 만났고 친분을 쌓았다. 1966년 『부정의 변증법』에서 아도르노는 십년 전 자신이 피력했던 견해를 수정하게 된다.

영구적 고통은 고문을 당한 사람이 신음소리를 지르지 않을 수 없을 때를 표현할 합당한 자격을 갖추고있다. 그러므로 아우슈비츠 이후 더 이상 우리가 시를 쓸 수 없다고 말하는 것은 틀렸을지 모른다. 그렇지만 문화와는 다른 문제, 즉 아우슈비츠 이후에 계속 살아갈 수 있는가라는 문제를 제기하는 것은 틀리지 않았다. 특히 우연히 피해가지 않았으면 처형당했을 사람이 계속 살아가는 문제이다. 그의 미천한 생존은 부르주아주체성의 기본 원칙인 냉정함을 요구한다. 이런 주체성이 없었다면 아우슈비츠도 없었을 것이다. 이것이 바로 살아남은 자가 처절하게 죄의식을 느끼는 이유이다.[29]

『부정의 변증법』에서 아도르노는 아우슈비츠 이후 인간의 의무는 무엇인지를 10년 전보다 더 명확히 표현해준다. "히틀러는 새로운 정언명령을 자유가 박탈된 인류에게 부과했다. 그들의 사유와 행위를 배열해서 아우슈비츠가 다시 반복되지 않도록, 그와 유사한 것도 일어나지 않도록 해야 한다."[30]

귀향 후 자신의 모국을 바라보면서 아도르노는 자유롭지 못한 인류 중 독일에 해당하는 집단이 이 정언명령에 따라 행동할 수 있다는 확신을 줄만한 어떤 것도 찾지 못했다. 새로운 지도자들은 히틀러뿐 아니라 히틀러의 옛 동조자들에 관해 침묵을 지키고 있었다. 그리고 나머지 독일은 이들의 권력에 여전히 무릎을 꿇고 있었다. 그는 1950년 6월 토마스 만에게 다음과 같이 편지를 쓴다.

> 발언되지 않는 비정치적인 신념, 실제 권력의 모든 표상들에 무조건 복종하려는 태도, 어떤 새로운 상황이 일어난다고 해도 즉각적으로 순응하는 태도, 이 모든 것들은 같은 종류의 퇴보를 보여주는 양상일 뿐입니다. 만일 대중의 조작적 통제가 인간성의 퇴보를 낳는다면, 그리고 히틀러의 권력충동이 '단 한 번의 시도로' 이 퇴보의 속도를 빠르게 했다면 우리는 히틀러와 그 뒤를 따라 일어난 붕괴로 인해 강제로 유아기를 탄생시키는데 성공했다고 말할 수 있습니다.[31]

파시즘은 독일에서 전복되었지만 그것을 지지해온 성격유형은 남아있었다. 파시스트지도자들에게 쉽게 매혹되었던 사람들이 유아적이라는 생각은 독일에 돌아오기 전부터 오랫동안 아도르노의 반복적인 주제였다. 그러나 전후 프랑크푸르트학파의 또 하나의 중요한 주제이며 특히 나치에 대항해서 동맹국에 참여해서 싸웠던 사람들에게 큰 쟁점이 되었던 것은 국가사회주의자들이 독일국민을 통제한 방식과 자유주의민주국가라고 간주된 미국과 같은 나라의 자유로운 시민들이 출생에 따른 집단적 권리인 자유와 자율성을 강탈당하는 방식 사이에 유사성이 있다는 주장이었다.

1944년 샌프란시스코에서 열린 정신분석가와 사회학자들의 심포지엄에서 아도르노는 파시스트 프로파간다의 성공을 이렇게 설명한다. "그저 사람들의 모습 그대로, 즉 자율성과 자발성을 대규모로 도둑맞은 현재 표준화된 대중문화의 순진무구한 아이다운 면모로도 충분히 먹혀든다."[32] 그는 나치의 프로파간다와, 자신이 "히틀러 워너비"라고 불렀던 캘리포니아의 목사들이 라디오방송에서 한 설교 사이에 유사성을 강조한다. 이 두 부류는 자신의 연설을 듣는 청중으로부터 권위를 얻어내기 위해 두 단계의 수사적 과정을 활용했다. 첫째, 자신의 나약함을 표명하면서 메시지를 듣는 나약한 청중과 동일시한다. 둘째, 자신이 선택된 소수의 한 사람임을 강조하면서 청취자들이 자신의 권위에 복종하면 이 소수에 동참할 수 있다고 한다. 성공적인 총통이든 강력한 카리스마를 보이는 라디오방송 설교자이든, 아도르노가 '위대한 소인'이라 부른 존재가 되어야 한다고 주장했다. 그래야 추종자들의 자아에 부착되어있으면서 동시에 그들의 집단적 희망과 덕목을 구현하고 있는 나르시시즘에 호소할 수 있다. 히틀러의 천재성은 아도르노에 의하면 "킹콩과 도시 외곽지역의 이발사를 결합시킨 태도를 보여주었다"는 데 있었다.[33]

이 심포지엄은 아도르노가 1947년에 연구한 '캘리포니아 F지표'로 알려져 있는 성격테스트 개발로 이어졌다. 버클리 소재 캘리포니아대학의 연구자들과 함께 작업한 이 연구는 1950년 『권위주의 성격』이라는 제목의 책으로 출간되었는데, 미국유대인위원회의 지원을 받은 《편견연구 시리즈》의 하나였다. F는 파시스트를 의미하며 프롬이 20년 전에 독일 노동자에 관한 연구에서 유사한 방식으로 테스트하려고 했던 가설로부터 출발했다. 즉 파시즘에 쉽게 굴복할 수 있는 성격유형을 조사하려면 연구자는 성격의 표면적 차원을 꿰뚫고 그 밑의 잠재적 구조들에 도달해야 했다. 프롬의 연구처럼 버클리프로젝트는 프로이트의 발달모델에 기초했다. 권위주의적 유형은 범주는 무서운 부모들을 맞대응할 수 없다. 대신에 권위를 가진 인물과 자신을 동일시하게 된다. 더욱이 권위주의적 유형은 가학피학성애증에 흔한 억압적 동성애와 연결되어있다고 의심된다. "금지된 행위는 공격성으로 변형되며 본질상 대체로 동성애적이다"라고 아도르노와 호르크하이머는 『계몽의 변증법』에서 썼다. "거세공포를 거치면서 아버지에 대한 복종은 어린 소녀의 본성에 가까운 의식적인 정서 속에서 거세의 예감으로 극단적으로 치닫게 되고, 아버지에 대한 현실적 증오는 억압된다."[34]

그러나 프롬의 노동자연구가 파시즘에 저항하고 혁명적 사회주의 이상을 따를만한 힘을 독일노동자들이 갖고 있는지 조사하기 위한 것이었다면 버클리연구는 반민주주의 관념을 따르기 쉬운 성격과 그렇지 않은 성격을 연구했다. 이런 변화를 낳은 한 가지 이유는 우리가 살펴보았듯이 미국 체류시 잠재적 후원자들과 소원해지지 않기 위해서 연구소의 논문과 연구에서 M단어(마르크스주의)의 사용을 꺼렸기 때문이었다. 그 결과 아이러니하게도 프롬의 연구에서 성공적인 혁명적 마르크스주의와 연결되었던 가치와 행위들은 이제 버클리연구에서 민주주의에 대한 지원으로 바뀐다.

그러나 분류법에서 나타나는 이런 변화에는 자기검열 이상의 무엇이 있다. 연구소에서 마르크스주의의 언어가 사라졌다는 것은 프랑크푸르트학파가 프롤레타리아와 그 혁명에 대한 신념을 잃게 되었다는 점을 시사한다. 루카치는 『역사와 계급의식』에서 이렇게 썼다. "혁명의 운명(인류의 운명과 더불어)은 프롤레타리아의 숙성된 이데올로기, 즉 계급의식에 의존할 것이다."[35] 프랑크푸르트학파는 더 이상 혁명을 믿지 않았다. 그 이유는 단언컨대 프롤레타리아가 이데올로기적으로 성숙해질 가능성이 없기 때문이었다. 프롬은 1957년의 책 『건전한 사회』에서 이렇게 쓴다. "세상은 우리 입맛에 맞는 커다란 사물이다. 큰 사과, 큰 분유병, 큰 가슴이다. 우리는 영원히 뭔가를 기대하는 젖먹이이고 그래서 영원히 실망하게 된다."[36] 이데올로기적 성숙은 이런 세상에서는 가능하지 않다. 대중의 조작적 통제는 항상 인간성의 퇴행을 가져오게 된다고 아도르노는 토마스 만에게 1950년에 보낸 편지에 썼다.[37] 그는 히틀러의 영향력에 대해서도 썼다. 그러나 프랑크푸르트학파는 그와 같은 통제와 퇴행이 얼마 전까지만 해도 히틀러에 대항하기 위해서 동맹을 맺었던 서구 사회들에서 나타나는 특성이라고 점점 더 믿게 되었다.

F지표는 아도르노와 그의 연구팀이 "새로운 인류학적 유형," 즉 권위주의적 성격이라고 불렀던 것을 탐색하기 위한 연구프로젝트의 일부로 고안되었다. 그것은 파시스트적 잠재력을 측정하기 위해 고안된 일련의 질문들과 관련되었는데, 『권위주의 성격』에서 9개의 세부성향을 제시했다. 아도르노는 이에 대해 다음과 같이 설명한다.

> 관습성: 관습적이며 중산층적 가치를 경직되게 고수함. 권위주의적 복종: 내재적 집단의 관념적 도덕적 권위에 순종적이며 무비판적 태도. 반(反)투심성: 주관적, 상상적, 부드러운 정신에의 저항. 권위주의적 공격성: 늘 경계하는 성향, 관습적 가치를 위협하는 사람들을 비난하고 거부하며 벌주려는 성향. 미신과 정형화된 편견: 개인운명의 신비주의적인 결정소에 대한 믿음을 갖고 있고 경직된 범주에 따라 사유하려는 성향. 권력성향과 '거친 공격성': 지배-종속, 강함-나약함, 지도자-추종자 차원에 관심을 보이고, 권력적 인물과의 동화, 자아의 관례화된 속성에 대한 과도한 강조, 힘과 거친 성격을 과도하게 주장. 파괴성과 냉소주의: 일반화된 적대감, 인간의 중상모략. 투사성: 세상에 사납고 위험한 일들이 진행된다고 믿는 성향, 무의식적 정서적 충동의 외부투사. 성(性): 성적인 '행위'에 대한 과도한 관심.[38]

질문지는 답변자들이 다음과 같은 진술들에 동의여부를 표하도록 했다:

- 권위에 대한 복종과 존경은 어린아이들이 배워야 할 가장 중요한 덕목
  이다.
- 국가에 가장 필요한 것은 법과 정치적 프로그램 이상으로 소수의 용감
  하고 지칠 줄 모르는 헌신적인 지도자이며 신뢰할 수 있는 사람이어야
  한다.
- 유년기에 가장 필요한 것은 엄격한 훈육, 강한 결심과 의지이며 가족과
  국가를 위해 열심히 일하고 싸워야 한다.
- 부모에 대한 무한한 사랑, 감사와 존경심을 느끼지 않는 사람만큼 저급
  한 것은 없다.
- 강간과 어린아이들에 대한 공격 등 성범죄는 투옥 이상의 벌을 받아야
  한다. 이런 죄인들은 공적으로 태형 이상의 벌을 주어야 한다.
- 진정한 미국적 삶의 방식은 빠르게 사라지고 있어서 힘을 사용해서 그
  것을 유지할 필요가 있을지 모른다.[39]

응답자들은 이 진술을 포함한 여러 진술항목에 대해 단계적 동의와 반대
를 표현할 수 있고, 이 답변은 +3에서 −3까지의 점수표에 따라 측정되었다.
총 2,099명의 백인 중산층 기독교인 미국인들이 질문지를 작성했고 F지표에
서 높은 점수와 낮은 점수를 받은 사람들을 초청해서 좀 더 긴 평가면접을
시행했다. 아도르노는 이 인터뷰에서 얻은 정보를 사용해서 권위주의적 성
격의 6가지 유형을 구성했고 비권위주의적 성격의 5가지 유형을 만들었다.
　권위주의적 성격유형은 '거친 사내'("억압적 이드의 성향이 더 앞서지만 발육
이 저하된 형태로 남아있다"고 아도르노는 설명한다), '괴짜'유형과 '조작적' 유형
(둘 다 아도르노가 보기엔 "오이디푸스 콤플렉스를 내적 자아로의 나르시시즘적 퇴행

을 통해서 해결하는 듯이 보인다")이 포함되어있다. 아도르노는 또한 F지표에서 낮은 점수를 받은 응답자들의 유형학을 고안했다. 비파시스트적 유형에는 '저항' 유형("아버지를 향한 적대감의 내적 흐름은 적대감을 수용하기보다는 타율적 권위에 대한 양심적 거부로 향한다. 이 유형의 결정적 특성은 독재에 대한 전면적인 저항이다")과 '진정한 자유주의자'(이들은 "초자아, 자아, 이드 사이의 이상적 균형이라는 프로이트의 시각에서 개념화될 수 있다)를 포함하고 있다.[40]

아도르노는 자신이 어떤 유형에 속하는지를 구체적으로 밝히지는 않았지만, 아마도 진정한 자유주의자라고 묘사했을 가능성이 많다.[41]

『권위주의 성격』이 1950년에 출간되었을 때 F지표는 여러 차원에서 비난을 받았다. 비단 보수주의자와 권위주의를 연결시킨 것 뿐 아니라 현명한 사람들이라면 질문의 의미를 잘 따져보고 좀 더 합당한 방식으로 대답을 함으로써 결과를 다르게 바꿀 수도 있다는 점에서 공격을 받았다. 시카고대학의 사회학자 에드워드 쉴즈는 왜 권위주의가 아도르노와 그의 연구팀의 연구에서 공산주의가 아닌 파시즘에 연결이 되는지 물었다. C지표는 F지표와 그렇게 다른 것인가? 1950년에는 확실히 자유민주주의와 전체주의 사이의 현실적 대립이 존재했는데 그것이 파시즘이냐 공산주의냐가 중요한가? 냉전은 시작되었고 이제 필요한 것은 히틀러를 지지하는 성격유형을 이해하는 것이 아니라 스탈린과 그의 계승자들을 지원하는 성격유형이며, 아마도 공산주의적 성향을 가진 사람들을 추려내는 일이었을 것이다. 재조정을 하면 F지표는 R지표(여기서 R은 적화세력을 의미한다)가 될 수도 있다. 이와 다른 지표가 적색공포를 저항하기 위한 바람직한 유형들을 연구하기 위해 필요할지 모른다. 이런 생각은 아마도 소련의 불운한 가학피학성애자 무리들을 자유주의 서구사회의 자유롭고 강건한 개인적인 성격유형으로 맞서게 할 수도 있을 것이다. 그러나 아도르노와 프랑크푸르트학파는 소련의 전체주의를 개인주의적이고 비이데올로기적인 자유주의 서구와 대립시키기를 거부했다. 그들은 파시스트 사회든 사회주의 또는 자유주의적 자본주의사회든 어디에서도 권력지배가 공고해져 있다고 믿었다.

『권위주의 성격』에서 아도르노는 냉전 기간 소련의 집단주의에 대항하기 위해 동원된 개인주의 수사학 자체도 지배의 도구라고 주장하기까지 이른다. "개인주의는 비인간적인 고정관념과 대립하지만, 궁극적으로는 비인간적이며 모든 것을 '흡수'해버리는 내재적 성향을 갖고 있어서 사람들을 유형화해버리는 사회를 감추는 이데올로기적 베일에 불과할지 모른다." 아도르노는 주저하지 않고 인간은 계급사회의 유형 이상 아무것도 아니라고 주장한다. "다시 말해서 대다수의 인간은 더 이상, 아마도 이제는 전통적인 19세기 철학의 의미에서 '개인'이 될 수도 없고 결코 되지 못했다 … 압도적인 사회적 과정들이…… '개인'에게 행동할 자유, 그리고 진정한 개인화를 이룰 자유를 거의 주지 못하고 있다"고 쓴다.[42]

14장
에로스의 해방

—

1950-51년에 마르쿠제는 워싱턴정신의학교에서 일련의 강연을 한다. 미국정부를 도와 나치즘에 대항한 싸움에 참여했던 긴 시기를 보낸 뒤 철학과 저술활동으로 돌아온 것이었다. 이 강연은 비판이론이 호르크하이머와 아도르노의 비판적인 프랑크푸르트학파와 마르쿠제와 프롬이 대표하는 좀 더 희망적인 미국식 변형으로 갈라져 나가기 시작했던 순간이었다. 마르쿠제와 프롬은 모두 대서양의 다른 쪽에 정착했다.

호르크하이머와 아도르노에게 『권위주의 성격』과 집단 실험은 비판이론의 실천적 목표로서 사회의 근본적 변혁을 현실화할 기회에 관해 그들이 품고 있던 암울한 전망을 경험적으로 입증했다. 하지만 마르쿠제의 강의는 사회변혁이 가능하다고 제안한다. 그는 『계몽의 변증법』의 음울한 진단을 전적으로 반박하지는 않는다. "인류는 진정 인간적인 조건에 진입하는 대신 새로운 종류의 야만주의로 빠져들고 있다"고 저자들은 진단했었다. 마르쿠제는 이 강연에서 호르크하이머와 아도르노의 철학을 넘어서는 어떤 것, 즉 성적 욕망이 갖는 전복적 잠재력을 제시했다. 이 강연은 마르쿠제가 1955년 출간한 『에로스와 문명: 프로이트에 관한 철학적 고찰』에 기초를 제공했다. 이 책을 그는 첫 아내였던 수학자이자 통계학자인 소피 베르타임에게 헌사 했다. 그녀가 1951년 암으로 사망한 뒤 1955년 마르쿠제는 잉게 노이만과 재혼했다. 잉게 노이만은 마르쿠제의 친구 프란츠 노이만의 미망인이었다. 노이만은 1954년 스위스에서 자동차사고로 사망했다. 이 시기에 마르쿠제는 정치철학자로서 컬럼비아대학에서 강의했고 나중에는 하버드대학에서 강의하게 된다.

성적 욕망의 전복적 잠재력이란 새로운 주제는 아니었다. 1938년 에세이 「쾌락주의에 대하여」에서 마르쿠제는 이렇게 썼다.

> 성관계의 불순하고 비합리적인 분출은 그 자체로 가장 강력한 쾌락의 분출이며 노동만을 위한 노동을 철저히 가치절하 한다… 노동조건의 피폐함과 부당함은 개인의 의식을 강제로 침투해 들어가 부르주아세계의 사회적 체계에 평온하게 복종하지 못하게 한다.[43]

이런 생각은 프로이트의 정통교리에 대한 도전일 뿐 아니라 성 해방이 부르주아세계의 사회체계를 뒤흔들 수 있다는 것을 전혀 상상하지 못한 고전적 마르크스주의를 향한 힐난이었다. 『에로스와 문명』에서 마르쿠제는 한 발 더 나아간다. 그는 특히 프로이트의 가장 암울하며 비관적인 글 『문명과 불만』에서 다룬 대표적인 개념들을 사용해서 가장 해방적이고 희망적인 결론을 제시한다. 당시는 성 해방의 가능성이 반향을 일으키던 시기였다. 전후 미국은 성에 집중되어있었다. 알프레드 킨제이가 1947년 인디애나대학에 성연구소를 발족했고 두 권의 책 『남성의 성적 행동』(1948)과 『여성의 성적 행동』

(1953)을 출간해서 유명해졌다. 1940년대 후반 역시 오스트리아출생으로 이단적 마르크스주의 정신분석이론가인 빌헬름 라이히가 미국에서 성 해방의 선지자로서 유명세를 탔다. "성 혁명이 진행 중이며 지구상의 어떤 권력도 그것을 막을 순 없다"고 『강박적 성-도덕의 침입』이라는 책에 썼다.[44]

1930년대에 마르쿠제와 프롬을 비롯한 프랑크푸르트학파의 구성원들은 라이히의 저서를 읽었고 실제로 파시즘에 대한 그들의 해석은 라이히의 『파시즘의 대중 심리학』에서 영향을 받았다. 라이히는 1939년부터 미국에서 망명생활을 했고 그 시기동안 '오르곤 에너지 축적기'(orgone energy accumulator)라는 나무로 만든 찬장에 금속으로 띠를 두르고 강철섬유로 절연처리를 한 기계를 개발했다. 라이히가 앨버트 아인슈타인을 초대해서 축적기를 사용해 보도록 했을 때 아인슈타인은 이 기계가 사용자의 '오르가즘의 강도'를 향상시켜서 정신건강을 높여 줄 것이라는 주장에 대해 회의적이었던 반면 수많은 남성대표들, 특히 전후 작가들 — 노먼 메일러, J. D. 샐린저, 솔 벨로우, 알렌 긴스버그, 잭 케루악 등 — 은 라이히의 밀실이 제공해줄 혜택에 대해 환호했다. 나중에 윌리엄 버로스는 「내가 한때 소유했던 그 모든 축적기들」이라는 잡지 기고문에서 이렇게 썼다. "당신의 용감한 리포터는 37세에 손을 쓰지 않고 오르곤 축적기를 통해서 자발적인 오르가즘에 도달했다. 이 기계를 텍사스 주의 도시 파르에 있는 오렌지 밭에 설치해두었다." 이 기계를 사용해서 여성들의 오르가즘도 강화된 경우가 있을지 모르겠지만 아직까지 이런 이야기를 들어보진 못했다. 우디 알렌은 이 축적기에 대해서 1973년 영화 〈슬리퍼〉에서 오르가즘트론이라며 풍자했다.

1950년대 중반이 되자 라이히는 세상이 외계비행물체의 공격을 받고 있다는 강박증적 망상에 사로잡혔고 식의약청의 조사를 받게 된다. 오르곤 에너지 축적기와 관련해서 사기성을 띤 주장을 했다는 것이 이유였다. "만일 오르곤 축적기에 대한 주장이 식의약청의 의사들이 내세우듯 고작 우스꽝스러운 사기였다면, 그리고 어떤 법정 정신과의사가 결론 내렸듯이 라이히가 그저 편집증적 정신분열증 환자라면 왜 미국정부는 그를 위험한 인물로 지목했던 것일까?"라고 『오르가즘론의 모험: 빌헬름 라이히와 성의 발명』의 저자인 크리스토퍼 터너는 반문한다.[45] 한 가지 가능한 대답은 마르크스주의 정신분석가가 설파하는 성 해방의 가능성은 냉전의 절정에서 가속화된 편집증에 시달리던 미국에는 분명히 적화위협으로 보였을 것이라는 사실이다. 또 다른 대답은 라이히의 성 해방이라는 개념은 노동윤리와 단혼제 등 소중한 미국적 가치들을 위협했다. 세 번째 가능성은 가짜 만능처방으로 돈을 벌려는 사기꾼을 용납할 정치체제는 어디에도 없을 것이기 때문이다.

라이히는 1957년 펜실베니아의 루이스버그 연방교도소에서 심장병으로 사망했다. 그는 자신이 만든 기계를 대여하거나 팔지 못하게 하는 금지명령을 위반했기 때문에 2년형을 받아 수감되어 있었다. 우리는 마르쿠제가 라이히의 축적기 안에 들어갔었는지는 알 수 없다. 더욱이 마르쿠제가 그 효과를 경험했는지 여부도 모른다. 하지만 어떤 경우도 사실일 것 같지 않다. 마르쿠제는 라이히의 글을 알고 있었기 때문에 영향을 받았을지 모르지만, 동료 망명객[라이히]보다는 성기에 덜 고착되어있었다. 『에로스와 문명』에서 그는 오르가즘의 양이나 질을 높이는 것에 대해서는 주장하지 않았다. 라이히의 실수는 "개인적인 문제와 사회적 질병에 대한 만능치료제로서 성 해방"을 주장한 것이라고 마르쿠제는 지적했다. "그의 이론에서 승화의 문제는 축소되었다. 억압적 승화와 비억압적 승화 사이에 어떤 본질적인 구별도 하지 않았고 자유의 진보는 그저 성 해방으로 나타났다."[46]

1930년 『문명과 불만』에서 프로이트는 문명이란 행복과 성적 쾌락을 일과 단혼제, 그리고 사회적 제약에 종속시키는 것과 관련된다고 주장했다. 그는 사회적 제약은 인간사회의 번영을 위해 필수적이라고 했다. 자원이 부족하기 때문에 힘든 노동이 요구된다. 생물학적, 심리적 필요를 구속받지 않고 탐닉하는 것은 프로이트의 쾌락원칙과 일치하며, 타인의 자유를 침해하게 되므로 원칙과 훈육 혹은 프로이트가 현실원칙이라고 부른 것에 따라 축소되어야 했다. 개인이 자신의 필요를 억압하고 승화시키는 방식에 대한 프로이트의 서사는 이렇다. 최초에 우리의 본능(프로이트가 이드라고 부른 것)이 쾌락을 추구하고 고통을 피하도록 추동한다. 그러나 마르쿠제가 주목한 바로는 이런 과정이 진행되는 동안 "개인은 완전하고 고통 없는 필요의 충족이 불가능하다는 트라우마적 깨달음에 도달하게 된다." 따라서 현실원칙(개인의 심리에서 에고로 제시되는)은 사회적으로 수용 가능한 것을 개인에게 교화하기 위해 개입한다. 이 과정에서 개인은 단지 쾌락에 고착된 것이 아니라 "의식적이고 사유하는 주체로서 외부에서 그에게 부여되는 합리성을 장착한" 주체가 되어간다.[47]

프로이트는 이런 본능들은 변화되지 않는다고 생각했다. 마르쿠제는 본능이 억압될 수 있다면 불변적인 것이 아니라고 주장했다. 개인이 의식적인 사유의 주체로 발전해가는 사회라면 개인의 본능을 구성하는데도 참여할 것이라는 점이 더 중요했다. 사실상 마르쿠제는 프로이트를 마르크스적 관점에서 역사화 한다. 프로이트가 가정했던 본능이 사회적 체계에 따라 변할 수 있다고 본 것이다. 이것은 마르쿠제가 기초억압과 잉여억압 사이를 구별을 할 때 분명해진다(그는 라이히가 오르가즘을 최상의 선이라고 찬양하면서도 이 두 억압을 구별하지 않았다고 생각했다). 기초억압이란 일종의 본능의 억압으로 마르쿠제는 "문명에서 인간 종의 영속화를 위해서" 필수적인 것이라고 한다. 그러나 후자인 잉여억압은 '수행원칙'과 일치해서 본능을 구성하는 목적으로 갖는다. 마르쿠제에게 이 수행원칙은 현실원칙의 지배적 형식이다.

마르쿠제의 생각은 현실원칙이 자본주의체제에서 새로운 형태로 변형된다는 것이다. 그는 『에로스와 문명』에서 다음과 같이 쓴다.

수행원칙은 지속적인 확장을 하는 탐욕스럽고 적대적인 사회의 원칙이며 따라서 갈수록 합리화되어가는 지배의 긴 발전과정을 전제로 한다. 사회적 노동의 통제는 좀 더 큰 규모로 개량되어가는 조건들 속에서 사회를 재생산한다…… 대다수의 사람들에게 만족의 규모와 양상은 그들 자신의 노동에 의해 결정되었다. 그러나 노동은 구조적 장치를 위한 것이며, 그들은 이 장치를 통제할 수 없다. 만일 그들이 살기 원한다면 이 장치에 복종해야 하고 그렇게 이 장치는 독립적 권력을 갖게 된다. 노동 분화가 점점 더 전문화될 때마다 이 장치는 낯설어져 간다. 인간은 그들의 삶을 살지 않고 대신 미리 설립된 기능들을 수행한다. 그들은 일할 때 자신의 필요와 재능을 완성하지 못하고, 대신 소외를 겪으며 노동한다.[48]

마르쿠제는 프로이트의 억압을 마르크스주의적 소외개념과 연결시켰다. 노동자는 리비도의 제약을 합리적인 법으로 만드는 방식으로 조종당하며 이 법을 내면화시킨다. 비자연적인 것 — 자본가를 위해 상품과 이윤을 생산하도록 이미 설치된 기능 — 이 우리에게 자연스러워져서 이차적 자연이 된다. 따라서 개인은 자신이 이 장치에 순응한다고 규정하게 된다. 혹은 마르쿠제는 이렇게 쓴다. "그는 자신이 욕망하도록 정해진 것을 욕망한다…… 따라서 그의 욕망과 현실의 변형은 그의 것이 아니다. 욕망은 이제 사회에 의해 '조직화'된다. 그러나 이 '조직화'는 원초적인 본능의 필요를 억압하고 변질시킨다."[49]

마르쿠제는 1950년대 미국에서 책을 썼다. 그는 이 시대 미국의 광고, 소비자주의, 대중문화와 이데올로기는 미국인들을 부르주아세계의 사회체제로 평화롭게 종속시키는 형태로 통합시켰고 그들이 필요하지 않은 것을 욕망하도록 만들었다고 생각했다. 그는 미국의 대학에서 강의를 했지만 프랑크푸르트에 있는 자신의 옛 동료 아도르노, 호르크하이머와 긴밀한 관계를 유지하고 있어서 핵심적인 주장에서는 동료들의 미국비판과 유사했다. 이 세 사람에게는 냉전 기간 동안 소련의 집단주의에 수사학적으로 대립하는 미국사회의 철저한 개인주의는 신화일 뿐이었다. 미국인은 유아적이고 억압된 '가짜' 개인들이었다. 가령 1952년부터 1953년까지 두 해에 걸쳐 아도르노는 10개월간 캘리포니아에서 지내면서 일간신문의 점성술 칼럼과 라디오방송 드라마와 텔레비전이라는 새로운 매체를 분석했다. 이것들에 관해 아도르노가 발언했을지도 모를 내용은 마르쿠제가 『에로스와 문명』에서 쓴 것과 매우 밀접하게 관련된다. 아도르노는 이 모든 형태의 대중문화와 파시스트 프로파간다 사이의 대칭관계를 발견했다. 대중문화와 파시스트 프로파간다는 '가짜' 개인의 성격에 필요한 의존성과 만나서 그것을 조작함으로써 "관습적이고 순응적이며 만족적인 태도를 장려하게 된다."[50]

만일 우리가 미국인이라면 물론 이런 주장은 믿기 어려울 정도로 거만하게 들릴지도 모른다. 아도르노는 점성술 칼럼이 담고 있는 기발함을 칭찬하긴 했다. 독자들은 그저 멍청하지만은 않았다. 그들은 자신의 삶에서 "모든 것이 칼럼이 의미하는 대로 부드럽게 진행되지는 않을 것이며 모든 것이 저절로 잘 되지는 않는다"는 것을 깨닫고 있었다. 차라리 그들은 인생이 자신에게 모순적인 요구를 한다고 경험한다. 나치의 선동가들과 유사한 방식으로 "이 칼럼은 독자들을 자신의 권위에 묶어두기 위해서 이 모순을 채택해야만 했다." 점성술 칼럼니스트들이 사용한 방식 중 하나는 하루의 매 시간마다 다른 행동을 추천하는 것이다. 아침에는 일, 현실과 자아원칙을 위한 시간이고 오후는 분명 "쾌락원칙의 본능적 충동"을 위한 시간이라고 아도르노가 적고 있다. 그는 또한 오후의 쾌락은 오전의 노동에 대한 보상이나 보충이라고 적었다. 그러나 오후의 쾌락은 오직 "성공과 자기증진의 내면적 목적"에 봉사할 때만 정당화될 수 있다.[51] 그 결과 쾌락 그 자체가 의무라는 노동의 형태가 된다. 아침의 노동에 따르는 오후의 즐거움은 보기와는 다르다. 에로스는 로고스에 머리를 조아린다. 이런 분화방식은 자유로운 쾌락원칙 대신에 현실원칙이 삶의 매 측면을 지배하고 확장되게 해주었다. 정신분석이 이상성* 행위라고 부르는 것은 강박신경증의 징후라고 아도르노는 주장했다. 점성술 칼럼은 독자들에게 일상생활의 모순을 조정할 도구를 제공하는 듯이 보이지만, 실제로는 독자들을 강박신경증 환자로 만들어서 삶의 모순을 직면하기보다는 내면화시킨다고 아도르노는 생각했다.

아도르노는 오전과 오후로의 강박신경증적 분화를 미국 대중문화의 상징으로 보았다. 시민들은 사회의 모순을 대면하는 대신 신경증적으로 모순을 내면화한다. 하루를 일과 쾌락으로 나눔으로써 자기충족을 느끼는 대신 자기소외를 경험한다. 마르쿠제는 아도르노가 미국의 점성술 칼럼에서 발견했던 것은 미국을 포함한 모든 선진산업사회에 일반적으로 해당된다고 본다. 『에로스와 문명』에서 그가 제시한 희망은 이들 사회의 근본적인 변혁을 위한 것이며, 쾌락원칙을 수행원칙의 지배로부터 해방시키고 에로스를 재구성해서 인간이 전체적이고 충만하며 자유로워지는 것이다.

프로이트는 이런 종류의 변혁은 불가능하다고 주장했다. 문명은 안전을 보장하기 위해 자유를 맞바꾸어야 했다. 1950년대의 미국은 자유로부터 멀어져서 안정을 향해 진자운동을 하는 문명처럼 보였다. 물론 수사학적으로는 정반대의 태도를 취하긴 한다. 리처드 예이츠는 1955년을 시간적 배경으로 삼았던 자신의 1961년 소설 『레볼루셔너리 로드』가 "무슨 대가를 치르더라도 안정과 안전에 맹목적이고 절망적으로 매달리는 태도"를 구현했던 시대를 다루고 있다고 설명했다.[52] 미국은 공산주의와 핵전쟁에 대한 공포에

---

* bi-phasic, 二相性: 두 차원이 존재하는 어떤 현상이나 체계를 의미. 이 글에서는 점성술 칼럼이 오전과 오후의 두 가지 생활방식으로 나누는 것을 가리킨다.

질려 있었다. 닉슨과 매카시가 하원의 반국가활동조사위원회에서 벌인 일은 미국 시민이 자유로운 발언이나 독립적인 행동을 두려워하게 만들었다. 미국사회 혹은 여타 문명사회는 1950년대에 자유롭고 풍요로운 척 했지만 마르쿠제의 주장에 따르면 순응성이라는 구속복을 입고 옥죔을 당하던 상태였다.

프로이트의 『문명과 불만』에서 핵심은 외견상 진보적인 문명은 아무런 출구가 없는 억압과 관련되어있다는 것이다. 마르쿠제는 이런 비관주의를 비판한다. 프로이트는 쾌락원칙이 현실원칙에 의해 제약을 받는 이유 중 하나로 자원의 부족을 제시했는데, 미국과 같은 선진산업사회에서는 자원부족은 더 이상 문제가 되지 않는다. "수행원칙을 따르는 문명의 진보는 소외된 노동에 필요한 본능적 에너지의 사회적 요구를 상당한 수준으로 절감시키는 수준에 이를 정도까지 생산성을 이룩했다"[53]고 마르쿠제는 썼다. 프로이트가 결핍을 지적한 것이 초기에는 아마도 유효했겠지만 이제는 짐짓 결핍처럼 보이는 것은 이데올로기적으로 우리를 계속해서 일하게 만드는 기능을 할 뿐이다. 우리가 하는 일의 일부가 필요에 대한 잉여, 즉 자본가에 의한 노동자의 지배를 지원해주는 잉여가 되어버린 시기가 도래했다.

힘든 노동이 갖는 이데올로기적 기능은 하지만 여전히 우리에게 작용한다. 2013년에 나온 논문 「허드렛일의 현상에 대하여」라는 글에서 무정부주의 인류학자이며 점령운동 활동가인 데이비드 그래이버는 1930년에 경제학자 존 메이나드 케인즈가 세기말이 되면 기술이 충분히 발전되어 영국이나 미국과 같은 국가에서는 주당 오직 15시간만 일해도 충분해질 것이라고 예견했다고 지적했다. 마르쿠제처럼 그래이버도 기술적 차원에서 우리는 노동시간을 그렇게 줄일 수 있게 되었다고 인정했지만 그런 일은 일어나지 않았다고 주장했다. 그래이버는 말한다. "그 대신에 기술이 우리를 더 많이 일하게 만드는 방법을 고안해내도록 동원되었다. 특히 유럽과 북미에서 막대한 수의 사람들이 그들의 노동시간 전체를 자신이 불필요하다고 생각하는 과제들을 수행하면서 보낸다. 이런 상황에서 비롯된 도덕적이고 정신적 상해는 심각해서 우리의 집단적 영혼을 가로질러 상처가 난다. 그러나 아무도 그것에 대해 말하지 않는다."[54] 마르쿠제가 "노동조건의 황량함과 부당함"과 함께 노동자들이 "부르주아세계의 사회체제를 평온한 상태에서 따르게 된다"고 말했을 때 60년 전 못지않게 오늘날에도 해당되는 이야기이다.

그러나 『에로스와 문명』에서 마르쿠제는 허드렛일을 지적하지는 않았다. 대신 그는 소외된 노동을 통해서 생산성이 높아진 결과 애초에 열심히 일하도록 자극했던 결핍이 제거되었다고 주장한다. 지금도 그렇지만 당시에도 선진 산업화사회에서 맞닥뜨린 문제는 결핍이 아니라 자원의 공정하고 평등한 분배의 부재이다. 마르쿠제의 낙관주의는 노동하는 날이 짧아지고 재화와 서비스의 개선된 분배, 혹은 노동의 더 나은 분화를 통해서 모든 사람의 욕구가 만족스럽게 충족됨으로써 그 결과 에로스적 에너지를 분출할 수 있게 될 것이라는 전망을 제시한다. 이런 방식으로 에로스적 에너지를 분출시킴으로써 우리는 라이히의 성기고착성으로부터 해방된다고 마르쿠제는 주장했다. 노동의 단순한 도구가 되기보다 우리의 육체는 에로스를 재구성할 수 있게 된다. 마르쿠제는 너무도 오랫동안 철학이 '존재'를 순수하고 추상적인 의식으로 간주해왔다고 말한다. 에로스는 로고스에 의해 억눌려왔다. 자본주의 역시 에로스의 한계를 정했다. 에로스는 성기 중심으로 한정되어 단혼제와 재생산에만 봉사하도록 활용되었다.

그렇지만 에로스의 해방을 통해 어떻게 구체적인 성적 실천이 변화될 것인지는 분명하지 않다. 마르쿠제는 가령 호분증(coprophilia)이나 동성애를 비난하기보다는 억압 없는 문명에서는 이런 행태들이 고차원적 문명에서의 정상성과 양립할 것이라고 주장했다.[55]

그러나 여기서 '정상성'을 불러낸다면 곤란하다. 마르쿠제의 억압 없는 세계에서 성적 규범이 존재한다면 그것들은 이제 막 해방된 에로스적 에너지들에 제동을 걸지 않겠는가? 억압하지 않는 유토피아를 순찰하는 악덕퇴치부대의 설립을 제안하지는 않았어도 마르쿠제가 그리는 유토피아에서 성적실천은 현재의 형태로부터 발전된다는 암시인 듯하다. 어떤 형태를 취할지는 상상하기 어렵다. 우리처럼 억압되고 소외받은 채 독점자본주의의 족쇄에 묶여 있는 사람들에게는 말이다.

억압적 문명의 종식과 리비도적 에너지의 해방으로 인해 치명적 피해를 입는 것은 마르쿠제의 감질 나는 암시에 따르면 1950년대 미국의 상징적 제도인 핵가족이다. "몸 전체가 고착의 대상이 되어 즐기는 대상이 되고 쾌락의 도구가 된다"고 마르쿠제는 썼다. "리비도적 관계의 가치와 영역에서 생기는 이러한 변화는 사적인 인간관계를 조직하는 제도, 특히 단혼제에 기반을 둔 가부장적 가족의 해체를 낳게 된다." 성은 더 이상 "생산에 봉사하는" 것이 아니라 "몸의 성감대로부터 쾌락을 얻는 기능"을 갖게 된다.[56] 그리고 이게 끝이 아니다. 전체 몸이 성애화될 뿐 아니라 그 몸이 하는 일, 즉 사회적 관계, 일, 문화 창조 역시 성애화된다.

한 가지 더 흥미로운 것은 마르쿠제의 억압 없는 문명이 일찌감치 논의되어온 생산과 노동의 충실성이라는 개념에 갖는 함의이다. 헤겔에게 인간은 생산을 통해서 정체성을 실현한다. 이것은 "자신을 가능성의 밤에서 현실성의 낮으로 번역하는 과정"이다. 마르크스 역시 인간으로서 충만감을 느끼게 하는 것은 뭔가를 생산하는 일과 관련된다고 주장했다. 프롬도 '생산적 인간'의 이상을 제시했다. 생산적인 인간은 "자신에게 고유한 인간적 힘을 표현하는 행동"을 하는 만큼 자신이 살아있음을 경험하는 규범적 인물이다. 그러나 마르쿠제에게 생산의 강조는 자본주의적 노동윤리와 수행원칙을 강화시킨다. 그의 주장은 얼마나 비판이론이 마르크스주의 정통교리로부터 멀어졌는지를 보여준다. 결과적으로 마르크스는, 물론 소외되지 않은 노동을 의미하긴 했지만 노동을 통한 자기완성을 찬양함으로써 자본주의이데올로기를 용인한 철학자로서 제시되었다. 그러나 마르크스보다는 프롬이 공공연한 목표물이었다. 마르쿠제는 프롬이 자본주의체계를 비판하는 한편 자본주의적 가치를 슬그머니 도입했다고 지적했다. 이것이 두 사람이 벌인 격렬한 논쟁에서 그가 상세히 제시한 논지였다.

그러나 마르쿠제는 단지 우리가 놀기만 하고 일하지 말자고 주장하는 쾌락주의자는 아니었다. 그는 일과 놀이 사이의 분리가 극복되어야 한다고 주장했다. 프리드리히 쉴러*의 뒤를 이어 그는 놀이와 예술을 해방적 활동으로 지지했다. 이런 활동은 인간의 존재를 변형시키고 특히 노동과 맺는 관계를 바꿀 수 있다. 우리를 정신적으로 축소시키고 육체적으로 파멸시키는 직업이 요구하는 소외된 노동을 하는 대신에 그는 억압 없는 사회에서 에로스적 에너지는 성적 만족, 놀이와 창조적 활동으로 흘러들어간다고 제안했다. 마르쿠제는 이 유토피아적 전망의 일부를 프랑스의 사상가로, 마르크스 이전 시대의 유토피아적 사회주의자 샤를 푸리에로부터 취했다. 푸리에는 『에로스와 문명』에서 마르쿠제가 꿈꾸었던 것과 유사한 사회를 추구했다. 마르쿠제에 따르면 푸리에는 "'사치 혹은 오감의 쾌락'을 창조하고, 리비도적 집단을 구성해서(우정과 사랑), 이 집단들을 개인의 발전과 일치하도록 구성해서 조화로운 질서를 구축"하자고 제안했다. 푸리에의 유토피아에 노정된 결함은 거대한 조직에 의해 유토피아를 행정관리 해야 한다는 생각이었는데 이 조직은 우리가 벗어나야 할 억압적 체계를 재생산하게 된다고 마르쿠제는 지적했다.[57]

이상의 논의가 마르쿠제의 억압적이지 않은 리비도혁명이 일을 하지 않고

---

* 독일 고전주의 극작가이자 시인이며 철학가.

도 이루어진다는 것을 의미하지는 않는다. 프로이트는 에로스를 "실체를 더 커다란 통일체로 구성해서 삶이 연장되고 더 높은 발전으로 나아가도록 하게 애쓰려하는 것"으로 규정했었다.[58] 마르쿠제에게 이것은 일처럼 들렸고 또 그는 실제 그렇게 인식했다. 쾌락원칙을 자유롭게 해주면 일의 개념이 변형되겠지만, 그런 경우라도 어쨌든 그것은 일이다.

> 몸 전체를 쾌락의 주체이자 대상으로서 유지해주는 에로스적 목표는 유기체의 지속적인 혁명, 순응성의 강화, 감각성의 성장을 요구한다. 이 목표는 그 자체의 현실화 기획 — 힘든 노동의 폐지, 환경의 개량, 질병과 부패의 정복, 사치의 창조 — 을 만들어낸다. 이 모든 활동들은 쾌락원칙으로부터 직접 흘러나오며 동시에 일을 구성한다.[59]

마르쿠제가 지속적인 혁명이라고 묘사한 것은 시시포스적 노동처럼 들린다. 그러나 이 노동은 수행원칙을 지탱하는 소외되고 억압적 일이 아니라 그보다는 마르쿠제가 인용한 두 개의 고전적 신화적 인물인 오르페우스와 나르시스의 일에 더 가깝다는 점이 중요하다. 오르페우스는 억압적 섹슈얼리티를 거부하고 욕망의 대상과의 합일을 추구하는 반면 나르시스는 그의 성격 전체에 퍼져있는 에로스적 충동을 갖고 있다. 마르쿠제가 주목했던 사실은 나르시스가 자연과 분리되지 않았고 자연의 일부라는 것, 그리고 자신이 자연에 반영된 모습을 바라보는 데서 쾌락을 느낀다는 점이었다. 마르쿠제의 분석에서 이 부분은 확실히 아도르노와 호르크하이머가 『계몽의 변증법』에서 자연에 대한 폭력적 전취를 비판한 대목과 연결된다. 이 세 사람 모두에게 어떤 희망을 가질 만한 변화란 자연과 인간의 재결합과 관련된다. 프란시스 베이컨 이래 인간은 자연을 지배대상 외에는 쓸모없는 것으로 간주했다. 오르페우스와 나르시스는 마르쿠제에게는 "위대한 거부*의 이미지이다. 그들은 리비도적 대상(혹은 주체)으로부터의 분리를 수용하려 하지 않는다. 이들의 거부는 해방을 목표로 한다. 분리된 것의 재결합이 바로 해방이다."[60] 에로스는 로고스에서 분리되었고 그것에 종속되었다. 인간성은 자연으로부터 분리되었고 자연을 정복했다. 논쟁적이지만 마르쿠제가 상상했던 재결합은 노동과 연관되며, 프롬이『마르크스의 인간개념』이라는 1961년 책에서 묘사했던 자기실현적 노동의 일종이다.

『에로스와 문명』은 마르쿠제가 마르크스주의의 개념을 재구성하는 방식을 보여준다. 1955년의 마르쿠제가 보기에 지금껏 현존하는 사회의 역사는 1세기 전 마르크스와 엥겔스가「공산당 선언문」에서 썼던 것처럼 단순히 계급갈등의 역사라고 할 수는 없었다. 역사는 본능의 억압에 대한 투쟁이었다. 선진산업사회는 우리가 억압 없는 사회에 도달하는 것을 방해한다. 억압 없는 사회는 "근본적으로 다른 존재방식, 근본적으로 다른 자연과 인간의 관계, 근본적으로 다른 실존적 관계들에 토대를 두고 있다."[61] 그러나 호르크하이머와 아도르노의 철학과 달리 마르쿠제의 철학은 낙관적이다. 억압 없는 사회란 가능하며 "새로운 기본적인 존재경험이 인간존재 전체를 바꿀 것"이라고 주장한다.

『에로스와 문명』에서 마르쿠제는 문명에 관한 프로이트의 비관적 전망을 프로이트가 가능하지 않다고 여긴 억압 없는 문명을 상상하기 위해 사용했다. 이것은 거의 신 프로이트적 수정주의로 들린다. 그렇지만 그의 책은「신 프로이트 수정주의 비판」이라는 에필로그로 끝맺는다. 이 글에서 그는 프로이트의 저작에 담긴 비판적 함의를 제거한 채 수정하려고 한 저명한 몇몇 정

---

* Great Refusal: 억압사회에 대한 항의와 자유를 향한 투쟁을 의미하는 마르쿠제의 이론적 표현.

신분석학자들을 비난하고 있다. 마르쿠제의 세밀한 비판의 대상이 된 이론가 중에는 당연히 프롬이 포함된다. 마르쿠제는 프롬과 여타 신 프로이트주의자들이 프로이트의 핵심적 통찰력인 가령 리비도이론, 죽음충동, 오이디푸스 콤플렉스와, 전 인류사에서 유일했던 남성지도자가 여성들에 대한 성적권리를 독점했기 때문에 살해당하고 그로 인해 죄의식이 생겨나서 인류역사에 대대손손 죄의식이 전해지고 있다는 원초적 집단이론과 같은 개념들을 거부했다고 믿었다.

프롬은 — 마르쿠제의 『에로스와 문명』과 다르지 않은 마르크스주의적 프로이트비판을 수행했는데 — 오이디푸스 갈등이 부자지간의 영원한 진실이라는 명제를 의심했고 대신 자본주의사회의 조건들이 오히려 세대 간 갈등을 초래했다고 봤다. 그러나 마르쿠제는 한 발 더 나아가 프롬을 수정주의자라 비판한다. 그는 자신의 옛 동료가 개인성의 본능적 토대에서 멀어진 채 "부정을 그 자리에 내버려 두고 실증적 사유를 인간존재에 지배적인 것인양" 포용하려 했다고 주장했다. 마르쿠제는 프롬이 선과 악, 생산과 비생산을 구별했는데, 겉으로는 자본주의적 이데올로기를 비판하는 듯이 보이지만 실은 그 이데올로기에 비롯된 구별방식이었다고 지적했다. 나아가 그는 프롬이 순응주의적 슬로건 "실증을 강화하라" 앞에 머리를 조아렸다고 신랄하게 비난했다.[62]

이런 비난이 프롬에게 온당한 것인가? 마르쿠제처럼 프롬도 전쟁이 끝난 뒤 망명국에 남기로 결정했다. 프랑크푸르트학파 연구자들 중 프롬이 미국에서 제일 성공적으로 안착했다. 영어습득도 빨랐고(후에 그의 독일인 동료뿐 아니라 수많은 영어권 출신자들보다도 훨씬 더 쉽고 용이하게 영어로 쓸 수 있었다) 미국사회에 동화될 준비가 잘 되어있었다. 그렇다고 미국사회에 비판적이지 않은 것은 아니었다. 망명 당시 그가 쓴 저술은 미국사회에 매우 비판적이어서 처음에는 마르쿠제의 자연스런 동맹자처럼 보였다. 가령 프롬의 1941년 『자유의 공포』는 드러내놓고 전체주의 사회를 비난하고 어떻게 이 사회가 현대 세계의 자유로부터 도피해서 자궁으로 돌아가기를 뿌리 깊게 갈망하고 있는지를 보여주는 동시에 자본주의적 민주주의가 자유로부터의 또 다른 형태의 도피를 제공한다는 사실을 지적했다. 1955년 책 『건전한 사회』에서 그는 초기 자본주의가 소유물과 정서를 쌓아놓는 '저장강박장애'를 생산하는 동안 새로운 성격유형이 전후 자본주의하에 출현했다고 제안했다. 이 새로운 '시장 성격'은 "진정한 정서와 진실, 그리고 확신감에서 멀어짐으로써 시장경제에 순응"하며 그에게는 "물건 뿐 아니라 사람 자체, 신체적 에너지, 기술, 지식, 의견과 정서, 그의 웃음까지도 모든 것이 상품으로 바뀐다."[63] 이런 사람은 배려심이 없다. "이기적이기 때문이 아니라 타인과의 상호 관계, 그리고 자신 자신과 맺는 관계마저도 너무 일천하기 때문이다."[64] 이 시장 성격에 대해서 프롬은 자신의 이상적 인물유형인 '생산적 인물'을 병치시킨다. 이 유형은 사랑하고 창조적이며 존재를 소유보다 더 소중하게 여긴다. 생산적 인물들은 시장경제에 대해서 낙심한다. 실제로 그들은 시장경제의 가치에 위협적이다.

이런 부분들은 마르쿠제의 『에로스와 문명』과 매우 일치하기 때문에 왜 프롬이 마르쿠제의 에필로그에서 공격대상이 되는지 이해하기 쉽지 않다. 프롬이 마르크스주의에 헌신한다는 점에서 정신분석을 순응주의 심리로 환원시킬 것 같지는 않지만 마르쿠제의 비난은 여기에 집중된다. 에필로그는 약간 수정되어 저널 《디센트(*Dissent*)》*에 투고된 후 1955년에 출간되었고 이후 이 잡지의 지면을 통해 여러 쟁점들을 다루면서 벌어진 매우 격렬한 논쟁을 촉발시켰다. 갈등의 뿌리는 그러나 1930년대에 프롬이 프로이트의 정통

* 1954년부터 출간된 좌파학술이론지로 현재 마이클 카진과 티모시 쉥크가 편집을 맡고 있다.

교리에 대해 갈수록 못마땅해 하면서 아도르노와 호르크하이머와 충돌했고 그 결과 1939년 연구소에서 해고되었던 시기로 거슬러 올라간다. 당시 아도르노와 호르크하이머는 프로이트가 자아와 사회 사이에는 어떤 조화도 있을 수 없다는 제안에 동의했다. 본능은 분출될 출구를 찾으려 하지만 사회는 이 분출을 막아야 생존할 수 있다. 1930년대에 벌써 프롬은 이러한 프로이트의 정통교리를 의심했다. 그의 사회적 성격개념은 내면의 자아를 구성하는 외부적 사회구조와 연관된다. 그러나 아도르노와 호르크하이머에게, 그리고 나중에 마르쿠제에게는 프로이트의 이 부분에 가한 프롬의 수정은 사회적 차원에서는 보수적인 선택을 의미했다. 프롬은 프로이트가 초기 유아기의 성적 경험과 무의식에 부여했던 중요성을 평가절하 했다. 마르쿠제는 프롬이 '관념주의적 윤리'를 고수하고 있다고 비난했다. 프롬이 인간의 생산성, 사랑과 건전성을 요구하는 것은 정확히 프로이트가 부인했던 것, 즉 자아와 사회 사이에 조화가 있다는 전제를 함축한 것이라고 마르쿠제는 주장한다. 프롬의 수정주의는 프로이트에게서 발톱을 빼내어 근본적 사회비판의 비평적 칼날을 잃게 했다는 것이다. 프롬의 "정상성에 도달하는 길"은 마르쿠제가 보기에 "사회체계가 좀 더 부드럽게 작동"하기 위한 완화제일 뿐이다. 프롬은 마르쿠제가 자본주의사회에서 창조적 생산성의 가능성, 행복과 진정한 사랑을 부인함으로써 비변증법적으로 사유하고 있으며 자신의 비판주의를 허무주의의 지점까지 몰아간다고 되받아쳤다. 프롬은 자본주의에서는 자기변화가 제한적 잠재성을 갖는다고 주장했다. 궁극적으로 이러한 자기변화를 통해서 우리는 프롬이 제안한 사회주의적 인본주의를 깨달을 수 있다고 한다.

마르쿠제는 정상성으로 향하는 길은 없다고 주장했다. 그는 프롬의 제안이 사회의 지배적 구조를 피할 수 있는 자율적 개인이라는 개념에 전제를 두고 있다고 파악했다. 그러나 비판이론의 메아리를 통해 알려진 프로이트의 핵심적 요점은 그런 개인적 형상은 초기자본주의의 19세기에 발명된 신화로서, 이제는 완전히 시대착오적이며 프로이트 이전 시기로의 격세유전일 뿐이다. 그 신화를 지금 불러내봐야 오직 프롬이 공공연히 비난한다고 말하는 지배적 사회의 이해관계에 봉사하게 된다. 『계몽의 변증법』에서 아도르노와 호르크하이머는 개인을 대형 마켓이 생긴 시대에 잔존하는 마을 상점에 비유한다. 개인은 봉건적 제약으로부터 "경제적 활동의 역동적 세포"로 출현한 "심리적인 골목상점"이다. 프로이트주의 정신분석은 "의식과 무의식, 이드, 에고와 초자아 사이의 복합적 역학체계로서… 자라난 내면의 '소상업자'를 대표한다." 프로이트주의 정신분석은 프롬 뿐 아니라 비판이론가들에게도 자본주의에 해당하는 인간심리를 다룬 이론이었다. 이 심리학 이론은 19세기 말과 20세기에 발달되어왔다. 특히 정신분석은 자율적 개인이 근거 없는 환상이라고 주장했다. 우리는 생물학적 본능으로부터 자유롭지 않고 또 사회질서에 의해 결정되거나 지배되는 것을 피할 수 없다. "활동하는 노동자로서의 인간을 위한 결정은 사업조직부터 국가적 행정조직에 이르는 위계질서에 의해 장악되어있다"고 아도르노와 호르크하이머는 썼다. "사적 영역에서 대중문화체계에 장악된 개인은 자신의 최종적 내적 충동을 넘겨준 채 자신에게 제공된 것을 소비하지 않을 수 없게 되었다."[65] 자율적 개인은 프롬이 정상성을 향한 길을 건설하기 위해 필요한 형상이었는데, 비판이론의 프로그램에서는 이 형상을 부정한다. 아도르노는 이렇게 쓴다. "그들[수정주의자들]은 쉼 없이 사회가 개인에게 미치는 영향에 관해 말하지만 개인 뿐 아니라 개인성의 범주가 사회의 산물이라는 사실을 잊고 있다."[66]

비판이론에 의한 프롬의 파문선고였던 《디센트》 논쟁은 너무도 격했던 나머지 마르쿠제와 프롬의 우정에도 금이 갔다. 수년 후 프롬은 열차에서 마르쿠제와 마주쳤지만 애써 그를 무시했다. 프롬에게는 이 논쟁이 큰 상처를 남겼다. 자신이 한때 편집위원으로 참여했던 저널의 지면에서 이 논쟁이 진행되었다는 사실 때문이었다. 당시 편집자는 뉴욕지식인그룹의 어빙 하우와 루이스 코저였다. 이들은 동료 프롬과 그의 견해에 실망을 느낀 나머지 마르쿠제의 공격을 실어줌으로써 프롬의 기분을 상하게 했지만 조금도 가책을 느끼지 않았고 마르쿠제가 프롬의 반박에 대응하는 반박을 쓰도록 허락해주기도 했다. 이런 것들은 소소한 문제일지도 모르지만 사실 논쟁의 판이 프롬에게 부정적으로 돌아가고 있음을 보여주는 것이었다. 《디센트》 논쟁은 프롬에게는 등에 두 차례 칼을 맞은 것처럼 여겨졌다. 그의 전기 작가에 따르면 이 논쟁은 학술적 명망을 얻으려 했던 그의 노력에 치명타를 안겼고 결과적으로 학술계에서 그의 역할은 지엽적인 부분에 머물렀다. 그에게 이 경험은 마치 어렸을 때 부모의 집에서 했던 경험이나 1939년 연구소에서 해고되었을 때와 유사하다고 했다.[67] 그러나 프롬이 이 논쟁 때문에 학술계에서 피해를 당하고 어떤 비평가가 말하듯이 '잊힌 지식인'이 되었지만[68] 우리가 나중에 대중적 지식인이라고 부르게 될 역할로 그의 지위가 성장하고 있던 것에 비하면 학술적 명망이라는 것이 실상 얼마나 보잘 것 없는지 여실히 보여줄 뿐이었다. 《디센트》 사건 이후 프롬은 괘념치 않고 계속 자신의 연구를 진행해서 옛 동료들이 부정했던 사회주의적 인본주의가 가능하다고 주장하는 책을 써냈다. 그는 이런 잡음에도 불구하고 상당한 성공을 거두게 되었다.

1933년 망명 이후 1980년 사망할 때까지 프롬은 미국에서 대부분 여생을 보냈지만 1950년에는 멕시코시티의 국립자치대학교에 재직하기도 했다. 1944년에 결혼한 두 번째 아내 헤니 걸랜드의 건강을 위해 그는 멕시코로 이주했다. 의사는 그녀에게 멕시코시티 인근 방사선 온천으로 가서 고혈압과 심장질환, 우울증 등을 치료하라고 권했다. 1940년 9월 사진작가였던 걸랜드는 피레네산맥을 걸어서 피신했던 벤야민을 포함하고 있던 피난민 그룹 중 한 사람이었다. 이 그룹은 대중에게 알려진 대로 자살하기 직전 벤야민을 만났던 최후의 사람들이었다. 멕시코로 여러 번 여행을 하면서 따뜻한 기후와 천연온천 덕분에 헤니의 고통이 완화되었고 우울증도 겉보기엔 나아졌다. 프롬에게 멕시코는 그와 그녀의 행복을 다시 찾을 마지막 희망처럼 보였다. 그러나 1952년 헤니는 심장질환으로 사망했다. 프롬의 전기 작가에 의하면 그녀는 자살을 한 것처럼 보인다.

프롬의 책 중 가장 성공적이었던 『사랑의 기술』을 멕시코 시절 헤니의 죽음이 가져온 불행을 떠올리며 읽지 않을 수 없다. 그는 이 책을 더 이상 관계를 맺으려고 애쓸 필요가 없다는 생각이 갈수록 확산되는 분위기를 거스르기 위해서 썼다고 한다. 사랑은 상품경제에서의 다른 모든 것들처럼 독에 물들어 버렸고 우리를 한때 미칠 지경으로 몰아갔던 사랑의 힘은 이제 물화되어 중화되었다. 그는 커플주의의 지배적 형태를 커플 두 사람의 이기심이라고 했다. 두 명의 자기중심적인 사람들이 외로움을 피하기 위해서 결혼이나 파트너 관계에 참여하는 것이다. 마치 사랑이 상실과 실망으로 가득한 현실 세계의 부침으로부터 두 사람을 보호해줄 수 있는 완전보장보험이라도 되는 듯이 말이다. 그렇지만 이 두 이기주의자는 누구도 프로이트가 '핵심적 관계'라고 부른 것에 도달하려고 노력하지 않는다. 그는 사랑이라는 언어 그 자체가 이런 거짓말과 공모하고 있다고 주장했다. "이런 태도 — 즉 사랑보다 더 쉬운 것은 없다 — 는 그와 정반대의 상황을 가리키는 압도적인 증거에도 불구하고 사랑에 관한 지배적인 생각으로 지속된다."[69] 마르크스주의적 분석에 따르면 사회는 사랑을 시간이 많이 들고 기술과 헌신이 필요한, 훈련해서 익혀야 할 기예(art)라기보다는 상품으로 다루었다. 연인 역시 물화되어 한 개인이 아니라 도구적 목적에 봉사하는 대상이 되었다.

프롬이 『사랑의 기술』에서 제시한 다섯 가지 유형의 사랑도 천박해져 갔다. 형제애는 인간의 상품화에 따라, 모성애는 나르시시즘에 따라, 자기애는 이기심, 신의 사랑은 숭배, 에로틱한 사랑은 부드러움의 결핍으로 타락했다.

에로틱한 사랑에서 부드러움이 사라진 것은 개인적 책임감을 거부하고 자신이 마땅히 받을 자격이 있다고 주장하면서 내면적인 의무보다는 외부적인 요구를 향하는 경향에서 비롯되었다고 그는 비판했다.

현재 이 사회에서 우리가 사랑의 기술을 배우지 못했다는 것은 말할 필요는 없다. 진정 우리는 섹스를 위해 사랑을 폐기처분해왔다고 할 수 있다. 로맨스를 거부하는 우리 자본주의자들에게 사랑은 너무 많은 노력과 헌신, 위험을 요구한다. 그 결과 출간 뒤 60년이 지난 후에도 프롬의 책은 참신한 도전과 비판으로 읽힌다. 손쉽게 버려지는 연인들의 시대에 계산된 성적 쾌락이 사랑의 예측불가능성을 대신하고 사랑을 마치 쇼핑하듯 찾고 구매행위에서 기대하는 신기함과 다양성을 요구하며 사용 후 쉽게 폐기처분해 버린다. 사회학자 지그문트 바우만은 『리퀴드 러브』에서 우리 사회가 프롬의 책이 제시하는 교훈을 배우지 못했다고 주장한다. "무법자를 길들이고 반항아를 복종하게 하며 미지를 예측가능하게 만들고 자유로운 방랑자를 붙잡아두기 위한 시도는 모두 사랑에 조종을 울리는 것이다. 에로스는 이중성을 넘어설 수 없다. 사랑에 관한 한 소유, 권력, 융합과 탈주술화는 묵시록에 등장하는 네 기사*이다."[70]

1958년 5월에 28세의 위르겐 하버마스는 프랑크푸르트에서 정치적 시위에 참여했다. 연방공화국의 하원은 그 해 3월 독일의 군대가 나토(NATO)의 원자폭탄무기로 무장하는 안건을 통과시켰다. 연방공화국의 군대는 1955년부터 존재했고 출발부터 핵무기보유와 관련한 난감한 문제를 안고 있었다.

---

* 「요한묵시록」에 기록된 것으로 어린 양이 풀어야 하는 7개의 봉인 중 4번째 봉인이 풀리면서 등장한다. 각기 지상의 4분의 1을 지배하는 검, 기근, 죽음, 동물로 인간을 죽일 수 있는 권위를 갖고 있다.

독일을 대표하는 원자핵 과학자들로 구성된 괴팅겐 18인*이라는 이름의 한 시위단체는 당시 고려대상인 무기 중 하나가 히로시마 원자폭탄정도의 파괴력을 갖고 있다고 주장하면서 독일에 그런 무기를 들여올 수 없다고 선언했다.

프랑크푸르트학파가 이 문제에 참여해야 하는가의 문제에 대해 의견이 분분했다. 아도르노는 오해받기보다는 침묵이 더 낫다고 생각했다. 그는 이렇게 썼다. "자신이 동조하는 청원에 사인을 하는 일도 어렵다. 정치적 효과를 얻기 위한 불가피한 욕망 속에서 그것들은 언제나 비진실(untruth)의 효과를 담고 있기 마련이다…… 헌신의 부재를 반드시 도덕적 결핍이라고 할 수는 없다. 자신의 견해가 자율적이라고 주장하는 것만으로도 도덕적일 수 있다."[71] 아도르노가 자율성을 강조하고 정치적 헌신으로부터 거리두기를 높이 평가하는 모습은 만하임이 1930년대 초엽 지식인들에게 부여했던 자유로운 유동성의 자질과 가까워보인다. 하지만 그런 지식인의 태도는 사회를 바꾸려고 하는 사람들에게는 짜증날 만큼 분노를 일으킬 수 있다. 적지 않은 수의 아도르노의 학생들이 나중에 학내시위과정에서 그렇게 느꼈다.

아도르노와 공동책임자인 호르크하이머는 그들이 정치적 헌신이 필요하다고 느낄 때는 헌신을 거부하지는 않았다. 그 한 예로 1956년에 그들은 독일의 뉴스전문지《슈피겔》에 이집트에 대한 프랑스와 영국의 군사행동을 옹호하는 기고문을 싣기도 했다. 이집트는 유엔으로부터 비난을 받아왔었다. "아무도 이 아랍의 도둑국가들이 수년 간 이스라엘을 공격해서 그곳에서 피난처를 마련했던 유대인들을 학살할 기회를 호시탐탐 노리고 있다는 사실

---

* 독일연방공화국을 대표하는 18인의 핵 연구자들이 모여 아데나워 수상과 당시 국방장관의 독일 핵무장계획에 반대하며 1957년 괴팅겐선언문을 발표한다.

을 감히 지적하려들지 않는다."[72] 하지만 대체로 이 두 사람은 정치를 멀리하고 있었다.

두 사람 모두 독일의 군대, 특히 핵무기를 갖고 있던 군대의 위험에 대해 일부 독일 지식인들 사이에서 거세지고 있던 반감을 공유하지 않았다. 실제로 연구소의 젊은 회원들은 화를 냈다. 민주주의적 태도에 따라 군대지원자를 선발하는 방법을 찾기 위한 독일국방부의 연구를 이들이 거리낌 없이 수행했기 때문이다. 하버마스는 4반세기 동안 연구소의 소장으로 재직해온 호르크하이머가 특히 연방공화국과 지나치게 친밀한 동맹을 맺고 있는 점을 걱정했다. "그의 공적인 행동이나 연구소를 위한 정책으로 보건데 비판이론 전통과는 어울리지 않는 기회주의적 순응성을 드러내고 있다. 어쨌든 자신이 이 비판이론의 전통을 대표하고 있지 않은가." 아도르노와 호르크하이머는 마르쿠제에게 왜 그들이 동독보다 서독이 더 편한지 설명했다. 동독에서는 아마도 사회비판자인 자신들은 "오래 전에 살해당했을" 것이라고 하면서 서독에서 그들이 향유하고 있는 사유의 자유는 천국과 같다고 주장하기에 이른다.[73]

그러나 이 자유를 가지고 무엇을 할 것인가? 프랑크푸르트 시위에서 연설을 한 뒤 하버마스는 한 학생잡지에 「소요는 시민의 첫 번째 의무」라는 헤드라인을 담은 글을 기고했다. 이 글에서 스승인 아도르노의 진술을 불러내어 현대철학의 임무는 "저항 속에 그 생명의 핏줄을 얻는다"고 쓴다. 하버마스의 글은 프란츠 뵘이 같은 시기에 출간했던 글에 대한 강한 항의를 담고 있었다. 뵘은 보수성향의 기독민주당 하원의원이었고, 이해하기 어렵지만 연구소의 연구재단 이사회 회장이기도 했다.[74] 뵘은 자신의 정당을 비판하는 시위대를 향해서 오합지졸 군중이라고 비난했다. 또 그들이 서구에 대항하는 독재자들에 협조적이며 정치적 토론을 짓밟고 새로운 형태의 나치즘을 위한 길을 내주었다고 일갈했다. 간단히 말해 뵘은 하버마스와 같은 시위자들을 좌파 파시즘이라고 비난하면서 하버마스가 십년 뒤에 루디 두치케와 같은 학생시위대를 같은 용어로 비난하게 될 것을 예견했다. 하버마스는 시위대가 "우리의 이름을 대변하면서 지배하려 드는 정치가들"에 대항하고 있으며, 핵무기로 무장할 군대에 관해서 국민투표를 하자고 요구했다 (그 해 서독의 제헌법정은 국민투표를 인정하지 않았다).[75]

하버마스의 정치적 활동은 카페 막스의 내부를 곪아터지게 했다. 단지 그의 연설과 논쟁만이 호르크하이머의 근심거리는 아니었다. 하버마스가 연구소를 위해 작성한 연구논문들에 표현된 정치적 입장이 더 문제였다. 1957년 하버마스는 「마르크스와 마르크스주의에 관한 철학적 논쟁에 관하여」라는 제목의 논문을 썼다. 이 논문에서 그는 "형식적 민주주의를 유물론적 민주주의로, 자유민주주의를 사회민주주의로 발전시키자"고 요구하는 듯이 보였다.[76] 그러나 이 요구가 하버마스의 독창적인 표현이 아닐 것이라고 호르크하이머는 의심했다. 호르크하이머는 하버마스가 논문에서 애초에 표현한 혁명의 요구를 아도르노가 다듬어서 연구소의 체면을 조금이라도 지키려고 위에 인용된 표현으로 대체한 것이라고 확신했다. 만일 그렇다면 이 편집된 원고는 연구소가 오랫동안 고수해온 이솝 우화적 언어와 같은 궤를 이룬다고 볼 수 있었다. 그러나 호르크하이머는 안심할 수 없었다. 어떤 독자라도 이 글에 담긴 혁명의 요구를 알아차리게 될 것이라는 문제가 남아있었다. "어떻게 자유주의적 제도에 의해 부르주아사회의 족쇄에 묶여있는 국민이 폭력이 아닌 다른 방법으로 소위 정치적 사회를 변화시킬 수 있겠는가? H[하버마스]는 이 사회가 변혁을 위해 '충분히 숙성한 상태 그 이상'이라고 생각하지." 호르크하이머는 아도르노에게 보낸 편지에서 이렇게 말했다. "이렇게 사회변혁을 인정하는 발언을 연구소의 연구보고서에 실을 수는 없다네. 연구소는 이 족쇄를 채우는 사회가 주는 공공기금으로 운영되고 있으니까."[77] 확실히 그렇다. 격한 혁명의 요구는 연구소가 독일국방부로부터 연구

계약을 따내는데 도움이 되지 않았다.

간단히 말해서 호르크하이머는 하버마스를 쫓아내려 했다. 그는 아도르노의 염려에도 불구하고 매우 영리한 핑계로 자신의 목표를 달성할 수 있었다. 하버마스는 부르주아 공적영역에 대한 박사 후 연구논문을 쓸 준비를 하고 있었다(1962년에 『공적영역의 구조적 변화: 부르주아사회의 범주에 대한 탐색』이라는 제목으로 출간되어 꽤 영향력을 갖는 저서가 되었다). 그러나 호르크하이머는 그에게 3년 정도 걸릴 다른 연구를 먼저 하라고 요구했다. 화가 난 하버마스는 사임하고 마르부르크대학에서 마르크스주의 법학자인 볼프강 아벤드로스의 지도하에 논문을 마치러 떠난다.

하버마스의 글에서 호르크하이머의 심기를 건드렸던 것은 연구소가 재정적으로 의존해있는 사회의 정치적 구조를 비판하고 있다는 점이었다. 하버마스의 연구는 너무도 마르크스주의적이었다. 하버마스는 「학생과 정치」라는 경험적인 사회학적 연구를 위한 서문도 썼는데, 이 글에서 학생의 정치 참여와 민주주의에 대한 태도의 연구를 목표로 삼았다. 여기서 그는 독일사회가 권위주의적 복지국가와 실질적인 민주주의 사이의 교차로에 서있다고 주장했다. 하버마스가 보기에 연방공화국은 많은 근본적인 권리를 소위 기본법이라는 이름 하에서 서독국민에게 부여했고 그들에게 하원위원의 선출을 통해 연방수준의 정치에도 참여할 수 있게 했다. 그러나 롤프 뷔거하우스가 주목하듯이 하원위원은 행정부, 관료와 로비집단에게 그 힘을 잃어버렸다.[78] 따라서 선거는 민주주의적 정치권력을 제공해야 하는데도 실상은 그 권력에 대한 조롱에 불과했다. "공개적인 계급갈등의 쇠퇴와 함께 모순은 새로운 형태로 나타난다. 이제 사회의 정치화가 증대함에 따라 대중의 탈정치화가 나타난다"고 하버마스는 썼다.[79] 자유주의 민주주의가 거짓이라는 하버마스의 비판은 혁명을 요구하는 암호화된 메시지와 함께 호르크하이머로서는 감당하기 힘든 것이었다. 연구소는 「학생과 정치」를 출간하지 않기로 결정했다. 나중에 다른 지면에 이 글이 출간되었을 때도 프랑크푸르트학파는 전혀 언급되지 않았다.

카페 마르크스는 죽었다. 카페 막스여, 영원하라. 프랑크프루트학파와 비판이론이 1960년대에 어떤 역할을 하게 될 지 아직 확실치 않았다.

● 13장

1. Müller-Doohm, *Adorno: A Biography*, 321쪽.
2. Kuhn, *Henryk Grossman*, 209쪽.
3. 같은 글, 215쪽.
4. 같은 글, 221쪽.
5. Müller-Doohm, *Adorno: A Biography*, 334쪽.
6. Andreea Deciu Ritivoi, *Intimate Strangers: Arendt, Marcuse, Solzhenitsyn, and Said in American Political Discourse*, Columbia University Press, 2014, 163쪽.
7. Saul Bellow, "The French as Dostoevsky Saw Them," *It All Adds Up*, Secker and Warburg, 1994, 41쪽.
8. Saul Bellow, *The Adventure of Augie March*, Penguin, 1981, 3쪽.
9. Müller-Doohm, *Adorno: A Biography*, 326쪽.
10. Maggie O'Neil (편집), Adorno, *Culture and Feminism*, Sage, 1999, 95쪽.
11. Peter Dews (편집), *Autonomy and Solidarity: Interviews with Jürgen Habermas*, Verso, 1992, 46쪽.
12. Müller-Doohm, *Adorno: A Biography*, 330쪽.
13. 같은 글, 565쪽.
14. "Correspondence with Martin Heidegger"에서 인용됨. marcuse.org/herbert/pubs/40pubs/47MarcuseHeidegger.htm. 그리고 Berel Lang, *Heidegger's Silence*, Cornel University Press, 1996, 58쪽에 수록됨.
15. Herbert Marcuse, *Technology, War and Fascism: Collected Papers,* Volume 1. Douglas Kellner 편집. Routledge, 2004, 58쪽.
16. Jürgen Habermas, *Between Naturalism and Religion*, Polity, 2010, 20쪽.
17. Dews, *Autonomy and Solidarity*, 78쪽.
18. Müller-Doohm, *Adorno: A Biography*, 335쪽.
19. Adorno, *Minima Moralia*, 233쪽.
20. Müller-Doohm, *Adorno: A Biography*, 383쪽.
21. 같은 글, 383쪽.
22. 같은 글, 384쪽.
23. 같은 글.
24. Adorno, *Prisms*, 34쪽.
25. Adorno, *Minima Moralia*, 44쪽.
26. Primo Levi, *If This is a Man*, Abacus, 2004, 57쪽.
27. Müller-Doohm, *Adorno: A Biography*, 405쪽.

28. Brian Hanrahan, "Review of Darkness Spoken: Collected Poems of Ingeborg Bachmann." *Harvard Review* 32 (2007), 162쪽.

29. Theodor W. Adorno, *Negative Dialectics*, Routledge, 2003, 362쪽.

30. 같은 글, 365쪽.

31. Adorno and Mann, *Correspondence*, 45-6쪽.

32. Müller-Doohm, *Adorno: A Biography*, 293쪽.

33. Adorno, *The Culture Industry*, 141쪽.

34. Adorno and Horkheimer, *Dialectic of Enlightenment*, 192쪽.

35. György Lukács, "Class Consciousness." marxists.org.

36. Erich Fromm, *The Sane Society*, Routledge, 2013, 166쪽.

37. Adorno and Mann, *Correspondence*, 46쪽.

38. Adorno et al., *The Authoritarian Personality*, 753쪽.

39. 같은 글, 224ff 쪽.

40. 같은 글, 753쪽.

41. anesi.com/fscale.htm에서 F테스트를 받을 수 있다.

42. Adorno et al., *The Authoritarian Personality*, 7쪽.

● 14장

43. Kellner, *Herbert Marcuse*, 155쪽.

44. Christopher Turner, "Wilhelm Reich: The Man Who Invented Free Love," *Guardian*, 2011년 7월 8일자 참조. theguardian.com.

45. Christopher Turner, *Adventures in the Orgasmatron: Wilhelm Reich and the Invention of Sex*, Fourth Estate, 2011, 10쪽.

46. Herbert Marcuse, "Epilogue: Critique of neo-Freudian Revisioinims" 참조. marxists.org.

47. Kellner, *Herbert Marcuse*, 158쪽.

48. Herbert Marcuse, *Eros and Civilization: A Philosophy Inquiry Into Freud*, Beacon Press, 1974, 45쪽.

49. 같은 글, 14쪽.

50. Theodor W. Adorno, *The Stars Down to Earth and Other Essays on the Irrational in Culture*, Routledge 2002, 12쪽.

51. 같은 글, 12쪽.

52. Mary VanderGoot, *After Freedom: How Boomers Pursued Freedom, Questioned Virtue and Still Search for Meaning*, Wipf and Stock, 2012, 8쪽에서 인용됨.

53. Marcuse, *Eros and Civilization*, 129쪽.

54. David Graeber, "On the Phenomenon of Bullshit Jobs," 2013년 8월 17일자 참조.

strikemag.org.

55. Marcuse, *Eros and Civilization*, 203쪽.

56. 같은 글, 201쪽.

57. Kellner, *Herbert Marcuse*, 185쪽.

58. 같은 글.

59. 같은 글.

60. Marcuse, *Eros and Civilization*, 170쪽.

61. 같은 글, 5쪽.

62. 같은 글, 250쪽.

63. Fromm, *The Sane Society*, 99 ff쪽 참조.

64. Erich Fromm, *To Have or To Be*, A&C Black, 2013, 128쪽.

65. Adorno and Horkheimer, *Dialectic of Enlightenment*, 203쪽.

66. Theodor W. Adorno, "Die Revidierte Psychoanalyse." *Institut fur Sozialforschung, Soziologische Exkurse, Frankfurt*, 1956, 30쪽. Russell Jacoby, *Social Amnesia: A Critique of Contemporary Psychology,* Transaction Publishers, 1975, 33쪽에 인용됨.

67. Friedman, *The Lives of Erich Fromm*, 192 ff쪽.

68. Joan Braune, *Erich Fromm's Revolutionary Hope: Prophetic Messianism as a Critical Theory of the Future,* Springer, 2014, 3쪽 참조.

69. Fromm, *The Art of Loving*, 11쪽.

70. Zygmunt Bauman, *Liquid Love: On the Frailty of Human Bonds*, Polity, 2013, 7-8쪽.

71. Müller-Doohm, *Adorno: A Biography*, 414쪽.

72. 같은 글, 413쪽.

73. 같은 글, 415쪽.

74. Wiggershaus, *The Frankfurt School*, 551쪽.

75. 같은 글.

76. 같은 글, 554쪽.

77. 같은 글.

78. 같은 글.

79. 같은 글.

6부

⁓

1960년대

"상품은 세뇌시키고 조작한다.
상품은 거짓에·면역된·허위의식을 증진시킨다.

15장
벽에 붙어, 개자식들아

—

       1964년 여름 아드리아 해의 코르출라 섬에서 마르쿠제는 흥미로운 질문을 던진다. "현 체제에서 좋은 옷을 입고 식료품창고를 가득 채워두고 TV와 자동차, 집 등을 소유하고 있거나 소유하고 싶은 사람들에게 반드시 체제전복을 해야 할 절실할 필요가 있을까?"[1] 40년도 훨씬 전 튀링겐지방의 일메나우에서 마르크스주의 여름학교는 볼셰비키 혁명의 성공을 목격한 뒤 독일혁명의 실패를 목전에 두고 있었고 혁명적 사회주의가 처한 위기를 마주하고 있었다. 소위 첫 마르크스주의 노동주간은 1년 후 사회연구소의 토대가 되었고 마르크스주의를 재구성하게 된다.

    이제 코르출라에서 또 하나의 마르크스주의자 집단이 냉전시대에 서구 자본주의와 소비에트연방으로 나누어진 상황에서 혁명적 사회주의에 또다시 닥친 위기를 이해하려고 애쓰고 있었다. 서구 자본주의의 대중은 지나치게 안락한 생활을 누리고 있었고, 소련 공산주의에서는 마르쿠제의 1958년

『소련의 마르크스주의』나 프롬의 1961년 『마르크스의 인간개념』이 제시한 대로라면 시민들이 마르크스 철학을 도착적으로 적용한 전체주의 관료집단에 의해 정신적 억압을 당하고 있었다.

냉전관계에서 소비되는 모든 이데올로기적 긴장에도 불구하고 마르쿠제는 양 체제 공히 프로이트의 나르시시즘 개념과 유사한 것을 발견했다. 그는 프랑크푸르트학파의 정통교리를 따라 독점자본주의가 국가사회주의나 소련 마르크스주의처럼 전체주의 형태라는 생각을 고수했다. 마르쿠제는 1964년 『일차원적 인간』을 자신이 쓴 다른 책 『소련 마르크스주의』와 짝을 이루는 서구사회연구서라고 자의식적인 정의를 내렸다. 그는 적국 소련 사회에 대항해서 서구 자본주의가 공고화되었다고 주장했다. 또한 "전체적으로 통제된" 선진산업사회는 소비자주의, 군사주의, 에로틱한 자유방종의 가면을 쓴 성적 억압과 함께, 스탈린과 그의 심복들의 권력체제 하 악명을 떨치던 엄혹한 사회상황의 짝패이자 유사형태라고 했다.

여기서 그가 이 발언을 한 장소는 의미심장하다. 코르출라는 크로아티아의 섬으로, 마르쿠제가 강연을 하던 시기에는 유고슬라비아의 사회주의연방공화국의 일부였다. 1948년 이래 지도자 요시프 티토가 스탈린과 동구권연방과의 관계를 단절한 뒤 유고슬라비아는 동맹이 없는 나라였다. 이 여름학교는 냉전 양측 사이 완충지대에서 유고슬라비아 철학자집단 프락시스(Praxis)의 주관으로 열렸다. 이 단체는 인본주의적 마르크스주의자로 자처했다. 인본주의적 마르크스주의란 청년 마르크스의 저서로의 회귀를 의미했다. 특히 1844년 그의 『경제철학수고』에 집중했는데 이 책에서 마르크스가 노동자의 소외를 강조했던 반면, 후기 저작에서 마르크스는 자본주의의 구조적 특성을 강조했다. 참석자 모두가 인본주의적 마르크스주의자인 것은 아니었다. 초대된 사람들 중에는 바티칸에서 온 구스타프 베터 신부가 있었고 마르크스주의 철학자 에른스트 블로흐도 참석했다. 그는 1961년 베를린

장벽이 세워진 뒤 동독을 떠나 서독으로 갔다. 프랑스의 마르크스주의 철학자 뤼시앙 골드만과, 마르쿠제, 프롬, 하버마스를 포함한 프랑크푸르트학파의 과거와 현재 사상가들도 참석했다. 하버마스는 1964년에 아도르노가 설득해서 호르크하이머의 은퇴 이후 연구소의 철학과 사회학 교수직을 넘겨받기 위해 프랑크푸르트로 돌아와 있었다.

흐루시초프 이후 모스크바의 정통 소련 마르크스주의자들에게 마르크스주의 인본주의는 위험한 이단이었다. 프랑스 마르크스주의자 루이 알튀세르의 유명한 구조주의적 마르크스주의 해석을 담고 있는 『마르크스를 위하여』가 다음 해에 출간될 예정이었다. 여기서 알튀세르는 인본주의적 마르크스주의가 마르크스의 성숙기 연구서 옆에 밀쳐 두었어야 할 초기 저서에 집중했다고 지적한다. 하지만 이 초기 저작들은 프랑크푸르트학파의 신마르크스주의의 사유를 촉발시켰고 1930년대 비판이론의 발전에 토대가 되어주었다. 그 이후로는 프랑크푸르트학파가 마르크스주의자라고 할 수 있는 경우는 거의 찾기 어려워진 듯 했다. 결국 우리가 살펴봤듯이 미국 망명시기에 프랑크푸르트학파의 텍스트에서 자본주의나 마르크스주의 같은 용어들은 자취를 감췄고 프랑크푸르트로 돌아온 이후에도 호르크하이머는 혁명을 인증하는 암시를 담은 텍스트에는 얼굴을 찌푸렸다. 그런 텍스트들이 연방공화국으로부터 얻을 자금과 계약서를 망칠 위험이 있었기 때문이었다. 그러나 1960년대 초까지 프랑크푸르트학파의 두 사람 하버마스와 마르쿠제는 뭔가 예상과는 다른 것을 시도했다. 그것은 프롤레타리아와 계급갈등을 뺀 마르크스주의를 재구성하는 일이었다.

1963년에 출간된 에세이 「철학과 과학사이, 비판으로서의 마르크스주의」에서 하버마스는 마르크스주의가 선진산업사회의 물질적 번영이 확산되어 군더더기처럼 보일 것이라는 점을 인정했다. 이 사회적 번영은 "사회해방에 갖는 관심이 더 이상 직접적으로 경제적 용어로 발언될 수 없다는 것"을 의미한다. 그것은 또한 "사회주의혁명을 집행하라고 지목된 프롤레타리아로서의 프롤레타리아계급은 해소되어왔다"는 의미였다. 만일 프롤레타리아가 해소되었다면 마르크스주의는 끝난 것이 아닌가? 그렇진 않을지 모른다. "배고픔과 비참함으로부터의 해방이 반드시 종속과 타락으로부터의 해방으로 수렴되지는 않는다."[2]

하버마스, 프롬, 마르쿠제는 서구의 소비주의가 대중의 새로운 아편이 되었다고 생각했다. 선진산업사회는 소비재의 대량생산뿐 아니라 대중이 사회질서를 수용하도록 만들었다. 마르쿠제는 『일차원적 인간: 선진산업사회의 이데올로기 연구』에서 이렇게 말한다.

> 노동자와 그의 고용주가 동일한 TV프로그램을 보고 동일한 휴양지를 방문한다면, 타이피스트가 상사의 딸과 똑같이 매력적으로 화장을 한다면, 흑인이 캐딜락을 소유하고 모든 사람이 같은 신문을 읽는다면, 이와 같은 동화과정은 계급의 소멸이 아니라, 체제의 유지를 위한 욕구와 만족이 그 체제에 속한 모든 사람들에게 공유되고 있음을 보여준다.[3]

소비자본주의의 승리와 함께 1950년대와 1960년대에 이 사회의 미래를 위협할 수도 있었을 심각한 경제적 위기의 부재는 마르크스주의자들이 그들의 철학을 또다시 재고할 때가 되었음을 의미했다.

특히 마르쿠제가 인정하듯이 프롤레타리아는 마르크스나 루카치의 시대와 달리 더 이상 고려의 대상이 되지 않았다. 마르크스는 부르주아 질서의 절대적 부정을 대표한다는 이유로 노동계급 주도의 혁명을 예견했다. 여기서 한 가지 문제는 그런 일이 일어나지 않았다는 것이다. 확실히 1920년대와 1960년대 사이에 선진서구산업사회들에서 노동계급은 자본주의의 무덤을 파지 않았다. 1941년 『이성과 혁명』에서 일찌감치 마르쿠제는 선진서구사회에서는 20세기가 시작된 이래 자본주의적 생산성의 진보로 인해 혁명의식의 발전이 멈추었다고 주장했다. "기술적 진보가 욕구와 만족을 다양화하는 한편 기술의 사용은 만족과 욕구를 억압했다. 이것이 종속과 지배를 유지한다." 고전적 마르크스주의는 이런 미래를 그리지 않았다. 마르크스의 사회주의 개념에서 중심적인 것은 "자본주의의 내적 모순의 심화와 그것을 폐기하려는 의지"라고 마르쿠제는 『이성과 혁명』에서 주장했다.[4] 그러나 자본주의의 모순이 심화되지 않으면 모순을 폐기하려는 의지는 전혀 절박해지지 않는다. 적어도 발전된 국가에서는 삶의 표준적 지표가 상승하면서 노동자계급의 생활이 너무도 안락해져서 봉기하지 않았다. 그러나 마르쿠제가 코르출라에서 말했듯이 프롤레타리아가 이제 자본주의의 부정이 아니라면 더 이상 다른 계급들과 다르지 않고 따라서 더 나은 사회를 만들 가능성은 없어진다.[5]

그러나 선진서구산업사회에서 노동계급의 생활수준이 향상된다고 해서 반드시 마르크스주의가 낡아버렸다는 것을 의미하지는 않는다. 마르크스주의가 사회의 해방을 오직 경제적 용어로만 발언했다는 것은 마르크스주의를 잘못 이해한 것이라고 하버마스가 주장하기 훨씬 이전부터 마르쿠제는 『이성과 혁명』에서 이렇게 쓴다. "마르크스의 빈곤화 개념은 중단된 잠재성을 인식하고 그 잠재성을 현실화시킬 가능성과, 소외와 비인간화에 대한 의식화를 내포하고 있다."[6] 빈곤화는 생활조건의 향상과 양립했다. 이렇게 개념 규정을 하면, 빈곤과 점점 증가하는 물질적 번영은 우리가 예상했던 반비례 관계가 아니라, 직접적인 관계에 놓인다.

마르쿠제는 결과적으로 부유한 서구의 선진산업사회가 제공하는 자동차, 세탁기, 구김 없는 바지 사이에서 살아가는 사람들이 가장 빈곤하다고 제시한다. 그들은 그저 가난한 것이 아니라 거의 미쳐있다고 볼 수 있다. 임상신경학자 올리버 색스의 『아내를 모자로 착각한 남자』는 한 환자가 정신질병의 징후로서 존재론적 실수를 범한 사례연구를 기술하고 있다.* 마르쿠제도 이와 유사한 것을 묘사했다. 일차원적 사회에서 우리는 자신을 내구소비재로 착각한다. "사람들은 자신을 상품으로 인식한다. 그들은 자신의 영혼을 자동차, 하이파이 스테레오세트, 복층 집과 부엌용품 등에서 찾는다."[7]

마르쿠제가 기대고 있던 주체에 관한 헤겔의 철학에서는 이와 다르다. 헤겔의 주체는 동시에 즉자체이며 대자체이다. 명상이나 소비가 아닌 행위를 통해서 힘과 잠재력을 발전시킬 수 있는 자의식적인 주체라는 면에서는 대자체이다. 주체는 객관세계에 자신의 능력을 행사함으로써 그 본질을 드러낸다. 『마르크스의 인간개념』에서 프롬은 헤겔, 마르크스, 괴테와 선불교 등은 모두 객관적 세상과의 관계를 통해서 자기소외를 극복하려는 인간에 대한 전망을 제시한다고 했다. "그들에게 공통적인 것은 인간이 주체-대상의 분리를 극복한다는 생각이다. 객체는 대상이지만 대상이기를 멈춘다. 이 새로운 접근법에서 인간은 대상과 하나가 된다. 물론 현실에선 여전히 둘인 상태이다."[8]

일차원적 사회에서 인간은 진정한 개인이 될 자유가 없다. 마르쿠제의 주장에 의하면 이 사회의 구성원들은 자신의 진정한 욕구를 알지 못한다. 마르쿠제는 진정한 욕구와 거짓 욕구를 구별한다. 진정한 욕구는 "만족을 성취하는 수준에서의 영양, 옷, 주거"와 관련된다. 거짓 욕구는 "억압하는 사회 속 특수한 이해관계에 의해서 개인에게 부여된 것들"이다. 마르쿠제의 암울한 생각에 따르면 우리는 우리자신에게 좋은 것이 무엇인지를 알 수 있는 자유가 없다. 마르쿠제의 비판자들은 마르쿠제 자신이 남들보다 더 잘 알고

---

* 색스의 사례연구 중 하나로 시각실인증을 앓던 음악가가 아내의 머리를 자신의 모자로 착각해서 모자를 쓰려고 손을 뻗어 아내의 머리를 붙들었던 일화를 다룬다.

있다는 식의 암시를 할 때는 참지 못하고 눈을 부라린다. 그는 이렇게 말한다. "진정한 욕구와 거짓 욕구가 무엇인가라는 문제에 대한 답은 오직 최종 분석에 이르러 개인 자신만이 알 수 있을 뿐이다. 다만 그걸 알 수 있고 게다가 그들이 자유롭게 대답할 수 있는 조건에서만 가능하다."[9] 여기에 함축된 의미는 개인이 자유로워 보여도 사실 그는 언제 어디서나 족쇄를 차고 있다는 것이다. 세탁소와 TV에 묶여있다, 모두 예외 없이. 아마도 예외가 있다면 그건 마르쿠제 자신일 것이다.

마르쿠제의 관점에서 물질적 결핍으로부터의 자유는 노예상태를 만들어 왔다. 소비주의와 광고, 그리고 대중문화는 자본주의를 안정화시키는 데 도움을 준다. 뿐만 아니라 그 체제에서 살아가는 사람들의 성격구조를 변화시켜서 그들을 평안한 상태에 빠진 친절한 바보로 만들어버린다.

> 상품은 세뇌시키고 조작한다. 상품은 거짓에 면역된 허위의식을 증진 시킨다. 상품의 혜택을 더 많은 사회계층에서 더 많은 개인들이 누릴 수 있게 되면서 상품에 담긴 주입식 교리들이 공공성을 중지시키고 삶의 방식이 된다. 괜찮은 — 예전보다 훨씬 더 나아진 — 삶의 방식이다. 이 괜찮은 삶은 질적 변화에 맞서 저항한다.[10]

물론 모든 상품이 이렇지는 않다. 중요한 반례는 『일차원적 인간』이라는 책이다. 스코틀랜드의 도덕정치철학자인 알래스데어 매킨타이어는 익살스럽게 말한다. "『일차원적 인간』의 기묘함은 아마도 이 책이 어쨌든 쓰였어야 했을 것이라는 점이다. 만일 이 책이 다루는 주제가 사실이라면 우리는 어떻게 이런 책이 존재할 수 있었는지, 또 이 책을 읽을 독자가 있을까를 물어야 했다. 그게 아니면 이 책을 읽을 독자가 있는지 여부에 따라, 또 그 정도만큼 마르쿠제의 주제는 성립되지 않는다."[11] 이 책은 수행적 모순과 관련된다. 만일

이 책이 읽히지 않았다면 책이 제시하는 주제는 사실일 것이다. 출판되지 않았다면 더 더욱 사실이 된다. 아예 이 책이 존재하지 않았다면 훨씬 더 사실에 가까워진다. 그러나 매킨타이어는 책의 성공 지점을 놓친 것 같다. 이 암울하리만치 비관적인 책은 마르쿠제의 베스트셀러가 되었다. 책의 성공은 그가 제공한 우울한 진단 때문이 아니라 기묘하게도 일차원적 사회에서 사는 법을 알려주는 가이드라고 해석되었기 때문이었다.

『일차원적 인간』의 일부 비판자들은 이 책이 참을 수 없을 정도로 생색낸다고 생각했다. "대중은 에고도 이드도 없고 그들의 영혼은 내적인 긴장과 역학이 결여되어있다. 그들의 생각, 욕구, 심지어 꿈까지도 '그들의 것이 아니다.' 그들의 내적인 삶은 '총체적으로 통제되어 있고,' 정확하게 사회체제가 만족시킬 수 있는 욕망들만 생산하고 그 이상은 하지 않도록 프로그램화되어있다"고 뉴욕의 마르크스주의자이자 교수인 마셜 버만은 썼다. 그는 『단단한 모든 것이 공중으로 녹아 사라진다: 근대성의 경험』의 저자로 잘 알려져 있다.[12] 버만은 자신이 '일차원적 패러다임'이라고 부른 이런 사고방식을 엘리트주의라고 공격했다. 또 대중을 광고와 홍보산업의 통제적이고 소비주의의 메시지를 전복할 능력이 없는, 게으른 룸펜 집단으로 가정해버렸다고 비판했다. 『일차원적 인간』이 버클리에서 프랑크푸르트까지 1960년대 신좌파의 필독 도서가 되었는데도 버만은 그 책의 저자이며 학생들 사이에서 인기 있던 급진주의 영웅이었던 사람이 "20세기의 우파 귀족 워너비"와 마찬가지로 대중을 향한 경멸을 품고 있었다고 주장했다. T. S. 엘리엇에게 "공허한 인간(hollow men)"이 있었다면 마르쿠제에게는 "일차원적 인간"이 있었다. 이 두 형상 모두 현대인에 대한 경멸의 상징이라고 버만은 주장한다.[13]

『일차원적 인간』 이후 마르쿠제는 지적인 독재(intellectual dictatorship)라는 개념으로 반복해서 회귀한다.[14] 가령 그는 죽기 1년 전 동독의 반정부 작가 루돌프 바로의 사상에 많이 매료되어 있었다. 바로는 1978년 『동유럽의 대안』이라는 책에서 잉여의식과 종속의식이라는 개념을 발전시켰다. 그의 사상은 대중이 소비주의, 대중문화, 그리고 돈벌이에 지나치게 매몰되어 있어 창조적인 일, 문화적 이상 혹은 사회적 변화에 관심을 가질 수 없다는 것이었다. 잉여의식의 핵심보유자들은 광범한 지식인 집단들이다. 여기에는 과학자, 기술자, 문화 활동가 그리고 암묵적으로 비판이론가들이 포함되었다. 이 지식인 집단은 지배적인 엘리트가 될 수 있었다.

1964년 마르쿠제는 여전히 프롤레타리아를 대체할 새로운 주체를 찾고 있었는데 "추방자와 외부자, 착취당하고 처형당한 타인종과 유색인종, 실업자와 고용-부적격자들로 구성된 하부층위"에서 찾기를 원했다. 이들은 민주주의적 과정의 외부에 존재한다. 그들의 삶은 참을 수 없는 조건과 제도들을 끝내야 할 가장 직접적이고 실제적인 필요를 낳게 된다."[15] 오직 그들만이 혁명적 전위 자격을 갖추고 있다. 왜냐하면 그들은 "근대성이라는 죽음의 키스를 받을 일이 없다고 추정되기 때문이다."[16] 그러나 『일차원적 인간』에 담긴 마르쿠제의 비관주의 탓에 이 계층조차 그 전위성을 신뢰하기 힘들었다. "현존 사회의 경제적, 기술적 능력은 너무도 광범해서 사회적 취약계층조차 적응하고 이권을 누리도록 허락해주고, 충분히 훈련받고 장비를 갖춘 무장된 군대가 위급한 상황을 처리할 수 있기 때문이다."[17]

돌이켜보면 특이한 점은 이 험악한 발언을 한 사람이 잠시나마 믹 재거, 존 레논, 밥 딜런처럼 의사(疑似)종교적 환호를 받는 유명인사가 되었다는 사실이다. 버만은 일차원적 패러다임과 마르쿠제의 엘리트주의를 향해 자신이 품고 있던 의심과 관련해서 1960년대 어느 금요일 저녁에 매사추세츠 주 보스턴 근처 브랜다이스대학에서 콘서트를 기다리고 있던 때를 회상했다.

단어가 갑자기 한 문장이 되어 나왔다. "마르쿠제가 왔다!" 곧 주위가 쥐 죽은 듯이 조용해졌다. 사람들이 길을 내주며 양쪽으로 갈라섰다. 키

크고 몸이 꼿꼿하며 눈에 띠게 강해보이는 남자가 통로를 따라 걸어왔다. 그는 여기 저기 친구들에게 미소를 지어 보였다. 크고 환하게, 그러나 기묘하게도 거리를 둔 채, 인기 있는 귀족 영웅처럼. 브뤼셀 거리를 걸어가는 에그몬트*라고 해도 좋다. 학생들은 숨을 멈추고 그를 경외감에 차서 응시했다. 그가 자리에 앉자 비로소 그곳을 감싸고 있던 긴장이 풀리면서 북적거리고 시끄러워졌다.[18]

이런 글을 읽으면 우디 알렌이 연기한 앨비 싱어가 《롤링 스톤즈》 기자와 데이트를 하기 위해서 현명하지 못하게 밥 딜런의 공연을 선택하는 영화 〈애니 홀〉이 떠오른다. "기자: 그는 신이야! 아니 내 말은, 이 남자가 신이야! 전 세계 곳곳에서 온 수백만의 팬들이 그의 옷 한자락이라고 잡으려고 안달을 부리잖아. 앨비: 정말? 그 옷자락은 굉장한 물건인가보군."

마르쿠제의 옷자락을 잡으려고 안달이 난 사람들은 망상에 빠져 있었다. 1981년까지도 마르쿠제의 경외감에 오염되지 않았던 버만은 사회를 변화시켜 개인이 스스로 각자의 삶을 관리할 수 있게 만들려고 투쟁했던 젊은 급진주의자들이 마르쿠제를 충분히, 자세히 읽지 않았다고 주장했다. 만일 그들이 마르쿠제의 책을 꼼꼼히 읽었더라면 그들은 "'일차원적 패러다임'은 사회를 변화시킬 가능성은 없고 따라서 사회에서 살아가는 사람들은 [일차원적 인간으로서] 실제로는 살아있는 게 아니라고 선언했다"는 것을 깨달았을 터였다.[19] 『일차원적 인간』에서 마르쿠제는 자유로운 방종의 60년대를 칭송하기보다는 땅에 묻어버렸다. 1960년대 사회가 허용해준 것은 겉보기와 달리 엄격한 사회로부터의 해방이 아니라 지배의 도구였다. "이 사회는 손대는

---

* 괴테의 희곡 주인공.

족족 모든 것을 체제 발전을 위한 잠재적 원천이자 착취와 고역과 만족, 자유와 억압의 원천으로 바꾸었다. 섹슈얼리티도 예외가 아니다"라고 마르쿠제는 썼다.[20]

과거에는 섹슈얼리티의 좌절이 불만족의 저장고를 만들어내고 사회적 질서를 위협했다면 마르쿠제가 묘사한 사회에서는 사회질서를 위협하는 것이 성 해방을 통해 극복되었다. 성 해방은 전복적이지 않고 그보다는 현존 억압 질서를 유지하는데 도움이 되었다고 마르쿠제는 생각했다. 헤겔의 '불행한 의식'은 가능한 것과 존재하는 것 사이에서 갈등한다. 성적 좌절은 불행한 의식의 한 형태이다. 하지만 억압적으로 탈승화된 사회에서 불행한 의식은 극복되었다. 일차원적 사회의 구성원들은 행복한 의식이 되어서 성적이거나 다른 방식으로 그들이 원하는 것을 얻는다. 마르쿠제는 사람들이 원하는 것은 이미 그들이 그것을 받아들이도록 결정되어 있었다고 한다. 다만 그들은 그 사실을 알지 못할 뿐이었다.

프로이트는 쾌락원칙과 현실원칙 사이에 갈등이 생긴다고 했다. 쾌락원칙을 따라 생물학적, 심리적 욕구를 구속하지 않고 탐닉하게 되면 타인의 자유를 위반하게 되므로 원칙과 훈육, 즉 현실원칙에 맞게 욕구는 축소되어야 한다. 마르쿠제에 의하면 선진산업사회에서 원을 사각형으로 만드는 것 같은 반직관적인 일 혹은 현자의 돌*을 찾는 것처럼 있을 법하지 않은 일이 생겼다. 즉 쾌락원칙이 현실원칙을 흡수해버렸다. 마르쿠제가 찾아낸 일차원적 사회의 악마적 천재성은 쾌락을 억압의 도구로 만든 것이다. 이 사회에서 섹스와 성적 노출은 도처에서 일어났다. 그 결과 일차원적 인간(일차원적 여성도

---

* 이상적 해결책을 뜻하는 표현으로 과거 연금술사들이 쇠를 금으로 만들 수 있다고 믿은 신비한 돌을 지칭한다.

포함한다. 마르쿠제는 여성의 사회적 역할에 대해서는 별로 언급하지 않는다)은 자신을 성혁명가로 생각하게 된다. 그는 수 세기동안 지속되어온 억압을 전복시키고 금지와 회피, 가령 지난 세기의 고래수염*과 허리받이** 등에 대한 승리를 구가했다. 이러한 성적 노출을 가능하게 해준 한 가지는 힘든 육체적 노동의 감소라고 마르쿠제는 지적한다. "노동의 도구가 되기를 그만두지 않은 채 신체는 일상의 노동세계와 노동관계에서 성적인 특성들을 드러내도록 허락받게 된다. 이것은 산업사회의 고유한 특성 중 하나로, 더럽고 힘든 육체노동이 감소함에 따른 결과였다. 또 싸고 매력적인 옷과 미용문화, 신체적 위생 등이 쉽고 편해졌기 때문이었다."[21]

이는 마치 탈산업화와 탈승화된 섹슈얼리티가 일터에 깔린 타일 카펫 위에서 뭔가 뻔뻔하고 침울할 정도로 난잡하며 음란한 람바다를 추는 것과 같다. 노동자들은 광부의 안전모와 철 구두코장식을 미니스커트와 킹키 부츠로 바꿔버렸다. 한편 마르쿠제는 이 성적 노출이 두드러진 새 일터에 예전보다 더 많은 여성들이 노동자로 유입되었고 따라서 여성의 신체가 이 음침한 환경에서 반드시 취해야 할 상품이라는 사실을 노골적으로 확실하게 결론짓지는 못했지만 다음과 같은 대목에서 암묵적으로 제시하고 있다. "이 섹시한 사무실과 판매 여성들, 잘생기고 신체 건강한 젊은 관리인과 매장지배인은 시장에서 거래될 가능성이 매우 높은 상품들이다. 자신에게 어울리는 정부(情婦)를 — 한때 왕과 군주, 영주 등 귀족의 특권이었지만 — 소유한다면 사업공동체 안에서 심지어 지위가 별로 높지 않은 직종의 경력조차 수월해진다."[22]

---

* 코르셋 받침으로 사용되었다.
** 여성복에서 허리 뒤를 볼록하게 만들기 위해 사용되었다.

확실히 그렇다. 마르쿠제의 철학이 택한 1960년대의 사무실, 즉 일차원적인 성 시장에 한쪽 다리를 걸친 돈 드레이퍼*뿐 아니라, 그의 후배들도 마찬가지였다. 마르쿠제는 성적 노출이 여성 육체의 상품화에 대항하는 급진적인 조치일 가능성은 고려하지 않았다. 또한 외설적 문화를 일차원적 인간과 그의 물화된 섹슈얼리티에 대항한 여성의 저항으로 보지는 않았을 것 같다.

마르쿠제 자신의 성생활을 여기서 고려해보면 도움이 될 것이다. 어쨌거나 1960년대가 우리에게 가르쳐준 한 가지, 사적인 것이 정치적이기 때문이다. 1951년 그의 첫 아내 소피의 죽음 이후 마르쿠제는 운전도 요리도 할 수 없었기 때문에 친구 노이만과 그의 아내 잉게와 함께 살게 되었다. 여기서 루카치가 언급하지 않은, 벼랑 끝에 서 있는 호텔의 한 가지 특성을 지적해야 한다. 이 호텔의 투숙자가 안락하게 벼랑 아래 심연을 명상하는 동안 그에게 제공되는 훌륭한 호텔 서비스는 여성의 일이라는 사실이다. 노이만이 1954년 자동차 사고로 죽자 마르쿠제는 잉게와 결혼한다. 나중에 그는 대학원생과 불륜관계를 갖는데, 그 사실을 알게 된 잉게는 여학생을 집에 오지 못하게 했다. 물론 마르쿠제와 여학생 사이의 불륜관계는 끝나지 않았다. "그의 동물적이고 성기 중심적 성적 충동은 감춰져 있었다"고 마르쿠제의 의붓아들 오샤 노이만은 전한다. "확실히 그의 여자관계를 보면 충동은 있었지만 드러나지 않았다."[23] 오샤 노이만은 리비도적 해방의 예언자였던 이 철학자에 대해서 회의적이었는데, 그의 의붓아버지가 솜 인형을 좋아했기 때문이었다. "그는 특히 하마와 각별한 친밀감을 갖고 있었다. 하마가 실제로 똥을 싸고 숲에서 싸우는 동물이었기 때문이 아니라 뭔가 곰 인형을 대신하는 것이었다"고 노이만은 회상했다(여기서 의도치 않게 하마가 실제로 숲에서 싸

* 미국 드라마 시리즈 〈매드맨〉의 주인공으로 광고회사의 홍보부장이다.

웠는지 호기심이 생긴다). "그는 이 하마 인형을 무릎에 올려놓고 앉아서 공격적이지 않고 성기와는 무관한 섹슈얼리티의 이미지를 인형에 투사했다."[24] 마르쿠제는 아도르노와 함께 하마를 향한 애정을 공유하고 있었다. 아도르노는 앞에서 살펴본 대로 어머니에게 쓴 편지에서 그녀를 "내 사랑스럽고 충실하며 어마어마하게 멋진 하마소에게"라고 불렀고, 때로는 "하마 왕 아치발드"라고 사인했다. 어째서 프랑크푸르트학파는 하마페티시에 빠진 걸까? 알 수 없는 일이다.

오샤 노이만은 일차원적 사회를 거부하고 자신의 의붓아버지를 영웅시하는 사람들이 모인 반문화집단에 가입했다.[25] 그는 예일대학에서 역사를 전공하다 그만두고 예술가가 되려고 했는데 결국에는 뉴욕시의 이스트사이드에 기반을 둔《벽에 붙어, 개자식들아》*라는 무정부주의 저항집단에 가담했다. 무정부주의 활동가이며 청소년국제정당의 공동설립자인 애비 호프만은 이 집단을 "중산층의 악몽이다…… 그들의 이름을 인쇄할 수 없다는 단순한 이유로 미디어를 거부하는 미디어현상"이라고 묘사했다.《개자식들》은 스스로를 '사회를 분석하는 길거리갱단'으로 묘사했다. 그들의 저항운동에는 1967년 국방부 진입 시도, 1968년 컬럼비아대학 점령, 같은 해 쓰레기 파업동안 뉴욕시가 치우지 않은 이스트사이드의 쓰레기들을 웨스트사이드에 있는 링컨센터 밖의 분수에 던져버린 시위행위 등이 있다. 또 1969년 우드스탁 페스티벌**의 울타리를 잘라내어 많은 사람들이 공짜로 페스티벌에 입

---

* 1966년에 설립된 다다이즘 예술집단과 반전운동이 결합한 무정부주의 유연단체로, 이름은 시인 아미리 바라카의 시 「흑인」에서 따왔다. 경찰이 길거리에서 흑인들을 검문할 때 고함치는 표현이다.
** 미국 뉴욕 주 남부의 베델이라는 소도시의 한 낙농장에서 8월에 열린 뮤직페스티벌로 당시 40만 명 이상의 사람들이 모여들었다. 평화와 음악을 모토로 삼아 대중음악사에 획을 그은 이벤트였고 당시 반문화운동의 상징이 되었다.

장할 수 있게 했다. "우리는 체제와 전쟁을 하고 있다. 사람들을 상품에 묶어 두는 모든 관습들과 싸운다"고 오샤 노이만은 말했다. "우리는 하루 24시간 혁명을 살았다. 우리의 신념을 위해 삶을 포기할 준비가 되어있고 행동함으로써 두려움을 극복하고 사회제도에 직접 도전할 수 있다는 것을 보여주려고 했다."[26] 어떤 의미에서 《개자식들》은 마르쿠제가 일차원적 사회라고 부른 것을 반문화적으로 저항하고 있었다.

그러나 《개자식들》이 벌이는 시위에 너무 정신 팔지는 말자. 누군가는 링 컨센터의 분수에 버려진 쓰레기를 치워야 했다. 그것은 오샤도, '거리의 갱'도 아니었다. 마르쿠제의 의붓아들은 나중에 저명한 시민권 변호사가 되어 샌프란시스코 만의 홈리스들을 변호했다. 엄격하고 수직적인 사회를 향한 그의 청년시절 반항은 부분적으로 오이디푸스적이었고 아버지에 대해 반발했던 프랑크푸르트학파의 사상가들과 유사했다. 오샤의 반항은 실제 의붓아버지에게서 발견한 억압적이고 부르주아적인 라이프 스타일에 대한 거부와 결부되어 있었다. 이 라이프 스타일은 마르쿠제가 부르주아적 억압을 비난했던 책을 쓰는 와중에도 고집했던 것이었다. 오샤는 어린 시절 그의 가정을 이렇게 회상했다. "매우 고압적이었다. 헤르베르트는 사적인 생활에 관한 한 일정한 거리를 유지하면서 부르주아적 질서를 고집했고 이런 스타일은 그를 아주 잘 보호해주었다. 나는 그가 토마스 만에 대해서 매우 긍정적으로 말했던 것을 기억한다. 만이 거의 매일 아침 일어나서 넥타이를 매고 재킷을 차려입은 뒤 책상에 앉아 열정적인 인물이 등장하는 책을 썼다고 했다."[27]

마르쿠제의 책들은 1960년대 자유방임적 사회에서 사랑에 폭 빠져있는 구성원들을 향한 메시지를 담고 있었다. 말하자면 섹스에 관한 한 그들은 전부 잘못하고 있다는 것이었다. 마르쿠제가 『일차원적 인간』에서 제안한 대로 초원에서의 사랑과 자동차에서 사랑하는 것 사이의 차이를 생각해보라. 혹은 도시를 둘러싼 벽 외부의 산책길에서 연인들이 사랑하는 것과 맨해튼의 거리에서 하는 것 사이의 차이를 생각해보라.

앞의 경우에서 환경은 리비도적 고착의 일부가 되고 또 리비도적 고착을 불러들인다. 또 환경이 성애화되는 경향도 있다. 리비도는 직접적인 성감대 이면에서 초월되며, 이 과정이 비억압적 승화이다. 이와 대조적으로 기계화된 환경은 리비도적 자기초월을 막는다. 성애적 만족의 장을 확장하려고 노력하는 과정에서 재촉을 당한 리비도는 '다형질성'이 덜하고 국지적 섹슈얼리티를 넘어서 성애화될 가능성이 적어진다. 국지적 섹슈얼리티는 강화된다.[28]

여기서 마르쿠제는 『에로스와 문명』의 사유 한 자락을 따라간다. 이 책에서 그는 에로스가 '단혼제적 성기의 우선성'에 지배되어 왔으며, 만일 우리가 진정한 의미에서 재생산으로서, 혹은 성적 만족으로서의 섹스에서 해방된다면 우리의 몸과 생활 모두가 성애화될 수 있다고 제안했다. 『일차원적 인간』을 썼을 당시 그는 선진산업사회의 남녀가 오르가즘을 잘못 경험하고 있다고 제안하는 듯 했다. 물론 그들이 경험하는 오르가즘은 마르쿠제가 대안으로 제시하고 있는 리비도적 고착보다는 좀 더 강렬하게 쾌락적일 수는 있지만 마르쿠제가 보기엔 가짜였다. 나는 다시 우디 알렌을 인용하지 않을 수 없다. 영화 〈맨해튼〉에서 파티에 온 한 여성이 이렇게 말한다. "마침내 오르가즘을 경험했다고 생각했는데, 주치의 말이 그게 아니라네." "정말?"하고 알렌이 연기한 아이작 데이비스가 반문했다. "나는 한 번도 오르가즘을 착각 해본 적이 없어, 단 한번도. 내가 경험한 최악의 오르가즘은 돈에 다 직접한 거지."

마르쿠제의 요점은 — 산업 이전의 사회를 향한 촌스런 노스탤지어에 희생될 위험이 있는데 — 말하자면 아이작 데이비스가 자신의 기계화된 환경

(그의 경우는 맨해튼)에서 경험했던 강화된 성적 에너지는 승화의 범위를 제한한다는 것이다. 빌헬름 라이히는 오르가즘이 최상의 선이라고 생각했지만, 마르쿠제는 그렇지 않았다. 승화, 즉 성적 에너지를 좀 더 사회적이고 도덕적이며 미학적 사용으로 전환하는 것은 나쁘기는커녕, 마르쿠제에게는 유토피아적 반향을 갖는 것이다. 그는 『일차원적 인간』에서 이렇게 썼다. "조절된 탈승화의 쾌락과 대조적으로, 승화는 억압사회가 개인에게 포기하라고 강요한 것을 의식하게 해주고, 그렇기 때문에 해방을 향한 욕구도 유지해준다."[29] 그는 여기서 마음속에 예술가를 염두에 두고 있다. 프로이트에 따르면 예술가는 성적 충동을 예술작품으로 승화시킨다. 성적 에너지의 승화는 성을 억압하는 것과는 다르다. 하지만 프로이트의 생각에는 이 둘[승화와 억압]은 문명에 필수적이며 또 문명 속에서 나타난다. 일부 억압은 욕망을 전의식으로 밀어내는 것과 관련되어있어 필수적이다. 리비도 충동의 억제되지 않은 만족은 프로이트가 쾌락원칙의 프로그램이라고 부르는 것으로서 "세상 전체와 불화를 일으킨다." 행복에 관한 한 우리는 무능력한 창조주의 어설픈 생산품이다. 프로이트는 『문명과 불만』에서 이렇게 썼다.

> 인간이 '행복'해야 한다는 의도가 '창조'의 계획에 포함되지 않았다고 말하고 싶어진다. 우리가 엄격한 의미에서 행복하다고 부르는 것은 최대치로 막혀있었던 욕구의 (느닷없다면 더 좋을) 만족으로부터 비롯되며 그 본성상 오직 일회적 현상으로서만 가능하다…… 우리는 대조를 통해서만 강렬한 향유를 얻을 수 있도록 만들어져 있어 사물의 상태로부터는 거의 향유를 얻지 못한다. 따라서 우리가 행복할 가능성은 이미 구성 조건에 의해 제약을 받고 있다. 불행을 경험하기는 훨씬 쉽다.[30]

마르쿠제는 이런 프로이트의 사유를 마르크스주의적 용어로 세련되게 바꾸어 기본적인 억압과 잉여적인 억압이 있다고 제안한다. 기본적 억압은 문명에 필수적이며 잉여적 억압은 선진산업사회의 지배도구이다. 이와 대조적으로 승화는 무의식속에 욕망을 숨기기보다는 다른 활동으로 전환시켜준다. 이런 활동은 외견상 문명에 이롭다. 『문명과 불만』은 마르쿠제의 『에로스와 문명』과 『일차원적 인간』에서 표현된 사유의 불씨였다. 프로이트는 이 책에서 승화는 "더 고차원적 심리활동을 가능하게 해준다. 과학적, 예술적 혹은 이데올로기적 활동은 문명화된 삶에서 매우 중요한 역할을 한다"고 했다.[31] 마르쿠제는 프로이트적 사유를 급진적으로 수용해서 예술에서의 이와 같은 승화, 즉 『일차원적 인간』에서 마르쿠제가 가장 집중했던 인간 활동의 영역으로서 예술의 승화는 단지 리비도적 충동을 표현하는 사회적으로 수용된 방법이거나 현존 질서가 더 기능을 잘하도록 해주는 심리적 안전밸브라기보다는 질서에 저항하는 낯선 것이라고 한다. 그러나 궁극적으로 이런 예술은 현존 질서를 위협하지 않는다. 마르쿠제에게 예술가는 — 혹은 적어도 위대한 예술가라면 — 불행한 의식이며 좌절한 가능성, 충족되지 않은 희망과 배반당한 약속들을 목격한다. 그가 어물거리지 않고 "최고급 문화"라고 불렀던 것은 현존 질서를 비공식적으로 저항하는 문화였다. 이 최고의 문화는 현실을 비난하고 반박한다. "사회에는 두 가지 적대적 영역들이 항상 공존해왔다. 더 고차원적 문화는 늘 순응적이었고 현실은 이런 문화의 이상과 진실에 의해서는 거의 꿈쩍도 하지 않았다."[32]

마치 마르쿠제는 고차원적인 이차적 문화가 준(準)자율적 공화국으로 작용할 수 있는 것처럼 상상하고 있었다. 이 문화는 지배적인 현실을 심각하게 위협하지는 않았다. 이런 의미에서 시인 오든이 옳았다. 시는 아무것도 바꾸지 못한다. 그보다는 현실을 존재하는 그대로 제시하고 허구적인 공격과 벌을 받을 수 있는 상상적 공간을 창조한다. 마르쿠제는 더 차원 높은 문화는 일상적 경험을 전복시키고 그 경험이 "사지절단 되고 거짓이 될 수 있다"는 것을 보여준다고 썼다.[33] 그러나 이런 이차원적 문화는 현실의 거짓과 왜곡에 비공식적이며 전혀 위협적이지 않은 저항의 역할을 할 뿐 기술사회에서는 소멸된다고 주장했다. 이차적 차원은 사태의 지배적 상황 속에 포섭된다. "소외의 작품들은 그 자체로 이 사회에 포함된 채 사물의 지배적 상황을 장식하고 정신분석 장치들의 일부분이자 조각으로 순환된다. 따라서 그들은 상업화되고 팔리며, 위로를 하거나 흥분시킨다."[34]

이것은 바로 호르크하이머와 아도르노가 묘사한 문화산업이다. 문화산업은 억압적 탈승화의 섹슈얼리티가 하는 역할처럼 자본주의가 더 윤활하게 진행되도록 해준다. 또한 일차원적 사회에서 아방가르드라고 추정되는 정치적 예술의 운명이기도 하다. 브레히트와 바일의 오페라 〈마호가니〉가 처한 운명을 생각해보라. 이 오페라를 만든 창작자들은 그들이 생산해낸 작품이 — 그들이 희망한 대로 — 혁명의 촉매역할을 하지 못하고 대신 작품에서 조롱했던 조리법의 일부가 될 운명을 인식하지 못했다.

그러나 이 최상의 문화를 철폐하는 것이 성과 승화에 어떤 관련이 있는가? 자유로운 방종의 1960년대에 성 해방은 마르쿠제가 주장했듯이 우리를 더 행복하게, 심지어 더 성적으로 충만하도록 만든 통제적 메커니즘이었다. 그러나 더 큰 행복과 성적 만족의 선제조건은 더 높아진 순응성이다. 이렇게 점증하는 순응성의 첫 피해자는 불행한 의식이며, 특히 그 혹은 그녀의 행복과 불만족을 통해서 작품에서 "안정적으로 구축된 만족의 세계가 행사하는 억압적 권력을 밝혀줄" 예술가이다.[35] 마르쿠제가 보기에 억압은 여전히 선진산업사회에 존재했지만 갈수록 승화는 존재할 수 없다. 억압은 인간을 지배적 질서에 무릎 꿇리지만 승화는 어느 정도의 자율성과 이해를 요구한다. 마르쿠제에게 승화는 예술의 성취에서 역설적이면서도 가치 있는 현상이 되었다. "억압에 고개를 수그리면서도 억압을" 좌절시킬 수 있는 힘이었기 때문이다.[36]

그러나 예술적 승화란 더 이상 존재하지 않는다. 이를 보여주는 예로 마르쿠제는 어떻게 전후 시대 예술가들과 그들의 선배들이 섹스를 묘사하고 극화시켰는지를 비교했다. 보들레르의 『악의 꽃』이나 톨스토이의 『안나 카레니나』에서 성적 쾌락은 충족되기보다는 승화되었다. 아마도 이 승화된 섹슈얼리티의 가장 좋은 사례는 마르쿠제가 언급하지 않았던 바그너의 〈트리스탄과 이졸데〉이다. 이 극에서 섹스와 죽음, 에로스와 타나토스는 영원한 포옹 속에 묶여있다. 마르쿠제는 이렇게 승화된 작품에서 "충만한 만족은 … 선과 악을 넘어선다. 사회적 도덕성도 넘어서서 현존 질서에 구축된 현실원칙이 도달할 수 있는 범위를 넘어서있다"[37]고 했다. 섹슈얼리티가 이런 작품에서 묘사되는 방식을, 선진산업사회에서 묘사되는 방식과 마르쿠제가 제시하는 대로 비교해보라. 그는 "오늘의 알코올중독자와 포크너의 야만인"을 인용하고 『욕망이라는 이름의 전차』, 『뜨거운 양철지붕 위의 고양이』, 『로리타』와 "할리우드와 뉴욕의 난교 파티, 도심교외에 사는 가정주부들의 성적인 모험에 관한 이야기들"을 예로 든다. 이런 사례들에서 묘사되는 성은 마르쿠제에게는 고전문학이나 낭만문학에서의 묘사보다 훨씬 더 "한없이 현실적이고 대담하며 거리낌 없다." 이것은 진부하게 노골적인, 흥미를 돋우기는커녕 부끄러움도 없이 있는 그대로 드러낸, 탈승화와 탈매개의 거침없는 묘사이다.

이 두 시대의 문학 사이에 상실된 것은 무엇인가? 부정이다. 전시대의 작품에서는 배경이 된 사회를 부정하는 이미지가 있었다면 후대의 문학에선 없다. 적어도 마르쿠제의 주장이 그렇다. 고전문학에서는 매춘부, 악마, 바보와 반역적 시인 같은 인물들이 등장해서 현존 질서를 교란시켰다. 선진산업사회의 문학에도 도덕률에 저항하는 인물들이 존재하긴 하지만(마르쿠제는 "요부, 민족영웅, 비트세대, 신경증적 전업주부, 갱스터와 스타, 카리스마적 대부호"를 예로 든다) 그들의 선배와는 정반대의 역할을 수행한다. "그들은 더 이상 다른 방식의 삶을 보여주는 이미지가 아니라 괴짜 혹은 별종 같은 유형들로서, 존재하는 질서를 부정하는 게 아니라 승인한다."[38]

스탠리 코왈스키*의 원시적 고함은 따라서 트리스탄과 이졸데의 리베스토트(liebestod), 즉 사랑의 죽음과는 매우 달랐다. 코왈스키가 전극(electrode)과 감옥살이, 혹은 미네소타대학의 엉덩이체벌규약**을 겪었다면, 트리스탄과 이졸데는 이런 교정방법에 저항하며 뚱뚱한 여인의 노래가 끝날 때까지 지속되는*** 사회적 부정이었다. 선진산업사회의 예술에서 성은 "확실히 거칠고 불경하며 남성적이고 맛깔 나는, 꽤나 비도덕적이지만 정확히 바로 그 이유 때문에 완벽하게 무해하다."[39] 이 "완벽하게 무해하다"는 표현은 기묘하다. 가령 험버트 험버트의 소녀성애에 관해서 마르쿠제가 주장하는 핵심은 소설 『로리타』가 사회를 부정하지 않는다는 것이다.

여기서 마르쿠제의 사례들이 구유럽을 신대륙 미국과 대립시키고 있는 점이 눈에 띤다. 마치 구유럽의 문화는 불행한 승화였고 신대륙의 문화는 행복한 탈승화라고 말하려는 듯하다. 구유럽이 이미 상실된 것을 생각하며 내쉬는 한숨이 『일차원적 인간』의 비관주의로 가득한 페이지들 속에서 들려온다. 산업 이전 사회에 비판적이었던 유럽의 고급문화는 다시 붙잡을 수 없다.[40] 이 책의 핵심정조는 사실상 비관주의다. 그럴듯한 혁명적 주체가 없는 일차원적 사회를 대면해서 남아있는 것이라고는 마르쿠제가 초현실주의자 앙드레 브레통에게서 빌려온 용어를 사용해서 "위대한 거부"라고 불렀던 것이며, 그가 인정하고 있듯이 여느 위대한 저항예술이 그렇듯이 정치적으로

---

* 테네시 윌리엄스의 희곡 『욕망이라는 이름의 전차』에 등장하는 인물.
** 정신질환의 치료법으로 8개월간 계속 체벌을 받는 것이다.
*** 〈트리스탄과 이졸데〉의 마지막 장면에서 이졸데는 노래를 부르다가 트리스탄의 시체 위로 쓰러지며 숨을 거둔다. 덧붙여서 "뚱뚱한 여인의 노래가 끝날 때까지"란 끝날 때까지 끝난 게 아니라는 의미를 담고 있는 영국식 표현이다.

는 무능했다. 그는 그 거부가 무엇을 의미하는지를 설명하지 않았으나 그의 해석자들에 따르면 억압과 지배의 형식들을 거부하는 것을 의미한다고 알려져 있다. 그 모든 애매모호함, 무능함과 비실제성에도 불구하고 이 용어는 암시적으로 1960년대에 선진산업사회를 휩쓸었던 저항의 기운을 담고 있으며 베트남전쟁에 대한 거부, 핵무기철폐운동, 신좌파와 히피문화, 학생운동까지도 담는다. 이런 저항은 "게임의 법칙을 위반하는 기본적인 힘이며 법칙위반을 통해서 게임이 조작되었다는 것을 폭로한다."[41]

시민권운동* 시위자들은 정치적으로 전혀 무능하지 않았음에도 마르쿠제의 위대한 거부에 묶여있었다. "그들이 함께 모여서 무기도 들지 않고 아무런 보호도 없이 가장 기본적인 형태의 시민권을 요구하기 위해서 거리로 나갔을 때 그들은 자신들이 마주하고 있는 개, 돌, 폭탄, 감옥과 수용소, 심지어 죽음을 인식하고 있었다." 마르쿠제는 "그들이 게임에 참여하지 않기로 했다는 사실은 한 시기의 종말이 시작되었음을 의미한다고 할 수 있다고" 희망했다.[42] 그러나 시민권운동 시위자들은 단지 게임에 참여하지 않기로 한 것이 아니라 아프리카계 미국인 역시 여느 미국시민 누구와도 동등한 권리를 가져야 한다고 주장했다. 이런 의미에서 시민권운동은 부정적이기보다는 긍정적**이다.

1960년대에 마르쿠제를 따르던 미국 학생들 중에는 안젤라 데이비스가

---

* Civil Rights Movement: 1960년대 미국에서 흑인의 인권을 중심으로 여타 소수인종 및 여성과 성소수자까지 아우르는 시민으로서의 권리를 비폭력적으로 주장한 운동.
** 이 책에 자주 등장하는 affirmative라는 단어는 일차적으로는 상황이나 문제에 긍정적인 태도를 취한다는 의미를 갖지만 문맥에 따라서 주어진 현실조건, 사회적 질서를 수긍하고 순응한다는 의미를 갖는다. 이 대목에서는 미국의 시민권운동이 미국사회를 근본적으로 부정하지 않고 체제내의 개선과 평등을 요구했다는 취지로 사용된다.

있었다. 그녀는 나중에 아프리카계 미국인을 대표하는 운동가, 페미니스트, 혁명가가 되었다. 한동안 FBI의 요주의 지명수배자 10명에 꼽혔고 리처드 닉슨은 그녀를 테러리스트라고 불렀으며 로널드 레이건은 대학교수 직위에서 해임시키려고 애썼다. 데이비스는 1944년에 태어나서 인종차별이 만연했던, 시민권운동이 있기 오래 전 앨러배마 주의 도시 버밍엄에서 자랐다. 버밍엄은 시민권운동 당시 개를 풀어서 투표를 하러 온 아프리카계 미국인들을 위협하거나 호스로 물을 뿌려댄 곳으로 악명 높은 도시였다. 그 뿐만이 아니었다. "나는 내가 참여했던 인종통합 토론그룹을 막기 위해 모임장소였던 교회에 불을 지른 시대에 자랐다. 당시는 흑인들이 내가 사는 곳의 길 건너편에 있는 백인지역으로 이사를 가면 그 집에 폭탄이 설치되던 때였다."[43]

데이비스는 브랜다이스대학에 장학금을 받아 진학했고 1962년 쿠바 미사일 위기 기간에 있었던 한 시위에서 마르쿠제를 만나게 된다. 당시에 소련이 쿠바에서 탄도미사일을 설치하려고 해서 미국과 소련 간 대립이 심각해지자 두 나라가 핵전쟁을 일으킬지도 모른다는 위기가 팽배했다. 그녀는 마르쿠제의 학생이 되었다. 마르쿠제의 글을 읽고 감화된 이유는 그녀가 표현한 대로 "독일철학전통에 담긴 해방의 약속" 때문이었다. 또 '미국의 꿈'의 야만적 이면을 드러내준 마르쿠제의 능력 덕분이었다. 그녀는 마르쿠제의 서간을 묶은 책에 부친 서문에서 이렇게 썼다. "그가 현실에 입각해서, 그리고 주저함 없이 독일의 파시즘을 거부하는 일에 참여했었기 때문에, 마찬가지로 그는 미국의 파시스트적 경향도 파헤칠 수 있었고 기꺼이 그 일에 참여했다."[44] 그녀는 자신이 태어난 나라에 존재하는 파시스트경향들 사이에서 인종차별주의가 가장 심각한 구조적 기능을 하고 있다고 주장했다.

우리는 데이비스의 후기 글과 운동을 자신의 한때 스승이 했던 파시스트경향분석의 연장선상에 놓인 것으로 해석할 수도 있다. 데이비스는 자신이 '감옥산업복합체'라고 불렀던 것이 아프리카계 미국인이 시민권운동을 통해 싸워서 얻은 시민권을 좌절시키고 있다고 줄곧 주장했다. 유색인종의 과잉 수감은 노력봉사, 주택과 집, 교육 등이 이윤창출영역으로 자본화되면서 초래된 결과라고 데이비스는 지적했다. "이것은 수많은 사람들이 도처에서 자신을 스스로 건사할 수 없다는 사실을 의미한다. 그들은 잉여가 되어 결과적으로 범죄적인 활동에 강제적으로 참여하게 된다. 전 세계적으로 민영 기업의 도움을 받아서 감옥이 세워지게 되고, 기업들은 이 잉여인구로부터 이윤을 얻는 것이다."[45] 마르쿠제는 감옥산업복합체의 번창한 사업을 직접 보지는 못했지만 자신의 제자가 예리하게 파헤친 진단과 비판을 분명 찬성했을 것이다.

1960년대 수많은 다른 학생들처럼 데이비스도 마르쿠제의 1965년의 글 「순수한 관용」이란 글의 열렬한 독자였다. 이 글에서 그는 자유주의 사회로 알려진 곳에서 관용은 신화가 되어 미묘한 지배의 형식을 수용하도록 만들어준다고 주장했다. 이제 우리에게는 새로운 종류의 관용이 필요하며 그것은 다름 아닌 혁명적 폭력을 관용하는 것이라고 했다. 『마오 의장의 사상』과 같은 책처럼 마르쿠제의 논문도 기도문이나 미사전서 형식으로 제본되어 학생들의 시위 때마다 열렬히 읽혔다.[46] 그러나 글의 메시지는 매킨타이어와 같은 비평가들이 보기에는 문제가 많았다.

진실은 혁명적 소수들과 마르쿠제와 같은 그들의 지적인 대변가가 전수한다. 그리고 대다수는 이 소수집단에 의해 진실의 교육을 받아서 해방된다. 소수집단은 경쟁자와 해로운 견해들을 압박할 자격이 주어진다. 아마도 마르쿠제의 교리에서 이것이 가장 위험할 것이다. 왜냐하면 그의 주장은 거짓일 뿐 아니라 그의 교리는 만일 광범하게 퍼져나가면 어떤 합리적인 진보와 해방도 효과적으로 방해할 것이기 때문이다.[47]

데이비스는 마르쿠제로부터 사뭇 다른 메시지를 취한다. "헤르베르트 마르쿠제는 나에게 학술인, 활동가, 연구자이며 동시에 혁명가가 되는 것이 가능하다고 가르쳐주었다."[48] 그녀는 마르쿠제와 브랜다이스대학에서 공부했고 프랑크푸르트에서는 아도르노와 학습했다. 그리고 1966년 블랙팬서당*이 설립되자 급진운동에 참여하기 위해서 미국으로 돌아왔다. 아도르노는 이 선택에 회의적이었다. "그는 내가 당시 급진운동에 직접 참여하고 싶어 하는 것은 라디오기술자가 되려고 하는 대중매체 연구자의 욕망과 비슷하다고 말했다."[49]

하지만 물러서지 않고 데이비스는 블랙팬서당과, 미국공산당 내 흑인그룹 체루뭄바클럽(Che-Lumumba Club)에 가입했다. 로스앤젤레스 소재 캘리포니아대학(UCLA)의 철학교수가 되었지만, 공산당원이라는 이유로 해고되었다. 나중에 복직되었으나 1970년 6월에 다시 해고되었다. 1년 전 버클리캠퍼스의 민중의 공원(People's Park)에서 연설하면서 학생시위를 진압하던 경찰을 앞잡이, 살인자라며 과격하게 비난했다는 것이 해직 이유였다. 1970년 8월에는 법망을 피해서 도피생활을 했고 FBI의 요주의 지명수배자 10명에 포함되었다. 그녀는 블랙팬서당에 총기를 공급했다는 혐의도 받았다. 블랙팬서당은 소위 솔리다드 형제(Soledad Brothers)라고 불리는 세 명의 남자들이 시작했다. 이들은 교도관을 살해한 죄목으로 재판을 받던 법정에서 블랙팬서당을 탄생시켰다. 데이비스는 결국 체포되어서 유괴와 살해에 공모했다는 죄목으로 기소되었고, 처형당할 수도 있었다. 1972년 재판에서 사면되었지만 그와 함께 기소된 피의자인 옛 블랙팬서당원들은 수감되었고 몇몇은 거의 반세기 이상 수감생활을 했다.

---

* 흑인 중심의 사회주의혁명당.

데이비스에게 옛 대학 스승은 지적인 면에서 해방적인 인물이었다.

> 마르쿠제는 60년대 후반과 70년대 초에 매우 중요한 인물이었다. 그는
> 인종차별주의와 베트남전쟁에 반대하고 학생의 권리를 주장하도록 지식
> 인들을 고무시켰다. 그는 저항운동에서 지식인의 역할이 갖는 중요성을
> 강조했다. 내가 알기로는 수많은 지식인들이 그에게 감화되어 각자의 분
> 야에서 운동과 관련되는 활동을 하게 되었다. 마르쿠제가 하지 않았더라
> 면 이런 일은 가능하지 않았을 것이다. 마르쿠제의 사상은 당대의 운동
> 으로부터 매우 심도 있는 영향을 받았고, 운동과 맺어온 관계는 그의 사
> 상에 활력을 주었다.[50]

마르쿠제가 데이비스에게 준 영향 중 가장 놀라운 것은 예술과 문학, 음
악에 함축된 유토피아적 가능성에 대해 데이비스가 품은 전망이었다. 하지
만 마르쿠제는 고급유럽문화에 더 심취하지 않았던가? 나는 2014년에 데이
비스를 인터뷰하면서 마르쿠제가 현존 질서에 저항하는 대중문학에 대한
인식이 없었고 그보다는 아도르노가 재즈에 대해 생각했던 것과 유사한 방
식으로 대중문학을 체제유지적인 문화산업의 일환으로 간주했던 것에 대해
물었다. 데이비스는 "그는 변하기 시작했습니다. 매우 고전적인 유럽 문화를
교육받고 자랐기 때문에 문화라고 한다면 고급문화를 생각했겠지만 나중에
는 고급문화와 저급문화를 나누는 것에 집착하지 말아야 한다는 점을 인식
하기 시작했지요. 우리는 그보다 문화가 할 수 있는 일이 무엇인지를 생각해
야 합니다."[51] 데이비스는 1998년 『블루스음악 전통과 흑인페미니즘』에서 거
트루드 '마' 레이니, 베시 스미스나 빌리 홀리데이 같은 가수들이 "노동계급
흑인여성들 사이에 공동체의식을 구성하는 문화적 공간을 제공했다 …… 부
르주아적인 성적 순수성이라는 개념이나 '진정한 여성성'이라는 개념을 이

문화에서는 강요하지 않았다"고 쓰고 있다.[52] 준 자율적 지대로 예술을 인정하고, 지배적인 문화에 대항하는 유토피아를 상상할 수 있는 또 다른 차원으로 예술을 개념화하는 마르쿠제의 예술관이 이 책 전반에 퍼져있었다.

스탕달의 뒤를 따랐던 아도르노를 좇아 마르쿠제는 예술이 '행복의 약속'을 제공한다고 썼다. 그는 『일차원적 인간』에서 그 말의 뜻이 무엇인지를 설명했다. 지배적인 질서는 "타협의 여지없이 산업질서에 적대적인 또 다른 차원[문화]에 의해 무시되고 부수어졌고 반박되었다. 이 문화적 차원은 산업질서를 비난하고 거부한다."[53] 마르쿠제는 17세기 네덜란드 회화와 괴테의 『빌헬름 마이스터』, 19세기 영국소설과 토마스 만 등에서 이 행복의 약속을 찾았다. 안젤라 데이비스는 행복의 약속을 베시 스미스와 빌리 홀리데이에게서 듣는다. 그러나 1960년대가 진행되면서 마르쿠제는 행복의 약속이 미학적 차원에서만 실현될 수 있다는 과감한 상상을 하게 된다(마르쿠제의 마지막 책의 제목은 『미학적 차원: 마르크스주의미학의 비판을 위해서』였다). 그리고 이 이 유토피아는 목전에 와 있었다. 1969년 『해방에 관한 에세이』에서 그는 프랑크푸르트학파에 대한 엄청난 이단을 감행한다. 그는 실증주의적 사유에 빠지게 된다. "'유토피아'라는 말로 거부된 것은 더 이상 '어디에도 없는' 것이기 때문이 아니다. 역사적 우주 속 어디에서도 유토피아를 찾을 수 없어서가 아니라 현 사회의 권력 탓에 출현하지 못하도록 막아놓은 것"이라고 썼다. "유토피아적 가능성은 선진자본주의와 사회주의의 기술적이고 기계적인 힘에 내재되어있다. 이런 힘들이 전 지구적 차원에서 합리적으로 사용되면 가난과 결핍을 가까운 미래에 종식시킬 수 있을 것이다."[54]

프랑크푸르트학파의 비판이론은 이러면 안 되었다. 비판이론은 신을 그 이름으로 부르는 것에 대한 유대교적 금기와 유사한 것을 이론 자체에 심어놓았다. 우리는 아직 메시아적 시기에 도달하지 못했기 때문에 신을 이름으로 부르는 것은 성급한 짓이다. 마찬가지로 비판이론에서는 유토피아의 비전을 성급히 내세워선 안 된다. 비판이론이 스스로 부여한 과제는 현존 질서를 부정하는 것이지 더 나은 사회에 대한 청사진을 만드는 것이 아니다. 그렇지만『해방에 관한 에세이』에서 마르쿠제는 현 사회의 가치를 거부하는 새로운 유형의 인간을 상상하려고 한다. 이 새로운 인간은 공격성이 없어서 전쟁을 벌이거나 고통을 만들어내지 못한다. 그는 더 나은 세상을 위해서 집단적으로 그리고 개인적으로 행복하게 일을 하며, 자신의 이해관계를 좇지 않는다.[55]

그렇다면 여자는 어떤가? 1974년「마르크스주의와 페미니즘」이라는 글에서 마르쿠제는 비폭력, 부드러움, 수용성과 민감성 등과 같은 '여성적' 자질들이 남성적 가치의 부정을 담고 있다고 주장했다. "질적으로 다른 사회로서 사회주의는 반드시 남성지배적 문화의 형태인 자본주의의 공격적이고 억압적 요구의 반명제*이자 명확한 부정을 구현해야 한다."[56]

아마도 그가 소위 신좌파(New Left)의 아버지라고 불린 인기와 명성 때문에(그 자신은 이렇게 불리기를 거절했다) 마르쿠제는 유토피아를 상상하려는 유혹을 받는지 모른다. 혹자는 그의 전망이 우스꽝스럽다고 생각한다.『마르크스주의의 주류: 기원, 성장과 해소』에서 사상사연구자인 레셰크 콜라코브스키는 마르쿠제의 유토피아를 반마르크스주의적이라고 했다. 그는 또 마르쿠제의 유토피아는 '행복의 신세계'를 세우려고 사회적 규칙을 폐기할 수 있도록 프로이트를 전도시킨 것이라고 지적한다. 이 신세계는 "계몽된 집단에 의해서 독재적으로 지배되어야 하며, 이 집단은 로고스와 에로스의 통합을 스스로 구현한 사람들이다. 이들은 논리, 수학과 경험과학의 혼란스러운 권위를 벗어던졌다."[57]

---

* antithesis: 변증법적 논리에서 기본명제 '정'에 대해 상반되는 명제.

마르쿠제의 급진적 세련됨과 반문화적 유명세에도 불구하고 신좌파와 학생운동의 영웅이라는 타이틀을 두고 경쟁했던 라이벌은 그에게 매혹당하지 않았다. 장 폴 사르트르와 마르쿠제가 1960년대 후반 파리의 라꾸폴*에서 만나기로 했을 때 사르트르는 마르쿠제에게 사실대로 털어놓지 않은 채 점심식사를 할 수 있을지 걱정했다. "나는 마르쿠제의 책을 단 한 줄도 읽지 않았소." 그는 자신의 전기 작가인 존 게라씨에게 말했다. "그가 마르크스와 프로이트의 결합을 시도했다고 알고 있소. 또 학생운동을 지원하고 있다는 것도 압니다. 하지만 다음 주까지 그의 책을 읽을 수는 없을 것 같소. 게다가 플로베르에 대해 지금 진행 중인 연구를 중단하고 싶은 생각이 없습니다. 그러니 당신도 왔으면 좋겠어요. 마르쿠제가 너무 철학적으로 빠져서 물화라는 말을 한번이라고 사용한다면 당신이 나서서 뭔가 도발적이거나 정치적인 말을 한마디 던져보구려."

결국 카술레**를 먹으면서 사르트르는 자신이 마르쿠제의 책을 읽지 않았다는 사실을 교묘하게 감출 방법을 마련했다. 그는 마르쿠제의 책에 자신이 정통하다는 걸 보여줄 만한 질문을 던졌다. "마르쿠제가 대답할 때마다 나는 그 대답에 있는 결점을 찾아내서 다른 질문을 했소. 그 결점이 너무도 자명한 것이어서 그는 내 질문에 대답을 만족스럽게 할 수 있었지요. 그렇게 해서 마르쿠제의 허영심은 행복하게 높이 솟아올랐던 거요." 사실 그랬다. 게라씨가 마르쿠제에게 택시를 잡아주었을 때 마르쿠제는 "진심어린 감사의 표현으로 내 손을 잡고 흔들면서 말했다. '사르트르가 내 책을 그렇게도 잘 알고 있는지 정말 몰랐소'"라고.[58]

---

* La Coupole: 1927년에 문을 연 파리 몽파르나스에 있는 레스토랑으로 작가, 예술가 등이 모이는 장소였다.
** 고기와 콩으로 만든 스프

16장
화염병 들고 철학하기

—

마르쿠제가 미국에서 유토피아를 꿈꾸고 있었을 때 아도르노는 유럽에서 절망에 빠져 있었다. "어떤 보편역사도 야만에서 인본주의로 나아가지 않는다. 그러나 새총에서부터 메가톤급 폭탄으로 향하는 것이 있다"[59]고 그는 『부정의 변증법』에서 썼다. 이 책은 1966년 아우슈비츠가 남긴 긴 그림자와 핵무기 아마겟돈의 위협 속에서 출간되었다. 홀로코스트는 그가 '신 정언명령'이라고 부른 것을 강요했다. 인간존재의 사유와 행위를 "아우슈비츠가 반복되지 않고 그와 유사한 어떤 것도 일어나지 않도록" 조정하라는 명령이었다. 아도르노가 있던 프랑크푸르트의 길모퉁이에서 보기엔 마르쿠제의 '캘리포니아 꿈'에는 미래가 없었다. 『부정의 변증법』은 반체제적이고 반유토피아적이며 희망 없이 때 이른 명상을 담고 있었다. "『부정의 변증법』만큼 강하게 불모성의 이미지를 심어주는 철학책은 없다"고 콜라코브스키는 『마르크스주의의 주류』에서 썼다.[60] 마르쿠제는 유토피아가

이 세상에서 실현될 수 있다고 생각했지만, 아도르노는 『부정의 변증법』에서 오직 예술에서만 유토피아가 가능하고 그것도 오직 유토피아란 말의 뜻 그대로 상상력으로만 가능하다는 반론을 제시했다.

"부정의 변증법은 전통을 따르지 않는다"고 책의 서문에 그는 적는다. "이미 플라톤의 시대부터 일찌감치 변증법은 부정을 통해서 뭔가 실증적인 것을 얻으려 했다 …… 이 책은 변증법의 결정력을 축소하지 않은 채 실증적 성향에서 벗어나게 할 방법을 모색한다."[61] 플라톤 이전에 헤라클리토스는 세상은 쉼 없는 흐름 속에 있다고 했다. 변증법적 상상력은 이 사유를 취해서 변화의 흐름에 질서를 부여하려고 애썼다. 변증법 이론가들과 마찬가지로, 변증법 클럽의 평생회원이었던 아도르노는 만일 세상이 본질적으로 정체되지 않고 변화하는 것이라면 이 변화는 어디를 향하는지 질문을 던진다.

플라톤 이래로 변화는, 특히 역사적 변화는 목표 혹은 텔로스를 갖고 있다고 생각되었다. 헤겔은 역사란 변증법적 과정을 통해서 전개된다고 했다. 역설적인 독어 개념 'aufheben'은 세 가지의 서로 다르고 모순되는 의미를 갖는다. 이 단어는 보존하다, 고양시키다, 취소하다는 의미의 세 단어로 구성되어있다. 철학적 사용법에서는 대체로 영어의 'sublate'*로 번역되는 이 단어는 여기서 매우 중요하다. 번역가이자 철학자인 월터 코프만은 이렇게 썼다. "헤겔은 더 이상 과거의 모습대로 그곳에 있지 않기 위해서, 그러나 그 상태를 완전히 취소하지 않고 다른 차원으로 유지하기 위해서 들어 올리는[고양하는] 방식으로 어떤 것이 어떻게 선택될 것인지를 시각화했다고 말할 수 있다."[62] 헤겔에게 중요했던 것은 이 과정에서 아무것도 폐기할 수 없다는 것이다. 모든 것이 한 역사적 시대에서 다음의 시대로 넘어간다. 그에게 역사란

---

* 한국어로는 '지양하다'로 번역된다.

절대를 향한 인간적 자유의 펼침(unfolding)이며, 동일한 것, 즉 세계정신 (*Weltgeist*)의 표현이다. 헤겔에게는 "실재하는 모든 것은 합리적이다." 즉 모든 것은 변증법적인 펼침의 과정에서 각자의 자리를 갖는다. 그 결과 '동일성과 비동일성의 동일성'이 존재한다. 역사는 이렇게 개념화되어 우주적으로 커다 란 재활용프로젝트가 된다. 이 기획안에서는 아무것도 그저 땅에 묻혀서 폐 기처분되지 않는다. 헤겔에게는 결과적으로 전체가 진실이다. 아도르노는 그가 즐겨 사용하는 비뚤어진 아포리즘 스타일대로 정반대의 것을 표현한 다. "전체는 거짓이다."[63]

책 전반에 걸쳐서 아도르노는 조화로운 화해를 제공하는 철학들을 의심 한다. 그는 마틴 제이가 설명하듯이 젊은 루카치가 제시한 고대 그리스의 서 사적 전체성에 대한 비전과 하이데거의 이제는 비극적으로 잊힌 충만한 존 재의 개념, 그리고 이름과 사물 사이에 타락 이전에 존재한 일원성에 대한 벤 야민의 신념을 의심했다.[64] 그러나 『부정의 변증법』에서 아도르노는 그와 같 은 [전체에 대한] 퇴행적 환상을 해체하기보다는 변증법적 역사과정에 목표 가 있어야 한다 논지에 저항한다. 특히 그는 역사의 서사가 해피엔딩으로 결 정되었다는 생각을 거부했다. 따라서 헤겔의 '동일성과 비동일성의 동일성' 에 맞서기 위해 '동일성과 비동일성의 비동일성'이라는 훨씬 더 혼란스런 개 념을 제안했다. 이를 통해 아도르노는 대상이 잔여물을 남기지 않은 채 개 념화되지 않는다고 주장했다. 동일성의 사유가 의미를 갖기 위해서 대상은 잔여물 없이 흡수되어야 한다. 만일 대상이 잔여물 없이 개념화 되지 못할 경우 모든 사유는 개념이므로 개념이 대상을 잘못 재현하게 되고, 그 결과 사유는 대상에 폭력적인 행위를 가하게 된다. 이것은 적어도 아도르노의 추 론이었다.

아도르노는 소급적 방식을 사용해서 마르크스의 교환원칙에 대한 설명 을 사용해서 헤겔의 동일성철학에 효과적으로 구멍을 뚫는다. 그는 동일성의 성취를 목적으로 삼은 헤겔의 철학이 등가적이지 않은 것의 등가성을 주장한다고 지적했다.[65] 그런 무자비한 동일성의 사유 대신 아도르노는 앎에 관한 다른 접근법을 잠정적으로 제안했다. 이 접근법은 성좌 이론이라고 알려진 것으로서 벤야민의 「독일 비극의 기원」에서 빌려 온 '성좌' 개념을 사용했다. 성좌적 사유는 개념으로 대상을 흡수해서 이해하려는 동일성의 사유를 거부한다. 아도르노에게 대상의 이해는 개념으로의 흡수가 아니라 다른 대상들의 성좌와 변증법적인 역사적 관계 속에 위치하는 것이다. 이런 의미에서 성좌적 사유와 벤야민의 변증법적 이미지 사이에는 상당한 유사성이 있다. 성좌 개념을 이런 방식으로 사용하는 것은 벤야민이 관심을 갖고 있던 영화적 몽타주나 입체파의 콜라주, 보들레르의 상응, 조이스의 에피파니 등과 같은 모더니즘예술의 문학적 기법과 비슷하다.

특히 벤야민의 성좌는 프루스트의 비자발적 기억이라는 개념과 유사했다. 『잃어버린 시간을 찾아서』에서 프루스트의 화자가 마들렌의 맛을 볼 때 화자는 비자발적으로 자신의 전 유년기를 생생하게 기억한다. 이 갑작스런 통찰력의 발현은 바로 아도르노가 앎의 성좌이론에서 소망했던 것이었다. 이렇게 변화하는 성좌와 찰나적 발현을 통해서 대상의 진실이 공감적인 관찰자에게 드러나게 된다. 아도르노는 1931년 프랑크푸르트의 사회연구소에서 했던 취임강연에서 이 성좌적 접근법을 제시했는데 당시 청중들은 그의 강연을 제대로 이해하지 못했다. 『부정의 변증법』에서 그는 이 내용을 새롭게 설명하려고 노력했다. 그는 유추관계를 사용했지만, 결과적으로는 마치 영업시간 이후 은행의 지하금고에서 열심히 일하는 금고털이, 불교명상의 대가, 연구대상의 본성을 바꾸는 방법을 고심하는 양자물리학자 등을 조합시킨 것처럼 들린다. 그는 이렇게 썼다.

대상에 갇혀있는 역사는 오직 대상이 다른 대상들과 맺는 관계에서 갖게 될 역사적 지위의 가치를 고려한 지식에 의해서만 전달가능하다. 이미 알려져 있고 그 지식으로 변형될 수 있는 어떤 것을 현실화하고 집중함으로써만 가능하다는 의미다. 대상은 성좌 속에서 인식된다. 이는 대상 안에 저장된 과정에 대한 인식이다. 성좌로서의 이론적 사유는 그 사유가 봉인을 떼어내고자 하는 개념 주위를 돌면서 잘 보호된 금고의 자물쇠처럼 활짝 열리리라는 소망을 갖는다. 이때 단일한 열쇠나 단일한 숫자가 아니라 숫자들의 조합에 의해 열릴 것이다.[66]

통찰력을 조금이라도 얻기 위해선 동일성의 사유를 초월한 숙련자가 되어야 한다. 그런 경우라고 해도 통찰력은 오직 섬광으로만 온다. 오직 성좌의 형태로 온다. 이 섬광, 혹은 성좌는 메타포의 이동군단처럼 언제나 바뀌고, 바라보는 자가 잡으려고 뻗는 손 안팎에서 깜박거린다. 그러나 『부정의 변증법』에서 도출된 추론에 따르면 그런 통찰력의 섬광이야말로 우리를 망상의 총체적 체계의 바깥으로 한 걸음 내딛게 해줄 유일한 수단이다.

확실히 이것은 어려운 문제이다. 비판이론에 숙련된 사람조차 감당하기 힘들다. 『부정의 변증법』에서 제시된 비동일성의 사유 자체가 갖는 그 찰나적 섬광은 아도르노의 젊은 동료였던 하버마스를 뒤로 한 발 물러나게 만들었다. 1979년 인터뷰에서 그는 더 이상 "도구적 이성이 너무도 지배적인 상황에서 각각 격리된 개인들이 망상의 총체적 체계로부터 빠져나오는 방법이 오로지 섬광과도 같은 통찰력 뿐 이라는 전제"에 동의하지 않는다고 말했다.[67]

앞의 이야기가 우리를 미칠 지경으로 몰아댈 만큼 난삽하게 들린다면, 아무 것도 시도 하지 않으면 그저 침묵하고 있을 고통에 "목소리를 부여하기 위해서" 아도르노가 비동일성의 사유를 이론화하려고 했다는 사실을 지적해야 한다. "고통이 말할 수 있게 해주는 것은 모든 진리의 조건이다. 고통은 주체를 내리누르는 객관성이기 때문이다."**68** 아도르노가 마음에 품고 있는 고통은 우리의 일차원적 세계에서는 보이지 않는 것으로, 타자를 비인간적으로 억압할 때 생긴다. 그러나 일체의 사유가 본질적으로 개념적이기 때문에 잔인성과 연결된다는 전제에서 아도르노 자신은 동일성의 사유에 대한 비판을 어떻게 구성해낼 수 있는지는 이해하기 어렵다. 왜냐하면 그런 비판을 구성하기 위해선 그가 경멸했던 개념을 사용해야 하기 때문이다. 하버마스는 아도르노가 그의 철학적 저서에 담긴 수행적 모순을 제법 인식하고 있다고 썼다.**69** 어떤 의미에서 그것은 프랑크푸르트학파의 내재적 비판이라는 개념이 갖는 미친 본성이다. 다시 말해 해체될 이데올로기는 그 이데올로기의 도구를 사용해서 파괴시킬 수 있다. 『계몽의 변증법』에서 아도르노와 호르크하이머는 이성이 계몽의 시대에 도구화되었고 그런 식으로 권력에 굴복했다고 분노했다. 이성은 그렇게 비판적 힘을 잃게 되었다. 그러나 1985년에 하버마스가 『근대성의 철학적 담론』에서 지적했듯이 아도르노와 호르크하이머의 비판은 "계몽을 계몽의 도구를 사용해서 비난하고 있"기 때문에 이상하다.

『부정의 변증법』에서 아도르노는 이러한 역설적인 철학적 전략을 충실히 따르면서 이성의 시체가 직접 자신의 죽음에 관한 상황을 말하게 한다. 『스탠포드 철학사전』에 의하면,

아도르노는 개념적 동일화의 필연성을 거부하지 않는다… 또 그의 철학은 비동일성에 직접 접근한다고 주장하지 않는다. 현실 사회의 조건 속에서 사유는 오직 거짓 동일성에 관한 개념적 비판을 통해서 비동일성에 접근할 수밖에 없다. 그런 비판은 '결정적인 부정'임에 틀림없다. 이 부정은 사유가 주장하는 것과 실제로 전달하는 것 사이의 특수한 모순들을 가리킨다.**70**

마르쿠제가 1960년대에 유토피아적 꿈꾸기를 하려 했다면, 아도르노는 그런 꿈을 꾸지 않는다.

아도르노가 『부정의 변증법』에서 공격했던 것은 헤겔철학 만이 아니다. 마르크스 역시 비판의 목표물이었다. 마르크스는 역사의 변증법적 개념을 유지한 채 헤겔의 세계정신을 계급갈등으로 대체시켰다. 역사의 변증법적 과정이 향하는 텔로스는 마르크스이론에서 공산주의 사회에서 실현될 인간성의 해방이었다. 이 유토피아는 지배계급을 폐지시키는 프롤레타리아의 혁명을 통해 가능하다. 『부정의 변증법』에서 아도르노는 행복한 결말을 향해 변증법적으로 움직여간다는 헤겔과 마르크스의 역사개념을 거부하면서 미래쪽으로 등을 돌렸다. 그렇지만 한 비평가가 주목했듯이 이것이 아도르노가 '역사의 악마화'에 연루되었음을 의미하지는 않는다. 또 『부정의 변증법』은 구원의 역사를 저주의 역사로 대체하지도 않는다. 헤겔철학에서 비난받았던 것이 다시 거꾸로 뒤집어졌다 ─ 근본적 악, 세계정신의 지위로 격상된 순수하게 있는 그대로의 악이다.[71]

하지만 『부정의 변증법』에는 세계정신이 없다. 상황은 일정한 방식으로 진행될 필요가 없다. 독일철학은 간혹 정해진 일정한 방식대로 상황이 진행되리라 가정해왔다. 가령 마르크스는 이론과 실천이 혁명을 통해서 재결합될 수 있기를 희망했다. 아도르노가 보기에 마르크스의 계획은 실패했다. 따라서 그의 서론은 다음과 같은 첫 문장으로 시작했다. "한때 낡아빠져 보인 철학은 살아남았다. 철학을 실현시킬 순간을 놓쳤기 때문이다…… 철학이 단지 세상을 해석해왔을 뿐이며 현실 앞에서 포기해버림으로써 철학이 스스로 불구가 되었다는 요약 판단은 이성의 패배주의가 되었다. 세상을 변화시키려는 시도가 불발된 후였다."[72]

게르숌 숄렘은 『부정의 변증법』을 읽고 나서 비판이론이 계급투쟁이 빠진 마르크스의 자본주의 분석이 된 것인지 궁금해 했다. 마찬가지로 마르쿠제의 『일차원적 인간』에 대해서도 그런 지적을 할 수 있다. 그러나 마르쿠제가 혁명적 주체가 프롤레타리아를 대체하기를 기다리며 1960년대를 보냈다면, 아도르노의 철학은 역전된 마르크스주의였다. 그의 철학은 결코 세상을 바꾸는데 일조할 수 없었고 단지 좀 더 심오하게 해석할 뿐이었다. 만일 그의 철학이 어떤 역할을 했다면 그것은 다른 철학자들의 체계들을 무너뜨려서 그 철학적 망상에 충실했던 사람들이 치유되도록 도와준 것이었다.

가령 1964년 『진정성의 은어』에서 아도르노는 전후 독일철학에 나타났던, 주관적 내면성에서 지원군을 얻으려고 했던 망상적 경향을 공격했다. 철학에서 실존주의로의 전회와 같은 것 — 후설과 키에르케고르를 다룬, 전쟁 이전의 철학서들을 향해 그가 비판했던 것 — 으로, 그는 특히 하이데거, 마르틴 부버, 카를 야스퍼스의 철학을 참을 수 없었다. 그들이 자기신비화를 자처한다고 생각했기 때문이었다. 각자의 방식에 따라 이 개별 철학자들은 난해한 용어를 동원해서 사회적 현실을 대면하지 않으려는 방편으로 엘리트주의적 철학을 고안해냈다. 불안과 도약 등과 같은 용어로 짐짓 광휘를 만들어내어 그 속에 편안히 몸을 숨긴 채 시대의 어둠으로부터 관심을 돌리려 한다. 비트겐슈타인이 자신의 과제라고 말했던 것이 아도르노의 『진정성의 은어』에도 해당되었다. "이런 종류의 것은 막아야 한다. 나쁜 철학자들은 슬럼가의 집주인들과 똑같다. 내가 할 일은 그들의 사업을 중단시키는 것이다."[73]

1961년 아도르노는 튀빙겐에서 열린 독일사회학회에서 카를 포퍼를 만났다. 두 사람은 한 심포지엄의 핵심 발표자였는데 사회과학연구에 적합한 방법론에 관한 토론에 참여하게 되어있었다. 그들의 만남은 상처투성이가 될 수도 있었다. 적대적인 철학적 입장을 대변하는 두 명의 대표자들 사이의 권투시합 같은 것이어야 했다. 혹은 자유민주주의와 마르크스주의의 라이벌

이데올로기를 대표하는 사람들 사이에 벌어질 냉전시대 충돌 같은 것이었다.[74]

청 코너에는 비엔나 출신 런던대학의 논리학과 과학방법론 교수 포퍼가 있었다. 그의 영국인 제자 브라이언 매기는 한때 이렇게 말했다. "그는 나를 용접용 화염처럼 활활 타오르게 했다."[75] 포퍼는 다양한 형태의 전체주의에 대항한 개방사회의 옹호자였고 과학적 방법론의 수호자이자 자신이 유사과학이라고 불렀던 정신분석 따위는 신랄하게 비판했다. 또 프랑크푸르트학파의 전문분야였던 변증법적 사유는 거짓일 뿐 아니라 위험하다고 주장했다.

홍 코너에는 아도르노가 있었다. 그의 헌신적인 동조자이자 팬이었던 마틴 제이는 아도르노가 "호통을 쳐서 상대를 주눅 들게" 만들 수 있는 사람이라는 것을 뼈저리게 경험했다.[76] 아도르노는 포퍼가 전체주의에 맞서 찬양했던 자유주의적이며 개방된 사회가 전체주의와 정녕 다른지 의심스러워했다. 그는 여타 프랑크푸르트학파의 비판이론가들과 마찬가지로 프로이트의 정신분석이론에 영향을 받았다. 두 사람이 똑바로 마주보고 섰을 때 가장 중요했던 것은 아도르노가 과학적 방법론이 진리를 구성하는 객관적 수단이라고 내세우는 태도에 회의적이었다는 사실이다. "과학적 진리는 진정한 사회와 분리될 수 없다"고 아도르노는 썼다.[77] 우리가 진정한 사회에 살고 있지 않다는 사실을 감안한다면 과학적 진리에 도달할 수 없다는 것은 논리적인 추론의 귀결이었다. 과학적 진리 개념은 자연과학을 위한 것일 뿐 아니라 심포지엄의 주제였던, 사회학의 작동방식에 관한 문제에도 관련된다.

프랑크푸르트학파에게 과학은, 자연과학이든 사회과학이든, 자본주의의 억압자들이 진정한 사회의 실현을 방해하기 위해 사용한 도구였다. 철학 역시 사회적 현실에 대한 비판적 시각을 포기함으로써 해방을 위한 것이 아니라 억압의 도구가 되었다. 이런 시각은 『일차원적 인간』의 한 장에서 가장 효과적으로 표현되었다. 여기서 마르쿠제는 '일차원적 철학'이라고 그가 부르는 것을 비판했다.[78] 형식논리와 논리실증주의의 비엔나학파가 취한 언어학적 전회, 그리고 비트겐슈타인과 J. L. 오스틴과 같은 철학자들에 의한 일상언어 분석은 마르쿠제가 주장하기로는 "사회적 현실의 작동을 정신적 작동과 조합"하기 위해 고안되어서 '내재적으로 이데올로기적 성격'을 갖게 된다. 따라서 형식논리는 우리의 사유에 질서를 부여해서 철학적 실수나 지배의 도구인 환영으로 우리가 빠져들지 않게 막아주지 못한다. "형식논리라는 생각 그 자체는 보편적 통제와 계산가능성을 위한 정신적, 신체적 도구의 발전과정에서 하나의 역사적 사건이다"라고 마르쿠제는 썼다. 이 점에서 형식논리에 관한 그의 견해는 아도르노가 『부정의 변증법』에서 발전시킨 동일성 사유에 대한 비판과 유사했다. 기껏해야 프랑크푸르트학파에게 실증주의는 정적주의(quietism)였다. 비엔나, 옥스퍼드, 캠브리지와 몇몇 미국대학에서 진행된 철학은 마음을 사로잡는 게임이 되어 철학자들이 비합리적 사회에 대한 합리적인 비판으로부터 고개를 돌리게 했다. 그 대신 과학적 방법이 자연과 인간 양자를 지배하는 가장 중요한 수단이 되었다.

이런 비판은 새로운 것은 아니다. 프랑크푸르트학파가 기본적으로 헌신해 온 비판적 사유의 하나이다. 호르크하이머는 1937년 그의 논문인 「전통과 비판이론」에서 처음으로 비판이론을 발전시켰고 1944년 컬럼비아대학에서 이 주제로 강연을 했다. 그 뒤 1947년 『이성의 침식』이라는 책의 기본 내용으로 사용되었다. 호르크하이머의 책 『도구적 이성의 비판』의 독일어 제목 *Zur Kritik der instrumentellen Vernunft*은 1961년까지 프랑크푸르트학파가 흔들림 없이 헌신하고 있던 주제를 잘 전달해준다. 호르크하이머의 책은 어떻게 이성이 도구적 사용을 강조함으로써 비합리성으로 붕괴되어 가는지를 비판적으로 기술하고 있다. 도구적 이성은 수단을 목표에 따라 결정하는 일에 몰두할 뿐 목표 그 자체는 추론하지 않는다. 호르크하이머는 주관적 이성과 객관적 이성 사이를 구별한다(독일어로는 Vernunft와 Verstand 사이의 구별). 주관적 이성은 오직 수단에만 관련되고 객관적 이성은 목표에 관련된다.

그러나 왜 도구적 이성을 주관적이라 부르는 것일까? 호르크하이머는 주관적 이성이 주체의 자기보존과 관련된다고 생각했다. 반면 객관적 이성은 진리의 의미를 포괄적인 총체성의 관점에서 뿌리내리려고 모색한다. 호르크하이머는 한때 이렇게 썼다. "사회철학은 행복을 추구하는 개인의 노력에 붙들린 삶을 새롭게 해석하려는 열망과 마주하게 된다."[79] 프랑크푸르트학파가 당면한 과제는 억압에 의해 고통 받는 인간이 붙들려 있는 덫을 풀어주고, 개인이 왜 행복 추구를 목표로 하는지를 문제 삼기보다는 행복 추구에 묶여 있는 정신 상태로부터 개인을 해방시켜주는 것이었다. 호르크하이머는 비합리성 자체 혹은 행복 추구라는 목표의 비합리성에 대한 비판적 반성이 없는 계몽의 기획을 자기 패배적이라고 생각했다. 계몽은 인간을 신화와 미신으로부터 자유롭게 해주는데 이성을 사용했어야 한다. 그러기는커녕 이성은 하나의 신화를 다른 신화로 대체해버렸다.

『이성의 침식』을 출간했던 해에 그는 아도르노와 함께 『계몽의 변증법』의 도입부를 쓰고 있었다. "계몽은 광범위한 의미에서 사상의 진보로 이해되는데, 인간을 두려움에서 해방시켜서 주인으로 세우려는 목표를 갖고 있었다. 그러나 완전히 계몽된 이 지구라는 혹성은 재앙의 승리가 뿜어내는 광채로 번뜩인다."[80] 그렇다면 이와 같은 계몽의 본성에 관한 사유는 과학적 방법과 형식적 논리와 어떤 관계가 있을까? 호르크하이머가 보기에 자연에서 계산하거나 형식화할 수 없는 부분들이 세상에 관한 계몽주의의 과학적 그림으로부터 떨어져 나온다. 그리고 계몽은 세상을 과학적 그림에 더 잘 어울리도록 창조하게 된다. 그러나 그렇게 창조된 세상은 왜곡되었다. 도구적 이성의 냉혹한 충동은 — 과학적 방법, 수학, 형식논리를 포함해서 — 이 왜곡된 그림이 세상을 진실하게 그린 유일한 그림으로 보이게 했다. 우리는 세상의 상호연관성에 관한 허위의식을 갖게 되고 이 허위의식은 세상이 어떻게 존재할 수 있는지에 대해 제한된 이해를 제공해준다. 다시 말해서 우리는 타자를 희생해야만 오직 어떤 것을 알 수 있게 된다.[81] 인간을 망상으로부터 자유롭게 해방되도록 헌신하는 기획이라고 간주된 것이 한 꾸러미의 정신적 족쇄를 다른 꾸러미의 족쇄로 교환해버렸다. 이런 성찰과 관련해서 마르쿠제의 해석은 우리 모두 일차원적 남녀가 되어 선진산업사회에서의 삶이 제공해준 운명에 마냥 행복해할 뿐이라는 것이다.

아도르노와 호르크하이머, 마르쿠제가 과학적 방법을 승리한 재앙의 일부이자, 자본주의자들이 자연을 정복하고 인간을 억압하는데 사용하는 대표적 수단으로서 이해했다면, 카를 포퍼는 과학적 방법을 옹호하는데 주력했다. 그는 과학에서 진보가 가능하고 또 진보되어야 하고 진보되어 왔다고 주장했다. 그는 『계몽의 변증법』을 한 번도 읽지 않은 듯했고, 혹 읽었어도 경멸했던 것으로 보인다. 튀빙겐의 학술대회에서 그의 첫 연설은 과학적 진보에 관한 자신의 전망을 확실히 제시해주는 크세노파네스*의 인용구로 끝맺는다.

신들은 처음부터 모든 것을
드러내지 않았다; 시간이 흘러감에 따라
우리는 탐색하고 배우면서 더 잘 알게 된다…[82]

그러나 포퍼에게 사물을 더 잘 알기 위한 기획, 그가 과학의 토대라고 생각했던 것은 다음과 같다.

---

* 그리스의 시인이자 종교사상가로 통일성을 강조하는 엘레아학파의 선구자.

인식 혹은 관찰, 또는 자료나 사실의 수집은 출발점이 아니다. 그보다는 문제로부터 출발한다. 혹자는 이렇게 말할 것이다. 문제없이 앎은 없다. 또한 앎 없이는 문제도 없다. 그러나 앎은 지와 무지 사이의 긴장으로부터 출발한다. 그래서 앎이 없는 문제가 없을 뿐 아니라 무지 없이는 문제가 없다고 말해야 한다.[83]

이렇게 말할 때 과학에 관한 포퍼의 견해는 프랑크푸르트학파와 마찬가지로 과학적 정통교리에 도전하게 된다. 그의 1934년 책 『과학적 발견의 논리』는 스코틀랜드의 계몽주의 철학자 데이비드 흄을 따랐다. 흄은 일체의 앎이 경험에서 도출되고 과학적 법칙을 포함한 일반 진술이 경험을 참조해서 증명가능하다는 개념에는 모순이 있다고 지적했다. 이 증명가능성의 개념은 경험주의와 실증주의의 주요한 토대였다. 하지만 흄은 어떤 과학적 가설도 최종적 추인이란 가능하지 않고 따라서 어떤 과학적 법칙도 명확하게 진실일 수 없다고 주장했다.[84] 가령 우리가 보아온 모든 백조들이 흰색이라고 해도 "모든 백조가 흰색이다"라는 가설이 참이라는 의미는 아니다. 다만 귀납법의 문제이다. 흄은 우리가 그 결과를 앎의 지식으로 정당화할 수 없다고 해도 귀납적 추론을 이용하지 않을 수는 없다고 한다.

귀납법의 합리적 토대에 대한 흄의 회의주의는 포퍼를 자극시켰다. 흄이 이성과 경험에 의해 증명될 수 있는 것만이 수용가능하다는 지배적인 견해에 도전했기 때문이다. 포퍼는 과학이 작동하는 방식, 즉 정당화주의라고 불리는 것, 그리고 과학이 세상을 이해하려고 (프랑크푸르트학파의 주장에 따르면 세상을 더 잘 지배하기 위해서) 애쓰며 들이는 노력에 수사학적 토대를 제공하려는 시도에 반대했다. 프랑크푸르트학파처럼, 혹은 그들과는 전혀 다른 이유 때문에 포퍼는 과학의 날개를 꺾으려고 했고 과학의 겉치레들을 손상시키려고 했다. 그에게 과학의 진보는 인간적 앎의 경계선을 확장해주는 대신 우리의 무지가 처한 광활한 제국을 드러내주었다. 그는 튀빙겐에서 이렇게 말했다. "정확히 자연과학이 비틀대며 나아가는 진보는…… 우리의 시선을 지속적으로 새로운 무지로 열어준다. 심지어 자연과학분야 자체에서도 무지의 영역이 계속 열린다."[85]

포퍼의 이론에서 과학적 가설의 테스트는 매번 그것을 거부하거나 오류로 만드는 시도와 관련되며, 하나의 진정한 반례는 이론 전체를 오류로 만든다. 그는 가설과 실험을 통한 과학적 방법은 정신분석이나 마르크스주의의 경우에는 적용되지 않는다고 주장했다. 오히려 두 이론에서 거짓이라고 간주될 수 있는 증거는 없기 때문에 어떤 것도 이 두 이론을 반박할 수 없다고 생각했다. 정신분석과 마르크스주의 둘 다 포퍼에게는 점성술 같은 것이었다. 어떤 반례들도 용납하지 않기 때문에 오히려 두 이론은 오류가 될 수 없었고 결과적으로 그저 피상적일 뿐이었다.

포퍼가 과학적 발견의 논리를 설명한 방식에 관련해서 논쟁이 없지는 않았다. 후대의 과학철학자들, 특히 미국인 토마스 쿤의 도전을 받았다. 쿤은 과학자들이 자신의 소중한 가설을 포기하는 것을 포퍼가 생각한 것 이상으로 싫어한다고 지적했다. 하나의 반례들을 취해서 가설에 대한 판결을 선언하는 대신에 과학자들은 보조적 가설들을 가지고 자신의 가설을 지원하는 경향이 있다. 시간과 지적인 노력에 더해서 돈까지 많이 들여서 자신이 아끼는 가설을 시험에 왔다고 한다면 과학자들의 이 소위 '관례적인 전략'이 상당부분 이해가 된다. 과학자도 역시 인간이기 때문이다. 실제로 이런 자명한 현실이 과학철학에서는 종종 쉽게 잊혀 진다.

쿤은 1962년에 쓴 『과학혁명의 구조』에서 과학은 경쟁적인 패러다임과 관련된다고 주장했다. 각각의 패러다임은 핵심적 이론과 보조적 가설들로 구성된다.[86] 보조가설은 변하지만 이론은 변형된 가설들을 통해 핵심적 이론을 지원하기가 불가능해지게 될 혼란스러운 순간까지 계속 남아있다. 그 뒤 뭔가 변이가 생긴다. 쿤은 이것을 '패러다임 변화'라고 부른다. 이 패러다임 변화를 통해서 핵심이론이 거부되거나 근본적으로 바뀌게 된다. 이런 변화는 자주 일어난다고 쿤은 생각했다. 가령 핵심적 이론을 옹호했던 옛 수호대가 은퇴하거나 죽을 때 변화가 생긴다. 쿤의 설명은 여타의 설명들과는 달리 자연을 망치고 인간을 지배하는 효과적인 도구로서의 과학에 관한 프랑크푸르트학파의 시각에 기분전환용 해독제를 제공한다. 그는 또한 과학의 합리성을 포퍼의 비전보다는 덜 공공연히 드러낸다.

과학의 작동방식에 관한 포퍼의 시각은 중요하다. 1961년 그와 아도르노가 만났을 때, '실증주의논쟁'의 시작을 알리는 신호탄이 올랐다. 이 논쟁은 독일의 대학에서 순차적으로 열린 일련의 학회들을 거치면서 십년 동안 길고 오래 진행되었다. 이 논쟁의 이름은 프랑크푸르트학파와, 계몽의 시대에 시작된 자만으로 가득한 과학적 기획의 옹호자들 사이의 충돌을 시사한다. 계몽은 세상을 인간의 이해와 통제에 굴복시키는 것을 전제했다. 그러나 논쟁의 진실은 이보다 복잡하다. '실증주의논쟁'은 사실 잘못 부쳐진 이름이다. 포퍼는 1930년대 비엔나학파의 일원으로 많은 저술활동을 했지만 사실은 실증주의자는 아니었다. 포퍼 자신은 적어도 실증주의라는 표현을 거부했다. 실제로 오토 노이라트는 포퍼를 비엔나학파의 공식적인 적이라고 부른다. 포퍼는 튀빙겐 심포지엄이 열리기 고작 2년 전에 영어로 개정되어 재출간되었던 『과학적 발견의 논리』에서 논리적 실증주의의 토대인, 소위 증명원칙에 관해 신랄한 공격을 했다. 이 원칙에 따르면 하나의 가정은 정의상 명확하고 결론적으로 참이냐 거짓이냐를 결정할 수 있을 때만, 즉 증명 가능하거나 오류 가능할 때만 인지적으로 의미를 갖는다. 증명원칙은 인간의 담론에 관한 수많은 책자들에 불을 질렀다. 증명원칙이 유지된다면 윤리와 미학적 판단은 무의미해지고, 그나마 관대하게 봐준다 해도 기껏해야 승인이냐 불승인이냐를 따지는 지루한 평가로 이해될 뿐이다. 게다가 여느 종교에 관한 대화는 아예 의미가 없어진다.

포퍼는 이런 사고방식을 전혀 공유하지 않았다. 그는 자신의 횃불을 증명원칙에 갖다 대면서 인증주의 대신에 필요했던 것은 오류화주의(falsification-ism)였다고 주장했다. 오류화주의는 우리가 살펴본 대로 가설이 개연성이 있다고 수용할 수는 있지만 결코 철저히 입증될 수 없다는 것을 의미한다. 인간의 지식은 절대 결론에 도달할 수 없고 오직 추정일 뿐인 가설이라고 그는 주장했다. 확실성을 향해가지만 단지 개연성만 얻는다. 포퍼의 관점에서 인간의 지식은 영국제국이나 독일 제3제국과 같았다. 맹목적인 지지자들에게는 인간지식의 경계는 결론을 갖도록 구축되고 일단 영토를 차지하고 나면 절대 내줄 필요가 없는 것처럼 보일지 모르지만, 이런 상태는 그저 잠정적일 뿐 언제나 변화가능하다.

하지만 포퍼가 실증주의자가 아니라고 해도 아도르노와 그의 추종자들은 논쟁 내내 포퍼와 포퍼의 지지자들, 독일철학자인 한스 앨버트를 포함해서 그들 모두를 계속 실증주의자라고 불렀다. "여기서 미리 수정될 사항이 있다. 포퍼와 앨버트는 논리적 실증주의라는 입장과 거리를 두고 있다. 그럼에도 불구하고 그들이 실증주의자로 간주되는 이유는 다음 내용을 보면 분명하다"[87]라고 아도르노는 양측의 적대관계가 중단되고 난 후 1969년에 독어로 출간된 논쟁에 관한 책에 부친 서론의 한 각주에서 말한다. 아도르노는 프랑크푸르트학파의 변증법 이론가들이 품고 있던 과학의 권위에 대한 의심을 그들이 경멸한다는 이유 때문에 포퍼와 앨버트를 실증주의자라고 간주했다.[88]

포퍼는 스스로 비판적 합리주의자라고 묘사한다. 이것은 튀빙겐에서의 전선이 꽤 간단치 않았음을 시사한다. 아도르노는 어쨌든 자신을 비판이론가라고 묘사한다. 그렇다면 비판적 합리주의자와 비판이론가 사이의 차이는 무엇인가? 호르크하이머는 「전통이론과 비판이론」에서 사회의 경제적 구조

(따라서 현재의 자본주의)가 과학연구를 구성한다는 사실을 깨닫지 못하는 학자와, 그것을 깨닫고 있는 비판이론가들 사이를 구별했다. 프랑크푸르트학파의 입장에서 볼 때 비판적 합리주의자로 자청하는 포퍼 같은 사람들은 자청 실증주의자와 마찬가지로 사번트 행세를 한다. 그렇다면 포퍼는 비판적 합리주의자라는 표현을 어떻게 이해하는 것일까? 그는 비판적 합리주의와 '무비판적 혹은 포괄적 합리주의'를 구별한다. 후자는 실제로 실증주의의 다른 표현이었고 적어도 철학이나 과학과 관련된다. 이런 합리주의는 감각적 경험에서 도출된 정보와, 이성과 논리를 통해 해석된 이 감각적 경험이 모든 권위적 지식의 배타적 원천을 형성한다고 주장했다.

튀빙겐에서 개회연설을 하면서 포퍼는 27개의 테제를 제시했다. 그리고 아도르노에게 자신의 테제를 지지하든 반대하든 결정하라고 촉구한다. 그는 사회과학도 자연과학과 마찬가지로 객관적 절차를 통한 진리의 추구에 헌신할 수 있고 또 자주 헌신해왔다고 주장했다. 그러나 그의 11번째 테제는 과학의 객관성이 과학자의 객관성에 의존한다고 가정하는 것은 잘못이라고 선언한다. 포퍼는 만하임의 자유롭게 부유하는 지식인의 개념을 의심한다. 이런 지식인은 계급이나 그 외 다른 이해관계를 넘어서기 때문이다. 마치 프랑크푸르트학파의 연구자들이, 물론 이유는 다를 테지만, 자신의 계급이나 이해관계를 넘어섰던 것과 마찬가지였다. "우리는 과학자로부터 그의 인간성을 빼앗지 않고는 그의 당파성을 빼앗을 수 없다"고 포퍼는 주장했다. "우리는 인간으로서의 그와 과학자로서의 그를 파괴하지 않고는 그의 가치판단을 억누르거나 파괴할 수 없다. 우리의 동기와, 심지어 순수한 과학적 이상, 공평무사한 진리를 향한 모색을 포함한 일체의 과학적 이상은 과학 외적인, 일부 종교적인 평가에 뿌리를 깊게 박고 있다. 따라서 '객관적'이라거나 '가치로부터 자유로운' 과학자란 전혀 이상적인 과학자가 아니다."[89] 그러나 포퍼는 과학이 그런 가치평가와 계급이해관계를 넘어선다고 생각했다. "과학적 객관성으로 묘사될 수 있는 것은 비판적 전통에 오롯이 토대를 둔다. 이 전통은 저항을 받더라도 지배적 도그마를 비판할 수 있게 해준다." 이런 비판적 전통은 "[과학자의] 상호 비판, 과학자들 사이에서 노동의 우호적-적대적 분리, 협조와 경쟁에 따른 사회적 결과" 속에 내재해있다.[90] 자연과학이든 사회과학이든, 과학의 객관성, 그리고 공평무사한 진리추구는 이처럼 성공한 비판전통의 존재에 의해서 보장되었다.

그러나 아도르노는 적어도 사회학에서는 이 공평무사함이란 존재하지 않는다고 확실하게 답한다. 그는 사회학의 설립자인 19세기 프랑스의 오귀스트 콩트가 실증주의라는 분과학문을 고안했다고 주장했다. 아도르노는 이 두 분과학문, 사회학과 실증주의는 자본주의를 유지시키는 계급이해관계에 봉사하기 위해서 출현했다고 지적한다. 하지만 이 두 학문은 각기 이보다는 좀 더 순수한 목적을 갖고 있었던 것 같아 보인다. 즉 지식의 변방을 더 밀어냄으로써 인간의 계몽을 도와주려는 목적이었다. 포퍼에게 답변하면서 아도르노는 이렇게 말했다.

> 콩트의 철학에서 새로운 분과학문이 당대의 생산적 경향들을 보호하려는 욕망에서 태어난 것이라면, 혹은 생산력을 당시 그 내부에서 출현한 파괴적 잠재력으로부터 풀어놓으려는 목적을 갖고 있었다면, 결과적으로 아무 것도 원래의 상황을 바꾸지 못했다. 단지 좀 더 상황이 극단적이 되었는데 사회학은 바로 이 극단적인 상황변화를 연구해야 한다.[91]

아도르노의 시각에서 사회학이 단지 현존 질서를 유지하는데 도움을 주거나, 더 나쁜 경우 전체주의의 토대를 제공하는 학문으로만 머물지 않으려면 반드시 비판적이어야 한다. 그는 "사회적 관계의 강압적 힘이 노골적으로 드러난 상황에서 사회학이 사회세력을 이끌 수 있으리라는 콩트의 희망은

순진해 보인다. 다만 전체주의적 지배계획을 제공할 때만은 예외다"라고 덧붙인다.[92]

이 두 사람의 갈등은 서구 선진산업국가들의 본성에 대한 시각의 차이로 압축되어간다. 그들은 선진 국가에서 살았고 일생동안 그곳에서 일을 했다. 포퍼는 과학적 객관성에 필수적인 비판적 전통이 몇몇 사회에서는 존재하지 않을 가능성을 인정했다. "비판적 전통의 존재는 비판을 가능하게 해주는 수많은 사회적, 정치적인 상황에 의존한다"고 그는 개회사에서 주장했다.[93] 『열린사회와 그 적들』(1945)과 『역사주의의 빈곤』(1957)에서 포퍼는 열린사회 (그는 미국, 영국과 당시 서독과 같은 자유민주주의를 꼽는다)를, 플라톤이 『공화국』에서 요구했고 나치의 독일과 소련과 같은 20세기 전체주의적 체제의 특징이라고 그가 주장했던 닫힌 사회들과는 아주 다른 사회로 옹호했다. 포퍼는 오직 열린사회만이 이성을, 즉 비판을 보유하고 있다고 생각했다. 그 결과 오직 열린사회들만이 문명화되어있고, 과학적 진리의 합리적 추구에 참여하거나 혹은 과학적 실수의 오류화 과정에 참여한다. 왜냐하면 오직 열린사회에서만 과학자들 사이에서의 경쟁과 상호비판, 자유토론에 의해 객관적으로 보장된 모색이 가능하기 때문이다.

그는 이것이 자연과학에서처럼 사회과학에도 적용된다고 생각했다. "자연과학의 방법처럼 사회과학의 방법은 일정한 문제들에 대한 일시적 해결책을 찾는 것으로 구성된다. 우리의 연구는 이 문제들에서 출발하고 또 이 문제들은 연구과정에서 나타나게 된다."[94] 아도르노는 이런 생각은 과학적 방법론의 순진한 보편화라고 주장했다. 그는 마르크스가 『정치경제학비판 수고』에서 쓴 것을 인용했다. "인간의 의식이 존재를 결정해주는 것이 아니라 사회적 존재가 의식을 결정한다." 아도르노는 마르크스의 이 문장이 과학과 사회과학에 중요하다고 본다. 중립적인 연구처럼 보인다고 중립적인 것이 아니다. 마르크스의 진술이 사회학에 의미하는 바는 과학자의 사회적 존재, 특히 사회과학자들의 사회적 존재가 그들의 사고방식을 결정한다는 것이다. 과학자들이 무엇을 연구할 것인지 또 어떻게 연구할 것인지를 선택할 때 그들의 사회적 존재는 중요하다. 아도르노는 상호비판과 개방토론을 통해서 과학적 객관성의 이름으로 사회적 존재를 극복할 수 있다는 포퍼의 믿음을 의심했다. 동료 간의 상호검토방식은 아도르노에겐 만병통치약이 아니었다. 특히 분과학문이 현존 억압적 사회에 봉사할 때는 더욱 그렇다.

아도르노는 사회학이 바로 이렇다고 생각한다. 포퍼가 여기서 칭송하는 이성이 도구적 이성인지 비판이성인지는 분명하지 않지만 아도르노는 확실히 사회과학이 도구적 이성으로 떨어져서, 어떤 목적에 사용되는지를 절대 묻지 않게 되었다고 한다. 그는 사회학이 '사회의 비판이론'이기를 포기했고 따라서 '체념적'이 되었다고 걱정했다. 이것이 포퍼와 아도르노의 공공연한 차이의 핵심이었다. 아도르노는 선진산업서구사회가 '비자유의 조건'에 연루되었다고 생각했고 포퍼는 서구의 열린사회에서만 과학적으로 객관적인 진리의 추구를 위해 자유가 존재한다고 생각했다.

실증주의논쟁의 1라운드가 끝나자 많은 사람들은 이 두 권투선수가 소통하는데 실패했다는 인상을 받게 된다. 당시 튀빙겐의 사회학 교수로서 심포지엄 서기였던 랄프 다렌도르프는 "포퍼와 아도르노가 필요하다면 원조를 받아서라도 그들의 입장이 서로 다르다는 것을 결정해줄 일정한 절차에라도 동의할 수 있을지조차 의심스러웠다"고 말했다.[95] 하지만 아도르노와 포퍼 사이의 타이틀매치였던 이 논쟁은 후에 그들보다 성격이 급한 후배들에 의해서 대체되었다. 1963년 『아도르노 기념논문집』에서 하버마스는 포퍼가 과학과 사회과학 연구의 본성을 규정하는데 있어, 특히 사회적 불안정이 증가하고 있는 시대임에도 불구하고 정치적, 지적 순진함을 보였다고 비난했다. 하버마스는 프랑크프루트학파의 '변증법적' 비판이 포퍼의 비판적 합리주의보다 우월함을 주장했다. 그의 비난은 포퍼의 제자들을 자극해서 아도르노의 제자들을 비합리주의자이고 전체주의자라고 비난하게 만들었다.[96] 가령 한스 앨버트는 프랑크푸르트학파가 포퍼주의의 비판적 합리주의에 맞서 자신들의 지적 우월성을 들먹이자 이렇게 비난했다. "총체적 이성이라는 변증법적 컬트는 너무도 고지식해서 '구체적인' 해결책들로는 만족하지 못한다. 이런 요구를 만족시켜주는 어떤 해결책도 없기 때문에 암시, 함축적 의미와 메타포로 만족할 수밖에 없다."[97]

아도르노는 앨버트의 비난에 대한 자신의 평가를 전달하기 위해서 이 독설적인 연설들을 책으로 편집할 때까지 매우 차분히 기다렸다. 그는 변증법적 이론이 "총체적 이성의 컬트에 탐닉하지 않았다"고 주장했다. "이 이론은 총체적 이성을 비판한다. 특수한 해결책을 향한 자만심은 변증법 이론에는 생소하긴 하지만 그런 해결책들 때문에 침묵당하고만 있지 않는다."[98] 그러나 논쟁이 끝난 뒤에도 타이틀매치에 참여한 어떤 팀도 상대방으로부터 뭔가를 배운 것 같지는 않다. 확실히 프랑크푸르트학파는 과학이 일종의 시장이어서 지적인 경쟁과 상호비판의 덕택에 가장 최악의 가설들을 오류화 한다는 포퍼의 비전을 공유하려는 유혹에 절대 빠지지 않았다. 대신에 아도르노가 제시하듯 이 학파는 그들이 올바른 길을 가고 있다고 생각했다. "변증법은 이 논쟁에서 타협하지 않았다. 변증법은 자신의 적이 과학 제도의 의심받지 않은 권위 앞에서 갑작스럽게 멈춰 설 때, 중단하지 않고 과학이 멈춘 지점 너머 계속 성찰을 이어간다."[99]

1969년 4월 5일 마르쿠제는 샌디애고 소재 캘리포니아대학의 자신의 사무실에서 프랑크푸르트에 있는 아도르노에게 이렇게 썼다. "친구 테디에게, 이 편지를 쓰는 일이 참 힘들군. 하지만 쓰지 않을 수 없다네. 어쨌든 자네와 나의 의견 차이를 덮어두는 것보단 낫겠지."[100] 이들의 차이는 당시 유럽과 미국을 휩쓸고 있던 학생운동에 대한 것이었다. 특히 마르쿠제는 아도르노가 그 해 1월에 사회연구소의 건물로부터 학생시위대를 내쫓기 위해서 경찰을 불렀다는 사실에 분노했다. 마르쿠제는 옛 친구에게 이 투쟁에서 친구가 다른 편에 서 있다는 것을 알고 자신이 느낀 실망감을 표현하기 위해 편지를 썼다. "나는 우리의 대의명분(물론 우리의 것만은 아니겠지)을 경찰이 아니라 시위학생들이 더 잘 실천해 줄 것이라 아직도 믿고 있네. 여기 캘리포니아에서 나는 거의 매일 이 사실을 확인하고 있네(물론 캘리포니아에서만 그런 것은 아니지만)."

이 두 사람 사이의 서신교환은 그 해 아도르노가 사망함으로써 고작 8월까지만 이어지고 끝났다. 이 유명한 서신교환은 학생시위로 불거진 부성살해미수라고 두 사람이 똑같이 인정했던 사건에 대해 각자 매우 다르게 반응하고 있음을 보여준다. "우리는 학생들이 우리로부터 영향을 받았다는 사실(또 확실히 자네에게서 받은 영향)을 세상으로부터 없애버릴 수는 없다네. 나는 그 사실이 자랑스럽다네. 그래서 부성살해를 기꺼이 감당할 생각이야. 물론 가끔 마음이 아프기도 하지만"이라고 마르쿠제는 아도르노에게 썼다. 프랑크푸르트학파의 대표적 석학들은 그들의 아버지에게 항거했고, 이제는 그들이 가르친 학생들이 유사한 방식으로 상징적 아버지의 권위에 대항하고 있었다.

학생운동은 미국이 베트남에서 벌인 제국주의 전쟁, 냉전군사주의와 핵전쟁이라는 아마겟돈의 위협에 맞서 저항하면서 제3세계 민족해방운동을 지지했다. 그들은 연좌시위를 이용해서 교육의 민주주의적 구조 재조정을 요구했다. 비판이론이 어떻게 이 저항운동에 대응할 것인가의 문제는 혼란스러웠다. 하버마스는 "겨울잠 전략"을 제안했다. 즉 모든 사람들이 목을 잃어가고 있는 마당에 그들은 머리를 숙이고 있자는 것이었다. 마르쿠제는 이와 반대로 비판이론의 명분이 학생시위대들의 명분과 같다고 생각했다. 그가 옳다면 프랑크푸르트학파 연구자들은 벼랑 끝 호텔에서 짐을 싸고 나와서 바리케이드의 학생들과 합류해야 했다. 아도르노는 그의 전형적인 성마른 성격대로 이런 제안을 경멸했다. 그의 에세이 「이론과 실천의 여백」에서 "바리케이드는 게임일 뿐이다. 영주의 주인이 게임 선수들에게 잠시 동안만 즐기라고 허락해준 것이다"라고 썼다.[101]

그렇지만 시위가 일어났던 초기에는 아도르노도 학생시위대들과 연대를 표명했었다. 1967년 사회학 세미나 중 강의시작 전에 그는 "학생들이 유대인과 같은 역할을 맡게 되었다"고 말하기까지 했다. 그는 또한 그 해 6월 "우리들의 동료 고(故) 베노 오네조르크"를 추모하기 위해 학생들을 자리에서 일으켜 세워 묵념을 시키기도 했다. 오네조르크는 베를린에서 벌어진 학생시위에 참여했다가 경찰이 쏜 총을 맞고 사망했다. 이 시위는 이란의 독재자인 샤(Shah)가 서독을 방문하던 당시 취해진 안전조치에 대한 항의였다. 이란의 독재자는 당시 정적들을 고문하고 표현의 자유를 억압했던 인물이었다.[102]

아도르노가 낡은 권위주의적 대학구조를 무너뜨려야 한다는 학생들의 요구에 동조하지 않은 것은 아니었다. 학생들은 교수들이 자신들에게 행사하려고 한 비민주주의적 권력에 분노했다. 가령 함부르크대학의 총장을 영접하는 행사에서 두 명의 학생이 "그들의 가운 밑에서 2000년 동안의 곰팡이냄새가 풍긴다"는 슬로건을 단 깃발을 들고 시위를 벌이면서 훼방을 놓았다. 아도르노는 강의를 방해하거나 대학의 교원이 자아비판을 강요받게 되는 상황에 찬성하지 않았다. 그는 미학강연에서 학생들에게 지키고 엄수해야 할 규칙이라는 것이 있고 "새벽 6시에 도어 벨이 울릴 때 그것이 게슈타포인지 빵가게 주인인지 알 수 없는" 상황의 의미를 아는 사람이라면 형식화된 법규를 완전히 부정적인 것으로 치부할 수는 없을 것이라고 말했다. 비판이론이 오랜 시간 파시즘과 완전히 행정 통제된 선진산업사회 사이의 유사성을 주장해왔지만 아도르노는 이 역사적 순간에는 연방공화국의 편을 들면서 이 공화국을 파시스트국가라고 부르는 사람들에 맞서게 되었다. 그는 학생들에게 "아무리 개선할 점이 많은 민주주의라고 해도 민주주의의 적이 아니라 민주주의를 공격하는"[103] 실수를 저질러서는 안 된다고 경고했다.

그러나 학생시위대들만이 파시즘의 유령을 불러온 것은 아니었다. 아도르노가 1964년 설득해서 프랑크푸르트로 다시 돌아와 있던 하버마스는 철학과 사회학 교수였던 호르크하이머가 은퇴한 후 그 자리를 물려받았다. 당시 1967년 6월 하노버에서 학생운동 지도자였던 루디 두치케와 한스-위르겐 크랄을 상대로 《대학과 민주주의: 저항의 조건과 조직》이라는 주제로 토론을 하면서 연단에 선 하버마스가 이 유령을 불러온다. 하버마스는 학생들의 급진적 프로그램을 지지하는 발언을 했지만, 그들의 방법은 문제 삼았다. 그는 두치케가 "필요한 모든 수단을 동원해서" 혁명을 꾀하려 한다고 비난했다. "내 견해로는 그는 1948년 유토피아 사회주의라 불렸던 주의(主意)론적* 이데올로기를 재현하고 있지만 오늘날의 상황은 … 좌파파시즘이라고 불러야 한다."[104]

아도르노는 하버마스의 이 발언과 거리를 두지 않았다. 그 결과 — 학생들과 교육개혁을 토론하기 위해 가졌던 모든 회합과 인터뷰를 통해 아도르노가 표현했던 지지발언들에도 불구하고 — 그는 독일사회주의학생연맹의 가장 대표적인 표적 중 하나가 되었다. 그가 베를린의 자유대학에서 괴테의 『타우리스의 이피게니』를 강연할 때 두 명의 학생이 "베를린의 좌익파시스트들이 고전주의자 테디에게 보내는 인사"라고 쓴 깃발을 흔들었다. 그들은 "웃긴 게릴라(spaßguerrilla)"라고 자처하던 프리츠 퇴펠이라는 학생을 지지하는 발언을 하라고 그에게 요구했다. 퇴펠은 오네조르크의 죽음을 초래한 시위를 이끌었다는 이유로 반역죄 혐의를 받아 투옥되어 단식투쟁을 벌이고

---

* 인간의 의지가 세계의 근본원리라는 관념론.

있었다.[105] 그는 독일을 방문한 미국의 부통령 휴버트 험프리의 "푸딩 암살"이라고 불렸던 것에 가담해서 유명인사가 되어 있었다. 이 암살사건은 퇴펠과 시위대들이 미국 부통령이 국빈 방문으로 왔을 때 푸딩과 요거트가 든 봉투를 던지려고 했던 계획을 말한다. 그러나 아도르노는 이들의 요청을 묵살하고 강연을 계속 진행했다. 강연 말미에 한 여성이 그에게 빨강색 곰 인형을 선물하려고 했다. 아도르노는 자신이 "폭력적인 행위"라고 불렀던 이 상황 속에서 꿋꿋이 버텼다고 주장했다. 하지만 학생들에게 너무도 화가 났던 아도르노는 마르쿠제에게 학생들이 "존재하지도 않는 이론에 그들의 실천을 결합시키려고 하면서 무서운 기억을 상기시키는 결정주의*를 표현하고 있다"고 썼다.[106] 그러나 그가 플라워파워** 학생운동 이면에 도사리고 있던 파시즘을 목도한 것은 이번이 처음이 아니었다.

그 이듬해 1968년의 학생봉기는 5월 파리학생운동과 함께 서구전역에서 가속화되었다. 프랑크푸르트에서도 학생들이 파업을 조직했다. 그들은 노동자들이 함께 파업에 동참하길 원했다. 이런 상황 속에서 그 해 9월 프랑크푸르트 도서전에서 아도르노는 하버마스, 미래의 노벨문학상 수상자 귄터 그라스와 나란히 자신의 수제자 중 한 명인 한스-위르겐 크랄을 상대로 연단에 올라《권위와 혁명》이라는 주제로 토론을 하게 된다. 이 토론은 오이디푸스적 장면으로 변해버렸다. 연단에서 크랄이 자신의 멘토인 아도르노를 공격했기 때문이다. "6개월 전 우리가 프랑크푸르트대학 위원회를 포위했을 때 학생의 연좌농성장에 방문했던 유일한 교수는 아도르노 교수님이셨죠"라고

---

* 독일어에서 비롯된 표현으로 도덕적, 법적 원칙은 정치적, 법적 체제나 기간, 해당 당사자가 만든다는 교리인데, 가령 그 원칙의 내용이 중요한 것이 아니라 원칙을 결정하는 당사자의 정당한 권위 혹은 정치적으로 올바른 입장이나 방식에 좌우된다고 믿는 것이다.
** 60년대 히피의 사랑과 평화를 상징하며 비폭력 저항과 수동적 투쟁의 슬로건이었다.

크랄은 회상했다. "교수님은 곧장 마이크 쪽으로 향해 가더니 마이크를 잡자마자 몸을 재빨리 피하고는 철학세미나를 시작했어요. 간단히 말해 실천의 문턱에서 그는 또다시 이론으로 후퇴한 셈입니다." 아도르노는 대답했다. "글쎄 올챙이를 닮은 배불뚝이 노신사가 시위에 어울릴지 잘 모르겠소."[107] 그는 나중에 귄터 그라스에게 이렇게 쓴다. "나는 학생들의 편협한 심성에서 비롯된 직접적인 행동전략에는 아무런 공감을 느끼지 못한다네. 그들의 전략은 이미 혐오스러운 비합리주의로 빠져 들어가고 있지. 진실을 말하자면 입장을 바꾼 건 내가 아니라 그들이오."[108]

그는 더 심한 수치감을 경험하게 된다. 그의 사회학 세미나는 강의개혁을 요구하는 학생들의 수업거부에 휩쓸려 버렸다. "비판이론은 권위주의적으로 조직된 상태라 사회학의 방법론은 학생들에게 연구를 직접 구성할 수 있는 여지를 일체 허락하지 않게 되었다"고 세미나를 점령한 학생들이 배포한 책자에 쓰여 있었다. "우리는 연구를 끝내고 나면 권위주의국가에 포섭된 동맹자로서 봉사하도록 예정된 채 정치적 좌파의 의심스러운 구성원이 되도록 프랑크푸르트에서 훈련받는 일에 이제 진절머리가 난다."[109] 이것은 아도르노와 같은 비판이론가에게는 청천벽력과도 같은 비난이었다. 어쨌든 제1차 세계대전이 발발하기 전 학생지도자로서 벤야민은 굽실거리는 국가의 공무원을 빚어내는 대학교육에 저항해서 봉기를 일으켰던 전력이 있었다. "우리는 부모세대의 존재방식으로부터 깨어나야 한다"고 벤야민은 『아케이드 프로젝트』에 썼다. 이것은 어떤 의미에서는 크랄과 그의 동료 사회주의 학생연합 시위대들이 하고 있는 일이었다. 그들은 교육이 아도르노가 누리고 있는 부모의 위치에 가까운 권위로부터 깨어나서 사회학연구소가 제공하는 것 이상의 무엇이 되어야 한다고 주장했다. 상황이 급박해지자 아도르노는 마르쿠제에게 편지를 써서 프랑크푸르트로 오라고 초청했다. 학생운동의 연인이자 신좌파의 아버지가 온다면 아마도 혁명의 아이들을 달래는 효과가 있으리라 기대했던 것이다.

그러나 마르쿠제는 1969년 연구소에서 일어난 일을 알고 난 뒤 아도르노를 돕는 일에 가책을 느끼기 시작했다. 당시에 크랄이 이끌던 독일사회주의 학생연맹의 시위대가 방 하나를 점령했고 아도르노와 하버마스가 나가달라고 요청을 해도 거부했다. "우리는 경찰을 불러야 했네. 경찰은 방에 있던 학생을 모두 채포해 갔지"라고 아도르노는 마르쿠제에게 썼다. 학생들은 아도르노의 배신에 분노를 느꼈다. "제도가 된 아도르노는 이제 죽었다"고 그 해 4월 사회학과의 진보적 학생집단이 배포한 선전문이 선언했다. 마르쿠제 역시 자신의 친구가 실수를 했다고 생각했다. 그는 아도르노에게 썼다. "폭력의 위협 없이 방을 점령하는 것은 (내 아파트가 아니라면) 경찰을 부를 이유가 전혀 될 수 없다네. 나라면 그곳에 학생들이 앉아있도록 하겠어. 그리고 아마도 다른 사람들에게 경찰을 부르도록 하겠지." 더 심각한 것은 마르쿠제가 자신의 옛 프랑크푸르트학파 동료들이 학생들의 전술을 분석한 내용에 동의하지 못했다는 사실이다. 또 이론과 실천의 관계에 대해서도 아도르노와 이견을 보였다. 그는 이렇게 쓴다.

> 자네는 나를 잘 알지 않나. 나는 이론이 실천으로 매개되지 않은 채 번역되는 것을 거부하네. 자네도 이 점을 강조해왔지. 그렇지만 나는 이론이 실천에 의해 떠밀려가야 하는 순간과 상황이 있다고 믿네. 실천으로부터 분리되어있던 이론이 스스로 진실하지 못한 순간과 상황 말일세…… 그러나 이 동일한 상황은 매우 심각하고 답답하며 수치스러운 것이어서 그것에 반발하는 것이 생물학적이고 생리적인 반응을 일으키게 된다네. 더 이상 그 상황을 참을 수 없게 되고 그래서 숨이 막혀서 숨 쉴 공기가 필요하게 되지…… 그러니 나는 베트남의 대량학살을 지원하는, 혹은 그것에 대해 아무것도 말하지 않는 세계의 이편에서 내가(우리가) 나타난

다면 아마도 나 자신(우리)에 대해 절망하게 될 걸세. 억압적 권력이 미치는 범위 바깥은 어디라도 지옥으로 만드는 그런 세상 말일세.[110]

이런 상황에서 마르쿠제는 프랑크푸르트로 가서 아도르노와 학생들 사이에서 일어나고 있는 갈등을 완화시키고 곤경에서 벗어나도록 아도르노를 도와주지 않기로 결정했다.

아도르노는 화를 내며 답장을 보냈다. 그는 경찰을 부른 사실을 후회하지 않는다고 했다. 그는 사회주의학생연맹을 스탈린주의(그에게 자아비판에 참여하라고 요구하면서 강의를 방해했기 때문에)와 파시즘(폭력과 침묵을 강요하는 전술을 사용하기 때문에)이라고 비난했다. 아도르노는 마르쿠제가 학생들 편을 드는 것을 비난했다. 학생들의 정신 나간 극단적 전술과 미숙한 정치의식을 그의 옛 친구가 잘못된 판단에 의거해 동조하고 있다고 했다. 그는 이렇게 썼다. "우리는 우리시대를 버텨왔지. 나 못지않게 자네도 말일세. 지금보다 더 끔찍한 상황이었어. 유대인 학살의 상황에서는 실천으로 나아갈 틈도 없었지. 우리에겐 실천은 막혀 있었어. 내면의 냉정한 성향을 명확히 유지하는 것은 자기성찰의 문제라고 생각하네." 마르쿠제는 하버마스가 학생들을 묘사하면서 '좌파 파시즘'이라는 용어를 사용한 점에 대해 불만을 표시했다. "하지만 자네도 변증법자 아닌가?" 아도르노는 답변에서 이렇게 으르렁거렸다. "마치 그런 모순들이 존재하지 않는 것처럼 말하는군. 내재적 이율배반의 힘을 통해서 운동이 변질되어 반대쪽으로 향하지 않겠나? 나는 매순간 현재의 학생운동이 대학의 기술 관료화를 향해가고 있다는 의혹을 갖고 있네. 그들은 관료화를 막겠다고 소리치지만, 사실은 그쪽으로 곧장 향하고 있지."

그러나 만일 아도르노가 스스로를 마르쿠제보다 더 나은 변증법학자라고 생각했다면, 그래서 학생들의 게릴라전략, 플라워파워와 에로스혁명이 어떻게 그들 편에서 억압으로 변형될 수 있는지를 볼 수 있었다고 해도, 자신이 옳았다고 증명된다고 해서 즐거워하지는 않았다. 4월 22일 그는 가장 쓰디쓴 수치심을 견뎌야 했다. 《변증법적 사유 입문》 강의시리즈를 시작하면서 그는 학생들이 강의 중 어떤 대목에서라도 질문을 하도록 했다. 두 명의 학생이 그에게 연구소에서 학생들을 내쫓기 위해서 경찰을 부른 것과 크랄을 상대로 법적 소송을 한 것에 대해 자아비판을 하라고 요구했다. 그때 한 학생이 칠판에 이렇게 썼다. "아도르노가 평화롭게 지낸다면 자본주의는 결코 멈추지 않을 것이다." 다른 학생들은 소리쳤다. "밀고자를 타도하라!" 아도르노는 모두에게 5분의 시간을 줄 테니 강의를 계속할지를 결정하라고 했다. 그러자 세 명의 여성시위자가 연단 위의 아도르노를 에워싼 채 그들의 가슴을 드러내놓고는 장미와 튤립 꽃잎을 그에게 뿌려대었다. 그는 모자와 외투를 집어 들고는 강의실을 박차고 나간 뒤 강의시리즈를 취소해버렸다.[111] 변증법은 멈췄다. 하지만 벤야민이 『아케이드 프로젝트』에서 소망했던 교화적인 방식은 아니었다.

《프랑크푸르터 룬트샤우》에 「제도가 되어버린 아도르노는 죽었다: 의식변혁의 이론가는 어떻게 강의실에서 쫓겨났는가」라는 제목의 기사가 실렸다. 이 기사는 '가슴시위'로 알려진 사건을 파시즘과 비교했다. "아도르노를 요란하게 다룬 방식은 새로운 탈부르주아식 스타일의 출현을 알리는 신호탄이기는커녕…… 부르주아 이전의, 진실로 문명화 이전의 야만주의로 후퇴하고 있음을 보여준다." 아도르노는 자신이 목표물이 되었다는 사실을 믿을 수 없었다. "그 모든 사람들 중에서도 나를 골라 목표물로 삼다니. 나는 일체의 에로스의 억압과 성적 금지에 저항해서 발언해 왔었는데…… 나를 향해 던진 조롱은 가슴을 드러낸 여자들을 찾으면서 낄낄거리고 웃는 속물들의 반응이었을 뿐이야."[112] 이 사건으로 아도르노는 마르쿠제에게 표현한 대로 '극도의 우울증'에 빠졌다. 마르쿠제는 순회강연을 위해서 대서양을 건너 여행을 하는 중이었고, 그해 여름 아도르노와 호르크하이머를 만날 계획을 갖고 있었다.

　아도르노가 수모를 당하고 있는 동안 유럽으로 건너오는 중이던 마르쿠제는 환대를 받았다. 《콘크레트》라는 잡지는 그를 "'프랑크푸르트학파'를 대표하는 연구자로서 비판이론의 주장들이 현실화되길 바라는 사람들, 즉 학생들과 청년 노동자, 대도시에서 힘들게 살아가는 소수인종과 3세계의 피억압자들을 지원하는 유일한 연구자"라고 묘사했다. 그러나 2주 후 마르쿠제를 향한 사랑의 집회는 68년 파리의 5월 학생봉기를 이끈 다니엘 콘-방디트에 의해서 무례하게 방해를 받게 된다. "마르쿠제, 당신은 왜 부르주아의 극장에 오셨습니까?"라고 콘-방디트는 마르쿠제가 로마의 테아트로 엘리세오(Teatro Eliseo)에서 강연을 하려고 하자 소리 질렀다. "헤르베르트, 왜 CIA가 왜 당신에게 돈을 주는지 그 이유를 말하시오"[113] '빨갱이 대니'*는 마르쿠제가 1951년 미국의 비밀정보국을 그만두고 나서도 오랫동안 CIA를 위해 일해 왔다는 주장을 실은 베를린의 좌파 신문의 기사에 대한 자신의 의견을 피력했다. 세련된 급진주의자이며 미국제국주의 비판자가 그 제국주의의 앞잡이였다는 것이 정말 사실일까? 일차원적 사회를 이론화했던 사람이 사실은 그 사회를 현상유지해온 책임을 져야 할 사람들 중 하나라는 말인가? 물론 그럴 리는 없다. 마르쿠제는 로마에서 겪은 경험 때문에 확실히 마음이 상했다. 물론 아도르노가 겪어야 했던 '가슴시위'만큼 수치스럽지는 않았다. 신문의 보도에는 마르쿠제가 강연을 그만두고 나갔다고 되어있었지만 아도르노와의 서신교환에서 그는 강연이 학생들의 시위 탓에 중단되었다는 사실을 예민하게 부인하고 있다.

　마르쿠제는 아도르노가 프랑크푸르트에서 받았던 심한 처우와 로마에서

---

* 붉은 머리카락과 대중선동연설로 유명했던 다니엘 콘-방디트의 별칭.

빨갱이 대니의 놀림 탓에 화가 났지만 학생운동에 대한 자신의 견해를 바꾸지는 않았다. 그들이 마르쿠제를 실망시켰던 노동자계급을 대체할 혁명주체는 아닐지 몰라도 학생 운동권은 당시 적어도 "자본주의에 대한 저항"을 가능하게 하고 있었다. 그는 아도르노에게 7월 말경 프로방스 지역의 마을 카브리스에서 편지를 보냈다.

> 물론 나는 결코 학생운동이 그 자체로 혁명적이라는 말도 안 되는 견해를 피력한 적이 없네. 그렇지만 학생운동은 가장 강력하며 아마도 유일한 촉매제가 되어 오늘날의 지배체제를 내재적으로 붕괴시킬 수 있을 것일세. 미국의 학생운동은 진정 효과적으로 그런 촉매제가 되어 개입해왔었지. 정치적 의식을 발전시키고, 게토에서 소요를 일으켰으며, 과거에는 통합되어있던 계층들로 구성된 체제로부터 근본적으로 거리를 두었고, 그리고 가장 중요한 것은 미국제국주의에 저항하는 시민들의 반경을 더욱 넓혀가고 동원해왔다네.[114]

마르쿠제는 프랑크푸르트학파가 학생들의 체포를 요구하는 대신 도와주었어야 한다고 생각했다. "나는 공식적으로는 충분히 '대학을 파괴하라'는 슬로건에 맞서서 싸워 왔다네. 나는 이런 슬로건이 자살행위와 같다고 보고 있긴 하지만, 확실히 이런 상황 속에서 우리의 과제는 그들의 운동을 도와주고, 반드시 억압과 부정에 대항해서 운동을 옹호해주고 이론적으로 도와주는 것이라고 생각하네."[115]

만일 연구소가 학생운동과 대립한다면 급진적 전통을 배반하는 것과 다름없다고 마르쿠제는 주장했다. 그는 이미 연구소의 급진주의에 대한 신용장이 미국의 외교정책을 공공연히 지원함으로써 오염되어 버렸다는 사실을 격정했다. 마르쿠제는 특히 미국이 베트남에 참전해서 수행한 역할을 호르크하이머가 옹호했다는 사실에 몹시 화를 냈다. 호르크하이머는 1964년에 연구소의 소장 직에서 은퇴한 상태였다. 폴록에 따르면 호르크하이머는 베트남전쟁을 "아시아에서 중국의 세력화를 막아줄 정당화된 시도"로 간주했고 미국의 후퇴는 "중국이 라인 강으로 들어올 통로를 열어주게 될" 피의 숙청을 낳게 될 것이라고 생각했다.[116] 마르쿠제에게 학생운동은 미국의 제국주의에 맞선 투쟁에서 프랑크푸르트학파의 지원을 받을 자격이 있었다. 그는 아도르노에게 썼다.

> 그 자체의 역학에 따르면 연구소의 위대하고 진정 역사적인 작업은 미국의 제국주의에 대항하고 베트남의 해방투쟁을 찬성하는 명확한 입장을 채택하도록 요구해야 하네. 그 입장이란 그저 '라인 강의 중국인들'에 대해 말하지 않는 것이네. 자본주의는 억압하고 지배하는 착취자이기 때문이지. 1965년경 이미 나는 독일에서 우리 연구소가 미국의 정책을 따르고 있다는 소리를 들었네.[117]

아도르노는 마르쿠제에게 8월 6일, 아도르노가 사망한 바로 그날 도착했던 직접 쓴 편지로 이에 대해 답을 했다. 그와 그의 부인 그레텔은 스위스의 알프스로 휴가를 떠났다. 마르쿠제에게 묘사했던 대로 "몹시 심하게 얻어맞은 테디"가 프랑크푸르트에서 겪은 시련을 알프스에서 긴 산책을 하면서 극복하려던 계획이었다. 그는 최근 겪은 시련에서 "또 한 번 최루탄을 맞았네. 내 심한 결막염을 생각한다면 그건 정말 견디기 힘든 것이지"라고 서술했다. 그는 마르쿠제에게 보낸 마지막 편지에서 오해를 해소하려고 했다. 그는 학생운동에 공감하지 않은 것은 아니었다. 지난 몇 년간 자신이 학생운동 때문에 즐거운 지옥을 겪긴 했지만 말이다. 그러나 그는 중요한 경고를 덧붙였다. "하지만 학생운동은 다소 광기를 드러내고 있다네. 그 속에는 전체주의적인 목적론이 도사리고 있지. 그저 전체주의의 메아리인 것만은 아니네(물론 메아리 역할도 했지만)."

주치의가 힘든 활동을 피하라고 경고했음에도 불구하고 아도르노는 케이블카를 타고 해발 3천 미터의 스위스 산악으로 여행을 했다. 정상에 도착하자 그는 고통을 느끼기 시작했고 그날 늦게 스위스의 비스프(Visp)에 있는 병원으로 갔다. 그 다음날 그는 심장마비로 사망했다. 다음 달에 아도르노는 66세의 생일을 맞게 되어있었다. 죽기 한해 전 친구 페터 스촌디에게 학생들 일로 골치가 아프고 학생들이 자신과 자신의 동료들을 조종하는 것 같다고 아도르노는 편지에 썼다. "이것은 지연된 부성살해의 사례지."[118] 하지만 지연기간은 짧았고 아도르노가 학생들에 의해서 살해되었다고 떠드는 것은 입 놀리기 좋아하는 사람들의 이야기일 뿐이다.

어떤 경우라 해도 아도르노와 그의 동료들의 책은 저자들이 죽은 이후에도 살아남았고 아도르노의 과거 조수였던 사람 덕분에 프랑크푸르트학파는 새로운 전환기를 맞으려고 하고 있었다.

● 15장

1. Herbert Marcuse, *Marxism, Revolution and Utopia: Collected Papers*, Volume 6, Routledge, 2014, 179쪽.

2. Outhwaite, *Habermas: A Critical Introduction*, 14쪽에 인용됨.

3. Marcuse, *One-Dimensional Man*, 10쪽.

4. Kellner, *Herbert Marcuse*, 232쪽 참조.

5. Marcuse, *Marxism, Revolution and Utopia*, 178-9쪽.

6. Herbert Marcuse, *Reason and Revolution* 참조. marxists.org.

7. Marcuse, *One-Dimensional Man*, 11쪽.

8. Fromm, *Marx's Concept of Man*, 38쪽.

9. Marcuse, *One-Dimensional Man*, 7쪽.

10. 같은 글, 14쪽.

11. Alasdair MacIntyre, *Marcuse*, Fontana, 1970, 62쪽.

12. Berman, *All That is Solid Melts into Air*, 28-9쪽.

13. 같은 글, 28쪽.

14. Kellner, *Herbert Marcuse*, 465쪽.

15. Marcuse, *One-Dimensional Man*, 260쪽.

16. Berman, *All That is Solid Melts into Air*, 29쪽.

17. Marcuse, *One-Dimensional Man*, 261쪽.

18. Kellner, *Herbert Marcuse*, 3쪽.

19. Berman, *All That is Solid Melts into Air*, 29쪽.

20. Marcuse, *One-Dimensional Man*, 81쪽.

21. 같은 글, 77쪽.

22. 같은 글, 78쪽.

23. David Allyn, *Make Love, Not War: The Sexual Revolution, an Unfettered History*, Taylor & Francis, 2001, 204쪽.

24. 같은 글, 202쪽.

25. Osha Neumann, *Up Against the Wall Matherf**er: A Memoir of the '60s, with Notes for Next Time*, Seven Stories Press, 2011 참조.

26. Pooja Mhatre, "Faces of Berkeley: Osha Neumann, activist lawyer," *The Daily Californian*, 2012년 6월 28일자 참조. dailycal.org.

27. Allyn, *Make Love, Not War*, 203쪽.

28. Marcuse, *One-Dimensional Man*, 77쪽.

29. 같은 글, 79쪽.

30. Sigmund Freud, *Civilisation and Its Discontents*, Penguin, 2004, 16−17쪽.

31. 같은 글, 44쪽.

32. Marcuse, *One−Dimensional Man*, 60쪽.

33. 같은 글, 65쪽.

34. 같은 글, 67쪽.

35. 같은 글, 77쪽.

36. 같은 글, 79쪽.

37. 같은 글, 80쪽.

38. 같은 글, 62쪽.

39. 같은 글, 81쪽.

40. 같은 글, 61쪽.

41. 같은 글, 260−1쪽.

42. 같은 글, 261쪽.

43. Jeffries, "Angela Davis: 'There is an unbroken line of police violence ⋯⋯.'" theguardian.com.

44. Angela Davis, "Marcuse's Legacies," Preface to Herbert Marcuse, *The New Left and the 1960s: Collected Papers*, Volume 3, Routledge, 2004, ix. pages.gseis.ucla.edu.

45. Jeffreis, "Angela Davis: 'There is an unbroken line of police violence ⋯⋯.'" 참조.

46. Maurice William Cranston, *The New Left: Six Critical Essays*, Bodley Head, 1970, 81쪽.

47. MacIntyre, *Marcuse*, 90쪽.

48. John Abromeit and W. Mark Cobb (편집), *Herbert Marcuse: A Critical Reader*, Routledge, 2014, 2쪽 참조.

49. Davis, "Marcuse's Legacies," ix.

50. 같은 글.

51. Jeffries, "Angela Davis: 'There is an unbroken line of police violence ⋯⋯.'" 참조.

52. Angela Y. Davis, *Blues Legacies and Black Feminism: Gertured Ma Rainey, Bessie Smith and Billie Holiday*, Knopf Doubleday, 2011, 44쪽.

53. Marcuse, *One−Dimensional Man*, 62쪽.

54. Marcuse, *An Essay on Liberation*, Beacon Press, 1971, 4쪽.

55. 같은 글, 20ff 쪽.

56. Kellner, *Herbert Marcuse*, 340쪽.

57. Leszke Kolakowski, *Main Currents of Marxism: Volume III, The Breakdown*, Oxford University Press, 1981, 416쪽.

58. John Gerassi, *Jean−Paul Sartre: Hated Conscience of His Century, Volume I: Protestant or Protestor?* University of Chicago Press, 1989, 9쪽.

16장

59. Adorno, *Negative Dialectic*, 320쪽.
60. Kolakowski, *Main Currents of Marxism: Volume III*, 366쪽.
61. Adorno, *Negative Dialectic*, xix.
62. Walter Kaufmann, *Hegel: A Reinterpretation*, Anchor, 1966, 144쪽.
63. Adorno, *Minima Moralia*, 50쪽.
64. Martin Jay, *Adorno*, Fontana, 1984, 63쪽 참조.
65. Renée Heberle의 서문. *Feminist Reinterpretations of Theodor Adorno*, 7쪽 참조.
66. Adorno, *Negative Dialectics*, 163쪽.
67. Dews, *Autonomy and Solidarity*, 82쪽.
68. Adorno, *Negative Dialectics*, 17쪽.
69. Jürgen Hebermas, *The Philosophical Discourse of Modernity*, Polity, 1990, 119쪽.
70. Adorno에 관한 항목 참조. plato.stanford.edu.
71. Paul Connertion, *The Tragedy of Enlightenment: An Essay on the Frankfurt School*, Cambridge University Press, 1960, 114쪽.
72. Adorno, *Negative Dialectics*, 3쪽.
73. Garth L. Hallett, *Essentialism: A Wittgensteinian Critique*, SUNY Press, 1999, 125쪽.
74. Steve Fuller, "Karl Popper and the Reconstruction of the Rationalist Left," Ian Charles Jarvie, Karl Milford and David W. Miller (편집), *Karl Popper, A Centenary Assessment*, Volume 3: Science, Ashgate, 2006, 190쪽 참조.
75. Bryan Magee, *Confessions of a Philosopher*, Random House, 1997, 183쪽.
76. 아도르노의 심통과 관련된 이야기를 확인하기 위해서는 마틴 제이의 글, "The Ungrateful Dead", *Refractions of Violence*, Routledge, 2012, 39–46쪽 참조. 아도르노의 사후 수십 년이 지나서 제이는 아도르노가 1969년도에 마르쿠제에게 보낸 편지를 발견했다. 그 편지에서 아도르노는 제이를 '끔찍한 사람'이라고 부르면서 인터뷰 내내 "자신을 더러운 것으로 이끌려는 본능"을 드러내보였다고 불평한다. 자신의 직업적 경력 내내 아도르노와 프랑크푸르트학파의 저작들을 높이 평가하면서 해석해왔던 제이는 당연하게도 그저 상처받은 것 이상으로 마음이 상했다.
77. Adorno의 서문. Theodor Adorno, Karl Popper, et al., *The Positivist Dispute in German Sociology*, Harper & Row, 1976, 27쪽 참조.
78. Marcuse, *One-Dimensional Man*, 7장 (The Triumph of Positive Thinking: One-Dimensional Philosophy), 174–203쪽 참조.
79. Horkheimer에 관한 항목 참조. plato.stanford.edu.
80. Adorno and Horkheimer, *Dialectic of Enlightenment*, 1쪽.
81. Fuller, "Karl Popper and the Reconstitution of the Rationalist Left", 191쪽 참조.
82. Popper가 튀빙겐 심포지엄에 참여했던 것에 관해서 *The Positivist Dispute in German Sociology*, 104쪽 참조.

83. 같은 글, 88쪽.

84. David Hume, *An Enquiry Concerning Human Understanding*, Courier Corporation, 2004, 14쪽.

85. *The Positivist Dispute in German Sociology*에 수록된 포퍼의 첫 논문 참조. 87쪽.

86. Thomas S. Kuhn, *The Structure of Scientific Revolution*, University of Chicago

87. Adorno, *The Positivist Dispute in German Sociology*, xi. 각주 4번.

88. 같은 글, 67쪽.

89. Popper, *The Positivist Dispute in German Sociology*, 97쪽.

90. 같은 글, 95쪽.

91. Adorno, *The Positivist Dispute in German Sociology*, 121쪽.

92. 같은 글.

93. Popper, *The Positivist Dispute in German Sociology*, 95쪽.

94. 같은 글, 89쪽.

95. 같은 글, 3쪽.

96. Fuller, "Karl Popper and the Reconstitution of the Rationalist Left," 191쪽 참조.

97. *The Positivist Dispute in German Sociology*, 65쪽에 인용됨.

98. 같은 글, 65쪽.

99. 같은 글, 67쪽.

100. Theodor Adorno and Herbert Marcuse, "Correspondence on the German Student Movement" (1969) 참조. platypus1917.org.

101. Müller-Doohm, *Adorno: A Biography*, 463쪽.

102. 같은 글, 452쪽.

103. 같은 글, 456쪽.

104. 같은 글, 453쪽.

105. 같은 글, 454쪽.

106. 같은 글, 456쪽.

107. 같은 글, 460ff쪽.

108. 같은 글, 461쪽.

109. 같은 글, 464쪽.

110. Adorno and Marcuse, "Correspondence on the German Student Movement."

111. Müller-Doohm, *Adorno: A Biography*, 475쪽.

112. 같은 글, 476쪽.

113. Leslie, "Introduction to Adorno/Marcuse Correspondence on the German Student Movement." platypus1917.org.

114. Adorno and Marcuse, "Correspondence on the German Student Movement" 참조.

115. 같은 글.

116. Peter M. R. Stirk, *Max Horkheimer: A New Interpretation*, Rowman & Littlefield, 1992, 179쪽.

117. Adorno and Marcuse, "Correspondence on the German Student Movement" 참조.

118. Müller–Doohm, *Adorno: A Biography*, 457쪽.

7부

벼랑 끝에서 돌아오다:
하버마스, 1960년대
이후 비판이론

'금이 가고 깨진 것이라도 우리는 계속
계몽의 의도에 천착할 수 있을까? 아니면
근대성의 전체 기획을 포기하는 게 나을 것인가?'

17장
프랑크푸르트의 거미

—

2010년 1월 하버마스는 인터넷 사기에 걸려들었다.[1] 익명의 장난꾼이 하버마스의 이름으로 가짜 트위터 피드를 만들었다. 당시 하버마스는 프랑크푸르트의 요한 볼프강 괴테대학의 철학과 명예교수였다. "발신자의 정체가 가짜라는 사실이 기분 나빴습니다"라고 하버마스는 인터뷰에서 내게 말했다. 애플의 공동창업주 스티브 잡스와 짐바브웨 대통령 로버트 무가베, 전 미 국무부장관 곤돌레자 라이스 등처럼 하버마스도 트위터의 아이디를 도용당했다.

트위터는 가짜 하버마스 피드를 폐쇄했지만 그 전에 이미 철학관련 블로거들은 하버마스의 출현에 흥분되어 들떠 있었다. 당시 80세의 독일 사상가가 트위터의 명사라는 게 정말 가능해? 진짜 하버마스가 140자 미만 글자로 자신의 정치윤리이론을 설명하려고 했다고? 일부는 믿었고, 일부는 의심했다. 한 블로거는 회의적인 어조로 이렇게 썼다. "첫째 'Sprechen Sie Deutsch, bitte?'[독일어 할 줄 아십니까?]라는 문장은 독일어 원어민이 사용할 것 같은 문장은 아니다. 원어민이라면 아마도 간단히 'Sprechen Sie Deutsch?'라거나 'Sprechen Sie bitte Deutsch?'라고 했을 것이다."

트윗 몇 개는 하버마스가 쓴 내용이었다. 가령 1월 29일 오후 5시 38분 하버마스 트위터는 다음과 같은 문장을 트윗했다. "인터넷이 작가와 독자를 위한 평등주의적 공적 영역의 풀뿌리를 재가동시킨 것은 사실이다." 오후 5시 40분에는 "또한 방송의 몰개성성과 불균형성이 초래한 결함에 균형을 맞추어준다. 다만⋯⋯" 오후 5시 41분에는 "의사소통에 의도적인 요소들을 재도입한다. 뿐만 아니라 권위주의적 체제의 검열을 무능력하게 만들 수 있다." 오후 5시 44분에는 "그러나 전 세계를 가로지르는 파편화된 수백만 개의 토론은 청중을 고립된 공중으로 분산시키는 경향이 있다."

나는 호기심이 생겨서 이 트윗 문장들을 잘라서 구글에 덧붙여보았다. 곧바로 이 문장들이 하버마스의 2006년 논문 「미디어사회에서의 정치적 의사소통: 민주주의는 여전히 인식론적 차원을 갖고 있는가?」의 영역 본 주석 3번 내용이라는 것을 확인했다. 왜 하버마스는 자신의 논문에서 발췌한 글을 트윗 했을까? 물론 그는 이런 일을 하지 않았다.

누가 했는지 알아보기 위해서 나는 시카고에서 레이든*에 이르기까지 철학 블로거들에게 정보를 요청했다. 가짜 하버마스의 실제 창작자는 정체를 드러낼 것인가? 몇 주 후에 나는 라파엘이라는 사람으로부터 이메일을 받았다. 그는 미국에서 정치학 박사과정에 재학하고 있는 브라질 출신의 학생이었고 자신이 하버마스의 트위터 피드를 만들었다고 고백했다. 처음에 그는 이 피드를 "사람들에게 (하버마스의) 가장 최근 저술내용을 알려주기 위해

---

* 네덜란드 남부의 도시.

서" 사용했다. 자신이 학부시절부터 존경했던 사람에 대한 경의의 표시였다. 그러나 어느 날 오스트리아의 한 교수가 정말 하버마스인지를 묻는 메시지를 보냈다. "저는 하버마스인 척 해보면 재미있을 거라고 생각했어요. 그래서 인터넷과 공공영역의 파편화에 관한 구절을 인용했죠. 사람들의 반응을 보는 일은 재밌었어요."

라파엘은 자신의 성(姓)이나 재학 중인 대학 등을 알리고 싶지 않다고 했다. 그는 당황하고 있었다. 그러나 하버마스의 인터넷에 관한 사유를 트윗하면서 그는 수많은 철학자들과 사회학자들의 관심을 이끌어내는데 성공했다. 그들은 어떻게 하버마스의 핵심적 개념인 '공공영역'이 인터넷 시대에 적용될 수 있을지 관심을 갖고 있었다. 하버마스는 1962년의 책 『공공영역의 구조적 변화: 부르주아사회의 범주에 관한 연구』에서 이 개념을 발전시켰다. 이 문제는 사소한 것이 아니다. 전통적 민주주의 정당정치를 향한 경멸감이 뿌리 깊어가고 소위 민주주의의 재정적자 때문에 유럽의 정치적 통합이 마치자기본위의 엘리트들에 의해 꾸며진 계략인 듯이 보이는 시대에 인터넷이 변화를 위한 희망을 제공할 수도 있기 때문이다.

하버마스는 공공영역이라는 용어를 특별한 의미로 사용한다. "'공공영역'이라는 말은 무엇보다 공적 여론에 도달할 수 있게 될 사회적 생활영역을 의미한다"고 그는 썼다. "시민들은 함께 모여 공적 개체로서 무제한적으로 토론한다. 집회와 결사의 자유가 보장되고 일반적인 이해관계와 관련된 문제에 대해 자유롭게 의견을 표현하고 출판할 수 있다면 그들은 공적인 개체가 된다."[2] 하버마스는 공공영역이 특정한 역사적 순간에 아주 잠깐 번창 했었다고 한다. 바로 18세기 초엽 산업혁명이 있기 직전 문학적인 남녀들이 런던의 커피하우스, 파리의 살롱과 독일의 '테이블 대화'(Tischgesellschaften)라는 곳에서 회합을 갖곤 했다. 그들은 하버마스가 '합리적인 비판담론'이라고 부른 것에 참여했다. 당시는 바로 문학저널의 시대였고 언론의 자유가 이제 막 시작되었다. 이들은 절대주의 지배자들을 감시했던 공공영역의 일부였다.

"당시 절대국가의 은밀한 관료적인 행정처리 방식과 충돌하면서 부상하던 부르주아는 지배자의 권력이 사람들 앞에서 그저 전시되기만 했던 공공영역을, 정보를 충분히 갖추고 있던 일반인의 비판적 담론을 통해 국가의 권위를 공적으로 감시하는 영역으로 점차적으로 바꾸어갔다"고 하버마스는 너무 길어서 트윗 하기 쉽지 않은 문장에 담아 썼다.[3] 이 새로운 공공영역은 결사의 자유와 제한적이나마 출판의 자유를 얻게 된 새 권리 덕에 가능해졌다. 부르주아는 자발적으로 이 새로운 사회적 연합을 형성했다. 하버마스에게 중요했던 사실은 이들이 공통의 목표, 즉 그들의 이성을 토론에 사용하려는 목표를 갖고 모였다는 점이다. 그는 이 커피하우스 회합과 문학저널에서 처음으로 여론이 출현하게 되었고 공공선(common good)이라는 개념이 발전하기에 이른다고 주장했다. 그리고 이 개념은 당시 유럽에서 민주적 대표성이 없는, 폐쇄적인 정부 형식을 띤 권력을 비판하는데 사용되었다.

그러나 18세기의 '공공영역'은 20세기에 와서 살해당했다. 하버마스는 여기에 사용된 살인무기에서 서로 다른 수많은 지문을 발견했다. 복지국가, 대중매체, 홍보활동의 부상, 정치정당의 성장으로 인한 의회정치의 와해 등이 그것이다. 우리들 중 대부분이 '후기내생성장이론'보다는 킴 카다시안*에 대해 더 잘 알고 있다는 사실은 지엽적인 문제일 뿐이다. 비판적 목소리를 높여서 절대 권력에 맞서게 해주었던 언론의 자유는 자본주의 조직을 위해 이윤창출 기계가 되어버린 신문의 대량 배포를 낳았다. 따라서 하버마스가 보기에 공공영역의 자율성과 비판력은 상실되었다.

그러나 하버마스의 이야기에는 한 가지 문제가 있다. 그가 찬양했던 초기

---

* 모델이자 사업가이며 방송인으로 활동하는 미국연예인.

18세기 공공영역은 21세기에 살아가는, 민주주의 정치가 모순어법을 제외하면 도대체 뭐가 될 수 있을지 궁금해 하는 우리에게는 롤모델이 될 수 없다. 커피하우스의 회합과 문학저널은 사적 토지나 그 외 다른 방법으로 사유재산을 누린 식자층을 위한 공간이었다. 게다가 공공선에 관한 그들의 개념은 공적영역에 포함되지 않는 사람들, 주로 여성, 농부, 그리고 당시 형성 중이었던 프롤레타리아와는 매우 다르다. 하버마스의 사유는 이처럼 노스탤지어의 경향을 띤다. 우리가 좀 더 독서를 열심히 하고 정보를 갖춘 비판적 정신의 소유자였던 커피하우스 고객층에 가깝다면 민주주의는 21세기에 기회를 갖게 될 것이라는 믿음이었다. 그는 이 회합의 원칙들이 건전하다고 주장했다. 자발성의 원칙에 입각했고 누구든 허용했다. 원칙적으로 사회적 지위, 계급, 젠더, 재산은 이 공공영역으로 입장할 자격과 무관하며 정보를 갖춘 비판담론에 참여하는데 문제되지 않는다. 물론 원칙과 실행은 전혀 다르다. 중요한 것은 사람들이 아무런 제약을 받지 않고 함께 이성에 도달했다는 사실이다. 하버마스는 이곳에서 민주주의적 정치의 이상이 태어났다고 주장했다.

하버마스가 민주주의적 이상의 출생지를, 자신의 유토피아적 희망과 새로 부활하는 민주주의적 제도에의 헌신을 일체 의심하지 않은 채 어디에 위치시킬 것인지 결정했다는 점과 관련해서 혹자는 의구심을 가질 수도 있다. 유토피아적 희망과 민주주의적 부활에의 헌신은 프랑크푸르트학파 1세대가 사용한 통화화폐는 아니었다. 아도르노와 호르크하이머는 해방을 부정의 방식으로 개념화했다. 그들은 아무것도 바꿀 수 없었고 대신 오직 현실 상황에 아니오, 라고만 말할 수 있었다. 마르쿠제도 이와 유사한 기질을 갖고 있었다. 그는 부정적 사유가 갖는 힘에 관해서 저술했고, 1960년대 후반 신좌파의 아찔한 유포리아에 사로잡혔을 때만 유토피아를 상상하는 일에 부질없이 손을 대기도 했다.

그러나 1세대는 빠르게 사라져갔다(아도르노는 1969년에 사망했고, 호르크하이머는 1973년, 마르쿠제는 1979년, 프롬은 1980년에 사망했다). 하버마스는 2세대 주자였다. 그는 1971년에 프랑크푸르트를 떠나서 스탄베르크에 있는 《과학기술의 세계에서 살아갈 조건을 연구하는 막스플랑크연구소》라는 멋들어진 이름을 단 곳의 공동대표가 된다. 스탄베르크는 뮌헨 근처의 작은 호숫가 마을이다. 하버마스는 이 과학기술세계에서 안락한 생활을 영위했다. 독일의 도시 중 1인당 가처분소득이 높은 곳으로 정기적으로 상위권에 오르는 스탄베르크에서 그와 그의 부인 우테는 바우하우스 건축가 아돌프 루스 스타일의 온통 흰 색으로 칠한 멋진 집에 밝은 빛과 책을 가득 채워놓았다. 그는 부인 우테와 1955년 결혼했다. 신즉물주의 원칙에 따르지 않고 모더니즘의 기질을 따라 지은 이 집의 근엄한 낙관주의는 하버마스와 잘 어울렸다. 값싸고 번쩍거리는 포스트모더니즘의 세상 옆에 이 집은 차갑게 서 있었다. 그곳에서 하버마스 부부는 세 명의 아이를 길렀고 1983년에 프랑크푸르트에 강의하러 돌아간 이후에도 이곳의 집을 처분하지 않았다.

만일 하버마스가 자신의 멘토들에게 맞서지 않았더라면 그는 또 한 명의 철학적 카산드라*가 되었을 것이다. 대신 그는 프랑크푸르트학파의 폴리아나**에 가까웠다. 그가 전후 독일에서 성장했다는 것을 생각하면 그의 낙관주의는 경이롭다. 『스탠포드 철학사전』에 수록된 하버마스 항목에는 이렇게 쓰여 있다. "뉘른베르크 전범재판은 국가사회주의가 지배했던 독일이 도덕적, 정치적으로 저지른 실패의 의미를 뼈아프게 느끼게 했던 매우 중요한 순

---

* 그리스신화에서 트로이 최후의 왕 프리아모스의 딸로 아폴로의 저주를 받아 그녀의 예언을 아무도 믿지 않게 되었다. 이로부터 아무도 믿지 않는 불길한 일의 예언자를 의미하는 수사적 표현이 되었다.
** 카산드라와 반대로 극단적인 낙천가 혹은 주변사람들에게 밝은 기운을 가져다주는 사람을 의미한다. 작가 E. H. 포터의 1913년 소설 속 주인공이다.

간이었다."[4] 그렇다면 그는 스승 아도르노처럼 절망해야 하지 않았을까? 아도르노는 홀로코스트 생존자로서 "(아우슈비츠를) 운 좋게 도망쳐 나온 사람, 죽었어야 했을 사람이 계속 살아가야 하는가"라는 문제를 죄의식에 사로잡힌 채 사색했다.[5] 하버마스가 제시한 독일철학의 희망적 방향은 아도르노의 철학적 절망감에 저항하는 반사적 대응처럼 보였다. 아도르노의 부정의 변증법은 방법론을 경멸하는 사유의 스타일로서, 하버마스의 연구를 이끌었던 체계적 이론화와 합리적 합의도출방식에는 반대했다. 하지만 오이디푸스적 반발만이 이 이야기의 전부는 아니다.

하버마스가 유대인이 아니라는 사실은 물론 중요하다. 그는 프랑크푸르트학파의 1세대와는 달리 홀로코스트 생존자가 아니었다. 만일 그가 청소년 시절 히틀러를 위해 전투에 참여했던 것에 대해 죄의식이나 수치심을 느꼈다고(그의 글에는 죄의식이나 수치심의 흔적은 없다) 알려주는 사소한 증거가 있다 해도 그의 정서는 아도르노가 경험했던 것과는 매우 달랐다. 아도르노가 1946년 아버지의 사망 후 어머니에게 보낸 편지에서 묘사했던 생존자의 죄의식은 하버마스가 공감할 만한 심정은 아니었다.

"잘 알려져 있다시피 유대인에게는 미래를 살피는 일이 금지되어있다." 벤야민은 자신의 「역사철학테제」에서 썼다. "토라*와 기도문은 기억하라고 가르친다. 이는 미래에 신경을 쓰면서 점쟁이로부터 조언을 들으려는 사람들이 정신 차리도록 해준다. 하지만 그렇다고 해서 유대인에게 미래가 동질적이고 텅 빈 시간으로 변하지 않는다. 그 시간 안에는 매 분 매초가 좁은 문이며, 그 문을 통해 메시아가 들어올 수 있다."[6] 하버마스는 이와 같은 금지를 받은 적이 없었다. 만일 벤야민이 옳다면 유대인은 고통과 불의를 프로그램에 포

---

* 유대교의 율법 또는 구약성서의 모세 오경.

함시키지 않는 상상력의 미래가 아니라 과거의 고통을 회상하는 일에 집중한다. 하버마스에겐 그렇지 않다. 하이데거와 달리, 그는 책임지려 했고, 아도르노와는 달리, 절망하기를 거부했다. 자신의 스승과 달리 그는 체계와 방법을 발전시키려고 했다. 나와 만났을 때 설명해준 대로 그는 "정치적 공동체의 시민들이 민주주의적 과정을 통해 그들의 사회적 운명에 집단적 영향력을 행사할 수 있는" 방법을 모색하려고 했다. 벤야민과 달리 하버마스는 미래를 과감히 들여다보고 유토피아를 상상한다. 물론 누구도 그와 함께 열광할 것 같지 않은 그런 유토피아이다.

칸트와 헤겔 이후 어떤 독일 철학가와 사회이론가도 이렇게 정교한 지적 체계를 발전시키지 않았다. 이 다학제 간 체계는 한 가지 간단한 생각에 토대를 두고 있다. 즉 합리적 의사소통을 통해서 우리의 경향성과 자아중심성, 인종 중심적 시각을 극복할 수 있고, 합의에 도달하거나 이성의 공동체에 다다를 수 있으며, 그렇게 해서 하버마스에 영향을 많이 주었던 미국의 실용주의 철학자 조지 허버트 미드가 "더 큰 자아"라고 불렀던 것을 발전시킬 수 있다는 생각이다. 니체는 칸트를 "재앙을 부르는 거미"라고 불렀다. 철학을 지적인 구성물, 현상계, 실재계, 초월적 통일성, 명령, 범주와 판단 등의 거미줄을 미친 듯이 풀어내어 꼼짝 못하게 묶어두었기 때문이다. 하버마스는 바로 이 위대한 계몽사상의 설계자다운 감수성을 지니고 있었다. 지난 반세기 동안 철학, 사회이론, 정치이론, 윤리학, 도덕이론과 법 이론에서 그가 써온 수십 만 개의 단어들은 거대한 거미줄을 만들어낸다. 그것은 음침한 지적인 덫이라기보다는 파시즘과 포스트모더니즘을 비판하고, 스승들의 절망과 맞서 싸우는 사람이 디자인한 영웅적인 구성물이었다. 칸트와 하버마스 사이의 차이는, 칸트의 체계가 독백적이며 전체의 보편화를 위한 도덕적 체계를 이성적 반성을 통해 개인이 구성할 수 있다고 상상했다면 하버마스의 체계는 대화적이라는 점이다. 하버마스는 자신이 "무제한적인 의사소통 공동체"

라고 부른 것에서 오직 합리적 이성의 토론을 통해서만 합리적 합의에 도달할 수 있다고 믿었고, 이것이 유토피아에 관한 그의 전망이었다. 이렇게 보면 하버마스는 재앙을 불러오진 않더라도, 후기칸트철학의 거미가 될 수는 있다.

가장 대표적인 미국의 비평가 중 한 사람인 듀크대학의 영문학과 법학 교수인 스탠리 피쉬는 특히 합리적 토론을 통해 대화 속에서 각자의 편견을 해소할 수 있다는 하버마스의 개념에 비판적이었다. 우리가 편견을 덜기 위해 대화를 시작하려면 각자의 편견을 옆으로 밀어놓아야만 대화를 시작할 수 있다고 피쉬는 주장했다. 하버마스가 가정했듯이 이런 일은 18세기 초엽 커피하우스 고객들의 공공영역에서만 가능했던 일이다. 피쉬는 이런 일이 일어날 가능성에 회의적이었다.

하버마스의 사유방식에 노정된 문제는 우리가 이 첫 단계를 시작할 수 있는 가능성이 없다는 것이다. 이 첫 단계는 사실상 마지막 단계이다. 나는 항상 하버마스에게 쏟아진 관심을 이해 할 수 없어 어리둥절했다. 이런 문제들에 관한 그의 사유방식은 내게는 분명 오류로 보인다. 내가 하버마스를 둘러싸고 벌어지는 상황을 설명할 수 있는 유일한 대답은 하버마스가 많은 사람들이 믿고 싶어 하는 어떤 것을 대변하고 있다는 것뿐이다. 그는 마치 소모적인 상대주의로부터 벗어나는 방법을 제공하는 듯이 보인다.[7]

하지만 피쉬가 옳았고 하버마스의 출구가 그저 또 다른 막다른 궁지였다고 해도 상대주의 ― 진실은 없지만 수많은 진실이 존재하고 올바른 도덕적 판단은 없지만 오직 서로 경쟁하고 다른 가치의 주장들의 아우성만이 있다 ― 를 피하려는 충동은 하버마스가 반세기 이상 자신의 언어로 빚은 거미줄을 쉼 없이 자아내도록 해준 동력의 중요한 일부였다. 하버마스가 포스트모던 사상의 상대주의에 대항해서 벌인 싸움은 그의 연구를 이해하는데 중요하다.

그렇지만 하버마스를 이해하기 위해 더 중요한 것은 우리가 살펴본 대로 아도르노를 거쳐 절합*된 사유이다. "히틀러는 자유가 박탈된 인간에게 새로운 정언명령을 부여했다. 그들의 사유와 행위를 배열해서 아우슈비츠가 반복하지 않도록, 그것과 유사한 것이 일어나지 않도록 해야 한다는 명령이다."[8] 바로 이런 사유, 이런 도덕적 의무감이 하버마스를 인간존재가 결코 그런 야만주의에 다시 굴복하지 않도록 보장할 방법을 찾도록 이끌어 주었다. 아도르노가 여기서 정언명령에 대해 말하고 있는 것은 놀랍다. 정언명령은 칸트가 그의 도덕이론에서 중요하게 다룬 개념으로 아도르노는 하버마스가 받아들였던 칸트의 개념을 기질적으로 경멸했었다. 그는 독일철학과 사회이론을 구축한 체계뿐 아니라 지배로부터 — 미신이든 정치적 억압이든 일체의 지배방식 — 인간을 보호하는 방식으로 이성을 사용하는 희망적인 계몽의 헌신까지도 경멸했다. 칸트의 생각은 도덕적 체계가 이성을 통해서 생성 가능하고, 이성은 개인적 편향이나 이해관계, 열정으로부터 자유롭기 때문에 보편화될 가능성이 있다는 것이다. 이성은 모든 인간존재가 공평한 대우를 받고 논쟁의 여지가 없는 결과를 생성해내도록 보장해주는 법정이 되었다.

데이비드 흄은 이성이 열정의 노예라고 주장했다. 그는 이 쾨니히스베르크의 거미가 일을 시작하기도 전에 이미 칸트의 도덕적 체계의 가능성을 쓰레기통에 쳐 넣었다. 만일 행동이 열정에 토대를 두고 있다면 칸트에게는 그

---

* 분절되고 나누어진 층위나 영역의 마디를 연결시켜 결합하는 철학적 방법론.

행동은 개념상 도덕적일 수 없다. 오직 정언명령과 일치하고 이성으로 추론된 반성을 통해서 도달할 수 있는 행동만이 보편가능하고 따라서 진정 도덕적일 수 있다. 그렇지만 만일 흄이 옳았고, 그래서 우리의 모든 이성적 판단이 단지 열정에 기초하고 있다면 어떻게 할 것인가? 그런 경우라면 당신은 칸트의 체계가 붕괴할 것이라고 생각할지 모른다. 칸트는 흄의 도덕적 심리학을 참아낼 수 없었다. 칸트에게는 열정에 속박된 노예상태는 인간이 성숙하게 자기통제를 하고 자율적이 되기에는 매우 적절치 못하다. 열정은 통제되어야 한다. 만일 스스로 통제할 수 있을 만큼 성숙하지 못하다면 타인의 도움이 필요하다. 정언명령은 칸트의 도덕이론에서 핵심이었다. 칸트의 도덕이론은 개별적 자율성을 얻기 위해 이성을 사용한다. 이것이 그가 계몽에 바친 헌신이었다. 그는 이성을 '성숙함'*, 즉 스스로 사유할 능력을 보여주는 것으로 사용한다.

만일 아도르노가 전적으로 부정적인 방식을 통해 현존 질서에 적응하기를 거부하는 수단으로서 이성으로서의 성숙함을 취했다면, 하버마스는 성숙함은 진정한 민주주의의 제도를 창조해줄 토대라고 주장했다. 그는 합리성이 우리가 당면한 문제의 원인일 수 있다고 인정하긴 했지만 동시에 문제의 해결책이 되어야 한다고 주장했다. 하버마스가 18세기 공공영역에 귀속시키면서 그렇게도 열망했던 의사소통적 이성을 통해서만 민주주의적 결핍에 시달리는 현대사회의 인간은 성숙하고 자율적이며 자유로운 존재가 될 수 있다. 물론 아도르노에게는 이런 일은 가능하지 않다.

아도르노와 하버마스는 계몽이 무엇인가에 대해 아주 다른 태도를 취했

---

* Mündigkeit: 독립적 판단능력 혹은 성숙함 정도로 번역될 수 있다. 단순한 신체적 성장이 아니라 도덕적 자율성을 갖춘 주체가 되기 위해 필요한 성숙을 의미.

다. 하버마스의 저술 대부분은 아도르노와 호르크하이머의 『계몽의 변증법』에 대한 전복으로 간주될 수 있다. 이 책은 1940년대 그들이 나치즘, 스탈린주의 등 전체주의 사회의 야만주의가 계몽의 유산을 조롱하고 있던 시대에 썼던 계몽주의에 관한 기본 텍스트이다. 18세기 계몽주의시대, 루소와 볼테르, 디드로와 칸트에게 계몽은 인간을 신화로부터 해방시키고 인간이 스스로 사유할 수 있도록 해주었다(여성은 이처럼 그럴 듯 해 보이는 계몽의 해방서사에 속하지 않았다). 그러나 18세기 후반과 19세기 초반의 산업화와 자본주의의 부상에 따라 더 많은 관료화, 행정절차와 통제가 일어났다. 내재적 비평의 형식을 통해서(즉 비판의 대상이 표방하는 가치를 사용해서 그 대상의 현상을 비판하는 방식) 아도르노와 호르크하이머는 계몽이 스스로 자신에게 지뢰를 심어두었다고 주장했다. 신화와 희생을 통한 지배로부터 자유를 얻으려 애쓴 과정 속에서 인간은 자신의 본능과 자연스런 충동을 억압하도록 강요받게 된 것이다.[9]

당연히 그들은 『오디세이』의 일화에 초점을 맞춘다. 이 일화에서 오디세우스는 선원들에게 자신의 몸을 돛대에 꽁꽁 묶어두라고 명령한다. 자신의 몸을 묶어둠으로써 그는 사이렌의 유혹적인 노래에 굴복하지 않게 된다. 호메로스의 서사시는 유럽의 계몽주의보다 10세기 전의 이야기였지만, 아도르노와 호르크하이머는 계몽에 특징적인 인간성, 즉 인간이 자신을 신화로부터 해방시키고 자연을 지배하려는 충동을 갖게 된 인간성의 탄생을 바로 『오디세이』에서 발견한다. 하버마스는 이렇게 쓴다. "계몽은 객관화된 자연과 억압된 내적 본성에 대한 지배를 가리키는 영원한 신호이다."[10] 『오디세이』에서 인간은 자연을 더 잘 지배하기 위해서 자연으로부터 스스로 분리시킨다. 아도르노와 호르크하이머에게는 우리 모두 작은 오디세우스였다. 우리는 몸을 돛대에 묶어놓은 채 자연으로부터, 본성과 충동으로부터 분리되어 있다. 물론 아도르노와 호르크하이머는 예외이다.

하버마스는 이의를 제기한다. 그는 『계몽의 변증법』을 청년시절에 읽었을 때 즉시 몰입했다. 그러나 시간이 흘러 이 책에 담긴 내재적 비판이 지나친 것이라고 생각하게 된다. 하지만 저자들이 사망하고 나서야 그는 용기 내어 자신의 의견을 출간하게 되었다. 1985년 『근대성의 철학적 담론』이라는 책에 수록된 한 강연에서 그는 스승들의 논리에 압도되지 않기가 얼마나 어려운지를 인정했다. 그러나 한걸음 뒤로 물러나서 살펴보면 그들의 논리가 너무도 단순하다는 것을 깨닫게 된다고 한다. 하버마스는 비로소 새로운 오디세우스가 되어 스승들의 수사학이라는 사이렌의 부름소리에 유혹되려는 자신의 자연적 충동을 극복하려 시도한다. 그의 스승들은 이성이 애초에 그 이성을 가능하게 했던 인간성을 파괴한다고 주장했다. 이런 일이 일어나는 이유는 "이성의 사지를 절단해버리는 자기보존 충동 탓이고, 오직 자연과 본능의 목적론적-합리적 정복의 형태에서만, 즉 정확히 도구적 이성으로만 인간성에 대한 주장을 할 수 있기 때문이다"라고 했다. 그러나 하버마스는 계몽의 전통에서 다른 형태의 이성을 구해내려 했다. 이것은 18세기 초의 공공영역에서 번성했고 또 그곳에서 합의를 생산해 낸 의사소통적 이성이었다. 그는 이 의사소통적 이성을 우리 시대의 민주주의적 이상을 부활시키려는 희망의 토대라고 간주한다.

여기서 도구적 이성이라는 용어가 핵심이다. 하버마스는 도구적 이성을 1968년 『기술과 이데올로기로서의 과학』에서 개념화한다. 도구적 이성은 자연적 필수요소를 이해하려는 관심이며, 자연법칙을 기술적으로 채택하고 생물과 무생물을 조작하기 위한 잠재력으로서, 자연과학을 구성하는데 필수적이다.[11] 이렇게 도구적 이성의 개념을 규정한 것은 진통제처럼 들린다. 그러나 호르크하이머는 1947년 『이성의 일식』에서 수사학적이고 아마도 심지어 연극적인 회전을 시도하면서 도구적 이성이 두 가지 대립적 요소를 갖고 있다고 했다. 즉 "실체가 텅 비어버린 추상적 자아는 오직 천상과 지상의 모든 것을 자기보존을 위한 수단으로 변형시키려고 시도한다. 다른 한쪽에서 텅 빈 자연은 단지 물질로, 지배당할 재료로만 강등되어 버린 채 지배이외엔 어떤 목적도 갖지 않게 된다."[12]

계몽은 우리를 신화로부터 자유롭게 해주고 세상을 마술로부터 풀려나게 하며 신들을 죽이고 인간의 영역에서 인간을 주인으로 만들어 주어야 했다. 그러나 『계몽의 변증법』의 저자들이 주장했듯이 이 기획은 실패했다. 1797년 화가 고야는 계몽의 가장 무섭고 상징적인 이미지들 중 하나였던, 날개가 달린 무섭게 보이는 생물체가 방에 가득하고 그 아래에서 꼬박꼬박 졸고 있는 사람의 이미지를 그린 뒤 〈이성이 잠들면 괴물을 만든다〉라는 제목을 부쳤다. 아도르노와 호르크하이머는 이성이 잠에서 깨면 또 다른 괴물들이 나타난다고 했다. 막스 베버는 고대의 마술에서 풀려난 신들이 그들의 무덤에서 다시 살아난다고 상상했다고 하버마스는 지적했다. 이 살아난 신들은 악마와의 타협 불가능한 싸움을 재기하려고 탈인성적* 힘으로 변장하고 있다. 이 힘 — 합리화, 행정, 자본주의의 작동원리 등 — 을 적절히 이해한다면 우리는 낡은 신들을 죽이지 않았으며 오히려 그들에게 새로운 가면을 허락했다는 점을 알게 된다. 계몽은 이처럼 계몽의 가치 자체를 도착시켰다.

하버마스는 이런 논지를 어느 정도까지만 따라간다. "자본주의 경제와 근대국가의 등장으로 자기보존에 관심을 가진 주체들과 자체운용체계들에 적합한 목적론적 합리성의 제한된 지평 속으로 일체의 정당하고 유효한 질문들을 통합시키려는 경향이 확장되는 것은 사실이다."[13] 그러나 아도르노와 호르크하이머가 이 지점에서 시도했던 수사학적 도약이 정당화되지는 않는

---

* depersonal: 개인의 자아 내부에서 인간성 혹은 인간적 특성이 배제되었다는 의미에서 '탈인간성'을 의미.

다. "목적론적 합리성의 명령들은 최근 생산한 제품들 — 현대과학, 정의와 도덕성의 보편주의적 개념들, 자율적인 예술 — 에 이성이 종속되어있다는 것을 입증할 수 없다."[14] 과학에는 도구적 이성의 동원 이상 무엇인가가 있고, 예술은 문화산업 이상의 무엇이 있다. 헌법적 정부를 비롯해서 법과 도덕성의 보편주의적 토대들은 그저 비난 받는 것 이상의 가치가 있다. 다시 말해서 하버마스에게 계몽은 '건전한 핵'을 갖고 있었다. 하지만 아도르노와 호르크하이머의 "지나치게 단순한 설명"은 이 핵을 가볍게 처리하고 지나가 버렸다. "『계몽의 변증법』은 객관적 폭력으로 변한 목적론적 합리성의 신화로부터 도피할 어떤 전망도 제시해주시 않았다."[15]

이 전망의 제시를 하버마스는 자신의 글에서 시도한다. 즉 위압적으로 들리는 독일어의 복합명사 *Verblendungszusammenhang*(망상의 총체적 체계)의 그림자에서 빠져나올 방법을 이론화하려는 시도였다. 1979년 인터뷰에서 그는 이렇게 말했다. "나는 비판이론의 기본적인 전제, 즉 도구적 이성의 지배력이 너무도 강해서 망상의 총체적 체계로부터 빠져나올 방법이 전혀 없고, 오직 그 체계 안에서 고립된 개인들은 섬광의 형태로만 통찰을 얻게 된다는 전제에 동의하지 않는다."[16] 이런 종류의 통찰력은 도리어 엘리트주의적이며 희망을 배제한다. 하버마스는 프랑크푸르트학파의 1세대 학자들이 이 망상의 총체적 체계를 비판하기 위해서 어떻게 그 체계의 영향권에서 벗어날 수 있었는지를 의심했다. 만일 그 체계가 그렇게도 총체적이라면 그들 역시 망상에 사로잡혀 있는 것이 아닌가? 그는 포스트모더니즘 이론가들에게도 똑같은 주장을 했다. 만일 그들이 주장하듯이 모든 진실이 상대적이라면 진실이 상대적이라는 주장조차도 상대적인 것이 아닌가? 프랑크푸르트학파의 1세대에게 이 총체적 망상체계는 오직 선진산업사회의 붕괴와 사회주의의 도래를 통해서만 극복될 수 있었다. 하버마스는 이런 시각을 거부했다. 대신에 현존 체계의 개혁을 주장했다. 그는 18세기의 공공영역이라는 개념을 이 체계의 이데올로기적 장치에 저항하기 위해서 부활시킬 수 있었다. 도덕적 주체의 성숙함, 자기통제와 자율성 등 칸트가 칭송했던 자질들이 후기 자본주의라는 이 망상의 총체적 체계를 극복하기 위해 우리시대에 실현될 수 있으리라고 그는 믿었다.

그러나 이런 방식으로 계몽의 '건전한 핵'을 유지하려고 했던 하버마스는 시대의 흐름과 맞지 않았다. 그는 1960년대 후반 학생운동 뿐 아니라 그 다음 시대의 포스트모더니즘 사상가들로부터 저항을 받게 되었다. 포스트모더니즘은 하버마스의 관심권에 들지 못했다. 여기에는 두 가지 이유가 있다. 첫째, 그는 포스트모더니즘을 저항적 목소리를 침묵시키는 수단으로 보았다. 이런 의미에서 그의 포스트모더니즘 비판은 미국의 마르크스주의 사상가 프레드릭 제임슨의 것과 유사했다. 제임슨은 포스트모더니즘이 이론이라기보다는 자본주의의 체제적 변형태로서 하버마스가 근대성의 기획이라고 간주했던 것에 담긴 비판적 힘을 거부하고 있다고 주장했다.[17] 제임슨이 보기에 근대성의 기획 없이는, 또 비판적 태도를 견지하지 않으면 우리는 지구적 자본주의에 무방비하게 노출될 수밖에 없다. 그러나 제임슨이 새로운 국제적 프롤레타리아가 봉기해서 전 지구적 자본과 포스트모던 시대의 타락에 대항하리라는 마르크스주의적 견해를 유지했다면, 하버마스는 자신이 취했던 초기 마르크스주의로부터 떠났다. 둘째, 하버마스는 포스트모더니즘을 경멸했다. 루디 두치케의 정치(하버마스가 좌파파시즘이라고 불렀던 것)와 마찬가지로 포스트모더니즘은 비합리주의와 허무주의를 희롱하는 듯이 보였고, 따라서 나치시대를 상기시켰다.

포스트모더니즘 이론가들은 그들의 입장에서 하버마스의 기획을 똑같이 경멸했다. 프랑스 철학자 장-프랑수아 료타르는 『포스트모던 조건』에서 이렇게 말한다. "우리가 경험한 대량학살 이후 아무도 진보와 합의, 초월적 가치에 대해 믿을 수 없게 되었다. 그런데도 하버마스는 이런 믿음을 가정하고 있다."[18] 여기서 마치 료타르는 하버마스보다는 아도르노의 철학을 계승한 듯 해보이지만, 그렇지는 않다. 논쟁의 여지가 있지만 아도르노의 새 정언명령에 충실하려고 노력했던 유럽의 지식인은 다름 아닌 하버마스였다.

1980년 하버마스는 아도르노상을 받고나서 프랑크푸르트에서 열정적인 연설을 한다. 이 상은 철학, 연극, 음악과 영화에서 뛰어난 업적을 기리기 위해 제정되었다. 이 연설의 제목은 「근대성: 미완의 기획」이었다.[19] 연설문에서 그는 다수의 포스트모더니즘 이론가들, 가령 료타르, 미셸 푸코와 자크 데리다 등과, 근대적인 가치가 서구사회를 부패시킨다고 비난했던 몇몇 신보수주의 사상가들 모두와 대립각을 세우며 자신이 근대성의 가치라고 생각한 것을 옹호하고 있다. 『근대성의 철학적 담론』에서 그는 이렇게 썼다. "근대성은 더 이상 다른 시대로부터 공급받는 모델들의 지침을 평가하는 비판적 잣대가 될 수 없고 또 그렇게 되지 않을 것이다. 근대성은 그 자체의 규범을 창조해야 한다."[20] 이 말은 근대성이 반역사적이라는 의미는 아니다. 그보다는 프랑크푸르트 연설에서 하버마스가 제시하듯이 "본질적으로 과거의 모델들을 모방하도록 방향설정이 되어 있는 역사이해방식에 노정된 거짓 규범성"에 저항하도록 근대성의 기획을 세운 것이다.

벤야민은 역사의 지속성을 폭파시키려는 꿈을 꾸었다. 근대성은 이와 유사하게 시간에 대한 변형된 개념을 갖고 있었다. 근대성의 시간은 전통의 권위로부터 자유롭다. 17세기 이래 새로운 측정기술의 성장과 가설, 실험, 수학적 이론화와 기술적으로 유용한 지식의 성장 등과 관련된 근대과학의 부상과 함께 교회의 권위는 축소되었다. 마찬가지로 아리스토텔레스적 과학탐구 방법론도 시들해졌다. 교회와 아리스토텔레스적 방법론의 권위는 이성의 권위로 대체되었다. 하버마스의 주제와 구체적인 연관을 갖는 것은 근대성이 인간을 전통적 역할로부터 벗어나게 해주었고 스스로 자신의 목적을 선택하고 자율적인 존재가 되게 했다는 사실이다. 여기서 칸트의 도덕 철학이 중요하다. 칸트는 우리가 타자를 "단지 수단으로서가 아니라 동시에 항상 목적으로" 대우해야 한다고 주장했다. 따라서 칸트의 도덕적 관점에서 볼 때 인간본성의 특징은 자유롭게 자신의 목적을 선택할 능력이다. 이것이 정확히 호르크하이머가 『이성의 침식』에서 반대했던 계몽의 이야기이다. 그는 어떻게 이성이 도구적 관심사를 강조함으로써 비합리성으로 몰락해갔는지를 기술했다. 호르크하이머가 이해한 도구적 이성은 목적 그 자체에 대한 추론이 아니라 목적에 따라 수단을 결정하는 데 집중했다.

하버마스의 근대성에 관한 테제는 이렇게 프랑크푸르트학파의 가장 특징적인 문구를 뒤집는다. 그는 이성이 우리를 노예로 만든 것이 아니라 해방시켰다고 주장하면서 스승들과 맞섰다. 하버마스에게 근대성은 우리를, 무엇보다 일신교적 유대기독교전통으로부터 자유롭게 해주었고 세속적 도덕성의 출현을 목도하게 해주었다. 이 세속적 도덕성은 또한 인간을 선한 삶이라는 실체적 개념으로부터 떼어놓았다. 선이란 권리 혹은 정당함과는 다르다. 실제로 계몽의 시대 이후 선에 관해서 경쟁적으로 다수의 개념들이 등장했다. 계몽의 시대가 낳은 칸트의 도덕이론에 담긴 제반 양상들이 2세기가 지나서 두 명의 대표적 철학자 — 한 명은 미국인이고 다른 한 명은 독일인 — 에 의해서 거의 동시에 채택되었다는 사실은 주목할 만하다. 이 두 명의 철학자는 마치 그들이 어떻게 정당하고 공정한 방식으로 서구사회 전체를 결합시켜야 할 지를 상상하는 과정에서 선의 개념을 부활시킨 듯이 보인다. 그들은 이렇게 하지 않으면 서구사회가 파편화될 것이라고 보았다. 확실히 선 개념의 다수성은 하버마스와 미국철학자 존 롤스처럼 갈수록 문화가 다양해지고 다수의 신념체계가 공존하는 서구에서 제2차 세계대전 후에 성장한 사람이라면 놓칠 수 없는 개념이었다. 현대사회는 하나의 거대한 전통으로 묶이지 않았다. 오히려 자신을 자율적 주체로 간주했던 개인들로 구성된 사회였다.

그렇다면 현대 사회를 무엇으로 함께 묶어줄 것인가? 1971년 『정의론』이라는 매우 영향력 있는 책을 낸 롤스는 선보다는 권리가 우선한다고 설명한다. 즉 개인의 권리에 기초한 주장들이 선에 기초한 주장들보다 더 중요할 뿐 아니라 선보다 선행되어야 한다는 것이다. 선에 기초한 주장은 자신 혹은 타인의 권리를 위반하는 결과를 낳게 된다. 자유주의국가의 첫 번째 의무는 개인에게 기본적인 시민적 자유를 보장하는 것이었다. 롤스가 표현한대로 "누군가에게 일어날 자유의 상실"이 결코 "타인들이 공유하는 더 큰 선이라는 이름으로 옳다고 정당화될 수"는 없다. 권리개념의 불편부당성은 롤스에게 사회적 안정이나 조화를 보장했다.

하버마스는 이 주장에 상당히 동의했다. 확실히 현대사회는 앞선 사회들처럼 선이라는 하나의 거대한 개념으로 결합될 수 없다. 나아가 침해할 수 없는 자유와 권리가 인간의 번영과 자율성, 칸트가 찬양한 자율적 주체로서의 성숙한 책임감을 보증해주기 위해 매우 긴요하다. 하버마스에게 이것들은 필수적이지만 충분하지는 않다. 그의 철학, 사회이론, 그리고 정치이론은 우리를 계몽의 나쁜 결과들로부터 보호하기 위해 노력한다. 그것이 하버마스가 근대성이 미완의 기획이라고 주장한 의미였다. 우리는 기술적 진보, 경제적 성장, 합리적 행정, 더 많은 자율성의 견지에서 근대성이 진행되어가면서 혜택을 받았지만 동시에 상처를 입기도 했다.

아도르노 상 수상연설에서 하버마스는 이렇게 말했다. "계몽의 철학자들이 18세기에 구성했던 근대성의 기획은 객관성의 과학, 도덕과 법의 보편주의 토대, 그리고 자율적인 예술의 발전을 인정사정없이 이룩해왔고, 일체의 발전은 자체의 내재적 논리와 일치한다." 그는 막스 베버를 인용했다. 베버는 계몽의 결과 종교적이고 형이상학적인 견해들이 붕괴되었고, 세 가지 가치영역 혹은 담론이 이들을 대체하기 위해서 출현했다고 주장했다. 바로 자연과학, 도덕과 법, 예술이었다. 각각의 영역은 제도화되었고 해당 분야의 전문가 집단도 제도화되어서 상호간에 어떤 식으로든 대화를 하지 않게 되었다. 오직 평범한 사람들만 대화에 참여한다. "이 전문가 문화와 일반대중 사이의 거리는 점점 멀어져 갔다"고 그는 지적했다.[21]

그 결과는? 하버마스가 생활세계라고 부른 것의 빈곤화이다. 이것은 그의 사회이론에서 매우 중요한 개념이다. 생활세계는 사회생활의 두 가지 고유한 영역 중 하나이다. 다른 하나는 체제이다. 그에게 생활세계는 이론 이전의 일상적 세계로 가족과 가구의 영역이며 의미와 이해를 공유하고 제약 없는 대화가 공공영역에서 이어지는 그런 세계이다. 체제는 이와 대조적으로 도구적 합리성과 행위의 구조와 패턴을 의미한다. 특히 돈과 권력이 해당되는데, 체제의 주요한 기능은 재화와 서비스의 생산과 순환이다. 체제에는 경제, 국가행정, 그리고 국가가 허락하는 정치정당이 포함된다. 생활세계와 체제 사이의 관계는 하버마스에게 중요하다. 생활세계는 의사소통적 이성과 행동의 집이고 체제에 의해 식민화될 위험을 안고 있다. 체제는 도구적 이성의 집이다. 체제에 의한 생활세계의 식민화 위험은 근대성의 기획에는 재난과도 같다.

콩도르세와 같은 계몽 사상가들은 하버마스의 주장에 의하면 예술과 과학이 "단지 자연의 힘을 더 효율적으로 통제할 뿐 아니라 자아와 세계를 더 잘 이해하도록 해주며 도덕성의 진보, 사회적 제도에서의 정의와 심지어 인간의 행복도 증진"[22]시키는 낙관적인 꿈을 품었다. 하버마스는 이 계몽의 꿈은 이루어지지 않았다고 한다. 대신에 권력과 돈의 체제들이 인간행위를 제약했다. 체제는 도구적 합리성에 의해 지배되었다. 우리의 목표를 성찰하고 그것들을 변화시키는 대신 체제는 인간의 통제를 벗어나는 내재적 논리를 작동시켰다.

생활세계와 체제 사이의 이러한 구별은 하이데거뿐 아니라 마르크스에게도 많이 빚지고 있었고, 대체로 하버마스의 프랑크푸르트학파의 선배들에게 상당한 빚을 지고 있다. 그들이야말로 선진산업사회에서 살아가는 사람들이 철저히 체제에 의해 식민화상태에 놓여있어서 생활세계가 더 이상 존재할 수 없게 되었다고 주장했었다. 우리는 일차원적 남녀가 되어 자본주의체제의 기능적 요소로 전락했을 뿐, 칸트가 제시한 적당한 자율성과 자기지배력을 갖춘 자율적 존재가 아니다.

하버마스는 두 가지 점에서 그의 선배들과는 달랐다. 첫째, 그는 인간이 계몽과 과학의 성장으로부터 혜택 받았다고 생각했다. 둘째, 그는 그들과 달리 희망의 포기를 거부했다. 아도르노 상 수상연설에서 그는 자신의 연구소 동료였던 아도르노를 "이성에 대한 강조와 주장이 예술의 비밀스럽고 모호한 작업에 담긴 비난의 몸짓으로 후퇴했고 도덕성은 더 이상 정당화를 보장해줄 수 없으며 철학은 간접적 방식으로 예술 속에 봉인된 비판적 내용을 드러내는 임무만을 수행할 뿐인" 사람으로 규정했다.[23] 신비주의로 축소된 정치란 하버마스에겐 가능하지 않았다. 그는 차라리 아도르노가 호르크하이머와 함께 지워버린 계몽의 거대한 약속에 충실했다. 「근대성: 미완의 기획」의 중간쯤에서 하버마스는 두 가지 수사학적 질문을 던졌다.

> 금이 가고 깨진 것이라도 우리는 계속 계몽의 의도에 천착할 수 있을까? 아니면 근대성의 전체 기획을 포기하는 게 나을 것인가? 만일 문제가 되는 인식적 잠재성이 단지 기술적 진보와 경제적 성장과 합리적 행정을 낳는 것만이 아니라면 그것을 조절해서 여전히 맹목적인 전통에 의존하고 있는 생활현실을 어떤 불안정한 방해물로부터 보호할 수 있기를 바랄 수 있지 않을까?[24]

하지만 우리가 하버마스가 조언하듯이 근대성의 기획을 계속해야 한다면 체제에 의한 생활세계의 빈곤화를 어떻게 멈출 수 있을 것인가의 문제는 여전히 불확실하다. 왜냐하면 하버마스는 자본주의, 국가, 또 그의 동료 마르쿠제가 일차원적 사회라고 부른 것에 의한 사회적 생활의 피폐화에 대항할 잠재적 요새를 생활세계에서 찾기 때문이다. 그곳에서 그는 한때 합리적이고 자율적이며 자발적인 회합을 위한 유토피아적 희망을 제공했던 공공영역을 발견한다. 이 자발적인 회합에서 우리는 의사소통적 이성과 의사소통행위를 통해서 일차원적 남녀를 넘어서는 뭔가가 될 수 있다.

트위터 도용을 당하고 난 후 얼마 지나지 않아 나는 하버마스에게 인터넷과 소셜미디어가 공공영역으로 작동할 수 있을지를 물었다. 그는 회의적이었다. "인터넷은 원심력을 만들어냅니다"라고 그는 대답했다.

> 인터넷은 고도로 파편화된 의사소통 회로의 반정부적인 전파를 풀어 놓습니다. 이 전파는 부정기적으로 겹칩니다. 물론 무제한적인 의사소통의 자발적이고 평등주의적인 성격은 권위주의적 체제에서는 전복적인 효과를 가질 수도 있습니다. 하지만 웹 그 자체가 어떤 공공영역을 생산해 내진 않습니다. 그 구조는 전문가들이 검토하고 걸러내 온 주제와 발언들에 관해서 동시에 의견을 형성하는 시민들로 구성된 분산된 공중(公衆)의 관심을 집중시키기에는 적합하지 않습니다.

혹시 소셜 네트워크의 웹사이트들이 이런 유대감을 만들어내는데 도움이 된다면 어떨까? "공공영역에 미치는 영향력에 대해서라면 이렇게 가속화된 의사소통은 활동을 조직하고 광범하게 분산된 수신인들의 더 큰 규모의 정치적 동원을 해내는데 전적으로 새로운 가능성들을 열어놓습니다…… 그러나 그들은 여전히 현실적 의사결정과정에 그들이 맺고 있는 관계에 따라 우발적으로 좌우됩니다. 이 의사결정과정은 전자적 네트워크 단자들의 가상공간 밖에서 일어나지요."[25]

인터넷과 소셜미디어가 공공영역의 기능을 담당하고 사회적 지위나 행운에 의해 오염되지 않은 토론을 위한 가상적 공간으로 작용할 잠재성을 쉽게 무시해 버렸다는 점에서 하버마스는 아마 틀렸을지 모른다. 그는 활동기간 내내 공적 지식인으로서의 역할을 수행하면서 정치적 문제에 개입해왔는데, 분명 최근에 이런 종류의 개입은 점점 더 사이버공간에서 이루어지고 있다. 내가 그를 인터뷰할 때 그는 인터넷이 성장한 결과 신문이 낡은 매체가 되어 버릴 위기를 더 걱정했었다. "당신의 국가[영국], 그리고 내 조국[독일]에서도 국가적 언론, 말하자면 지금까지는 민주주의적 담론의 중추가 되어왔던 이 언론이 심각한 위험에 처해있습니다. 아무도 인터넷 상에서 중요한 국가 정론지들이 생존할 수 있을 가능성을 보여주는 비즈니스 모델을 제시해주지 못하고 있습니다." 신문이 (이따금이라도) '이상적인 발화상황'을 촉진시킬 수 있다고 그가 희망했던 것을 떠올려보면 그의 걱정은 이해할만하다. 이런 이상적 상황에서는 시민들이 도덕적 정치적 관심사들을 제기할 수 있고 오직 합리성으로만 자신의 입장을 변호할 수 있다. 그의 희망은 신문들이 체제에 의한 생활세계의 침식에 맞서 균형추가 되어주는 것이었다. 혹은 다르게 표현하면 신문들이 현대 정당정치체계의 권리박탈을 막아줄 것을 희망했다. 분명 하버마스는 그의 세대 다른 어떤 공적 지식인보다도 공공영역의 참여자로서의 그가 맡은 역할을 심각하게 받아들였다. 이 영역이 부활하기 위해서는 지식인들의 역할이 핵심적이다. 그들은 합리적 합의로 향하는 토론을 이끌어야 한다. 정보전문가와 여타 미디어 조종자들이 표현의 자유를 옥죄고 민주주의를 망치는 일을 막아야 했다. 하버마스는 합리적으로 성취된 합의, 다시 말해 아도르노의 『부정의 변증법』이 어떤 여지도 남기지 않고 거부했던 이 합의가 아우슈비츠 이후의 인간의 번영을 위해 필수적이며 또 가능하다고 주장했다. 이성의 행사와 상호이해를 가로막는 장벽을 우리가 찾아내어 제거할 수 있다는 것이다.

하버마스가 독일 언론에 공적인 참여를 했던 일 중 가장 전형적인 사례는 《역사가들의 논쟁》에 개입해서 홀로코스트가 어떻게 해석되어야 할지 토론했던 것이다. 이 논쟁은 1986년부터 4년간 격렬하게 이어졌다. 독일 역사가 에른스트 놀테는 "아우슈비츠는…… 무엇보다 러시아혁명의 발발과 그 파괴력에 대한 반작용으로 탄생했다 …… 소위 제3제국 동안 일어난 유대인 집단살인은 러시아혁명에 대한 반작용이거나 왜곡된 복사본이지 원초적 행위이거나 고유한 원본이 아니다"라고 주장했다. 놀테는 러시아의 수용소군도가 아우슈비츠보다 먼저 생겼고 독일은 볼셰비키의 위협에 직면해서 '합리적으로' 나치즘으로 선회한 것이라고 추론했다.[26] 히틀러가 몰락한 뒤 40년이 흐른 뒤 놀테와 그 외 우파역사가들이 제3제국이 저지른 잔혹한 범죄로부터 독일의 책임을 면제받기 위해서 애쓰고 있다는 것을 하버마스는 알아챘다. 설상가상 하버마스가 상대했던 역사가들의 일부는 서독의 수상 헬멋 콜의 기독민주당정부와 연결이 되어있던 지식인이었다. 유대인 문제의 최종적 해결[인종 학살]에 대한 이들의 수정주의적 설명은 하버마스에게는 정치적 목표를 위해 학술적 역사를 오용한 것으로 보였다. 이들의 목적은 필시 국내적으로 콜의 인기를 받쳐주고 서독이 홀로코스트의 책임을 지고 이스라엘에게 지불해 온 배상금의 중단을 정당화하려는 것이었다.

하버마스는 논쟁 상대들이 독일 역사를 정상화시켜서 놀테가 "사라지려 하지 않는 과거"라고 불렀던 것을 지워버리려는 시도를 한다고 묘사했다. 하버마스는 이들이 나치즘은 독일역사에서 소규모의 범죄 집단이 벌인 역사적 위반에 불과하다고 암시함으로써 독일 국가에게 면죄부를 주려고 시도한다고 주장했다. "아우슈비츠를 예외가 아닌 것으로 만들려는" 이런 시도를 공격하는 일련의 논문들을 쓰면서 하버마스는 "독일에 사는 우리가 감당해야 할 의무 — 비록 아무도 더 이상 느끼지 못하지만 — 는 독일의 손으로 살해했던 이들의 고통을 왜곡 없이, 또 지적인 형태로 기억해주고 그 기억을 계속 생생하게 만들어주는 것"이라고 썼다.[27] 아도르노의 새 정언명령은 하버마스가 이 글을 썼을 당시 절대 사라지지 않았다.

　《역사논쟁》에서 특히 그의 화를 돋운 것은 독일민족주의의 부활이었다. 그는 독일민족주의를 용인할 수 없었다. 민족주의는 하버마스에게 욕지기나게 했지만, 특히 독일민족주의는 최악이었다. 그는 민족국가, 특히 인종적 통일성에 기초한 국가의 배타성에 관심을 갖고 있었다. 또한 한 국가의 구성원들이 정서적, 감정적, 감성적 결속을 통해 연대하고 있어서 의사소통적 이성에는 열려있지 못한 상태에도 관심을 기울였다. 하버마스가 보기에 의사소통적 이성은 국가를 제재할 수 있기 때문에 공공영역이나 시민사회의 성장을 위해서 반드시 필요했다. 이렇게 보면 민족주의는 하버마스가 체제라고 부르는 것, 그 중에서도 특히 국가행정의 작용을 윤활하게 해주는 중요한 기능을 담당하게 된다. 왜냐하면 민족주의는 민족 구성원인 시민들에게 지적인 도구와 사회적 공간을 제공함으로써 그들이 국가권력에 대한 비판적 감시를 담당하도록 준비시키기 보다는 단일한 정치공동체의 소속감을 부여하기 때문이다. 하버마스의 기술적 용어를 사용해서 표현하면 이 담론 이전의 민족주의는 생활세계에서 일어나는 현상이긴 하지만 체제에 의해 식민화될 수 있다. 좀 더 간단히 표현해보면 민족주의적 감정은 항상 정치적 엘리트들에 의해서 쉽게 조작된다. 히틀러가 했던 일이 바로 이런 감정의 조작이었고 하버마스가 역사의 반복에 민감한 반응을 보였던 것은 지극히 당연했다.

　독일에서 특히 민족주의의 발흥은 하버마스가 1981년 그의 걸작 『의사소통적 이성의 이론』에서 제시한 의사소통적 합리성의 개념을 전복시켰다. 의사소통적 행위에 참여하는 이들은 논쟁을 통해 타인으로부터, 또 스스로 배우고 학습함으로써 전형적으로 당연하게 간주된 가정들에 의문을 갖게 된다. 기록된 역사 중 가장 잔혹했던 한 시절의 후폭풍 속에서, 그리고 더 나쁜 시대가 오리라는 위협에 맞서 이 개념은 환영할만한 것으로 들린다. 남아프리카의 진실화해위원회*가 하는 일과도 유사하다. 그러나 그런 일은 사실 전혀 일어나고 있지 않는 듯이 보인다. 1980년대 말 독일은 통일로 서둘러 향해가고 있었다. 하버마스는 반복해서 신중한 경고를 보냈다. 통일이란 표현은 옛 소련의 위성국가[동독]를 병합한, 경제적으로 성공적인 서쪽의 공화국에 대해 예의를 갖춘 것에 불과하게 될지 몰랐다.[28] 그의 걱정은 통일이 너무도 빠르게 진행되어서 동독 시민들이 그들이 어떤 사회에서 살고 싶은지 표현할 아무런 발언권도 갖지 못한 채 서독의 관료들에 의해서 연방공화국에 통합되어버릴 수도 있을 가능성이었다. 적어도 그의 생각에는 통일은 옛 동독 시민들에게 경제적 이익을 주는 것 이상이어야 했다. 통일이 이루어지고 있는 방식은 서독 정치엘리트들에게는 좋겠지만 의사소통적 합리성, 즉 하버마스가 성숙한 정치체계의 표지로 간주한 대화적 합의는 망치고 있었다. 말하자면 체제는 또 다시 생활세계를 빈곤화시켰다.

1980년대에서 1990년대까지 그가 쓴 글에서 하버마스는 담론 이전의 민족주의가 2차 세계대전 이래 독일의 발전과정에서 자신이 좋아했던 것을 훼손시켰다고 했다. 그는 연방공화국이 자신이 '제헌적 애국주의'라고 부른 것을 위해서 민족주의를 거부했던 사실에 일종의 자부심을 느끼고 있었다. "연방공화국에 사는 우리에게는 제헌적 애국주의란 다른 무엇보다도 영원히 파시즘을 극복해가면서 정의로운 정치질서를 구축하고 상당히 자유로운 정치적 문화에 닻을 내리도록 하는데 성공했다는 사실에 자부심을 느낀다는 것을 의미한다"고 그는 1990년 『혁명 따라잡기』에서 썼다.[29] 그의 희망은 제헌적 애국주의가 민족주의를 대체하는 것이었다.

---

* 국가나 정부의 권력오남용으로 인한 피해와 진실을 규명하고 치유하기 위한 기관으로 남아프리카의 인종차별의 실상을 진상규명하기 위해 만델라가 대통령으로 당선된 후 설치되었다.

아마 당신은 오직 학자만이 제헌적 애국주의를 고무적이라고 생각할 것이라 말할지도 모른다. 그렇지만 하버마스가 민족주의의 발흥을 대체할 것을 찾으려고 애쓴 점을 이해할 수는 있다. 1933년에서 1945년까지 독일민족이 자행한 말로 표현하기 힘든 범죄들은 적어도 다른 유럽인들이 시도하지 않은 방식으로 민족주의라는 망상에 맞설 기회를 독일시민에게 주었던 것이다. 확실히 영국인들은 부분적으로는 제2차 세계대전의 승전국으로서 얻은 전리품이라는 독극물을 마신 후 승리를 구가하는 민족적 서사 덕분에 우리가 대체로 빠지기 쉬운 배타적이고 인종차별주의적인 민족주의의 허점에 관해서 거의 성찰하지 않았다. 이렇게 본다면 하버마스의 제헌적인 애국주의에는 뭔가 고무적이지는 않더라도 경탄할만한 점이 있다. 서유럽이 점점 더 다문화적으로 바뀌어가는 시대에 이것은 중요하다. 다문화사회가 된다면 민족주의는 뭔가 민주주의적 헌법 같은 것으로 극복해야 한다. 이렇게 해야만 모든 차이, 인종, 종교, 문화가 함께 편히 어우러질 수 있을 것이다.

　　하버마스는 또한 헌법이 정치적 공동체에 속한 모든 집단의 윤리적 이해와 어울려야 한다고 주장했다. 더 이상 서유럽국가들이 (전통적으로 기독교에 토대를 둔) 다수의 선이라는 개념에 의해서 뭉칠 수는 없었다. 제헌적 애국주의라는 개념은 그가 혐오하는 나쁜 민족주의에 대항하는 성벽 같은 것이었다. 민족주의에서는 히틀러가 작동시켰던 충동들을 목격하게 된다. 더욱이 제헌적 애국주의는 배타적이지 않았고 선이라는 단일한 개념에만 매달리지 않았다. 그것은 뭔가 하나의 정치체제 속에서 모두가 함께 공유할 수 있는 것이었다. 왜냐하면 제헌적 애국주의는 국가의 자유롭고 공정한 작동방식에 대한 자부심의 표현이었고 번창해가는 공공영역이나 시민사회가 책임지기 때문이었다. 적어도 이것이 하버마스가 진작한 개념이었다. 분명 그렇긴 해도 옛 동독 도시들, 가령 로스톡이나 호이스베다에서 통일 이후 외국인 방문 노동자들을 공격했던 인종차별주의자들에겐 그리 효과가 없었다. 새로운 독일은 심각해지는 실업문제로 골머리를 앓고 있었다.

하버마스가 민족주의에 갖고 있던 회의주의는 또한 유럽통합에 관한 그의 꿈에 토대가 되었다. 이 꿈은 21세기가 시작된 후 이제 첫 10년대로 나아가고 있던 시기에 유토피아적으로 보였다. 그리스 부채 위기가 유로존을 파괴할 위협을 하고 있고 정치적 통합의 토대마저 붕괴될 것 같은 시기였다. 2010년 『유럽: 비틀거리는 기획』에서 그는 "20세기에 일어난 괴물 같은 대량범죄"는 각 민족이 더 이상 국제법에서 면제되어 있는 양 순진한 척 할 수 없다는 것을 의미한다고 주장했다.[30] 제헌적 애국주의는 전 세계적인 합의를 통해 더 낫고 합리적인 조직으로 편협한 민족주의를 대체하려는 보다 큰 목표를 향한 중간정거장 이었다.

하버마스의 희망은 좀 더 통합된 유럽이 미국과 함께 긴밀히 협력해서 더 안정되고 평등한 국제적 질서를 세우는 것이었다. 그는 2010년에 유럽이 미국의 버락 오바마 대통령을 지지하고 오바마의 국제정치의 목표였던 중동지역에서의 군축과 평화 등을 지원해야 한다고 말했다. 뿐만 아니라 재정시장을 규제하고 기후변화문제를 해결하는데 워싱턴과 함께 노력해야 한다고도 했다. "그러나 종종 그래왔듯이 유럽인들은 정치적 의지와 힘을 결여하고 있습니다. 지구적 차원에서 우리에게 거는 기대를 생각한다면 유럽은 국제무대에서 심각하게 실패한 셈입니다."[31]

이 책의 독일어 제목이 『아, 유럽』이라는 것은 의미 있다. 두 차례 세계전쟁과 홀로코스트를 초래한 유럽의 민족주의적 악몽을 극복하는 방법으로 그가 열망했던 초국가적 공동체가 가까운 시일 내에 유럽대륙에 존재할 가능성은 없어보였다. 언제나 낙천적인 폴리아나였던 하버마스는 절망의 크게 벌어진 아가리에서 낙관주의를 채 왔다. 내가 그에게 유럽연합이 너무 요원해서 시민들을 감화시키지 못하며 어쨌든 그리스의 위기와 독일 정부의 태도가 유럽연합의 미래에 위협적이지 않느냐고 했을 때, "그리스 부채 위기는 환영할만한 정치적 부수효과를 가져왔습니다. 그 가장 약한 순간들 중 하나에 처해있는 유럽연합은 미래의 발전이라는 중요한 문제를 숙의하고 있는 것입니다"라고 그는 대답했다. 그러나 유럽연합에 닥친 가장 큰 문제 중 하나이자 그가 소망하는 국가 간 경계의 초월을 방해하는 큰 장애물은 바로 그의 조국, 독일 나르시시즘의 부활이라는 것을 그는 인정했다. 1980년대 이후 그에게 구역질을 일으킬만한 독일민족주의의 망령은 또다시 동일한 효과를 주고 있었다. 그는 나에게 앙겔라 메르켈의 독일은 마가렛 대처의 영국만큼이나 민족주의적이라고 말했다. "독일 엘리트들은 확실히 자족적인 민족의 정상성이 주는 위안을 즐기고 있는 듯이 보입니다. '우리는 이제 다른 사람들처럼 될 수 있어!'라는 것이지요…… 총체적으로 패배한 민족이 더 빨리, 기꺼이 배우려고 하는 태도는 사라졌어요. 유럽의 중앙에 위치한 이 자족적이며 거대한 나르시시즘적 정신은 유럽연합의 불안정한 현존 질서를 유지시켜 줄 보장을 할 수 없습니다."[32] 이 문제에서 그리고 《역사논쟁》 과정에서 독일 특유의 수치심 — 홀로코스트의 책임이 있다는 것 — 이 잊혀 가고 있다는 것을 그는 우려했다. 이 수치심은 고유하고 정숙한 정체성을 독일에 부여해왔었다.

어쨌거나 유럽통합은 여전히 엘리트주의 기획으로 남아 있는데 민주주의를 확장시키고 풍요롭게 만들려는 그의 꿈이 어떻게 이루어 질 수 있을까? 하버마스는 인터넷에서와 마찬가지로 유럽은 시민들이 자신의 견해를 자유롭게, 그리고 사회적 지위와 무관하게 표현할 수 있는 공공영역을 만들어내지 못했다고 생각한다. 이런 상황은 어떻게 변할 수 있을까? 그는 "유로존에서 경제정책들의 조합은 다른 영역에서의 정책통합을 낳을 수도 있습니다. 여기서 지금까지 행정차원의 기획이었던 것이 국민의 정신과 마음속에 뿌리를 내릴 수 있"다고 주장했다. 또다시 낙천적인 폴리아나의 희망이다. 체제는 생활세계에 봉사하고 생활세계는 체제를 풍요롭게 할 수 있다. 이는 바람직한 원환이거나 상호작용의 회로이다. 그러나 그 가능성은 요원해 보인다. 특히 유럽의 지도자들이 국경에서의 총격전에 정신을 쏟고 민족주의에서 허우적거리고 있기 때문이다.

하버마스는 이 통합된 유럽에 왜 그렇게도 희망을 품는가? 각 국가가 자본주의 세상에서 하나의 이기적인 게임 참가자가 되는, 유럽 국가들의 신자유주의적 네트워크는 왜 지지하지 않는가? 그는 이렇게 대답했다. "(신자유주의 정책이) 천연덕스럽게 당연한 듯 받아들이는, 사회적 격변에 지출하게 될 외적인 비용에 그들이 무감각한 것과는 별도로,"

> 내 기분을 언짢게 하는 것은 시장과 정치적 권력 사이의 관계에서 일어나는 변화들에 대한 역사적 이해의 결핍입니다. 현대 세계가 시작된 이래 시장과 의사소통 네트워크는 폭발력을 가지며 확장되었고 개별 시민에게는 개인화와 해방이라는 결과를 동시에 가져왔습니다. 그러나 매번 개방되고 나면 그 뒤를 이어 확장된 제도적 프레임 안에서 연대의식의 낡은 관계들이 재구성되어왔습니다.

이런 발언은 전형적인 하버마스이다. 자신이 보고 싶어 하는 평등주의 정치를 철저히 파괴시키면서 끝없이 미쳐 날뛰는 자본주의를 마주할 때 마르크스주의의 세례를 받은 철학자가 느낄 절망감에서 허우적거리는 대신, 그는 내게 우리가 두려워하는 것만큼 상황이 그렇게 절망적이지는 않다는 힌트를 줄 수 있는 과거의 이야기를 해주었다. "여러 차례 반복해서 시장과 정치 사이에 이루어진 충분한 균형을 통해 정치적 공동체의 시민들 간 사회적 관계망이 복구 불가능할 정도로 손상되지 않도록 보장되어 왔습니다. 이런 리듬에 따르면 금융 시장 중심으로 진행되는 현 단계의 지구화에 뒤이어 국제적인 공동체의 확장이 일어날 것입니다."[33] 이것은 최근 역사에 관한 변증법적 이야기이겠지만, 아도르노라면 절대 이런 이야기를 쓸 수 없었다.

그의 멘토들과는 달리 하버마스는 항상 정치적 개혁에 대해 긍정적이며 큰 꿈을 꾸어야 할 이유를 찾아왔다. 그의 이력은 멘토들의 비관주의적 연구와 유럽의 지배적인 지적 시대정신에 대응하는 영웅적이리만치 희망적인 태도라고 볼 수도 있다. 아도르노는 마르크스처럼 선하거나 합리적인 사회가 어떤 모습일지에 관해 전혀 언급하지 않았고 푸코와 같은 후기구조주의자들도 일반적인 제도에 매우 회의적이었던 반면, 하버마스는 그의 경력 전체를 통해서 인간의 자율성을 가장 잘 육성시킴으로써 자본주의의 동질화과정과 국가행정체제의 침식 효과에 저항할 수 있는 능력을 갖출 수 있는 조건을 찾아내는 글을 쓰면서 보냈다. 호르크하이머와 아도르노가 해방을 현존 사회 질서에의 적응을 거부하는 태도와 연결시킨 반면, 하버마스가 품었던 매우 특이한 희망은 자본주의의 침식효과를 버텨낼 수 있는 진정한 민주주의적 제도를 창조함으로써 사회현실을 변화시킬 수 있다는 믿음이었다.

그렇지만 아도르노의 절망은 옳았을지 모른다. 진정 우리는 제3제국을 오래 전 지나왔지만 민주주의에의 헌신이 썰물을 맞은 것 같은 시대를 살아가고 있다. 기능적으로 잘 조직된 공공영역이라는 개념은 사팔뜨기 낙관론자의 어리석은 꿈처럼 보였다. "경계해야 할 이유는 더 있습니다," 하버마스는 내가 이런 문제를 제기하자 대꾸했다.

어떤 사람들은 항상 권위주의적 대중 민주주의가 지구화된 세계경제의 조건 하에서 기능적으로 우월한 모델을 제공할 것이라고 앞당겨 생각합니다…… 오늘날 수많은 사람들은 점증하는 행위와 의사소통의 밀도 있는 맥락들로 개인을 가두어두는 나날이 커져가는 사회적 복합성에 위협을 느끼죠. 이런 분위기에서 정치적 공동체의 시민들이 여전히 민주주의적 과정을 통해서 그들의 사회적 운명에 집단적인 영향력을 행사할 수 있다는 개념은 지식인들에게 잘못 호도된 계몽의 유산이라며 거부되고 있습니다. 자율적 삶에 관한 자유주의적 확신은 이제 우발적인 기회의 구조들이 제공하는 점적(点的)공급*으로 살아가는 소비자들의 개인적 선택이라는 자유에 국한되고 있습니다.[34]

그러나 이런 선택의 자유는 하버마스가 프랑크푸르트학파의 1세대 연구자들을 통해 이해한 바에 따르면, 특히 마르쿠제를 통해서 보면 전혀 자유가 아니었다. 마르쿠제처럼 하버마스는 일차원적 사회로부터의 출구를 이론화하려고 노력했다.

철학자 리처드 로티와 슬라보예 지젝과 같은 저명한 비평가들은 하버마스가 짜놓은 방대한 지적인 이론망은 부적절하다고 주장했다. 그들은 순수하게 합리적인 독립된 논쟁의 장소로서의 공공영역이란 결코 존재하지 않았다고 주장했다. 하버마스가 소중하게 생각해서 꼼꼼하게 이론화한 의사소통행위라는 개념은 결코 현실화될 수 없고 대학교수만이 가질 수 있는 유토피아적 꿈이라고 비판했다. 정치적 합리성의 토대가 될 구속받지 않은 논쟁이란 아름답지만 망상에 가까운 희망이다. 이런 비판에 직면해서 — 시대와 동떨어진 사람, 포스트모던 디스토피아에 살아가는 유토피아적 모더니스트, 그래도 유럽의 공적 지식인 중 가장 참여적인 지식인 — 하버마스는 한 인터뷰에서 이렇게 대꾸한다. "만일 내가 유지해 온 유토피아의 아주 조그만 잔재라도 존재한다면 그것은 아마도 민주주의 — 그리고 가장 최상의 형태를 위해 분투하는 공적 투쟁 — 가 절대 풀지 못할 문제들의 고르디우스의

---

* drip-feed: 특정기간동안 조금씩 꾸준히 투자하는 방법.

매듭*을 자를 수 있다고 생각합니다. 우리가 성공할 것이라고 말하려는 게 아닙니다. 우리는 성공이 가능할지조차도 모릅니다. 그렇지만 우리가 모르기 때문에 여전히 시도해야 합니다."[35]

고르디우스의 매듭자르기에 집중하던 하버마스는 한 가지 예상치 못한 전환점을 돌게 된다. 9/11테러사건 이후 몇 년 지나 그는 『부재의 인식: 세속화 이후 시대의 신앙과 이성』을 출간했다. 이 책은 그의 과거 철학으로부터 뚜렷하게 갈라져 나온 분기점을 보여준다. 그는 한때 "신성함의 권위가 합의로 성취한 권위에 의해서 점차적으로 대체되었다"고 주장했다.[36] 신성함의 대체야말로 계몽의 선한 유산 중 하나라고 그는 생각했다. 세속적인 도덕성의 부흥과 종교적 권위의 하락은 우리가 스스로 사유하고 선에 관한 우리 자신의 개념을 발전시키도록 허락했다고 믿었다.

그런데 21세기 처음 십년 동안 그는 공적 생활에서 종교가 담당하는 역할을 재고했다. "후기형이상학적 사유는 '계몽의 변증법'의 포스트모던적 극단주의와, 과학에 관한 순진한 믿음에 토대를 둔 자연주의, 이 양 쪽에서 우리가 목도하게 되는 이성의 패배주의를 감당할 수 없다."[37] 그보다 나쁜 것은 절차적 합리성의 토대에 기초한 자유주의 국가가 시민들에게 (자신의 이해관계와 상반되는) 덕행(德行)을 장려할 수 없게 된 점이라고 그는 주장했다. 지금 국가는 "종교에 의해 유지되어온 도덕적 전체의 이미지"에 손을 놓고 있었기 때문에 "집단적 결속을 위한 이상"을 구성할 수 없다.[38] 그의 제헌적 애국주의 개념은 이 결속의 이상과 결부되어 있었다. 다문화사회에서 서로 다른 집

---

* 고르디우스의 전차에 복잡하게 얽힌 매듭을 알렉산드로스 대왕이 단칼에 잘라버린 일화에서 유래한 표현으로 복잡하게 꼬인 문제를 대범하게 해결한다는 의미를 담고 있다.

단들을 고무시켜 서로가 자신만의 선 개념을 추구할 수 있도록 해주는 것이
지만 확실히 제헌적 애국주의는 대학교수보다는 시민들에게 덜 고무적이었
다. 그러니 종교를 들여오라, 이성 그리고 계몽이 할 수 없었던 일을 종교가
하도록 해라.

하버마스는 종교에 관한 관심을 여기서 멈추지 않았다. 2004년 두 명의
나이든 과거 히틀러 소년대원이었던 독일 남성이 바바리아의 가톨릭아카데
미에서 만나서 《자유주의국가정치 이전 시대의 도덕적 토대》라는 주제로 토
론을 했다. 한 사람은 좌파교수 하버마스였고, 다른 한 사람은 곧 교황 베네
딕트16세가 될 추기경 라칭거였다. 하버마스는 자유주의국가는 "규범적 의
식과 시민의 연대에 기대고 있는 일체의 문화적 원천을 조심스럽게 다루어
야"한다고 주장했다. 현대세계의 소외를 낳는 세력들에 대항하기 위해서 이
문화적 원천은 중요한 동맹자들이기 때문이다. 라칭거는 예의 부드러운 어투
로 "이성의 신성한 빛"은 "종교의 병리성"을 통제하는 역할을 했다고 주장했
다.[39]

그들의 대화를 기록한 것을 읽어보면 비정하게 들릴지 모르지만 오웰의
『동물농장』 마지막 부분이 떠오른다. 이 마지막 장면에서 농장 밖에 있던 생
명체들이 "인간에게서 돼지로, 돼지에서 인간으로 번갈아 쳐다본다. 그러나
이미 누가 누군지 구별하기 어려웠다." 라칭거와 하버마스의 토론에서 누가
추기경이고 누가 한때 계몽의 세속적 유산을 옹호했던 사람인지를 구별하기
어려웠다.

하버마스는 세속적 이성에도 종교개념들과 유사한 형태들이 있다고 하다
가 종국에는 계몽사상에서 유대기독교적 가치가 우러나온다고 말하기에 이
르렀다. 가령 신의 "이미지를 따서" 창조된 인간의 성서적 미래는 모든 인간
의 평등한 가치라는 원칙에서 그 세속적인 표현을 찾는다. 그러나 이 번역에
는 뭔가 빠져 있다. "종교적 의미에서의 죄가 범죄가능성이 되어, 신성한 명

령을 인간법에 준하여 위반한 죄로 번역하면서 뭔가 상실되었다." 마치 하버마스는 계몽에 신의 형태로 된 구멍이 나 있고, 세속성이 번창하려면 이미 자체의 프로그램을 통해서 의절했던 종교성이 이제는 다시 필요하게 되었다고 주장하는 듯 했다. "현대사회에서 세속적 영역으로 종교적 전통의 본질적 내용들을 도입할 수 있는 사람들만이 인간성의 본질을 구원할 수 있을 것이다. 이 종교적 내용은 그저 인간적일 뿐인 영역 너머 저 곳을 가리킨다."[40]

그러나 이것은 무엇을 의미하는가? 2007년에 하버마스는 뮌헨에서 네 명의 예수교회 학자들과 대화를 했다. 이 대화는 나중에 『존재의 인식』으로 출간되었다. 이 책에서 하버마스는 생전에 "신앙과 관련된 직업은 일체 거부했던" 친구의 장례식을 회상했다. 이 친구는 죽기 직전 취리히의 성 베드로 성당에서 장례식을 치러달라고 부탁했다고 한다. 하버마스는 그의 친구가 "비종교적인 장례절차의 어색하고 황망한 분위기를 인지하고 있었고 교회를 장례식장으로 선택함으로써 계몽된 현대에는 인생의 최종적인 통과의례를 감당하는 종교적 방식을 합당하게 대체할 것이 없음을 공식적으로 선언한 셈"이라고 말했다. 이 이야기는 그다지 설득력이 없었다. 지금까지 장례식에서 사랑하는 이들을 애도해 왔던 무신론자와 불가지론자들은 성스러운 장소에서 장례식을 치르지 않았다. 이들은 하버마스가 자신의 친구가 느꼈다고 했던 세속적 장례식의 어색함이나 낭패감 따위는 느끼지도 않았다. 그럼에도 불구하고 여전히 그는 이 친구의 이야기를 "우리에게 세속적 이성에 대해 뭔가 알려주는 역설적 사건"으로 다룬다.[41]

하버마스가 평생의 이력을 통해 자신이 칭송해왔던 세속적 이성에 대해, 그리고 진실로 현대적 세속국가에 대해 우리에게 말하고 싶었던 것은 다름 아니라 세속적 이성과 현대국가에는 종교적 권위가 신도들에게 갖는 영향력이 결핍되어 있다는 사실이었다. 단지 구원이 결핍되었을 뿐 아니라 덕을 쌓으면서 살 기회가 없다고 그는 주장했다. 세속적 이성은 "취약한 동기"라는 문제를 겪어왔다. 이 이성은 시민들이 덕을 실천하도록 이끌지 못했다. 하버마스는 그저 세속적 이성을 폐기 처분한 것이 아니라, "근대성의 인식적 성취"에 집중하기를 원했다. 관용, 평등, 개인적 자유와 자유로운 사유, 사해동포주의와 과학적 진보 등은 근대성이 성취한 것이다. 그는 또한 계몽의 기획에서 선한 모든 것으로부터 의도적으로 "그들 자신을 떼어 낸" 근본주의자들과 맞서길 원했다. 그러나 그는 이제 그 이상을 제안하고 있다. 스탠리 피쉬는 이 제안을 다음과 같이 기술한다.

> 서로 거래하는 파트너들 사이의 병합이라고 하긴 어렵지만 협상에 더 가까운 어떤 것이다 …… 종교측에서는 '자연적' 이성의 권위를 제도화된 과학의 오류 가능한 결과들과, 법과 도덕성에서 보편화된 평등주의의 기본원칙들로서 수용해야만 한다. 역으로 세속적 이성은 그 자체로 신앙의 진실에 관련된 판관노릇을 자처하지 말아야 한다. 물론 종국에 가서는 보편적으로 접근 가능한 원칙에서 오직 세속적 이성의 담론들로 번역할 수 있는 것만을 이성적인 것으로 받아들일 수 있다.[42]

이 점에서 하버마스는 신앙심을 향한 관용적 태도를 미국의 저널리스트 멩켄과 유사한 방식으로 제안하고 있다. "우리는 타인의 종교를 받아들여야 한다. 다만 우리가 그의 부인이 아름답고 어린 자녀가 영리하다는 그의 논리를 존중한다는 의미에서, 딱 그 정도까지만 그의 종교를 인정하는 것이다."[43] 이런 관용성은 결국 유지할 가치가 있을 만한 계몽의 성과물이었다.

하버마스는 계몽이 낳은 위대한 생산품인 세속적 이성이 "그 자체로는 계몽되지 않았다"고 주장했다. 계몽은 그것이 무엇을 위한 것인지 모른다. 즉 그는 자신이 짜 놓은 정신적 그물의 중심에서 비판이론의 거장들이 다른 사상가들의 이론에서 발견했던 것을 찾아낸다. 즉 이론적 궁지인 아포리아 (aporia는 그리스어로 '통행로가 없는' 이라는 단어에서 온 것으로 종종 당혹스러움을 의미한다)이다. 하버마스의 해석자 중 두 사람이 하버마스의 세속적 이성에 대한 설명에 노정된 아포리아적 성격을 찾아내려고 노력했다. 서구의 현대가 단지 "신의 부재" 이상으로 인식되어야 한다면, 에드워드 스키델스키는 "두려움과 함께 존경심을 일으키기 위해서는 윤리적 실체를 복구해야만 한다"고 썼다. 그래서 하버마스가 종교적 유산과의 화해를 요구했다는 것이다.[44] 스탠리 피시는 "모든 세계관을 사상의 장터로 반갑게 받아들이면서도 일체의 세계관으로부터 거리를 두고 있는 정치적 구조는 절차과정을 통해 생겨날 결과물을 판단할 토대를 갖지 못할 것이다"라고 주장했다.[45]

그러나 확실히 하버마스의 정교한 지적 체계들 — 그의 윤리이론과 정치이론의 프로그램 — 은 사상의 장터에서 환영받은 세계관들 — 이라고 피시가 부른 것 — 이 자유주의사회의 도덕적 질서를 전복시키지 않는다는 조건에서 번창할 것을 보장하도록 구성되었다. 하버마스는 윤리를 도덕과 구별한다. 윤리는 개인적 행복과 공동체의 선과 관계하며, 도덕은 행동이 유효한 규범에 따라 옳거나 그른가를 결정하는 문제이다. 도덕적 질서는 규범을 따르는 경향을 띠는 작동인자들에 의존하며, 규범들이 명백하게 보편화될 수 있는 이해관계를 제시해줄 때만 작동인자들은 그 규범을 따를 것이다.

이렇게 개념화된 도덕성은 칸트주의적이다. 즉 아리스토텔레스적인 선한 생활과 선한 공동체라는 개념으로서의 윤리학이다. 하버마스의 세속적 이성에 대한 피시의 개념화는 이런 의미에서 전혀 옳지 않다. 모든 세계관을 사상의 장터에서 허락해주는 정치적 구조는 그 절차가 산출해내는 생산물을 판단할 절차를 분명히 갖게 되고, 작동인자들의 명백하고 유효한 기준에 따라 허용 또는 금지됨으로써 행위의 옳고 그름이 판명된다. 이 작동인자들은 보편적 이해관계를 구현하고 있는 규범들을 따른다. 가령 아이들에게 잔인하게 굴지 말라고 하거나 친구들에게 친절해야 한다는 등의 규범이다. 정확히 이 규범들은 보편적 이해관계를 구현하고 있기 때문에 사회를 함께 모으는데 도움을 줄 수 있다. 심지어 서로 다른 신앙과 인종, 선한 생활의 개념들로 구성된 사회에서도 가능하다. 그렇다면 이 규범들은 성격상 매우 일반적일 가능성이 있다. 롤스가 현대 자유주의사회의 공정성과 안정성을 보증하기 위해서 선보다 권리를 우선시했던 것처럼 하버마스는 도덕을 윤리보다 더 우위에 두었고, 유효한 규범들이 선의 실체적인 개념들에 선행한다고 했다. 이 선의 개념들은 적절하게 이해된다면 특별히 윤리적이다.

그러나 여기서 하버마스의 담론윤리학은 곤경에 처하게 된다. 그는 규범을 가치와 따로 분리하기를 원한다. 규범은 보편적이고 따라서 도덕적이지만 가치는 보편화될 가능성이 없고 따라서 윤리적이다. 그러나 규범과 가치의 구별은 토마스 매카시와 힐러리 퍼트남과 같은 비판가들이 주장하듯이 하버마스가 원한 만큼 명료하지 않다. 그 이유는 도덕적 규범은 우정이나 친절과 같은 가치들에서 발전되기 때문이다.[46] 하버마스의 기획은 도덕적 질서가 윤리적 가치들에 의해 오염되지 않도록 보호하는 것을 목표로 하는 일종의 면역기획이었다. 그의 희망은 이 면역을 통해 현대 다문화사회에서 갈등의 확산을 막는 것이었다. 그러나 매카시와 퍼트남 등의 비판자들은 세속국가의 도덕질서는 이미 윤리적 가치, 그 중 종교적인 가치에도 이미 스며들어있는 규범들을 지지하고 있다고 지적했다.

하버마스는 『부재의 인식』에서 세속화에서 세속화후기 시대로 이동해 갈 때(그는 우리가 이렇게 이동해야 한다고 생각했다) 이 종교적 가치들은 사회를 결속하는데 도움이 되기 때문에 존중받아야 한다고 지적했다. 자유주의국가는 "규범적 의식과 시민들의 연대에 기반하고 있는 문화적 원천을 조심스럽게 다루어야 한다"고 했다. 그에게는 리처드 도킨스 같은 호전적인 무신론자나 작고한 크리스토퍼 히첸*처럼 종교를 세속화사회에서 저주를 퍼부어야 할 대상으로 간주하는 일은 가능하지 않다. "자유주의국가는 세속적인 시민들이 시민으로서의 역할을 수행함에 있어서 종교적 표현을 단지 비합리적이라고 제쳐두기를 기대해서는 안 된다."[47] 종교는 유용하다. 그는 근대자유주의국가로부터의 소외와 사회적 파탄을 극복하도록 도와줄 수 있는 방식으로 종교를 사용하고 싶어 했다. 그 결과 하버마스는 종교를 도구화했다. 2001년의 강의에서 그는 9/11테러사건을 "가속화되고 급진적으로 뿌리뽑혀가는 근대화"에 대한 반작용이라고 묘사했다.[48] 테러공격과 종교적 근본주의의 부상은 근대화과정으로부터의 소외에 대한 반응이었고 그는 비근본주의적 종교가 이런 소외를 극복하는데 도움을 주기를 바란다. 가톨릭교회가 그의 계획에 포섭될 준비가 되어있는지는 확실하지 않다.

하버마스와 종교의 만남에는 여러 민감한 문제들이 노정되어있다. 첫째, 하버마스는 자신의 정신적 체계를 구축하는데 실패했다. 또 현대 자유주의 사회의 운영방식에 노정된 어려움도 문제로 남아있다. 이 책의 목적에 부응하듯 하버마스와 종교의 만남은 프랑크푸르트학파의 비판이론이 1920년대 초기 마르크스주의 연구소로 처음 탄생했던 이래 거쳐 온 길고 지난한 여정의 축소판이 되었다. 종교를 공산주의 사회에서는 사라져버릴 대중의 아편이라고 생각하는 대신 프랑크푸르트학파는 이제 종교를 소중한 동맹자로 대우하기에 이른 것이다.

---

* 미국 칼럼니스트, 사회비평가, 작가이며 무신론자로서 신은 개인의 자유를 방해하는 전체주의적 신념체계의 개념이라고 주장했다.

18장
소비열정: 21세기 비판이론

―

조너선 프랜즌의 2001년 소설 『조정』에서 주인 공 칩 램버트는 자신이 소장한 책들을 처분한다. 그는 프랑크푸르트학파의 책들을 팔아버린다. 또 "페미니스트, 형식주의자, 구조주의자, 후기구조주의자, 프로이트주의자, 동성애자"도 팔아치운다. 새 애인을 사로잡으려면 돈이 필요했다. 램버트는 자신의 책장에 마르크스주의 문화비평 책을 몇 미터씩 꽂아두고 있을 만한 남자였다. 텍스트예술과의 조교수로 《소비내러티브》라는 제목의 강의를 했고 튜더왕조의 드라마에 나타난 남근 불안을 강연하던 그는 시나리오 창작에 몰두하려고 학술연구직을 포기해버린다. 하지만 자신이 소장했던 프랑크푸르트학파의 책들과 결별을 고할 때는 특별히 힘들어한다. "그는 꾸짖는 듯 보이는 책등으로부터 고개를 돌렸다. 책 한권마다 후기자본주의사회의 급진적 비판을 약속하면서 서점에서 자신을 불렀던 기억이 났다……. 그러나 위르겐 하버마스는 줄리아의 길고 시원한 배나무 같은 다리를 갖지 못했고, 테오도르 아도르노는 줄리아의 음탕할 정도의 유연함이 풍기는 포도향이 나지 않았으며, 프레드릭 제임슨은 줄리아의 예술적 기교로 넘치는 혀를 갖고 있지 않았다."[49]

아도르노가 정말 줄리아의 음탕한 유연성이 풍기는 포도향이 났다면 칩 램버트가 그의 『계몽의 변증법』을 버리지 않았을까? 설사 그렇다고 해도 소중히 간직하지는 않았을 것이다.

램버트는 맨해튼 남부에 위치한 스트랜드 서점으로 책들을 가져간다. 그의 서재에는 거의 4천 달러치의 책이 있었다. 책을 팔아치우고 받은 돈은 65불 정도였다. 그는 '소비의 악몽'이라는 이름의 비교적 가격이 비싼 식료품점에서 78불 40센트짜리 "낚시로 잡은 야생 노르웨이산 연어"를 사기 위해 책을 팔아 번 돈을 쓴다. 당시는 1990년대였다. 프렌즌이 묘사한 것과 같은 값비싸고 세련된 식료품점들이 상점의 이름에 자본주의를 비판하는 아이러니한 수사학을 차용하면 더 유리하고 상품가치가 있었던 낯 두꺼운 소비자주의시대였다.

1990년대는 프랑크푸르트학파의 악몽이 현실화된 10년이었다. 마가렛 대처 수상이 말했듯이 다른 대안은 없었다. 자본주의와 일차원적 사회, 자유민주주의 외에는. 이 문제를 매듭짓기 위해서 1990년대 미국의 정치학자 프랜시스 후쿠야마는 물음표를 지우기로 결정했다. 1989년 그는 「역사의 종말?」이라는 논문을 썼다. 이 논문에서 그는 자유민주주의 다음에 올 새로운 단계는 없다고 주장했다. 개인이 가장 크게 인정받을 수 있도록 보장하는 체제가 자유민주주의였기 때문이다. 3년 후 후쿠야마는 『역사의 종말과 최후의 인간』이라는 제목의 책을 출간했다. 이 책의 제목에서 물음표는 사라졌다. 그는 자신의 신보수주의 의제를 "이데올로기 이후"라는 주제 속에 은근히 끼어 넣었지만, 동서의 거대한 이데올로기적 투쟁은 끝났고 서구의 자유민주주의가 승리했다는 주장을 반박하기 어려워보였다.

이제 남은 것은 영원한 권태이다. "역사의 종말은 매우 슬픈 시대가 될 것이다. 인정을 향한 투쟁, 자신의 목숨을 순수하게 추상적인 목표에 기꺼이 바치려고 하는 태도, 과감함, 용기와 상상력, 이상주의를 요구하는 전 세계적 이데올로기적 투쟁은 경제적 계산, 끝도 없는 기술적 문제의 해결, 환경문제와 세련된 소비자의 요구와 만족으로 대체될 것이다."[50] 아마도 이런 권태의 전망 때문에 역사가 다시 시작하게 될지도 모르겠다고 후쿠야마는 상상했다.

인정투쟁은 후쿠야마의 핵심적인 관심사였다. 사회연구소의 현 연구소장인 악셀 호네트에게도 인정투쟁은 중요한 문제였다. 그의 책 『인정을 향한 투쟁: 사회적 갈등의 도덕문법』은 『역사의 종말』과 같은 해에 (독일어로) 출간되었다.[51] 인정의 문제는 플라톤까지 거슬러 올라간다. 플라톤에게 영혼은 세 부분으로 나뉜다. 이성과 에로스, 그리고 그가 타이모스(thymos)라고 부르는 인정이다. 불평등을 양산하는 정치적 체제에서도 아무리 적은 수라도 인정해주는 구성원은 있기 마련이다. 메칼로티미아(megalothymia)라는 말은 다른 사람들보다 우월하다고 인정받을 필요를 의미하며 이소티미아(isothymia)는 다른 사람과 어쨌든 동등한 정도라도 인정받아야 할 필요를 의미한다. 『차라투스트라는 이렇게 말했다』에서 니체는 자신이 상상한 초월적 존재인 초인(übermensch)의 메갈로티미아를 최후의 인간(the last man)의 이소티미아와 병렬시키면서 최후의 인간을 비난했다. 최후의 인간이 민주주의의 이소티미아에서 창궐했다. 민주주의에서는 더 이상 지배자와 피지배자, 강한 자와 약자, 최고와 평범 사이를 구별하지 않는다고 니체는 말한다.

이런 의미에서 후쿠야마가 승전보를 울리며 상상했던 역사의 종말은 니체가 차라투스트라에서 비난했던 지옥이다. "지상의 규모는 작아지고 그 위에서 최후의 인간이 설쳐댄다. 그는 모든 것을 작게 만든다. 이 종(種)은 벼룩과 같아 제거할 수가 없다. 최후의 인간은 가장 오래 살아남는다. '우리는 행복을 찾았어'라고 최후의 인간은 말하며 눈을 껌벅거린다."[52] 후쿠야마가 제시하는 자유민주주의는 자본주의와 동맹을 맺고 물질적 평등과 타이모스 사이에 최고의 균형을 이룩해서 개인이 인정받을 수 있는 최고치를 보장해준다. 니체가 보기에 이 체제는 인정받을 만한 가치들을 모두 죽여 없앴다. 대담함, 용기, 상상력과 이상주의를 통해 인정을 받으려고 노력하는 대신에 최후의 인간은 동등한 권리, 안락함과 안정을 원하도록 만들어서 인간을 작게 축소시킨다.

악셀 호네트는 후쿠야마와는 다른 시각에서 인정의 개념에 도달한다. 그의 개념은 유아심리학에 기초한다. 그는 물화 개념을 다시 꺼내 들었다. 물화 개념은 반세기전 루카치의 『역사와 계급의식』에서 발견했던 것으로 프랑크푸르트학파 선배들의 사유에 촉매가 되었었다. 호네트는 아기가 타인을 개인으로 인식하게 되는 방식, 즉 타자의 인식은 규범적 태도라고 했다. 이어서 그는 『물화: 옛 사상 새로운 시각』에서 주체는 타자를 향한 이 "선행(先行)인정"을 의식하지 못하게 된다고 주장했다.[53] "인정의 망각"도 가능하다고 호네트는 제안했다. 개인들을 부추겨서 주체를 단지 객체로만 인식하게 만드는 물화된 사회적 실행들에 의해서, 혹은 일부 인간들을 비인간 혹은 하위인간으로 묘사하는 이데올로기적 신념체계들에 의해 이와 같은 망각이 촉발된다. 호네트는 모성적 사랑과 사회로부터 인정받으려는 욕구는 서로 대응한다고 한다. "사랑의 경우 어린아이들이 지속적인 '모성적' 양육의 경험을 통해서 그들의 욕구를 강압적이지 않은 방식으로 주장할 수 있게 해주는 기본적인 자기 확신을 얻는 것처럼 성인 주체들도 법적인 인정의 경험을 통해서 자신의 행위를 보편적으로 존중받는 방식으로 표현된 자율성으로 받아들일 가능성을 얻게 된다."[54] 이런 인정은 니체의 초인이 명령한 것이 아니라 니체가 최후의 인간이라고 조롱했던 사람들의 것이었다. 그들이 국가로부터 받는 인정은 한 사람의 개인적 영광의 표현으로서 도도하게 얻어내는 것이 아니라 체제의 공정성을 위한 전제조건으로 주어져 있다.

그렇다면 호네트에게 과제는 혁명이 아니라 자본주의와 민주주의를 개선해서 우리가 인간주체로 완전한 인정을 얻을 수 있게 하는 것이었다. 적어도 그의 프랑크푸르트학파 선배들 중 아도르노는 아마도 이 지점에서 멈칫했으리라. 그에게는 거짓 체제 안에서 진실이란 전혀 가능하지 않았다. 이 체제는 총체적으로 물화되어 있기 때문이었다. 그러나 아도르노는 1969년에 죽었고 프랑크푸르트학파는 하버마스와, 뒤이은 호네트의 감독 하에 혁명이 아니라 자본주의와 자유민주주의의 조건을 개선하는데 힘쓰고 있었다.

칩 램버트는 그의 서재를 치우면서 아도르노의 추종자로부터 호네트가 이끄는 후기 프랑크푸르트학파의 에토스와 더 어울리는 인간으로 변해갔다. 램버트는 "더 이상 다른 세계에서 살고 싶지 않았다. 그는 단지 이 세상에서 위엄을 갖춘 인간이 되고 싶었다."[55] 이 '위엄'은 무료증정품이었다. 위엄은 타이모스, 즉 인정의 욕구였다. 그러나 램버트가 찾은 위엄은 시시했다. 만일 위엄이 잔고가 많은 은행계좌를 갖고 후기자본주의의 겉치레로 번쩍거리는 망상을 좇으며 낚시 바늘에 매달린 연어를 사는 것이라면 이런 위엄을 얻으려고 노력할 가치가 있을까? 여기서 위엄은 의도적인 자기현혹과 감정적으로 건강한 태도라고 개념화되거나, 아도르노가 『미니마 모랄리아』에서 표현한 대로 '불가피한 것에 성공적으로 적응하기'로 보인다. "정신의 공정하고 실용적 프레임…… 건강한 사람이 아픈지 객관적으로 진단하는 유일한 방식은 그들의 합리적 존재와, 이성이 제공해 주는 삶의 가능한 경로 사이의 불일치 여부를 따지는 것이다."[56]

위엄은 그러나 이런 방식으로만 사유될 필요는 없다. 호네트가 추구할 가치가 있는 것으로 제시한 위엄은 보편적으로 존중받는 방식으로 표현된 자율성으로 자신의 행위를 바라볼 가능성과 관련된다. 이런 종류의 인정은 체제에 도전하기보다는 체제를 유지시킨다. 하지만 '소비의 악몽'이라는 이름의

가게에서 연어를 구매하는 것 이상의 무엇과 관련되어 있다.

물론 램버트의 충동을 이해할 수는 있다. 아도르노의 희망 없는 행복의 역설에 얽혀 들어가는 것보다는 여자와 연어, 이 상품화된 축복에 가까이 다가가는 것이 더 쉽다. 망가지지 않은 건강한 개인을 나타내는 표지는 아도르노가 『미니마 모랄리아』에서 제시한 대로 일반적인 불행으로 괴로워하는 것이다. "존재에 대한 측정할 수 없는 슬픔으로 가늠하지 못할 행복이 있을까?"[57] 그러나 위엄에 관해서 램버트는 우리가 존재에 대한 측정할 수 없는 슬픔 속에 살 수 없거나 혹은 오래 살지는 못한다고 생각한다. 버지니아 울프는 『파도』에서 이렇게 썼다. "우리는 기계 밖에서는 아마도 30분 이상 살 수 없을 것이다."[58]

그렇다면 기계 속에서 살아가도록 자신을 적응시키는 것이 더 나을지 모른다. 혹은 아도르노가 말하듯이 '이 시대에 해당되는 질병'은 '정확히 정상성에' 내재하고 있을 것이다.[59] 우리는 칩 램버트가 자신의 음울한 프랑크푸르트학파의 서재를 좀 더 명랑한 것으로 새롭게 바꾸리라 상상할지 모른다. 『일차원적 인간』, 『테크노크라시의 유혹』, 『계몽의 변증법』은 갖다 버려! 그 대신 21세기에 우리를 행복하게 해줄 새롭고 즐거우며 낙관적인 책을 구해 봐. 다니엘 길버트의 『행복에 걸려 넘어지다』, 리처드 쇼크의 『행복의 비밀』, 대린 맥마흔의 『행복의 추구』, 조너선 하이드의 『행복 가설』, 그리고 리처드 레이어드의 『행복: 신과학의 가르침』 같은 책들 말이야. 이 목록의 마지막 책을 쓴 런던대학 경제학 교수인 저자는 행복을 존재에 대한 측정할 수 없는 슬픔에 의해서가 아니라 GDP 대비 우울증의 비용에 따라 측정한다. 프로이트주의 정신분석학자 아담 필립스는 언젠가 내게 이렇게 말했다. 행복에 강박적으로 매달리는 문화는 절망에 빠진 상태일 것이라고. "그렇지 않다면 왜 사람들이 행복에 그렇게 연연해하겠습니까?…… 현재 우리 문화에 살아가는 누군가가 뉴스를 보고 나서 행복할 수 있다면, 그들이야말로 뭔가 문제가 있는 게 아닐까요?"[60]

램버트의 위엄은 또 다른 울림을 갖는다. 자신의 서재에서 비판이론을 제거하면서 그는 유치함 — 적어도 대학 2년생 수준의 유치함 — 을 옆으로 밀어둔다. '후기자본주의사회'에 대해 말하는 것은 그 시대에는 "미성숙의 표지였고 대학생의 케케묵은 신조였다. 그 표현은 우리와 함께 나이를 먹어가고 있지만, 현실세계(즉 대학캠퍼스를 제외한 지상의 표면)에 참여하고 있는 중년의 성인들은 사용할 수 없다"고 비평가 벤자민 컨켈은 쓴다. "마찬가지로 '포스트모더니즘'이란 용어도 그렇다. 이제 와서 포스트모더니즘이라는 말은 피로감을 준다. 한때는 포스트모더니즘을 동원해서 피로감을 묘사하려 했던 때도 있었다."[61]

성인들은 낚싯대로 잡은 연어를 산다. 그들은 『계몽의 변증법』을 읽지 않는다. 역사는 멈추었고 우리는 역사상 가장 좋은 세상에서 살고 있지 않은가? 그 가능한 최고의 세상에서 역사의 종말을 맞게 되었다. 프레드릭 제임슨은 『후기 마르크스주의』(1990)에서 "아우슈비츠 이후에 시를 쓰는 문제는 우리가 풀장에 앉아 아도르노와 호르크하이머를 읽어낼 수 있는가라는 문제로 대체되었다"라고 썼다.[62] 그러나 만일 행복에 대해 아도르노가 말한 것이 옳다면, 누군가 긴장을 풀고 쉬려고 그와 호르크하이머의 책을 옆으로 밀어두는 것도 행복에 포함된다. 아도르노는 행복을 이렇게 그린다. "물 위에 둥둥 떠서 평화롭게 하늘을 바라보는 짐승처럼 아무 것도 하지 않기(Rien faire comme une bôte)……. 이 영원한 평화로움을 제외하고 어떤 추상적 개념도 충만한 유토피아에 근접할 수는 없다."[63] 버지니아 울프는 옳았다. 우리는 기계 밖에서 30분 이상 살 수 없다. 그렇다면 아도르노가 그린 행복 역시 마찬가지로 참을 수 없다.

그런데 새로운 천년이 시작되자 뭔가 변했다. 영원한 풀장의 평화 대신에 역사는 새로 시작되었고 혁명이 의제가 되었다. "무슨 일이 벌어지는 거지?"

라고 마오주의자이며 프랑스 철학자 알랭 바디우는 2011년 『역사의 부활』에서 물었다. "어쨌든 이 피곤한 세상은 계속되는가? 득의만면하여 팽창하느라 시달리고 있는 이 세계에 닥친 건강한 위기인가? 세상의 종말인가? 다른 세계가 출현하는 걸까?"⁶⁴ 권태는 역사를 새로 시작하지 못했다. 대신 자본주의의 위기가 그 일을 했다. 헨릭 그로스만이 살아있어 이 상황을 목격했다면. 바디우는 지구적 규모의 재정위기에 따른 예기치 않은 결과들, 특히 점령운동,* 시리자**와 포데모스*** 같은 운동들에 대해 썼다. 그는 미국과 그 동맹국들이 이라크와 아프가니스탄을 '민주화'시키는데 실패한 것을 덧붙였을 수도 있다. 라틴아메리카에서 일어난 볼리비아의 사회주의 르네상스도 꼽을 수도 있다. 이런 운동들을 통해서 사람들은 그들이 신자유주의 자본주의체제에서 거부당해 왔던 것을 요구했다. 즉 인정이다. 이것을 후쿠야마의 용어로 표현하면 이소티미아를 전제한 체제처럼 보이는 것이 사실상 메갈로티미아에 토대를 두고 있었다. 악셀 호네트가 높이 샀던 법적 인정은 자유민주주의처럼 인정 그 자체가 아니라 인정의 패러디를 인증하는 것처럼 보였다.

그래서 점령운동 활동가이자 인류학자인 데이비드 그레이버가 고안한 슬로건은 "우리는 99퍼센트이다"였고 점령 뉴욕(Occupy New York)의 '후기관료주의사회의 실험'****도 생겼다. 이 운동은 체제 안에서 무정부주의를 실현시키려는 시도였다. 현 체제는 사람들이 자신의 행동을 보편적으로 존중받

---

* 2011년 뉴욕에서 처음 시작된 사회경제적 불평등과 반민주주의에 저항한 운동으로 주로 도심의 공원이나 시내 중심가의 공간에서 무기한 체류하는 방식으로 '점령'시위를 한다.
** 그리스의 정치정당으로 급진적 좌파연합의 그리스어 이름 첫 자를 딴 것으로 '뿌리에서부터' 또는 '급진적'이란 뜻을 담고 있다.
*** '우리는 할 수 있다'는 의미로 2014년에 창설된 스페인의 정당. 불평등과 부패에 저항하는 좌파 포퓰리즘 정당이다.
**** 그레이버가 뉴욕시의 점령운동을 묘사한 표현.

는 방식으로 표현된 자율성으로 볼 가능성을 효과적으로 부인해왔다. "우리는 끝없이 이어지는 관료주의가 없어도 사회적 서비스제공자들이 하는 일을 전부 우리가 할 수 있다는 것을 보여주기를 원했다."[65] 체제에 의해 인정을 거부당한 주코티 공원(Zucotti Park)의 무정부주의자들*은 자기조직화를 통해 인정을 찾았고 그럼으로써 연대의식을 얻었다. 『변증법의 유의성』에서 제임슨은 역사에 대한 단속적 이해는 종종 자신이 특별한 세대에 속한다는 느낌을 통해서 개인의 삶에서 발생한다고 주장했다. "세대의 경험은… 현재의 특수한 집단경험이다. 세대는 내 실존적 현재가 집단적이고 역사적인 것으로 확대되는 것을 의미한다."[66]

벤야민은 역사의 연속성을 폭파시킬 꿈을 꾸었다. 제임슨이 묘사했던 경험들은 이 꿈의 실현과 관련된다. 벤야민이 자본주의와 실증주의의 전진하는 행진과 연결시킨 동질적이고 텅 빈 시간은 경험적으로 더 풍부하고 구원의 개념에 담긴 비선형적 시간에 의해서 짧은 시간이나마 중단되고 대체된다. 제임슨이 주코티 공원에서 확인한 것은 적어도 바로 이 텅 빈 동질적 시간의 찰나적 중단이며 대체였다.

바디우가 썼던 역사의 부활에서 마르크스주의가 컴백했다. 비판이론도 마찬가지였다. 아마도 만일 칩 램버트가 자신의 서재를 적어도 2010년까지 유지했다면 그는 돈을 더 많이 받고 팔 수도 있었을 것이다. 그렇다고 지나치게 기대하진 말자. 그래봤자 연어를 두 마리 정도 살 수 있을 정도이다. 그러나 자본주의를 비판하는 책에 대한 허기는 지속된다. 가령 테이트 모던**의 '소비의 악몽'인 기념품가게에는 비판이론이라고 불리는 거대한 코너가 있었

---

* 점령운동은 뉴욕의 주코티공원에서 월스트리트점령운동으로 촉발되었다.
** 밀레니엄 브리지와 함께 2000년 밀레니엄프로젝트의 일환으로 화력발전소를 개조해서 만든 런던의 현대미술관.

다. 그 코너에서 프랑크푸르트학파는 더 이상 비판이론이라는 용어를 독점하지 못한다. 한때는 칩 램버트의 서재를 대표했던 일체의 분과학문과 연결되어있던 바로 그 용어가 말이다.

비판이론에 관한 책을 둘러싼 소규모 인기 붐은 — 사진첩, 사전, 그리고 아마도 이 책도 포함될 것이다 — 지구적 자본주의의 위기가 가져온 도착적 결과 중 하나이다. 프랑크푸르트학파의 유산에 토대를 둔 비판사회학의 부활도 마찬가지다. "오늘날 당신의 시선이 닿는 어디에서나 자본주의의 비판이 제법 유행하고 있다"라고 독일의 사회학자인 클라우스 도레, 슈테판 레세니히, 하트무트 로사 등이 썼다. 그들이 공동 저술한『사회학, 자본주의, 비판』은 단지 유행으로서만이 아니라 비판이론을 새 시대에 맞게 부활시켰고 지구적 재정위기에서 실패한 이들의 편에 서 있다. "이 책에서 우리의 분석은 자본주의사회에서 빚어진 자기비하, 자기무력화, 자기 파괴의 비판으로 이해될 수 있다."[67]

우리시대에 비판이론에 활력을 불어넣고 있는 누구라도 일종의 아이러니를 유지할 필요가 있다. 자본주의의 패배자들 중에는 과로에 시달리는 수백만의 저임금 노동자들이 있는데 그들은 가장 거대한 (중국의) 사회주의 혁명에 의해서 해방되었다고 간주된 사람들이다. 이들은 서구사회의 사람들이 아이패드를 가지고 놀 수 있게 하려고 자살에까지 내몰리고 있다. 프롤레타리아는 자본주의를 매장하기는커녕 연명시키고 있다. 그가 지금 살아있었다면 그로스만은 노동착취의 아웃소싱을 통해서 자본주의체제의 죽음이 지연되고 있다는 점에 주목했을 것이다. 맨해튼 남부의 식료품 상점에서는 타이모스가 여전히 상당한 양으로 남아있다. 하지만 세상의 다른 지역에서는 속이 쓰릴 만큼 결여되어있다. "자본주의의 지배는 전 지구적 규모로 오늘날 중국공산당의 존재에 의존하고 있습니다. 중국공산당은 탈국지적 자본주의 기업에 매우 낮은 임금으로 값싼 노동을 제공하면서 노동자들에게는 자기

조직권리를 박탈했습니다"라고 프랑스의 마르스크주의자이며 파리8대학 철학교수인 자크 랑시에르가 내게 말해 주었다. "지금 현 시대보다 덜 부조리하고 더 정당한 세상을 여전히 우리가 기대할 수 있다는 게 기쁠 뿐이죠."[68]

우리가 사는 세상은 부조리하다. "기차 안에 있는 개인들이 모두 불빛이 나오는 작은 장치를 뚫어지게 들여다볼 때 그것은 촌스럽기 그지없는 디스토피아의 비전이다." 『정신 차려: 현대생활의 하이프, 스핀 그리고 거짓말 꿰뚫어 보기』의 저자 일레인 글레이서가 일갈했다. "테크놀로지는 터보 자본주의와 함께 내게는 문화적이고 환경적인 묵시록을 서둘러 불러오는 것처럼 보인다. 나는 이 상황을 디지털 소비자주의에 빠져있는 우리가 지나치게 수동적이 되어 봉기를 일으키거나 세상을 구할 수 없게 되었다고 파악한다."[69] 확실히 만일 아도르노가 오늘날 살아있다면 그는 문화적 묵시록이 이미 일어났지만 우리가 눈 먼 장님이라서 그것을 보지 못한다고 주장했을 것이다. 그가 가장 소중하게 간직했던 공포는 현실화되었다. "대중의 헤게모니는 절대 완전하지 않다. 그들의 슈퍼스타들이 미디어를 지배하고 있고 거물처럼 경제적 힘을 휘두르고 있다"고 알렉스 로스는 썼다.

> 그들은 메가톤 급의 부(富)라는 비현실적 영역에서 풀타임으로 살아간다. 그러나 그들은 서민의 외관을 쓰고 그 뒤에 숨어서 오스카시상식에서 피자를 입에 우겨넣고 브이아이피 좌석에 앉아 스포츠 팀을 응원하고 있다… 이 세계의 실제적 권력은 문화예술에는 전혀 소용이 없지만 오페라, 댄스, 시와 문학적 소설은 여전히 '엘리트주의적'이라고 불리고 있다. 고급과 저급의 낡은 위계질서는 가짜가 되었다. 대중문화가 지배정당이다.[70]

아도르노와 호르크하이머는 트위터를 도둑맞거나 소셜미디어의 프로필을 만들 수 있는 시대를 보지 못했다. 그렇지만 문화산업이 "언제나 같은 것을 선택할 자유"를 허락한다는 그들의 견해를 인터넷이 확인해 주었음을 이해했으리라. "문화는 그 전보다 더 거대한 바위처럼 보인다. 몇몇 거대 기업들, 구글, 애플, 페이스북과 아마존 등이 유례없는 독점을 자행하고 있다." 로스는 덧붙인다. "인터넷 담론은 더 빡빡이 조여오고 더욱 강압적이다."

1990년대 후반에 『가디언』의 문화예술 편집자로서 나는 주문제 문화가 위기에 처했던 상황을 주제로 취재기사를 기획하고 있었다. 당시 나의 목적은 문화적 상품을 소비자의 취향에 맞추는 방식, 즉 "당신이 그것을 좋아한다면 저것도 좋아하겠지"라는 생각 전체를 다루는 것이었다. 나는 예술이라는 것은 소비자의 취향에 맞추는 것이 아니라 취향의 지속성을 통과해서 폭발하는 것이 아닐까 생각했다. BBC 초대 총국장이었던 존 리스는 언젠가 좋은 방송은 사람들에게 그들이 아직 필요하다고 생각하지 않은 것을 제공해주는 것이라고 말했다. 내 글이 완성되었을 때 수많은 나의 동료들이 의아해했다. 도대체 주문제 문화가 왜 나쁘다는 거야? 우리가 좋아한다고 알고 있는 것을 더 많이 얻을 수 있잖아? 나는 목소리를 높였다. 좋은 방송과 좋은 예술은 영원한 수요공급의 순환 속에 당신을 집어넣는 것이 아니라 당신의 지평을 넓혀줄 예기치 않은 행운과 같은 것을 제공하는 거야! 그 기사가 나온 뒤 문화산업은 아도르노나 호르크하이머가 전혀 예견하지 못했던 방식으로 승전보를 울렸다. 21세기의 온라인문화산업은 예술이 가져다 줄 이 행운과 같은 경험으로부터 우리를 밀폐시켜 공공연하게 가두려고 고안된 것처럼 보인다. 인터넷은 정확히 이 목적을 이루는 수단이었다. 즉 우리의 세계관에 도전적으로 맞서는 생각들로 오염되지 않도록 해주는 고도의 기술적 예방조치이다.

지금까지 아도르노가 예술에 대해 갖고 있던 비밀스러운 전망은 스팀롤러로 제압되었다. "스탕달의 '행복의 약속'이라는 교리는 존재 속에 미리 나타난 유토피아를 강조함으로써 존재를 향한 예술의 감사표현이다"라고 아도르노는 자신의 마지막 책으로 사후에 출간된 『미학이론』에서 썼다. "존재가 점점 자신만을 거울반영하고 있으므로 이 예술적 자원은 갈수록 축소되어간다. 우리가 존재하는 것에서 취하거나 발견할 수 있는 어떤 행복도 거짓이며 기껏해야 대체물이기 때문에 예술이 유지되려면 그 행복의 약속을 깨버려야 한다."[71]

다시 말해 예술은 존재를 영광스럽게 해주려고 애썼지만, 존재는 빈곤화되고 예술은 점점 불가능해졌다. 대신 우리는 문화산업에서 쉽게 소비될 상품만 갖게 되었다. 에른스트 블로흐의 유토피아의 정신은 온라인문화산업에서 소모품이 되고 있다. 이 문화산업은 여러 인물 중에서 스티브 잡스,* 마크 주커버그,** 제프 베조스***가 특히 책임지고 있다. 이들은 우리에게 동일한 것을 더 많이 제공하고 우리를 취향에 더욱 묶어두기 위한 알고리즘을 발전시키면서 우리가 지배당하기를 갈망하도록 만든다. 이렇게 소비자 주문제 문화, 즉 예기치 않은 행운을 폐기해버리고 위엄을 조롱하며 인간의 해방을 무시무시한 미래의 전망으로 바꾼 문화 속에 사는 우리에게 프랑크푸르트학파의 탁월한 저서들은 여전히 많은 것을 가르쳐준다. 무엇보다 다르게 생각하기는 불가능할지언정 불가피하다는 사실을 우리는 이제 알게 되었다.

---

*　작고한 애플사 창업주.
**　페이스북 공동창업주.
***인터넷 서점이자 쇼핑몰 아마존 창업주.

주

●17장

1. Stuart Jeffries, "A Rare Interview with Jürgen Habermas," *Financial Times*, 2010년 4 월 30일자 참조. ft.com.
2. Stephen Eric Bronner, *Critical Theory and Society: A Reader*, Psychology Press 1989, 136쪽 참조.
3. Jürgen Habermas, *The Structural Transformation of the Public Sphere: An Inquiry into a Category of Bourgeois Society*의 서문 참조. Wiley, 2015
4. Habermas에 관한 항목 참조. plato.stanford.edu.
5. Adorno, *Negative Dialectics*, 363쪽.
6. Benjamin, *Illuminations*, 255쪽 참조.
7. Mitchell Stephens, "The Theologian of Talk," *Los Angeles Times*, 1994년 10월 23일자 참조. articles.latimes.com.
8. Adorno, *Negative Dialectics*, 365쪽.
9. Adorno and Horkheimer, *Dialectic of Enlightenment*, 44-5쪽.
10. Habermas, *The Philosophical Discourse of Modernity*, 109쪽.
11. Jürgen Habermas, *Technik und wissenschaft als 'ideologie'*, Suhrkamp, 1998.
12. Max Horkheimer, *Eclipse of Reason*, A&C Black, 2013, 68쪽.
13. Habermas, *The Philosophical Discourse of Modernity*, 113쪽.
14. 같은 글, 111쪽.
15. 같은 글, 114쪽.
16. Dews, *Autonomy and Solidarity*, 82쪽.
17. Fredric Jameson, *Postmodernism or The Cutlural Logic of Late Capitalism*, Verso, 1991 참조.
18. Stephens, "The Theologian of Talk" 참조.
19. Maurizio Passerin d'Entrèves and Seyla Benhabib (편집), *Habermas and the Unfinished Project of Modernity: Critical Essays on The Philosophical Discourse of Modernity*, MIT Press, 1997, 38 ff쪽.
20. Habermas, *The Philosophical Discourse of Modernity*, 7쪽.
21. Passerin d'Entrèves and Seyla Benhabib, *Habermas and the Unfinished Project of Modernity*, 45쪽.
22. 같은 글.
23. 같은 글, 46쪽.
24. 같은 글, 45-6쪽.
25. Jeffries, "A Rare Interview with Jurgen Habermas" 참조.

26. Igor Primoratz and Aleksandar Pavkovic (편집), *Patriotism: Philosophical and Political Perspectives*, Ashgate, 2013, 140쪽에서 인용됨.
27. Lewis Edwin Hahn (편집), *Perspectives on Habermas*, Open Court Publishing, 2000, 355쪽에서 인용됨.
28. Finlayson, *Habermas: A Very Short Introduction*, 126ff쪽 참조.
29. 같은 글, 127쪽에서 인용됨.
30. Jürgen Habermas, *Europe: The Faltering Project*, Wiley, 2014.
31. Jeffries, "A Rare Interview with Jürgen Habermas" 참조.
32. 같은 글.
33. 같은 글.
34. 같은 글.
35. Michael Haller, *The Past as Future: Jürgen Habermas*, Polity, 1994, 97쪽.
36. Nicholas Adams, *Habermas and Theology*, Cambridge University Press, 2006, 79쪽에서 인용됨.
37. Jürgen Habermas, *An Awareness of What is Missing: Faith and Reason in a Post–Secular Age*, Wiley, 2014, 18쪽.
38. 같은 글, 19쪽.
39. Edward Skidelsky의 논문 "Habermas vs the Pope: The darling of the 68ers and Benedict XVI find a surprising amount to agree on," *Prospect*, 2005년 11월 20일자 참조. prospectmagazine.co.uk.
40. Habermas, *An Awareness of What is Missing*, 5쪽에서 인용됨.
41. 같은 글, 15쪽.
42. Stanley Fish, "Does Reason Know What it is Missing?" *New York Times*, 2010년 4월 12일자 참조. opinionator.blogs.nytimes.com.
43. Richard Dawkins, *The God Delusion,* Random House, 2009, 50쪽에 인용함.
44. Skidelsky, "Habermas vs the Pope."
45. Fish, "Does Reason Know What it is Missing?"
46. Finlayson, *Habermas: A Very Short Introduction*, 104–5쪽 참조.
47. Habermas, *An Awareness of What is Missing*, 22쪽.
48. Skidelsky, "Habermas vs the Pope"에서 인용됨.

●18장

49. Jonathan Franzen, *The Corrections*, HarperCollins UK, 2010, 93쪽.
50. Francis Fukuyama, "The End of History?" *National Interest* 16, 1989, 3–18쪽.
51. Axel Honneth, *The Struggle for Recognition: The Moral Grammar of Social Conflicts*, MIT Press, 1996쪽.

52. Friedrich Wilhelm Nietzsche, *Thus Spake Zarathustra*, Penguin, 1969, 46쪽.

53. Honneth, *Reification: A New Look at an Old Idea*, 75쪽.

54. 같은 글, 118쪽.

55. Franzen, *The Corrections*, 94쪽.

56. Adorno, *Minima Moralia*, 59쪽.

57. 같은 글, 200족.

58. Alex Ross, "The Naysayers: Walter Benjamin, Theodor Adorno and the Critique of Pop Culture," *The New Yorker*, 2014년 9월 15일자에서 인용됨. newyorker.com.

59. Adorno, *Minima Moralia*, 58쪽.

60. Stuart Jeffries, "Happiness is Always a Delusion," *Guardian*, 2006년 7월 19일자 참조. theguardian.com.

61. Benjamin Junkel, "Into the Big Tent," *London Review of Books*, 2010년 4월 22일자. lrb.co.uk.

62. Fredric Jameson, *Late Marxism: Adorno or the Persistence of the Dialectic*, Verso, 1996, 248쪽.

63. Adorno, *Minima Moralia*, 58, 157쪽.

64. Alain Badiou, *The Rebirth of History: Times of Riots and Uprisings*, Verso, 2012, 1쪽.

65. Stuart Jeffries, "David Grabber Interview," *Guardian*, 2013년 3월 21일자 참조. theguardian.com.

66. Fredric Jameson, *Valences of the Dialectic*, Verso, 2009, 525쪽.

67. Klaus Dörre, Stephan Lessenich and Hartmut Rosa, *Sociology, Capitalism, Critique*, Verso, 2015, 1쪽.

68. Stuart Jeffries, "Why Marxism is on the Rise Again," *Guardian*, 2012년 7월 4일자 참조. theguardian.com.

69. Elaine Glaser, "Bring Back Ideology: Fukuyama's 'end of history' 25 years on", *Guardian*. 2014년 3월 21자 참조. theguardian.com.

70. Ross, "The Naysayers: Walter Benjamin, Theodor Adorno……" 참조.

71. Adorno, *Aesthetic Theory*, 311쪽.

참고문헌

원문 자료

■테오도르 아도르노

Adorno, Theodor W., *The Authoritarian Personality*, Wiley, 1964.
_____, *Prisms*, MIT Press, 1983.
_____, *Quasi Una Fantasia: Essays on Modern Music*, Verso, 1998.
_____, *Aesthetic Theory*, Athlone Press, 1999. 『미학이론』(홍승용 역, 문학과 지성사, 1997).
_____, *Essays on Music*, University of California Press, 2002.
_____, *The Stars Down to Earth and Other Essays on the Irrational in Culture*, Routledge, 2002.
_____, *Negative Dialectics*, Routledge, 2003. 『부정변증법』(이수련 역, 한길사, 1999).
_____, *Minima Moralia: Reflections from Damaged Life*, Verso 2005. 『미니마 모랄리아－상처받은 삶에서 나온 성찰』(김유동 역, 길, 2005).
_____, *Letters to his Parents*, Polity, 2006.
_____, *The Culture Industry*, Routledge, 2006.
_____, *Dream Notes*, Polity, 2007.
_____, *Philosophy of Modern Music*, Bloomsbury, 2007. 『신음악의 철학』(문병호·김방현 역, 세창출판사, 2012).
Adorno, Theodor W. and Karl Popper et al. *The Positivist Dispute in German Sociology*, Harper & Row, 1976.
Adorno, Theodor W. and Max Horkheimer, *Dialectic of Enlightenment*, Verso, 1997. 『계몽의 변증법－철학적 단상』(김유동 역, 문학과지성사, 2001).
Adorno, Theodor W. and Alban Berg, *Correspondence 1925-1935*, Polity, 2005.
Adorno, Theodor W. and Thomas Mann, *Correspondence 1943-1955*, Polity, 2006.

■발터 벤야민

Benjamin, Walter, *Reflections: Essays, Aphorisms, Autobiographical Writings*, ed. Peter Demetz, Harcourt, 1986.

_____, *Illuminations*, ed. Hannah Arendt, Fontana, 1992.

_____, *The Correspondence of Walter Benjamin, 1910-1940*, ed. Gershom Scholem and Theodor W. Adorno, Chicago University Press, 1994.

_____, *The Arcades Project*, Harvard University Press, 1999. 『아케이드 프로젝트 1. 2』(조형준 역, 새물결, 2005).

_____, *Berlin Childhood around 1900*, Belknap, 2006. 『1900년경 베를린의 유년시절/베를린 연대기—발터 벤야민 선집 3』(윤미애 역, 길, 2007).

_____, *Radio Benjamin*, Verso, 2014. 『라디오 벤야민』(현실문화, 출간예정).

■에리히 프롬

Fromm, Erich, *The Art of Loving*, Unwin, 1981. 『사랑의 기술』(황문수 역, 문예출판사, 2006).

_____, *Escape from Freedom*, Open Road Media, 2013. 『자유로부터의 도피』(김석희 역, 휴머니스트, 2012).

_____, *Marx's Concept of Man: Including 'Economic and Philosophical Manuscripts'*, Bloomsbury, 2013. 『에리히 프롬, 마르크스를 말하다』(최재봉 역, 에코의 서재, 2007).

_____, *The Sane Society*, Routledge, 2013. 『건전한 사회』(김병익 역, 범우사, 1996).

_____, *To Have or To Be*, A&C Black, 2013. 『소유냐 존재냐』(차경아 역, 까치, 1996).

■헨릭 그로스만

Grossman, Henryk, *Law of Accumulation and Breakdown of the Capitalist System*, Pluto Press, 1992.

_____, *Fifty Years of Struggle over Marxism 1883-1932*, ed. Rick Kuhn and Einde O'Callaghan, Socialist Alternative, 2014.

_____, *Marx, Classical Political Economy and the Problem of Dynamics*, ed. Rick Kuhn, Socialist Alternative, 2015.

■위르겐 하버마스

Habermas, Jürgen, *Theory and Practice*, Beacon Press, 1973.

_____, *The Philosophical Discourse of Modernity*, Polity, 1990. 『현대성의 철학적

담론』(이진우 역, 문예출판사, 1994).

_____, *Autonomy and Solidarity: Interviews with Jürgen Habermas*, ed. Peter
Dews, Verso, 1992.

_____, *The Past as Future: Jürgen Habermas, interviewed by Michael Haller*,
Polity, 1994.

_____, *Technik und wissenschaft als 'ideologie'*, Suhrkamp, 1998.

_____, *The Theory of Communicative Action*, Vols 1 and 2, Polity, 2004. 『의사소
통행위이론 1 2』(장춘익 역, 나남, 2006).

_____, *Between Naturalism and Religion*, Polity, 2010.

_____, *Philosophical–Political Profiles*, Polity, 2012.

_____, *An Awareness of What is Missing: Faith and Reason in a Post–secular Age*,
Polity, 2014.

_____, *Europe: The Faltering Project*, Wiley, 2014.

_____, *The Lure of Technocracy*, Polity, 2015.

■악셀 호네트

Honneth, Axel, *The Struggle for Recognition: The Moral Grammar of Social Conflicts*,
MIT Press, 1996. 『인정투쟁—사회적 갈등의 도덕적 형식론』(이현재·문성훈
역, 사월의책, 2011).

_____, *Reification: A New Look at an Old Idea*, Oxford University Press, 2008.

■막스 호르크하이머

Horkheimer, Max, *Critical Theory: Selected Essays*, A&C Black, 1972.

_____, *Dämmerung: Notizen in Deutschland*, Edition Max, 1972.

_____, *Eclipse of Reason*, A&C Black, 2013.

■헤르베르트 마르쿠제

Marcuse, Herbert, *Eros and Civilisation: A Philosophical Inquiry Into Freud*, Beacon
Press, 1974. 『에로스와 문명』(김인환 역, 나남, 2004).

_____, *One–Dimensional Man: Studies in the Ideology of Advanced Industrial
Society*, Routledge, 2002. 『일차원적 인간 』(박병진 역, 한마음사, 2009).

_____, *Technology, War and Fascism: Collected Papers of Herbert Marcuse*, Vol. 1,

Routledge, 2004.

_____, *The New Left and the 1960s: Collected Papers of Herbert Marcuse*, Vol. 3, Routledge, 2004.

_____, *Reason and Revolution: Hegel and the Rise of Social Theory*, Routledge, 2013. 『이성과 혁명』(김현일 역, 중원문화사, 2017).

_____, *Marxism, Revolution and Utopia: Collected Papers of Herbert Marcuse*, Vol. 6, Routledge, 2014.

■프란츠 노이만

Neumann, Franz, *Behemoth: The Structure and Practice of National Socialism*, Oxford University Press, 1942.

Neumann, Franz, Herbert Marcuse and Otto Kircheimer, *Secret Reports on Nazi Germany: The Frankfurt School Contribution to the War Effort*, Princeton University Press, 2013.

■전기 및 회고록

Eiland, Howard and Michael Jennings, *Walter Benjamin: A Critical Life*, Harvard University Press, 2014. 『발터 벤야민 평전—위기의 삶, 위기의 비평』(김정아 역, 글항아리, 2018).

Friedman, Lawrence J., *The Lives of Erich Fromm: Love's Prophet*, Columbia University Press, 2013. 『에리히 프롬 평전』(김비 역, 글항아리, 2016).

Kuhn, Rick, *Henryk Grossman and the Recovery of Marxism*, University of Illinois Press, 2007.

Löwenthal, Leo, *An Unmastered Past*, California University Press, 1987.

Müller-Doohm, Stefan, *Adorno: A Biography*, Polity, 2014.

Neumann, Osha, *Up Against the Wall Motherf**er: A Memoir of the '60s, with Notes for Next Time*, Seven Stories Press, 2011.

Parker, Stephen, *Bertolt Brecht: A Literary Life*, Bloomsbury, 2014.

Scholem, Gershom, *Walter Benjamin: The Story of a Friendship*, New York Review of Books, 1981. 『한 우정의 역사』(최성만 역, 한길사, 2002).

■프랑크푸르트학파의 역사

Abromeit, John, *Max Horkheimer and the Foundations of the Frankfurt School*, Cambridge University Press, 2011.

Buck-Morss, Susan, *Origin of Negative Dialectics*, Simon and Schuster, 1979.

Connerton, Paul, *The Tragedy of Enlightenment: An Essay on the Frankfurt School*, Cambridge University Press, 1960.

Jay, Martin, *The Dialectical Imagination: A History of the Frankfurt School and the Institute of Social Research*, California University Press, 1973.

Tarr, Zoltán, *The Frankfurt School: The Critical Theories of Max Horkheimer and Theodor W. Adorno*, Transaction Publishers, 2011.

Wheatland, Thomas, *The Frankfurt School in Exile*, University of Minnesota Press, 2009.

Wiggershaus, Rolf, *The Frankfurt School: Its History, Theories, and Political Significance*, MIT Press 1995.

■개별 사상가 연구서

Adams, Nicholas, *Habermas and Theology*, Cambridge University Press, 2006.

Benhabib, Seyla, Wolfgang Bonss and John McCole (eds), *Max Horkheimer: New Perspectives*, MIT Press, 1995.

Braune, Joan, *Erich Fromm's Revolutionary Hope: Prophetic Messianism as a Critical Theory of the Future*, Springer, 2014.

Ferris, David S. (ed.), *The Cambridge Companion to Walter Benjamin*, Cambridge University Press, 2004.

Finlayson, James Gordon, *Habermas: A Very Short Introduction*, Oxford University Press, 2005.

Jüger, Lorenz, *Adorno: A Political Biography*, Yale University Press, 2004.

Jay, Martin, *Adorno*, Fontana Modern Masters, 1984.『아도르노』시공 로고스 총서 22(마틴 제이 저, 서창렬 역, 시공사, 2000).

Kellner, Douglas, *Herbert Marcuse and the Crisis of Marxism*, University of California Press, 1984.

Leslie, Esther, *Walter Benjamin*, London, Reaktion Books 2007.

MacIntyre, Alsadair, *Marcuse*, Fontana Modern Masters, 1970.

Mittelmeier, Martin, *Adorno in Neapel: Wie sich eine Sehnsuchtslandschaft in Philosophie verwandelt*, Siedler Verlag, 2013.

O'Neill, Maggie (ed.), *Adorno, Culture and Feminism*, SAGE, 1999.

Outhwaite, William, *Habermas: A Critical Introduction*, Polity, 2009.

Passerin d'Entrèes, Maurizio and Seyla Benhabib (eds), *Habermas and the Unfinished Project of Modernity: Critical Essays on* The Philosophical Discourse of Modernity, MIT Press, 1997.

Rose, Gillian, *The Melancholy Science: An Introduction to the Thought of Theodor W. Adorno*, Verso, 1978.

Stirk, Peter M. R., *Max Horkheimer: A New Interpretation*, Rowman & Littlefield, 1992.

■헤겔주의 신마르크스주의

Feenberg, Andrew, *The Philosophy of Praxis: Marx, Lukács and the Frankfurt School*, Verso, 2014.

Lukács, Gyōrgy, *History and Class Consciousness: Studies in Marxist Dialectics*, MIT Press, 1971. 『역사와 계급의식』(조만영·박정호 역, 지만지, 2015).

Žižek, Slavoj, *Less Than Nothing: Hegel and the Shadow of Dialectical Materialism*, Verso, 2012. 『헤겔 레스토랑/라캉 카페』(조형준 역, 새물결, 2013).

■프랑크푸르트학파와 관련있는 이론가

Bloch, Ernst, *The Spirit of Utopia*, Stanford University Press, 2000.

Davis, Angela Y., *Blues Legacies and Black Feminism: Gertrude Ma Rainey, Bessie Smith, and Billie Holiday*, Knopf Doubleday, 2011.

Dörre, Klaus, Stephan Lessenich and Hartmut Rosa, *Sociology, Capitalism, Critique*, Verso, 2015.

Kracauer, Siegfried, *The Mass Ornament: Weimar Essays*, Harvard University Press, 1995.

Mann, Thomas, *Doctor Faustus*, Vintage, 1999. 『파우스트 박사 1, 2』(박병덕·임홍배 역, 민음사, 2010).

Mannheim, Karl, *Ideology and Utopia*, Routledge, 2013. 『이데올로기와 유토피아』(임석진 역, 김영사, 2012).

■비판이론 입문서

Macey, David, *Dictionary of Critical Theory*, Penguin, 2001.

국문 자료

■프랑크푸르트학파와 비판이론에 대한 책

『비판이론의 예술 이해』(김문환 저, 이학사, 2016).
『비판이론의 이념』(레이먼드 게스 저, 신중섭·윤평중 역, 서광사, 2006).
『프랑크푸르트학파의 테제들』(연구모임 사회 비판과 대안 엮음, 사월의책, 2012).

■아도르노의 책

『계몽의 변증법―철학적 단상』 우리 시대의 고전 12(테오도르 W. 아도르노·M. 호르크
  하이머 저, 김유동 역, 문학과지성사, 2001).
『계몽의 변증법』 커뮤니케이션 이론총서(테오도르 아도르노 저, 이순예 역, 커뮤니케이
  션북스, 2016).
『말러―음악적 인상학』(테오도르 아도르노 저, 이정하 역, 책세상, 2004).
『미니마 모랄리아―상처받은 삶에서 나온 성찰』 코기토 총서: 세계 사상의 고전 4(테
  오도르 아도르노 저, 김유동 역, 길, 2005).
『미학 강의 1』 아도르노 강의록 2(테오도르 W. 아도르노 저, 문병호 역, 세창출판사,
  2014).
『베토벤 음악의 철학―단편들과 텍스트』(테오도르 W. 아도르노 저, 문병호·김방현역,
  세창출판사, 2014).
『변증법 입문』 아도르노 강의록 4(테오도르 W. 아도르노 저, 홍승용 역, 세창출판사,
  2015).
『부정변증법 강의』 아도르노 강의록 1(테오도르 W. 아도르노 저, 이순예 역, 세창출판
  사, 2012).
『사회학 강의』 아도르노 강의록 3(테오도르 W. 아도르노 저, 문병호 역, 세창출판사,
  2014).
『사회학 논문집 1』(테오도르 W. 아도르노 저, 문병호 역, 세창출판사, 2017).
『신음악의 철학』(테오도르 W. 아도르노 저, 문병호·김방현 역, 세창출판사, 2012).
『프리즘―문화비평과 사회』(테오도르 아도르노 저, 홍승용 역, 문학동네, 2004).
『한줌의 도덕―상처입은 삶에서 나온 성찰』 입장총서 18(테오도르 W. 아도르노 저, 최
  문규 역, 솔출판사, 2000).

■아도르노에 대한 책

『계몽의 변증법을 넘어서-아도르노와 쇤베르크』 현대의 지성 114(노명우 저, 문학과
　　　지성사, 2002).
『독일 미학 전통-바움가르텐부터 아도르노까지』(카이 함머마이스터 저, 신혜경 역, 이
　　　학사, 2013).
『벤야민 & 아도르노: 대중문화의 기만 혹은 해방』 지식인마을 32(신혜경 저, 김영사,
　　　2009).
『비판과 화해-아도르노의 철학과 미학』(문병호 저, 철학과현실사, 2006).
『아도르노-고통의 해석학』 살림지식총서 290(이하준 저, 살림, 2007).
『아도르노-현실이 이론보다 더 엄정하다』 인문고전 깊이읽기 17(이순예 저, 한길사,
　　　2015).
『아도르노 그 이후-음악사회학을 다시 생각한다』 이상의 도서관 42(티아 데노라 저,
　　　정우진 역, 한길사, 2012).
『아도르노 달하우스 크라이프 다누저-20세기 음악미학 이론』(홍정수 저, 심설당,
　　　2002).
『아도르노』 시공 로고스 총서 22(마틴 제이 저, 서창렬 역, 시공사, 2000).
『아도르노가 들려주는 예술 이야기』 철학자가 들려주는 철학 이야기 90(조극훈 저, 자
　　　음과모음, 2008).
『아도르노와 김우창의 예술문화론-심미적 인문성의 옹호』(문광훈 저, 한길사, 2006).
『아도르노와 자본주의적 우울-계몽의 변증법에서 미학이론까지 아도르노 새롭게 읽
　　　기』(이순예 저, 풀빛, 2005).
『아도르노와 호르크하이머의 오뒷세이아-오뒷세우스, 혹은 신화와 이성』 철학 스케치
　　　6(클로디 아멜 저, 프레데릭 코셰 그림, 이세진 역, 열린책들, 2014).
『아도르노의 경험의 반란-상호성과 전율로서 미적 경험』(이병탁 저, 북코리아(선학사),
　　　2013).
『아도르노의 문화철학-아도르노와 함께, 아도르노를 넘어서』(이하준 저, 철학과현실
　　　사, 2007).
『아도르노의 음악미학』(맥스 패디슨 저, 최유준 역, 작은이야기, 2010년).
『한나 아렌트, 테오도르 아도르노-아우슈비츠를 비껴간 지식인 운명』(정문교 저, 봄
　　　꽃여름숲가을열매겨울뿌리, 2017).

■벤야민의 책

『1900년경 베를린의 유년시절/베를린 연대기』 발터 벤야민 선집 3(발터 벤야민 저, 윤
　　　미애 역, 길, 2007).
『괴테의 친화력-신화, 구원, 희망』 새로운 질서 1(발터 벤야민 저, 조형준 역, 새물결,

2011).

『괴테의 친화력』 발터 벤야민 선집 10(발터 벤야민 저, 최성만 역, 길, 2012).

『기술복제시대의 예술작품/사진의 작은 역사 외』 발터 벤야민 선집 2(발터 벤야민 저, 최성만 역, 길, 2007).

『기술적 복제시대의 예술작품』 b판고전 11(발터 벤야민 저, 심철민 역, 비(도서출판b), 2017).

『독일 낭만주의의 예술비평 개념』 b판고전 9(발터 벤야민 저, 심철민 역, 비(도서출판b), 2013).

『독일 비애극의 원천』 한길그레이트북스 101(발터 벤야민 저, 김유동·최성만 역, 한길사, 2009).

『모스크바 일기』 발터 벤야민 선집 14(발터 벤야민 저, 김남시 역, 길, 2015).

『발터 벤야민, 사진에 대하여』(발터 벤야민 저, 에스터 레슬리 편, 김정아 역, 위즈덤하우스, 2018).

『베를린의 어린 시절』(발터 벤야민 저, 조형준 역, 새물결, 2007).

『보들레르의 작품에 나타난 제2제정기의 파리/보들레르의 몇 가지 모티프에 관하여 외』 발터 벤야민 선집 4(발터 벤야민 저, 김영옥·황현산 역, 길, 2010).

『서사 기억 비평의 자리―프리드리히 횔덜린/요한 페터 헤벨/고트프리트 켈러/카를 크라우스/마르셀 프루스트/폴 발레리/니콜라이 레스코프 외』 발터 벤야민 선집 9(발터 벤야민 저, 최성만 역, 길, 2012).

『아케이드 프로젝트 1』(발터 벤야민 저, 조형준 역, 새물결, 2005).

『아케이드 프로젝트 2』(발터 벤야민 저, 조형준 역, 새물결, 2006).

『언어 일반과 인간의 언어에 대하여/번역자의 과제 외』 발터 벤야민 선집 6(발터 벤야민 저, 최성만 역, 길, 2008).

『역사의 개념에 대하여/폭력비판을 위하여/초현실주의 외』 발터 벤야민 선집 5(발터 벤야민 저, 최성만 역, 길, 2008).

『일방통행로―사유의 유격전을 위한 현대의 교본』(발터 벤야민 저, 조형준 역, 새물결, 2007).

『일방통행로/사유이미지』 발터 벤야민 선집 1(발터 벤야민 저, 최성만·김영옥·윤미애 역, 길, 2007).

■ 벤야민에 대한 책

『Thinkers for Architects 5: 발터 벤야민』 Thinkers for Architects 5(브라이언 엘리엇 저, 이경창 역, 스페이스타임(시공문화사), 2012).

『가면들의 병기창―발터 벤야민의 문제의식』(문광훈 저, 한길사, 2014).

『발터 벤야민―모더니티와 도시』 서울시립대학교 도시인문학총서 7(홍준기 편, 라움, 2010).

『발터 벤야민 기억의 정치학』 인문정신의 탐구 17(최성만 저, 길, 2014).

『발터 벤야민 또는 혁명적 비평을 향하여』(테리 이글턴 저, 김정아 역, 이앤비플러스, 2012).

『발터 벤야민 평전−위기의 삶, 위기의 비평』(하워드 아일런드·마이클 제닝스 저, 김정아 역, 글항아리, 2018).

『발터 벤야민: 화재경보−〈역사의 개념에 대하여〉 읽기』(미카엘 뢰비 저, 양창렬 역, 난장, 2017).

『발터 벤야민과 메트로폴리스』(그램 질로크 저, 노명우 역, 효형출판, 2005).

『발터 벤야민과 아케이드 프로젝트』(수잔 벅모스 저, 김정아 역, 문학동네, 2004).

『발터 벤야민과 한국문학』 전남대학교 한국어문학연구소 총서 6(임환모·전동진·김청우·최윤경·김영삼·강소희·박경희·정다운·조선희 저,| 국학자료원, 2018).

『발터 벤야민의 공부법−사소한 것들에 대한 사유』(권용선 저, 역사비평사, 2014).

『발터 벤야민의 수수께끼 라디오−30개의 두뇌 게임』 햇살 그림책(봄볕) 27(발터 벤야민 저, 마르타 몬테이로 그림, 박나경 역, 봄볕, 2018).

『발터 벤야민이 들려주는 복제 이야기』 철학자가 들려주는 철학 이야기 72(강용수 저, 자음과모음, 2008).

『벤야민, 세기의 가문−발터 벤야민과 20세기 독일의 초상』(우베−카르텐 헤예 저, 박현용 역, 책세상, 2016).

『벤야민과 21세기 도시 문화−도시, 영화, 역사와 고스트』리치총서 15(이창남·길로크 편, 새물결, 2018).

『벤야민과 브레히트−예술과 정치의 실험실』 엑스쿨투라 7(에르트무트 비치슬라 저, 윤미애 역, 문학동네, 2015).

『부서진 이름(들)−발터 벤야민의 글상자』 스투디움 총서 2(조효원 저, 문학동네, 2013).

『세계와 역사의 몽타주, 벤야민의 아케이드 프로젝트』 리라이팅 클래식 12(권용선 저, 그린비, 2009).

『아이스테시스−발터 벤야민과 사유하는 미학』(강수미 저, 글항아리, 2011).

『역사의 천사−발터 벤야민의 죽음, 그 마지막 여정』(브루노 아르파이아 저, 정병선 역, 오월의봄, 2017).

『희망은 과거에서 온다 − 김진영의 벤야민 강의실』(김진영 저, 포스트카드, 2019).

■프롬의 책

『나는 왜 무기력을 되풀이하는가−에리히 프롬 진짜 삶을 말하다』(에리히 프롬 저, 라이너 풍크 편, 장혜경 역, 나무생각, 2016).

『너희도 신처럼 되리라−급진적 휴머니스트 에리히 프롬의 혁명적 구약 읽기』(에리히 프롬 저, 이종훈 역, 휴(休), 2013).

『마르크스 프로이트 평전−제2판』(에리히 프롬 저, 김진욱 역, 집문당, 2011).

『사랑의 기술―출간 50주년 기념판』(에리히 프롬 저, 황문수 역, 문예출판사, 2006).

『사랑의 기술』 청목 스테디북스 58(에리히 프롬 저, 설상태 역, 청목(청목사), 2001).

『사랑의 기술』(에리히 프롬 저, 권오석 역, 홍신문화사, 2009).

『소유냐 삶이냐/사랑한다는 것』 동서문화사 세계사상전집 47(에리히 프롬 저, 고영복·
　　이철범 역, 동서문화동판(동서문화사), 2016).

『소유냐 삶이냐』 고전으로 미래를 읽는다 13(에리히 프롬 저, 정성환 역, 홍신문화사,
　　2007).

『에리히 프롬, 마르크스를 말하다』(에리히 프롬 저, 최재봉 역, 에코의서재, 2007).

『에리히 프롬의 사랑의 기술』(에리히 프롬 저, 전규태 그림, 정성호 역, 종합출판범우,
　　2015).

『여성과 남성은 왜 서로 투쟁하는가―사랑, 성애, 모권사회를 중심으로』(에리히 프롬
　　저, 이은자 역, 부북스, 2009).

『인간의 마음』(에리히 프롬 저, 황문수 역, 문예출판사, 2002).

『자기를 위한 인간』(에리히 프롬 저, 강주헌 역, 나무생각, 2018).

『자유로부터의 도피―진정한 의미의 자유와 일련의 사회현상을 심층 분석』 고전으로
　　미래를 읽는다 5(에리히 프롬 저, 원창화 역, 홍신문화사, 2006).

『자유로부터의 도피』(에리히 프롬 저, 김석희 역, 휴머니스트, 2012).

『정신분석과 듣기 예술』 범우사상신서 56(에리히 프롬 저, 호연심리센터 편, 범우사,
　　2000).

『정신분석과 유물론』 인간의 마음을 탐구하는 총서 6(R. 오스본·에리히 프롬 저, 설영
　　환 역, 선영사, 2015).

『풍요로운 삶을 위하여』(에리히 프롬 저, 전성보 그림, 이민수 역, 씽크북, 2001).

『프로이트 심리학 비판』 인간의 마음을 탐구하는 총서 4(헤르베르트 마르쿠제·에리히
　　프롬 저, 오태환 역, 선영사, 2016).

■ 프롬에 대한 책

『내가 에리히 프롬에게 배운것들―나의 가치를 찾아 떠나는 자기분석 여행』(라이너 풍
　　크 저, 김희상 역, 갤리온, 2008).

『싸우는 심리학―자본주의를 읽는 키워드, 에리히 프롬 병든 사회를 변혁하고 '인간의
　　시대'를 열다』(김태형 저, 서해문집, 2014).

『에리히 프롬 읽기』 세창사상가산책 3(박찬국 저, 세창출판사(세창미디어), 2013).

『에리히 프롬 평전―사랑의 예언자 프롬의 생애』(로런스 프리드먼·앙케 슈라이버 저,
　　김비 역, 글항아리, 2016).

『에리히 프롬과 현대성』 세미나리움 총서 10(라이너 풍크·게르트 마이어·헬무트 요하
　　흐 편, 박규호 역, 영림카디널, 2003).

『에리히 프롬과의 대화』(박찬국 저, 철학과현실사, 2001).

『에리히 프롬의 소유냐 존재냐 읽기』 세창명저산책 4(박찬국 저, 세창출판사(세창미디어), 2012).

『에리히 프롬이 들려주는 사랑 이야기 (초급, 중급, 고급편)』 아비투어 철학 논술 41(박민수 저, 자음과모음, 2007).

『에리히 프롬이 들려주는 사랑 이야기』 철학자가 들려주는 철학 이야기 41(오채환 저, 자음과모음, 2006).

『우리는 사랑하는가—에리히 프롬의 생애와 사상』(박홍규 저, 필맥, 2004).

■하버마스의 책

『공론장의 구조변동—부르주아 사회의 한 범주에 관한 연구』 나남신서 42(위르겐 하버마스 저, 한승완 역, 나남출판, 2004).

『대화: 하버마스 對 라칭거 추기경』(위르겐 하버마스·요제프 라칭거 저, 윤종석 역, 새물결, 2009).

『분열된 서구—열 번째 정치적 소저작 모음』(위르겐 하버마스 저, 장은주·하주영 역, 나남출판, 2009).

『사실성과 타당성—담론적 법이론과 민주적 법치국가 이론』 나남신서 1226(위르겐 하버마스 저, 박영도·한상진 역, 나남출판, 2007).

『사회이론인가, 사회공학인가? 체계이론은 무엇을 수행하는가?』(위르겐 하버마스·니클라스 루만 저, 이철 역, 이론출판, 2018).

『아, 유럽—정치저작집 제11권』(위르겐 하버마스 저, 윤형식 역, 나남출판, 2011).

『의사소통의 철학—현대 독일 철학의 정신 8인과의 대화』(위르겐 하버마스 저, 홍윤기 역, 민음사, 2004).

『의사소통행위이론 1—행위합리성과 사회합리화』 나남신서 532(위르겐 하버마스 저, 장춘익 역, 나남출판, 2006).

『의사소통행위이론 2—기능주의적 이성 비판을 위하여』 나남신서 533(위르겐 하버마스 저, 장춘익 역, 나남출판, 2006).

『이질성의 포용—정치이론연구』 나남신서 542(위르겐 하버마스 저, 황태연 역, 나남출판, 2000).

『인간이라는 자연의 미래—자유주의적 우생학 비판』 나남신서 553(위르겐 하버마스 저, 장은주 역, 나남출판, 2003).

『진리와 정당화—철학 논문집』 나남신서 1374(위르겐 하버마스 저, 윤형식 역, 나남출판, 2008).

『탈 형이상학적 사유』(위르겐 하버마스 저, 이진우 역, 문예출판사, 2000).

『현대성의 철학적 담론』(이진우 역, 문예출판사, 1994).

■하버마스에 대한 책

『개성은 왜 사회를 발전시키는가?-하버마스의 규범철학』(김동규 저, 한울(한울아카데미), 2010).
『대화 윤리를 향하여-칸트와 하버마스의 윤리학 비판』(알브레히트 벨머 저, 김동규·박종식 역, 한울(한울아카데미), 2009).
『민주적 공공성-하버마스와 아렌트를 넘어서』(사이토 준이치 저, 윤대석·류수연·윤미란 역, 이음, 2009).
『민주주의와 공론장-위르겐 하버마스』 컬처룩 미디어 총서 5(루크 구드 저, 조항제 역, 컬처룩, 2015).
『비판이론의 이념-하버마스와 프랑크푸르트학파』(레이먼드 게스 저, 신중섭·윤평중 역, 서광사, 2006).
『진리와 문화변동의 정치학-하버마스와 로티의 논쟁』(김경만 저, 아카넷, 2015).
『테러 시대의 철학-하버마스, 데리다와의 대화』 현대의 지성 120(지오반나 보라도리 저, 손철성·김은주·김준성 역, 문학과지성사, 2004).
『푸코 & 하버마스: 광기의 시대, 소통의 이성』 지식인마을 32(하상복 저, 김영사, 2009).
『하버마스 비판이론 교육』(Robert E. Young 저, 이정화 역, 교육과학사, 2003).
『하버마스 읽기』 세창사상가산책 11(김원식 저, 세창출판사(세창미디어), 2015).
『하버마스가 들려주는 의사소통 이야기』 철학자가 들려주는 철학 이야기 73(문성훈 저, 자음과모음, 2008).
『하버마스와 교육』(한기철 저, 학지사, 2008).
『하버마스와 민중신학-개혁신앙적 민중신학을 위하여』(오승성 저, 동연(와이미디어), 2013).
『하버마스와 현대사회』(John F. Sitton 저, 김원식 역, 동과서, 2007).
『하버마스의 공론장의 구조변동 읽기』 세창명저산책 42(하상복 저, 세창출판사(세창미디어), 2016).
『하버마스의 비판이론과 담론 교실』(로버트 영 저, 이지헌·이정화 역, 우리교육, 2003).
『하버마스의 현대성 주장과 보편적 합리성 문제』(고호상 저, 한국학술정보, 2006).
『하이데거, 하버마스, 그리고 이동전화』 이제이북스 아이콘북스 20(조지 마이어슨 저, 김경미 역, 이제이북스, 2003).
『화해의 철학자 하버마스』(이태우 저, 이문출판사, 2001).

■호네트의 책

『대탈주-베스텐트 한국판 5호』(디드리히 디데릭센·악셀 호네트·에바 폰 레데커·최철웅·주자네 크라스만·율리아네 레벤티슈·홍석만·송명관·이자벨 프레모 라엘 예기·다니엘 로이크·이자벨 로라이·마르가리타 초모우 저, 정대훈·김원

식·문성훈·정대성·고지현·홍찬숙·연구모임 사회 비판과 대안·이행남 역, 사
월의책, 2017).

『물화―인정(認定)이론적 탐구』 나남신서 1169(악셀 호네트 저, 강병호 역, 나남출판,
2015).

『베스텐트 한국판 2012』(디르크 크바트플리크·스테판 뫼비우스·마르셀 에나프·로빈
셀리카테스·악셀 호네트·토마스 베도르프·이언 해킹·마르틴 젤·탈랄 아사드
저, 박영도·김동규·김원식·박진우·홍사현·문성훈·이하준·고지현·남기호·
이유선 역, 사월의책, 2012).

『베스텐트 한국판 2014』(악셀 호네트·페르디난트 주터뮈티·카이-올라프 마이발트·
슈테판 포스빙켈·칼 슐뢰겔·윌리엄 로이·티모시 다우드·맹정현·이만우·박선
영·홍준기 저, 연구모임 사회 비판과 대안 역, 사월의책, 2015).

『분배냐, 인정이냐?―정치철학적 논쟁』 악셀 호네트 선집 2(낸시 프레이저·악셀 호네트
저, 김원식·문성훈 역, 사월의책, 2014).

『비규정성의 고통―헤겔의 『법철학』을 되살려내기』 프리즘 총서 25(악셀 호네트 저, 이
행남 역, 그린비, 2017).

『사회주의 재발명―왜 다시 사회주의인가』 악셀 호네트 선집 3(악셀 호네트 저, 문성훈
역, 사월의책, 2016).

『인정투쟁―사회적 갈등의 도덕적 형식론』 악셀 호네트 선집 1(악셀 호네트 저, 이현재·
문성훈 역, 사월의책, 2011).

■ **호르크하이머의 책**

『계몽의 변증법―철학적 단상』 우리 시대의 고전 12(테오도르 W. 아도르노·M. 호르크
하이머 저, 김유동 역, 문학과지성사, 2001).

『도구적 이성 비판―이성의 상실』(M. 호르크하이머 저, 박구용 역, 문예출판사, 2006).

■ **호르크하이머에 대한 책**

『막스 호르크하이머, 도구적 이성 비판』 커뮤니케이션 이론총서(이하준 저, 커뮤니케이
션북스, 2016).

『아도르노와 호르크하이머의 오뒷세이아―오뒷세우스, 혹은 신화와 이성』 철학 스케치
6(클로디 아멜 저, 프레데릭 코셰 그림, 이세진 역, 열린책들, 2014).

『호르크하이머의 비판이론』(이종하 저, 북코리아(선학사), 2011).

■마르쿠제의 책

『소비에트 마르크스주의: 비판적 분석』(헤르베르트 마르쿠제 저, 문현병 역, 동녘,
    2000).
『에로스와 문명—프로이트 이론의 철학적 연구』 나남신서 1065(헤르베르트 마르쿠제
    저, 김인환 역, 나남출판, 2004).
『이성과 혁명—헤겔과 마르크스, 제3판』(헤르베르트 마르쿠제 저, 김현일 역, 중원문화,
    2017).
『일차원적 인간』 한마음신서 26(헤르베르트 마르쿠제 저, 박병진 역, 한마음사, 2009).
『프로이트 심리학 비판』 인간의 마음을 탐구하는 총서 4(헤르베르트 마르쿠제·에리히
    프롬 저, 오태환 역, 선영사, 2016).
『해방론』(헤르베르트 마르쿠제 저, 김택 역, 울력, 2004).

■마르쿠제에 대한 책

『마르쿠제의 일차원적 인간 읽기』 세창명저산책 39(임채광 저, 세창출판사(세창미디
    어), 2015).
『허버트 마르쿠제』 살림지식총서 178(손철성 저, 살림, 2005).

프랑크푸르트학파의 삶과 죽음
– 21세기 비판이론

초 판 1쇄 2019년 5월 10일
지은이 스튜어트 제프리스
옮긴이 강수영
펴낸이 여국동

펴낸곳 도서출판 인간사랑
출판등록 1983. 1. 26. 제일 – 3호
주소 경기도 고양시 일산동구 백석로 108번길 60 – 5 2층
물류센타 경기도 고양시 일산동구 문원길 13 – 34(문봉동)
전화 031)901 – 8144(대표) | 031)907 – 2003(영업부)
팩스 031)905 – 5815
전자우편 igsr@naver.com
페이스북 http://www.facebook.com/igsrpub
블로그 http://blog.naver.com/igsr
인쇄 하정인쇄 **출력** 현대미디어 **종이** 세원지업사

ISBN 978 – 89 – 7418 – 591 – 6 03100

이 도서의 국립중앙도서관 출판시도서목록(CIP)은 서지정보유통지원시스템
홈페이지(http://seoji.nl.go.kr)와 국가자료공동목록시스템(http://www.nl.go.kr/kolisnet)에서
이용하실 수 있습니다.(CIP제어번호: CIP2019014836)